C.F. Müller

**Ihr kostenloses Schwerpunkte-ebook exklusiv unter
www.cfmueller.de/ebook-download**

Mit dem Kauf dieses Buches erwerben Sie gleichzeitig ohne weiteres Entgelt das integrierte ebook. Es besteht aus:

- **dem vollständigen Lehrbuchtext verlinkt** mit
- **höchstrichterlichen Entscheidungen im Volltext** und den
- **zitierten Normen im Wortlaut**

So erhalten Sie Ihr ebook:

Unter **www.cfmueller.de/ebook-download** geben Sie den unten stehenden **freigerubbelten Code**, Ihren Namen und Ihre E-Mail-Adresse ein. Sie erhalten einen Download-Link und können das ebook nach dem Herunterladen auf Ihrem Endgerät (Tablet, Laptop/PC, Smartphone) nutzen.

Bitte den Code freirubbeln! Ein Abziehen der Folie beschädigt den Code!

Code:

Für PC oder Notebook benötigen Sie einen Reader (z.B. Acrobat Digital Editions). Laden Sie das ebook auf Tablet PC oder Smartphone, brauchen Sie in der Regel keine weitere Software, da hier ein Reader (iBooks App, Bluefire Reader App, DL Reader) vorinstalliert ist. Bei Fragen informieren Sie sich bitte unter **www.cfmueller.de/service/FAQ/**. Sollten Sie bei Ihrem ebook-Download auf Probleme stoßen, wenden Sie sich bitte an ebook-support@cfmueller.de.

Kingreen GrundR

Schwerpunkte Pflichtfach Kingreen/Poscher · Grundrechte Staatsrecht II

Schwerpunkte

Eine systematische Darstellung der wichtigsten Rechtsgebiete anhand von Fällen
Begründet von Professor Dr. Harry Westermann †

Grundrechte
Staatsrecht II

Mit ebook: Lehrbuch, Entscheidungen, Gesetzestexte

von

Prof. Dr. Thorsten Kingreen
Universität Regensburg

Prof. Dr. Ralf Poscher
Albert-Ludwigs-Universität Freiburg

33., neu bearbeitete Auflage
des von
Prof. Dr. Bodo Pieroth (Westfälische Wilhelms-Universität Münster) und
Prof. Dr. Bernhard Schlink (Humboldt-Universität Berlin)
begründeten Lehrbuchs

Bibliografische Informationen der Deutschen Nationalbibliothek
Die Deutsche Nationalbibliothek verzeichnet diese Publikation in der Deutschen Nationalbibliografie; detaillierte bibliografische Daten sind im Internet über http://dnb.d-nb.de abrufbar.

ISBN 978-3-8114-4525-3

E-Mail: kundenservice@cfmueller.de
Telefon: +49 89 2183 7923
Telefax: +49 89 2183 7620

www.cfmueller.de
www.cfmueller-campus.de

© 2017 C.F. Müller GmbH, Waldhofer Straße 100, 69123 Heidelberg

Dieses Werk, einschließlich aller seiner Teile, ist urheberrechtlich geschützt. Jede Verwertung außerhalb der engen Grenzen des Urheberrechtsgesetzes ist ohne Zustimmung des Verlages unzulässig und strafbar. Dies gilt insbesondere für Vervielfältigungen, Übersetzungen, Mikroverfilmungen und die Einspeicherung und Verarbeitung in elektronischen Systemen.

Satz: preXtension, Grafrath
Druck: MedienHaus Plump, Rheinbreitbach

Vorwort

Neben der Einarbeitung der aktuellen Rechtsprechung und Literatur setzt die Neuauflage zwei Überarbeitungsschwerpunkte. Einer gilt der nunmehr umfassenden Integration der unionsrechtlichen Grundrechte, Grundfreiheiten und grundrechtsähnlichen Gewährleistungen, die sich gerade auch im Sekundärrecht der Union finden. Damit sind nun die Bahnen für die Internationalisierung der Darstellung der Grundrechte gelegt. Sie folgen ganz der ursprünglichen Anlage des Lehrbuches. Die Grundstrukturen der inter- und supranationalen Grundrechtsgewährleistungen und ihr Zusammenspiel mit den Garantien des Grundgesetzes werden im allgemeinen Teil dargestellt. Die für die Auslegung relevanten Aspekte einzelner inter- und supranationaler Gewährleistungen werden im besonderen Teil in die Darstellung der Einzelgrundrechte an ihrem jeweiligen systematischen Ort eingearbeitet. Der andere Schwerpunkt der Überarbeitung gilt den Lehren von den Grundrechtsfunktionen. Auch wenn sich hier besonders in der Rechtsprechung traditionelle und neuere Systematisierungen noch überlagern, erschien uns eine stärkere Berücksichtigung neuerer Ansätze gerade auch für das Verständnis der zugrundeliegenden Sachprobleme hilfreich. Die neueren Systematisierungen erleichtern auch eine Orientierung in der **internationalen** menschenrechtlichen Diskussion, zu der sie etliche Parallelen aufweisen. Hier verbinden sich beide Anliegen der Überarbeitung.

Besonderer Dank gilt unserem Kollegen *Prof. Dr. Christian Bumke* für seine kritischen Anregungen zu einem Entwurf des Abschnitts zu den Grundrechtsfunktionen. Wir danken ferner den Mitarbeiterinnen und Mitarbeitern unserer Lehrstühle sehr für die engagierte Unterstützung und besonders auch inhaltlichen Anregungen: in Freiburg *Jakob Hohnerlein, Jannik Helbig, Laura Wallenfels, Friedemann Groth, Marc Buse, Cicek Candan, Pia Rixner, Kathrin Strauß, Kolja Strübing, Maren Trautwein, Laura Wisser* und *Sabine Bennemann* sowie in Regensburg *Eva Braese, Sara Hassunah, Lisa Kastner, Paul Keller, Xaver Koneberg, Julia Liebl, Mareike Metzger, Anna Rambach, Miriam Roth, Julia Weitensteiner, Felix Westenberger* und *Petra Bettinger*.

Wir danken auch besonders unseren Leserinnen und Lesern, die uns mit Anregungen geholfen haben, das Buch an der einen oder anderen Stelle zu verbessern. Wir freuen uns auch weiterhin über Hinweise und Kritik.

Regensburg/Freiburg, Juli 2017

Thorsten Kingreen
Ralf Poscher

Hinweis zum ebook

Mit der vorliegenden 33. Auflage erscheint das Lehrbuch wiederum mit **integriertem ebook**. Diese elektronische Fassung enthält den **vollständigen Text des Buches**, die einschlägigen **Gesetzestexte** und die besonders ausbildungsrelevanten **höchstrichterlichen Entscheidungen** im Volltext. Jeder Leserin und jedem Leser wird so das Nachschlagen von Gesetzestexten und die Lektüre der Entscheidungen mittels PC, Tablet oder Smartphone ermöglicht. Die **Hinweise** auf der ersten Seite des Buches erläutern Download und Nutzung des ebooks.

Die nach didaktischen Gesichtspunkten ausgewählten, für die Grundrechtsauslegung wegweisenden Entscheidungen des Bundesverfassungsgerichts sind mit freundlicher Genehmigung der *juris GmbH* veröffentlicht.

Vorwort zur 29. Auflage

Das Lehrbuch von *Bodo Pieroth* und *Bernhard Schlink* ist erstmals 1985 erschienen. In den vergangenen fast drei Jahrzehnten hat es viele Generationen von Studierenden begleitet. Es erleichtert den Zugang zu den Grundrechten durch ihre hier erstmals durchgängig geleistete dogmatische Strukturierung. Es versteht sich nicht nur als Lernbuch, sondern auch als Anleitung zum kritischen Mit- und selbstständigen Weiterdenken. Mit diesem Anliegen hat es auch die Rechtswissenschaft und die Rechtsprechung zu den Grundrechten nachhaltig geprägt.

Wir danken unseren akademischen Lehrern *Bodo Pieroth* und *Bernhard Schlink* ganz herzlich dafür, dass sie uns die Verantwortung für ein Lehrbuch überlassen haben, das uns die Grundrechte schon als Studenten erschlossen hat und uns seither auf unserem akademischen Weg begleitet. Diese 29. Auflage steht erstmals in unserer Verantwortung. Sie berücksichtigt die bis Juni 2013 neu erschienene Rechtsprechung und Literatur.

Wir danken den Mitarbeiterinnen und Mitarbeitern unserer Lehrstühle sehr für die engagierte Unterstützung und freuen uns über Hinweise und Kritik unserer Leserinnen und Leser.

Regensburg/Freiburg, Juni 2013 *Thorsten Kingreen*
Ralf Poscher

Aus dem Vorwort zur japanischen Ausgabe (2001)

Die deutsche Verfassungs- und Grundrechtswissenschaft ist zum einen, wie es der deutschen juristischen Tradition entspricht, eine dogmatische Wissenschaft. Zum anderen ist sie mit dem Aufstieg des Bundesverfassungsgerichts und mit der gewachsenen Bedeutung seiner Entscheidungen immer mehr eine Case-law-Wissenschaft geworden, wie sie der amerikanischen Tradition entspricht. Daraus resultiert eine Spannung, auf die jedes Verfassungs- und Grundrechtslehrbuch eine Antwort zu geben hat.

Ziel unseres Lehrbuchs ist eine dogmatische Bearbeitung und Darstellung der Grundrechte des Grundgesetzes. Dabei soll über die Rechtsprechung des Bundesverfassungsgerichts umfassend unterrichtet werden; sie soll aber nicht einfach wiedergegeben, sondern, wo nötig, kritisch dogmatisch rekonstruiert werden. Als Lehrbuch will das Buch diese Aufgabe in solcher Klarheit von Struktur und Inhalt erfüllen, dass den Studenten und Studentinnen die Beschäftigung mit den Grundrechten zur anspruchsvollen, aber auch reizvollen und bewältigbaren Aufgabe wird.

Inhaltsübersicht

	Rn	Seite
Vorwort		V
Hinweis zum ebook		VI
Vorwort zur 29. Auflage		VII
Aus dem Vorwort zur japanischen Ausgabe (2001)		VIII
Verzeichnis der abgekürzt zitierten Literatur		XIX

§ 1	**Einführung**	1	1
	I. Über das Arbeiten mit diesem Buch	1	1
	II. Grundrechte und Auslegung	4	1
	III. Zur Lösung von Grundrechtsfällen	9	4

Teil I
Allgemeine Grundrechtslehren

§ 2	**Geschichte und Begriff der Grundrechte**	18	7
	I. Einführung	18	7
	II. Grundrechte in Nordamerika und Frankreich	20	7
	III. Grundrechte im deutschen Konstitutionalismus des 19. Jahrhunderts	26	9
	IV. Die Grundrechte in der Weimarer Reichsverfassung	36	11
	V. Grundrechtsentwicklung unter dem Grundgesetz	40	13
	VI. Begriff der Grundrechte	43	13
	VII. Überstaatliche Grundrechtsnormierungen	46	14

§ 3	**Das Mehrebenensystem des Grundrechtsschutzes**	51	16
	I. Universelles Völkergewohnheitsrecht	54	17
	II. Universelle Menschenrechtsverträge	55	17
	III. Regionale Menschenrechtsgarantien: Die EMRK	66	21
	IV. Supranationale Menschenrechtsgarantien: Die Unionsgrundrechte	70	23
	1. Die europäischen Grundfreiheiten	71	23
	2. Die Unionsgrundrechte	76	25
	3. Grundrechtsähnliche Gewährleistungen im Sekundärrecht .	79	27
	V. Grundrechte der Landesverfassungen	81	28

§ 4	**Grundrechtstheorie und Grundrechtsfunktionen**	88	30
	I. Grundrechtstheorie und Grundrechtsdogmatik	88	30
	II. Grundrechtsfunktionen	93	33
	1. Die klassischen Grundrechtsfunktionen	95	34
	a) Status negativus	96	35

b) Status positivus	97	35
c) Status activus	99	36
d) Einrichtungsgarantien	103	36
2. Aktuelle Typisierungen	106	37
a) Genese: Objektive Grundrechtsfunktionen	107	37
b) Die einzelnen Grundrechtsfunktionen	116	39
§ 5 Grundrechtsberechtigung und -bindung	164	56
I. Grundrechtsberechtigung	167	56
1. Jedermannsrechte und Deutschenrechte	167	56
2. Grundrechtsberechtigung vor der Geburt und nach dem Tod	179	59
3. Grundrechtsmündigkeit	184	60
4. Grundrechtsverzicht	193	62
5. Grundrechtsberechtigung von Personenmehrheiten und Organisationen	204	64
II. Grundrechtsbindung	228	69
1. Art der Bindung	228	69
2. Staatliche Adressaten der Grundrechtsbindung	229	69
3. Private Adressaten der Grundrechtsbindung	236	71
4. Inter- und supranationale Aspekte der Grundrechtsbindung	242	73
5. Grundpflichten?	250	75
§ 6 Grundrechtsgewährleistungen und -beschränkungen	253	76
I. Schutzbereich und Gewährleistung	253	76
II. Eingriff, Schranke und verwandte Begriffe	263	78
1. Eingriff, Schranke, Be- oder Einschränkung, Beeinträchtigung, Verkürzung, Begrenzung	264	78
2. Ausgestaltung und Konkretisierung	266	78
3. Regelung	276	80
4. Antastung	277	81
5. Verletzung	278	81
III. Schutzbereich und Eingriff	280	81
1. Bestimmung des Schutzbereichs	285	82
2. Bestimmung des Eingriffs	292	83
IV. Die verfassungsrechtliche Rechtfertigung von Eingriffen	304	85
1. Typologie der Gesetzesvorbehalte	304	85
2. Vom Gesetzesvorbehalt zum Parlamentsvorbehalt	312	86
3. Vom Vorbehalt des Gesetzes zum Vorbehalt des verhältnismäßigen Gesetzes	321	88
4. Schranken-Schranken	326	89
V. Kollisionen und Konkurrenzen	369	99
1. Kollisionen	369	99
2. Konkurrenzen	388	102

Teil II
Die einzelnen Grundrechte

§ 7	**Schutz der Menschenwürde (Art. 1 Abs. 1)**	406	107
	I. Überblick	407	107
	II. Schutzbereich	411	108
	III. Eingriffe	422	110
	IV. Verfassungsrechtliche Rechtfertigung	430	113
§ 8	**Freie Entfaltung der Persönlichkeit (Art. 2 Abs. 1)**	434	114
	I. Überblick	435	114
	II. Schutzbereiche	436	115
	1. Allgemeine Handlungsfreiheit	436	115
	2. Allgemeines Persönlichkeitsrecht	441	116
	III. Eingriffe	454	120
	IV. Verfassungsrechtliche Rechtfertigung	459	121
	1. Verfassungsmäßige Ordnung	460	121
	2. Rechte anderer	462	122
	3. Sittengesetz	463	122
§ 9	**Recht auf Leben und körperliche Unversehrtheit (Art. 2 Abs. 2 S. 1)**	468	123
	I. Überblick	469	123
	II. Abwehrrechte des Art. 2 Abs. 2 S. 1	471	124
	1. Schutzbereiche	471	124
	2. Eingriffe	473	125
	3. Verfassungsrechtliche Rechtfertigung	476	125
	III. Schutzpflicht und Schutzrecht des Art. 2 Abs. 2 S. 1	487	127
	1. Grund	487	127
	2. Erfüllung	488	128
§ 10	**Freiheit der Person (Art. 2 Abs. 2 S. 2, Art. 104)**	493	130
	I. Überblick	494	130
	II. Schutzbereich	496	130
	III. Eingriffe	499	131
	IV. Verfassungsrechtliche Rechtfertigung	502	132
	1. Gesetzesvorbehalt des Art. 104	502	132
	2. Schranken-Schranken	509	133
§ 11	**Das Gleichheitsgebot (Art. 3, 6 Abs. 1 und 5, 33 Abs. 1–3, 38 Abs. 1 S. 1)**	514	135
	I. Überblick	515	136
	II. Ungleichbehandlung.................................	518	137
	1. Verfassungsrechtlich relevante Ungleichbehandlung	518	137
	2. Gleichbehandlung von wesentlich Ungleichem?	525	139

	III.	Verfassungsrechtliche Rechtfertigung	527	139
		1. Allgemeine Anforderungen	527	139
		2. Die besonderen Anforderungen aus Art. 3 Abs. 2 und 3	537	143
		3. Die besonderen Anforderungen aus Art. 6	553	148
		4. Die besonderen Anforderungen bei den politischen Rechten	555	149
		5. Die besonderen Anforderungen bei den staatsbürgerlichen Rechten und Pflichten	565	151
	IV.	Wirkungen eines Gleichheitsverstoßes	574	154
		1. Gleichheitsverstoß durch Gesetze, Rechtsverordnungen und Satzungen	574	154
		a) Allgemeines	574	154
		b) Ungleich vorenthaltene Begünstigung	579	155
		c) Ungleich auferlegte Belastung	585	156
		d) Zusammenfassung	587	157
		2. Gleichheitsverstoß durch Verwaltung und Rechtsprechung	588	157
		a) Allgemeines	588	157
		b) Gleichheitsverstoß durch die Verwaltung	589	158
		c) Gleichheitsverstoß durch die Rechtsprechung	593	159

§ 12 Religions-, Weltanschauungs- und Gewissensfreiheit (Art. 4, 12a Abs. 2, 140 iVm Art. 136 Abs. 1, 3 und 4, Art. 137 Abs. 2, 3 und 7 WRV) ... 600 162

I.	Überblick	601	162
	1. Textaussage	601	162
	2. Einheitlicher Schutzbereich?	604	163
II.	Schutzbereiche	607	163
	1. Religions- und Weltanschauungsfreiheit	607	163
	a) Individuelle Religions- und Weltanschauungsfreiheit	607	163
	b) Korporative Religions- und Weltanschauungsfreiheit	618	166
	2. Gewissensfreiheit	623	168
	a) Begriff	623	168
	b) Reichweite des Schutzbereichs	625	169
	c) Kriegsdienstverweigerung aus Gewissensgründen gem. Art. 4 Abs. 3	626	169
III.	Eingriffe	628	169
IV.	Verfassungsrechtliche Rechtfertigung	634	171
	1. Art. 136 Abs. 1, 3 S. 2, Art. 137 Abs. 3 S. 1 WRV iVm Art. 140	635	171
	2. Art. 12a Abs. 2	639	172
	3. Kollidierendes Verfassungsrecht	640	173

§ 13 Meinungs-, Informations-, Presse-, Rundfunk- und Filmfreiheit (Art. 5 Abs. 1 und 2) ... 645 175

I.	Überblick	646	175
II.	Schutzbereiche	650	176
	1. Meinungsfreiheit (Art. 5 Abs. 1 S. 1 Hs. 1)	650	176
	a) Begriff	650	176
	b) Äußern und Verbreiten in Wort, Schrift und Bild	656	178
	c) Negative Meinungsfreiheit	659	179

2. Informationsfreiheit (Art. 5 Abs. 1 S. 1 Hs. 2)	662	179
3. Pressefreiheit (Art. 5 Abs. 1 S. 2 Var. 1)................	667	180
a) Begriff	667	180
b) Umfang der Gewährleistung	669	181
c) Verhältnis zu den Grundrechten aus Art. 5 Abs. 1 S. 1 .	673	182
4. Rundfunkfreiheit (Art. 5 Abs. 1 S. 2 Var. 2)..............	675	183
a) Begriff	675	183
b) Umfang der Gewährleistung	676	183
5. Filmfreiheit (Art. 5 Abs. 1 S. 2 Var. 3)	682	186
III. Eingriffe	683	186
1. Meinungs-, Presse-, Rundfunk- und Filmfreiheit	683	186
2. Informationsfreiheit	685	186
IV. Verfassungsrechtliche Rechtfertigung	687	187
1. Schranken..	687	187
2. Zensurverbot (Art. 5 Abs. 1 S. 3)	710	193

§ 14 Kunst- und Wissenschaftsfreiheit (Art. 5 Abs. 3) 715   195

I. Überblick	716	196
II. Schutzbereiche	718	196
1. Kunstfreiheit	718	196
a) Begriff	718	196
b) Umfang der Gewährleistung	722	197
2. Wissenschaftsfreiheit	729	199
a) Begriff	729	199
b) Umfang der Gewährleistung	731	200
III. Eingriffe	736	201
IV. Verfassungsrechtliche Rechtfertigung	740	202

§ 15 Schutz von Ehe und Familie (Art. 6) 744   204

I. Überblick	745	204
II. Abwehrrechte	748	205
1. Schutzbereiche	748	205
2. Eingriffe	760	208
3. Verfassungsrechtliche Rechtfertigung	766	210
III. Diskriminierungsverbote, Schutz- und Teilhaberechte	779	213

§ 16 Schulische Grundrechte und Privatschulfreiheit (Art. 7 Abs. 2–5) 784   215

I. Überblick	785	215
II. Schulische Grundrechte (Art. 7 Abs. 2 und 3)...............	786	216
1. Schutzbereiche	786	216
a) Art. 7 Abs. 3 S. 1 und 2	786	216
b) Art. 7 Abs. 3 S. 3	791	217
c) Art. 7 Abs. 2	792	217
2. Eingriffe und verfassungsrechtliche Rechtfertigung	793	217
III. Privatschulfreiheit (Art. 7 Abs. 4 und 5)	794	218
1. Schutzbereich	794	218
2. Eingriffe und verfassungsrechtliche Rechtfertigung	801	220

§ 17 Versammlungsfreiheit (Art. 8) 805 221
    I. Überblick 806 221
    II. Schutzbereich 807 221
        1. Versammlungsbegriff 807 221
        2. Friedlichkeit und Waffenlosigkeit 814 223
        3. Versammlungen in geschlossenen Räumen und unter freiem Himmel 822 225
        4. Umfang der Gewährleistung 824 226
    III. Eingriffe 825 226
    IV. Verfassungsrechtliche Rechtfertigung 827 227
        1. Schranken 827 227
        2. Verbot von Anmelde- und Erlaubnispflicht 833 228

§ 18 Vereinigungs- und Koalitionsfreiheit (Art. 9) 836 230
    I. Überblick 837 230
    II. Schutzbereiche 840 231
        1. Allgemeine Vereinigungsfreiheit 840 231
           a) Begriff 840 231
           b) Art. 9 Abs. 1 als Individualgrundrecht 846 232
           c) Art. 9 Abs. 1 als kollektives Freiheitsrecht 851 233
        2. Koalitionsfreiheit 853 234
    III. Eingriffe 860 235
        1. Eingriffe in die allgemeine Vereinigungsfreiheit 860 235
        2. Eingriffe in die Koalitionsfreiheit 862 236
    IV. Verfassungsrechtliche Rechtfertigung 864 236
        1. Allgemeine Vereinigungsfreiheit 864 236
           a) Art. 9 Abs. 2 .... 864 236
           b) Kollidierendes Verfassungsrecht 872 238
        2. Koalitionsfreiheit 874 238

§ 19 Brief-, Post- und Fernmeldegeheimnis (Art. 10) 883 241
    I. Überblick 884 241
    II. Schutzbereiche 887 242
        1. Briefgeheimnis 887 242
        2. Postgeheimnis 891 242
        3. Fernmeldegeheimnis 895 243
    III. Eingriffe 898 244
    IV. Verfassungsrechtliche Rechtfertigung 905 246
        1. Gesetzesvorbehalt des Art. 10 Abs. 2 S. 1 .... 905 246
        2. Erweiterung des Gesetzesvorbehalts gem. Art. 10 Abs. 2 S. 2 .... 908 247

§ 20 Freizügigkeit (Art. 11) 912 248
    I. Überblick 913 248
    II. Schutzbereich 914 249
        1. Aufenthalts- und Wohnsitznahme 914 249
        2. Fortbewegung zwecks Ortswechsels 919 250
        3. Einreise und Einwanderung, Ausreise und Auswanderung . 920 250

			924	251
	4.	Mitnahme der persönlichen Habe	924	251
	5.	Negative Freizügigkeit	925	251
III.	Eingriffe		926	252
IV.	Verfassungsrechtliche Rechtfertigung		928	252
	1.	Gesetzesvorbehalt des Art. 11 Abs. 2	928	252
	2.	Weitere Eingriffsrechtfertigungen	929	253

§ 21 Berufsfreiheit (Art. 12) 932 253

I.	Überblick		933	254
II.	Das Abwehrrecht des Art. 12 Abs. 1		936	255
	1.	Schutzbereich	936	255
	2.	Eingriffe	953	259
	3.	Verfassungsrechtliche Rechtfertigung	973	263
III.	Schutz- und Teilhaberechte des Art. 12 Abs. 1		992	267
IV.	Freiheit von Arbeitszwang und Zwangsarbeit (Art. 12 Abs. 2 und 3)		996	268
	1.	Schutzbereich	996	268
	2.	Eingriffe und verfassungsrechtliche Rechtfertigung	997	268

§ 22 Unverletzlichkeit der Wohnung (Art. 13) 1002 270

I.	Überblick		1003	271
II.	Schutzbereich		1004	271
III.	Eingriffe		1010	272
	1.	Durchsuchungen	1011	273
	2.	Lauschangriffe	1013	273
	3.	Sonstige Eingriffe	1014	273
IV.	Verfassungsrechtliche Rechtfertigung		1016	274
	1.	Durchsuchungen	1016	274
	2.	Lauschangriffe	1020	275
	3.	Sonstige Eingriffe	1022	276
	4.	Weitere Eingriffsrechtfertigungen	1026	277

§ 23 Eigentumsgarantie (Art. 14, 15) 1029 278

I.	Überblick		1030	278
II.	Schutzbereich		1036	279
	1.	Begriff des Eigentums	1036	279
	2.	Umfang des Eigentumsschutzes	1042	282
	3.	Erbrecht	1048	283
III.	Eingriffe		1049	284
IV.	Verfassungsrechtliche Rechtfertigung		1053	284
	1.	Abgrenzungen	1053	284
	2.	Enteignung	1068	288
	3.	Inhalts- und Schrankenbestimmungen	1078	291
V.	Die Institutsgarantie als Schranken-Schranke		1091	294
VI.	Vergesellschaftung		1093	295

XV

§ 24 Schutz vor Ausbürgerung und Auslieferung und das Asylrecht (Art. 16, 16a) 1099   298
    I. Überblick 1100   298
    II. Schutz vor Ausbürgerung (Art. 16 Abs. 1) 1103   299
        1. Schutzbereich 1103   299
        2. Eingriffe 1104   299
        3. Verfassungsrechtliche Rechtfertigung 1107   301
    III. Auslieferungsverbot (Art. 16 Abs. 2)..................... 1111   301
        1. Schutzbereich 1111   301
        2. Eingriff 1112   301
        3. Verfassungsrechtliche Rechtfertigung 1115   302
    IV. Asylrecht (Art. 16a) 1116   302
        1. Schutzbereich 1116   302
        2. Eingriffe 1133   307
        3. Verfassungsrechtliche Rechtfertigung 1134   308

§ 25 Petitionsrecht (Art. 17) 1143   311
    I. Überblick 1144   312
    II. Schutzbereich 1145   312
        1. Petitionsbegriff 1145   312
        2. Adressaten der Petition 1147   312
        3. Inhaltliche Zulässigkeitsvoraussetzungen 1148   313
        4. Anspruch auf sachliche Bescheidung 1151   313
    III. Eingriffe und verfassungsrechtliche Rechtfertigung 1152   313

§ 26 Rechtsschutzgarantie (Art. 19 Abs. 4) 1156   315
    I. Überblick 1157   315
    II. Schutzbereich 1159   316
        1. Öffentliche Gewalt 1159   316
        2. Rechtsverletzung 1163   317
        3. Offenstehen des Rechtswegs 1170   318
    III. Eingriffe 1175   320
    IV. Verfassungsrechtliche Rechtfertigung 1177   321

§ 27 Widerstandsrecht (Art. 20 Abs. 4) 1180   322

§ 28 Berücksichtigung der hergebrachten Grundsätze des Berufsbeamtentums (Art. 33 Abs. 5) 1187   324
    I. Überblick 1188   324
    II. Schutzbereich 1189   324
    III. Eingriffe und verfassungsrechtliche Rechtfertigung 1192   325

§ 29 Wahlrecht (Art. 38) 1195   326
    I. Überblick 1196   327
    II. Das unmittelbare, freie und geheime Wahlrecht 1197   327
        1. Schutzbereich 1198   327
        2. Eingriffe 1208   330
        3. Verfassungsrechtliche Rechtfertigung 1216   331

§ 30 Recht auf den gesetzlichen Richter (Art. 101 Abs. 1 S. 2) ...	1219	332
I. Überblick	1220	332
II. Schutzbereich	1221	333
1. Gesetzliche Zuständigkeit des Richters	1221	333
2. Unabhängigkeit und Unparteilichkeit des Richters	1225	334
III. Eingriffe	1227	334
1. Entziehung durch die Legislative	1228	334
2. Entziehung durch die Exekutive	1230	335
3. Entziehung durch die Judikative	1231	335
IV. Verfassungsrechtliche Rechtfertigung	1235	336
§ 31 Anspruch auf rechtliches Gehör (Art. 103 Abs. 1)	1238	337
I. Überblick	1239	337
II. Schutzbereich	1240	337
1. Rechtliches Gehör	1240	337
2. Vor Gericht	1244	339
III. Eingriffe	1245	339
IV. Verfassungsrechtliche Rechtfertigung	1246	339
§ 32 Nulla poena sine lege (Art. 103 Abs. 2)	1249	340
I. Überblick	1250	340
II. Schutzbereich	1251	341
1. Begriff der Strafbarkeit	1251	341
2. Tatprinzip	1255	342
3. Gesetzlichkeitsprinzip	1256	342
4. Bestimmtheitsgrundsatz	1257	342
5. Rückwirkungsverbot	1261	343
III. Eingriffe	1263	344
IV. Verfassungsrechtliche Rechtfertigung	1264	344
§ 33 Ne bis in idem (Art. 103 Abs. 3)	1267	345
I. Überblick	1268	345
II. Schutzbereich	1271	346
1. Dieselbe Tat	1271	346
2. Die allgemeinen Strafgesetze	1275	346
3. Einmaligkeit der Strafverfolgung	1280	347
III. Eingriffe und verfassungsrechtliche Rechtfertigung	1282	348

Teil III
Verfassungsbeschwerde

§ 34 Allgemeines zur Verfassungsbeschwerde	1285	349
§ 35 Zulässigkeit der Verfassungsbeschwerde	1290	350
I. Beschwerdeführer	1291	350
1. Beschwerdefähigkeit	1291	350
2. Prozessfähigkeit	1292	350

II. Beschwerdegegenstand	1294	351
III. Beschwerdebefugnis	1297	351
1. Möglichkeit einer Grundrechtsverletzung	1298	352
2. Eigene Beschwer	1306	353
3. Gegenwärtige Beschwer	1312	354
4. Unmittelbare Beschwer	1315	355
IV. Rechtsschutzbedürfnis	1317	356
1. Rechtswegerschöpfung	1318	356
2. Subsidiarität	1324	357
3. Durchbrechungen der Rechtswegerschöpfung und der Subsidiarität	1325	357
V. Beschwerdehindernis der Rechtskraft	1329	358
VI. Ordnungsmäßigkeit der Beschwerde	1331	359
1. Form	1331	359
2. Frist	1332	359
3. Rücknahme	1333	359
§ 36 Begründetheit der Verfassungsbeschwerde	1334	360
I. Maßstab	1334	360
II. Einschränkung des Prüfungsumfangs auf die Verletzung spezifischen Verfassungsrechts	1340	361
1. Problem	1340	361
2. Lösung	1343	361
Sachverzeichnis		367

Verzeichnis der abgekürzt zitierten Literatur

AK	Kommentar zum Grundgesetz für die Bundesrepublik Deutschland (Reihe Alternativkommentare), 3 Bände (Loseblatt), Stand: August 2002
BK	Kommentar zum Bonner Grundgesetz (Bonner Kommentar), 17 Bände (Loseblatt), Stand: Mai 2016
Degenhart, StR I	C. Degenhart, Staatsrecht I, 33. Aufl. 2017
DR	H. Dreier (Hrsg.), Grundgesetz. Kommentar, Bd. I, 3. Aufl. 2013, Bd. II, 3. Aufl. 2015, Bd. III, 2. Aufl. 2008
E	Amtliche Sammlung der Entscheidungen des Bundesverfassungsgerichts
EH	V. Epping/C. Hillgruber (Hrsg.), Beck'scher Online-Kommentar Grundgesetz. Kommentar, 28. Edition, Stand: 1.3.2016
Epping, GrundR	Grundrechte, 7. Aufl. 2017
FH	K.H. Friauf/W. Höfling (Hrsg.), Berliner Kommentar zum Grundgesetz, 4 Bände (Loseblatt), Stand: Februar 2016
Hdb. GR	D. Merten/H.-J. Papier (Hrsg.), Handbuch der Grundrechte in Deutschland und Europa, bisher 6 Bände und 4 Teilbände, 2004–2016
Hdb. StR	J. Isensee/P. Kirchhof (Hrsg.), Handbuch des Staatsrechts der Bundesrepublik Deutschland, 3. Aufl. 2003-2015, 12 Bände und ein Gesamtregisterband
Hesse, VerfR	K. Hesse, Grundzüge des Verfassungsrechts der Bundesrepublik Deutschland, 20. Aufl. 1999
Hufen, StR II	F. Hufen, Staatsrecht II, Grundrechte, 5. Aufl. 2016
JK	Juristische Ausbildung Karteikarten (Monat/Jahr)
JP	H.D. Jarass/B. Pieroth, Grundgesetz für die Bundesrepublik Deutschland. Kommentar, 14. Aufl. 2016
Kloepfer, VerfR	M. Kloepfer, Verfassungsrecht, 2 Bände, 2010/2011
Manssen, GrundR	G. Manssen, Staatsrecht II. Grundrechte, 14. Aufl. 2017
Maurer, Allg. VwR	H. Maurer, Allgemeines Verwaltungsrecht, 18. Aufl. 2011
Maurer, StR	H. Maurer, Staatsrecht I, 6. Aufl. 2010
MD	T. Maunz/G. Dürig (Begr.), Grundgesetz. Kommentar, 7 Bände (Loseblatt), Stand: Dezember 2015
Michael/Morlok, GR	L. Michael/M. Morlok, Grundrechte, 6. Aufl. 2017
MKS	H. v. Mangoldt/F. Klein/C. Starck (Begr./Hrsg.), Das Bonner Grundgesetz. Kommentar, 3 Bände, 6. Aufl. 2010
MüK	I. v. Münch/P. Kunig (Hrsg.), Grundgesetz-Kommentar, 2 Bände, 6. Aufl. 2012
SA	M. Sachs (Hrsg.), Grundgesetz. Kommentar, 7. Aufl. 2014
Sachs, VerfR II	M. Sachs, Verfassungsrecht II, Grundrechte, 3. Aufl. 2017
Schlaich/Korioth, BVerfG	K. Schlaich/S. Korioth, Das Bundesverfassungsgericht. Stellung, Verfahren, Entscheidungen, 10. Aufl. 2015
Stern, StR	K. Stern, Das Staatsrecht der Bundesrepublik Deutschland, 5 Bände, 1./2. Aufl. 1980–2011

StudK	*C. Gröpl/K. Windthorst/C. von Coelln*, Grundgesetz. Studienkommentar, 2. Aufl. 2015
UC	*D.C. Umbach/T. Clemens* (Hrsg.), Grundgesetz. Mitarbeiterkommentar und Handbuch, 2 Bände, 2002
Volkmann, StR II	*U. Volkmann*, Staatsrecht II. Grundrechte, 2. Aufl. 2011

Im Übrigen werden die üblichen Abkürzungen gebraucht, bei Bundesgesetzen gemäß den Kopfleisten der gängigen Gesetzessammlungen „Schönfelder" und „Sartorius", bei Landesgesetzen gemäß den Kopfleisten der entsprechenden Gesetzessammlungen (zB „v. Hippel/Rehborn") mit vorangestellter Abkürzung für das Land (zB „nw").

§ 1 Einführung

I. Über das Arbeiten mit diesem Buch

Die vorliegende Darstellung lehrt die Grundrechte in der Breite und Tiefe, in der sie Gegenstand der ersten Prüfung für Juristen sind. Sie behandelt alle für die Falllösung im Studium und auch in der Praxis wichtigen Themen der allgemeinen Grundrechtslehren (Erster Teil), sämtliche einzelne Grundrechte (Zweiter Teil) und mit der Verfassungsbeschwerde das dazugehörige Verfahrensrecht (Dritter Teil). Sie ist an der Rechtsprechung des Bundesverfassungsgerichts (BVerfG) orientiert, vermittelt aber das methodische und dogmatische Instrumentarium, das erlaubt, andere als die schon entschiedenen Fälle selbstständig zu lösen.

Zumeist werden die Grundrechte am Anfang des Studiums gelesen. Daher ist die vorliegende Darstellung auch an die *Studienanfänger* adressiert und bemüht sich um besondere Anschaulichkeit. Allerdings ist der Stoff der Grundrechte komplex und die Beschäftigung mit ihnen voraussetzungsvoll. Die Grundrechte des Grundgesetzes wirken in enger Verzahnung mit den Grundrechten der Europäischen Union und der Europäischen Menschenrechtskonvention, die herkömmlicherweise erst in den europarechtlichen Vorlesungen behandelt werden; hinzu treten zunehmend völkerrechtliche Grundrechtsverpflichtungen. Zudem durchdringen sie das einfache Recht und können häufig erst im Zusammenhang mit diesem voll verstanden werden.

Die *Literaturhinweise* am Ende der einzelnen Paragraphen sind bewusst knapp gehalten. Sie beschränken sich auf die grundlegenden, die aktuellen und die für das Studium besonders geeigneten Aufsätze und Bücher; soweit sie Büchern gelten, werden diese im vorausgehenden Paragraphen nur durch den Autor, dh ohne Titel, nachgewiesen. Umfassende Literaturhinweise finden sich in den großen Kommentaren zum Grundgesetz und in den Handbüchern des Staats- und Verfassungsrechts und der Grundrechte. Diese Werke und auch die aktuellen Lehrbücher des Staatsrechts sind im Verzeichnis der abgekürzt zitierten Literatur zusammengestellt und werden daher in den Literaturhinweisen nicht mehr eigens aufgeführt.

II. Grundrechte und Auslegung

Rechtsnormen können sehr unterschiedlichen Aufwand an Auslegungsarbeit erfordern. Auf der einen Seite stehen eindeutig formulierte Frist-, Form- und Verfahrensvorschriften. Auf der anderen Seite gibt es Generalklauseln und unbestimmte Rechtsbegriffe, die erst nach und nach durch Rechtswissenschaft und Rechtsprechung (Richterrecht) handhabbar gemacht werden. Die Grundrechte enthalten zwar einige Form- und Verfahrensvorschriften, zB Art. 104; überwiegend sind sie aber sehr knapp und weit formuliert (zB „Kunst und Wissenschaft ... sind frei", „das Eigentum ... [wird] gewährleistet") und wirken *generalklauselartig*. Daher spielen das Richterrecht und die es vorbereitende und fortentwickelnde Dogmatik zu den Grundrechten eine große Rolle. Mehr als in anderen Rechtsgebieten gehört daher die Beschäftigung mit wichtigen Leitentscheidungen besonders des BVerfG, zunehmend aber auch des

Gerichtshofs der Europäischen Union (EuGH) und des Europäischen Gerichtshofs für Menschenrechte (EGMR) zum Studium der Grundrechte. Die wichtigsten aktuellen Entscheidungen werden in der Ausbildungszeitschrift *Jura* im Gutachtenstil aufbereitet. Auf diese Kurzdarstellungen wird mit der Abkürzung JK verwiesen.

5 Als Teil der Verfassung sind die Grundrechte gegenüber dem Gesetzesrecht und dem Recht der Verwaltung (Rechtsverordnungen, Satzungen) samt allen Einzelakten der vollziehenden und rechtsprechenden Gewalt *höherrangig*. Das heißt, dass alles Unterverfassungsrecht mit den darauf gestützten Einzelakten sich an der Verfassung messen lassen muss. Soweit es mit einer Verfassungs-, besonders einer Grundrechtsnorm nicht vereinbar ist, ist es verfassungswidrig und im Regelfall nichtig. Dabei liegt eine zusätzliche Schwierigkeit darin, dass der Inhalt der Grundrechte selbst durch das Unterverfassungsrecht geprägt sein kann; man spricht insoweit von rechts- oder normgeprägten Grundrechten.

6 **Beispiele:** Der Gesetzgeber ist an die verfassungsrechtliche Garantie des Eigentums (Art. 14 Abs. 1 S. 1) gebunden (Art. 1 Abs. 3). Was aber Eigentum ist, muss vom Gesetzgeber erst bestimmt werden, und Art. 14 Abs. 1 S. 2 ermächtigt den Gesetzgeber denn auch dazu, den Inhalt des Eigentums zu bestimmen. Wie kann der Gesetzgeber dann aber noch an die Verfassung gebunden sein? – Wenn dem Bürger gegen Rechtsverletzungen durch die öffentliche Gewalt der Rechtsweg offen steht (Art. 19 Abs. 4), setzt dies die Einrichtung von Gerichten voraus, was wiederum nur durch den Gesetzgeber geschehen kann.

7 Es kommt hinzu, dass die Grundrechte historisch und aktuell eine besondere *Nähe zur Politik* haben. Grundrechte mussten politisch erkämpft werden, und ihre Auslegung und Anwendung gerät immer wieder in politischen Streit. Die großen Auseinandersetzungen um Volkszählung, Schwangerschaftsabbruch, Kruzifixe in öffentlichen Schulen, Hochschul- und Schulreform, Demonstrationsrecht, Mitbestimmung, Asylrecht, Lauschangriff oder Online-Durchsuchung belegen dies deutlich. Das führt gelegentlich sogar zu der Fehleinschätzung, Verfassungs- und besonders Grundrechtsauslegung sei gar nichts anderes als Politik, und das BVerfG betreibe keine Rechtsprechung im eigentlichen Sinne. Aber neben der demokratischen Herleitung der Herrschaft ist es die größte Errungenschaft des neuzeitlichen Verfassungsstaats, die Ausübung von Herrschaft verrechtlicht zu haben. Im Verhältnis des Einzelnen zum Staat gelten durch die Grundrechte die Maßstäbe des Rechts.

8 Diese Maßstäblichkeit setzt voraus, dass die Auslegung des Rechts festen *methodischen Regeln* folgt, über die allgemeine Übereinstimmung besteht. Nun wird aber gerade über das Methodenproblem im Verfassungsrecht wie im Recht insgesamt viel gestritten. Eine Übereinstimmung, welche Regeln die Auslegung methodisch leiten sollen, ist nur ansatzweise erkennbar.[1] Das verschafft den sog. klassischen Auslegungsgesichtspunkten ihre fortdauernde Bedeutung: dem grammatischen (Wortlaut der Regelung), systematischen (Regelungszusammenhang), genetischen (Entstehungsgeschichte der Regelung), historischen (frühere Regelungen) und teleologi-

---

1 Vgl *Alexy*, Theorie der juristischen Argumentation, 3. Aufl. 1996; *Engisch*, Einführung in das juristische Denken, 11. Aufl. 2010; *Larenz/Canaris*, Methodenlehre der Rechtswissenschaft, 5. Aufl. 2008; *F. Müller/R. Christensen*, Juristische Methodik, Bd. I, 11. Aufl. 2013; *Schlink*, Staat 1980, 73; *Schmalz*, Methodenlehre für das juristische Studium, 4. Aufl. 1998; *J. Vogel*, Juristische Methodik, 1998.

schen (Regelungszweck) Auslegungsgesichtspunkt. Es verschafft auch dem BVerfG eine beträchtliche Freiheit bei der Auslegung und Fortbildung des Verfassungsrechts. Das BVerfG arbeitet an einzelnen Fällen und entwickelt seine Grundrechtsinterpretation von einzelnen Fällen her. Auch für den Lernenden gilt daher, dass aus dem Zusammenhang gerissene Aussagen des BVerfG nicht kanonisiert werden dürfen und dass die Entscheidungsbegründungen und -ergebnisse stets der methodischen Überprüfung bedürfen, ehe sie, zuweilen nur modifiziert und korrigiert, der Lösung eines Problems zu Grunde gelegt werden.

Von einem besonderen Fall der systematischen Interpretation handelt das Gebot *grundrechtskonformer Auslegung*. Über das Gebot wirken die Grundrechte auf die Auslegung und Anwendung des einfachen Rechts durch Rechtsprechung und Verwaltung ein. Immer wieder lässt die methodisch korrekte Bemühung um die Auslegung einer Vorschrift des einfachen Rechts verschiedene Auslegungen zu, und bei Generalklauseln und unbestimmten Rechtsbegriffen haben Rechtsprechung und Verwaltung einen besonders großen Spielraum der Auslegung. Hier verlangt die Bindung an die Grundrechte (Art. 1 Abs. 3), dass die Entscheidung für die eine oder andere Auslegung an den Grundrechten orientiert wird. Sie muss die Grundrechte zur Geltung bringen, das einfache Recht grundrechtsschützend, freiheitsschonend und -fördernd auslegen. 8a

Beispiele: Jemandem wird das Verteilen von Flugblättern auf einem öffentlichen Platz untersagt, weil er nicht über die erforderliche Sondernutzungserlaubnis verfügt. Diese Auslegung der straßenrechtlichen Vorschriften verstößt gegen Art. 5 Abs. 1, denn es ist auch eine Auslegung möglich, die das Verteilen von Flugblättern auf dem öffentlichen Platz erlaubnisfrei zulässt, weil sie den Verkehr, dem der öffentliche Platz dient, nicht nur als Fortbewegungs-, sondern in Orientierung an Art. 5 Abs. 1 auch als kommunikativen Verkehr versteht (vgl BVerfG, NVwZ 1992, 53; *Enders*, VerwArch 1992, 527; *Dietz*, AöR 2008, 556; zum Verkauf von Zeitungen auf öffentlichen Plätzen vgl BVerfG, NVwZ 2007, 1306). – Das Tatbestandsmerkmal der häuslichen Gemeinschaft im Sozialrecht könnte für Kinder und die von ihnen getrennt lebenden Elternteile verneint werden. Im Lichte von Art. 6 Abs. 1 und 2 ist es aber dann zu bejahen, wenn der getrennt lebende Elternteil regelmäßig längeren Umgang mit seinem Kind pflegt und das Kind auch bei ihm ein Zuhause hat (E 127, 263/286 ff). Ebenso müssen die Vollstreckungsgerichte bei der Anwendung der vollstreckungsrechtlichen Verfahrensvorschriften die Gefahren für Leben und Gesundheit des Schuldners berücksichtigen, die aus einer Räumung von Wohnraum herrühren können (BVerfGE 52, 210/220 f; NJW 2013, 290/290 f). 8b

Diese grundrechtskonforme ist ein Unterfall der sog. *verfassungskonformen Auslegung*, nach der von mehreren möglichen Auslegungen diejenige den Vorzug verdient, die der Verfassung besser entspricht. Für beide gilt, dass die Auslegung den normativen Gehalt der Vorschrift nicht grundlegend neu bestimmen darf. Verlangen die grundrechtlichen Vorgaben eine grundlegend neue Bestimmung der Vorschrift, muss diese als verfassungswidrig abgelehnt werden und „dem Gesetzgeber vorbehalten bleiben, ob er die verfassungswidrige Regelung durch eine verfassungsmäßige ersetzen will"[2]. 8c

---

2 E 8, 71/79; 54, 277/299 f; *Lüdemann*, JuS 2004, 27.

III. Zur Lösung von Grundrechtsfällen

9 Der Kern eines Grundrechtsfalls ist meistens die Frage, ob eine bestimmte staatliche Maßnahme, die ein Einzelner von sich abwehren will, mit einem Grundrecht vereinbar ist oder gegen ein Grundrecht verstößt. Diese Kernfrage kann in *zwei Teilfragen* aufgeteilt werden: Wird durch die staatliche Maßnahme in das Grundrecht eingegriffen? Wenn nein, liegt kein Verstoß vor; wenn ja, muss weiter gefragt werden: Ist dieser Eingriff verfassungsrechtlich gerechtfertigt? Wenn ja, liegt wieder kein Verstoß vor; wenn nein, liegt ein Verstoß vor. Häufig ist es zweckmäßig, die erste Frage zu unterteilen nach einerseits Schutzbereich und andererseits Eingriff in den Schutzbereich. So ergibt sich die allgemein anerkannte[3] *Drei-Schritt-Prüfung*, die in § 6 noch näher erläutert und im Zweiten Teil der systematischen Darstellung aller Freiheitsgrundrechte zu Grunde gelegt wird. Erst bei (1) Betroffenheit des Schutzbereichs durch (2) einen staatlichen Eingriff, der (3) nicht verfassungsrechtlich gerechtfertigt werden kann, liegt ein Verstoß gegen das Grundrecht vor.

10 Diese Kernfrage kann zwei Modifikationen erfahren. Zum einen geht es bei *Gleichheitsgrundrechten* nicht um einen Eingriff in den Schutzbereich, sondern um die Frage, ob eine Ungleichbehandlung vonseiten des Staats gerechtfertigt ist oder nicht.[4] Hier bleibt es also bei der Zwei-Schritt-Prüfung: (1) Liegt eine Ungleichbehandlung vor? Wenn nein, liegt kein Verstoß vor; wenn ja, muss weitergefragt werden: (2) Ist diese Ungleichbehandlung verfassungsrechtlich gerechtfertigt? Wenn ja, liegt wieder kein Verstoß vor, wenn nein, ist der Gleichheitssatz in seiner allgemeinen Fassung (Art. 3 Abs. 1) oder in einer seiner besonderen Ausprägungen (Art. 3 Abs. 2 und 3, Art. 6 Abs. 5, Art. 33 Abs. 1–3, Art. 38 Abs. 1 S. 1) verletzt.

11 Die zweite Modifikation kann auftauchen, wenn der Einzelne nicht oder jedenfalls nicht nur einen Eingriff in ein Freiheits- oder Gleichheitsgrundrecht abwehren, sondern erreichen will, dass eine bestimmte Handlung vom Staat *vorgenommen* wird. Einige Grundrechte sind ausdrücklich als Schutzrechte formuliert, zB Art. 6 Abs. 4 mit dem Anspruch der Mutter auf Schutz und Fürsorge der Gemeinschaft und Art. 103 Abs. 1 mit dem Anspruch auf rechtliches Gehör. Andere Grundrechte werden entsprechend ausgelegt (vgl Rn 133 ff). Hier verlangt die Prüfung wieder drei Schritte, in denen danach gefragt wird, ob (1) ein Verhalten, für das Schutz begehrt wird, in den Schutzbereich fällt, (2) eine Pflicht des Staats zum Schutz des Verhaltens besteht und (3) dieser Schutzpflicht vom Staat nicht genügt wird.

12 Die Kernfrage der Grundrechtsprüfung wird vor allem durch die *Normenhierarchie* kompliziert. Bei einem Gesetz kann die Grundrechtsprüfung unmittelbar ansetzen und fragen, ob das Gesetz mit einem Grundrecht vereinbar ist oder nicht. Geht es dagegen um auf Gesetze gestützte Rechtsverordnungen und Satzungen oder um auf Gesetze und Rechtsverordnungen oder Satzungen gestützte Einzelakte der vollziehenden und rechtsprechenden Gewalt, dann ist auf jeder Stufe der Normenhierarchie eine Grundrechtsprüfung denkbar, also bezüglich des Gesetzes als solchen, der auf das Gesetz gestützten Rechtsverordnung oder Satzung als solcher und des auf eine oder

---

3 *Volkmann*, JZ 2005, 261.
4 *Manssen*, GrundR, Rn 35 f.

mehrere Rechtsnormen gestützten Einzelakts als solchen. Häufig wird sich die Grundrechtsprüfung allerdings auf die Stufe konzentrieren können, die der Sache nach den Grundrechtseingriff enthält.

Beispiel: In ein Juristenausbildungsgesetz wird eine Vorschrift neu aufgenommen, wonach vorbestrafte Studenten von der Ersten juristischen Staatsprüfung ausgeschlossen sind (vgl BayVerfGH, BayGVBl. 1973, 151). Daraufhin wird ein vorbestrafter Student durch Bescheid des Justizprüfungsamts nicht zur Prüfung zugelassen. Hier liegt der Grundrechtseingriff zwar zunächst in dem Bescheid. Dieser vollzieht aber nur das Gesetz, das den Grundrechtseingriff der Sache nach schon selbst enthält. Nur das Gesetz braucht anhand des Art. 12 Abs. 1 (Berufs- und Ausbildungsfreiheit) überprüft zu werden. Anders wäre es, wenn der Verwaltung ein Handlungsspielraum eingeräumt wäre, zB dadurch, dass es in der Vorschrift heißt, vorbestrafte Studenten können von der Ersten juristischen Staatsprüfung ausgeschlossen werden. Dann liegt in der entsprechenden Maßnahme des Justizprüfungsamts ein gegenüber dem Gesetz eigenständiger Grundrechtseingriff, und die Vereinbarkeit des Verwaltungsakts mit Art. 12 Abs. 1 ist neben der Verfassungsmäßigkeit des Gesetzes zu prüfen.

13

Die Normenhierarchie führt noch aus einem zweiten Grund zu Komplikationen: Wenn bei einem Gesetz nach seiner *Rechtmäßigkeit* gefragt ist, kann dies nur seine Verfassungsmäßigkeit bedeuten. Anders bei Rechtsverordnungen, Satzungen und Einzelakten der vollziehenden und rechtsprechenden Gewalt. Hier ist zunächst die richtige Anwendung der rangniedrigeren Norm zu prüfen. Wenn sich aus der rangniedrigeren Norm schon die Rechtswidrigkeit des Verwaltungsakts oder der Rechtsverordnung ergibt, braucht – außer wenn danach gefragt ist – nicht mehr die Verfassungsmäßigkeit der höherrangigen Norm geprüft zu werden. Auf diese kommt es erst an, wenn die fragliche Maßnahme durch das rangniedrigere Recht gedeckt ist.

14

Beispiel: Es wird nach der Rechtmäßigkeit des Handelns eines Polizeibeamten gefragt, der den Hausflur von Mietshäusern betritt, um zu kontrollieren, ob eine Polizeiverordnung eingehalten wird, die unter Androhung von Bußgeld Beleuchtungspflichten statuiert. Hier ist zunächst die Ermächtigungsgrundlage im Polizei- und Ordnungsrecht zu überprüfen. Erst wenn eine solche überhaupt existiert und das Handeln des Polizeibeamten deckt, ist zu fragen, ob diese Ermächtigungsgrundlage ihrerseits verfassungsmäßig ist oder gegen die Unverletzlichkeit der Wohnung (Art. 13) verstößt.

15

Schließlich wird die Grundrechtsprüfung häufig durch eine *prozessuale Fragestellung* erweitert, indem neben der inhaltlichen Recht- oder Verfassungsmäßigkeit nach der Zulässigkeit eines oder mehrerer Rechtsbehelfe gefragt wird. Inhaltliche und prozessuale Fragestellungen werden verbunden, wenn die Aufgabe darin besteht, die Erfolgsaussichten eines Rechtsbehelfs, im vorliegenden Zusammenhang vor allem einer Verfassungsbeschwerde, zu begutachten. Regelmäßig liegt bei der inhaltlichen Recht- oder Verfassungsmäßigkeit der Schwerpunkt von Übungs- und Examensarbeiten.

16

Literatur: Die „Arbeitstechnik im Öffentlichen Recht" behandeln *Butzer/Epping*, 3. Aufl. 2006; über „Juristische Arbeitstechnik und wissenschaftliches Arbeiten" unterrichtet *Möllers*, 8. Aufl. 2016; in die Methodik der Fallbearbeitung führen *Schwerdtfeger/Schwerdtfeger*, Öffentliches Recht in der Fallbearbeitung, 14. Aufl. 2012, S. 315 ff ein. Aus den Falllösungsbänden sind *Degenhart*, Klausurenkurs im Staatsrecht I, 4. Aufl. 2016, Klausurenkurs im Staatsrecht II, 7. Aufl. 2015 und *Pieroth/Görisch/Hartmann* (Hrsg.), Hausarbeit im Staatsrecht, 3. Aufl. 2015, hervorzuheben, da sie auf dieses Lehrbuch abgestimmt sind.

17

Fälle und Lösungen zu den Grundrechten enthalten des Weiteren *Brinktrine/Sarcevic*, Fallsammlung zum Staatsrecht, 2. Aufl. 2015; *Höfling*, Fälle zu den Grundrechten, 2. Aufl. 2014; *Haug*, Fallbearbeitung im Staats- und Verwaltungsrecht, 8. Aufl. 2013; *Heimann/Kirchhof/Waldhoff*, Verfassungsrecht und Verfassungsprozessrecht, 2. Aufl. 2010; *Kilian/Eiselstein*, Grundfälle im Staatsrecht, 5. Aufl. 2011; *Lücke/Kugelmann*, Fälle mit Lösungen für Anfänger im Öffentlichen Recht, 2004; *Schmalz*, Verfassungsrecht, 3. Aufl. 2003; *Schmidt-Jortzig/Schliesky*, 40 Klausuren aus dem Staats- und Völkerrecht, 6. Aufl. 2002; *Schoch*, Übungen im Öffentlichen Recht I, 2000; *Volkmann*, Staatsrecht II. Grundrechte, 2. Aufl. 2011; *Weiß*, Grundrechte in der Fallbearbeitung, 2007. Viele Fälle mit Musterlösungen werden von den Ausbildungszeitschriften JuS, Jura und JA sowie den Verwaltungsblättern der Länder veröffentlicht.

Teil I
Allgemeine Grundrechtslehren

§ 2 Geschichte und Begriff der Grundrechte

I. Einführung

Recht ist *geschichtlich gewordenes* Recht und ohne seine Geschichte nicht zu verstehen. Rechtliche Regelungen können einen längeren Atem haben als die politischen Ordnungen, unter denen sie entstehen, wenn sie auf gleich bleibenden sozialen und ökonomischen Verhältnissen beruhen oder auf gleich bleibende menschliche Grundfragen Antwort geben. Sie können aber auch mit den politischen Ordnungen vergehen. Die Grundrechte sind als Teil des Staats- und Verfassungsrechts politisches Recht und dem Wandel der politischen Ordnungen unterworfen. Zugleich sind die Grundrechte aber auch eine Antwort auf die gleich bleibende Grundfrage des Verhältnisses zwischen individueller Freiheit und politischer Ordnung. 18

Die Herausbildung von Grundrechten steht im Zusammenhang mit dem *bürgerlichen Verfassungsstaat der Moderne*, der seine ersten Ausformungen durch die Nordamerikanische und die Französische Revolution gefunden hat. Diese Rechtsentwicklungen hatten aber keinen unmittelbaren Einfluss auf das staatsrechtliche Denken in Deutschland. Auch im Jahr 1848 war hier die Zeit noch nicht reif für eine dauerhafte Einrichtung eines grundrechtlich fundierten Verfassungsstaats. Er wurde erst durch die deutsche Revolution von 1918 erreicht und hat nach dem Rückschlag zwischen 1933 und 1945 in Gestalt des Grundgesetzes für die Bundesrepublik Deutschland Stabilität gewonnen. 19

II. Grundrechte in Nordamerika und Frankreich

Die erste gesamthafte und verfassungskräftige Positivierung von Grundrechten im modernen Sinn war die *Bill of Rights von Virginia* (1776). In deren Art. 1 heißt es, alle Menschen sind „von Natur aus gleichermaßen frei und unabhängig und besitzen gewisse ihnen innewohnende Rechte, deren sie, wenn sie in den Staat einer Gesellschaft eintreten, ihre Nachkommenschaft durch keinen Vertrag berauben oder entkleiden können, nämlich den Genuss von Leben und Freiheit, mit den Mitteln zum Erwerb von Besitz und Eigentum und zum Streben und der Erlangung von Glück und Sicherheit". Art. 8 bis 11 enthalten verfahrensrechtliche Normen zum Schutze des Angeklagten im Strafprozess; Art. 12 erklärt die Pressefreiheit zu einem „der großen Bollwerke der Freiheit"; Art. 16 bestimmt, dass alle Menschen gleichermaßen zur freien Ausübung der Religion gemäß den Geboten des Gewissens berechtigt sind. 20

Diese Bill of Rights von Virginia diente als unmittelbares Vorbild für eine Reihe weiterer, zumeist ausführlicherer *Rechteerklärungen* in anderen Staaten Nordamerikas. 21

Während sie noch neben der Verfassung von Virginia stand, wurde schon die Rechteerklärung in Pennsylvania (1776) mit einem Abschnitt, genannt „Frame of Government", zur „Constitution of the Commonwealth of Pennsylvania" zusammengefasst. Dies war somit die erste Verfassung im neuzeitlichen Sinn, bestehend aus einem Grundrechts- und einem Organisationsteil. Für die weitere verfassungsrechtliche Entwicklung in den Vereinigten Staaten am wichtigsten geworden sind sodann die Grundrechte der ersten zehn Amendments der Bundesverfassung (1791), die auch als „Federal Bill of Rights" bezeichnet worden sind.

22 Im Zusammenhang mit der Konstitutionalisierung von Individualrechten steht die erstmalige Ausbildung des *Vorrangs der Verfassung*, der die Verfassungswidrigkeit von Gesetzen zur Folge haben kann. Darin haben sich die Erfahrungen niedergeschlagen, die in den Kolonien mit dem Mutterland England gemacht worden waren: Auch ein Parlament kann Unrecht tun. Die Bill of Rights bedeutet so gesehen nicht nur eine Beschränkung der Regierung, sondern auch der einfachen Mehrheit des souveränen Volkes. Gesichert wurde diese Bindung des Gesetzgebers an die Verfassung zudem durch das richterliche Prüfungsrecht, das erstmals durch Gerichte der Staaten und 1803 durch den Supreme Court in Anspruch genommen wurde.[1]

23 Die *Déclaration des droits de l'homme et du citoyen* von 1789 kann als der wichtigste Markstein der Geschichte der Grundrechte bezeichnet werden. Der um 1770 entstandene Begriff der „droits fondamentaux", also der Grundrechte ist zwar universell, deckt aber auch und gerade die politischen Ansprüche des sich als soziale Kraft und wirtschaftliche Macht entfaltenden Bürgertums. Dessen Potenzial, Gegnerschaft gegen den königlichen Despotismus und Begeisterung über das Vorbild, das die nordamerikanische Revolution gegeben hatte, bereiteten den Boden für die Französische Revolution und ihren Beginn, die Erklärung der Menschenrechte.

24 Deren Art. 1 stellt in einem ersten Satz fest, dass die Menschen *frei und gleich an Rechten* geboren sind und bleiben. Art. 2 erklärt die Erhaltung der natürlichen und unabdingbaren Menschenrechte zum Endzweck jeder politischen Vereinigung; diese Rechte sind die Freiheit, das Eigentum, die Sicherheit, der Widerstand gegen Unterdrückung. Nach Art. 4 und 5 besteht die Freiheit darin, alles tun zu können, was einem anderen nicht schadet; die Grenzen, die nur darin bestehen können, den übrigen Gliedern der Gesellschaft ebenfalls den Genuss dieser Rechte zu sichern, können nur durch das Gesetz bestimmt werden. Art. 10 proklamiert Religions- und Gewissensfreiheit im Rahmen der durch das Gesetz errichteten öffentlichen Ordnung. Art. 11 garantiert die Gedanken- und Meinungsfreiheit als „eines der kostbarsten Rechte des Menschen", wobei hier ein Vorbehalt der Verantwortlichkeit für den Missbrauch dieser Freiheit in den durch das Gesetz bestimmten Fällen gemacht wird. Art. 16 verkündet: „Eine Gesellschaft, in der weder die Gewährleistung der Rechte zugesichert, noch die Gewaltenteilung festgelegt ist, hat keine Verfassung." Nach dem letzten Art. 17 darf das Eigentum als ein geheiligtes und unverletzliches Recht nur bei gesetzlich festgestellter öffentlicher Notwendigkeit und unter der Bedingung vorheriger und gerechter Entschädigung angetastet werden.

---

1 Vgl *Kingreen*, Hdb. StR³ XII, § 263 Rn 11 ff.

Diese Erklärung ist zum Bestandteil der *Verfassung von 1791* gemacht worden. Sie 25
verbürgte weitere „natürliche und bürgerliche Rechte": Freizügigkeit, Versammlungs- und Petitionsrecht sowie Meinungs- und Kultusfreiheit in präziserer Form als in Art. 10 und 11 der Erklärung der Menschenrechte. Noch ausführlicher war die der (jakobinischen) *Verfassung von 1793* vorangestellte Rechteerklärung. Sie enthielt auch soziale Rechte: freie Berufs- und Arbeitswahl, Recht auf Arbeit oder auf Unterstützung bei Arbeitsunfähigkeit, Anspruch auf Unterricht. Die Verfassung von 1793 trat allerdings nie in Kraft. Ein neues Stadium lässt die *Verfassung von 1795* samt ihrer Rechteerklärung erkennen. Nachdem die alte Stände- und Privilegienordnung beseitigt war, kam den Menschenrechten die neue Funktion zu, die nunmehr etablierte bürgerliche Ordnung zu legitimieren. Es wurden demgemäß nicht mehr natürliche und unveräußerliche Menschenrechte verkündet; vielmehr war von den Rechten innerhalb der Gesellschaft die Rede. Der Satz, dass die Menschen frei und gleichberechtigt geboren werden, wurde durch die formale Gleichheit vor dem Gesetz ersetzt. Rechtsstaatliche Garantien des Gerichtsverfahrens wurden verstärkt; Pflichten gegenüber der Gesellschaft traten hinzu. Für die weitere kontinentaleuropäische Entwicklung der Grundrechte sind dann vor allem die französische *Verfassung von 1815* (Charte Constitutionnelle) und die *belgische Verfassung von 1831* mit ihren Grundrechtskatalogen wichtig geworden.

III. Grundrechte im deutschen Konstitutionalismus des 19. Jahrhunderts

In Deutschland wird erst 1848 der Anschluss an die bisher dargestellte Entwicklung 26
der Grundrechte in der westlichen Welt erreicht. Die von der *Paulskirchenversammlung* verabschiedeten Grundrechte des deutschen Volkes waren auf den Gedanken der Volkssouveränität gegründet und standen in der geschilderten Tradition demokratischen Verfassungsdenkens. Unter den gegebenen politischen Verhältnissen konnten sie nur kurze Zeit Wirkung entfalten. Die Forderung politischer Freiheit von 1848 ist erst in der Revolution von 1918 voll zum Durchbruch gekommen; wichtige entstehungsgeschichtliche Verbindungslinien führen daher von 1848 direkt zu den Grundrechten der Weimarer Reichsverfassung.

Die sonstigen Grundrechtsgewährleistungen im Deutschland des 19. Jahrhunderts 27
sind von anderer Qualität. *Verfassungen süddeutscher Staaten* enthielten während des ersten Drittels des 19. Jahrhunderts Garantien staatsbürgerlicher Rechte – von Grundrechten war nirgends die Rede. Als erste gewährleistete die bayerische Verfassung von 1818 im Titel IV unter der Überschrift „Von allgemeinen Rechten und Pflichten" die Sicherheit der Person und das Eigentum (§ 8), ferner gleichen Amtszugang (§ 5), Gewissensfreiheit (§ 9) und die Freiheit der Presse und des Buchhandels (§ 11), letztere allerdings nur nach den Bestimmungen eines besonderen Ediktes. Ähnliche Bestimmungen enthielten die Verfassungen von Baden (1818) und Württemberg (1819).

Damit waren keine dem Staat vorausliegenden Grundrechte, sondern lediglich Rechte 28
der Untertanen verbürgt. Hier wirkten ältere deutsche Überlieferungen fort, wonach Freiheit nur als vom Staat gewährleistete vorstellbar war. Die genannten Rechte wa-

ren eingebettet in die *konstitutionelle Monarchie*. Die Verfassungen waren von den Monarchen oktroyiert oder mit den (ständischen) Vertretungsorganen vereinbart. Die Staatsgewalt war nicht durch das Volk legitimiert, sondern durch den Monarchen von Gottes Gnaden. Die Einflussnahme der Ständeversammlungen auf Gesetzgebung und Steuererhebung trat lediglich *neben* die weiterbestehenden monarchischen Befugnisse.

29 Dabei passte sich die Monarchie an die *wirtschaftlichen Bedürfnisse des Bürgertums* an. Auch in Deutschland ging es zu dieser Zeit um die Auflösung der ständischen Lebensordnungen zu Gunsten rechtlicher Gleichstellung und Emanzipation, um die Ablösung des ständisch gebundenen Rechts durch ein allgemeines, Rechtsgleichheit und Erwerbsfreiheit verwirklichendes bürgerliches Recht. Dieser Prozess war aber in Deutschland nicht das Werk einer Revolution, sondern das Ergebnis monarchischer Reformen. Die Rechtswissenschaft hatte daran einen gewissen Anteil, indem sie zB die „wohlerworbenen Rechte" durch Überführung in das bürgerliche Eigentum brach.[2]

30 Die *rechtliche Wirkung der Grundrechte* war dabei sehr begrenzt. Das ihnen entgegenstehende Recht war nicht etwa nichtig. Die Rechtsordnung musste ihnen erst angepasst, die Grundrechte mussten durch (neue) Gesetze erst verwirklicht werden. Gegenüber der Gesetzgebung hatten die Grundrechte keine rechtliche Bindungswirkung. So bedeutete der Gleichheitssatz nur die Gleichheit vor dem Gesetz; gesetzliche Privilegien des Adels blieben dadurch ebenso erhalten wie gesetzliche Diskriminierungen der Juden. Die Grundrechte verbürgten gegenüber der Verwaltung lediglich deren Gesetzmäßigkeit. Im politischen Prozess waren sie allerdings nicht funktionslos: Ihnen kam eine „dirigierende und richtungsweisende"[3] Funktion zu. In ihnen war das Programm einer Fortentwicklung der rechtlichen und gesellschaftlichen Ordnung festgeschrieben.

31 Die nach dem Scheitern der Revolution von 1848 und der Aufhebung der Grundrechte der Paulskirchenversammlung folgende Reaktion hielt die Fortentwicklung der Grundrechte auf. Zwar war namentlich in der *Preußischen Verfassungsurkunde von 1850*, die bis 1918 galt, im Titel II („Von den Rechten der Preußen") ein umfänglicher Rechtekatalog enthalten. Dieser hatte sogar einige zukunftsweisende Bestimmungen der Grundrechte von 1848, wie die Freiheit von Wissenschaft und Lehre, übernommen (Art. 20); auch finden sich politische Freiheitsrechte wie Meinungsfreiheit, Pressefreiheit, Vereins- und Versammlungsfreiheit. Doch lautete der einleitende Art. 3 dieses Titels: „Die Verfassung und das Gesetz bestimmen, unter welchen Bedingungen die Eigenschaft eines Preußen und die staatsbürgerlichen Rechte erworben, ausgeübt und verloren werden." Damit waren die einzelnen Freiheitsgewährleistungen überwiegend als für die nähere gesetzliche Bestimmung oder Ausgestaltung offen erklärt. Die Gesetze aber wurden vom König, dem Herrenhaus und einem Abgeordnetenhaus gemacht, das auf Grund des „Drei-Klassen-Wahlrechts" zusammengesetzt war. Insgesamt ist die *Zeit der Reaktion* nach 1850 dadurch gekennzeichnet, dass politische Freiheit unterdrückt, wirtschaftliche Freiheit dagegen gefördert wurde.

---

2 *Lübbe-Wolff*, Sav. ZRG germ. Abt. 1986, 104.
3 *Wahl*, Staat 1979, 321/333.

Die *Norddeutsche Bundes-* bzw *Reichsverfassung von 1867/1871* verzichtete ganz 32
auf einen Grundrechtskatalog; lediglich die Niederlassungs- und Gewerbefreiheit
wurden von ihr garantiert (Art. 3). Manche klassischen Freiheitsgarantien sind der
Sache nach durch reichsgesetzliche Regelung verwirklicht worden; so hat die *Reichs-
justizgesetzgebung* der 70er-Jahre das Rückwirkungsverbot, die Unabhängigkeit der
Gerichte, die Gewährleistung des ordentlichen Rechtswegs, das Recht auf den gesetzlichen Richter, die Unverletzlichkeit der Wohnung und die Freiheit der Person anerkannt. Andere klassische Garantien wie die Gleichheit vor dem Gesetz, die Eigentumsgarantie, das Selbstbestimmungsrecht der Religionsgesellschaften und die Wissenschaftsfreiheit fehlten, und Kulturkampf- und Sozialistengesetzgebung waren
durch Freiheitsrechte nicht beschränkt.

Diese begrenzte Bedeutung der Grundrechte erklärt sich aus dem Fortbestand des *po-* 33
litischen Systems des Konstitutionalismus. Der preußische Verfassungskonflikt
(1861–1866) hatte den Beweis erbracht, dass im Zweifel die Krone die Oberhand
über die Volksvertretung behalten würde. Für die Volkssouveränität oder nur schon
für eine durch die Verfassung auch gegen die Krone gesicherte umfassende politische
Freiheit war im Deutschland der zweiten Hälfte des 19. Jahrhunderts kein Raum. Vor
allem aus nationalen Gründen arrangierte sich ein Großteil des Bürgertums mit dem
monarchischen Staat.

Nachdem etwa in der Mitte des Jahrhunderts die Beseitigung ständisch-feudaler 34
Rechte zu einem gewissen Abschluss gediehen war, stand der Ausbau der *liberalen
Wirtschafts- und Gesellschaftsordnung* im Vordergrund. Vor allem ging es um die
Abwehr von Eingriffen der monarchischen Verwaltung in die bürgerliche Wirt-
schafts- und Verkehrsgesellschaft. Gegen den Gesetzgeber war der Schutz der Grundrechte zwar schon denkbar, aber so lange nicht dringend, als in der Gesetzgebung das
Bürgertum selbst repräsentiert war. Eingriffe galt es dem Gesetzgeber vorzubehalten
und damit der Verwaltung vorzuenthalten. Kein Eingriff in Freiheit und Eigentum ohne Gesetz – unter dieser grundrechtlichen Parole wurde der *Vorbehalt des Gesetzes*
die rechtliche Errungenschaft des Bürgertums im Konflikt mit der Krone und deren
Verwaltung.

In der *spätkonstitutionellen Staatsrechtslehre* wurde entsprechend Freiheit als Negati- 35
on des Staates, als staatsfreie Sphäre verstanden, freilich nicht im Sinne vorstaatlicher
Freiheitsrechte, sondern eines vom Staat gewährleisteten Freiraums. Grundrechte waren hier nicht Konstitutions-, sondern vielmehr Organisationsprinzip des Staates.

IV. Die Grundrechte in der Weimarer Reichsverfassung

Nach der Niederlage des Deutschen Reichs im Ersten Weltkrieg und der Revolution 36
von 1918 konstituierte die *Weimarer Reichsverfassung* von 1919 die erste deutsche
Republik. Ihr zweiter Hauptteil war überschrieben „Grundrechte und Grundpflichten
der Deutschen" und umfasste die Art. 109–165. Er knüpfte an die Grundrechte des
deutschen Volkes von 1848 an und ging zugleich auf die neuen sozialen Probleme
ein. Seine Grundrechte und Grundpflichten verkündeten das Programm einer *demokratischen, rechts- und sozialstaatlichen Republik*.

37 Von den fünf Abschnitten (Die Einzelperson, Das Gemeinschaftsleben, Religion und Religionsgesellschaften, Bildung und Schule, Das Wirtschaftsleben) enthielten die ersten beiden überwiegend die klassisch-liberalen, bürgerlichen *Freiheitsrechte*: Gleichheitssatz, Freizügigkeit, Auswanderungsfreiheit, Freiheit der Person, Unverletzlichkeit der Wohnung, Briefgeheimnis, Meinungs-, Versammlungs-, Vereinigungsfreiheit, Petitionsrecht. Im dritten Abschnitt trat neben die Glaubens- und Gewissensfreiheit eine Regelung des Verhältnisses von Staat und Kirche, die zwar einerseits klar mit Traditionen brach („Es besteht keine Staatskirche", Art. 137 Abs. 1), andererseits aber auch gewisse kompromisshafte Züge trug (Religionsgesellschaften als Körperschaften des öffentlichen Rechts, Kirchensteuerhoheit, Staatsleistungen an die Religionsgesellschaften). Im vierten und noch mehr im fünften Abschnitt trat nach vereinzelten entsprechenden Bestimmungen in den vorangegangenen Abschnitten eine neue *soziale und ökonomische Dimension* der Grundrechte zu Tage. Hier wurde der Staat als Gestalter in Pflicht genommen; er sollte die bürgerliche Gesellschaft in einer Weise fortentwickeln, die auch die Arbeiterschaft am gesellschaftlichen Fortschritt angemessen partizipieren und in den Genuss der Freiheit kommen lässt. Beispiele sind die Garantie der Sozialversicherung und Arbeitslosenunterstützung, die Bestimmungen über die Unentgeltlichkeit der Schulen, auch der weiterführenden Schulen, und die Regelung über die Bindung des Eigentums.

38 Insgesamt war dies ein bemerkenswerter *Versuch zeitgemäßer Fortschreibung* des Grundrechtskatalogs. Grundrechte sollten nicht nur der Verteidigung des status quo im Interesse des Bürgertums dienen, sondern zugleich die durch dessen ungehinderte Entfaltung zulasten der Arbeiterschaft entstandenen Ungleichheiten und Herrschaftsverhältnisse aufheben. Mit diesem doppelten Anliegen zeigt sich die Weimarer Reichsverfassung als Versuch eines „Klassenkompromisses"[4], den allerdings Grundrechtsrechtsprechung und -lehre nicht vertieft haben: Den Grundrechtsnormen, die individuelle Freiheitspositionen zum Inhalt hatten, wurde über das zunehmend anerkannte richterliche Prüfungsrecht eine verstärkte Geltungskraft zuteil,[5] während die wirtschaftlichen und sozialen Rechte überwiegend als bloße Programmsätze bagatellisiert wurden. Dies war zwar teilweise durch den Verfassungstext nahe gelegt; da die liberalen Freiheitsrechte eine lange Tradition und eine ausgebaute Dogmatik besaßen, waren sie präziser gefasst und konnten leichter angewendet werden als die neuartigen Bestimmungen, die mangels solcher Voraussetzungen eher deklaratorisch wirkten. Darüber hinaus wurden aber weder von der Rechtsprechung noch von der Rechtslehre größere Anstrengungen unternommen, diese Verfassungsbestimmungen angemessen umzusetzen. Schließlich erwies sich die unterverfassungsrechtliche Rechtsmasse ganz überwiegend als veränderungsresistent.

39 Die Weimarer Reichsverfassung ist durch die nationalsozialistische Machtergreifung im Jahr 1933 faktisch außer Kraft gesetzt worden. Der staatliche und verfassungsrechtliche *Neubeginn nach 1945* in der Bundesrepublik war von diesen Erfahrungen beeinflusst. Während in Fragen des Staatsorganisationsrechts Weimar verschiedentlich ein negatives Vorbild lieferte, hat man an die Grundrechte der Weimarer Reichsverfassung in großem Umfang bei der Formulierung der Länderverfassungen, dann

---

4 *Anschütz*, Drei Leitgedanken der Weimarer Reichsverfassung, 1923, S. 26.
5 Vgl *Gusy*, Richterliches Prüfungsrecht, 1985.

aber auch im Parlamentarischen Rat angeknüpft. Auf soziale und ökonomische Rechte wurde im Grundrechtsteil des Grundgesetzes allerdings bewusst verzichtet; insofern wurde Weimar wieder als negatives Vorbild empfunden.

V. Grundrechtsentwicklung unter dem Grundgesetz

Durch die Einrichtung der Verfassungsbeschwerde (vgl Rn 1285 ff) und die ausgreifende Rechtsprechung des Bundesverfassungsgerichts, die dem Grundrechtskatalog sogar zusätzliche Grundrechte, wie die informationelle Selbstbestimmung, abgewonnen hat (vgl Rn 447), haben die Grundrechte des Grundgesetzes eine *enorme Bedeutung* gewonnen. Sie beeinflussen Gesetzgebung und Rechtsprechung, Theorie und Praxis auf allen Gebieten des Rechts, anders als unter der Weimarer Reichsverfassung auch auf dem Gebiet des Privatrechts. Sie haben entscheidend zur Freiheitlichkeit von Staat und Gesellschaft der Bundesrepublik Deutschland beigetragen. 40

Von den zahlreichen *Verfassungsänderungen* haben nur wenige die Grundrechte betroffen. Die Wiederbewaffnungsnovelle von 1956 und die sog. Notstandsverfassung von 1968 haben Beschränkungen der Grundrechte im Wehr- und Ersatzdienst und zur Ermöglichung bestimmter für notwendig erachteter verfassungsschützender und nachrichtendienstlicher Tätigkeiten eingeführt. 1993 ist durch die Einführung des Art. 16a an Stelle des schrankenlosen Art. 16 Abs. 2 S. 2 das Asylrecht für politisch Verfolgte beträchtlich eingeschränkt worden. 1998 ist das Wohnungsgrundrecht geändert worden, um den sog. großen Lauschangriff zur Strafverfolgung zu ermöglichen. 2000 ist das Auslieferungsverbot unter einen qualifizierten Gesetzesvorbehalt gestellt worden, um die justizielle Zusammenarbeit in Europa und im Völkerstrafrecht zu fördern. Erweitert worden ist der Grundrechtsbestand durch Verfassungsänderung in Art. 3 Abs. 2 S. 2, Art. 3 Abs. 3 S. 2, Art. 9 Abs. 3 S. 3 und Art. 20 Abs. 4. 41

Die Einführung *sozialer und ökonomischer Grundrechte* ist zwar im Zuge der deutschen Vereinigung durch den Verfassungsentwurf des Runden Tisches von 1990 wieder zum Thema geworden. Doch hat schon Art. 5 EVertr in seinen Empfehlungen für eine Befassung mit möglichen Verfassungsänderungen lediglich die Aufnahme von Staatszielbestimmungen in das Grundgesetz erwähnt. Die daraufhin eingesetzte Gemeinsame Verfassungskommission hat im November 1993 die Einführung von sozialen und ökonomischen Rechten abgelehnt und als Staatszielbestimmung nur den Umweltschutz in einer zurückhaltenden Form zur Aufnahme ins Grundgesetz empfohlen.[6] Dem sind die gesetzgebenden Körperschaften Ende 1994 mit der Normierung des Art. 20a gefolgt. 42

VI. Begriff der Grundrechte

Zwei Stränge lässt die geschichtliche Entwicklung erkennen: Zum einen werden die Grundrechte als *dem Staat vorausliegende* (Menschen-)Rechte des Individuums begriffen; Freiheit und Gleichheit der Individuen sind legitimierende Bedingungen der 43

---

6 Vgl BT-Drucks. 12/6000, S. 75 ff.

Entstehung des Staats, und Freiheits- und Gleichheitsrechte verpflichten und begrenzen die Ausübung staatlicher Gewalt. Zum anderen, in der deutschen Entwicklung, werden als Grundrechte auch Rechte verstanden, die dem Individuum nicht schon als Menschen, sondern erst als Glied des Staats zukommen, die dem Staat nicht vorausliegen, sondern erst *vom Staat gewährt* werden. Auch hier sind die Grundrechte aber individuelles Recht und wird über die Konstruktion der Selbstbindung eine Verpflichtung der Staatsgewalt auf die Grundrechte bewirkt: Eingriffe in Freiheit und Eigentum bedürfen zu ihrer Rechtfertigung des Gesetzes.

44 Das Gemeinsame wie das Unterscheidende der beiden Stränge lässt sich noch genauer bestimmen: Da auch die naturrechtliche Vorstellung einer der Gesellschaft und dem Staat vorausliegenden Freiheit und Gleichheit nicht verkennt, dass der Mensch ohne Gesellschaft und ohne Staat nicht leben kann, meint auch sie mit dem Vorausliegen der Grundrechte die *Rechtfertigungsbedürftigkeit ihrer Beschränkung*. Vorstaatlich ist an den Grundrechten („positiviertes Naturrecht"[7]), dass ihr Gebrauch gegenüber dem Staat nicht gerechtfertigt werden muss, dass hingegen der Staat seine Beschränkung der Grundrechte rechtfertigen muss. Die deutsche Entwicklung hat dieses Prinzip durchaus anerkannt; sie hat lediglich den Umfang, in dem die staatliche Gewalt dem Rechtfertigungserfordernis unterlag, nur zögernd ausgeweitet. Während Nordamerika und Frankreich schon die Entstehung des Staats (Volkssouveränität) und Nordamerika auch die Gesetzgebung (Vorrang der Verfassung) an den Grundrechten maßen, hat Deutschland ihnen lange lediglich die Verwaltung unterworfen (Vorbehalt des Gesetzes; vgl Rn 34). Erst Art. 1 Abs. 2 und 3 macht die Grundrechte zur Grundlage und zum Maßstab für die Ausübung aller Staatsgewalt.[8]

45 Fasslich wird dabei der *gemeinsame Begriff* der Grundrechte: Sie sind Rechte des Individuums und verpflichten den Staat. Ihre Besonderheit gegenüber anderen subjektiven Rechten liegt in ihrem Verfassungsrang. Sie verlangen dem Staat Rechtfertigung ab und liegen ihm insofern voraus.

VII. Überstaatliche Grundrechtsnormierungen

46 Der menschenrechtliche Entwicklungsstrang (vgl Rn 43) hat nach dem Ende des Zweiten Weltkriegs auch zu Grundrechtsnormierungen oberhalb der staatlichen Ebene auf zunächst *völkerrechtlicher* und sodann *supranationaler Grundlage* geführt. Der Impuls ging von den Vereinten Nationen aus. Die Generalversammlung der Vereinten Nationen hatte „die Nichtanerkennung und Verachtung der Menschenrechte" als eine der Ursachen für den nationalsozialistischen Terror nach innen wie außen erkannt und deshalb am 10.12.1948 die Allgemeine Erklärung der Menschenrechte der Vereinten Nationen verkündet; hinzu kamen 1966 die beiden Menschenrechts-Pakte (Pakt über bürgerliche und politische Rechte, Pakt über wirtschaftliche, soziale und kulturelle Rechte). In Europa wollten die neuen internationalen Organisationen das friedliche Zusammenleben der Völker auch durch die Gewährleistung von Grundrechten dauerhaft sichern.

---
7 *Dreier*, DR, Vorb Rn 69.
8 Vgl *Isensee*, Hdb. GR II, § 26 Rn 103.

Zu den Aufgaben des 1949 gegründeten *Europarats* gehört es, völkerrechtlich verbindliche Verträge zum Schutz der Menschenrechte zu erarbeiten.[9] Ein solcher Vertrag ist vor allem die 1953 in Kraft getretene Europäische Konvention zum Schutz der Menschenrechte und Grundfreiheiten (EMRK), die einen Katalog an (Grund-)Rechten und Freiheiten enthält und zugleich mit dem Europäischen Gerichtshof für Menschenrechte (EGMR) mit Sitz in Straßburg ein Organ zur völkerrechtlichen Durchsetzung dieser für alle Vertragsstaaten verbindlichen Grundrechte errichtet.

47

Die 1957 als Europäische Wirtschaftsgemeinschaft gegründete und zunächst in erster Linie die wirtschaftliche Zusammenarbeit bezweckende *Europäische Union* enthielt in ihren vertraglichen Grundlagen, dem Primärrecht, zunächst keinen geschriebenen Grundrechtskatalog. Ihrem Recht, einschließlich der von ihren Organen erlassenen Verordnungen und Richtlinien, dem Sekundärrecht, wuchs jedoch Verbindlichkeit gegenüber den Bürgern der Mitgliedstaaten und damit eine der staatlichen vergleichbare Hoheitsgewalt zu. Daraus entstand das Bedürfnis nach vergleichbarer Begrenzung und Rechtfertigung dieser Unionsgewalt. Der Europäische Gerichtshof (EuGH) mit Sitz in Luxemburg entwickelte überstaatliche Unionsgrundrechte im Wege der Rechtsfortbildung aus den gemeinsamen Verfassungsüberlieferungen der Mitgliedstaaten sowie aus den völkerrechtlichen Verträgen über den Schutz der Menschenrechte, insbesondere aus der EMRK. Der so gewährleistete überstaatliche Grundrechtsschutz hat im Laufe der Zeit ein Maß erreicht, das dem Grundrechtsstandard des Grundgesetzes im Wesentlichen gleich zu achten ist (vgl Rn 246 ff), erst recht nachdem die EU seit 1992 mit dem Vertrag von Maastricht durch Art. 6 EUV (a.F.) zur Achtung der EMRK und der gemeinsamen Verfassungsüberlieferungen der Mitgliedstaaten verpflichtet war.

48

Seit dem Inkrafttreten des Vertrags von Lissabon am 1.12.2009 gehört die *Charta der Grundrechte der Europäischen Union* (GRCh) zum primären Unionsrecht. Diese enthält nicht nur einen eigenständigen Grundrechtskatalog; gem. Art. 52 Abs. 3 S. 1 GRCh wird außerdem die EMRK zu einem Mindeststandard erklärt, hinter dem die Unionsorgane bei der Anwendung der GRCh nicht zurückbleiben dürfen.

49

Literatur: *G. Birtsch* (Hrsg.), Grund- und Freiheitsrechte im Wandel von Gesellschaft und Geschichte, 1981; *ders.* (Hrsg.), Grund- und Freiheitsrechte von der ständischen zur spätbürgerlichen Gesellschaft, 1987; *C. Gusy*, Die Grundrechte in der Weimarer Republik, Zeitschrift für neuere Rechtsgeschichte 1993, 163; *J. Hilker*, Grundrechte im deutschen Frühkonstitutionalismus, 2005; *H. Hofmann*, Zur Herkunft der Menschenrechtserklärungen, JuS 1988, 841; *ders.*, Die Grundrechte 1789–1949–1989, NJW 1989, 3177; *F. Hufen*, Entstehung und Entwicklung der Grundrechte, NJW 1999, 1504; *J.-D. Kühne*, Die französische Menschen- und Bürgerrechtserklärung im Rechtsvergleich mit den Vereinigten Staaten und Deutschland, JöR 1990, 1; *ders.*, Zum Ringen um unmittelbare Grundrechtsgeltung in der Weimarer Nationalversammlung, FS Wendt, 2015, S. 237; *G. Oestreich*, Geschichte der Menschenrechte und Grundfreiheiten im Umriss, 2. Aufl. 1978; *B. Pieroth*, Die Grundrechte des Grundgesetzes in der Verfassungstradition, Hdb. GR II, § 25; *K. Stern*, Idee der Menschenrechte und Positivität der Grundrechte, Hdb. StR³ IX, § 184; *R. Suppé*, Die Grund- und Menschenrechte in der deutschen Staatslehre des 19. Jahrhunderts, 2004; *R. Wahl*, Der Vorrang der Verfassung, Staat 1981, 485; *C. Walter*, Geschichte und Entwicklung der Europäischen Grundrechte und Grundfreiheiten, in: D. Ehlers (Hrsg.), Europäische Grundrechte und Grundfreiheiten, 4. Aufl. 2014, § 1; *C. E. Wolgast*, Geschichte der Menschen- und Bürgerrechte, 2009.

50

---

9 *Walter*, in: Ehlers, Europäische Grundrechte und Grundfreiheiten, § 1 Rn 5.

§ 3 Das Mehrebenensystem des Grundrechtsschutzes

51 Fall 1: Der Streit um das Sorgerecht (nach E 111, 307) G ist Vater eines nichtehelich geborenen Kindes. Ohne den G von der Geburt des Kindes zu informieren, gab die Mutter das Kind zur Adoption frei und überließ es Pflegeeltern. Als G hiervon erfuhr, beantragte er die Übertragung der elterlichen Sorge an sich. Das AG entsprach dem Antrag, seine Entscheidung wurde aber vom OLG aufgehoben. Hiergegen legte G Individualbeschwerde nach Art. 34 EMRK beim EGMR ein. Der EGMR stellte in seinem Urteil eine Verletzung von Art. 8 EMRK durch die Sorgerechtsentscheidung des OLG fest. Die Vertragsstaaten treffe aus Art. 8 EMRK die Pflicht, auf die Zusammenführung eines leiblichen Elternteils mit seinem Kind hinzuwirken, und dem G sei mindestens der Umgang mit seinem Kind zu ermöglichen. Daraufhin übertrug das AG dem G die alleinige elterliche Sorge und erließ eine einstweilige Anordnung, die dem G bis zum rechtskräftigen Abschluss des Sorgerechtsverfahrens den Umgang mit seinem Sohn erlaubte. Diese Umgangsregelung wurde vom OLG aufgehoben, wogegen G Verfassungsbeschwerde vor dem BVerfG erhob. Mit Erfolg? **Rn 84**

51a Fall 2: Das Kopftuch am Arbeitsplatz (nach EuGH, EU:C:2017:203 – Achbita = JK 7/2017) G ist ein in Belgien ansässiges Unternehmen, das für Kunden aus dem öffentlichen und privaten Sektor u. a. Rezeptions- und Empfangsdienste erbringt. 2003 trat Frau Achbita (A), die muslimischen Glaubens ist, mit einem unbefristeten Arbeitsvertrag als Rezeptionistin in den Dienst von G. Bei G galt zu dieser Zeit eine ungeschriebene Regel, wonach Arbeitnehmer am Arbeitsplatz keine sichtbaren Zeichen ihrer politischen, philosophischen oder religiösen Überzeugungen tragen durften.

Im April 2006 kündigte A ihren Vorgesetzten an, dass sie beabsichtige, künftig aus Glaubensgründen während der Arbeitszeiten ein Kopftuch zu tragen. Die Geschäftsleitung antwortete A, dass das Tragen eines Kopftuchs nicht geduldet werde, da das sichtbare Tragen politischer, philosophischer oder religiöser Zeichen der von G angestrebten Neutralität widerspreche. Da A an ihrer Absicht, am Arbeitsplatz ein Kopftuch zu tragen, festhielt, wurde sie entlassen. Sie sieht in der Kündigung einen Verstoß gegen Art. 2 II RL 2000/78/EG. Zu Recht? **Rn 85**

52 Fall 3: Landesasylrecht In den Verfassungen von Bayern (Art. 105), Brandenburg (Art. 18), Hessen (Art. 7 S. 2), Rheinland-Pfalz (Art. 16 Abs. 2) und Saarland (Art. 11 Abs. 2) ist das Asylrecht umfassend gewährleistet. Kann sich ein Asylbewerber, der aus einem Mitgliedstaat der EU einreist, in diesen Ländern auf das jeweilige Landesgrundrecht berufen? **Rn 86**

53 Schon nach dem 2. Weltkrieg war die Entwicklung der internationalen und innerstaatlichen Grundrechte eng miteinander verwoben (Rn 46–49). Die vorliegende Darstellung gilt den Grundrechten des Grundgesetzes. Nur sie sind unmittelbarer Maßstab für das BVerfG. Die inter- und supranationalen Menschenrechte sowie die Grundrechte in den Landesverfassungen werden zwar nicht eigens behandelt. Sie bilden aber mit den Grundrechten des Grundgesetzes ein Mehrebenensystem, dessen verschiedene Regelungsschichten sich zunehmend verzahnen und beeinflussen. Die Grundrechtsgarantien der einzelnen Ebenen dieses Systems teilen einen gemeinsamen Kernbestand an Gewährleistungen, können aber in der Ausgestaltung einzelner

Aspekte des Grundrechtsschutzes zum Teil erheblich voneinander abweichen und verfügen jeweils über andere institutionelle Mechanismen zu ihrer Durchsetzung. Zudem können die internationalen Menschenrechte auf unterschiedliche Weise auf das nationale Recht einwirken und besonders auch in unterschiedlicher Weise für die Auslegung und Anwendung der Grundrechte des Grundgesetzes von Bedeutung sein.

I. Universelles Völkergewohnheitsrecht

Die grundlegendsten Menschenrechtsgarantien finden sich im allgemeinen Völkergewohnheitsrecht, das die Staaten der Völkerrechtsgemeinschaft unabhängig von ihren völkervertraglichen Verpflichtungen bindet. Zu den völkergewohnheitsrechtlich anerkannten Menschenrechten gehören besonders grundlegende Garantien wie das Verbot der Sklaverei oder der Rassendiskriminierung.[1] Manche Autoren sehen aber auch bereits Kerngehalte sozialer Menschenrechte als völkergewohnheitsrechtlich anerkannt.[2] Zur Durchsetzung der gewohnheitsrechtlich anerkannten Menschenrechte sieht das Völkerrecht keine besonderen Mechanismen vor. Lediglich soweit sich Staaten dem IGH unterworfen haben, ist es denkbar, dass ein Staat einen anderen vor dem IGH verklagt, da die universell völkergewohnheitsrechtlich anerkannten Menschenrechte als Erga-omnes-Rechte in dem Sinn verstanden werden, dass ihre Verletzung von jedem Staat vor dem IGH geltend gemacht werden kann.[3] Nach Art. 25 GG sind die Menschenrechte, die im allgemeinen Völkergewohnheitsrecht anerkannt sind, als „allgemeine Grundsätze des Völkerrechts" unmittelbar Bestandteil des Bundesrechts und gehen einfachen Bundesgesetzen vor. Da die allgemeinen völkergewohnheitsrechtlich anerkannten Menschenrechte lediglich einen Mindeststandard schützen, kommt ihnen in Bezug auf die im Grundgesetz geregelten Grundrechte, die einen weitergehenden Schutz gewährleisten, keine Bedeutung zu. Selbst soweit sie bereits soziale Rechte beinhalten sollten, hätten sie allenfalls in extremen Ausnahmefällen Relevanz, da sie nur basalen Grundbedürfnissen gelten, über deren Schutz das einfache Recht in Deutschland regelmäßig weit hinausgeht.

54

II. Universelle Menschenrechtsverträge

Im universellen Völkervertragsrecht finden sich eine ganze Reihe von Konventionen, die dem Schutz der Menschenrechte gelten. Inhaltliche Grundlage vieler Menschenrechtsverträge ist die Allgemeine Erklärung der Menschenrechte von 1948 (AEMR). Bei der AEMR handelt es sich um eine Resolution der Generalversammlung der Vereinten Nationen. Nach ganz überwiegender Ansicht kommt ihr daher keine Rechtsverbindlichkeit zu, da die Generalversammlung nach Art. 10, 13 Abs. 1b der UN-Charta lediglich über eine Empfehlungskompetenz verfügt.[4] An die AEMR knüpfen

55

---

1 IGH, Urteil vom 5.2.1970, Barcelona Traction, ICJ Rep. 1970, 3, § 34.
2 Für das Recht auf Bildung etwa *S.C. de la Vega*, Harv. BlackLetter Law J., 1994, 37/44 ff.
3 IGH, Urteil vom 5.2.1970, Barcelona Traction, ICJ Rep. 1970, 3, § 33 f.
4 *Kempen/Hillgruber*, Völkerrecht, 2007, § 50, Rn 20; *Schweisfurth*, Völkerrecht, 2006, Rn 172; *Warg*, Universeller Menschenrechtsschutz in der Allgemeinen Erklärung und den beiden UN-Pakten, in: ZEuS, 2002, 607/619; a.A. etwa *Humphrey*, in: Ramcharan, Thirty Years after the Universal Declaration of Human Rights, 1979, 21.

besonders die Pakte über bürgerliche und politische Rechte (IPbpR) und über wirtschaftliche, soziale und kulturelle Rechte (IPwskR) an, die 1966 von der Generalversammlung ratifiziert wurden und 1976 in Kraft traten. Neben diesen allgemeinen universellen Menschenrechtsverträgen stehen eine ganze Reihe besonderer Konventionen, die einzelnen Aspekten des Menschenrechtsschutzes gelten. Älter ist etwa das internationale Übereinkommen zur Beseitigung jeder Form der Rassendiskriminierung, später hinzu kamen etwa die Kinderrechts-, Frauenrechts- und Antifolterkonvention. Die jüngste Ergänzung des beachtlichen Korpus universeller Menschenrechtsverträge bildet die Behindertenrechtskonvention (BRK), die 2006 verabschiedet wurde und 2008 in Kraft trat.

56 Anders als das universelle Völkergewohnheitsrecht, das lediglich menschenrechtliche Mindeststandards garantiert, enthalten besonders der IPbpR und der IPwskR umfassende Menschrechtskataloge nicht nur klassischer liberaler Freiheits- und Gleichheitsrechte, sondern auch – zum Teil ambitionierter – sozialer und kultureller Menschenrechte. Im Hinblick auf die Grundrechte des Grundgesetzes ist zum einen von Bedeutung, dass universelle völkervertragliche Garantien zum Teil andere Schutzkonzeptionen verfolgen. Zum anderen gehen sie hinsichtlich der wirtschaftlichen, sozialen und kulturellen Rechte zum Teil weit über die Grundrechte des Grundgesetzes hinaus.

57 **Beispiele:** Die Rassendiskriminierungskonvention verlangt das staatliche Vorgehen gegen die bloße Äußerung rassistischer Meinungen, was mit dem Gebot der Meinungsneutralität staatlicher Eingriffe aus Art. 5 Abs. 2 GG (Rn 695) nur schwer vereinbar ist. – Der Menschenrechtsausschuss der Vereinten Nationen hat aus Art. 17 IPbpR hohe Anforderungen für geheimdienstliche Massendatenspeicherungen abgeleitet (Rn 453). Der IPwskR garantiert etwa in Art. 6 IPwskR ein Recht auf Arbeit, in Art. 11 ein Recht auf einen angemessenen Lebensstandard und in Art. 24 ein Recht auf Bildung.

58 Allerdings ist besonders hinsichtlich der sozialen und kulturellen Menschenrechte zwischen unterschiedlichen Dimensionen und Arten der Verpflichtung zu differenzieren. Menschenrechtlichen Garantien werden zum einen unterschiedliche Verpflichtungsdimensionen zugewiesen. Eingebürgert hat sich die Unterscheidung zwischen Respektierungs-, Schutz- und Erfüllungspflichten (duties to respect, to protect, to fulfill). In der deutschen Grundrechtsdogmatik entsprechen ihnen Abwehr-, Schutz- und Leistungsdimension der Freiheitsrechte (Rn 116 ff). Während die Respektierungspflichten verlangen, dass die Vertragsstaaten die Menschenrechte nicht selbst verletzen, verlangen Schutzpflichten, dass sie sie vor Verletzungen durch Dritte schützen und Erfüllungspflichten, dass die Staaten regulative, institutionelle und materielle Ressourcen zur Verfügung stellen, um die Verwirklichung eines Menschenrechts zu fördern.[5] Hinsichtlich der Erfüllungspflichten muss noch weiter zwischen unmittelbar und lediglich progressiv zu verwirklichenden Menschenrechtsstandards differenziert werden. Besonders soziale und kulturelle Menschenrechte enthalten häufig Erfüllungspflichten, deren Zielvorgaben nur progressiv zu verwirklichen sind.

59 **Beispiel:** So verpflichtet Art. 2 Abs. 2 IPwskR den jeweiligen Vertragsstaat „unter Ausschöpfung aller seiner Möglichkeiten Maßnahmen zu treffen, um *nach und nach* mit allen geeigneten Mitteln, vor allem durch gesetzgeberische Maßnahmen, die volle Verwirklichung der in diesem

---

5 Zu deren Bedeutung für den Gesetzgeber etwa E 132, 134/161 f.

Pakt anerkannten Rechte zu erreichen". Wenn Art. 13 Abs. 2 lit. c IPwskR etwa dazu verpflichtet, auch den kostenlosen Zugang zu Hochschulen zu gewährleisten, sind die Vertragsstaaten nicht dazu verpflichtet, Studiengebühren unmittelbar abzuschaffen; sie müssen lediglich Schritte unternehmen, die auf eine kostenfreie Hochschulausbildung zielen. Die Vertragsstaaten haben dabei einen Spielraum, welche Schritte sie unternehmen und wie sie sie in ein Verhältnis zu anderen Zielen der Konvention wie etwa einem hohen Bildungsstandard setzen. Selbst die Wiedereinführung von Studiengebühren muss daher nicht gegen Art. 13 Abs. 2 lit. c IPwskR verstoßen.[6]

Auf internationaler Ebene werden viele Menschrechtskonventionen zum einen durch Gremien wie dem Menschenrechtsrat der Vereinten Nationen überwacht und fortentwickelt, in denen die Vertragsstaaten repräsentiert sind. Zum anderen werden sie aber auch durch mit Experten besetzte Menschrechtsausschüsse und ein Berichtswesen abgesichert. Nach dem IPbpR und dem IPwskR müssen die Vertragsstaaten dem Menschrechtsausschuss der Vereinten Nationen regelmäßig über die Menschenrechtsentwicklung in ihrem Land Bericht erstatten. Der Ausschuss kann aufgrund der Berichte und weiterer ihm – häufig durch sogenannte Schattenberichte von Nicht-Regierungsorganisationen – zukommende Informationen Empfehlungen aussprechen. Zusatzprotokolle zu einigen Menschrechtsverträgen sehen darüber hinaus vor, dass sich Individuen mit Beschwerden an die Vertragsausschüsse wenden können und erlauben den Ausschüssen zum Teil sogar vorläufige Maßnahmen zu empfehlen, um drohende Menschenrechtsverletzungen abzuwenden (etwa Art. 5 ZP IPwskR). Ferner erweitern die Zusatzprotokolle die Befugnisse der Ausschüsse teilweise dahin, dass sie bei zuverlässigen Angaben über systematische oder schwerwiegende Menschenrechtsverletzungen ein Untersuchungsverfahren – mit Zustimmung des Vertragsstaates sogar auf dessen Hoheitsgebiet – durchführen können (etwa Art. 11 ZP IPwskR). Die Vertragsstaaten müssen die Empfehlungen der Ausschüsse berücksichtigen, darüber hinaus sind sie aber für den Vertragsstaat nicht völkerrechtlich verbindlich.[7] Allerdings können Feststellung und Empfehlung, die Menschenrechtsverletzungen eines Vertragsstaats zum Gegenstand haben, erhebliche politische Wirkung haben (blaming and shaming).

60

In der deutschen Rechtsordnung entfalten die allgemeinen völkervertraglichen Menschenrechtsverträge anders als die allgemeinen Grundsätze des Völkerrechts keine unmittelbare Wirkung, sondern werden im Rahmen ihrer Ratifikation durch das Zustimmungsgesetz nach Art. 59 Abs. 2 GG im Rang einfachen Bundesrechts in die innerstaatliche Rechtsordnung überführt, soweit der Bundesgesetzgeber über die Gesetzgebungskompetenz verfügt. Soweit menschenrechtliche Verpflichtungen die Gesetzgebungskompetenz der Länder betreffen – wie etwa die Schulbildung – obliegt die Überführung den Ländern. Die in das innerstaatliche Recht überführten menschenrechtlichen Verpflichtungen können jedoch gegenüber der Verwaltung und vor Gerichten nur insoweit geltend gemacht werden, wie sie „unmittelbar anwendbar" sind. Die unmittelbare Anwendbarkeit einer völkerrechtlichen Garantie setzt voraus, dass „sie nach Wortlaut, Zweck und Inhalt geeignet und hinreichend bestimmt ist, wie eine innerstaatliche Vorschrift rechtliche Wirkung zu entfalten, also dafür keiner wei-

61

---

6 BVerwGE 134, 1/19 ff; dazu auch E 134, 1/16.
7 Vgl *Keller/Ulfstein*, in: dies, UN Human Rights Treaty Bodies, 2012, 1/4; *Ulfstein*, ebd 73/94 ff, 115.

teren normativen Ausfüllung bedarf"⁸. Das Kriterium der unmittelbaren Anwendbarkeit dient der Aufrechterhaltung der Gewaltenteilung bei der Umsetzung des Völkervertragsrechts. Wären die rechtsanwendenden Gewalten dazu verpflichtet, noch nicht hinreichend bestimmte völkerrechtliche Verpflichtungen anzuwenden, entschieden sie über die politisch offene Umsetzung völkerrechtlicher Zielvorgaben, die in die Zuständigkeit des Gesetzgebers fällt. Dies gilt besonders für die auf schrittweise Umsetzung durch den Gesetzgeber angelegten sozialen und kulturellen Erfüllungspflichten. Erst ihre gesetzliche Konkretisierung kann gegenüber der Verwaltung und vor den Gerichten geltend gemacht werden.

62 **Beispiel:** Art. 24 Abs. 2 BRK verpflichtet dazu, ein inklusives Schulsystem einzurichten. Aus Art. 24 Abs. 2 BRK ergibt sich aber kein einklagbarer Anspruch von Schülern mit Behinderungen, nicht in einer Sonderschule unterrichtet zu werden. Einklagbar sind erst die Rechte auf inklusiven Schulunterricht, die die Landesgesetzgeber in Erfüllung der völkerrechtlichen Verpflichtung aus Art. 24 Abs. 2 BRK einräumen.⁹

63 Auch soweit menschenrechtliche Verpflichtungen des universellen Völkervertragsrechts nicht unmittelbar anwendbar sind, sind sie – jenseits ihrer völkerrechtlichen Verbindlichkeit – für die Anwendung des innerstaatlichen Rechts aber nicht ohne Bedeutung. Vielmehr versteht sich das Grundgesetz als völkerrechtsfreundliche Rechtsordnung, die grundsätzlich eine völkerrechtskonforme Auslegung und Anwendung ihrer Normen verlangt.¹⁰ Die Rechtsanwendungsorgane sollen zwar keine politischen Gestaltungsentscheidungen zur Umsetzung nur schrittweise zu erfüllender völkerrechtlicher Verpflichtungen treffen. Soweit der Gesetzgeber aber bereits Gestaltungsentscheidungen getroffen hat, sollen sie die Rechtsanwendungsorgane aber – soweit methodisch vertretbar – im Einklang mit den völkerrechtlichen Verpflichtungen Deutschlands auslegen. Dies gilt auch für die Grundrechte des Grundgesetzes. So hat das Bundesverfassungsgericht mit Bezug auf das Übereinkommen über die Rechte von Menschen mit Behinderungen angenommen, dass die „UN-Behindertenrechtskonvention ... als Auslegungshilfe für die Bestimmung von Inhalt und Reichweite der Grundrechte herangezogen werden kann"¹¹.

64 Für die Auslegung der Grundrechte können auch internationale Standards mit Menschenrechtsbezug, die keinen völkervertraglichen Verpflichtungscharakter haben (soft law), herangezogen werden. Das BVerfG hält nationale Gerichte für verpflichtet, sich mit diesen Standards auseinanderzusetzen und hat diesen im Einzelfall sogar Indizwirkung für einen Verstoß gegen die Grundrechte des Grundgesetzes beigemessen;¹² eine Pflicht, diese zu übernehmen, sieht es aber nicht.

65 **Beispiel:** Das BVerfG folgt aus Art. 2 Abs. 2 S. 1, dass der Gesetzgeber in Ausnahmefällen eine ärztliche Zwangsbehandlung vorsehen muss (Rn 489). Der nach Art. 34 BRK zuständige Ausschuss für die Rechte von Menschen mit Behinderungen lehnt aber jegliche medizinische Zwangsbehandlung ab und hat die deutsche Praxis in seinen Empfehlungen kritisiert. Anders als die BRK selbst (Rn 62) sind die die BRK interpretierenden Empfehlungen des Ausschusses

---

8 BVerwGE 87, 11/13, vgl auch E 29, 348/360.
9 BVerwG, B. v. 18.1.2010 – 6 B 52. 09, Rn 8.
10 E 58, 1/34; 59, 63/89.
11 E 128, 282/306.
12 E 116, 69/90; BVerfG, NJW 2015, 2100/2101.

nicht rechtsverbindlich. Aufgrund der Völkerrechtsfreundlichkeit des Grundgesetzes verlangt das BVerfG zwar, dass sich deutsche Behörden und Gerichte mit den Erwägungen des Ausschusses in „gutem Glauben argumentativ auseinandersetzen" (NJW 2017, 53/58 = JK 3/2017). Es sieht sie aber bei der Auslegung von Art. 2 Abs. 2 S. 1 nicht an diese gebunden (krit. *Uerpmann-Wittzack*, FamRZ 2016, 1746/1746 f). Vgl auch Rn 559 zum Wahlrechtsausschluss von Menschen unter Betreuung.

III. Regionale Menschenrechtsgarantien: Die EMRK

Neben den universellen Menschenrechtsverträgen stehen regionale Menschenrechtskonventionen für Afrika, Amerika, den arabischen Raum und Europa. Sie weisen regelmäßig inhaltliche Besonderheiten und besondere institutionelle Vorkehrungen auf, die auf der Ebene des Völkerrechts die Durchsetzung der Menschenrechte gewährleisten sollen. Der auch für die Auslegung der Grundrechte des Grundgesetzes bedeutendste europäische Menschenrechtsvertrag ist die EMRK. Zu ihrer Durchsetzung ist nach dem 11. Zusatzprotokoll zur EMRK der Europäische Gerichtshof für Menschenrechte berufen, der von jedem Bürger der Vertragsstaaten in einem individuellen Beschwerdeverfahren angerufen werden kann. Seine Urteile haben nicht nur empfehlenden Charakter, sondern sind für die Vertragsstaaten gem. Art. 46 Abs. 1 EMRK völkerrechtlich verbindlich. Dabei ist der EGMR nicht nur auf eine Feststellung einer Menschenrechtsverletzung beschränkt, sondern kann die Vertragsstaaten nach Art. 41 EMRK auch zu Entschädigungszahlungen verpflichten. Damit gehen die völkerrechtlichen Mechanismen zur Durchsetzung der EMRK weit über das Berichts- und Empfehlungssystem der universellen Menschenrechtsverträge hinaus.

66

Durch das Zustimmungsgesetz vom 7.8.1952 steht die EMRK als innerstaatliches Recht im *Rang eines einfachen Bundesgesetzes*.[13] Als einfaches Bundesgesetz bindet die EMRK nach Art. 20 Abs. 3 die vollziehende Gewalt und die Rechtsprechung, anders als die Grundrechte des Grundgesetzes (vgl Rn 229 ff) aber nicht auch die Gesetzgebung. Der bloß einfach-rechtliche Rang der EMRK ist zum *Problem* geworden: Zum einen konnte sich die EMRK nicht gegen spezielleres und gegen späteres Bundesrecht durchsetzen. Das ist aber mit ihrer menschenrechtlichen Herkunft und dem daraus abgeleiteten Vorranganspruch, der übrigens in vielen europäischen Rechtsordnungen anerkannt ist, schwer vereinbar. Zum anderen findet die EMRK und finden die Entscheidungen des EGMR in der Rechtsprechung der deutschen Gerichte oft keine oder nur zögerliche Berücksichtigung. Daher stellt sich die Frage, wie die Bundesrepublik ihrer völkerrechtlichen Verpflichtung nachkommen und einen im einzelnen Fall über die deutschen Grundrechte hinausgehenden Schutz eines EMRK-Grundrechts im innerstaatlichen Recht verwirklichen und absichern kann.

67

Den allgemeinen Grundsätzen zur Völkerrechtsfreundlichkeit des Grundgesetzes folgend (Rn 54) hat das BVerfG gestützt auf den in Art. 1 Abs. 2 besonders verbürgten Schutz eines Kernbestands an internationalen Menschenrechten iVm Art. 59 Abs. 2 S. 1 die verfassungsrechtliche Pflicht besonders betont, bei der Anwendung der deutschen Grundrechte die EMRK als Auslegungshilfe für die Bestimmung von Inhalt

68

---
13 E 111, 307/315, 317; 128, 326/367.

und Reichweite der Grundrechte heranzuziehen und darüber hinaus das einfache Recht EMRK-konform auszulegen[14]. Damit zieht das BVerfG die EMRK als *Kontrollmaßstab* unmittelbar gegenüber Judikative und Exekutive und mittelbar auch gegenüber der Gesetzgebung heran und stellt sie in der Normenhierarchie über das einfache Recht. Des Weiteren entnimmt das BVerfG dem deutschen Transformationsgesetz die Pflicht, bei der Rechtsanwendung die Entscheidungen des EGMR auch über den konkret entschiedenen Einzelfall hinaus zu berücksichtigen, und misst ihnen daher eine „jedenfalls faktische Orientierungs- und Leitfunktion" bei.[15] Den auf völkerrechtlicher Ebene ergehenden Entscheidungen des EGMR kommt also dadurch innerstaatliche Bedeutung zu, dass sie den Gehalt der EMRK konkretisieren und fortentwickeln.[16] Das BVerfG verlangt aber keine „schematische Parallelisierung der Aussagen des Grundgesetzes mit denen der Europäischen Menschenrechtskonvention"[17], sondern eine „ergebnisorientierte" Auslegung, die der Vermeidung von Völkerrechtsverletzungen diene.[18] Damit ist gemeint, dass sich die Anwendungsbereiche der ja textlich nicht übereinstimmenden Grundrechte unterscheiden können (Rn 1252), wenn dadurch gleichwohl das durch die EMRK geforderte Grundrechtsniveau im Einzelfall nicht unterschritten wird. Die Auslegung der EMRK-Grundrechte durch den EGMR spielt daher vor allem in der Verhältnismäßigkeitsprüfung durch das BVerfG eine bedeutende Rolle (Rn 510, 621, 705, 879). Das BVerfG behält sich unter Hinweis auf Art. 53 EMRK vor, dass die Berücksichtigung der EMRK und der Rechtsprechung des EGMR nicht dazu führen darf, dass der Grundrechtsstandard des Grundgesetzes unterschritten wird; diese Gefahr sieht es vor allem bei mehrpoligen Grundrechtsverhältnissen, in denen das „Mehr" an Freiheit für einen Grundrechtsträger zugleich ein „Weniger" für einen anderen bedeutet.[19]

69 Die Berücksichtigung der EMRK ist nicht nur eine objektiv-rechtliche Pflicht der deutschen öffentlichen Gewalt; auf sie besteht ein subjektiv-rechtlicher Anspruch, der prozessual durchsetzbar ist: „Das BVerfG hält es für geboten, dass ein Beschwerdeführer gestützt auf das einschlägige Grundrecht mit der *Verfassungsbeschwerde* rügen können muss, dass ein staatliches Organ eine Konventionsbestimmung oder eine Entscheidung des EGMR missachtet oder nicht berücksichtigt hat"[20]. Begründen lässt sich das damit, dass die Rechtsanwendung ohne Berücksichtigung der EMRK die verfassungsrechtliche Pflicht zur Berücksichtigung der EMRK bei der Auslegung des nationalen (Verfassungs-)Rechts verletzt.[21]

---

14 E 111, 307/329; 128, 326/367 ff.
15 E 128, 326/368.
16 *Michael/Morlok*, GR, Rn 116.
17 E 128, 326/366; 131, 268/295; 134, 242/330 (= JK 5/2014).
18 E 128, 326/370.
19 E 137, 273/321, s. aber Rn 705 als Beispiel für eine Rezeption der Abwägungskriterien des EGMR durch das BVerfG.
20 BVerfG, NVwZ 2007, 808/811.
21 Vgl E 111, 307/328 f.

IV. Supranationale Menschenrechtsgarantien: Die Unionsgrundrechte

Die neben der EMRK zweite zentrale Rechtsquelle des europäischen Grundrechtsschutzes ist heute die Charta der Grundrechte der Europäischen Union (Rn 49). Die 1957 abgeschlossenen Gründungsverträge der damaligen Europäischen Gemeinschaften hatten, vom Sonderfall der Gleichbehandlung von Frauen und Männern im Arbeitsleben (Art. 119 EWGV; heute: Art. 157 AEUV, Rn 79) abgesehen, noch keine Grundrechte enthalten. Die sechs Gründungsstaaten waren davon ausgegangen, dass sie völkerrechtliche Verträge abschließen, die nach dem damaligen Verständnis allein die Mitgliedstaaten berechtigen und verpflichten, aber keine unmittelbaren Rechtswirkungen gegenüber dem Bürger entfalten sollten. Gefahren für den Grundrechtsschutz gingen daher, so die damalige Vorstellung, nur von den Mitgliedstaaten aus. Schon in den ersten Jahren nach der Gründung der Europäischen Gemeinschaften hat der EuGH aber entschieden, dass das europäische Recht Vorrang vor nationalem Recht hat[22] und die Bürger zudem unmittelbar berechtigen und verpflichten kann.[23] Vorrang und unmittelbare Anwendbarkeit des Gemeinschaftsrechts hatten allerdings zunächst vor allem die Funktion, die Errichtung eines Binnenmarktes durch den Ausbau der **Europäischen Grundfreiheiten** voranzutreiben (Rn 71–75). Allerdings entstand aufgrund des Vorrangs und der unmittelbaren Anwendbarkeit des Unionsrechts ein Bedürfnis nach Grundrechtsschutz auch gegenüber Rechtsakten der Europäischen Gemeinschaften. Ein Schutz durch die Grundrechte der mitgliedstaatlichen Verfassungen kam nicht in Betracht, weil es die einheitliche Anwendung des (damaligen) Gemeinschaftsrechts in Frage gestellt hätte, wenn nationale Gerichte das europäische Recht in einem Mitgliedstaat wegen Grundrechtsverstoßes für unanwendbar erklärt hätten. Daraus erklärt sich die allmähliche Entwicklung eines **eigenständigen supranationalen Grundrechtsschutzes** (Rn 76–78); in seinem Ausbau bis hin zur Verabschiedung der Charta der Grundrechte zeigt sich der Übergang von einer primär auf die ökonomische Integration ausgerichteten Europäischen Gemeinschaft hin zur Europäischen Union als eines auch politischen Verbunds. Ausdruck des nicht mehr nur ökonomischen, sondern auch politischen Integrationsanspruchs der EU ist es zudem, dass auch das Sekundärrecht grundrechtsähnliche Gewährleistungen enthält (Rn 79–80).

70

1. Die europäischen Grundfreiheiten

Die europäischen Gründungsverträge enthielten zwar keine Grundrechte, mit der Warenverkehrs-, der Arbeitnehmer-, der Niederlassungs- und der Dienstleistungsfreiheit (heute in den Art. 34, 45, 49 und 56 AEUV) aber sog. Grundfreiheiten; später sind noch die Freiheiten des Zahlungs- und des Kapitalverkehrs (Art. 63 AEUV) hinzugetreten. Die Grundfreiheiten sind keine Menschenrechte. Aber sie waren für die Verwirklichung des Binnenmarktes von zentraler Bedeutung, der nach Art. 26 Abs. 2 AEUV einen Raum ohne Binnengrenzen umfasst, in dem der freie Verkehr von Wa-

71

---

22 EuGH, Rs. 6/64, Slg. 1964, 1251/1269 (Costa/ENEL).
23 EuGH, Rs. 26/62, Slg. 1963, 1/25 (van Gend & Loos).

ren, Personen, Dienstleistungen und Kapital gewährleistet ist. Ein Binnenmarkt setzt nämlich voraus, dass das Recht seiner Mitgliedstaaten harmonisiert oder zumindest koordiniert wird.

72 **Beispiele:** Wenn ein französisches Unternehmen in Deutschland Bier vertreiben möchte, das nicht dem deutschen Reinheitsgebot entspricht, muss entweder das einschlägige Lebensmittelrecht europaweit vereinheitlicht werden oder Deutschland muss die lebensmittelrechtlichen Kontrollen in Frankreich so anerkennen als seien sie in Deutschland durchgeführt worden. Und wenn sich ein in Italien ausgebildeter Arzt in Spanien niederlassen möchte, setzt das entweder ein einheitliches Ausbildungsrecht voraus oder zumindest die Anerkennung der italienischen Befähigungsnachweise durch Spanien.

73 Man kann dieses Ziel der Harmonisierung oder zumindest Koordinierung des Rechts der Mitgliedstaaten durch aktiv gestaltende Politik, also dadurch erreichen, dass im Sekundärrecht gemeinsame Standards festgesetzt werden (sog. positive Integration). Aber gerade in den Anfangsjahren der europäischen Gemeinschaft waren die Entscheidungsverfahren schwerfällig, weil es im Rat, der seinerzeit noch das Hauptrechtsetzungsorgan war, stets einstimmiger Entscheidungen bedurfte. Diese Funktionsschwäche der Legislative begünstigte das Voranschreiten der *negativen Integration* durch die Grundfreiheiten.[24] Damit ist gemeint, dass sich jeder Bürger unter Berufung auf seine Grundfreiheiten gegen Beschränkungen des Handels innerhalb der Union zur Wehr setzen kann.

74 **Beispiele:** Das französische Unternehmen, das kein dem deutschen Reinheitsgebot widersprechendes Bier in Deutschland verkaufen durfte, hat sich dagegen erfolgreich unter Hinweis auf die Warenverkehrsfreiheit berufen, weil nicht erkennbar ist, warum Bier, das in Frankreich verkauft werden kann, in Deutschland gesundheitsschädlich sein sollte (EuGH, ECLI:EU:C:1987:126 – Kommission/Deutschland). Bei den Personenverkehrsfreiheiten kann es komplizierter sein, weil die Koordination von Anforderungen an Personen (insbesondere deren Ausbildung) häufig anspruchsvoller ist als bei Produkten. Wenn sich etwa der in Italien ausgebildete Arzt in Spanien niederlassen möchte, kann er sich zwar, wenn ihn das spanische Recht daran hindert, auf die Niederlassungsfreiheit (Art. 49 AEUV) berufen. Aber dieser Eingriff könnte gerechtfertigt sein, wenn Spanien geltend macht, durch eine umfangreichere praktische Ausbildung einen höheren Gesundheitsschutz zu gewährleisten. In solchen Fällen bedarf es dann doch des Sekundärrechts (hier der RL 2005/35/EG), das gemeinsame Mindeststandards festlegt, die verhindern, dass sich ein Mitgliedstaat zur Rechtfertigung auf die noch höheren Standards in seinem nationalen Recht beruft.

75 Die Rechtsprechung des EuGH zu den Grundfreiheiten war in vielen Fällen eine Initialzündung für den Erlass von Sekundärrecht. Nachdem etwa der EuGH seit 1998 in einer Vielzahl von Fällen entschieden hatte, dass Versicherte aufgrund der Art. 34 und 56 AEUV Gesundheitsleistungen ohne Genehmigung der Krankenkassen auch in anderen Mitgliedstaaten erwerben können[25], ist eine Richtlinie (RL 2011/24/EU) erlassen worden, die diese Rechtsprechung kodifiziert hat. Diese Verrechtlichung führt allmählich zu einem Bedeutungsverlust der Grundfreiheiten, denn Prüfungsmaßstab für Beschränkungen sind dann nicht mehr die Grundfreiheiten selbst, sondern das zu ihrer Konkretisierung ergangene Sekundärrecht.[26] Parallel dazu steigt die Bedeutung

---

24 *Scharpf*, in: Jachtenfuchs/Kohler-Koch, Europäische Integration, 1996, S. 109 ff.
25 EuGH, ECLI:EU:C:1998:167, Rn 35 f – Decker; ECLI:EU:C:1998:171, Rn 34 f – Kohll.
26 *Kingreen*, FS-Jarass, S. 57 ff.

der Unionsgrundrechte als Maßstab für das Sekundärrecht, weil das Sekundärrecht zwar den Binnenmarkt verwirklicht, aber – etwa durch die Setzung von Mindeststandards (Rn 74) – auch mit Freiheitseinschränkungen einhergeht.

2. Die Unionsgrundrechte

Weil das Vorrang und unmittelbare Geltung beanspruchende Sekundärrecht grundrechtlich gebunden sein musste, hat der EuGH die Grundrechte, beginnend 1969, als „allgemeine Rechtsgrundsätze der Gemeinschaftsrechtsordnung"[27] anerkannt und zunächst richterrechtlich fortentwickelt, wobei wesentliche Rechtserkenntnisquelle neben den Grundrechten der mitgliedstaatlichen Verfassungen vor allem die EMRK (Rn 66 ff) war. Als allein verbindlicher Maßstab für die Rechtsakte der Gemeinschaften verdrängen sie insoweit mit grundsätzlicher Billigung des BVerfG (Rn 247 ff) auch die Grundrechte des GG. Als supranationales Recht gehen sie damit in ihrer Rechtswirkung weit über die völkerrechtlichen Grundrechtsgarantien hinaus. Maßgebliches Motiv für die Entwicklung des richterrechtlich entwickelten europäischen Grundrechtskataloges war es damit, **die einheitliche Anwendung des in den Mitgliedstaaten unmittelbar geltenden Gemeinschaftsrechts** sicherzustellen. 76

Die im Jahre 2000 proklamierte und seit 2009 rechtsverbindlich geltende Grundrechtecharta hat den bis dahin nur richterrechtlichen Grundrechtskatalog kodifiziert und weiterentwickelt. Sie hat unterschiedliche Staats- und Grundrechtsverständnisse zusammengeführt. Daher enthält sie wie das Grundgesetz klassische Freiheits- und Gleichheitsrechte, aber im Abschnitt „Solidarität" auch soziale Grundrechte, wie sie etwa dem französischen republikanischen Ideal der Brüderlichkeit entsprechen. Diese könnten zwar auch in einem leistungsrechtlichen Sinne interpretiert werden, reichen aber bislang nicht über die in Deutschland anerkannten Grundrechtswirkungen hinaus.[28] Nach Art. 51 Abs. 1 GRCh binden die Unionsgrundrechte stets die Unionsorgane, die Mitgliedstaaten hingegen nur bei der „Durchführung" von Unionsrecht. Die Mitgliedstaaten sind danach jedenfalls dann durch die Unionsgrundrechte gebunden, wenn sie primäres und sekundäres Unionsrecht umsetzen und anwenden. Es würde nämlich den Anwendungsvorrang und die einheitliche Geltung des Unionsrechts in den Mitgliedstaaten in Frage stellen, wenn mitgliedstaatliche Gerichte Rechtsnormen, die das Unionsrecht durchführen, wegen Verstoßes gegen die mitgliedstaatlichen Grundrechte für nicht anwendbar erklären könnten. Dort, wo das Unionsrecht den Mitgliedstaaten keine zwingenden Vorgaben macht, gelten die mitgliedstaatlichen Grundrechte (Rn 249). Umstritten ist aber, ob in diesem Fall eine zusätzliche Bindung an die Unionsgrundrechte besteht. Der EuGH meint, dass die Unionsgrundrechte auch anwendbar sind, wenn eine Richtlinie[29] oder die europäischen Grundfreiheiten (Art. 34, 45, 49, 56, 63 AEUV)[30] den Mitgliedstaaten Gestaltungsspielräume ein- 77

---

27 EuGH, Rs. 29/69, Slg. 1969, 419, Rn 7 (Stauder).
28 S. *Kingreen*, in: Ehlers, Europäische Grundrechte und Grundfreiheiten, 4. Aufl. 2014, § 22 Rn 10 ff, 23 ff.
29 EuGH, Rs. C-540/03, Slg. 2006, I-5769, Rn 110 f (Parlament/Rat).
30 EuGH, Rs. C-260/89, Slg. 1991, I-2925, Rn 43 (ERT); Rs. C-368/95, Slg. 1997, 3689, Rn 24 (Familiapress).

räumen.³¹ Er geht sogar so weit, dass er auch solches nationales Recht als „Durchführung des Unionsrechts" (Art. 51 GRCh) ansieht, das von dem europäischen Rechtsakt noch nicht einmal thematisch erfasst wird, sondern nur das allgemeine nationale verfahrens-, vollstreckungs- und sanktionsrechtliche Umfeld des europäischen Rechtsakts bildet.³² Das BVerfG widerspricht dem EuGH mit dem Hinweis, dass nicht „jeder sachliche Bezug einer Regelung zum bloß abstrakten Anwendungsbereich des Unionsrechts" ausreiche, um von einer „Durchführung" iSv Art. 51 Abs. 1 GRCh sprechen zu können, deutlich.³³ Daran ist richtig, dass die Unionsgrundrechte stets nur die Funktion hatten, die Einheitlichkeit des Unionsrechts zu sichern (Rn 76), aber nicht ihrerseits vereinheitlichende Wirkungen im Verhältnis zu den nationalen Grundrechten haben sollten. Zudem kommt es durch die Ausweitung der Unionsgrundrechte zu einer „Doppelbindung", die vor allem bei Grundrechtskollisionen erhebliche und unnötige Probleme aufwirft.³⁴ Für die Unionsgrundrechte sollte daher nach wie vor gelten, dass sie die Mitgliedstaaten nur binden, wenn und soweit dies für die einheitliche Anwendung des Unionsrechts erforderlich ist.

78 **Beispiele:** Die vom EuGH mittlerweile für grundrechtswidrig erklärte Richtlinie der Europäischen Union über die Vorratsdatenspeicherung (Rn 452) verpflichtete die Mitgliedstaaten, sicherzustellen, dass bestimmte Telekommunikationsdaten auf Vorrat gespeichert werden, damit die Daten zum Zwecke der Ermittlung, Feststellung und Verfolgung von schweren Straftaten zur Verfügung stehen. Sie ließ den Mitgliedstaaten aber Regelungsspielräume, etwa bei der Bestimmung der Straftaten, zu deren Verfolgung der bevorratete Datenbestand genutzt werden darf und der Dauer der Speicherung der Daten. Eine Prüfung des deutschen Umsetzungsgesetzes am Maßstab der Grundrechte des GG schied grundsätzlich aus, soweit das Gesetz die zwingenden Vorgaben der Richtlinie umsetzte. Das BVerfG (E 121, 1/15; 125, 260/306) konnte die Vereinbarkeit mit den Grundrechten des GG aber prüfen, soweit das Umsetzungsgesetz die Spielräume der Richtlinie nutzte (Bestimmung der einschlägigen Straftatbestände, erweiterte Speicherungspflichten). Nach Ansicht des EuGH sind daneben auch in diesem nicht durch die Richtlinie determinierten Bereich noch die Unionsgrundrechte anwendbar. – Ein schwedischer Fischer kommt seinen Mitteilungspflichten bei der Erhebung der Mehrwertsteuer nicht nach. Die Steuerverwaltung erlässt zunächst einen Bußgeldbescheid. Zudem wird er vor einem Strafgericht angeklagt, das die Frage aufwirft, ob eine strafrechtliche Verurteilung wegen des bereits erfolgten Bußgeldverfahrens gegen das Verbot der Doppelbestrafung (Art. 50 GRCh) verstößt. Zwar enthält das Unionsrecht auch Verpflichtungen der Mitgliedstaaten, die Erhebung der Mehrwertsteuer sicherzustellen und gegen Steuerbetrug vorzugehen. Diese Verpflichtungen waren aber, da Schweden ihnen ohne Zweifel nachgekommen war, gar nicht Gegenstand der Sanktionsverfahren, sondern es ging um die verfassungs- und strafrechtliche Frage, ob das Verbot der Doppelbestrafung für das Verhältnis zwischen einer Kriminalstrafe und einer steuerrechtlichen Sanktion gilt (was für Art. 103 Abs. 3 zu verneinen ist, Rn 1278). Obwohl damit kein unmittelbar einschlägiges Unionsrecht betroffen war, hat der EuGH (Rs. C-617/10, ECLI:EU:C:2013:105, Rn 24 ff – Fransson) über die Brücke der allgemeinen steuerrechtlichen Bestimmungen des Unionsrechts auch das schwedische Strafrecht als „Durchführung des Uni-

---

31 Zum Meinungsstand *Kingreen*, in: Calliess/Ruffert, EUV/AEUV, 5. Aufl. 2016, Art. 51 GRC, Rn 8 ff.
32 EuGH, Rs. C-617/10, ECLI:EU:C:2013:105, Rn 24 ff (Fransson); vgl. bereits EuGH, Rs. C-276/01, Slg. 2003, I-3735, Rn 76 (Steffensen).
33 E 133, 277/316.
34 *Kingreen*, JZ 2013, 801/802 ff; *Masing*, JZ 2015, 477/481 ff; ferner etwa *Frenzel*, Staat 2014, 1 ff; *Ohler*, NVwZ 2013, 1433/1437 f; *Thym*, NVwZ 2013, 889/891 ff.

onsrechts" (Art. 51 Abs. 1 GRCh) angesehen. Allerdings verneint er den für die Anwendbarkeit der Unionsgrundrechte notwendigen Zusammenhang zwischen Sekundärrecht und dem zu prüfenden nationalen Rechtsakt, wenn beide unterschiedliche Ziele verfolgen (EuGH, Rs. C-198/13, ECLI:EU:C:2014:2055, Rn 41 – Hernández).

3. Grundrechtsähnliche Gewährleistungen im Sekundärrecht

In mehreren Rechtsetzungsakten hat die EU eine neue Schicht grundrechtsähnlicher Gewährleistungen im Sekundärrecht geschaffen. Auf der Grundlage von Art. 19 Abs. 1 AEUV sind mehrere Richtlinien zum Antidiskriminierungsrecht ergangen, die der deutsche Gesetzgeber einfach-rechtlich im Allgemeinen Gleichbehandlungsgesetz (AGG) umgesetzt hat (Rn 241). In ihnen bringt sich der politische Integrationsanspruch der EU zur Geltung, weil sie nicht nur die den Binnenmarkt behindernden Ungleichbehandlungen wegen der Staatsangehörigkeit, sondern auch andere verbotene Differenzierungskriterien (etwa das Alter, die sexuelle Orientierung und die Religion) verbieten. Wesentlich älter ist das auf den heutigen Art. 157 AEUV zurückzuführende Verbot der Diskriminierung wegen des Geschlechts im Arbeitsleben in der RL 76/207/EWG; diese ist etwa Maßstab für Frauenquoten im Öffentlichen Dienst (Rn 542). Die sekundärrechtlichen Gewährleistungen, die ebenso wie die Unionsgrundrechte Vorrang auch vor den Grundrechten des GG genießen und damit auch deren Auslegung beeinflussen, bilden in mehrfacher Hinsicht Neuland. Nach traditionellem Verständnis sind die Grundrechte Bestandteil von Verfassungen, die Vorrang vor einfachem Recht beanspruchen (Rn 5); hier sind sie Teil des einfachen Rechts und damit kein Verfassungsrecht im formellen Sinne. Die grundrechtsähnlichen Gewährleistungen nehmen zudem nicht an der durch Art. 51 GRCh angeordneten, auf die Durchführung von Unionsrecht begrenzten Bindung der Mitgliedstaaten (Rn 77) teil, sondern binden diese als sekundäres Unionsrecht vielmehr umfassend. Verpflichtet sind zudem nicht nur öffentliche Stellen, sondern auch Privatpersonen, namentlich Arbeitgeber. Die Antidiskriminierungsregelungen haben somit, anders als die Grundrechte, unmittelbare Drittwirkung (Rn 236 ff). 79

Beispiele: Die RL 2000/43/EG zur Anwendung des Gleichbehandlungsgrundsatzes ohne Unterscheidung der Rasse oder der ethnischen Herkunft verbietet Diskriminierungen wegen dieser Kriterien in wichtigen Lebensbereichen (insbes. Einstellung von Arbeitnehmern, Vermietung von Wohnraum). Der EuGH hat daher die Ankündigung eines Unternehmens, Angehörige bestimmter ethnischer Herkunft nicht einzustellen, weil die Kunden diese angeblich ablehnten, als rechtswidrig verworfen (EuGH, Slg 2008, I-5187 ff. – Feryn) – Die RL 2000/78/EG zur Verwirklichung der Gleichbehandlung in Beschäftigung und Beruf verbietet Ungleichbehandlungen aus Gründen der Religion oder der Weltanschauung, einer Behinderung, des Alters oder der sexuellen Orientierung. Sie ist sachlich auf das Arbeitsleben beschränkt, reicht also insoweit weniger weit als die RL 2000/43/EG. Gegen das Verbot der Alterdiskriminierung können insbesondere Altersgrenzen verstoßen; allerdings sieht Art. 6 RL 2000/78/EG hier anders als bei den anderen Kriterien die Möglichkeit der Rechtfertigung vor. Beispielsweise waren kürzere Kündigungsfristen für jüngere als für ältere Arbeitnehmer (EuGH, Slg. 2010, I-365 ff – Kücükdeveci) und Altersgrenzen für Vertragsärzte (EuGH, Slg. 2010, I-47 – Petersen) und für Piloten (EuGH, Slg. 2011, I-8003) mangels kohärenter Begründung nicht zu rechtfertigen. Legitim sind hingegen Altersgrenzen im öffentlichen Dienst, um dort eine ausgewogene Altersstruktur zu gewährleisten (EuGH, ECLI:EU:C:2011:508 – Fuchs). Gegen das Verbot der Diskriminierung wegen der sexuellen Orientierung kann die Ungleichbehandlung von Lebenspart- 80 nerschaften gegenüber der Ehe verstoßen (EuGH, Slg. 2008, I-1757 – Maruko). Zum Verbot, am Arbeitsplatz religiöse Symbole bzw. Kopfbedeckungen zu tragen, s. Rn 51a, 85.

V. Grundrechte der Landesverfassungen

81 Auch die Grundrechte der Landesverfassungen sind für das BVerfG nicht Maßstab; sie gelten nur innerhalb der betreffenden Länder. Allerdings können sie im Wege systematischer Interpretation für die Auslegung eines Grundrechts des Grundgesetzes herangezogen werden.

82 **Beispiele:** Der Satz, dass alle Menschen vor dem Gesetz gleich sind (vgl Art. 3 Abs. 1), wurde früher dahin verstanden, dass der Gesetzgeber selbst nicht an den Gleichheitssatz gebunden sei. Für das heutige gegenteilige Verständnis berief sich das BVerfG auf die Vorschriften von acht Landesverfassungen (E 2, 237/262).

83 Für das *Verhältnis* der Landesgrundrechte zu den Grundrechten des GG gilt gem. Art. 142, dass „Bestimmungen der Landesverfassungen auch insoweit in Kraft (bleiben), als sie in Übereinstimmung mit den Artikeln 1 bis 18 dieses Grundgesetzes Grundrechte gewährleisten". Da im Bundesstaat des GG gem. Art. 28 Abs. 1 Homogenität, nicht Uniformität geboten ist, bedeutet „Übereinstimmung", dass kein Widerspruch vorliegen darf.[35] Danach bleiben nicht nur inhaltsgleiche, sondern auch weitergehenden Schutz und sogar geringeren Schutz als die Grundrechte des GG gewährende Landesgrundrechte in Kraft. Denn in beiden Fällen widersprechen die Landesgrundrechte nicht den Grundrechten des GG, weil zum einen die Landesstaatsgewalt größeren Bindungen gegenüber dem Bürger unterworfen werden darf und zum andern ein geringerer Schutz des Bürgers durch die Landesgrundrechte seinen weitergehenden Schutz durch die auch die Landesstaatsgewalt bindenden Bundesgrundrechte nicht ausschließt. Das Inkraftbleiben gem. Art. 142 verhindert allerdings nicht, dass sich kompetenzgemäßes Bundesrecht einem kollidierenden Landesgrundrecht gegenüber durchsetzt; die Rechtfertigung hierfür findet die hL in den Kompetenzbestimmungen, die sie als leges speciales zu Art. 31 ansieht.[36]

84 **Lösungsskizze zum Fall 1 (Rn 51):** Durch die Entscheidung des OLG wurde G in seinem Grundrecht aus Art. 6 iVm Art. 20 Abs. 3 verletzt. Denn das OLG hat in seiner Entscheidung die EMRK und das Urteil des EGMR nicht hinreichend berücksichtigt, obwohl es verpflichtet war, Art. 8 EMRK in der Auslegung des EGMR zur Kenntnis zu nehmen und auf den von ihm zu entscheidenden Fall anzuwenden. Dazu hätte es insbesondere die vom EGMR in seinem Urteil berücksichtigten Aspekte in die eigene (verfassungs)rechtliche Würdigung, namentlich die Verhältnismäßigkeitsprüfung einstellen und den bei der Entscheidung über das Umgangsrecht des G mit seinem Sohn evident betroffenen Art. 6 darauf untersuchen müssen, ob er in einer der Verpflichtung der Bundesrepublik aus Art. 8 EMRK entsprechenden Weise hätte ausgelegt und angewandt werden können. Daher hatte die Verfassungsbeschwerde des G Erfolg.

---

35 E 96, 345/365; krit. *Merten*, Hdb. GR VIII, § 232 Rn 37.
36 Vgl *Pieroth*, JP, Art. 31 Rn 3.

Lösungsskizze zum Fall 2 (Rn 51a): Das von G ausgesprochene Verbot, am Arbeitsplatz keine sichtbaren religiösen Symbole zu tragen, könnte gegen Art. 2 Abs. 2 RL 2000/78/EG verstoßen.

1. **Anwendungsbereich der Richtlinie.** Der in Art. 1 RL 2000/78/EG verwendete Begriff der Religion ist wie in Art. 10 GRCh auszulegen, der wiederum nach Art. 52 Abs. 3 GRCh in Anlehnung an Art. 9 Abs. 1 EMRK zu interpretieren ist. Er umfasst sowohl das ‚forum internum', d. h. den Umstand, Überzeugungen zu haben, als auch das ‚forum externum', d. h. die Bekundung des religiösen Glaubens in der Öffentlichkeit (EuGH, a. a. O. Rn 27 f).

2. **Diskriminierung wegen der Religion.**

a) Eine **unmittelbare Diskriminierung** liegt nicht vor. Denn die interne Arbeitsordnung beziehe sich „auf das Tragen sichtbarer Zeichen politischer, philosophischer oder religiöser Überzeugungen und gilt damit unterschiedslos für jede Bekundung solcher Überzeugungen. Daher ist davon auszugehen, dass nach dieser Regel alle Arbeitnehmer des Unternehmens gleich behandelt werden, indem ihnen allgemein und undifferenziert u. a. vorgeschrieben wird, sich neutral zu kleiden, was das Tragen solcher Zeichen ausschließt" (EuGH, a. a. O. Rn 30).

b) **Mittelbare Diskriminierung.** Eine mittelbare Diskriminierung ist nach Art. 2 Abs. 2 lit. b) RL 2000/78/EG gegeben, wenn dem Anschein nach neutrale Vorschriften, Kriterien oder Verfahren Personen mit einer bestimmten Religion oder Weltanschauung in besonderer Weise faktisch benachteiligen, es sei denn, es liegt einer der in der Richtlinie genannten Rechtfertigungsgründe vor. Während unmittelbare Diskriminierungen nur nach Art. 4 RL 2000/78/EG gerechtfertigt werden können, wird die Rechtfertigungsprüfung bei mittelbaren Diskriminierungen – für die deutsche Prüfung von Gleichheitssätzen ungewohnt – so in den Begriff der mittelbaren Diskriminierung integriert. Das Verbot betrifft faktisch vor allem muslimische Frauen, weil keine anderen ArbeitnehmerInnen ersichtlich sind, für die das Tragen eines sichtbaren Zeichens religiöser Überzeugung eine vergleichbare Verpflichtung darstellt (so wohl auch GA Kokott, Schlussantrag Rs. C-157/15, Ziff. 57). Es kann gerechtfertigt werden, wenn es zur Erreichung eines legitimen Ziels verhältnismäßig ist (Art. 2 Abs. 2 lit. b) i) RL 2000/78/EG):

aa) Der „Wille, im Verhältnis zu den öffentlichen und privaten Kunden eine Politik der politischen, philosophischen oder religiösen Neutralität zum Ausdruck zu bringen", ist ein **legitimes**, auch durch Art. 16 GRCh geschütztes **Ziel** (EuGH, a. a. O. Rn 37 f mit Verweis auf das Urteil des EGMR, Eweida u. a. ./.Vereinigtes Königreich, No. 48420/10).

bb) **Erforderlich** und **angemessen** ist das Verbot aber nur, wenn es sich an die mit Kunden in Kontakt tretenden Arbeitnehmer von G richtet und wenn bei diesen Arbeitnehmern erfolglos eine beiden Seiten zumutbare Versetzung in Bereiche ohne Kundenkontakt versucht wurde (EuGH, Rn 42 f).

3. **Ergebnis**: Soweit ein gescheiterter interner Versetzungsversuch unternommen wurde, war die Kündigung rechtmäßig.

Ergänzender Hinweis: Das Kopftuch spaltet damit die obersten Gerichte: Während das BAG (NJW 2003, 1685) und auch der U.S.-amerikanische Supreme Court (Urt. v. 1. 6. 2015, EEOC v. Abercrombie & Fitch Stores, Inc. 575 U.S. ___ [2015]) die Kopftuchverbote in Unternehmen für grundrechtswidrig erklärt haben, lässt sie der EuGH in Anlehnung an das zitierte EGMR-Urteil nunmehr zu. Im öffentlichen Dienst wiederum erlaubt das BVerfG Kopftuchverbote nur unter engen Voraussetzungen (Rn 641). Es wird ein Testfall für den europäischen Grundrechtsverbund, wie sich das hier behandelte EuGH-Urteil auf die deutsche Rechtsprechung auswirken wird (dazu *Klein*, NVwZ 2017, 920).

86 **Lösungsskizze zum Fall 3 (Rn 52):** Die genannten Landesgrundrechte gewähren weitergehenden Schutz als das entsprechende Grundrecht des GG, Art. 16a, und könnten deshalb gem. Art. 142 in Kraft geblieben sein. Allerdings können sich Asylbewerber, die aus Mitgliedstaaten der EU einreisen, gem. Art. 16a Abs. 2 S. 1 nicht auf das Asylrecht berufen. Insoweit besteht ein Widerspruch, so dass die genannten Landesgrundrechte nicht gem. Art. 142 in Kraft geblieben sind. Die genannten Landesgrundrechte sind allerdings nicht insgesamt unanwendbar oder gar unwirksam, sondern nur hinsichtlich ihres gegen Art. 16a verstoßenden Gehalts (vgl *Clemens*, UC, Art. 31 Rn 106).

87 **Literatur:** Zu III. und IV.: *G. Britz*, Grundrechtsschutz durch das Bundesverfassungsgericht und den Europäischen Gerichtshof, EuGRZ 2015, 275; *D. Ehlers* (Hrsg.), Europäische Grundrechte und Grundfreiheiten, 4. Aufl. 2014; *W. Frenz*, Handbuch Europarecht Bd. 4: Europäische Grundrechte, 2009; *C. Franzius*, Grundrechtsschutz in Europa, ZaöRV 2015, 383; *C. Grabenwarter* (Hrsg.), Enzyklopädie Europarecht Bd. 2: Europäischer Grundrechteschutz, 2014; *H. D. Jarass*, Die Bedeutung der Unionsgrundrechte unter Privaten, ZEuP 2017, 310; *W. Kahl/M. Schwind*, Europäische Grundrechte und Grundfreiheiten – Grundbausteine einer Interaktionslehre, EuR 2014, 170; *T. Kingreen*, Die Unionsgrundrechte, Jura 2014, 295; *ders.*, Die Grundrechte des Grundgesetzes im europäischen Grundrechtsföderalismus, JZ 2013, 801; *ders.*, Der Abstieg der Grundfreiheiten und der Aufstieg der Unionsgrundrechte, in: M. Kment (Hrsg.), Das Zusammenwirken von deutschem und europäischem öffentlichen Recht. Festschrift für Hans D. Jarass zum 70. Geburtstag, 2015, S. 51; *J. Kühling*, Kernelemente einer kohärenten EU-Grundrechtsdogmatik in der Post-Lissabon-Ära, ZÖR 2013, 469; *M. Ludwigs*, Kooperativer Grundrechtsschutz zwischen EuGH, BVerfG und EGMR, EuGRZ 2014, 273; *J. Masing*, Einheit und Vielfalt des Europäischen Grundrechtsschutzes, JZ 2015, 477; *D. Thym*, Vereinigt die Grundrechte!, JZ 2015, 53; *N. Matz-Lück/M. Hong* (Hrsg.), Grundrechte und Grundfreiheiten im Mehrebenensystem – Konkurrenzen und Interferenzen, 2011; *R. Uerpmann-Wittzack*, Die Bedeutung der EMRK für den deutschen und unionalen Grundrechtsschutz, Jura 2014, 916; *A. Zimmermann*, Grundrechtsschutz zwischen Karlsruhe und Straßburg, 2012. – Zu V.: *D. Merten/H.-J. Papier* (Hrsg.), Handbuch der Grundrechte in Deutschland und Europa Bd. VIII (Landesgrundrechte in Deutschland), 2017.

§ 4 Grundrechtstheorie und Grundrechtsfunktionen

I. Grundrechtstheorie und Grundrechtsdogmatik

88 Grundrechte geraten für Juristen in erster Linie als Gegenstand der Rechtsanwendung durch Behörden, Gerichte, Anwälte in den Blick. Diese anwendungsbezogene Perspektive auf die Grundrechte ist Gegenstand der Grundrechtsdogmatik. Die Grundrechtdogmatik bildet den Hauptgegenstand des Lehrbuchs. Sie gilt der Systematisierung und Fortbildung der Grundrechtsnormen, die ihrer Anwendung auf Einzelfälle zugrunde liegt. Sie zielt auf gerichtliche und behördliche Entscheidungen von Grundrechtsfragen und ist primärer Gegenstand juristischer Prüfungen. Grundrechte sind aber auch Teil unserer Rechtskultur und damit Gegenstand historischer (s.o. Rn 18 ff) und theoretischer Betrachtung. Die Grundrechtstheorie richtet sich auf die Beschreibung und Charakterisierung der Grundrechte, die zwar ihren Ausgang bei Grund-

rechtsgewährleistungen eines bestimmten Rechtssystems nehmen können, aber auf allgemeinere Erkenntnisse zielen. Die Grundrechtstheorie nimmt als Teil der Verfassungstheorie für sich in Anspruch, allgemeine Strukturen von Grundrechtsgewährleistungen aufzudecken, die nicht nur für die Grundrechte des Grundgesetzes von Bedeutung sind. Anders als die Grundrechtsdogmatik gibt sie nicht unmittelbar Auskunft darüber, wie die Grundrechte eines bestimmten Rechtssystems anzuwenden sind. Gleichwohl können ihre Erkenntnisse über Charakter und Strukturen von Grundrechtsgewährleistungen auf die Grundrechtsdogmatik zurückwirken. Aufgrund ihrer großen textlichen Interpretationsoffenheit sind Grundrechtsbestimmungen sogar zumeist auf eine theoretisch geleitete Erschließung angewiesen, um sie dogmatisch handhabbar zu machen. Die Grundrechtstheorie leitet die Grundrechtsinterpretation dabei an, die Grundrechtsnormen eines bestimmten Rechtssystems daraufhin zu befragen, ob auch sie die Charakteristika und Strukturen aufweisen, die die Grundrechtstheorie ausgemacht hat. So kann die Grundrechtstheorie etwa ein bestimmtes Schema für die Analyse von Grundrechtsnormen entwickeln, das Fragen des Schutzbereichs, des Eingriffs und der Eingriffsrechtfertigung (Rn 9 ff) unterscheidet. Ob ein solches Schema für die grundrechtsdogmatische Erschließung konkreter Grundrechte eines konkreten Rechtssystems hilfreich ist, ist hingegen eine Frage der Interpretation des positiven Rechts. Für Grundrechte die bereits in ihrem Text davon sprechen, dass in sie „durch oder aufgrund eines Gesetzes" eingegriffen werden darf, bietet sich ein solches Schema etwa eher an, als für Grundrechte, die wie die Menschenwürdegarantie als absolute Rechte formuliert sind.

Einige Grundrechtstheorien betrachten den Zusammenhang zwischen der Ausprägung der Grundrechte und unterschiedlichen Gesellschafts- und Staatsverständnissen. Der Staatstheorie des 19. und frühen 20. Jahrhunderts war die Vorstellung geläufig, der Einzelne, der Besitz- und Bildungsbürger sei als Glied der bürgerlichen Gesellschaft autark und autonom. Seine Freiheit sei *Freiheit vom Staat*; die Gesellschaft könne für ihre ökonomischen und kulturellen Belange allein sorgen und brauche den Staat nur zur Abwehr äußerer und innerer Gefahren, als Armee, Polizei und Justiz. Grundrechte waren nach dieser Vorstellung allein Abwehrrechte gegen den Staat. Das Gesellschaftsbild, das dieser Vorstellung zugrunde lag, wurde schon im 19. und frühen 20. Jahrhundert weder der Wirklichkeit gerecht, noch war es allseits anerkannt. Nachhaltig diskreditiert wurde es in den Kriegs- und Nachkriegsgesellschaften der beiden Weltkriege. Beide Mal zeigte sich, dass der Einzelne auf staatliche Vorkehrungen, Einrichtungen, Zuteilungen und Umverteilungen fundamental angewiesen ist, dass seine Freiheit gesellschaftliche und staatliche Bedingungen hat, die er selbst nicht gewährleisten kann. An die Stelle der Fiktion des selbstherrlichen Individuums der bürgerlichen Gesellschaft trat das Bild eines zugleich bedürftigen und verantwortlichen Individuums in sozialer Gemeinschaft. Die Vorstellung, der Rechtsstaat dürfe als liberaler in die Freiheit des Einzelnen möglichst wenig eingreifen, wurde um die Vorstellung ergänzt, er müsse als sozialer überhaupt erst die *Bedingungen der Freiheit schaffen und sichern*.

In der Weimarer Reichsverfassung hat diese Vorstellung einen ersten Niederschlag gefunden: Sie enthielt nicht nur Grundrechte, die die Freiheit vom Staat gewährleisteten, sondern auch zahlreiche detaillierte soziale Gewährleistungen, die den Staat verpflichten sollten, auch die realen Bedingungen der Freiheit zu garantieren. Sie versprachen jedoch mehr, als sie halten konnten, und blieben bloße Programmsätze (vgl Rn 36 ff). Im Grundgesetz wurden soziale Gewährleistungen daher nur äußerst sparsam aufgenommen; das Grundgesetz konzentriert sich auf die Kennzeichnung der Bundesrepublik Deutschland als einen *sozialen Bundesstaat* (Art. 20 Abs. 1) bzw. *sozialen Rechtsstaat* (Art. 28 Abs. 1 S. 1). Aber damit war das Problem, dass vor aller Abwehr von Eingriffen in die Freiheit erst einmal die Bedingungen der Freiheit geschaffen und gesichert werden müssen, natürlich nicht gelöst.

91 Die im Grundgesetz ihren Ausgang nehmende Verfassungstheorie hat sich des Problems auf verschiedene Weise angenommen. Mit *Böckenförde* können bei den *modernen Grundrechtstheorien* liberale, wertesystematische, institutionelle, demokratisch-funktionale und sozialstaatliche unterschieden werden; je nachdem ob die Grundrechte als Schutz einer vorstaatlich gedachten Freiheit vor staatlichen Eingriffen, als rechtsgestaltungs- und auslegungsleitende Werte zur Sicherung der Bedingungen der Freiheit, als Anforderungen an Institutionen, als Schutz der Bedingungen des demokratischen Prozesses oder als Garantien der Verwirklichung sozialer Gerechtigkeit verstanden werden.[1] Alle diese theoretischen Perspektiven haben ihren Niederschlag in der Rechtsprechung des Bundesverfassungsgerichts gefunden. So versteht das Bundesverfassungsgericht die Versammlungsfreiheit etwa in einem demokratisch-funktionalen Sinn und schränkt ihren Schutzbereich auf Versammlungen ein, die öffentliche Angelegenheiten zum Gegenstand haben (s.u. Rn 811). Für die Anwendung der Grundrechte im Privatrecht hat es die Grundrechte als Wertordnung bemüht, die auch auf das Privatrecht ausstrahlen soll (s.u. Rn 113). Im Rahmen von Art. 12 Abs. 1 hat es sogar einmal erwogen, ob aus der Berufsfreiheit nicht auch ein Anspruch auf die Einrichtung von staatlichen Studienplätzen folgen kann (s.u. Rn 158).

92 Seit *Böckenfördes* Bestandsaufnahme haben besonders *Suhr* und *Alexy* weitere, sehr unterschiedlich ansetzende Grundrechtstheorien vorgestellt. *Suhr* entwickelt ein bereits im Ansatz soziales Grundrechtsverständnis, das vom Verständnis der Freiheit als einer Freiheit des geselligen und verantwortlichen Miteinanders ausgeht. Durch die Grundrechte geschützt werden nicht Einzelne vor staatlichen Eingriffen, sondern menschliche Beziehungen. Nach *Suhr* verpflichten die Grundrechte den Staat, die adäquaten rechtlichen Bedingungen für die Entfaltung der sozialen Natur des Menschen zur Verfügung zu stellen.[2] Seine Grundrechtstheorie weist daher eine große Nähe zum institutionellen Grundrechtsdenken auf. Nicht gesellschafts-, sondern rechtstheoretisch inspiriert ist die Prinzipientheorie der Grundrechte von *Alexy*. Für *Alexy* sind Normen entweder Regeln oder Prinzipien. Während Regeln nur der schlichten Subsumtion bedürften, sollen Prinzipien nur im Wege der optimierenden Abwägung angewandt werden können. Da Grundrechte sich aufgrund ihrer generalklauselartigen Fassung nicht durch einfache Subsumtion anwenden lassen, seien sie Prinzipien. Aus rechtstheoretischen Gründen seien daher Grundrechtsfragen durch optimierende Abwägung zu lösen.[3] Gerade wegen ihrer Verbindung von Rechtstheo-

---

[1] NJW 1974, 1529.
[2] Entfaltung des Menschen durch die Menschen, 1976; Gleiche Freiheit, 1988.
[3] *Alexy*, Theorie der Grundrechte, 1986, S. 71–79; anknüpfend an Dworkin, Taking Rights Seriously, 1977, S. 90.

rie und Grundrechtsdogmatik hat die Prinzipientheorie der Grundrechte besonders auch im Ausland viele Anhänger gefunden.[4] Sie scheint eine rechtstheoretisch fundierte und alternativlose Dogmatik der Grundrechte zu bieten. In der deutschen Diskussion ist sie aber gerade auch wegen der Verbindung von rechtstheoretischen und grundrechtsdogmatischen Argumenten in die Kritik geraten. Rechtstheoretisch ist es der Prinzipientheorie bislang nicht gelungen, einen Prinzipienbegriff zu erhellen, der nicht lediglich auf die graduell unterschiedliche Abstraktheit und Unbestimmtheit von Normen hinweist. Aus der teils generalklauselartigen Fassung der Grundrechte folgt dann aber nicht, dass sie aus rechtstheoretischen Gründen als Optimierungsgebote interpretiert werden müssen. Vielmehr ist auch die Unbestimmtheit der Grundrechte durch die allgemeinen Methoden der juristischen Interpretation und Dogmatik zugänglich.[5] Daher gibt die Rechtstheorie auch keine bestimmte Grundrechtsdogmatik vor. Entgegen der Prinzipientheorie lässt sich aus der rechtstheoretischen Einordnung der Grundrechte als Prinzipien etwa nicht ableiten, dass die Menschenwürdegarantie – anders als dies ganz überwiegend angenommen wird (s.u. Rn 430) – grundsätzlich der Abwägung unterliegt. Dogmatisch wird auf die gewaltenteiligen und demokratietheoretischen Probleme des Optimierungsgedankens hingewiesen.[6] Wenn die Grundrechte der Politik nicht lediglich einen freiheitlichen Rahmen setzen, sondern jeweils das Optimum an Freiheit verlangen, dann bleibt kein Raum mehr für politische Gestaltung, Politik ist allein eine Frage der Grundrechtsinterpretation, die letztlich dem Bundesverfassungsgericht obliegt, das dem Gesetzgeber allenfalls noch einen Einschätzungsspielraum belassen kann. Für die Prinzipientheorie ist der Gesetzgeber nicht frei, innerhalb eines verfassungsrechtlichen Rahmens das Verhältnis von Jugendschutz- und Kunstfreiheit politisch zu bestimmen.[7] Vielmehr ist er verpflichtet, Jugendschutz und Meinungsfreiheit in ein optimales Verhältnis zu setzen, das grundsätzlich bereits durch die Verfassung vorgebeben ist. Lediglich wegen der epistemischen Schwierigkeiten, das Optimum genau zu bestimmen, wird dem Gesetzgeber ein Spielraum bei dessen genauer Einschätzung zugestanden.[8] Die Einführung des Einschätzungsspielraums als formelles Prinzip erlaubt es der Prinzipientheorie dann, praktisch jede Entscheidung des BVerfG in ihrem Sinn zu rekonstruieren.

II. Grundrechtsfunktionen

Ein wichtiger Teilbereich der Grundrechtstheorie ist die Lehre von den Grundrechtsfunktionen, in denen sich zum Teil auch die unterschiedlichen Grundrechtsverständnisse spiegeln. Grundrechte haben unterschiedliche thematische Gegenstände: in Art. 2 Abs. 2 die körperliche Unversehrtheit und das Leben, in Art. 5 Abs. 3 Kunst und Wissenschaft, in Art. 38 Abs. 1 das Wahlrecht oder in Art. 19 Abs. 4 den Rechtsschutz. Sie betreffen aber nicht nur diese unterschiedlichen Lebensbereiche, sondern

93

---

4 S. etwa die Beiträge in *Olivera* et al. (ed.), Alexy's Theory of Law, ARSP Beiheft 144 (2015).
5 *Poscher*, Theorie eines Phantoms, RW 2010, S. 349.
6 *Jestaedt*, Grundrechtsentfaltung, 1999, S. 239 ff; Reimer, Verfassungsprinzipien, 2001. S. 333; *Poscher*, Grundreche als Abwehrrechte, 2003, S. 82 f.
7 Vgl E 83, 130/151.
8 Zum Spielraum des Gesetzgebers als formellem Prinzip *Borowski*, Grundrechte als Prinzipien, 207, S. 202 f.

adressieren sie auch auf unterschiedliche Weise. Das Leben, die körperliche Unversehrtheit und die Kunst werden in erster Linie geschützt, indem dem Staat aufgebeben wird, etwas zu unterlassen – nämlich Eingriffe in das Leben, die körperliche Unversehrtheit und künstlerische Ausdrucksformen. Beim Wahlrecht geht es hingegen weniger um ein staatliches Unterlassen, sondern darum, dass der Staat politische Teilhabe entsprechend der grundrechtlichen Maßgaben organisiert, d.h. freie, gleiche und direkte Wahlen veranstaltet. Bei der Rechtsschutzgarantie geht es zwar nicht um politische Beteiligung, aber auch hier muss der Staat nicht lediglich etwas unterlassen, sondern Gerichte und Rechtswege einrichten, damit der Grundrechtsträger seine Grundrechte auch effektiv geltend machen kann. Mit den Grundrechten werden so unterschiedliche Normen in Verbindung gebracht, die den Staat etwa zu einem Unterlassen oder auch zu bestimmten Handlungen verpflichten und so die Gegenstände grundrechtlicher Freiheit auf unterschiedliche Weise schützen. Diese unterschiedlichen Weisen, in denen einzelne Grundrechte über verschiedene normative Gehalte grundrechtliche Themen adressieren, werden als *Grundrechtsfunktionen* bezeichnet.

94 Versuche, die unterschiedlichen Grundrechtsfunktionen zu systematisieren, haben keine normative, sondern eine heuristische Funktion. Die Lehren von den Grundrechtsfunktionen geben nicht die Art und Weise des Grundrechtsschutzes vor, sondern dieser bestimmt sich allein nach der jeweiligen Grundrechtsgarantie. Bei den verschiedenen Systematisierungen der Grundrechtfunktionen geht es daher auch nicht darum, welche die richtige ist, sondern wie leistungsfähig sie sind – gemessen daran, wie gut es ihnen gelingt, die unterschiedlichen Arten und Weisen des Grundrechtsschutzes zu erfassen, die die einzelnen Grundrechte vorgeben. Die verschiedenen Systematisierungsversuche müssen sich daher auch nicht ausschließen, sondern können einander ergänzen, indem sie auf unterschiedliche Aspekte der Art und Weise des Grundrechtsschutzes abheben. Dies erklärt, warum sich auch im aktuellen Grundrechtsdiskurs noch verschiedene Systematisierungen überlagern. Die verschiedenen Typisierungen lassen sich ihrerseits am besten historisch ordnen. Die frühen – klassischen – Einteilungen der Grundrechtsfunktionen entstanden im Spätkonstitutionalismus um die Wende zum 20. Jh. und unter der Weimarer Verfassung. Heutige Typisierungen zeigen besonders auch eine Nähe zu entsprechenden Versuchen im Bereich der internationalen Menschrechtsgarantien (Rn 58, 117, 132, 145, 162).

1. Die klassischen Grundrechtsfunktionen

95 In seinem „System der subjektiven öffentlichen Rechte" unterscheidet *Georg Jellinek* zwischen dem status negativus, status positivus und status activus.[9] Bezogen auf die Grundrechte bezeichnet status jeweils einen Zustand des Einzelnen gegenüber dem Staat, der in verschiedenen Grundrechten ausgeformt und gesichert ist. Klassisch ist auch das später zu den Grundrechten der Weimarer Verfassung entwickelte Verständnis bestimmter Grundrechte als Einrichtungsgarantien.

---

9 *Jellinek*, System der subjektiven öffentlichen Rechte, 2. Aufl. 1919, S. 87, 94 ff.

a) Status negativus

Dies ist der Zustand der Freiheit vom Staat, in dem der Einzelne seine individuellen Probleme ohne den Staat lösen, sein gesellschaftliches Zusammenleben ohne den Staat regeln und seine Geschäfte ohne den Staat abwickeln kann. Dieser Zustand wird ausgeformt und gesichert durch die Grundrechte, wenn und soweit sie als Abwehrrechte bestimmte Freiheiten oder Rechtsgüter gegen staatliche Eingriffe, Einschränkungen, Beschränkungen oder Verletzungen schützen. Unter dem Aspekt der Abwehr kann verlangt werden, Eingriffe, wenn sie geschehen sind, zu beseitigen und, wenn sie bevorstehen, zu unterlassen.[10] Die Staatsrechtslehre des 19. Jahrhunderts hat diese Funktion der Grundrechte auf die Formel gebracht, dass die Grundrechte Eingriffe in Freiheit und Eigentum abwehren.

96

b) Status positivus

Dies ist der Zustand, in dem der Einzelne seine *Freiheit nicht ohne den Staat* haben kann, sondern für die Schaffung und Erhaltung seiner freien Existenz auf staatliche Vorkehrungen angewiesen ist. Dieser Zustand ist in den Grundrechten ausgeformt und gesichert, wenn und soweit sie *Anspruchs-, Schutz-, Teilhabe-, Leistungs- und Verfahrensrechte* sind. Dabei zeigen die verschiedenen Bezeichnungen allerdings nicht verlässlich auch verschiedene Berechtigungen an: Wenn von Schutzrechten die Rede ist, kann im Sinn eines Leistungsrechts der Schutz durch staatliche Leistungen und im Sinn eines Verfahrensrechts der Schutz durch und in staatlichen Verfahren gemeint sein, und Teilhabe gibt es an staatlichem Schutz, an staatlichen Leistungen und an staatlichen Verfahren. Der sachlich entscheidende Unterschied besteht bei den Rechten des status positivus darin, ob sie sich auf schon vorhandene staatliche Vorkehrungen beziehen oder ob sie auf deren Schaffung gerichtet sind, dh ob sie dem Einzelnen einen Anspruch auf Schutz durch und in schon bestehenden Einrichtungen, Leistungen und Verfahren gewähren oder ob sie ihm einen Anspruch auf Schutz durch deren Bereitstellung verbürgen. Gelegentlich wird entsprechend nach *derivativen*, dh vom Bestehenden abgeleiteten, und *originären*, dh das noch nicht Vorhandene hervorbringenden, Rechten unterschieden.[11]

97

Beispiele: Nur wenige Grundrechte des Grundgesetzes geben sich im Text als solche Rechte zu erkennen: Art. 6 Abs. 4 formuliert den Anspruch der Mutter auf Schutz und Fürsorge der Gemeinschaft, Art. 19 Abs. 4 eröffnet das Recht auf Rechtsschutz durch gerichtliches Verfahren und gerichtliche Entscheidung, verstärkt in Art. 101 Abs. 1 S. 2 durch das Recht auf den gesetzlichen Richter und in Art. 103 Abs. 1 durch den Anspruch auf rechtliches Gehör. Für *Jellinek* (System der subjektiven öffentlichen Rechte, 2. Aufl. 1919, S. 124) ist der Anspruch auf Rechtsschutz der „bedeutsamste gleichsam aus dem Zentrum des positiven Status entspringende Anspruch." Daneben verbürgen die Gleichheitsrechte die gleiche Teilhabe an staatlichen Vorkehrungen; sie sind die derivativen Rechte des status positivus (vgl u. Rn 155 ff). Allerdings ist damit nicht mehr gesagt, als dass der Staat einzelne Personen oder Gruppen nicht willkürlich ausschließen darf; fördern muss er nur nach Maßgabe des Art. 3 Abs. 2 S. 2. Ferner wird aus der Menschenwürdegarantie (Art. 1 Abs. 1 S. 2) ein Anspruch auf Gewährleistung eines menschenwürdigen Existenzminimums abgeleitet (vgl Rn 421, 426). Einen expliziten Anspruch auf Schutz und Fürsorge für Mütter enthält auch Art. 6 Abs. 4 (vgl Rn 781).

98

---

10 Vgl *Laubinger*, VerwArch 1989, 261/299.
11 Vgl *Kloepfer*, VerfR II, § 48 Rn 22 ff.

c) Status activus

99 Dies ist der Zustand, in dem der Einzelne seine *Freiheit im und für den Staat* betätigt, diesen mitgestaltet und an ihm teilnimmt.[12] Er wird durch die staatsbürgerlichen Rechte ausgeformt und gesichert.

100 **Beispiele:** Staatsbürgerliche Rechte sind dem Einzelnen im Grundgesetz als Wähler und als Wahlbewerber und beim Zugang zum öffentlichen Dienst und in dessen Ausübung gewährleistet (Art. 33 Abs. 1–3 und 5, 38 Abs. 1 S. 1). Schließlich dient das Recht, Petitionen vorzulegen (Art. 17), das auch das Recht auf Bescheidung der Petitionen umfasst (Rn 1151), der Teilnahme an der Staatsgewalt.

101 Wenn der Einzelne seine *staatsbürgerlichen Rechte* wahrnimmt, passiert ein Doppeltes: Die Freiheit des Einzelnen tritt in die Dienste des Staates; zugleich wird der Staat zum Raum, in dem der Einzelne seine Freiheit betätigen kann. Individuelle Freiheit und staatliche Ordnung werden funktional aufeinander bezogen.

102 Auch hier ist der *textliche Befund* karger, als dies modernem Grundrechtsverständnis zuweilen angemessen erscheint. Da der demokratische Staatsbürger nicht nur im status activus, sondern mit seinen Meinungen, als Zeitungsleser und -verleger, als Vereins- und Parteimitglied, auf Versammlungen und Demonstrationen auch im status negativus den demokratischen Staat mittrage und mitgestalte, müsse auch bei den entsprechenden Grundrechten des status negativus in der *Auslegung* die objektive demokratische Funktion der Grundrechtsausübung berücksichtigt werden.

d) Einrichtungsgarantien

103 Einige Grundrechte verbürgen nicht nur subjektive Rechte, sondern gewährleisten auch objektiv Einrichtungen. Sie garantieren in der eingebürgerten Terminologie von *C. Schmitt*[13] als sog. *Institutsgarantien* privatrechtliche und als sog. *institutionelle Garantien* öffentlich-rechtliche Einrichtungen und entziehen sie damit der Disposition des Gesetzgebers. Gelegentlich wird dies unter Ablehnung der Begriffe der Instituts- und institutionellen Garantie aus Art. 1 Abs. 3 und 19 Abs. 2 abgeleitet.[14]

104 **Beispiele:** Der Gesetzgeber darf die Ehe und Familie (Art. 6 Abs. 1), die Privatschule (Art. 7 Abs. 4), das Eigentum und das Erbrecht (Art. 14 Abs. 1) und das Berufsbeamtentum (Art. 33 Abs. 5) nicht abschaffen. Die genannten Artikel verbürgen zugleich aber auch die subjektiven Rechte, Ehen und Familien zu gründen, Eigentum zu haben und zu vererben, Privatschulen zu errichten usw.

105 Bei manchen Artikeln ist *umstritten*, ob sie neben subjektiven Rechten auch objektiv Einrichtungen gewährleisten. So wird zuweilen in Art. 5 Abs. 1 das Institut der freien Presse als garantiert angesehen.[15] Aber die freie Presse ist ein gesellschaftlicher Befund und weder privatrechtliches Institut noch öffentlich-rechtliche Institution.

---

12 Vgl *Starck*, Hdb. GR II, § 41 Rn 1 ff.
13 *Schmitt*, Verfassungsrechtliche Aufsätze, 2. Aufl. 1973, S. 140 ff; zur Aktualisierung der Einrichtungsgarantien unter dem Grundgesetz *Mager*, Einrichtungsgarantien, 2003.
14 *Maurer*, StR, § 6 Rn 21; *Obermeyer*, KritV 2003, 142/162.
15 Vgl *Degenhart*, BK, Art. 5 Abs. 1 u. 2 Rn 11, 55 ff.

2. Aktuelle Typisierungen

Aktuelle Typisierungen der Grundrechtfunktionen, die weitgehend auch an die in der internationalen Menschrechtsdiskussion zugrunde gelegten Funktionsbeschreibungen anschlussfähig sind, greifen teilweise Kategorien der Statuslehren auf, liegen aber teilweise auch quer zu ihnen. 106

a) Genese: Objektive Grundrechtsfunktionen

Die Typologie hat sich aus Impulsen in der Rechtsprechung des Bundesverfassungsgerichts entwickelt, die ihren Ausgang bei der Betonung objektiver Grundrechtsfunktionen nahm. 107

aa) Grundrechte als negative Kompetenznormen. Eine objektiv-rechtliche Funktion haben die Grundrechte bereits dadurch, dass sie den Handlungs- und Entscheidungsspielraum des Staats *begrenzen*. Von seinen Gesetzgebungs-, Verwaltungs- und Rechtsprechungskompetenzen kann der Staat keinen beliebigen, sondern nur den Gebrauch machen, den die Grundrechte zulassen. Indem sie ihm Pflichten zur Beachtung der Grundrechte bei der Ausübung seiner Kompetenzen auferlegen, sind sie Grenze oder Negation seiner Kompetenzen und insofern negative Kompetenznormen.[16] 108

Beispiel: Der Bund hat die ausschließliche Kompetenz für das Postwesen und die Telekommunikation (Art. 73 Abs. 1 Nr 7). Die Kompetenz endet da, wo eine Beschränkung des Brief-, Post- und Fernmeldegeheimnisses mit Art. 10 Abs. 2 unvereinbar ist. 109

Dabei bleiben die Grundrechte subjektive Rechte des Einzelnen. Nur die *Perspektive wechselt*: Was die Grundrechte dem Einzelnen an Entscheidungs- und Handlungsspielraum geben, das nehmen sie dem Staat, und sie nehmen es ihm objektiv, dh unabhängig davon, ob der Einzelne es geltend macht oder auch nur wahrnimmt. 110

bb) Grundrechte als objektive Wertentscheidungen. Der Gedanke der objektiven Funktion der Grundrechte wurde vom BVerfG aber auch noch in einem anderen Sinn aufgegriffen, um den Grundrechtsschutz gegenüber traditionellen Verständnissen einzelner Grundrechte auszuweiten. Bereits in den 50er Jahren wurde das Gericht mit Fallkonstellationen konfrontiert, die traditionell nicht mit dem Grundrechtsschutz in Verbindung gebracht wurden, aber gerade auch in der Nachkriegsordnung, die sich von dem Verfall der Rechtsordnung im Nationalsozialismus abgrenzen wollte, nach einer grundrechtlichen Betrachtung verlangten. Die Fallkonstellationen waren im Privatrecht angesiedelt, das traditionell nicht mit den an den Staat gerichteten Grundrechten in Verbindung gebracht wurde. Nicht nur Stimmen in der Literatur, sondern mit dem Bundesarbeitsgericht sogar ein oberstes Bundesgericht verlangten insoweit, die Grundrechtsbindung jedenfalls für Teile des Zivilrechts auf die Grundrechtsträger zu erstrecken (unmittelbare Drittwirkung, Rn 240).[17] Dies schien wiederum unabsehbare Folgen für die Privatautonomie zu haben, die in der damaligen Literatur auch 111

---

[16] *Hesse*, VerfR, Rn 291; *Kloepfer*, VerfR II, § 48 Rn 37; krit. *Gärditz*, Hdb. StR[3] IX, § 189 Rn 23 ff.
[17] BAG NJW 1957, 1688/1689.

ausgiebig perhorresziert wurden.[18] Das BVerfG befand sich damit in einer schwierigen Situation, die von ihm einerseits die Ausweitung des Grundrechtsschutzes verlangte, es aber andererseits mit einer Gefahr für die Fundamente des Privatrechts konfrontierte. Einen Ausweg fand das BVerfG schließlich im Lüth-Urteil, dass eine unmittelbare Bindung Privater an die Grundrechte zurückwies, den Grundrechten aber trotzdem im Privatrecht Geltung verschaffte.

112 **Beispiel:** Erich Lüth hatte im Jahr 1950 als Vorsitzender des Hamburger Presseklubs zum Boykott des Films „Unsterbliche Geliebte" von Veit Harlan, der während des Dritten Reichs den antisemitischen Film „Jud Süß" gedreht hatte, aufgerufen. Die Produktions- und die Verleihfirma des Films „Unsterbliche Geliebte" klagten daraufhin erfolgreich gegen Lüth auf Unterlassung des Boykottaufrufs aus § 826 BGB.

113 Um die Grundrechte in dieser Konstellation ins Spiel zu bringen, berief sich das Bundesverfassungsgericht darauf, dass die Grundrechte, nicht nur subjektive Abwehrrechte gegen den Staat, sondern auch objektive Wertentscheidungen, Wertmaßstäbe, Grundsatznormen oder Prinzipien seien. Mit den Grundrechten gebe das Grundgesetz zu erkennen, dass Leib und Leben, Meinungsvielfalt, Kunst und Wissenschaft, Berufsbetätigung und Eigentumsgebrauch usw wertvoll seien – auch über das Interesse des Einzelnen hinaus, Eingriffe in seine entsprechenden Freiheiten abzuwehren. Sie seien objektiv wertvoll, seien die Wertordnung oder das Wertsystem des Gemeinwesens, und der Staat sei für sie verantwortlich. In dieser Funktion strahlten sie auf die gesamte Rechtsordnung und damit auch auf das Privatrecht aus.[19] Die sog. Ausstrahlungswirkung der Grundrechte verlange, dass das gesamte einfache Recht „im Lichte" der Grundrechte ausgelegt werde. „Hier wirkt der Rechtsgehalt der Grundrechte über das Medium der das einzelne Rechtsgebiet unmittelbar beherrschenden Vorschriften, insbesondere der Generalklauseln und sonstigen auslegungsfähigen und auslegungsbedürftigen Begriffe, die im Sinne dieses Rechtsgehalts ausgelegt werden müssen"[20]; die Generalklauseln und unbestimmten Rechtsbegriffe werden deshalb auch als „Einbruchstellen" der Grundrechte in das Bürgerliche Recht bezeichnet. Die Lehre wurde auch als mittelbare Drittwirkungslehre bezeichnet, da sich nach ihr die Grundrechte in ihrer objektiven Wertentscheidungsfunktion vermittelt über eine verfassungskonforme Auslegung des Privatrechts nicht nur auf das Verhältnis zwischen Staat und Bürger, sondern auch auf das Verhältnis des Bürgers zu Dritten auswirken. Im oben genannten Beispiel des Boykottaufrufs Lüths verlangte das Bundesverfassungsgericht, § 826 BGB „im Geiste" des Art. 5 Abs. 1 S. 1 dahin auszulegen, dass Lüths Aufruf rechtmäßig war (E 7, 198/205 ff).

114 Die mittelbare Drittwirkung, die Ausstrahlungswirkung der Grundrechte leitet das BVerfG zwar aus ihrer objektiv-rechtlichen Bedeutung ab; es hat ihr aber von Anfang an zugleich *subjektiv-rechtliche Wirkungen* beigemessen: Lässt der Richter den verfassungsrechtlichen Einfluss auf die bürgerlich-rechtlichen Normen außer Acht, „so verstößt er nicht nur gegen objektives Verfassungsrecht, indem er den Gehalt der

---

18 *Schmidt-Rimpler/Gieseke/Friesenhahn/Knur*, AöR 1950-51, S. 165/169 ff; *Apelt*, JZ 1953, 353/358 (Fn 30); *Dürig*, Festschrift Nawiasky, 1956, S. 157/164.
19 Zur Bedeutung der objektiven Grundrechtsfunktion für die Entwicklung der Abwägungsdogmatik *Rusteberg*, Der grundrechtliche Gewährleitungsgehalt, 2009, S. 32 ff.
20 E 73, 261/269.

Grundrechtsnorm (als objektiver Norm) verkennt, er verletzt vielmehr als Träger öffentlicher Gewalt durch sein Urteil das Grundrecht, auf dessen Beachtung auch durch die rechtsprechende Gewalt der Bürger einen verfassungsrechtlichen Anspruch hat"[21].

Auch wenn die Entwicklung der objektiven Wertentscheidungsfunktion der Grundrechte zu einer erheblichen Ausweitung des Grundrechtsschutzes führte, hatte sie auch defensiven Charakter. Sie diente vor allem auch der Zurückweisung einer unmittelbaren Grundrechtsbindung Privater (s.u. Rn 236 ff). Ferner war das mit der objektiven Wertentscheidungsfunktion der Grundrechte in Verbindung gebrachte Bild der „Ausstrahlungswirkung" der Grundrechte als Werte zwar wirkmächtig, aber als metaphorische Beschreibung einer Grundrechtsfunktion theoretisch und dogmatisch unscharf, wenn nicht sogar widersprüchlich. Die neue Grundrechtsfunktion wurde objektiv genannt, gleichwohl sollten sich die Grundrechtträger auf sie berufen können. Über sie wurden Konstellationen grundrechtlich erschlossen, die zuvor nicht unter der Perspektive der Grundrechte betrachtet wurden. Doch auch in diesen Konstellationen sind die Grundrechte wie auch sonst objektives Recht und subjektive Rechte zugleich. Wieso sollten die Grundrechte nur über zivilrechtliche Generalklauseln ihren Anspruch erheben? Wie sollte man die Ausstrahlungswirkung der Grundrechte genau bestimmen oder prüfen? Verlangten die Grundrechte in ihrer Ausstrahlungswirkung weniger oder doch anderes als im klassischen status negativus? Nicht zuletzt diese Unstimmigkeiten und Unschärfen der objektiven Grundrechtsfunktion waren der Rechtsprechung und Literatur Anlass, sie in weitere Grundrechtsfunktionen auszudifferenzieren.

115

b) Die einzelnen Grundrechtsfunktionen

Historisch zielten die Grundrechte in Europa auf die Transformation der traditionellen feudalen Ordnung. Sie richteten sich auf die Etablierung bürgerlicher Freiheit und Gleichheit. Dazu schützten sie in erster Linie die negative Freiheit, nicht durch den Staat beschränkt zu werden. Sie verpflichteten den Staat zu einem Unterlassen. Das freiheitliche Versprechen der Grundrechte zielte jedoch immer schon auf die positive Freiheit der realen persönlichen Entfaltung, der realen Ausübung eines Berufs oder des realen Genusses einer Wohnung. Die Abwehrfunktion der Grundrechte trat historisch lediglich so in den Vordergrund, weil der Liberalismus des 19 Jh. noch davon überzeugt war, dass sich die positive Freiheit in der bürgerlichen Gesellschaft unabhängig vom Staat realisieren werde, wenn der Staat seinen Bürgern bloß Freiheit von Eingriffen gewähre. Spätestens nach dem ersten Weltkrieg wurde jedoch deutlich, in wie vielfacher Weise positive Freiheit nicht nur auf staatliches Unterlassen, sondern auch auf staatliche Leistungen angewiesen ist. Entsprechend sollten Grundrechte den Staat nicht nur zu einem Unterlassen, sondern auch zu einem Handeln verpflichten können.

116

Die handlungstheoretisch grundlegende Unterscheidung zwischen Handeln und Unterlassen würde nahelegen, von zwei Grundrechtsfunktionen auszugehen: einer Abwehr und einer Leistungsfunktion. Doch sind die Leistungen, die der Staat für die Ge-

117

---

21 E 7, 198/206 f; 89, 214/229 f; aA *H. Klein*, Staat 1971, 145/172; *Merten*, NJW 1972, 1799.

währleistung realer Freiheit erbringt, vielgestaltig: Er kann vor Zugriffen Dritter schützen, durch die Ausgestaltung der Rechtsordnung überhaupt erst die rechtlichen Bedingungen mancher Freiheiten schaffen oder sie durch die Bereitstellung von Ressourcen unterstützen. Neben der Abwehrfunktion unterscheiden aktuelle Funktionstypologien der Grundrechte daher Schutz-, Ausgestaltungs- und (sonstiger) Leistungsfunktion. Sie sind damit im Ansatz den Menschenrechtstypologien vergleichbar, die neben der abwehrrechtlichen „duty to respect" zwischen der „duty to protect" und „duty to fulfill" unterscheiden (s.o. Rn 58). Diese Funktionstypologie hat die Lehre von der objektiven Wertentscheidungsfunktion der Grundrechte weitgehend abgelöst, ohne dass dies ausschließt, dass die objektive Grundrechtsfunktion im Zusammenhang mit und zur Rechtfertigung von anderen Grundrechtsfunktionen in Rechtsprechung und Literatur noch Erwähnung findet.[22]

118 aa) **Abwehrfunktion.** Die abwehrrechtliche Grundrechtsfunktion entspricht im Wesentlichen dem status negativus der Statuslehre *Jellinek*s. Die Abwehrfunktion steht im Zentrum der Grundrechte des Grundgesetzes,[23] aber auch der Unionsgrundrechte[24] und der EMRK[25]. Auch für das BVerfG sind die Grundrechte „in erster Linie Abwehrrechte"[26] und es warnt davor, „die Funktion der Grundrechte als objektiver Prinzipien ... von dem eigentlichen Kern (zu) lösen und zu einem Gefüge objektiver Normen (zu) verselbstständigen, in denen der ursprüngliche und bleibende Sinn der Grundrechte zurücktritt"[27].

119 **Beispiele:** Die meisten Grundrechte des Grundgesetzes geben sich daher bereits im Text als Abwehrrechte zu erkennen. Sie schützen gegen Verletzungen (zB Art. 4 Abs. 1, 10 Abs. 1, 13 Abs. 1) oder sie formulieren Anforderungen, ohne die der Staat weder die Rechtsstellung des Einzelnen beschränken oder einschränken (Art. 5 Abs. 2, 8 Abs. 2, 10 Abs. 2, 11 Abs. 2, 13 Abs. 7, 14 Abs. 1 S. 2, 17a Abs. 1) noch in sie eingreifen (Art. 2 Abs. 2 S. 3, 13 Abs. 7) darf. Auch ohne von Verletzung, Beschränkung, Einschränkung oder Eingriff zu sprechen, können sie davon handeln; so ist zB die Trennung der Kinder von den Eltern gegen ihren Willen ein Eingriff in das Elternrecht (Art. 6 Abs. 3).

120 **(1) Abwehrrecht als bloße Unterlassungspflicht.** Ihrem Inhalt nach verlangen die Grundrechte als Abwehrrechte vom Staat ein Unterlassen. Bei einer idealtypischen Betrachtung hat die Abwehrfunktion damit den Vorzug, sowohl in ihrer Rechtsfolge grundsätzlich leicht bestimmbar zu sein, als auch immer erfüllbar zu sein, da sie keine Ressourcen, sondern bloß ein Unterlassen des Staates verlangt. Der Meinungsfreiheit als Abwehrrecht kann der Staat einfach dadurch Genüge tun, dass er das in Aussicht genommene Verbot einer Meinungsäußerung unterlässt, wofür er keine Mittel aufbringen muss. Die Abwehrfunktion der Grundrechte wird daher häufig als die Grund-

---

22 S. etwa BVerfG, NJW 2008, 2409/2414 f; NJW 2013, 847/848; NJW 2017, 53/55.
23 Vgl *Poscher*, Grundrechte als Abwehrrechte, 2003; *Isensee*, Hdb. StR³ IX, § 191 Rn 16 ff; *Schlink*, EuGRZ 1984, 457.
24 *Kingreen*, in: Calliess/Ruffert (Hrsg.), EUV/AEUV, 5. Aufl. 2016, Art. 51 GRCh Rn 20 ff.
25 *Ehlers*, in: Ehlers (Hrsg.), Europäische Grundrechte und Grundfreiheiten, 4. Aufl. 2014, § 2 Rn 26.
26 E 7, 198; vgl aus dem Parlamentarischen Rat: *Zinn*, 3. Sitzung des Ausschusses für Grundsatzfragen, 21.9.1948, in: Der Parlamentarische Rat, Bd 5/1, 1993, S. 37: „keine andere Bedeutung haben als eine Beschränkung der Staatsgewalt".
27 E 50, 290/337.

rechtsfunktion erachtet, die strukturell den politischen Entscheidungsprozess und besonders auch den des Haushaltsgesetzgebers am wenigsten belastet.

(2) Akzessorische Leistungsaspekte der Abwehrrechte. Sowohl hinsichtlich der Schlichtheit der Rechtsfolge als auch hinsichtlich der Kostenneutralität können die Dinge im Detail allerdings komplexer werden, als dies die idealtypische Betrachtung nahelegt. So können spezifische Regelungskonstellationen dazu führen, dass die Rechtsfolge der Abwehrfunktion der Grundrechte auf eine staatliche Handlung gerichtet ist. Wenn als Schranke eines Grundrechts ein Verbot erlassen wird, das nach Durchführung eines administrativen Kontroll- oder Überwachungsverfahrens durch eine Erlaubnis oder Befreiung aufgehoben werden kann, und wenn sich im Verfahren zeigt, dass das Verbot im konkreten Fall nicht gerechtfertigt ist, dann hat der Betroffene aus dem Abwehrrecht einen Anspruch auf Erteilung der Erlaubnis oder Befreiung.

Beispiel: Grundsätzlich besteht Gewerbefreiheit (Art. 12 Abs. 1), die im Interesse der Allgemeinheit Schranken unterworfen ist. Im Verfahren der Erteilung der Gewerbeerlaubnis wird überprüft, ob die Schranken einschlägig sind, zB der Gewerbetreibende zuverlässig ist. Das zunächst bestehende Verbot, ohne Gewerbeerlaubnis ein Gewerbe zu eröffnen, hat den Zweck, die Durchführung des Verfahrens der Erteilung der Gewerbeerlaubnis zu gewährleisten. Wenn sich in diesem Verfahren zeigt, dass die Voraussetzungen für die Erteilung der Gewerbeerlaubnis vorliegen, hat der Gewerbetreibende einen Anspruch auf Erteilung der Gewerbeerlaubnis. Aus dem Abwehrrecht folgt ein Leistungsrecht, um dem ursprünglichen Unterlassungsanspruch zu genügen.

Eine besondere Reglungskonstellation betreffen auch abwehrrechtliche Handlungspflichten, die sich aus beitragspflichtigen Zwangsmitgliedschaften in Sozialversicherungssystemen ergeben. Indem der Gesetzgeber die Grundrechtsträger zwingt, für ein bestimmtes Lebensrisiko Beiträge in eine gesetzliche Versicherung zu zahlen, schränkt er ihre Möglichkeit einer privaten Vorsorge ein, da die Mittel der Grundrechtsträger für die Risikovorsorge begrenzt sind. So können sich Grundrechtsträger regelmäßig nur eine Krankenversicherung leisten. Werden die Leistungen der gesetzlichen Versicherung beschränkt, so hat das BVerfG darin einen Eingriff in die negative Vereinigungsfreiheit gesehen. Betreffen die Beschränkungen potentiell existentielle Leistungen bei lebensbedrohlichen Erkrankungen, so ist die Beschränkung regelmäßig nicht zu rechtfertigen und führt – unter Berücksichtigung des besonderen grundrechtlichen Schutzes von Leib und Leben – zu einem Anspruch auf die entsprechende Leistung aus dem grundrechtlichen Abwehrrecht (Rn 487).

Auch die grundrechtlich fundierten *Beseitigungs- und Kompensationsansprüche* gegen den Staat haben ihre Grundlagen in den Grundrechten als freiheits- und gleichheitsrechtlichen Abwehrrechten. Wenn rechtswidrige Eingriffe oder auch die Aufbürdung rechtmäßiger Sonderopfer nicht unterlassen wurden bzw werden konnten, schlagen die Freiheit und Gleichheit wahrenden Abwehransprüche von Unterlassungs- in Beseitigungs- und Kompensationsansprüche um.[28] Zum Teil werden diese Kompensationsansprüche in den Grundrechten selbst vorgesehen. So ist der beson-

---

28 Vgl *Röder*, Die Haftungsfunktion der Grundrechte, 2002, S. 199 ff; *Sachs*, Hdb. GR II, § 39 Rn 38 ff; krit. *Haack*, DVBl. 2010, 1475.

ders intensive Eigentumseingriff der Enteignung nach Art. 14 Abs. 3 nur gegen Zahlung einer Entschädigung zulässig (s.u. Rn 1076 ff). Aber auch sonst werden im Staatshaftungsrecht etwa der Vollzugsfolgenbeseitigungsanspruch oder der allgemeine Folgenbeseitigungsanspruch gegenüber den Folgen rechtswidriger Grundrechtseingriffe aus der Abwehrfunktion der Grundrechte abgeleitet. Auch in strafprozessualen Beweisverwertungsverboten kann eine Kompensation von Grundrechtsverstößen bei der Beweiserhebung gesehen werden – soweit nicht auf die Vertiefung der Verletzung abgestellt wird.

125 **Beispiele:** Eine rechtswidrige Durchsuchung führt bei schwerwiegenden Verfahrensverstößen zu einem Beweisverwertungsverbot (E 113, 29/61; 125, 260/339 f; 130, 1/31 BVerwGE 132, 100/106 f; krit. *Schwabenbauer*, AöR 2012, 1/35 ff). Hingegen darf der Anfangsverdacht einer Steuerhinterziehung auf im Ausland rechtswidrig beschaffte Daten gestützt werden (BVerfG, NJW 2011, 2417/2419 f).

126 Ferner können sich aus den Abwehrrechten in Verbindung mit dem Verhältnismäßigkeitsgrundsatz Handlungspflichten des Staates im Hinblick auf die Organisation und das Verfahren ergeben, in die die Grundrechtseingriffe eingebettet sind. Insoweit ist vom **Grundrechtsschutz durch Organisation und Verfahren** die Rede, der sich gerade auch auf die Abwehrfunktion der Grundrechte bezieht, zum Teil aber auch als eigene Grundrechtsfunktion verstanden wird.[29] Der Staat muss einen Eingriff nicht notwendigerweise unterlassen, muss ihn aber durch grundrechtsschützende Organisation und Verfahren begleiten. Ein klassisches Element des Organisations- und Verfahrensschutzes ist der Richtervorbehalt, den einzelne Grundrechte auch explizit vorsehen (s. Art. 13, Art. 104), den das Bundesverfassungsgericht aber auch für andere besonders schwere Grundrechtseingriffe, wie die Telekommunikationsüberwachung[30] aus dem Verhältnismäßigkeitsgrundsatz abgeleitet hat.

127 Bereits die Tatsache, dass die Grundrechte als Abwehrrechte zum Teil nicht nur Unterlassungen, sondern auch Handlungen, Kompensationen und die Einrichtung von Organisationsstrukturen und Verfahren verlangen, macht deutlich, dass sie nicht immer kostenneutral gewährleistet werden können.[31] Hinzu kommt aber besonders, dass sie als Abwehrrechte auch gegen Maßnahmen staatlicher Mittelbeschaffung durch Steuern, Beiträge und sonstige Abgaben in Stellung gebracht werden können. Werden etwa Steuergesetze als Eingriffe in Grundrechtspositionen für verfassungswidrig erklärt, können dem Staat dadurch auf der Einnahmeseite zum Teil ganz erhebliche Summen entzogen werden. Auch die Kostenneutralität der Grundrechte als Abwehrrechte ist daher allenfalls bei einer idealtypischen Betrachtung gegeben. Richtig ist lediglich, dass die Abwehrfunktion nicht notwendig staatliches Handeln und staatliche Ressourcen fordert.

128 **(3) Dreieckskonstellationen.** Umstritten und in der Rechtsprechung des Bundesverfassungsgerichts nicht eindeutig ist, inwieweit die Abwehrfunktion der Grundrechte in den Dreieckskonstellationen trägt, die dem Gericht Anlass für die Entwick-

---

29 *Häberle*, Wesensgehaltsgarantie des Art. 19 Abs. 2 GG, (1962) 1993, S. 373 ff; *Goerlich*, Grundrechte als Verfahrensgarantien, 1981, S. 57 ff; *Bethge*, NJW 1982, S. 1 ff.
30 E 125, 260/337 f.
31 Dazu i.E. *Wischmeyer*, Die Kosten der Freiheit, 2015.

lung der mittelbaren Drittwirkung gegeben haben. In ihnen stehen sich zwei Grundrechtsträger, deren grundrechtlich geschützte Interessen kollidieren, und der Staat in einem Dreieck von Rechtsverhältnissen gegenüber. Häufig dienen staatliche Maßnahmen dazu, entsprechende Freiheitskonflikte zwischen Grundrechtsträgern zu regeln – zum Teil wird sogar angenommen, dass sich rechtliche Regelungen ganz überwiegend als Freiheitsverteilungsentscheidungen verstehen lassen[32]. Im Rechtsstaat kann der Konflikt zweier Nachbarn um eine Emission nicht dem Kräfteverhältnis der Nachbarn überlassen, sondern muss geregelt werden. In diesen Dreieckskonstellationen werden die Konflikte der Grundrechtsträger geregelt, indem dem einen Grundrechtsträger durch den Staat gewisse Grenzen für sein belastendes Verhalten gesetzt werden, während der andere durch den Staat verpflichtet wird, das Verhalten innerhalb dieser Grenzen zu dulden. Der Musiker darf sein Instrument nicht zu Nacht- und Ruhezeiten sowie nur innerhalb bestimmter Dezibel-Grenzen üben, jenseits der Nacht- und Ruhezeiten und innerhalb der Dezibel-Grenzen muss der Nachbar die Musik aber dulden, auch wenn es ihn als Schichtarbeiter in seinem Erholungsschlaf stört. Der Staat kann die Konflikte, die entsprechenden Dreieckskonstellationen zugrunde liegen, sowohl mit den Mitteln des öffentlichen Rechts regeln, indem er etwa eine Lärmschutzverordnung erlässt, oder auch mit Mitteln des Privatrechts, indem er dem einen einen zivilrechtlichen Unterlassungs- oder dem anderen einen zivilrechtlichen Duldungsanspruch einräumt.

Eine Ansicht geht dahin, dass sich aus grundrechtlicher Perspektive die staatlichen Regelungen sowohl gegenüber dem einen als auch gegenüber dem anderen Grundrechtsträger als Eingriffe in grundrechtliche Abwehrrechte prüfen lassen. Der Musiker kann sich gegen die Beschränkung seiner Kunstfreiheit richten, wenn er die Lärmschutzregeln für zu restriktiv erachtet; der Nachbar kann einen Eingriff in sein Recht auf körperliche Unversehrtheit gelten machen, wenn er die Ruhezeiten für zu knapp und seine Pflicht, den „Lärm" zu dulden, für zu weitgehend erachtet. Danach lassen sich alle Dreieckkonstellationen abwehrrechtlich beurteilen. Dabei ist es gleichgültig, ob die Beschränkungen und Duldungspflichten zivil- oder öffentlich-rechtlich geregelt werden. Aufgrund von Art. 1 Abs. 3 sind sowohl der Zivilrechtsgesetzgeber als auch die Zivilgerichte bei der Entscheidung von Konflikten in Dreieckskonstellationen an die Grundrechte gebunden. Der richtige Sinn des Begriffs der mittelbaren Drittwirkung liegt darin, dass die Grundrechte nicht unmittelbar die Grundrechtsträger binden, sondern vermittelt über die Grundrechtsbindung des Staates bei der Regelung der Rechtsverhältnisse zwischen den Grundrechtsträgern Einfluss auch auf das Privatrecht und seine Auslegung nehmen. Dies gilt grundsätzlich auch für vertragliche Verpflichtungen, die jedoch jenseits struktureller Vertragsdisparitäten (Rn 143) regelmäßig durch den Regelungszweck der Gewährleistung der Privatautonomie gerechtfertigt sind.[33]

Überwiegend wird eine einheitliche Bearbeitung der Dreieckkonstellationen anhand des Abwehrrechts indes abgelehnt. Während die rechtlichen Verbote, die den Einwirkungen des einen Grundrechtsträger auf die grundrechtlich geschützten Interessen des anderen Grenzen setzen, zumeist abwehrrechtlich thematisiert werden, stößt beson-

---

32 Dazu *Poscher*, Grundrechte als Abwehrrechte, 2003, S. 101 f.
33 I.E. *Poscher*, Grundrechte als Abwehrrechte, 2003, S. 346 ff.

ders die abwehrrechtliche Beurteilung der Duldungspflichten des anderen Grundrechtsträgers auf Widerstand. Die Duldungspflichten seien nicht eingriffsartig normiert, sondern ergäben sich aus einem Bündel allgemeiner Rechtspflichten und ließen sich daher von der allgemeinen Rechtsgehorsamspflicht, die nicht in spezifische Grundrechte eingreife, nicht unterscheiden. Mit Blick auf denjenigen, der eine Beeinträchtigung durch einen anderen Grundrechtsträger zu dulden habe, ginge es vielmehr um den Schutz eines Grundrechtsträger vor einem anderen, der sich nicht mehr mit der Abwehrfunktion, sondern erst mit der Schutzfunktion der Grundrechte einfangen lasse (s.u. Rn 133 ff). Auch das Bundesverfassungsgericht neigt in einer Reihe von Entscheidungen zu dieser Perspektive (s.u. Rn 136). Allerdings ist die Rechtsprechung insoweit auch nicht konsistent, da in ihr auch immer wieder Duldungspflichten abwehrrechtlich beurteilt werden.

131 **Beispiele:** So wird etwa die Pflicht von privaten Rundfunkveranstaltern, Kurzberichterstattungen von öffentlich-rechtlichen Rundfunkanstalten zu dulden, grundrechtlich als Beeinträchtigung der Berufsfreiheit des Veranstalters geprüft und anhand des Verhältnismäßigkeitsgrundsatzes überprüft (E 97, 228/261 f; vgl. auch E 90, 27/33 zur zivilrechtlichen Verurteilung des Eigentümers eines Mietshauses „eine Empfangsanlage an seinem Eigentum zu dulden.").

132 Im internationalen Menschenrechtsschutz entspricht der abwehrrechtlichen Grundrechtsfunktion die „duty to respect"[34]. Die Respektierungspflicht verlangt wie das Abwehrrecht von den Vertragsstaaten zunächst und vordringlich, dass sie selbst die Menschenrechte durch ihr Handeln nicht verletzen, d.h. eigene Menschenrechtsverletzungen unterlassen. Sie steht im Vordergrund besonders der Menschenrechtspakte, die dem Schutz der klassischen bürgerlichen und politischen Rechte gelten. Sie kann sich aber auch auf soziale und kulturelle Menschenrechte beziehen. So gilt das Recht auf Bildung als soziales und kulturelles Menschenrecht. Aber auch als soziales Recht hat es eine Respektdimension, die etwa verlangt, dass die Vertragssaaten Bildungsverbote für bestimmte Bevölkerungsgruppen – etwa Frauen oder ethnische Minderheiten – unterlassen. Wegen der Eindeutigkeit der Rechtsfolge, die schlicht in dem Unterlassen der Menschenrechtsverletzung liegt, gelten die Respektierungspflichten völkerrechtlich als unmittelbar zu erfüllende Verpflichtungen.[35] Im Hinblick auf die Inkorporation in unsere Rechtsordnung sind Respektierungspflichten daher auch immer unmittelbar anwendbar und werden so mit der Ratifikation und Inkorporation der Verträge für deutsche Behörden und Gerichte bindendes Recht.

133 **bb) Schutzfunktion.** Eine erste Ausdifferenzierung einer besonderen Grundrechtsfunktion aus der bis dahin eher nur metaphorisch entwickelten objektiven Wertentscheidungsfunktion war die grundrechtliche Schutzpflicht. Einige Grundrechte benennen die Pflicht des Staates zum Schutz der Grundrechte ausdrücklich. So verpflichtet Art. 1 Abs. 1 nicht nur zur Achtung, sondern auch zum Schutz der Würde.

---

[34] Zu dieser Typologie *Steiner/Alston/Goodmann*, International Human Rights in Context, 3. Aufl. 2008, S. 185 ff ; kritisch I. E. *Koch*, Dichotomies, Trichotomies or Waves of Duties, Human Rights Law Review 2005, S. 81 (84 ff); ein Versuch der Systematisierung der verschiedenen menschenrechtlichen Typologisierungskonzeptionen *Poscher*, in: Cremer/Ennuschat/Poscher/Rux/Wißmann (Hrsg.), Selektion und Gerechtigkeit in der Schule, 2012, S. 39 ff.

[35] E/1991/23, 14. Dezember 1990, CESCR, General Comment Nr. 3: The Nature of States Parties' Obligations, § 5.

Art. 6 stellt in Abs. 1 nicht nur Ehe und Familie unter den besonderen Schutz der staatlichen Ordnung, sondern räumt in Abs. 4 auch jeder Mutter einen Anspruch auf den Schutz und die Fürsorge der Gemeinschaft ein.

(1) Echte Schutzpflichten. In seiner ersten Entscheidung über die Regelung des Schwangerschaftsabbruchs von 1975 greift das BVerfG diesen Gedanken auf und folgert aus der objektiven Wertentscheidungsfunktion auch für solche Grundrechte staatliche Schutzpflichten, die im Text des Grundgesetzes als solche keine Erwähnung gefunden haben. So entnimmt es der objektiven Wertentscheidung der Grundrechte für den Schutz des Lebens, dass der Staat nicht nur verpflichtet sei, selbst Eingriffe in das Leben zu unterlassen, sondern sich auch „schützend und fördernd" vor das werdende Leben zu stellen. Die Grundrechte enthalten danach auch dort Schutzpflichten, wo sie im Text des Grundgesetzes nicht ausdrücklich erwähnt sind. Für den Schwangerschaftsabbruch folgerte das Bundesverfassungsgericht damals aus der grundrechtlichen Schutzpflicht, dass ihn der Staat notwendig unter Strafe stellen müsse.[36] Zwei Jahre später beriefen sich dann die Angehörigen des durch die Rote-Armee-Fraktion entführten Arbeitgeberpräsidenten *Hanns Martin Schleyer* auf die grundrechtliche Schutzpflicht für das Leben. Sie verlangten, die von den Entführern geforderte Freilassung der inhaftierten Terroristen. Zwar bestätigte das Gericht das grundsätzliche Bestehen einer Schutzpflicht, räumte der Regierung aber einen weiten Entscheidungsspielraum ein, wie sie der Schutzpflicht nachkomme, da diese nicht nur gegenüber dem Entführungsopfer, sondern auch gegenüber den potentiellen Opfern der freizulassenden Terroristen bestehe.[37]

134

Gerade die *Schleyer*-Entscheidung macht deutlich, dass es bei der grundrechtlichen Schutzpflicht zunächst darum ging, die Grundrechtsträger vor *rechtswidrigen* Verletzungen grundrechtlich geschützter Güter durch Dritte zu bewahren. Dieser Schutz ist mit der staatsgerichteten Abwehrfunktion der Grundrechte nicht zu leisten, da der Staat an der Beeinträchtigung der grundrechtlich geschützten Interessen durch rechtswidrig handelnde Dritte weder faktisch noch normativ beteiligt ist. Im Gegenteil hat er das Verhalten des Dritten ja bereits für rechtswidrig erklärt. Der durch die rechtswidrigen Handlungen betroffene Grundrechtsträger ist daher grundsätzlich auch nicht zu deren Duldung verpflichtet und kann staatlichen Rechtsschutz suchen. Soll der Staat aber darüber hinaus zu einer bestimmten Reaktion auf den Rechtsverstoß – etwa die Freilassung der Geiseln oder zur strafrechtlichen Sanktion des Schwangerschaftsabbruchs – verpflichtet werden, ist die Annahme grundrechtlicher Schutzpflichten erforderlich. Gleiches gilt für den Schutz vor Schicksalsschlägen und Gefahren, die durch die Natur drohen. Auch an ihnen ist der Staat nicht beteiligt. Weder gehen sie faktisch von ihm aus, noch verpflichtet er den Betroffenen sie hinzunehmen. Auch sie lassen sich nur durch die Annahmen von Schutzpflichten grundrechtlich erfassen, die den Staat zum Schutz vor Schicksalsschlägen und Naturereignissen sowie deren Folgen verpflichten. So soll der Ausschluss einer medizinisch notwendigen staatlichen Zwangsbehandlung für Betreute, die zu einer freien Willensbildung nicht in der Lage sind, gegen die grundrechtliche Schutzpflicht für Leib und Leben verstoßen.[38] Ebenso

135

---

36 E 39, 1; s.a. E 88, 203.
37 E 46, 160/165.
38 BVerfG, NJW 2017, 53/55 ff (= JK 3/2017).

bezieht sich das Gericht bei der grundrechtlichen Beurteilung von Leistungsgrenzen bei der Erstattung von Behandlungskosten durch die gesetzliche Krankenversicherung auch auf die staatliche Schutzpflicht für das Leben und die Gesundheit. Diese durch andere Grundrechtsfunktionen nicht substituierbaren Grundrechtsgehalte, die am Ursprung der Schutzfunktion stehen, seien daher hier als „echte" Schutzpflichten bezeichnet. Echte Schutzpflichten beziehen sich auf den staatlichen Schutz vor rechtswidrigem Verhalten Dritter oder vor Schicksalsschlägen.

136 **(2) Unechte Schutzpflichten.** Neben diesen an ihrem Ursprung stehenden echten Schutzpflichten wird die Schutzfunktion der Grundrechte häufig aber auch mit den rechtlich geordneten Dreieckskonflikten in Verbindung gebracht, die Anlass für die Entwicklung der mittelbaren Drittwirkung gaben. In ihnen wendet sich ein Grundrechtsträger gegen das *Recht* eines anderen, ihn in seinen grundrechtlich geschützten Interessen zu beeinträchtigen (s.o. Rn 128). Wird hier nicht auf die staatliche Regelung des Verhältnisses als grundrechtlichem Eingriff abgestellt (s.o. Rn 129), können diese Konstellationen nur durch die Annahme von Schutzpflichten in den grundrechtlichen Blick geraten. Diese hier als „unecht" bezeichneten Schutzpflichten unterscheiden sich von den „echten", bei denen es nicht um den Schutz vor staatlicher Regelung, sondern um Schutz vor faktischer Beeinträchtigung durch Dritte geht. Eine entsprechende Dreieckskonstellation hat das Bundesverfassungsgericht erstmals 1978 in der Entscheidung zum Schnellen Brüter in Kalkar mit der grundrechtlichen Pflicht zum Schutz der Gesundheit und des Lebens adressiert.[39] Es hat nicht danach gefragt, ob die Pflicht der Anwohner des Kernkraftwerks, die von ihm ausgehenden Gefahren zu dulden, als staatlicher Eingriff gerechtfertigt werden kann, sondern ob der Staat bei der Genehmigung der Anlage seiner grundrechtlichen Pflicht zum Schutz der Anwohner in ausreichendem Maße nachgekommen ist. Später hat das Bundesverfassungsgericht den Gedanken des staatlichen Schutzauftrags auch auf die grundrechtliche Bewertung zivilrechtlicher Konflikte angewandt. So wird in der Handelsvertreter-Entscheidung aus der objektiven Grundrechtsfunktion die Pflicht abgeleitet, in Fällen strukturell gestörter Vertragsparität die schwächere Partei vor übermäßig nachteiligen vertraglichen Verpflichtungen zu schützen.[40] Auch in der Literatur sind die grundrechtlichen Schutzpflichten besonders zur Rekonstruktion der sog. Drittwirkung der Grundrechte im Privatrecht aufgegriffen worden.[41]

137 Ob eine rechtliche Regelung innerhalb entsprechender Dreieckkonstellationen mithilfe des Abwehrrechts oder der grundrechtlichen Schutzpflicht behandelt wird, ist nicht nur eine Frage der grundrechtsdogmatischen Konstruktion, sondern auch eine der grundrechtsdogmatischen Maßstäbe. Wird die staatliche Regelung des Konflikts als Eingriff in ein Abwehrrecht thematisiert, unterliegt dieser wie alle Grundrechtseingriffe dem Verhältnismäßigkeitsgebot, d.h. er muss sich als legitimes Mittel für einen legitimen Zweck als geeignet, erforderlich und angemessen erweisen. Für grundrecht-

---

39 E 49, 89.
40 E 81, 242/256; vgl auch E 89, 214/232 ff (Familienbürgschaften); E 103, 89/100 (Unterhaltsverzichtsvertrag); NJW 2013, 3086/3087 (Schutz informationelle Selbstbestimmung in Versicherungsvertrag).
41 *Canaris*, AcP 1984, S. 201/225 ff; *Herdegen*, MD, Art. 1 Abs. 3 Rn 64 f; *Floren*, Grundrechtsdogmatik im Vertragsrecht, 1999, S. 39; *Calliess*, JZ 2006, 321 ff; krit. für das Deliktsrecht *Müller-Franken*, in: FS Bethge, 2009, 223/245 ff.

liche Schutzpflichten soll hingegen nur das sog. Untermaßverbot gelten, das lediglich verletzt ist, „wenn die öffentliche Gewalt Schutzvorkehrungen entweder überhaupt nicht getroffen hat oder die getroffenen Regelungen und Maßnahmen gänzlich ungeeignet oder völlig unzulänglich sind, das gebotene Schutzziel zu erreichen, oder erheblich dahinter zurückbleiben"[42]. Auch wenn die unterschiedlichen Maßstäbe nicht zu unterschiedlichen Ergebnissen führen müssen, da der verhältnismäßige Eingriff gerade auch deshalb verhältnismäßig sein kann, weil er einen ausreichenden Schutz belässt, kann die grundrechtsfunktionale Einordnung von Dreieckskonstellationen in der Tendenz zu Ungleichheiten bei der Zuteilung grundrechtlicher Positionen führen.[43] Derjenige, der sich in Dreieckkonstellationen auf ein Abwehrrecht berufen kann, hat eine stärkere grundrechtliche Position als derjenige, dem lediglich eine Schutzpflicht zur Seite steht. Dies kann zu einer – unter Umständen gewünschten – Privilegierung aktiveren, aber auch aggressiveren Verhaltens führen, das vor den grundrechtlich geschützten Interessen Dritter nicht gleich Halt macht. Es kann aber auch zu einer grundrechtlichen Verstärkung traditioneller sozialer Ungleichheiten führen, wenn die Zuordnung unterschiedlich starker Grundrechtspositionen gesellschaftliche Machtpositionen spiegelt. Wenn die Rechtsprechung zwischen beiden Konstruktionen schwankt (s.o. Rn 130 f), wird sie diese Effekte jedenfalls im Auge behalten müssen.

Beispiele: Die vertraglichen Konkurrenzverbote des sozial abhängigen Handelsvertreters gegenüber dem Prinzipal werden nicht als Eingriff in seine Berufsfreiheit geprüft, sondern als Frage der grundrechtlichen Schutzpflichten (E 81, 242/255). Die staatliche Vollstreckung eines Räumungsurteils bei Suizidgefahr des Mieters wird unter dem Gesichtspunkt der grundrechtlichen Schutzpflicht für Leib und Leben diskutiert (BVerfG, NJW 2016, 3090/3091). Die Pflicht des Vermieters als Eigentümer, das Anbringen einer Satellitenschüssel durch seinen Mieter zu dulden, wird hingegen als Eingriff in sein Abwehrrecht thematisiert (E 90, 27/33). In diesen Entscheidungen scheint der grundrechtliche Status von der gesellschaftlichen Rolle abzuhängen. Dabei wird die soziale Ungleichheit tendenziell grundrechtlich verschärft, wenn dem sozial Unterlegenen lediglich grundrechtliche Schutzpflichten an die Seite gestellt werden. 138

Unabhängig davon, ob sie mit ihrer Abwehr- oder Schutzfunktion in Anschlag gebracht werden, folgt die Maßstäblichkeit der Grundrechte auch, soweit die Dreiecksverhältnisse privatrechtlich geregelt sind, aus Art. 1 Abs. 3.[44] Für bürgerlich-rechtliche *Gesetze* gilt nichts anderes als für andere Gesetze: Sie müssen gem. Art. 1 Abs. 3 mit den Grundrechten vereinbar sein und auch die Rechtsprechung der Zivilgerichte unterliegt gem. Art. 1 Abs. 3 der Grundrechtsbindung; sie zählt zur öffentlichen Gewalt iSd Art. 93 Abs. 1 Nr 4a, so dass auch gegen Gerichtsentscheidungen der Zivilgerichte Verfassungsbeschwerde erhoben werden kann. 139

In der Grundrechtsprüfung kann die Kontroverse um die zutreffende grundrechtsdogmatische Einordnung der Dreieckskonstellationen nach der Erörterung des Schutzbereichs diskutiert werden. Hier ist dann zu entscheiden, ob ein staatlicher Eingriff durch die Regelung einer Handlungs- oder Duldungspflicht angenommen wird oder 140

---

42 E 92, 26/46; BVerfG, NVwZ 2010, 702.
43 Vgl auch *Calliess*, JZ 2006, 321/325.
44 So bereits *Schwabe*, Die sogenannte Drittwirkung der Grundrechte, 1971, S. 26; ferner *Michl*, Jura 2017, 1062.

ob die Grundrechte nur mit ihrer Schutzfunktion einschlägig sind. Bei einer Entscheidung für einen Grundrechtseingriff folgt die weitere Prüfung dem üblichen Aufbau (Rn 400 ff). Bei einer Entscheidung für die Schutzpflichtfunktion ist hingegen zu prüfen, welche Schutzregelungen vorgesehen sind und ob sie dem sog. Untermaßverbot (Rn 348) genügen.

141 Bei „unechten" Schutzpflichten geht es um Regelungen, die der Staat aufgrund seines Gewaltmonopols ohnehin treffen muss. Er kann die in den Dreieckskonstellationen angelegten Konflikte nicht ungeregelt lassen und dem Faustrecht der Beteiligten überantworten. Die Grundrechte formulieren hier Maßstäbe für eine ohnehin erforderliche staatliche Regelung. Sie setzen einen Rahmen für unterschiedliche Regelungsoptionen. Der Gesetzgeber kann den Nachbar vor akustischen Emissionen zu unterschiedlichen Uhrzeiten, an unterschiedlichen Tagen, gegenüber unterschiedlichen Lärmquellen durch unterschiedliche Regelungen schützen. Er kann den Konflikt zwischen dem Nachbarn und dem Musiker aber nicht ungeregelt lassen.

142 „Echte" Schutzpflichtenkonstellationen betreffen hingegen staatliches Handeln, bei dem bereits das „Ob" eine Frage politischer Gestaltung ist. Ob der Staat gegen bestimmte Rechtsverletzungen mit dem Mittel des Strafrechts vorgeht oder ob er Leistungen erbringt, um die Folgen von Schicksalsschlägen abzufedern, ist ihm in der Regel nicht verfassungsrechtlich vorgegeben. Daher ist der Gestaltungsspielraum des Staates mit Rücksicht auf „echte" Schutzpflichtenkonstellationen wesentlich größer als bei der ohnehin notwendigen Regelung von Dreieckskonstellationen. Entsprechend werden echte Schutzpflichten in der Rechtsprechung des Bundesverfassungsgerichts auch hauptsächlich als Abwägungsgesichtspunkt herangezogen, um Grundrechtseingriffe zu rechtfertigen.[45] Die Grundrechte mutieren so zu Legitimationsgrundlagen für Freiheitsbeschränkungen. Eine Verletzung der Schutzpflicht hat das Gericht hingegen in echten Schutzpflichtkonstellationen fast ausnahmslos abgelehnt.[46] Prominenteste Ausnahme bilden die Urteile zum Schwangerschaftsabbruch, in denen das Gericht den Gesetzgeber zur Aufrechterhaltung einer strafrechtlichen Sanktion verpflichtet erachtet hat.[47] Für manche zeigen aber gerade diese Entscheidungen, dass die dogmatische Annahme echter grundrechtlicher Schutzpflichten die Gefahr birgt, dass die Rechtsprechung mit ihnen punktuell Zugriff auf Entscheidungen nimmt, die besser dem politischen Prozess zu überlassen sind.[48] Dies rät zur Zurückhaltung bei der Annahme oder jedenfalls den Anforderungen „echter" Schutzpflichten und spricht u.U. dafür, sie nur dort anzunehmen, wo das Grundgesetz sie ausdrücklich vorsieht. Wird die rechtliche Regulierung von Dreieckskonstellationen mit der Abwehrfunktion erfasst, hat die Schutzfunktion dann überhaupt nur für diese Grundrechte Bedeutung.

143 Gleich mit welcher Grundrechtsfunktion die Dreieckskonstellationen erfasst werden, ist die *Bedeutung* der so realisierten mittelbaren Drittwirkung auch darin zu sehen,

---

45 E 12, 274/319; BVerfG, NJW 2006 1939/1945.
46 E 46, 160/164 f; BVerfGK 17, 1; BVerfG, NJW 2015, 150/151; BVerfG, NJW 2015, 3500/3501.
47 E 39, 1; 88, 203; vgl ferner BVerfG, NJW 2017, 53/55 ff.
48 *Hain*, DVBl. 1993, 982 ff; *Hermes/Walther*, NJW 1993, 2337/2339; *Hesse*, Die verfassungsgerichtliche Kontrolle der Wahrnehmung grundrechtlicher Schutzpflichten des Gesetzgebers, in: FS Mahrenholz, 1994, S. 541/550 ff; skeptisch auch *Stern*, Staatsrecht III/2, S. 813 f.

dass sie unter den Bedingungen der modernen hochkomplexen Industriegesellschaft Freiheit und Gleichheit wahren hilft. Diese setzen nämlich nach ihrem geschichtlichen Verständnis (vgl Rn 26 ff) einen Zustand *faktischer Symmetrie* voraus, in dem jeder Bürger die gleichen Chancen der Verfolgung und Durchsetzung seiner Interessen hat. Diese faktische Symmetrie ist heute nicht nur durch die Macht des Staates, sondern auch durch private wirtschaftliche und soziale Macht, durch Konzerne und Verbände, Standes- und Interessenorganisationen oft beseitigt oder gefährdet. Zwar ist Machtausübung in gewissem Umfang selbst grundrechtlich abgesichert (vgl die Vertrags- und Eigentumsfreiheit), und im Übrigen ist der demokratische Gesetzgeber legitimiert, die gesellschaftlichen Verhältnisse in den Grenzen der Verfassung auch asymmetrisch zu gestalten, solange er dadurch nicht einseitige Privilegien schafft bzw Bürger wehr- oder hilflos stellt. So können die Interessen der Mieter und Vermieter durch den Gesetzgeber durchaus unterschiedlich gewichtet werden. Hieran ist die Rechtsprechung gebunden. Wo das einfache Recht aber Raum lässt, verlangen die Grundrechte, Chancengleichheit durch Herstellung faktischer Symmetrie jedenfalls soweit zu wahren, dass Selbstbestimmung nicht in eine Fremdbestimmung verkehrt wird.[49]

Beispiel: Die kleine Hamburger Wochenzeitung „Blinkfüer" druckte auch nach dem Bau der Berliner Mauer am 13.8.1961 noch Rundfunkprogramme aus der DDR ab. Darauf wurde sie vom großen Springer-Verlag wie folgt boykottiert: Der Springer-Verlag richtete an alle Zeitschriftenhändler ein Rundschreiben, worin er ihnen drohte, sie nicht mehr zu beliefern, wenn sie weiterhin Blinkfüer vertrieben. Der Umsatz von Blinkfüer ging erheblich zurück. Vor dem BGH unterlag Blinkfüer mit seiner Schadensersatzforderung gegen den Springer-Verlag. E 25, 256 hob die Entscheidung des BGH wegen Verletzung von Art. 5 Abs. 1 auf: Seine wirtschaftliche Überlegenheit durfte der Springer-Verlag im Wettbewerb der Meinungen nicht derart ausspielen; die verschiedenen Meinungen müssen mit geistigen Waffen konkurrieren und die gleiche Chance geistigen Wirkens haben.

144

Im **internationalen Menschenrechtsschutz** entspricht der grundrechtlichen Schutzpflicht die „duty to protect". Anders als die „duty to respect" gilt die menschenrechtliche Schutzpflicht völkerrechtlich grundsätzlich nicht als unmittelbar, sondern zielt zunächst einmal darauf, dass die Vertragsstaaten rechtliche Grundlagen für den Schutz der Menschenrechte vor Beeinträchtigungen durch Dritte schaffen. Lediglich für einen Mindestschutzstandard wird angenommen, dass er unmittelbar aus den Menschenrechtsverträgen folgt.[50] So hat der EGMR in Fällen häuslicher Gewalt eine Verletzung der Art. 2 und 3 EMRK angenommen, wenn die Vertragsstaaten Opfer häuslicher Gewalt lediglich mit offensichtlich inadäquaten Mitteln geschützt oder die rechtlich vorgesehenen Schutzmechanismen keine praktische Wirksamkeit erlangt haben.[51] – Auch für die **europäischen Grundfreiheiten** erkennt der EuGH eine Schutzpflicht an, die er auch aus der allgemeinen Verpflichtung der Mitgliedstaaten ableitet, alle Maßnahmen zu unterlassen, die die Ziele der Union gefährden (Art. 4 Abs. 3 EUV).[52]

145

---

49 Vgl E 81, 242/261 ff; 89, 214/232 f; 103, 89/100 f; dazu *Hermes*, NJW 1990, 1764; *Hillgruber*, AcP 1991, 69; ferner *Hesse*, VerfR, Rn 357; *Schlink*, Abwägung im Verfassungsrecht, 1976, S. 214 ff.
50 CESCR/GenC No. 3, § 10.
51 EGMR, Opuz v. Turkey, No. 33401/02, Rn 170; Talpis v. Italy, No. 41237/14, Rn 95–108.
52 EuGH, Kommission/Frankreich, EU:C:1997:595, Rn. 32; Schmidberger, EU:C:2003:333, Rn 59.

146 Von der Schutzdimension einzelner Menschenrechte ist die „responsibilty to protect" (R2P) zu unterscheiden, die im Rahmen des Rechts der Vereinten Nationen darauf angelegt ist, das traditionelle Souveränitätsverständnis durch eine humanitäre Dimension einerseits zu ergänzen und andererseits zu begrenzen. Die „responsibility to protect" soll den Gedanken stärken, dass Souveränität nicht nur mit Rechten, sondern auch mit Verantwortung für die Menschen verbunden ist, die ihr unterworfen sind. Sie zielte zunächst auf eine Verantwortung für die Wahrung der Menschenrechte allgemein.[53] In der Fassung, in der sie in einer einstimmig verabschiedeten, aber nicht völkerrechtlich bindenden Resolution der Vollversammlung der Vereinten Nationen anerkannt wurde, ist sie auf den Schutz vor Völkermord, Kriegsverbrechen, ethnischen Säuberungen und Verbrechen gegen die Menschlichkeit beschränkt. Die „responsibility to protect" kommt nach dieser Resolution auch der internationalen Gemeinschaft zu und soll den Sicherheitsrat als letztes Mittel auch zu militärischen Interventionen berechtigen, wenn einzelne Staaten ihrer Verantwortung offensichtlich nicht gerecht werden.[54] Damit zielt die „responsibility to protect" auf die wohl bedeutendste Modifikation des Souveränitätsverständnisses seit dem Westfälischen Frieden.[55]

147 **cc) Ausgestaltungsfunktion.** Grundrechtliche Freiheiten schützen Gegenstände wie Leib und Leben, die persönliche Bewegungsfreiheit, das Äußern von Meinungen oder das Eigentum. Viele dieser Gegenstände existieren auch unabhängig von einer Rechtsordnung. Leib und Leben haben wir unabhängig davon, ob es eine Rechtsordnung gibt, auch wenn sie innerhalb einer vernünftigen Rechtsordnung wesentlich besser geschützt sind als ohne. Manche Gegenstände, die die Grundrechte unter ihren Schutz stellen, sind aber nicht nur für ihren Schutz, sondern für ihre Existenz auf rechtliche Regelungen angewiesen. Am deutlichsten bringt das Grundgesetz diese Einsicht in Art. 14 Abs. 1 S. 2 zum Ausdruck, nach dem der Gesetzgeber „*Inhalt* und Schranken" des Eigentums bestimmt. Eigentum ist mehr als tatsächliche Sachherrschaft, die wir über Dinge auch ohne Rechtsordnung haben können. Eigentum umfasst die rechtliche Befugnis, andere vom Gebrauch einer Sache ausschließen und über die Sache rechtlich verfügen zu können. Das, was Eigentum gegenüber dem bloßen Besitz auszeichnet, sind gerade die rechtlichen Befugnisse. Diese setzen aber entsprechende Regelungen des einfachen Rechts voraus. Daher ordnet Art. 14 Abs. 1 S. 2 gerade auch an, dass der Gesetzgeber den Inhalt des Eigentums bestimmen muss. Das Eigentumsgrundrecht ist nicht nur normgeprägt, sondern wird erst durch Normen des einfachen Rechts konstituiert. Das einfache Recht konstituiert erst den Gegenstand, den Art. 14 schützt. Ähnlich normkonstituiert wie das Eigentum sind etwa die Vertragsfreiheit, die in Art. 2 Abs. 1 angesiedelt wird, die Ehefreiheit, und die Vereinigungsfreiheit, da es weder rechtlich verbindliche Verträge, noch Ehen, noch juristische Personen ohne deren einfach-rechtliche Ausgestaltung geben kann. Normgeprägt ist etwa die Koalitionsfreiheit. Zwar können Arbeitnehmer auch ohne Rechts-

---

53 ICISS Report 2001, Art. 2.15.
54 2005 World Summit Outcome, Sixtieth session, items 48 and 121 of the provisional agenda, A/60/L.1. United Nations General Assembly, art. 138–140.
55 *Slaughter*, Security, Solidarity, and Sovereignty, The American Journal of International Law 2005, 619/627 ff.

ordnung streiken, doch Gewerkschaften als rechtlich handlungsfähige Organisationen und Tarifverträge, deren Abschluss Arbeitskämpfe in der Regel dienen, setzen entsprechende einfach-rechtliche Regelungen voraus. Normgeprägt ist auch die Rechtsschutzgarantie in Art. 19 Abs. 4.

Dass normkonstituierte und normgeprägte Grundrechte besondere Fragen aufwerfen, liegt auf der Hand: Wie sollen Grundrechte, die gerade auch gegen den Gesetzgeber schützen, diesen Schutz leisten, wenn der Gesetzgeber doch den Gegenstand ihres Schutzes konstituiert? Weder die Abwehr- noch die Schutzfunktion der Grundrechte können darauf eine Antwort geben, da sie beide immer schon einen Schutzgegenstand voraussetzen, der vor staatlichen Eingriffe oder vor Beeinträchtigungen durch Dritter geschützt werden soll. Hinsichtlich der normkonstituierten und normgeprägten Gegenstände müssen den Grundrechten vielmehr zunächst auch Vorgaben in Bezug auf ihre einfach-rechtliche Ausgestaltung entnommen werden. So gibt Art. 14 dem Gesetzgeber zunächst auf, überhaupt eine Eigentumsordnung zu schaffen, die Eigentum an Dingen ermöglicht. Dabei lassen sich Art. 14 etwa die Grundaussagen entnehmen, dass dieses Eigentum einerseits privatnützig ausgestaltet sein soll, andererseits aber auch eine soziale Bindung realisieren muss (Art. 14 Abs. 2). Da das Grundgesetz jedoch eine vollständige, ausdifferenzierte Rechtsordnung übernommen hat (Art. 123 Abs. 1), ist das „Ob" der Ausgestaltung selten virulent geworden. Mit dem Erlass des Grundgesetzes wurde gleichzeitig eine Rechtsordnung in Kraft gesetzt, die ein ausgebildetes Eigentums-, Vertrags-, Ehe-, Gesellschafts- und Tarifrecht enthielt. Ganz im Sinn des Gedankens der Einrichtungsgarantien (s.o. Rn 103 ff) schützt die Ausgestaltungsfunktion der Grundrechte insoweit in erster Linie davor, dass der Gesetzgeber das Eigentums-, Vertrags-, Ehe-, Gesellschafts- oder Tarifrecht beseitigt – auch dies bislang nicht relevante Szenarien. Relevant wird die Ausgestaltungsfunktion hinsichtlich des „Ob" des Schutzes in erster Linie dann, wenn sich neue gesellschaftliche Entwicklungen ergeben, die noch nicht unter den Schutz der einfach-rechtlichen Rechtsordnung stehen, bei denen sich aber die Frage stellt, ob sie nicht ebenfalls im Sinn eines Grundrechts ausgestaltet werden müssten.

Beispiel: So standen bloße Datensammlungen zunächst unter keinem urheberrechtlichen Schutz. Mit der Digitalisierung wurden Datenbanken aber zu einem bedeutenden Wirtschaftsgut, das wie anderes geistiges Eigentum gehandelt wurde. Dem trug der Gesetzgeber mit den §§ 87a ff UrhG[56] Rechnung. Er kam damit seiner Ausgestaltungspflicht aus Art. 14 Abs. 1 nach.

Das „Wie" der Ausgestaltung, wird zumeist bei Änderungen einer überkommenen Ausgestaltung relevant und dann überwiegend als Eingriff in den Bestand der bereits konstituierten Position behandelt (Rn 151 f).[57] Einen Sonderfall der Ausgestaltung bilden auch insoweit diejenigen Freiheiten, die gleichsam in staatliche Obhut genommen worden sind. Rundfunk und Wissenschaft sind einerseits natürliche Freiheiten – es braucht keine rechtliche Regelung damit man überhaupt funken oder forschen kann. Wegen der hohen institutionellen Anforderungen an die erfolgreiche Ausübung

---

56 Urheberrechtlich handelt es sich um ein Leistungsschutzrecht. Zum verfassungsrechtlichen Eigentumscharakter von Leistungsschutzrechten BVerfG, NJW 2016, 2247/2248 (= JK 11/2016).
57 S. aber E 114, 1/33 ff, zur Ausgestaltung des Wechsels des Vertragspartners im Versicherungsrecht, dazu *Bumke/Voßkuhle*, Cacebook Verfassungsrecht, 7. Aufl., 2015, Rn 226.

der Freiheiten hat der Staat aber sowohl ein System des staatlichen Rundfunks als auch der staatlichen Hochschulen eingerichtet. Die entsprechenden Organisationsnormen haben oft keinen direkten Bezug zu der Ausübung von Wissenschaft und Rundfunk durch den einzelnen Grundrechtsträger. Wie der Senat einer Universität besetzt ist und wer dort welche Stimmrechte hat,[58] betrifft die Forschungstätigkeit des einzelnen Wissenschaftlers nur sehr mittelbar. Nicht jede Änderung von Organisationsnormen kann daher als Eingriff in das Abwehrrecht thematisiert werden. In ihrer Ausgestaltungsfunktion verlangen Rundfunk- und Wissenschaftsfreiheit aber, dass die Institutionen so angelegt sind, dass sich in ihnen die natürlichen Freiheiten des Funkens und Forschens auch wirksam zur Geltung bringen können. Auch wenn der Gesetzgeber bei der Ausgestaltung der Institutionen große Gestaltungsfreiheit hat – etwa kann er den Rundfunk außen- oder binnenplural organisieren (Rn 681) –, ergeben sich aus den Grundrechten Vorgaben für das Organisationsrecht (Rn 731, 739).[59]

151 Unterschiedlich beurteilt wird, wie Änderungen des einfachen Rechts zu beurteilen sind, das ein Grundrecht ausgestaltet. Zum Teil wird angenommen, dass insoweit grundsätzlich andere Maßstäbe als beim Abwehrrecht zur Geltung kommen müssen.[60] Nach anderer Ansicht lässt sich das Abwehrrecht auch auf bereits ausgestaltete Grundrechte anwenden. Insoweit wird entweder die Veränderung des rechtlichen status quo als Eingriff thematisiert[61] oder aus der einfach-rechtlichen Ausgestaltung eine idealtypische Freiheit abgeleitet – beim Eigentum etwa die unbeschränkte Ausschluss- und Verfügungsbefugnis – und jede weitere Ausgestaltungsregelung als Eingriff behandelt.[62] Jedenfalls soweit auch die Vertreter einer eigenständigen Ausgestaltungsfunktion die Geltung des Gesetzesvorbehalts und des Verhältnismäßigkeitsgrundsatzes verlangen,[63] liegen die Unterschiede zumeist allenfalls in der Akzentuierung.[64] So befürchten Befürworter einer eigenständigen Dogmatik der Ausgestaltungsfunktion eine Verzerrung der Ausgestaltungsmaßstäbe, wenn wie etwa bei dem idealtypisierenden Zugriff auf normgeprägte Grundrechte ein Ausgestaltungsaspekt in den Vordergrund gestellt wird – beim Eigentum etwa die Privatnützigkeit zulasten der Sozialbindung.[65] Indes lässt sich dieser Gefahr durch die Berücksichtigung der Sozialbindung bei der Rechtfertigung von Eingriffen auch begegnen.

---

58 Dazu VerfGH BW, NVwZ 2017, 403.
59 Zur Wissenschaftsfreiheit etwa E 127, 87/116 f; 136, 338/363.
60 *Cornils*, die Ausgestaltung der Grundrechte, 2005, S. 633 ff; *Lenz*, Vorbehaltlose Grundrechte, 2006, 119 ff.
61 *Lübbe-Wolff*, Die Grundrechte als Eingriffsabwehrrechte, 1988, S. 150 f; *Gellermann*, Grundrechte im einfachgesetzlichem Gewand, 2000, S. 429 ff, für konkrete Rechtspositionen auf der Grundlage der vormaligen Ausgestaltung.
62 *Poscher*, Grundrechte als Abwehrrechte, S. 137 ff.
63 So nun auch *Bumke*, Ausgestaltung von Grundrechten, 2009, S. 50 ff; die Rechtsprechung wendet den Verhältnismäßigkeitsgrundsatz ganz unhinterfragt auch auf Ausgestaltungsregelungen an s. etwa E 77, 275, 284; a.A. *Gellermann*, Grundrechte im einfachgesetzlichem Gewand, 2000, S. 336 ff; *Cornils*, Die Ausgestaltung der Grundrechte, 2005, S. 650 ff; *Lenz*, Vorbehaltlose Grundrechte, 2006, 141 f.
64 Deutliche Unterschiede ergeben sich allerdings bei *Lenz*, Vorbehaltlose Grundrechte, 2006, 119 ff, der die Ausgestaltung dem Privatrecht zuordnet und nur öffentlich-rechtliche Maßnahmen als Grundrechtseingriffe wertet. Ausgestaltungsmaßnahmen sollen nur einer groben Vertretbarkeitskontrolle unterliegen.
65 *Bumke*, Der Grundrechtsvorbehalt, 1998, S. 188.

So sind denn auch in der Rechtsprechung des BVerfG systematische Unterschiede bei 152 der Prüfung von staatlichen Maßnahmen im Bereich der ausgestaltungsbedürftigen Grundrechte nicht erkennbar. Zumeist werden sie wie Eingriffe in ein Abwehrrecht behandelt. Soweit etwa im Rahmen von Art. 14 zwischen Inhalts- und Schrankenbestimmungen in zeitlicher Perspektive zwischen den Betroffenen unterschieden wird, die erst in der Zukunft von der Neuregelung betroffen sind und denjenigen, die bereits unter der Vorläuferregelung Eigentum erworben hatten, handelt es sich in erster Linie um eine Frage des rechtsstaatlichen Vertrauensschutzes, der nicht allein normgeprägten Grundrechtspositionen gilt (s.u. Rn 1051). Zwar führt das BVerfG in seinen Entscheidungen zu staatlichen Warnungen die Ausgestaltungsfunktion der Grundrechte an, um die Anforderungen des Gesetzesvorbehalts zu lockern (s.u. Rn 628)[66]. Doch ist diese Entscheidung nicht nur singulär geblieben, sondern widerspricht selbst denjenigen Ansichten in der Literatur, die die Ausgestaltungsfunktion der Grundrechte vom Abwehrrecht abheben wollen, aber auch für die Ausgestaltung am Vorbehalt des Gesetzes festhalten.

In der völkerrechtlichen Diskussion findet sich keine eigens als Ausgestaltung ausgewiesene Menschenrechtsfunktion (s.o. Rn 58). Da auch die Vertragsstaaten regelmäßig bereits über eine ausdifferenzierte Rechtordnung verfügen, werden staatliche Maßnahmen im Bereich der normkonstituierten und -geprägten Menschenrechte mit der „duty to respect" erfasst, die dem grundrechtlichen Abwehrrecht entspricht. Soweit es um die Pflicht zur Einrichtung- und Aufrechterhaltung rechtlicher Strukturen geht, kommt auch eine Thematisierung als „duty to protect" oder „duty to fulfill", der Leistungsdimension der Menschenrechte, in Betracht. 153

dd) Leistungsfunktionen. Bereits der nähere Blick auf die Abwehrfunktion der Grundrechte hat gezeigt, dass sich mit ihr auch Leistungselemente verbinden können. Gleiches gilt für die grundrechtlichen Schutzpflichten und die Ausgestaltungsfunktion der Grundrechte, die den Staat besonders zum Erlass von Regelungen und im Fall der echten Schutzpflichten grundsätzlich auch zu bestimmten tatsächlichen Handlungen verpflichten können. Neben diesen Leistungselementen anderer Grundrechtsfunktionen werden aber auch noch selbständige Leistungsfunktionen der Grundrechte diskutiert. 154

(1) Teilhaberechte. Wo der Staat Einrichtungen oder Systeme der Förderung und Leistung geschaffen hat, die den Grundrechtsgebrauch erleichtern oder allererst ermöglichen, ist Grundrechtsschutz für den Einzelnen Teilhabe. Bei der Teilhabe geht es vor allem um Art. 3: Was der Einzelne begehrt, ist regelmäßig die *gleiche, chancengleiche und qualifikationsgerechte Zuteilung* von Ansprüchen. Das Recht auf gleiche Teilhabe wird dabei oft zum Verfahrensrecht: Die Einräumung gleicher Chancen und die gerechte Bewertung und Berücksichtigung von Qualifikationen kann bei mehreren Interessenten nur in einem Verfahren stattfinden; dieses Verfahren muss fair und bei hinreichender Bedeutung durch Rechtssatz geregelt sein, die Positionen des Einzelnen im Verfahren müssen gesichert sein. 155

---

66   E 105, 252/265.

156 Beispiele: Art. 12 Abs. 1 fordert für die Vergabe von Notarstellen ein Verfahren, in dem von allen potenziellen Bewerbern derjenige gefunden wird, der am ehesten den gesetzten Anforderungen entspricht; dazu gehört auch die Pflicht zur Stellenausschreibung (E 73, 280/296). – Subtil ausgebildet ist das Teilhabe- als Verfahrensrecht bei der Vergabe von Studienplätzen; vgl Rn 993.

157 (2) Originäre Leistungsrechte. Von den gleichheitsrechtlich begründeten Teilhaberechten sind originäre Leistungsrechte zu unterscheiden, die den Staat unabhängig davon, ob er bereits eine Leistung anbietet, zu einer Leistung verpflichtet. Aufgrund der Entscheidung gegen die Aufnahme sozialer Grundrechte in das Grundgesetz gibt es wenige Ansatzpunkte für die Annahme verfassungsunmittelbarer Leistungsrechte. Neben dem ausdrücklichen Fürsorgeauftrag für Mütter aus Art. 6 Abs. 4 hat das BVerfG besonders aus Art. 1 Abs. 1 i.V.m. Art. 20 Abs. 1 einen Anspruch auf staatliche Leistungen zur Sicherung des Existenzminimums abgeleitet (s.u. Rn 421, 426).

158 Gelegentlich ist das BVerfG aber auch noch darüber hinausgegangen und hat erwogen, ob es ein Recht auf Teilhabe nicht nur an vorhandenen, sondern auch an zu schaffenden Einrichtungen, dh ob es einen originären *Anspruch auf die Schaffung von Einrichtungen* geben könne. Es hat im Numerus-clausus-Urteil gefragt, „ob aus den grundrechtlichen Wertentscheidungen ... ein objektiver sozialstaatlicher Verfassungsauftrag zur Bereitstellung ausreichender Ausbildungskapazität für die verschiedenen Studienrichtungen folgt" und „ob sich aus diesem Verfassungsauftrag unter besonderen Voraussetzungen ein einklagbarer Individualanspruch des Staatsbürgers auf Schaffung von Studienplätzen herleiten ließe"[67]. Beide Fragen hat es im Numerus-clausus-Urteil allerdings nicht beantwortet. Auch im Fortgang seiner Rechtsprechung war es, wie auch die Rechtsprechung der anderen Gerichte, zurückhaltend.[68]

159 Beispiele: Das BVerfG hat zwar eine objektiv-rechtliche Pflicht des Staates statuiert, „ein freiheitliches Kunstleben zu erhalten und zu fördern", aber aus Art. 5 Abs. 3 keinen Anspruch auf Kunstförderung abgeleitet (E 36, 321/331 f; 81, 108/116; BVerfG, NJW 2005, 2843; krit. *Geißler*, Staatliche Kunstförderung nach Grundgesetz und Recht der EG, 1995, S. 46 ff); ebenso kennt auch das BVerwG keinen Anspruch auf Theatersubventionen (NJW 1980, 718). Die Pressefreiheit des Art. 5 Abs. 1 S. 2, 1. Var. verpflichtet den Staat objektiv-rechtlich zur Erteilung von Auskünften, normiert aber nicht, ob und unter welchen Voraussetzungen im Einzelfall ein Anspruch auf Auskunft besteht (BVerwGE 70, 310/314).

160 Das BVerfG hat im Numerus-clausus-Urteil auch ausgesprochen, ein allfälliger originärer Anspruch stehe jedenfalls „unter dem *Vorbehalt des Möglichen* im Sinne dessen, was der Einzelne vernünftigerweise von der Gesellschaft beanspruchen kann"[69]. Das ist nicht unbedenklich, weil die normative Kraft der Grundrechte durch derartige Relativierungen gefährdet wird. Aber auch Schutz und Förderung eines Grundrechts können dessen normative Kraft gefährden, wenn sie die Freiheit, die ihre Grenze eigentlich erst im rechtswidrigen Freiheitsgebrauch findet, als mehr oder weniger wertvoll und förderungswürdig beurteilt.

---

67 E 33, 303/333.
68 Zust. *Dreier*, Verwaltung 2003, 105/115 ff.
69 E 33, 303/333.

Beispiel: Wenn der Staat die Kunst nach Qualität und Niveau subventioniert, läuft er Gefahr, 161
sich zum Kunstrichter aufzuschwingen, obwohl die Kunstfreiheit einen staatlichen Kunstrichter nicht zulässt (vgl *v. Arnauld*, Hdb. StR³ VII, § 167 Rn 8, 80; OVG Münster, NWVBl. 1992, 279/282).

Anders als das Grundgesetz ist der supra- und internationale Menschenrechtsschutz 162
gegenüber der Garantie sozialer Grundrechte weit weniger zurückhaltend. Nicht nur
die Sozialrechtscharta der Vereinten Nationen, sondern auch die Sozialrechtscharta
des Europarats und eine ganze Reihe von besonderen Menschrechtsrechtskonventionen, wie die Kinder- oder Behindertenrechtskonvention verpflichten die Vertragsstaaten auch zu sozialen Leistungen. Auch die EU-Grundrechtecharta enthält ein mit
„Solidarität" überschriebenes Kapitel (Art. 27–38 GRCh), dessen Garantien auch
leistungsrechtlich gedeutet werden könnten, bislang aber nicht so gedeutet worden
sind[70]. In der Systematik des internationalen Menschenrechtsschutzes werden diese
Verpflichtungen als „duty to fulfill" bezeichnet. Zumeist handelt es sich um progressiv zu erfüllende Pflichten, die die Vertragsstaaten verpflichten, im Rahmen ihrer
Möglichkeiten Anstrengungen zu unternehmen, die sozialen Leistungen bereitzustellen. Aufgrund ihrer gesetzlichen Konkretisierungsbedürftigkeit finden sie keine unmittelbare Anwendung durch Behörden und Gerichte (s.o. Rn 61 ff).

Literatur: *R. Alexy*, Theorie der Grundrechte, 2. Aufl. 1994; *E.-W. Böckenförde*, Grund- 163
rechtstheorie und Grundrechtsinterpretation, NJW 1974, 1529; *M. Borowski*, Grundrechte als
Prinzipien, 2. Aufl. 2007; *C. Bumke*, Der Grundrechtsvorbehalt, 1998; ders., Die Ausgestaltung
der Grundrechte, 2009; *M. Cornils*, Die Ausgestaltung der Grundrechte, 2005; *W. Cremer*,
Freiheitsgrundrechte, 2003; *E. Denninger*, Staatliche Hilfe zur Grundrechtsausübung durch
Verfahren, Organisation und Finanzierung, Hdb. StR³ IX, § 193; *J. Dietlein*, Die Lehre von den
grundrechtlichen Schutzpflichten, 2. Aufl. 2005; *H. Dreier*, Subjektiv- und objektiv-rechtliche
Grundrechtsgehalte, Jura 1994, 505; *M. Gellermann*, Grundrechte im einfachgesetzlichem Gewand, 2000; *G. Hager*, Von der Konstitutionalisierung des Zivilrechts zur Zivilisierung der
Konstitutionalisierung, JuS 2006, 769; *K.-E. Hain*, Ockhams Razor – ein Instrument zur Rationalisierung der Grundrechtsdogmatik?, JZ 2002, 1036; *K. Hesse*, Verfassungsrecht und Privatrecht, 1988; *J. Isensee*, Das Grundrecht als Abwehrrecht und als staatliche Schutzpflicht, Hdb.
StR³ IX, § 191; *H.D. Jarass*, Funktionen und Dimensionen der Grundrechte, Hdb. GR II, § 38;
W. Kahl, Neuere Entwicklung der Grundrechtsdogmatik, AöR 2006, 579; *W. Krebs*, Rechtliche
und reale Freiheit, Hdb. GR II, § 31; *K.-H. Ladeur*, Die objektiv-rechtliche Dimension der
wirtschaftlichen Grundrechte, DÖV 2007, 1; *S. Lenz*, Vorbehaltlose Grundrechte, 2006;
U. Mager, Einrichtungsgarantien, 2003; *F. Michl*, Die Bedeutung der Grundrechte im Privatrecht, Jura 2017, 1062; *C. Möllers*, Wandel der Grundrechtsjudikatur, NJW 2005, 1973;
D. Murswiek, Grundrechte als Teilhaberechte, soziale Grundrechte, Hdb. StR³ IX, § 192;
J. Pietzcker, Drittwirkung – Schutzpflicht – Eingriff, in: FS Dürig, 1990, S. 345; *R. Poscher*,
Grundrechte als Abwehrrechte, 2003; *W. Rüfner*, Leistungsrechte, Hdb. GR II, § 40;
B. Schlink, Freiheit durch Eingriffsabwehr – Rekonstruktion der klassischen Grundrechtsfunktion, EuGRZ 1984, 457; *J. Schwabe*, Die sogenannte Drittwirkung der Grundrechte, 1971.

---

70 *Iliopoulos-Strangas*, Soziale Grundrechte in Europa nach Lissabon, 2010; *Kingreen*, in: Ehlers (Hrsg.), Europäische Grundrechte und Grundfreiheiten, 4. Aufl. 2014, § 22 Rn 10 ff, 23 ff.

§ 5 Grundrechtsberechtigung und -bindung

164 Als subjektive Rechte räumen die Grundrechte grundsätzlich demjenigen, der durch sie berechtigt wird, die Rechtsmacht ein, von demjenigen, der durch sie verpflichtet wird, ein Unterlassen, möglicherweise auch ein Tun oder Dulden, zu verlangen. Diese allgemeine Umschreibung der Wirkungsweise der Grundrechte wirft zunächst folgende Fragen auf: Wer ist durch sie *berechtigt*, und wer ist durch sie *verpflichtet*? Gleichbedeutend mit „Grundrechtsberechtigung" werden auch die Begriffe der Grundrechtsfähigkeit und Grundrechtsträgerschaft verwendet. Statt von „Verpflichtung" spricht das Grundgesetz von „Bindung" (vgl Art. 1 Abs. 3).

165 **Lösungstechnischer Hinweis:** Die Fragen der Grundrechtsberechtigung und Grundrechtsbindung sind solche des materiellen Verfassungsrechts. Im Rahmen der Prüfung einer Verfassungsbeschwerde gehören sie folgerichtig zur Begründetheit; die Frage der Grundrechtsberechtigung betrifft den persönlichen im Unterschied zum sachlichen Schutzbereich und die Frage der Grundrechtsbindung den Eingriff. Die Fragen werden aber schon für die Zulässigkeit einer Verfassungsbeschwerde bedeutsam: Eine Verfassungsbeschwerde kann nur von einem Grundrechtsberechtigten erhoben werden (vgl Rn 1291 ff) und nur gegen den Akt eines Grundrechtsverpflichteten gerichtet werden (vgl Rn 1294 ff).

166 Die Grundrechte sind *höchstpersönlich*, dh sie können weder zur eigenen noch zur stellvertretenden Wahrnehmung an Dritte übertragen werden.[1] Dem entspricht der grundsätzliche Ausschluss der Prozessstandschaft bei der Verfassungsbeschwerde (vgl Rn 1306 ff).

I. Grundrechtsberechtigung

1. Jedermannsrechte und Deutschenrechte

167 Als *Jedermannsrechte* werden diejenigen Grundrechte bezeichnet, die keine Eingrenzung der Berechtigung in persönlicher Hinsicht vorsehen, die also jedermann zustehen. Diese Grundrechte lauten etwa: „Jeder hat das Recht …" (Art. 2 Abs. 1 und 2 S. 1, Art. 5 Abs. 1 S. 1), „Jedermann hat das Recht …" (Art. 17; vgl auch Art. 103 Abs. 1), „Alle Menschen …" (Art. 3 Abs. 1), „Niemand darf …" (Art. 3 Abs. 3, 4 Abs. 3 S. 1, 12 Abs. 2, 101 Abs. 1 S. 2, 103 Abs. 3). Das gleiche gilt dort, wo eine Freiheit ohne personale Eingrenzung gewährt wird, wie in Art. 4 Abs. 1 und 2, 5 Abs. 3, 6 Abs. 1 und 2, 10 Abs. 1, 13 Abs. 1, 14 Abs. 1 S. 1 und 104.

168 Als *Deutschenrechte* werden diejenigen Grundrechte bezeichnet, die nur Deutschen zustehen. Es sind dies Art. 8, 9 Abs. 1, 11, 12 Abs. 1, 16, 20 Abs. 4 und 33 Abs. 1 f. Ein Deutschenrecht ist auch das Grundrecht der allgemeinen, unmittelbaren, freien, gleichen und geheimen Wahl zum Bundestag (Art. 38 Abs. 1 S. 1). Das kommt zwar nicht im Wortlaut zum Ausdruck, ergibt sich aber aus Art. 20 Abs. 2: Die Wahlen sind als Ausdruck der Volkssouveränität ein Recht des Staatsvolkes der Bundesrepublik Deutschland. Dieses Staatsvolk umfasst aber nur die Deutschen, nicht dagegen

---

[1] Vgl E 16, 147/158.

Ausländer und Staatenlose. Das BVerfG hat deshalb die Zuerkennung des Wahlrechts an Ausländer wegen Art. 20 Abs. 2 für verfassungswidrig erklärt und diese Beurteilung wegen des Homogenitätsgebots des Art. 28 Abs. 1 S. 1 und 2 auch auf die Wahlen zu den anderen Volksvertretungen erstreckt.[2] Bei Kommunalwahlen sind aber gem. Art. 28 Abs. 1 S. 3 auch die EU-Bürger wahlberechtigt.

Den *Begriff des Deutschen* bestimmt Art. 116 Abs. 1. Er verbindet die deutschen Staatsangehörigen und Flüchtlinge und Vertriebene deutscher Volkszugehörigkeit, die als sog. Status-Deutsche wegen der Unübersichtlichkeit ihrer Kriegs- und Nachkriegsschicksale weder als deutsche Staatsangehörige noch als Ausländer qualifiziert werden sollten. Die deutsche Staatsangehörigkeit besaßen ungeachtet ihrer DDR-Staatsbürgerschaft auch die Bürger der DDR;[3] die Status-Deutschen besitzen gem. § 6 Abs. 1 des Staatsangehörigkeitsregelungsgesetzes einen Anspruch auf Einbürgerung.   **169**

Da Art. 1 Abs. 3 die deutsche öffentliche Gewalt umfassend an die Grundrechte bindet, kann ein *Ausländer* sich auch im Ausland auf seine Jedermannsrechte berufen, wenn er dort der deutschen öffentlichen Gewalt begegnet (vgl Rn 244 f). Die allgemeine Möglichkeit der Berufung auf seine Jedermannsrechte verschafft ihm allerdings kein Recht auf Einreise und Aufenthalt; dieses hat er nur, wenn er sich speziell auf das Asylrecht berufen kann (vgl Rn 1133 ff). Von der Geltung der Grundrechte ist die des einfachen Rechts für Ausländer zu unterscheiden.   **170**

Beispiele: Gem. Art. 11 EMRK, § 1 Abs. 1 VersG und § 1 VereinsG haben auch Ausländer Versammlungs- und Vereinsfreiheit. Diese Gewährleistungen haben aber nur den Rang eines Gesetzes. Daher können §§ 14, 15 VereinsG für Ausländer- und ausländische Vereine Verbotsgründe über die Schranken des Art. 9 Abs. 2 hinaus vorsehen, ohne dass dies gegen Art. 9 Abs. 1 verstoßen würde (BVerfG, DVBl. 2000, 1515/1516). Aus § 47 AufenthG ergibt sich ähnlich, dass die Versammlungsfreiheit für Ausländer weiter eingeschränkt werden kann als für Deutsche (vgl *Kaltenborn*, DÖV 2001, 55).   **171**

Der Ausschluss der Ausländer von den Deutschenrechten wird oft als *unbefriedigend empfunden* und abgelehnt.[4] Zum einen wird auf Art. 1 Abs. 1 und 2 und Art. 19 Abs. 2 verwiesen.[5] Da jedes Grundrecht, auch jedes Deutschenrecht einen Menschenwürde- und Menschenrechtsgehalt aufweise, der durch Art. 1 Abs. 1 und 2 geschützt und als Wesensgehalt zusätzlich durch Art. 19 Abs. 2 für unantastbar erklärt sei, kämen den Ausländern die Deutschenrechte immerhin in ihrem Menschenwürde-, Menschenrechts- und Wesensgehalt zugute. Zum anderen wird auf Art. 3 Abs. 1 abgestellt.[6] Als Menschenrecht verlange der Gleichheitssatz für jede Ungleichbehandlung von Deutschen und Ausländern eine Rechtfertigung; die Rechtfertigung, dass die fragliche Ungleichbehandlung im sachlichen Schutzbereich eines Deutschenrechts stattfinde und daher Ausländer benachteiligen dürfe, sei menschenrechtlich nicht akzeptabel.   **172**

---

2 E 83, 37 und E 83, 60; aA *Meyer*, Hdb. StR[3] III, § 46 Rn 7 ff.
3 Vgl E 36, 1/30 f; 77, 137/149.
4 Vgl. *Sachs*, BayVBl. 1990, 385.
5 *Dürig*, MD, Erstbearbeitung Art. 1 Abs. 2 Rn 85, Art. 2 Abs. 1 Rn 66.
6 *Ruppel*, Der Grundrechtsschutz der Ausländer im deutschen Verfassungsrecht, 1968, S. 43 ff.

173 Aber beide Male werden auf diese Weise aus Deutschenrechten keine Jedermannsrechte. Der Schutz über Art. 1 Abs. 1 und Art. 3 Abs. 1 mag sich mit dem Schutz eines Deutschenrechts punktuell berühren oder decken, er *bleibt* hinter dessen vollem Schutz jedoch *zurück*.

174 Dies ist auch beim Schutz der Ausländer durch das Jedermannsrecht des *Art. 2 Abs. 1* zu berücksichtigen. Art. 2 Abs. 1 wird als Auffanggrundrecht verstanden, das die Freiheit allgemein und also stets dann schützt, wenn die speziellen Freiheitsrechte mit ihren Schutzbereichen nicht einschlägig sind (vgl Rn 436 ff). Nach überwiegender Auffassung entfaltet Art. 2 Abs. 1 seine Auffangwirkung auch zu Gunsten von Ausländern.[7] Auch nach Auffassung des BVerfG schließt „die Beschränkung des Grundrechts der Freizügigkeit auf Deutsche und auf das Bundesgebiet (Art. 11) ... nicht aus, auf den Aufenthalt von Menschen in der Bundesrepublik auch Art. 2 Abs. 1 anzuwenden"[8]. Dabei stellt das BVerfG aber klar, dass der Schutz der Freizügigkeit, den derart auch der Ausländer genießt, nicht dem qualifizierten Gesetzesvorbehalt des Art. 11 Abs. 2, sondern dem einfachen Gesetzesvorbehalt von Art. 2 Abs. 1 unterliegt.

175 Über Art. 2 Abs. 1 haben die Ausländer einen grundrechtlichen Anspruch darauf, dass die öffentliche Gewalt sämtliche Normen des *objektiven Verfassungsrechts* auch ihnen gegenüber einhält. Auch Ausländer können also unter Berufung auf Art. 2 Abs. 1 Verletzungen des Rechtsstaatsprinzips und insbesondere seiner Ausprägungen (Vorbehalt des Gesetzes, Verhältnismäßigkeit, Vertrauensschutz) mit der Verfassungsbeschwerde geltend machen.[9]

176 Beispiel: Wenn für einen Ausländer, der die Verlängerung seiner Aufenthaltserlaubnis begehrt, durch mehrfache uneingeschränkte und vorbehaltlose Wiederholung seiner Aufenthaltserlaubnis ein Vertrauenstatbestand geschaffen worden ist, rechtfertigt die Befristung der Aufenthaltserlaubnis die Ablehnung der Verlängerung nicht (E 49, 168/185).

177 Für Unionsbürger (Art. 20 AEUV) gilt ein weitergehender Grundrechtsschutz. Soweit das Unionsrecht (insbes. das allgemeine Diskriminierungsverbot in Art. 18 Abs. 1 AEUV) und die Grundfreiheiten, Art. 34, 45, 49, 56, 63 AEUV) eine Gleichbehandlung aller Unionsbürger verlangen, müssen wegen des Anwendungsvorrangs des Unionsrechts entweder alle Deutschenrechte für Unionsbürger geöffnet[10] oder Art. 2 Abs. 1 dahin verstanden werden, dass er EU-Ausländern einen den Deutschenrechten gleichwertigen Schutz verbürgt[11]. Eine Gleichbehandlung im Grundrechtsschutz ist allerdings nur erforderlich, soweit das Unionsrecht diese auch tatsächlich fordert. Daran fehlt es nach Meinung des *BVerfG*, wenn der Anwendungsbereich des Unionsrechts nicht eröffnet sei, so beim Auslieferungsschutz nach Art. 16 Abs. 2[12]. Es ist fraglich, ob es überhaupt Sachgebiete gibt, die generell aus dem Anwendungsbereich des Unionsrechts herausfallen.[13] Maßgeblich dürfte regelmäßig sein, ob das

---

7 *Kloepfer*, VerfR II, § 49 Rn 20; *Stern*, StR III/1, S. 1041; aA *Schwabe*, NJW 1974, 1044 f.
8 E 35, 382/399; vgl auch E 78, 179/196 f; 104, 337/346; BVerfG, NVwZ 2011, 486/488.
9 E 35, 382/400; 78, 179/197; BVerfG, NJW 2008, 1369.
10 *Ehlers*, JZ 1996, 776/781; *Wernsmann*, Jura 2000, 657.
11 Dafür tendenziell BVerfG, NJW 2016, 1436/1437 = JK 10/2016.
12 BVerfG, NJW 2014, 1945/1946.
13 *Kingreen*, in: Ehlers, Europäische Grundrechte und Grundfreiheiten, § 13 Rn 13; zweifelnd daher im Hinblick auf Art. 16 Abs. 2 LG Berlin v. 16.3.2016, 28 O 111/14 (Vorlagebeschluss an den EuGH) sowie *Weiß*, Hdb. StR X, § 207 Rn 17.

konkret einschlägige Unionsrecht materiell eine Gleichbehandlung fordert. Sowohl Art. 18 Abs. 1 AEUV als auch die Grundfreiheiten erlauben gerechtfertigte Ungleichbehandlungen; dementsprechend fordert auch das sekundäre Unionsrecht nicht durchgängig, Unionsbürger aus anderen Mitgliedstaaten mit Inländern gleichzustellen. Der Grundrechtsschutz reicht daher jeweils zumindest so weit, wie es das Unionsrecht materiell fordert.

Beispiele: Unionsbürger haben nach Art. 21 Abs. 1 AEUV auch unionsrechtlich ein Freizügigkeitsrecht nur nach Maßgabe der in den Verträgen und im Sekundärrecht vorgesehenen Beschränkungen und Bedingungen; dementsprechend beschränken die Art. 6 ff RL 2004/38/EG das Aufenthaltsrecht und gewähren es nach drei Monaten Aufenthalt für Nichterwerbstätige nur dann, wenn sie für sich und ihre Angehörigen über ausreichende Existenzmittel verfügen (Art. 7 Abs. 1 lit. b) RL 2004/38/EG). Weiter müssen daher auch das Freizügigkeitsrecht nach Art. 11 Abs. 1 und der Auslieferungsschutz nach Art. 16 Abs. 2 nicht gehen. – Art. 22 AEUV fordert Gleichbehandlung beim Kommunalwahlrecht, aber keine Wahlberechtigung auf Landes- und Bundesebene; daher kann sich das Wahlrecht nach Art. 38 Abs. 1 S. 1 auf Deutsche beschränken. 178

2. Grundrechtsberechtigung vor der Geburt und nach dem Tod

Soweit natürliche Personen durch die Grundrechte berechtigt sind, versteht sich, dass dies für *Lebende* gilt. Es versteht sich umso mehr, als auch das einfache Recht die Rechtsfähigkeit des Menschen mit der Vollendung der Geburt beginnen lässt (vgl § 1 BGB). Die Rechtsfähigkeit endet grundsätzlich mit dem Tod, der von der medizinischen Wissenschaft und auch vom Gesetzgeber (vgl § 3 Abs. 2 Nr 2 TPG) angenommen wird, wenn das Hirn irreversibel funktionsunfähig geworden ist.[14] 179

Es spricht viel dafür, dass die Grundrechte auch *nur Lebende* berechtigen können: Weder der noch nicht geborene Mensch noch der Tote können eine Meinung äußern (Art. 5 Abs. 1), sich versammeln (Art. 8), einen Verein gründen (Art. 9 Abs. 1), einen Beruf ergreifen (Art. 12 Abs. 1) usw. 180

Doch erkennt das BVerfG nach beiden Richtungen hin mit Blick auf den sachlichen Gehalt einzelner Grundrechte *Ausnahmen* an: Es lässt die Verpflichtung, dem Einzelnen Schutz gegen Angriffe auf seine Menschenwürde zu gewähren, nicht mit dem Tod enden, lehnt aber einen weitergehenden Grundrechtsschutz des Verstorbenen und damit einen Schutz seines allgemeinen Persönlichkeitsrechts aus Art. 2 Abs. 1 ab.[15] 181

Gelegentlich wird dieses mit der Zeit abnehmende „Fortwirken" des Art. 1 Abs. 1 über den Tod hinaus auch als bedeutsam für die Frage nach der Zulässigkeit von *Organentnahmen* von Toten angesehen.[16] Das Transplantationsgesetz hat die Frage dahin beantwortet, dass es auf die Entscheidung des noch Lebenden und bei deren Fehlen auf die Entscheidung des nächsten Angehörigen ankommt. Wenn die Ablehnung 182

---

14 *Anderheiden*, Staat 2000, 509; aA *Höfling*, FS-Stern, 2012, 1403/1412 ff; *Rixen*, Lebensschutz am Lebensende, 1999, S. 247 ff.
15 E 30, 173/194; BVerfG, NVwZ 2008, 549/550; für einen weitergehenden postmortalen Grundrechtsschutz *Spilker*, DÖV 2014, 637 ff.
16 Vgl *Herdegen*, MD, Art. 1 Abs. 1 Rn 54.

der Organentnahme durch den noch Lebenden nach dessen Tod respektiert wird, wird weniger seiner Menschenwürde, als vielmehr seiner Entscheidungsfreiheit gem. Art. 2 Abs. 1 und – sofern die Entscheidung glaubens- oder gewissensgeleitet ist – Art. 4 Abs. 1 und 2 Rechnung getragen.[17]

183 Auf den noch *nicht geborenen* Menschen (Embryo, nasciturus) ist vom BVerfG zunächst Art. 2 Abs. 2 S. 1[18] und später auch Art. 1 Abs. 1 angewendet worden.[19] Dabei lässt das BVerfG offen, „ob, wie es Erkenntnisse der medizinischen Anthropologie nahe legen, menschliches Leben (erst mit Nidation oder) bereits mit der Verschmelzung von Ei und Samenzelle entsteht"[20]. Das Gericht hat aber nicht entschieden, „ob der nasciturus selbst Grundrechtsträger ist oder aber wegen mangelnder Rechts- und Grundrechtsfähigkeit nur von den objektiven Normen der Verfassung in seinem Recht auf Leben geschützt wird"[21].

3. Grundrechtsmündigkeit

184 *Altersgrenzen* im Zusammenhang der Grundrechte enthält das Grundgesetz nur in Art. 12a Abs. 1 und Art. 38 Abs. 2. Andere Altersgrenzen sind im einfachen Recht enthalten. So beginnt gem. § 106 BGB die beschränkte Geschäftsfähigkeit mit Vollendung des 7. Lebensjahres, nach Vollendung des 12. Lebensjahres kann ein Kind gem. § 5 S. 2 RelKErzG nicht zu einem neuen Bekenntnis gezwungen werden, und nach Vollendung des 14. Lebensjahres kann es selbst entscheiden, zu welchem Bekenntnis es sich halten will.

185 Als Problem der Grundrechtsmündigkeit wird diskutiert, ob bzw wann Minderjährige in der Ausübung von Grundrechten beschränkt sind. Dazu werden zwei Möglichkeiten erwogen: Entweder stellt man auf die Einsichts- und Entscheidungsfähigkeit (Grundrechtsreife) der individuellen Person *(gleitende Altersgrenze)* oder auf die Grenzen ab, die der Gesetzgeber generell gezogen hat *(starre Altersgrenze)*. Letzteres führt dazu, bei Grundrechten, die an die menschliche Existenz anknüpfen (Art. 1, 2 Abs. 2 S. 1 und 2, Art. 104), stets Grundrechtsmündigkeit anzunehmen; bei Grundrechten, deren Ausübung mit privatrechtlichen Rechtsgeschäften verbunden ist (Art. 12 Abs. 1, 14 Abs. 1), die Grundrechtsmündigkeit entsprechend den Altersgrenzen für die Geschäftsfähigkeit im BGB eintreten zu lassen; bei den Grundrechten aus Art. 4 Abs. 1 und 2 an die Altersgrenzen im RelKErzG anzuknüpfen und schließlich bei Grundrechten, die erst in einem bestimmten Alter relevant werden (Art. 4 Abs. 3, 6 Abs. 1, 12a), die Grundrechtsmündigkeit mit der entsprechenden Altersgrenze (§ 1 Abs. 1 WPflG, § 1303 Abs. 1, 2 BGB) eintreten zu lassen.

---

17 Vgl *Kübler*, Verfassungsrechtliche Aspekte der Organentnahme zu Transplantationszwecken, 1977, S. 42 f, 66 ff; *Maurer*, DÖV 1980, 7.
18 E 39, 1/36 f; krit. *Hoerster*, JuS 1989, 172.
19 E 88, 203/251 f; krit. *Dreier*, DR, Art. 1 I Rn 66 ff; *Michael/Morlok*, GR, Rn 155, 162.
20 E 88, 203/251; für Entstehung mit Verschmelzung *Herdegen*, MD, Art. 1 Abs. 1 Rn 61 f; *Schulze-Fielitz*, DR, Art. 2 II Rn 29; für Entstehung ab Nidation *Anderheiden*, KritV 2001, 353/380; für Entstehung ab der noch etwas später liegenden Individuation *Heun*, JZ 2002, 517/520.
21 E 39, 1/41; für eine Grundrechtsträgerschaft des nasciturus *Herdegen*, MD, Art. 1 Abs. 1 Rn 59, 61; *Kloepfer*, VerfR II, § 49 Rn 6; dagegen *J. Ipsen*, JZ 2001, 989; *Hartleb*, Grundrechtsschutz in der Petrischale, 2006.

In dieser Diskussion um die Grundrechtsmündigkeit vermischen sich *drei unter-* **186**
schiedliche Sachprobleme: das unmittelbare Verhältnis Minderjähriger zur öffentlichen Gewalt, das Zusammentreffen von Grundrechten Minderjähriger mit dem elterlichen Erziehungsrecht und die Geltendmachung von Grundrechten durch Minderjährige vor Gericht.

a) Im Verhältnis eines Minderjährigen zur **öffentlichen Gewalt**, zB in der Schule **187**
oder im Heim, gibt es für eine generelle altersmäßige Einschränkung der Grundrechtsausübungsberechtigung keine normative Grundlage.[22] Eingriffe sind nach den allgemeinen Maßstäben zulässig. Dass der Jugendschutz als besondere Eingriffsermächtigung in Art. 5 Abs. 2, 11 Abs. 2 und 13 Abs. 7 ausdrücklich genannt wird, zeigt, dass Minderjährige zur Grundrechtsausübung berechtigt und gegen ungerechtfertigte Eingriffe geschützt sind.

b) Wichtiger als sein Verhältnis zur öffentlichen Gewalt ist für den Minderjährigen **188**
sein Verhältnis zu den Eltern. Dabei kann das **elterliche Erziehungsrecht** (Art. 6 Abs. 2) mit der zunehmenden Selbstständigkeit des Minderjährigen kollidieren. Art. 6 Abs. 2 ist keine Eingriffsermächtigung der Eltern gegenüber den Grundrechten der Kinder, weil die Eltern gegenüber den Kindern nicht Träger öffentlicher Gewalt sind. Der Gesetzgeber trifft aber für entsprechende Konflikte Regelungen und muss sie wegen des Vorbehalts des Gesetzes (vgl Rn 312 ff) auch treffen: in § 5 RelKErzG zum Wechsel des religiösen Bekenntnisses durch Minderjährige, in §§ 1626 ff BGB zur Innehabung und Ausübung des elterlichen Sorgerechts usw. Er muss dabei sowohl den Kindesrechten als auch dem elterlichen Erziehungsrecht gerecht werden.

Die Besonderheit des elterlichen Erziehungsrechts besteht darin, dass es sich um ein **189**
subjektives Recht der Eltern *im Interesse der Kinder* handelt. Es enthält einerseits Entscheidungskompetenzen und ist andererseits zeitlich und inhaltlich beschränkt, zeitlich bis zur Fähigkeit des Kindes zur Selbstbestimmung in der jeweiligen Sachfrage, inhaltlich auf die der Erziehung förderlichen Mittel (vgl Rn 761, 772). Angesichts dessen ist es unproblematisch, wenn § 5 S. 1 RelKErzG schon den Vierzehnjährigen das alleinige Entscheidungsrecht über den Wechsel des religiösen Bekenntnisses einräumt. In allen anderen Fragen gilt dagegen grundsätzlich das aus der elterlichen Sorge (§§ 1626 ff BGB) fließende Entscheidungsrecht der Eltern, das aber, zumal bei Fragen von größerer Bedeutung wie Aufenthaltsbestimmung und Berufswahl, dadurch begrenzt ist, dass die das Kindeswohl gefährdenden Entscheidungen der Eltern durch das Familiengericht ersetzt werden können.

Beispiele: Das elterliche Erziehungsrecht und die genannten einfach-gesetzlichen Regelungen **190**
decken das Verbot gegenüber einem Dreizehnjährigen, aus der Kirche aus- und in einen Fußballverein einzutreten sowie Artikel in der Schülerzeitung zu veröffentlichen. Ein entsprechendes Verbot des Klassenlehrers ist dadurch nicht gerechtfertigt.

c) Von den unter a) und b) genannten materiell-rechtlichen Problemen ist das **pro-** **191**
zessuale der Geltendmachung von Grundrechten durch Minderjährige im Rahmen eines gerichtlichen Verfahrens einschließlich der Verfassungsbeschwerde zu unterscheiden. Es betrifft die Zulässigkeitsvoraussetzung der Prozessfähigkeit (vgl

---

[22] *Hesse*, VerfR, Rn 285; *Hohm*, NJW 1986, 3107; vgl auch E 47, 46/74; 75, 201/215.

Rn 1292 f). Hier sind gewisse altersmäßige Grenzziehungen aus Gründen einer geordneten Rechtspflege unabdingbar; auch hier kann wieder eine das Kindeswohl gefährdende Entscheidung der Eltern durch das Familiengericht ersetzt werden.

192 Ob der Begriff der Grundrechtsmündigkeit enger oder weiter gefasst wird, er darf keinesfalls den *Unterschied* zwischen den drei Konstellationen verwischen. Sinnvollerweise sollte er nur noch als Synonym der Prozessfähigkeit verwendet werden.[23]

4. Grundrechtsverzicht

193 Fraglich ist, ob und inwieweit die Grundrechtsberechtigung zur Disposition des Einzelnen steht bzw welche Bedeutung das Einverständnis eines Grundrechtsberechtigten für die Zulässigkeit staatlichen Eingreifens in den Schutzbereich seiner Grundrechte hat. Dieses Problem wird unter dem Begriff des Grundrechtsverzichts diskutiert.

194 **Beispiele:** Jemand gestattet der Polizei die Durchsuchung seiner Wohnung, ohne dass ein richterlicher Durchsuchungsbefehl vorliegt (vgl Art. 13 Abs. 2). Ein alleinstehender Untersuchungshäftling möchte vermeiden, dass sein Bekanntenkreis von seiner Verhaftung erfährt, und verzichtet auf die in Art. 104 Abs. 4 vorgesehene Benachrichtigung. Ein gesunder Häftling stellt sich für medizinische Versuche im Anstaltskrankenhaus zur Verfügung (vgl Art. 2 Abs. 2 S. 1). Ein Wahlberechtigter füllt den Stimmzettel öffentlich statt geheim aus (vgl Art. 38 Abs. 1 S. 1).

195 Keine Frage eines Grundrechtsverzichts ist es, wenn ein Berechtigter *tatsächlich* von einem Grundrecht keinen Gebrauch macht, zB an keiner Versammlung teilnimmt (Art. 8), keinem Verein beitritt (Art. 9) oder den Rechtsweg nicht beschreitet (Art. 19 Abs. 4). Anders liegt es, wenn er rechtlich bindend auf Versammlungsteilnahme, Vereinsbeitritt und Klage verzichtet; dies sind Fälle des Grundrechtsverzichts.

196 Die Kennzeichnung als Grundrechtsverzicht führt verfassungsrechtlich noch zu *keiner Rechtsfolge*, dh der Verzicht macht die staatliche Maßnahme nicht stets verfassungsmäßig, und andererseits ist das Einverständnis des Betroffenen nicht durchweg unerheblich. Das zeigt sich schon daran, dass in den wenigen Fällen, wo der Text des Grundgesetzes zur Frage eines Grundrechtsverzichts Aufschluss gibt, teils seine Zulässigkeit, teils aber auch seine Unzulässigkeit angeordnet wird:
 – In Art. 16 Abs. 1 wird die Schutzwirkung dieses Grundrechts ausdrücklich vom Willen des Bürgers abhängig gemacht; denn der Verlust der deutschen Staatsangehörigkeit darf, wie sich aus Satz 2 ergibt, mit Willen des Staatsangehörigen erfolgen. Weitere Fälle dieser Art finden sich in Art. 6 Abs. 3 und 7 Abs. 3 S. 3.
 – In Art. 9 Abs. 3 S. 2 werden die das Grundrecht der Koalitionsfreiheit behindernden Abreden für unwirksam erklärt. Die aus Art. 9 Abs. 3 S. 1 Berechtigten können also nicht vertraglich über ihre Grundrechtsposition verfügen bzw auf sie verzichten.

197 In den allermeisten Fällen jedoch gibt der Text des Grundgesetzes keinen Anhaltspunkt für die Zulässigkeit oder Unzulässigkeit des Grundrechtsverzichts. Daher muss

---

23 Zust. *Dreier*, DR, Vorb. Rn 114.

auf die *Funktion der Grundrechte* zurückgegriffen werden. Das klassische Grundrechtsverständnis betont die Funktion der Grundrechte als subjektiver Freiheitsrechte des Bürgers gegen den Staat (vgl Rn 89 ff) und sieht den Verzicht auf Grundrechtspositionen als einen Akt der Freiheitsausübung: Grundrechtsverzicht als Grundrechtsgebrauch.²⁴ Das neuere Grundrechtsverständnis geht von einer objektiven Funktion der Grundrechte aus (vgl Rn 107 ff), über die der Bürger nicht disponieren und auf die er nicht verzichten kann.²⁵

Die *Rechtsprechung des BVerfG* argumentiert mit beiden Funktionen und kennt sowohl Unverfüg- und Unverzichtbarkeit von Grundrechten als auch die Möglichkeit des Einzelnen, staatliches Handeln durch Einverständnis- bzw Einwilligungserklärungen zu beeinflussen. Maßgeblich ist die Funktion des einzelnen Grundrechts. *Voraussetzung* für die Zulässigkeit eines Grundrechtsverzichts ist aber stets, dass er deutlich erkennbar und freiwillig geleistet wird, dh nicht unter Druck oder Täuschung zu Stande gekommen ist.²⁶ 198

Soweit ein Grundrecht der persönlichen Entfaltungsfreiheit dient, spricht eine Vermutung für die Zulässigkeit des Verzichts. Soweit dagegen ein Grundrecht für den Prozess der staatlichen Willensbildung wichtig ist, indiziert dies die Unzulässigkeit des Verzichts. Auch auf die Menschenwürde des Art. 1 Abs. 1 einschließlich des Menschenwürdegehalts anderer Grundrechte (vgl Rn 410) kann nicht verzichtet werden. 199

Beispiele: Im Bereich der Berufs- und Eigentumsfreiheit sind Verträge zwischen dem Bürger und der öffentlichen Gewalt in weitem Umfang zulässig (vgl §§ 54 ff VwVfG) und in diesem Zusammenhang auch der Verzicht auf bestimmte Schutzwirkungen aus diesen Grundrechten (vgl E 30, 65; 42, 331). Grundsätzlich zulässig ist auch der Verzicht auf den grundrechtlichen Schutz der Wohnung, des Post- und Fernmeldegeheimnisses und anderer personenbezogener Daten (vgl E 85, 386/398; 106, 28/44 ff; krit. *Hoffmann-Riem*, AöR 2009, 513/529 f). – Der Bürger kann demgegenüber nicht auf sein Wahlrecht und dessen geheimen Gebrauch verzichten (vgl OVG Lüneburg, DÖV 1964, 355; OVG Münster, OVGE 14, 257). 200

Es können *weitere Gesichtspunkte* für die Beurteilung der Zulässigkeit oder Unzulässigkeit eines Grundrechtsverzichts hinzukommen, namentlich die Schwere und Dauer des Eingriffs, die Gefahr des Missbrauchs der Verzichtsmöglichkeit sowie eine mehr oder weniger große Not- oder Zwangslage des Verzichtenden. Außerdem ist zwischen dem Fall eines frei widerruflichen und dem Fall eines für die Zukunft bindenden Grundrechtsverzichts zu unterscheiden.²⁷ 201

Beispiele: Der Verzicht auf Rechtsbehelfe und Rechtsmittel wird als zulässig anerkannt, wenn die betreffende Entscheidung erlassen oder jedenfalls in ihrem konkreten Inhalt absehbar ist (E 9, 194/199); ein pauschaler Verzicht auf Rechtsbehelfe gegen zukünftige Entscheidungen ist dagegen unzulässig. – Die freiwillige Inanspruchnahme polizeilicher Schutzhaft ist zulässig, ebenso der begründete Verzicht auf die Benachrichtigung gem. Art. 104 Abs. 4 (*Rüping*, BK, Art. 104 Rn 87 f; aA *Dürig*, MD, Art. 104 Rn 43). – Während bei der Heilbehandlung ein zulässiger Grundrechtsverzicht vorliegt, dürfte der Fall des gesunden Häftlings, der sich für medi- 202

---

24 Vgl *Dürig*, AöR 1956, 117/152; *Merten*, in: FS Schmitt Glaeser, 2003, S. 53/60.
25 Vgl *Sturm*, in: FS Geiger, 1974, S. 173/192 ff.
26 Vgl *Stern*, StR III/2, S. 912 ff.
27 Vgl *Sachs*, VerwArch 1985, 398/422 ff.

zinische Versuche im Anstaltskrankenhaus zur Verfügung stellt, anders zu beurteilen sein (vgl *Pietzcker*, Staat 1978, 527/550).

203 **Lösungstechnischer Hinweis:** Im grundrechtlichen Prüfungsschema (Schutzbereich – Eingriff – verfassungsrechtliche Rechtfertigung, vgl Rn 400 ff) ist die Frage eines Grundrechtsverzichts regelmäßig bei der Prüfung des Eingriffs zu erörtern: Eine staatliche Maßnahme, die mit zulässigem Einverständnis des Betroffenen erfolgt, stellt keinen Eingriff in das Grundrecht dar.

5. Grundrechtsberechtigung von Personenmehrheiten und Organisationen

204 Grundrechtsberechtigt sind in erster Linie natürliche Personen („jeder", „alle Menschen", „alle Deutschen", „Männer und Frauen" usw). Sie bleiben auch dann grundrechtsberechtigt, wenn sie sich in Personenmehrheiten und zu Organisationen zusammenschließen. Wenn sie im Zusammenschluss ihre Grundrechte ausüben und dabei durch eine Maßnahme der öffentlichen Gewalt beeinträchtigt werden, kann jeder Einzelne Verfassungsbeschwerde erheben. Es fragt sich aber, ob nicht auch der Zusammenschluss selbst grundrechtsberechtigt ist und Verfassungsbeschwerde erheben kann. Die Frage stellt sich für jede Art von Personenmehrheiten und Organisationen. Die Antwort gibt Art. 19 Abs. 3. Indem er die *Grundrechtsgeltung auch für inländische juristische Personen* ausspricht, spricht er auch ihnen die Grundrechtsberechtigung zu. Als Voraussetzung verlangt er, dass die Grundrechte ihrem Wesen nach auf die inländischen juristischen Personen anwendbar sind.

205 a) Den Begriff der **juristischen Person** hat das einfache Recht ausgeprägt. Er bezeichnet die Personenmehrheiten und Organisationen, denen das Privatrecht oder auch das öffentliche Recht Rechtspersönlichkeit und *Rechtsfähigkeit* zuspricht, dh die Fähigkeit, Träger von Rechten und Pflichten zu sein (juristische Personen des Privat- bzw des öffentlichen Rechts). Er schließt auch die Fähigkeit ein, zu klagen und verklagt zu werden (Partei- oder Beteiligtenfähigkeit).

206 **Beispiele:** Juristische Personen des Privatrechts sind etwa der rechtsfähige Verein, die Gesellschaft mit beschränkter Haftung, die Aktiengesellschaft, der Versicherungsverein auf Gegenseitigkeit, die rechtsfähige Stiftung; juristische Personen des öffentlichen Rechts sind etwa Bund, Länder, Gemeinden, Kirchen, öffentlich-rechtliche Rundfunkanstalten und staatliche Universitäten, Stiftung Preußischer Kulturbesitz.

207 Das einfache Recht erkennt Personenmehrheiten und Organisationen zuweilen die Rechtsfähigkeit nicht umfassend, sondern auf bestimmte Rechtsgebiete und Rechtsnormen beschränkt zu. Dadurch wird nicht die volle Rechtsfähigkeit begründet, die das einfache Recht den juristischen Personen zuschreibt, aber eine so genannte *Teilrechtsfähigkeit*.[28]

208 **Beispiele:** § 54 BGB und § 50 Abs. 2 ZPO sprechen dem nichtrechtsfähigen Verein bestimmte Rechte und Pflichten zu (als nichtrechtsfähige Vereine sind ua Parteien und Gewerkschaften organisiert); der Betriebsrat besitzt eine Teilrechtsfähigkeit auf dem Gebiet des Betriebsverfassungsrechts; das öffentliche Recht kennt als teilrechtsfähige Verwaltungseinheiten etwa die Fakultäten der staatlichen Universitäten.

---

28 Grundlegend *Bachof*, AöR 1958, 208.

Art. 19 Abs. 3 erkennt die Grundrechtsberechtigung allen Personenmehrheiten zu, die entweder *voll- oder teilrechtsfähig* sind.[29] Der verfassungsrechtliche Begriff der juristischen Person ist also weiter als der einfach-rechtliche. Da Art. 19 Abs. 3 die Funktion hat, Rechtsfähigkeit des einfachen Rechts zur Grundrechtsberechtigung zu verstärken, ist er nicht einschlägig, wenn eine „schlichte" Personenmehrheit, zB die Essensrunde oder das Streichquartett, keinerlei Rechtsfähigkeit genießt. 209

b) Ob eine juristische Person iSd Art. 19 Abs. 3 **inländisch** oder ausländisch ist, richtet sich nach ihrem *tatsächlichen Aktionszentrum*, das häufig als „Sitz" bezeichnet wird,[30] und mit dem satzungsgemäßen Sitz der Hauptverwaltung nicht übereinstimmen muss.[31] Juristische Personen mit Sitz in einem anderen Mitgliedstaat der Europäischen Union müssen den inländischen juristischen Personen durch Anwendungserweiterung von Art. 19 Abs. 3 gleichgestellt werden[32] (vgl auch Rn 177). Auf die Staatsangehörigkeit der zusammengeschlossenen Personen kommt es nicht an. Völkerrechtliche Verträge über die Inländerbehandlung ausländischer juristischer Personen sind unmaßgeblich. 210

Das BVerfG hat die *Prozessgrundrechte* der Art. 101 Abs. 1 S. 2 und 103 Abs. 1 auch *ausländischen juristischen Personen* zugebilligt. Denn sie enthalten „Verfahrensgrundsätze, die für jedes gerichtliche Verfahren gelten und daher auch jedem zugutekommen müssen"[33]. 211

Das Problem der **wesensmäßigen Anwendbarkeit** hat mehrere Aspekte: 212

aa) Das in Betracht kommende Grundrecht darf nicht an **natürliche Qualitäten des Menschen** anknüpfen, die juristischen Personen fehlen. Knüpft es an Qualitäten an, über die nur bestimmte juristische Personen verfügen, so kann es auch nur bei diesen juristischen Personen wesensmäßig anwendbar sein. Die Rechtsprechung des BVerfG ist hier allerdings nicht eindeutig. 213

Beispiele: Die juristische Person kann sich beruflich (Art. 12) betätigen, und sie kann Eigentümerin (Art. 14) sein. Ihr fehlt aber die Menschenwürde, sie hat weder Leben noch Gesundheit, und sie schließt auch keine Ehen. Dennoch hat es das BVerfG (E 13, 290/298) als Verstoß gegen Art. 6 Abs. 1 angesehen, dass ein Unternehmen wegen eines Arbeitsverhältnisses mit dem Ehegatten eines Gesellschafters steuerrechtlich schlechter gestellt wurde als bei Arbeitsverhältnissen mit Dritten. – Jedenfalls in einzelnen Aspekten wie dem Recht der Selbstdarstellung und besonders der informationellen Selbstbestimmung (vgl Rn 447 ff) hat die juristische Person auch das allgemeine Persönlichkeitsrecht (E 106, 28/42 f; BVerfG, NJW 2005, 883 f; anders aber im Hinblick auf das Recht, sich nicht selbst bezichtigen zu müssen E 95, 220/241 f). – Besonders uneinheitlich ist die Rechtsprechung im Bereich des Art. 4 Abs. 1, 2: Zwar sind hier juristische Personen geschützt, wenn ihr Zweck religiös oder weltanschaulich ist (vgl Rn 618 ff). Unternehmen ohne diese Zwecksetzung können sich aber nicht unter Hinweis auf Art. 4 Abs. 1, 2 gegen die Heranziehung zur Kirchensteuer (E 19, 206) und auch nicht dagegen wehren, dass sie Lohnfortzahlungen im Hinblick auf Krankheiten leisten müssen, die Folge rechtmäßiger Schwangerschaftsabbrüche sind (BVerfG, NJW 1990, 241); einschlägig ist jeweils nur 214

---

29 *Dreier*, DR, Art. 19 III Rn 44 ff; *Jarass*, JP, Art. 19 Rn 16; *Remmert*, MD, Art. 19 Abs. 3 Rn 37 ff.
30 Vgl E 21, 207/209; BVerfG, NJW 2002, 1485.
31 *Dreier*, DR, Art. 19 III Rn 79.
32 E 129, 78/94 ff.
33 E 21, 362/373; 64, 1/11; aA *Merten*, Hdb. GR III, § 56 Rn 100; vgl *Zuck*, EuGRZ 2008, 680.

Art. 2 Abs. 1. Warum aber Art. 4 Abs. 1, 2 im Rahmen der Prüfung der Verhältnismäßigkeit eines Eingriffs in Art. 2 Abs. 1 trotz seiner an sich fehlenden Einschlägigkeit ergänzend heranzuziehen sein soll, wenn sich eine von Metzgern muslimischen Glaubens getragene OHG gegen ein Verbot des Schächtens (Rn 616, 632) wehrt (BVerfG, NJW 2002, 1485), bleibt unerfindlich.

215 **bb)** Das BVerfG hat noch einen weiteren Aspekt entwickelt und „rechtfertigt eine Einbeziehung juristischer Personen in den Schutzbereich der Grundrechte nur, wenn ihre Bildung und Betätigung Ausdruck der freien Entfaltung der natürlichen Personen sind, besonders wenn der ‚Durchgriff‘ auf die hinter den juristischen Personen stehenden Menschen dies als sinnvoll und erforderlich erscheinen lässt"[34]. Im Schrifttum findet dieses Erfordernis eines **personalen Substrats** Widerspruch: Art. 19 Abs. 3 begründe für juristische Personen eine eigenständige Grundrechtsberechtigung, gehe damit über den Grundrechtsschutz natürlicher Personen gerade hinaus und dürfe nicht auf einen Grundrechtsschutz der hinter der juristischen Person stehenden natürlichen Personen zurückgenommen werden. Entscheidend sei nicht das personale Substrat der juristischen Person, sondern die *„grundrechtstypische Gefährdungslage"*, dh ob die Lage der juristischen Person der Lage einer natürlichen Person, die gegen den freiheitsgefährdenden Staat den Schutz der Grundrechte genießt, vergleichbar sei[35]. Das BVerfG hat den Begriff der grundrechtstypischen Gefährdungslage sogar aufgegriffen, hat ihn aber dahin gewendet, dass bei Fehlen des personalen Substrats von einer grundrechtstypischen Gefährdungslage eben schlechterdings keine Rede sein könne.[36] Das BVerfG verfolgt den Aspekt des personalen Substrats allerdings nicht konsequent.

216 **Beispiel:** Stiftungen sind rechtsfähig organisierte Vermögen, die kein personales Substrat erkennen lassen. Gleichwohl haben E 46, 73/83 und auch BVerwGE 40, 347 ihnen die Grundrechtsberechtigung zugesprochen. Sie haben das Fehlen des personalen Substrats gar nicht problematisiert, vielleicht weil schon die Entstehungsgeschichte lehrt, dass Stiftungen in den Genuss von Art. 19 Abs. 3 kommen sollen (JöR 1951, 183).

217 **cc)** Für **juristische Personen des öffentlichen Rechts** hat das BVerfG am Erfordernis des personalen Substrats besonders nachdrücklich festgehalten. Nach ständiger Rechtsprechung gelten die Grundrechte grundsätzlich nicht für juristische Personen des öffentlichen Rechts.[37] Denn hinter diesen stünden nicht natürliche Personen, sondern stehe stets der Staat. Die verschiedenen staatlichen Funktionsträger seien vom Einzelnen her gesehen nur besondere Erscheinungsformen der einheitlichen Staatsgewalt und könnten nicht gleichzeitig Verpflichtete und Berechtigte der Grundrechte sein (sog. Konfusionsargument: Grundrechtsberechtigung und -bindung sollen nicht konfundiert, dh verwechselt werden). „Eingriffe und Übergriffe" im Verhältnis verschiedener staatlicher Funktionsträger seien immer nur „Kompetenzkonflikte im weiteren Sinne"[38]. Dabei soll es auch nicht darauf ankommen, ob die juristische Person des öffentlichen Rechts hoheitlich handelnd öffentliche Aufgaben wahrnimmt oder

---

34 E 21, 362/369; ebenso *Krebs*, MüK, Art. 19 Rn 43 ff; *Remmert*, MD, Art. 19 Abs. 3 Rn 30 ff.
35 Vgl *v. Mutius*, BK, Art. 19 Abs. 3 Rn 114.
36 E 45, 63/79; 61, 82/103 f, 105.
37 E 21, 362/369 ff; 68, 193/205 ff; BVerfG, NJW 2017, 217/218 f; ebenso *Krebs*, MüK, Art. 19 Rn 47 ff; *Remmert*, MD, Art. 19 Abs. 3 Rn 45 ff.
38 E 21, 362/368 ff; vgl auch E 61, 82/100 ff.

nicht hoheitlich tätig wird[39] und ob sie in der Staatsverwaltung rechtlich mehr oder weniger verselbstständigt ist. Sogar eine juristische Person des Privatrechts soll des Grundrechtsschutzes entbehren, wenn sie Aufgaben der Daseinsvorsorge erfüllt und in der Hand eines Trägers öffentlicher Gewalt liegt.

Beispiele: Eine Gemeinde kann sich nicht auf Art. 14 Abs. 1 S. 1 berufen (E 61, 82; 98, 17/47; vgl *Schmidt-Aßmann*, NVwZ 1983, 1; krit. *Hufen*, StR II, § 38 Rn 18). Eine AG, die Aufgaben der Daseinsvorsorge erfüllt und deren alleiniger (E 45, 63/80) oder mehrheitlicher (BVerfG, NVwZ 2009, 1282 f; krit. *Pieroth*, NWVBl 1992, 85) Aktionär eine Körperschaft des öffentlichen Rechts ist, kann sich nicht auf Grundrechte berufen (aA *Lang*, NJW 2004, 3601); dagegen ist die AG grundrechtsberechtigt, wenn die Körperschaft des öffentlichen Rechts keinen beherrschenden Einfluss auf die Unternehmensführung hat (E 115, 205/227 f). **218**

Wie auf die ausländischen juristischen Personen (vgl Rn 211) dehnt das BVerfG den Schutz von *Art. 101 Abs. 1 S. 2* und *103 Abs. 1* auch auf juristische Personen des öffentlichen Rechts aus. **219**

Beispiele: Allgemeine Ortskrankenkassen (E 39, 302/312), Kassenärztliche Vereinigungen (E 62, 354/369) und öffentlich-rechtliche Sparkassen können „sich jedenfalls auf die grundrechtsähnlichen Rechte des Art. 101 Abs. 1 S. 2 und Art. 103 Abs. 1 berufen" (E 75, 192/200). Dasselbe gilt für Behörden, wenn sie im fachgerichtlichen Verfahren Beteiligte sein können (E 138, 64/83). **220**

In bestimmten Fällen sieht das BVerfG das *personale Substrat auch bei juristischen Personen des öffentlichen Rechts* gegeben. Wenn „Einrichtungen des Staates ... Grundrechte in einem Bereich verteidigen, in dem sie vom Staat unabhängig sind", sind sie „unmittelbar dem durch die Grundrechte geschützten Lebensbereich zuzuordnen"[40]. Die Rede ist insoweit auch von der juristischen Person des öffentlichen Rechts als „„Sachwalter, des Einzelnen bei der Wahrnehmung seiner Grundrechte"[41]. Eine Sondersituation sieht es darüber hinaus bei Unternehmen, die von einem ausländischen Staat getragen werden. Sie übten in Deutschland keine Hoheitsgewalt aus und seien damit nicht grundrechtsgebunden, weshalb das Konfusionsargument (Rn 217) ihrer Grundrechtsberechtigung nicht entgegenstehe. Es sei weder mit der europarechtlichen Niederlassungsfreiheit aus Art. 49 i. V. m. 54 AEUV (Rn 71) noch mit dem in Art. 13 EMRK (Rn 69) garantierten Beschwerderecht vereinbar, den Unternehmen wegen ihrer öffentlich-rechtlichen Trägerschaft den Rechtsschutz durch die Verfassungsbeschwerde zu versagen.[42] **221**

Beispiele: Die staatlichen Universitäten und deren Fakultäten können sich auf die Wissenschaftsfreiheit (E 15, 256/262), die öffentlich-rechtlichen Rundfunkanstalten auf die Rundfunkfreiheit (E 59, 231/255; 78, 101/102 f) und auf das mit ihr in funktionellem Zusammenhang stehende Fernmeldegeheimnis (E 107, 299/310) sowie zur gerichtlichen Kontrolle der Einhaltung dieser Grundrechte auf Art. 19 Abs. 4 (E 107, 299/310 f), aber jeweils nur darauf berufen. Die Religionsgemeinschaften sind wegen ihrer Sonderstellung unter den Körperschaften des öffentlichen Rechts (vgl Rn 622) umfassend grundrechtsberechtigt. – Ein zu 100% vom schwedischen Staat getragenes Unternehmen war daher berechtigt, sich unter Berufung auf **222**

---

39 E 61, 82/103 f, 105.
40 E 31, 314/322; 39, 302/314.
41 E 61, 82/103.
42 BVerfG, NJW 2017, 217/218 ff.

Art. 14 Abs. 1 gegen den beschleunigten Ausstieg aus der friedlichen Nutzung der Kernenergie zu wehren (BVerfG, NJW 2017, 217/218 ff.).

223 Im *Schrifttum*[43] wird der grundsätzlichen Ablehnung der Grundrechtsberechtigung juristischer Personen des öffentlichen Rechts durch das BVerfG nicht nur die Fragwürdigkeit des Erfordernisses des personalen Substrats entgegengehalten. Ihr widerstreitet schon der Wortlaut von Art. 19 Abs. 3, der nicht nach juristischen Personen des Privatrechts und des öffentlichen Rechts differenziert. Zusätzlich ergeben sich aus der Entstehungsgeschichte Anhaltspunkte, dass die Grundrechtsberechtigung juristischer Personen des öffentlichen Rechts nicht grundsätzlich ausgeschlossen werden sollte.[44] Auch das Argument, der Bürger stehe einer monolithischen „einheitlichen Staatsgewalt" gegenüber und staatliche Funktionsträger könnten nicht gleichzeitig Verpflichtete und Berechtigte der Grundrechte sein, überzeugt nicht. Das BVerfG sieht die Rundfunkanstalten, denen es einerseits Grundrechtsschutz gegenüber dem Staat zuerkennt, andererseits doch den Bürgern gegenüber an deren Grundrechte gebunden.[45]

224 Bei Anerkennung der Grundrechtsfähigkeit der juristischen Personen des öffentlichen Rechts ist freilich folgendes zu beachten: Anders als Personenmehrheiten des Zivilrechts, die durch autonome Entscheidungen von Individuen entstehen, existieren und vergehen – die Rechtsordnung stellt insofern nur die Rechtsform zur Verfügung –, sind juristische Personen des öffentlichen Rechts in ihrem Bestand von staatlichen Entscheidungen abhängig. Eine öffentlich-rechtliche Körperschaft, Anstalt oder Stiftung beruht ausschließlich auf einem staatlichen Organisationsakt, existiert und agiert zulässigerweise nur in einem staatlich zugewiesenen Funktions- und Aufgabenbereich, und kann durch staatlichen Akt auch wieder aufgelöst werden. Daraus folgt, dass sich die Erstreckung der Grundrechtsberechtigung auf juristische Personen des öffentlichen Rechts nur auf den *zugewiesenen Funktions- und Aufgabenbereich* beziehen kann.[46]

225 In diesem Rahmen muss das Verhalten der jeweils in Rede stehenden juristischen Person des öffentlichen Rechts wirklich in den Schutzbereich des jeweils in Betracht kommenden Grundrechts fallen. Dafür muss es den sog. *Außen- im Unterschied zu den sog. Innenrechtsbeziehungen*[47] zugehören: Mit ihrem Verhalten muss die juristische Person dem Staat als rechtlich selbstständiges Rechtssubjekt gegenübertreten können und darf nicht über Weisungsabhängigkeit voll in die Staatsorganisation eingebunden sein. Nur insoweit lässt sich auch von grundrechtstypischen Gefährdungslagen reden; insoweit ließe sich sogar ein großzügig verstandenes Erfordernis personalen Substrats bejahen, denn mit der Weisungsunabhängigkeit einer juristischen Person wird der Blick auf die hinter ihr stehenden Personen, deren Interessen und Handeln frei.

226 **Beispiele:** Eine als juristische Person verfasste Studierendenschaft, die mit allgemeinpolitischen Äußerungen ihren gesetzlichen Aufgabenbereich verlässt, mit hochschulpolitischen dagegen wahrt, unterliegt bei ihren hochschulpolitischen Äußerungen nicht der Fach-, sondern

---

43 Vgl *Broß*, VerwArch 1986, 65/72 ff; *Stern*, StR III/1, S. 1149 ff; aA *Roellecke*, UC, Art. 19 I-III Rn 125 ff.
44 JöR 1951, 182 f.
45 E 14, 121/130 f.
46 *v. Mutius*, BK, Art. 19 Abs. 3 Rn 43 f, 69 f, 105, 111 ff; *Pieroth*, Störung, Streik und Aussperrung an der Hochschule, 1976, S. 197 ff; vgl auch *Frenz*, VerwArch 1994, 22.
47 Vgl *Maurer*, Allg. VwR, § 21 Rn 26 ff.

nur der Rechtsaufsicht und tritt dem Staat insofern rechtlich selbstständig und also grundrechtsberechtigt gegenüber (aA BerlVerfGH, NVwZ 2000, 549). Entsprechendes gilt für Äußerungen von Kammern und Stellungnahmen von Gemeinden in Selbstverwaltungsangelegenheiten. Entgegen E 61, 82 (vgl Rn 218) muss sich auch die Gemeinde zum Schutz ihres Eigentums auf Art. 14 berufen können (so auch, allerdings beschränkt auf die nichthoheitliche Aufgabenwahrnehmung, teilweise die Rspr; vgl BVerwGE 132, 261/264; *Englisch*, Die verfassungsrechtliche Gewährleistung kommunalen Eigentums im Geltungskonflikt von Bundes- und Landesverfassung, 1994, S. 31 ff).

Von der Frage der Grundrechtsberechtigung juristischer Personen des öffentlichen Rechts ist die Frage des Grundrechtsschutzes der dort tätigen Amtswalter zu unterscheiden. Zur Rechtfertigung von Amtshandlungen kann sich der Amtswalter nicht auf seine Grundrechte berufen. Soweit Amtswalter jedoch im Rahmen ihrer amtlichen Tätigkeit als Grundrechtsträger betroffen sind, genießen sie grundrechtlichen Schutz.[48] Sie müssen jedoch Einschränkungen ihrer Grundrechte hinnehmen, die mit ihrer amtlichen Stellung verbunden sind. So müssen etwa Staatsanwälte und Anwälte die Nennung ihrer Namen in einer Prozessberichterstattung dulden, auch wenn sie dadurch in ihrem Persönlichkeitsrecht betroffen sind. Dies gilt indes nicht für den Urkundsbeamten, soweit an der Nennung seines Namens kein Informationsinteresse besteht[49] (s. auch Rn 548, 640, 702). 227

II. Grundrechtsbindung

1. Art der Bindung

Die Grundrechte binden Gesetzgebung, vollziehende Gewalt und Rechtsprechung als *unmittelbar geltendes Recht* (Art. 1 Abs. 3). Das ist eine bewusste Abkehr von der Weimarer Reichsverfassung, bei der die Grundrechte nur die Verwaltung, nicht aber die Gesetzgebung banden (vgl Rn 30 ff) und viele Grundrechte überhaupt nur als unverbindliche Programmsätze betrachtet wurden, deren Verletzung ohne rechtliche und gerichtliche Sanktion blieb.[50] Unter dem Grundgesetz darf kein Grundrecht zum Programmsatz relativiert und kann jede Grundrechtsverletzung sanktioniert werden. 228

2. Staatliche Adressaten der Grundrechtsbindung

Art. 1 Abs. 3 verpflichtet Gesetzgebung, vollziehende Gewalt und Rechtsprechung. Diese drei Gewalten werden auch einfach als Staat, „staatliche Gewalt" (Art. 1 Abs. 1 S. 2) oder „öffentliche Gewalt" (Art. 93 Abs. 1 Nr. 4a) bezeichnet. Die Grundrechtsbindung der Gesetzgebung und der Rechtsprechung ist unproblematisch. Dagegen wirft die Grundrechtsbindung der vollziehenden Gewalt wegen der Vielgestaltigkeit ihrer Aufgaben, Organisations- und Handlungsformen *Abgrenzungsprobleme* auf. 229

---

48 Vgl zur Abgrenzung von privatem und amtlichen Handeln bei Äußerungen E 138, 102/117 ff, *Gröpl/Zembruski*, Jura 2016, 268.
49 BVerwG, NJW 2015, 807/809 f.
50 Vgl *Anschütz*, Die Verfassung des Deutschen Reichs, 14. Aufl. 1933, S. 505 ff; *Thoma*, in: Grundrechte und Grundpflichten der Reichsverfassung, Bd. I, 1929, S. 1 ff.

230 **Beispiele:** Wenn eine öffentliche Schule einem Schüler das Abiturzeugnis und damit die Hochschulzugangsberechtigung nicht erteilt, greift sie in dessen Grundrecht auf freie Wahl der Ausbildungsstätte gem. Art. 12 Abs. 1 ein; liegt ein Eingriff auch dann vor, wenn eine Privatschule gehandelt hat, die ein Rechtssubjekt des Privatrechts und vom Staat mit der Ausstellung von Zeugnissen nur betraut ist? Macht es einen Unterschied für die Grundrechtsbindung der Stadt, ob sie die Versorgung der Bevölkerung mit Trinkwasser von einem städtischen Wasserwerk in der Rechtsform der nichtrechtsfähigen Anstalt des öffentlichen Rechts oder von einer Aktiengesellschaft betreiben lässt, deren Anteile sie hält? Kommt es bei der Wasserversorgung durch eine städtische Anstalt weiter darauf an, ob sie Gebühren auf Grund einer gemeindlichen Satzung erhebt oder mit den Benutzern privatrechtliche Verträge abschließt? Ist die Verwaltung beim Abschluss eines Werkvertrags gem. §§ 631 ff BGB über die Errichtung eines Verwaltungsgebäudes mit einem Bauunternehmer an die Grundrechte gebunden, obwohl es ein privater Auftraggeber im gleichen Fall nicht wäre? Ist der Träger öffentlicher Gewalt, der eine eigene unternehmerische Tätigkeit entfaltet, zB eine Bierbrauerei betreibt oder Anteile einer Aktiengesellschaft hält, hierbei an Grundrechte gebunden?

231 a) Da Art. 1 Abs. 3 unbedingt und umfassend formuliert ist, kann es nicht darauf ankommen, **durch wen** die vollziehende Gewalt ihre Aufgaben erfüllt. Auch soweit sie ihre Aufgaben nicht durch eigene Organe wahrnimmt, muss der Grundrechtsschutz greifen. Daher unterliegen auch private Rechtssubjekte insoweit der Grundrechtsbindung, als sie *„Beliehene"* sind, dh mit der hoheitlichen Wahrnehmung von Verwaltungsaufgaben im eigenen Namen betraut sind. In diesem Umfang zählen die Privaten zur mittelbaren Staatsverwaltung und somit zum Begriff „vollziehende Gewalt" iSd Art. 1 Abs. 3.[51]

232 **Beispiele:** Privatschulen sind da, wo sie von der Befugnis, „mit gleicher Wirkung wie öffentliche Schulen Zeugnisse zu erteilen" (§ 100 Abs. 4 S. 1 nwSchG), Gebrauch machen, an die Grundrechte der Schüler gebunden. Entsprechendes gilt für andere Beliehene, wie den Jagdaufseher, den Fleischbeschauer, den Prüfingenieur für Baustatik, den Bezirksschornsteinfeger.

233 b) Wegen der umfassenden und unbedingten Grundrechtsbindung kann es auch nicht darauf ankommen, **in welchen Organisations- und Handlungsformen** die vollziehende Gewalt tätig wird. Für die in privatrechtlichen Formen tätig werdende Verwaltung wird dies allerdings teilweise differenzierend gesehen. Hier wirkt die im 18. Jahrhundert entwickelte Fiskustheorie fort, die den privatrechtlich handelnden Staat als selbstständiges Privatrechtssubjekt neben dem Monarchen konstruierte.[52]

234 Heute kommt eine Anwendung des Privatrechts durch die Verwaltung in drei Bereichen vor,[53] bei

– Wahrnehmung von genuinen Verwaltungsaufgaben (sog. *Verwaltungsprivatrecht*); vor allem bei der Erbringung von Leistungen der Daseinsvorsorge und bei Subventionen wird die Verwaltung wahlweise öffentlich-rechtlich und privatrechtlich tätig, wobei sich die Wahlfreiheit sowohl auf die Organisationsform der Einrichtung als auch auf die Ausgestaltung der Leistungs- oder Benutzungsverhältnisse bezieht,

---

51 Vgl *Kunig*, MüK, Art. 1 Rn 60; aA *Rupp*, Privateigentum an Staatsfunktionen?, 1963, S. 24 ff.
52 Vgl *Burmeister*, DÖV 1975, 695.
53 Vgl *Maurer*, Allg. VwR, § 3 Rn 18 ff.

- *Bedarfsdeckung*; die Beschaffung der für die Verwaltung erforderlichen Sachmittel, vom Büromaterial bis zum Verwaltungsgebäude, erfolgt durch privatrechtliche Verträge, und
- *erwerbswirtschaftlicher Betätigung*; gelegentlich entfaltet ein Träger staatlicher Gewalt entweder eigene unternehmerische Tätigkeit oder besitzt ganz oder zum Teil Anteile an Unternehmen.

Die Grundrechtsbindung der Verwaltung ist in allen drei Fallgruppen mittlerweile unbestritten.[54] Allerdings unterliegt ein privatrechtliches Unternehmen der Grundrechtsbindung nur für den Fall, dass der Träger öffentlicher Gewalt mehr als die Hälfte der Anteile hält;[55] andernfalls kann die Grundrechtsbindung für ihn nur bedeuten, seinen rechtlichen Einfluss so auszuüben, dass durch das privatrechtliche Unternehmen keine Grundrechtsverstöße begangen werden.[56] Ist ihm das einfach-rechtlich verwehrt, muss er seine Anteile veräußern.[57]

235

3. Private Adressaten der Grundrechtsbindung

Wenn Art. 1 Abs. 3 *nur den Staat* an die Grundrechte bindet, nicht aber private Rechtssubjekte – außer in dem Fall, dass sie als „Beliehene" selbst punktuell öffentliche Gewalt ausüben –, dann ist das eine deutliche Aussage gegen eine „Drittwirkung" der Grundrechte. Hierunter versteht man die Geltung der Grundrechte über das klassische Zweierverhältnis zwischen Bürger und Staat hinaus auch im Verhältnis des einen zum anderen Bürger (als Dritten).

236

Eine sog. *unmittelbare Drittwirkung*, bei der die Grundrechte den einen Bürger bei seinem Verhalten gegenüber dem anderen Bürger ebenso unmittelbar an die Grundrechte binden, wie sie den Staat binden, wurde früher einmal vom BAG gefordert; der Bedeutungswandel der Grundrechte im Zug der Entwicklung vom liberalen zum sozialen Rechtsstaat (vgl Rn 89) spreche „für die unmittelbare privatrechtliche Wirkung der Grundrechtsbestimmungen, die für den Verkehr der Rechtsgenossen untereinander in einer freiheitlichen und sozialen Gemeinschaft unentbehrlich sind"[58].

237

Für die europäischen **Grundfreiheiten** (Rn 71 ff) vertritt der EuGH bis heute in ständiger Rechtsprechung eine unmittelbare Drittwirkung. Hintergrund ist, dass das Unionsrecht vom Grundsatz der Rechtsformneutralität geprägt, dh die Anwendbarkeit von Normen darf nicht von der Rechtsform abhängen, weil sich anderenfalls die Mitgliedstaaten durch die ihnen frei stehende Rechtsformwahl der Anwendung des Unionsrechts entziehen könnten („keine Flucht aus dem Unionsrecht").[59] Dementsprechend sind etwa die nationalen Sportverbände im Rahmen privatautonomer Rechtsetzung[60] ebenso an die Arbeitnehmerfreizügigkeit (Art. 45 AEUV), die Niederlas-

238

---

54 BVerfG, NJW 2016, 3153/3154 f (= JK 1/2017); BGH, NJW 2015, 2892/2793.
55 E 128, 226/244 ff; krit. *Goldhammer*, JuS 2014, 891/893 f.
56 *Höfling*, SA, Art. 1 Rn 104; *Herdegen*, MD, Art. 1 Abs. 3 Rn 96.
57 *Kersten/Meinel*, JZ 2007, 1127/1130.
58 BAGE 1, 185/193 f; vgl BAGE 48, 122/138 f.
59 Vgl etwa für das Kartellrecht EuGH, Rs. C- 41/90, ECLI:EU:C:1991:161, Rn 21 (Höfner und Elser).
60 EuGH, Rs. 36/74, ECLI:EU:C:1974:140, Rn 16/19 (Walrave und Koch); Rs. 13/76, ECLI:EU:C:1976:115, Rn 17/18 (Donà); Rs. C-415/93, ECLI:EU:C:1995:463, Rn 82 ff (Bosman); Verb. Rs. C-51/96 u. C-191/97, ECLI:EU:C:2000:199, Rn 47 (Deliège); Rs. C-176/96, ECLI:EU:C:2000:201, Rn 9 f (Lehtonen und Castors Braine).

sungsfreiheit (Art. 49 AEUV) und die Dienstleistungsfreiheit (Art. 56 AEUV) gebunden wie etwa Gewerkschaften im Rahmen von kollektiven Maßnahmen gegen Unternehmen.[61] Tragend ist insoweit die Begründung, dass die private der staatlichen Normsetzung funktional entspricht. Die Verwirklichung der Grundfreiheiten sei gefährdet, „wenn die Beseitigung der staatlichen Schranken dadurch in ihren Wirkungen wieder aufgehoben würde, dass privatrechtliche Vereinigungen oder Einrichtungen kraft ihrer rechtlichen Autonomie derartige Hindernisse aufrichteten"[62].

239 Rechtsprechung und herrschende Lehre wenden sich aber gegen eine unmittelbare Drittwirkung der Grundrechte des GG. Dafür kann angeführt werden, dass der *Wortlaut* des Art. 1 Abs. 3 nur die drei Staatsgewalten nennt. Nach der *Entstehungsgeschichte* „sahen die Beteiligten ihre Aufgabe darin, die Grundrechte im Sinne der alten klassischen Grundrechte zu gestalten. ... In den Grundrechten sollte also das Verhältnis der einzelnen zum Staat geregelt werden, der Allmacht des Staates Schranken gesetzt werden"[63]. In der Tat hat die *Geschichte* der Grundrechte gezeigt, dass sie als Abwehrrechte des Einzelnen gegen den Staat entstanden und erfochten worden sind (vgl Rn 89). Die *systematische* Auslegung belegt, dass nur bei wenigen Grundrechten oder grundrechtsgleichen Rechten die Wirkung ausdrücklich auf Private bzw ein privates Rechtsverhältnis erstreckt wird (vgl Art. 9 Abs. 3 S. 2, 20 Abs. 4, 38 Abs. 1 S. 1 iVm Art. 48 Abs. 2); das legt den Schluss nahe, dass dies im Normalfall, dh bei allen anderen Grundrechten, nicht so ist. Eine Grundrechtsbindung aller gegenüber allen würde im Ergebnis auch den *Sinn und Zweck* der Grundrechte ins Gegenteil verkehren: Rechte gegenüber dem Staat würden zu Pflichten gegenüber allen Mitbürgern werden; eine weitgehende Freiheitsbeschränkung wäre das unvermeidliche Resultat.

240 Von der unmittelbaren Drittwirkung ist die mittelbare Drittwirkung der Grundrechte in Dreieckskonstellationen zu unterscheiden, in denen Freiheitskonflikte zwischen Grundrechtsträgern staatlich reguliert werden. Die staatliche Regulierung der Dreieckskonflikte unterliegt nach Art. 1 Abs. 3 – auch soweit sie durch das Privatrecht erfolgt – der Grundrechtsbindung, wobei lediglich unterschiedlich beurteilt wird, inwieweit diese Bindung über die Abwehr- oder die Schutzfunktion der Grundrechte aktualisiert wird (i.E. Rn 128 ff und Rn 136 ff). Die Grundrechtsbindung bei der Regulierung von Dreieckskonflikten kann dabei zu ähnlichen Ergebnissen führen wie eine unmittelbare Grundrechtsbindung der Grundrechtsträger. So stellte das BVerfG fest, dass Private „im Wege der mittelbaren Drittwirkung von Grundrechten [...] unbeschadet ihrer eigenen Grundrechte [...] ähnlich oder auch genauso weit wie der Staat durch die Grundrechte in Pflicht genommen werden, insbesondere, wenn sie in tatsächlicher Hinsicht in eine vergleichbare Pflichten- oder Garantenstellung hineinwachsen wie traditionell der Staat"[64].

241 Das Problem der mittelbaren Drittwirkung stellt sich dort nicht, wo grundrechtlich geschützte Rechte auch einfach-rechtlich gewährleistet werden, wie vor allem im Bereich der Diskriminierungsverbote (Rn 537 ff). Hier verbieten die auf **europäischem**

---

61 EuGH, Rs. C-438/05, ECLI:EU:C:2007:772, Rn 42 ff (International Transport Workers' Association).
62 So EuGH, Rs. 36/74, ECLI:EU:C:1974:140, Rn 16/19 (Walrave und Koch).
63 Anlage zum stenographischen Bericht der 9. Sitzung des Parlamentarischen Rates am 6.5.1949, S. 6.
64 BVerfG, NJW 2015, 2485/2486 (= JK 3/2016); krit. *Michl*, Jura 2017, 1062.

Sekundärrecht (Rn 79 f) beruhenden, unmittelbar an Private gerichteten Bestimmungen des Allgemeinen Gleichbehandlungsgesetzes (AGG) Diskriminierungen etwa wegen der Rasse und des Geschlechts (§§ 1, 19 AGG). Im Anwendungsbereich des AGG erübrigt sich dann eine Anwendung der Grundrechte über die mittelbare Drittwirkung. Sie bleibt aber von Bedeutung, soweit das AGG die Ungleichbehandlung nicht erfasst[65].

4. Inter- und supranationale Aspekte der Grundrechtsbindung

a) Wenn in Art. 1 Abs. 3 von der Grundrechtsbindung der staatlichen Gewalt die Rede ist, versteht sich, dass die **deutsche** staatliche Gewalt gemeint ist. Akte ausländischer staatlicher Gewalt sind nicht grundrechtsgebunden. Sie dürfen allerdings von der deutschen staatlichen Gewalt nicht um- und durchgesetzt werden, wenn dies zu einer Verletzung von Grundrechten führen würde. Das bedeutet keine Pflicht der deutschen staatlichen Gewalt, grundrechtsbeeinträchtigende Akte ausländischer Gewalt gegenüber Deutschen zu kompensieren. 242

Beispiele: Ausländische Rechtsnormen dürfen von der deutschen Rechtsprechung gem. Art. 6 S. 2 EGBGB nicht in Widerspruch zu den Grundrechten angewendet werden (vgl *Stern*, StR III/1, S. 1238 ff). Die Bindung an Art. 14 verlangte von der deutschen staatlichen Gewalt nicht, die Enteignungen durch die sowjetische Besatzungsmacht rückgängig zu machen oder zu entschädigen (vgl Rn 1050). 243

b) Die umfassende Grundrechtsbindung der deutschen staatlichen Gewalt ist auch **territorial umfassend**. Deutsche staatliche Gewalt ist an die Grundrechte gebunden, gleichgültig wo sie ausgeübt wird und ob ihre Wirkungen im In- oder Ausland eintreten[66]. Allerdings ist das BVerfG bereit, bei Sachverhalten mit starkem internationalen Bezug „eine Minderung des Grundrechtsstandards in Kauf zu nehmen", wenn anders die Grundrechte noch weniger verwirklicht würden.[67] Begründen lässt sich das damit, dass eine völkerrechtliche Bindung vorliegt, der Verfassungsrang zukommt.[68] 244

Beispiele: Die Deutsche Botschaft ist gegenüber Deutschen und Ausländern ebenso an die Deutschen- und Jedermannsrechte gebunden wie im Inland das Auswärtige Amt. Die Bundeswehr ist auch bei ihren Auslandseinsätzen grundsätzlich an die Grundrechte gebunden (vgl *Werner*, Die Grundrechtsbindung der Bundeswehr bei Auslandseinsätzen, 2006). Bei Schiffen, die unter deutscher Flagge, aber mit ausländischer Mannschaft fahren, durfte der Gesetzgeber den Grundrechtsstandard reduzieren, da die deutschen Reeder die Schiffe andernfalls unter ausländischer Flagge mit noch stärker reduziertem Grundrechtsstandard fahren ließen (E 92, 26/42; zum Richtervorbehalt bei der Inhaftierung von Piraten auf hoher See VG Köln, JZ 2012, 366). 245

c) An die Grundrechte gebunden sind zwar grundsätzlich auch solche supranationalen Organisationen, denen die Bundesrepublik nach Art. 23, 24 Hoheitsgewalt mit Wirkung auf ihrem Hoheitsgebiet übertragen hat. Das Grundgesetz verlangt aber nicht, dass der Grundrechtsschutz in diesen Fällen gerade durch das BVerfG gewähr- 246

---

65 BGH, NJW 2012, 1725/1726 f, vgl auch *Lehner*, NVwZ 2012, 861.
66 E 6, 290/295; vgl auch E 57, 9/23; 100, 313/362 ff; *Röben*, Außenverfassungsrecht, 2007.
67 E 92, 26/42.
68 *Herdegen*, MD, Art. 1 Abs. 3 Rn 74 ff.

leistet wird. Vielmehr nimmt das BVerfG seine Zuständigkeiten wegen der grundsätzlichen Offenheit des GG für die internationale Zusammenarbeit nicht wahr. Das gilt besonders im Verhältnis zur Europäischen Union. Hier besteht einerseits die Vorgabe, dass die Europäische Union einen im Wesentlichen vergleichbaren Grundrechtsschutz gewährleisten muss (*grundrechtlicher Niveauschutz*, Art. 23 Abs. 1 S. 1, Rn 247), andererseits die Verpflichtung, den nach Art. 23 Abs. 1 S. 3 geltenden Standard auch im Einzelfall zu gewährleisten (*grundrechtlicher Identitätsschutz*, Art. 23 Abs. 1 S. 3, Rn 248):

247 Mit der Anforderung eines dem Grundgesetz im Wesentlichen vergleichbaren Grundrechtsschutzes nimmt Art. 23 Abs. 1 S. 1 GG die Rechtsprechung des Bundesverfassungsgerichts auf, das dem damaligen Gemeinschaftsrecht Anwendungsvorrang auch gegenüber den Grundrechten eingeräumt hatte, wenn die Gemeinschaft einen „nach Konzeption, Inhalt und Wirkungsweise" dem Grundrechtsstandard des GG im Wesentlichen gleichen Grundrechtsschutz gewährleistet.[69] Das Bundesverfassungsgericht sieht sich insoweit in einem Kooperationsverhältnis mit dem EuGH, der den Grundrechtsschutz im Einzelfall gewährleistet während das BVerfG nur beansprucht zu prüfen, ob die Grundrechtsstandards des GG generell gewährleistet werden.[70] Dieser grundrechtliche Niveauschutz bezieht sich generell auf alle Grundrechte des GG, wird aber nur aktiviert, wenn nicht nur im Einzelfall der Grundrechtsschutz des GG unterschritten wird, sondern aus dem Einzelfall auf ein generelles Grundrechtsdefizit geschlossen werden kann.

248 Ist die in Art. 1 Abs. 1 GG verbürgte grundrechtliche Identität beeinträchtigt, die nach Art. 23 Abs. 1 S. 3 i. V. m. Art. 79 Abs. 3 GG auch im Prozess der europäischen Integration nicht verfügbar ist, kann der Anwendungsvorrang des Unionsrechts nicht gelten. Insoweit ist es nicht erforderlich, dass der Einzelfall auf ein generelles Grundrechtsdefizit schließen lässt. So hat das BVerfG die auf einen europäischen Haftbefehl gestützte Auslieferung eines in Abwesenheit Verurteilten für unvereinbar mit Art. 1 Abs. 1 GG erklärt, weil sie den aus der Menschenwürdegarantie abgeleiteten Grundsatz, dass jede Strafe Schuld voraussetzt, verletzt habe.[71] Das steht in einem Spannungsverhältnis zur Rechtsprechung des EuGH, der es den Mitgliedstaaten zwar zugesteht, dass sie über das Schutzniveau der Grundrechtecharta hinausgehen können (Art. 53 GRCh), sie aber dazu anhält, den Vorrang und die einheitliche Anwendung des Unionsrechts zu achten.[72]

249 d) Die nach Art. 23 Abs. 1 S. 1 GG zurückgenommene Grundrechtsbindung gilt auch für den deutschen Vertreter im Rat bei der Mitwirkung an der Setzung von Rechtsakten der EU und bei der **Umsetzung** und **Vollziehung** von Maßnahmen der Union soweit das Unionsrecht den Mitgliedstaaten zwingende Vorgaben macht.[73]

---

69 E 73, 339/378.
70 E 89, 155/175; 123, 267/353 f.
71 BVerfG, NJW 2016, 1149/1150 f.
72 EuGH, Rs. C-399/11, ECLI:EU:C:2013:107, Rn 60 (Melloni); dazu BVerfG, NJW 2016, 1149/1156; dem BVerfG zustimmend *Nettesheim*, JZ 2016, 424 ff; kritisch, insbes. wegen der fehlenden Entscheidungserheblichkeit, *Reinbacher/Wendel*, EuGRZ 2016, 333/336 f; *Rung*, EWS 2016, 145/147 ff; *Sauer*, NJW 2016, 1134/1135 und *Schönberger*, JZ 2016, 422/423 f.
73 E 118, 79/95 ff; 125, 260/306; 129, 78/90 f.

Räumt hingegen das Unionsrecht den deutschen Organen bei der Umsetzung – wie etwa im Fall von Richtlinien – einen *Spielraum* ein, steht die deutsche Maßnahme nicht unter zwingenden unionsrechtlichen Vorgaben. In diesem Fall besteht daher eine uneingeschränkte Grundrechtsbindung nach Maßgabe der Art. 1 Abs. 3 nachfolgenden Grundrechte, wobei umstritten ist, ob in diesem Fall daneben auch die Unionsgrundrechte Anwendung finden (Rn 77 f).

5. Grundpflichten?

Bei der Beschäftigung mit den Grundrechten wird auch über Grundpflichten nachgedacht[74]. Dafür bieten Art. 5 Abs. 3 S. 2 und Art. 14 Abs. 2 einen Anhalt: Mit der Verfassungstreueklausel könnte dem wissenschaftlichen Lehrer und mit der Gemeinwohlformel dem Eigentümer eine Pflicht auferlegt sein. Aber erst durch ein Handeln des Staats werden diese Pflichten *aktualisiert* und entfalten rechtliche Wirkungen. Bei der Pflicht der Eltern zur Pflege und Erziehung der Kinder gem. Art. 6 Abs. 2 S. 1 spricht das BVerfG zwar von einer „unmittelbar" gegenüber den Kindern bestehenden Pflicht (vgl Rn 759); aber auch diese Pflicht entfaltet sich in den Aktualisierungen des einfachen Rechts. Keine verfassungstextliche Grundlage haben die zuweilen als Grundpflichten angeführten Steuer- und Schulpflicht; zwar lässt sich sagen, dass die Bundesrepublik Deutschland auf sie angewiesen ist, aber darum bedarf es doch des Gesetzgebers, der sie einführt und ausgestaltet. Nachdem er es getan hat, stehen diese Pflichten auch nicht als Grundpflichten neben den Grundrechten, sondern sind Eingriffe wie alle anderen gesetzlich auferlegten Pflichten.

250

Gelegentlich ist von einer *Gehorsamspflicht* die Rede, die allen gesetzlich auferlegten Pflichten als Grundpflicht zu Grunde liege.[75] Die Vorstellung einer Pflicht, Pflichten zu erfüllen, ist ebenso seltsam wie die eines Rechts, Rechte auszuüben, einer Entschlossenheit zu wollen oder einer Fähigkeit zu können. Diese Verdoppelung von Pflichten durch eine Grundpflicht bringt keine zusätzlichen Rechtserkenntnisse.

251

Literatur: Zu I.: *P.M. Huber*, Natürliche Personen als Grundrechtsträger, Hdb. GR II, § 49; *W. Rüfner*, Grundrechtsträger, Hdb. StR³ IX, § 196. – **Zu I. 1.:** *J. Gundel*, Der grundrechtliche Status der Ausländer, Hdb. StR³ IX, § 198; *A. Siehr*, Die Deutschenrechte des GG, 2001. – **Zu I. 2.:** *W. Brohm*, Humanbiotechnik, Eigentum und Menschenwürde, JuS 1998, 197; *E. Iliadou*, Forschungsfreiheit und Embryonenschutz, 1999; *I. Klinge*, Todesbegriff, Totenschutz und Verfassung, 1996. – **Zu I. 3.:** *W. Roth*, Die Grundrechte Minderjähriger im Spannungsfeld selbstständiger Grundrechtsausübung, elterlichen Erziehungsrechts und staatlicher Grundrechtsbindung, 2003; *D.C. Umbach*, Grundrechts- und Religionsmündigkeit im Spannungsfeld zwischen Kindes- und Elternrecht, in: FS Geiger, 1989, S. 359. – **Zu I. 4.:** *P.S. Fischinger*, Der Grundrechtsverzicht, JuS 2007, 808; *D. Merten*, Grundrechtsverzicht, Hdb. GR III, § 73; *G. Robbers*, Der Grundrechtsverzicht, JuS 1985, 925. – **Zu I. 5.:** *M. Goldhammer*, Grundrechtsberechtigung und -verpflichtung gemischtwirtschaftlicher Unternehmen, JuS 2014, 891; *D. Krausnick*, Grundfälle zu Art. 19 III GG, JuS 2008, 869, 965; *J. Isensee*, Anwendung der Grundrechte auf juristische Personen, Hdb. StR³ IX, § 199; *F. Schnapp*, Zur Grundrechtsberechtigung juristischer Personen des öffentlichen Rechts, Hdb. GR II, § 52; *F. Schoch*, Grundrechtsfähigkeit juristischer Personen, Jura 2001, 201; *S. Tonikidis*, Die Grundrechtsfähigkeit juristischer Perso-

252

---

74 *Hofmann*, Hdb. StR³ IX, § 195; *Kloepfer*, VerfR II, § 53 Rn 1 ff; *Randelzhofer*, Hdb. GR II, § 37.
75 *Isensee*, DÖV 1982, 609/612 ff.

nen nach Art. 19 III GG, Jura 2012, 517 – **Zu II.:** *M. Eifert/J. Gerberding*, Verfassungsbeschwerde und Unionsgewalt, Jura 2016, 628; *K. F. Gärditz*, Die Rechtsbindung des Bundesnachrichtendienstes bei Auslandstätigkeiten, DV 2015, 463; *H.-D. Horn*, Die Grundrechtsbindung der Verwaltung, in: FS Stern, 2012, 353; *W. Höfling*, Die Grundrechtsbindung der Staatsgewalt, JA 1995, 431; *M. Payandeh*, Entterritorialisierung des Öffentlichen Rechts, DVBl 2016, 1073; *H.C. Röhl*, Verwaltung und Privatrecht-Verwaltungsprivatrecht?, VerwArch 1995, 531; *W. Rüfner*, Grundrechtsadressaten, Hdb. StR³ IX, § 197; *F. Schnapp/M. Kaltenborn*, Grundrechtsbindung nichtstaatlicher Institutionen, JuS 2000, 937.

§ 6 Grundrechtsgewährleistungen und -beschränkungen

I. Schutzbereich und Gewährleistung

253 Die verschiedenen Grundrechte gelten *verschiedenen Lebensbereichen*. In den mal eng und mal weit ausgreifenden Lebensbereichen schützen sie den Einzelnen gegen staatliche Eingriffe, mal mit seinem Verhalten insgesamt, mal aber auch nur mit bestimmten Verhaltensweisen, indem sie dem Staat für Eingriffe die Rechtfertigungslast aufbürden.

254 **Beispiele:** Art. 4 gilt dem Leben des Einzelnen aus seinen religiösen oder sonstigen tiefsten Überzeugungen, Art. 5 der Kommunikation durch und über Informationen und Meinungen, Art. 6 der Ehe und Familie, Art. 8 der friedlichen und waffenlosen Versammlung, Art. 9 den Vereinigungen.

255 Dies ist der grundrechtlich geschützte Lebensbereich, der *Schutzbereich* des Grundrechts. Gelegentlich wird er auch der *Normbereich* des Grundrechts genannt, dh der Bereich, den die Grundrechtsnorm aus der Lebenswirklichkeit als Schutzgegenstand herausschneidet.[1] Wenn vom *Regelungsbereich* die Rede ist, dann ist damit nicht der Schutzbereich, sondern der Lebensbereich, dem das Grundrecht gilt und in dem es den Schutzbereich erst bestimmt, gemeint.

256 **Beispiel:** Der Regelungsbereich des Art. 8 Abs. 1 erstreckt sich auf alle Versammlungen. Sein Schutzbereich umfasst dagegen nur friedliche und waffenlose Versammlungen.

257 Das Verhalten im Schutzbereich eines Grundrechts kann als *Grundrechtsgebrauch* oder *Grundrechtsausübung* bezeichnet werden. Wenn hier vom Verhalten im Schutzbereich der Grundrechte die Rede ist, dann will dies in denkbar weitem Sinn verstanden werden. Gemeint ist nicht nur das Handeln (sog. positive Freiheit), sondern auch das Unterlassen (sog. negative Freiheit)[2] und uU das bloße Sich-Befinden. Gemeint ist das Verhalten nicht nur im Schutzbereich derjenigen Grundrechte, die im Text von Handlungen („seine Meinung ... äußern", „sich ... unterrichten", „sich ... versammeln" etc.) sprechen, sondern auch im Schutzbereich weniger handlungs- als vielmehr sachbezogen formulierter Grundrechte („Kunst und Wissenschaft ... sind frei").

---

[1] *Hesse*, VerfR, Rn 46, 69.
[2] Krit. *Hellermann*, Die sogenannte negative Seite der Freiheitsrechte, 1993.

Beispiele: Art. 14 Abs. 1 gewährleistet das Eigentum und nimmt damit den Bestand und die Nutzung eigener Sachen und Rechte in seinen Schutzbereich; Art. 13 erklärt die Wohnung für unverletzlich und definiert sie dadurch als Schutzbereich, in dem der Einzelne sich befindet und ua auch entscheidet, wer Zutritt hat; Art. 2 Abs. 2 S. 1 gewährleistet dem Einzelnen mit dem Recht auf das Leben nicht die bloße Befindlichkeit des Lebens, sondern das Atmen, Sich-Ernähren und Sich-Bewegen, ohne das es Leben nicht gibt.

258

Der Schutz, den das Grundrecht in seinem Schutzbereich dem Einzelnen bietet, wirkt zunächst in der Gestalt von *subjektiven Rechten*. Bei manchen Grundrechten findet sich auch der Schutz von Instituten und Institutionen (Rn 103 ff, 147 ff), und allen Grundrechten erkennen BVerfG und hL neben der subjektiv-rechtlichen noch eine *objektiv-rechtliche Bedeutung* zu (vgl Rn 107 ff). Aber dadurch wird die subjektiv-rechtliche Bedeutung nicht beschränkt, sondern nur verstärkt, zB indem das subjektive Recht, Eingriffe abzuwehren, zum Schutz-, Teilhabe- oder Verfahrensrecht geweitet wird.

259

Diese Schutzwirkungen sind die Grundrechtsgewährleistungen, -garantien oder -verbürgungen. *Terminologisch* ist zu unterscheiden: Das Grundrecht *hat* seinen Schutzbereich, und es verbürgt, garantiert oder gewährleistet *im* Schutzbereich subjektive Rechte (Abwehr- oder Schutzrechte), Einrichtungs- (Instituts- oder institutionelle) Garantien, eine grundrechtskonforme Auslegung und Anwendung einfachen Rechts etc. Geläufig ist auch eine Terminologie, die verkürzend einfach davon spricht, dass Grundrechte Freiheiten, Leistungen, Teilhabe, Verfahren, Einrichtungen, Werte und Prinzipien etc. verbürgen, garantieren oder gewährleisten, und auch vom Garantie- oder Gewährleistungsgehalt der Grundrechte ist die Rede.[3] Entscheidend ist, dass der Begriff der Grundrechtsgewährleistung mit den verwandten Begriffen auf rechtlich ausgeformte *Schutzwirkungen* der Grundrechte bezogen ist, während der Begriff des Schutzbereichs, den ein Grundrecht hat, die Lebenswirklichkeit als Schutzgegenstand bezeichnet.[4]

260

Beispiele: Art. 12 Abs. 1 hat als Schutzbereich das Berufsleben und Ausbildungswesen und gewährleistet in diesem Schutzbereich Abwehr-, eventuell auch Schutz-, Teilhabe- oder Leistungsrechte. Art. 3 gilt nicht einem bestimmten Lebensbereich, sondern fordert die Gleichheit schlechthin; bei Art. 3 geht es daher nicht um Schutzbereiche, sondern nur um Gewährleistungen. Auch bei der allgemeinen Handlungsfreiheit des Art. 2 Abs. 1 erübrigt sich eine positive Bestimmung des Schutzbereichs; nur negativ ist auszugrenzen, was von den anderen Grundrechten spezieller geschützt ist und daher nicht mehr unter den allgemeinen Schutz der allgemeinen Handlungsfreiheit fallen kann.

261

Lösungstechnischer Hinweis: Mit der Bestimmung des einschlägigen Schutzbereichs fängt die Fallbearbeitung an. Auf welches Grundrecht sich der Einzelne berufen kann, wenn er staatliche Eingriffe in ein Verhalten abwehren oder auch staatlichen Schutz (vgl Rn 133 ff) für sein Verhalten begehren will, hängt davon ab, in welchen Schutzbereich sein Verhalten fällt. Die gemeinsame Prüfung zweier oder mehrerer Grundrechte, die sich gelegentlich beim BVerfG findet („Schutzbereichsverstärkung", vgl *Spielmann*, JuS 2004, 371; *M. Breckwoldt*, Grundrechtskombinationen, 2015; vgl a *E. Hofmann*, Jura 2008, 667), kommt in der Falllösung nicht in Betracht (aA *Michael/Morlok*, GR, Rn 58). Anschließend verlangt die Fallbearbeitung die

262

---

3 *Böckenförde*, Staat 2003, 165/174 f; *Hoffmann-Riem*, Staat 2004, 203/226 f.
4 Vgl auch *Volkmann*, JZ 2005, 261/265 ff; *Rusteberg*, Der grundrechtliche Gewährleistungsgehalt, 2009, S. 232 f.

Bestimmung der jeweiligen Grundrechtsgewährleistung, -garantie oder -verbürgung: Schließt sie ein, was der Einzelne begehrt? Beispielsweise genügt es dafür, dass jemand unter Berufung auf Art. 12 Abs. 1 die staatliche Unterstützung für eine zusätzliche Berufsausbildung fordern kann, nicht, dass auch die zusätzliche Berufsausbildung in den Schutzbereich von Art. 12 Abs. 1 fällt; vielmehr muss Art. 12 Abs. 1 neben den entsprechenden Abwehrrechten gerade entsprechende Leistungsrechte gewährleisten.

II. Eingriff, Schranke und verwandte Begriffe

263 Der gewissermaßen wildwüchsige Freiheitsgebrauch der Grundrechtsberechtigten würde zu *Konflikten* führen: zu Konflikten mit den Interessen der Allgemeinheit und auch mit dem Freiheitsgebrauch anderer Grundrechtsberechtigter. Deshalb gibt es Eingriffe in die Grundrechte und werden dem Grundrechtsgebrauch Schranken gezogen. Wann der Staat die Eingriffe vornehmen und die Schranken ziehen darf und wann der Grundrechtsberechtigte sie, weil sie verfassungsrechtlicher Rechtfertigung entbehren, abwehren kann, ist später zu fragen (vgl Rn 304 ff). Zunächst sind die im Grundgesetz gebrauchten sowie die nicht im Grundgesetz gebrauchten, aber von Rechtsprechung und Lehre verwandten einschlägigen Begriffe zu klären. Teils bedeuten sie dasselbe, teils Verschiedenes.

1. Eingriff, Schranke, Be- oder Einschränkung, Beeinträchtigung, Verkürzung, Begrenzung

264 Ein Eingriff, eine Schranke, eine Be- oder Einschränkung, eine Beeinträchtigung, eine Verkürzung oder eine Begrenzung vonseiten des Staats ist stets dann gegeben, wenn dem Einzelnen ein Verhalten, das vom Schutzbereich eines Grundrechts umfasst ist, durch den Staat verwehrt wird. Der Eingriff kann *individuell* (Verwaltungsakt, Gerichtsurteil) oder *generell* (Gesetz, Rechtsverordnung, Satzung) erfolgen. Als Eingriff gilt sowohl die tatsächliche als auch die normative Beschränkung grundrechtlicher Freiheit. Normativ werden Grundrechte nicht nur beschränkt, wenn die Regelung die Grundrechtsposition unmittelbar entzieht, wie etwa bei der Legalenteignung (Rn 1071), sondern auch dann, wenn ein Gesetz andere Gewalten zur tatsächlichen oder normativen Beschränkung von Grundrechten ermächtigt. Die Freiheit wird in diesen Fällen dadurch normativ verkürzt, dass sie zuvor nicht unter dem Vorbehalt einer Entscheidung der Verwaltung oder der Gerichte stand.

265 Die *verschiedenen Begriffe* sind *gleichbedeutend*. Gelegentlich werden die Begriffe der Schranke und der Begrenzung allerdings in anderem Sinn als Bezeichnung der Grenze verstanden, die die grundrechtlich geschützte von der grundrechtlich nicht geschützten Lebenswirklichkeit, den Schutzbereich vom Regelungsbereich (vgl Rn 255 f) oder von einem kollidierenden anderen Schutzbereich (vgl Rn 376) trennt.

2. Ausgestaltung und Konkretisierung

266 Die Ausgestaltung oder Konkretisierung eines Grundrechts ist stets dann gegeben, wenn dessen Schutzbereich intakt bleibt, dh nicht iSd vorhergehenden Abschnitts be- oder eingeschränkt, beeinträchtigt, verkürzt usw wird. Hier will der Staat nicht etwa

ein Verhalten verwehren, das vom Schutzbereich umfasst ist. Vielmehr will er Verhaltensmöglichkeiten gerade *eröffnen*, damit der Einzelne vom Grundrecht Gebrauch machen kann. Solcher Ausgestaltungen und Konkretisierungen bedarf es bei den so genannten *rechts-* oder *normgeprägten Schutzbereichen*. Bei ihnen ist der Einzelne zum Grundrechtsgebrauch nicht schon durch seine Natur und auch nicht durch seine gesellige Natur, sondern erst durch die Rechtsordnung im Stande (Rn 147 ff).[5]

Beispiele: Zu leben (Art. 2 Abs. 2 S. 1) und seinen Aufenthalt hier oder dort zu nehmen (Art. 11 Abs. 1), gehört zur Natur des Einzelnen; sich meinungsmäßig auszutauschen (Art. 5 Abs. 1 S. 1) und zu versammeln (Art. 8 Abs. 1), gehört zu seiner natürlichen Geselligkeit. Dagegen macht erst die Rechtsordnung aus irgendeinem Zusammenleben von Frau und Mann die Ehe (Art. 6 Abs. 1) und aus irgendeinem Haben das Eigentum (Art. 14 Abs. 1). Beim Eigentum und Erbrecht spricht das Grundrecht die notwendige Rechts- oder Normgeprägtheit dadurch auch deutlich aus, dass es nicht erst eine Schranken-, sondern schon eine Inhaltsbestimmung zulässt (Art. 14 Abs. 1 S. 2).   267

Dabei gibt es nicht nur Schutzbereiche einerseits mit und andererseits ohne Rechts- oder Normprägung. Grundrechte können auch Schutzbereiche haben, die *teilweise rechts-* oder *normgeprägt* sind.   268

Beispiele: Art. 9 Abs. 1 gewährleistet nicht nur das Recht, sich irgendwie zu vereinigen oder zu gesellen, sondern das Recht zur Bildung der Rechtsinstitute des Vereins und der Gesellschaft sowie der weiteren von der Rechtsordnung geschaffenen Vereinigungstypen, wie der Kommanditgesellschaft, der Aktiengesellschaft und der Genossenschaft. Art. 2 Abs. 1 gewährleistet mit der Vertragsfreiheit (vgl Rn 438) die Freiheit zu rechtlich verbindlicher, von der Rechtsordnung vorgesehener und gesicherter Gestaltung (vgl *Höfling*, Vertragsfreiheit, 1991, S. 20 ff; *Pieroth/Hartmann*, WM 2009, 677).   269

Bei den Grundrechten mit rechtsgeprägten Schutzbereichen, zu denen besonders die gehören, die auch Einrichtungsgarantien gewährleisten, taucht stets das folgende *Problem* auf: Einerseits sind sie auf Ausgestaltung angelegt, andererseits sollen sie dem Staat vorausliegen und ihn verpflichten. Dass der Gesetzgeber ein Grundrecht ausgestalten muss, kann nicht heißen, dass er über das Grundrecht verfügen darf. Es muss ihm also eine Grenze gezogen sein, jenseits derer er den Schutzbereich nicht mehr *ausgestaltet*, sondern in ihn eingreift und ihm Schranken zieht. Da die Geschichte die natürliche Geselligkeit des Menschen rechtlich verfasst hat, bietet va die Geschichte das Kriterium für die gesuchte Grenze.[6] Eine Regelung, die *mit der Tradition bricht* und die durch den überkommenen Regelungsbestand ermöglichten Freiheitsbetätigungen verkürzt, ist grundsätzlich wie ein Grundrechtseingriff zu behandeln (Rn 151).   270

Beispiele: Die Ehescheidungsreform, die das Verschuldens- durch das Zerrüttungsprinzip ablöste, hielt an der Tradition der monogamischen, einverständlich begründeten und grundsätzlich lebenslangen Ehe fest und gestaltete diese nur neu aus. Ein Eherecht, das alle Ehen nach fünf Jahren auslaufen ließe und für die Fortdauer eine Neubegründung verlangte, wäre ein Eingriff. – Zum Begriff des Eigentums gehört traditionell das Merkmal der Privatnützigkeit. Wenn diese vielfältig beschränkt wird, ist dies, weil ebenfalls traditioneller Befund, durchaus noch   271

---

5 *Degenhart*, Hdb. GR III, § 61 Rn 19 ff.
6 Vgl *Kloepfer*, Hdb. GR II, § 43 Rn 34; krit. hinsichtlich der Abgrenzbarkeit zwischen Eingriff und Ausgestaltung *Jasper*, DÖV 2014, 872/877 ff.

Ausgestaltung bzw, wie Art. 14 Abs. 1 S. 2 formuliert, Inhaltsbestimmung. Wenn jedoch dem Eigentümer jegliche Verfügung über sein Eigentum und jegliche Nutzung seines Eigentums verwehrt würde und nur noch das nackte Recht bliebe, wäre dies keine Ausgestaltung bzw Inhaltsbestimmung mehr, sondern ein Eingriff.

272 Auch wo Schutzbereiche nicht rechtsgeprägt sind und der Ausgestaltung oder Konkretisierung insofern nicht bedürfen, kann die Rechtsordnung selbstverständlich den *Grundrechtsgebrauch erleichtern und fördern.*

273 **Beispiel:** Von der Versammlungsfreiheit kann zwar oft ohne jedes staatliche Zutun, ohne jede Erleichterung und Förderung durch die Rechtsordnung Gebrauch gemacht werden. Demonstrationen, in Art. 8 Abs. 1 iVm Art. 5 Abs. 1 S. 1 geschützt, sind dagegen unter Umständen darauf angewiesen, dass die Polizei Wege sichert, Verkehr anhält und umleitet etc. Die Anmeldung von Demonstrationen (vgl § 14 Abs. 1 VersG) liegt daher unter Umständen auch im eigenen Interesse der Demonstranten.

274 Gelegentlich wird hierfür der Begriff der *Konkretisierung* verwandt und bei den rechtsgeprägten Schutzbereichen nur von Ausgestaltung geredet.[7] Wichtig ist der sachliche Unterschied: Bei den rechtsgeprägten Schutzbereichen sind dem Verhalten durch die Rechtsordnung stets und notwendig bestimmte Bahnen vorgegeben und kann das Verhalten nur in diesen Bahnen frei sein. Dem Handeln die Bahnen vorzugeben, muss daher noch nicht einen Eingriff in den Schutzbereich bedeuten. Bei den nicht rechtsgeprägten Schutzbereichen liegt dagegen in der Vorgabe bestimmter Bahnen ein Eingriff.

275 **Beispiele:** Die freie Meinungsäußerung und -verbreitung in Wort, Schrift und Bild in bestimmten Medien (Leserbrief, schwarzes Brett, Speakers' Corner) unter Ausschluss anderer zu kanalisieren, wäre ein Eingriff in Art. 5 Abs. 1 S. 1, nicht nur dessen Konkretisierung. Von einer solchen könnte nur dann gesprochen werden, wenn der Staat schwarze Bretter und Speakers' Corners zusätzlich zu den Medien, die sich der Einzelne erschließt, zur Verfügung stellt. Aber hierfür bedarf es nicht des besonderen Begriffs. – Im Beispiel aus Rn 273 wäre es verfehlt, nicht nur die Sicherungsmaßnahmen der Polizei, sondern auch die Verpflichtung zur Anmeldung von Demonstrationen oder gar das ganze Versammlungsgesetz als Konkretisierung der Versammlungsfreiheit zu verstehen. Auch wenn beides den Demonstranten einmal zugute kommen kann, ist es doch Eingriff und Schranke um der Interessen der Allgemeinheit und um der Rechte und Grundrechte derer willen, die nicht demonstrieren.

3. Regelung

276 Den Begriff der Regelung verwendet das Grundgesetz bei den Grundrechten und grundrechtsgleichen Rechten besonders dann, wenn es den Gesetzgeber lediglich damit betraut, „das Nähere" zu regeln (Art. 4 Abs. 3 S. 2, 12a Abs. 2 S. 3, 104 Abs. 2 S. 4; vgl auch Art. 38 Abs. 3). Damit meint es, dass der Gesetzgeber die jeweilige Gewährleistung zwar durch Modalitäten, Formen und Verfahren handhabbar machen, ihren Gehalt aber *nicht verändern oder verkürzen* darf. Anknüpfend an diesen Begriff der näheren Regelung ließe sich erwägen, vom Gesetzgeber auch da, wo nur von einer Ermächtigung zur *Regelung* die Rede ist (Art. 12 Abs. 1 S. 2), ein besonders behutsames Tätigwerden zu verlangen. Das BVerfG hat dies in seiner älteren Recht-

---
7 *Hesse*, VerfR, Rn 303 ff.

sprechung getan, in seiner neueren aber abgelehnt. Es erkennt Be- und Einschränkungen aller Art als Regelungen des Art. 12 Abs. 1 S. 2 an (vgl Rn 934).

4. Antastung

Sowohl die *Menschenwürde* als auch die *Wesensgehalte* der Grundrechte erklärt das Grundgesetz für unantastbar (Art. 1 Abs. 1 S. 1, 19 Abs. 2). Es verwendet den Begriff der Antastung nur in diesem verbietenden Sinn und nur bei den grundrechtlichen Gewährleistungen, die es der Disposition des Staats verstärkt entzieht. Zwar ist es weder grammatisch noch dogmatisch falsch, auch von der Antastung anderer grundrechtlicher Gewährleistungen zu reden, über die der Staat bei entsprechender verfassungsrechtlicher Rechtfertigung disponieren darf. Aber hierfür gibt es genügend andere Begriffe, und so empfiehlt es sich, den Begriff der Antastung der Erörterung und Anwendung von Art. 1 Abs. 1 S. 1 und Art. 19 Abs. 2 vorzubehalten.

277

5. Verletzung

Ein Eingriff in ein Grundrecht kann zulässig oder unzulässig sein. Die Verletzung eines Grundrechts ist stets unzulässig, sie ist der *unzulässige Eingriff* in das Grundrecht. Das Grundgesetz bestimmt die Unverletzlichkeit der Freiheit der Person (Art. 2 Abs. 2 S. 2), der Freiheiten des Glaubens, Gewissens und Bekenntnisses (Art. 4 Abs. 1), des Brief-, Post- und Fernmeldegeheimnisses (Art. 10 Abs. 1) und der Wohnung (Art. 13 Abs. 1). Bei dreien dieser Grundrechte ermächtigt es zugleich zu Eingriffen und/oder Beschränkungen (Art. 2 Abs. 2 S. 3, 10 Abs. 2, 13 Abs. 2–7) und gibt damit zu erkennen, dass nur der Eingriff, der durch diese Ermächtigung nicht zu rechtfertigen ist, eine Verletzung darstellt. Bei Art. 4 wird zu keinerlei Eingriffen oä ermächtigt; hier ist – vorbehaltlich einer Kollision (vgl Rn 369 ff) – jeder Eingriff eine Verletzung.

278

Lösungstechnischer Hinweis: Fallbearbeitungen sind terminologisch oft nicht korrekt, sprechen statt vom Eingriff von der Verletzung und fragen nach deren verfassungsrechtlicher Rechtfertigung. Aber die Verletzung ist gerade der verfassungsrechtlich nicht zu rechtfertigende und daher unzulässige Eingriff. Ob ein Grundrecht verletzt worden ist oder nicht, stellt daher das Ergebnis der Prüfung dar.

279

III. Schutzbereich und Eingriff

Die beiden Begriffe des Schutzbereichs und des Eingriffs mit ihren jeweiligen Synonymen sind *aufeinander bezogen*. Je weiter die Schutzbereiche der Grundrechte verstanden werden, desto mehr erscheint staatliches Handeln als Eingriff, je enger sie verstanden werden, desto weniger gerät der Staat mit den Grundrechten in Konflikt.

280

Beispiel: Ob die Polizei, die einem Künstler das Abhalten eines Happenings auf der Straßenkreuzung verwehrt, in die Kunstfreiheit eingreift, ist nicht nur die Frage, ob das Verwehren ein Eingriff ist, oder, wenn es freundlich, ohne Zwang und durch bloßen Hinweis auf die drohenden Gefahren erfolgt, kein Eingriff ist. Vielmehr ist schon die Frage, ob das Happening, das Happening auf der Straßenkreuzung, das Happening auf der verkehrsreichen Straßenkreuzung

281

in den Schutzbereich der Kunstfreiheit fallen. Das enge Kunst- und Kunstfreiheitsverständnis gibt der Polizei mehr Handlungsspielraum als das weite.

282 Da der Staat, wenn er einen Eingriff vornimmt, verfassungsrechtlicher Rechtfertigung bedarf, mag es scheinen, als müsse gerade ein freiheitliches Staatsverständnis die Schutzbereiche weit ziehen („in dubio pro libertate")[8] und auch den Eingriffsbegriff weit fassen. Ist nicht der Staat umso freiheitlicher, je mehr er über sein Handeln Rechenschaft ablegen muss, je weiteren und stärkeren Anforderungen verfassungsrechtlicher Rechtfertigung er unterworfen ist? Aber dabei bleibt zweierlei außer Betracht: Zum einen ist die verfassungsrechtliche Rechtfertigung an den Grundrechten nicht die einzige Rechtfertigung des Staatshandelns; es gibt auch die Rechtfertigung durch den demokratischen politischen Prozess. Zum anderen würde eine Überforderung und Überdehnung der Grundrechte die verfassungsrechtliche Rechtfertigung so oft und so oft da fordern, wo sie sich von selbst versteht, dass ihre Maßstäbe zu kleiner, billiger Münze verkämen.

283 **Beispiel:** Ein weiter Begriff des Gewissens und der Gewissensfreiheit könnte jedes Handeln, das von festen Überzeugungen geleitet ist, unter den Schutz von Art. 4 Abs. 1 ziehen. Da für Art. 4 Abs. 1 keine Eingriffe oä vorgesehen sind, wäre jede Schranke, die dem aus festen Überzeugungen Handelnden gezogen wird, eigentlich eine Verletzung der Gewissensfreiheit. Dies kann und darf jedoch nicht sein: Schon das Überqueren der Straße bei roter Ampel kann von der festen Überzeugung geleitet sein, dass der Einzelne selbst beurteilen kann, wann der Verkehr ihn gefährdet und wann nicht. So müssten denn für unendlich viele Situationen in Art. 4 Abs. 1 nicht vorgesehene Eingriffsrechtfertigungen ersonnen werden. Die Rechtfertigung aus kollidierendem Verfassungsrecht (vgl Rn 376 ff), die von Rechtsprechung und Lehre für nicht vorgesehene Eingriffe als letzte und behutsam einzusetzende Möglichkeit und Rechtfertigung entwickelt worden ist, verlöre ihren Ausnahmecharakter, und das differenzierte Schrankensystem der Grundrechte würde gesprengt.

284 So spricht denn *keine Vermutung* dafür, die Schutzbereiche *weit* zu ziehen. Auch dafür, sie *eng* zu ziehen, spricht keine Vermutung. Die Schutzbereiche jedes einzelnen Grundrechts müssen mit den normalen juristischen Auslegungsmitteln von dessen Text, Geschichte, Genese und systematischer Stellung her einfach richtig bestimmt werden.[9] Auch der Begriff des Eingriffs ist nicht von irgendwelchen Vermutungen, sondern von Funktion und Begriff der Grundrechte her zu bestimmen.

1. Bestimmung des Schutzbereichs

285 a) Das Reden vom Bereich darf nicht zu **falschem räumlichen Denken** verleiten. Es muss nicht der eine Raum sein, der verschiedenes Verhalten zum Inhalt desselben Schutzbereichs verbindet. Vielmehr kann dieselbe Funktion, dieselbe Rolle, dasselbe Thema den identischen Inhalt des Schutzbereichs ausmachen.

286 **Beispiele:** Zwar bezeichnet der Begriff Wohnung einen Raum. Aber Art. 13 stellt den Raum der Wohnung nicht mit allem darin stattfindenden Verhalten frei. Er tut dies nicht nur darum nicht, weil er in Abs. 2–5 und 7 bestimmte Eingriffe und Beschränkungen ausdrücklich vor-

---

8 *Höfling*, Offene Grundrechtsinterpretation, 1987.
9 Vgl *Hoffmann-Riem*, Staat 2004, 203/229; *Merten*, Hdb. GR III, § 56 Rn 80; *Volkmann*, JZ 2005, 261/267.

sieht. Vielmehr hat er schon einen anderen Schutzbereich; er schützt die Wohnung in ihrer Funktion, dem Einzelnen Obdach und die Möglichkeit der Abschirmung und des Rückzugs für sein persönliches und möglicherweise auch geschäftliches Verhalten zu bieten. Wann dieses Verhalten selbst rechtmäßig und wann es rechtswidrig ist, ist nicht an Art. 13, sondern an den anderen Grundrechten zu messen; zB gelten die mit den anderen Grundrechten vereinbaren Straf- und Zivilrechtsnormen innerhalb ebenso wie außerhalb der Wohnung. An Art. 13 ist nur das Eindringen des Staats in die Wohnung zu messen.

b) Der Schutzbereich eines Grundrechts kann oft nicht in isoliertem Blick auf dieses Grundrecht, sondern nur in **systematischer Zusammenschau** mit anderen Grundrechten und sonstigen Verfassungsnormen bestimmt werden. 287

Beispiele: Das Nebeneinander von Art. 4 Abs. 1 und Art. 5 Abs. 1 lehrt, dass unter religiösem Bekenntnis nicht einfach religiöse Meinungen zu verstehen sind (vgl Rn 374); das Nebeneinander von Grundrechten und Staatsorganisationsrecht lässt die Äußerung des Abgeordneten in der Bundestagsdebatte aus dem Schutzbereich von Art. 5 Abs. 1 herausfallen. 288

Wichtig ist der *Unterschied* zwischen 289
– dem Umfang, den ein Schutzbereich in systematischer Zusammenschau mit anderen Grundrechten und sonstigen Verfassungsbestimmungen erkennen lässt, und
– der Rechtfertigung eines Eingriffs in einen Schutzbereich durch Kollision mit anderen Grundrechten und sonstigen Verfassungsgütern (vgl Rn 369 ff).

Im Unterschied zur punktuell auftretenden Eingriffsrechtfertigung durch Kollision steht der Umfang des Schutzbereichs generell fest.

c) Weil Schutzbereich und Eingriff aufeinander bezogen sind, wird der Schutzbereich gelegentlich schon mit **Blick auf den Eingriff** bestimmt. Es wird also gefragt, wogegen ein Grundrecht schützt. 290

Beispiele: Art. 8 Abs. 1 bringt schon im Normtext zum Ausdruck, dass die Versammlungsfreiheit ua gegen Anmeldungs- und Erlaubnispflichten schützen soll. Der Schutzbereich des Art. 1 Abs. 1 wird üblicherweise ausschließlich von den Eingriffen in die Menschenwürde her bestimmt (vgl Rn 418 ff). 291

2. Bestimmung des Eingriffs

Der *klassische Eingriffsbegriff* hat vier Voraussetzungen. Er verlangt, dass ein Eingriff 292
– final und nicht bloß unbeabsichtigte Folge eines auf andere Ziele gerichteten Staatshandelns,
– unmittelbar und nicht bloß zwar beabsichtigte, aber mittelbare Folge des Staatshandelns,
– Rechtsakt mit rechtlicher und nicht bloß tatsächlicher Wirkung ist und
– mit Befehl und Zwang angeordnet bzw durchgesetzt wird.[10]

Den klassischen Eingriffsbegriff lehnt das moderne Grundrechtsverständnis als *zu eng* ab. Der Erweiterung zum modernen Eingriffsbegriff liegt dieselbe Entwicklung *vom liberalen zum sozialen Rechtsstaat* zu Grunde, die auch die subjektiv-rechtlichen 293

---
10 Vgl E 105, 279/300.

Gewährleistungsgehalte der Grundrechte erweitert und um objektiv-rechtliche ergänzt hat (vgl Rn 111 ff): In immer mehr Lebenslagen auf den Staat angewiesen, erfährt der Einzelne in immer mehr Lebenslagen sogar sozialstaatliches Handeln als nicht nur existenzsichernd, sondern auch -gefährdend, nicht nur freiheitsfördernd, sondern auch -beeinträchtigend. Je mehr Berührungspunkte Staat und Einzelne haben, desto mehr Konfliktmöglichkeiten wachsen zwischen ihnen. Und je mehr Bedeutungen die Grundrechte auch für Organisation, Verfahren, Teilhabe und Leistung gewinnen, desto mehr Fragen nach der Eingriffsqualität auch von Organisationsakten, Verfahrensgestaltungen, Teilhabe- und Leistungsregelungen stellen sich.

294 Der moderne Eingriffsbegriff, dem das BVerfG gelegentlich den Begriff der Beeinträchtigung (vgl Rn 264) vorbehält[11], weitet alle vier klassischen Kriterien. Eingriff ist jedes staatliche Handeln, das dem Einzelnen ein Verhalten oder den Genuss eines Rechtsguts (vgl Rn 257), das in den Schutzbereich eines Grundrechts fällt, *ganz oder teilweise unmöglich macht*, gleichgültig ob diese Wirkung final oder unbeabsichtigt, unmittelbar oder mittelbar, rechtlich oder tatsächlich (faktisch, informal), mit oder ohne Befehl und Zwang eintritt.[12] Ein Eingriff liegt auch vor, wenn das Verhalten oder der Genuss des Rechtsgutes – wie etwa bei Lenkungsabgaben – mit einer belastenden Rechtsfolge verknüpft wird.[13]

295 **Beispiele:** Unbeabsichtigte faktische Eingriffe sind die fehlgehende Kugel eines auf einen flüchtenden Tatverdächtigen schießenden Polizeibeamten, die einen unbeteiligten Passanten trifft, oder die Ansteckung, die sich die Mutter bei der für ihr Kind angeordneten Pflichtimpfung zuzieht. Faktische Eingriffe ohne Befehl und Zwang werden bei der Überwachung von Telefongesprächen und bei sonstigen Informationseingriffen vorgenommen.

296 **Lösungstechnischer Hinweis:** Da der moderne Eingriffsbegriff heute allgemein anerkannt ist, muss auf den klassischen Eingriffsbegriff nur noch dann eingegangen werden, wenn der Sachverhalt entsprechende Hinweise enthält (aA *Michael/Morlok*, GR, Rn 500).

297 Die Erweiterung hat ihre *Folgeproblematik*. Zum einen wird bei Einbezug aller tatsächlichen Wirkungen die Bestimmung der Grenze, diesseits derer staatliches Handeln den Grundrechtsgebrauch lediglich erschwert, während es ihn jenseits wirklich unmöglich macht, zum Problem. Zum anderen liegen bei Einbezug der unbeabsichtigten und mittelbaren Wirkungen Eingriffe nicht nur gegenüber den Einzelnen vor, an die das Staatshandeln gerichtet ist (sog. *Adressaten*), sondern auch gegenüber Dritten, denen gegenüber zu handeln vom Staat unter Umständen weder gewollt noch auch nur ihm bewusst war (sog. *Drittbetroffene*)[14]. Beide Probleme können *zusammentreffen*.

298 Die Folgeproblematik der Erweiterung des Eingriffsbegriffs ist nicht mit einer schneidigen Formel zu lösen. Sowohl bei der Unterscheidung zwischen Unmöglichmachen und bloßem Erschweren des Grundrechtsgebrauchs als auch bei der zwischen relevantem und irrelevantem Betroffensein von Dritten geht es um die Grenze zwischen Beeinträchtigung und Belästigung. Aber diese Grenze ist *schwierig* zu ziehen.

---
11 E 105, 279/301.
12 Vgl *Kloepfer*, VerfR II, § 51 Rn 31; *Peine*, Hdb. GR III, § 57 Rn 29 ff.
13 E 98, 106/117.
14 Vgl *Koch*, Der Grundrechtsschutz des Drittbetroffenen, 2000, S. 211 ff.

Gewiss ist, dass ein Eingriff stets dann vorliegt, wenn dem Einzelnen ein grundrechtlich geschütztes Verhalten vom Staat verboten oder zum Anknüpfungspunkt für eine staatliche Sanktion genommen wird. Auch die als Verwaltungsmittel immer wichtiger werdenden negativen öffentlichen Äußerungen, Hinweise und Warnungen des Staates einschließlich der ihnen vorausgehenden und sie vorbereitenden Beobachtungen werden als Eingriffe angesehen, wenn sie in ihrer Zielsetzung und ihren Wirkungen eine staatliche Maßnahme ersetzen, die als Grundrechtseingriff im klassischen Sinne zu qualifizieren wären.[15] Entsprechendes gilt für gezielte staatliche Förderungen entsprechender privater Tätigkeiten.

299

Beispiele: Öffentliche Warnungen des Staates und staatlich gezielt geförderter privater Einrichtungen gelten besonders Produkten und sektiererischen Gruppen, die gefährlich sind oder für gefährlich gehalten werden, und können in die Berufsfreiheit (vgl Rn 942) und in die Religions- und Weltanschauungsfreiheit (vgl Rn 628) eingreifen. Dasselbe gilt für Hinweise auf die Rechtslage mit verbotsgleicher Wirkung (OVG Münster, NVwZ 2013, 1562/1563 f).

300

Im Übrigen ist davon auszugehen, dass bei bloßen Bagatellen, alltäglichen Lästigkeiten, subjektiven Empfindlichkeiten noch nicht von einer Beeinträchtigung bzw einem Eingriff zu reden ist.[16]

301

Beispiele: Die Polizeikontrolle auf der Autobahn ist ein Eingriff gegenüber dem, dem sie gilt, gehört aber für den, der ihretwegen im Stau stecken bleibt, zu den alltäglichen Lästigkeiten; die subjektive Empfindlichkeit des Pazifisten, der sich durch die Werbeaktion der Bundeswehr beeinträchtigt sieht, ist unbeachtlich.

302

Es bleibt die Frage, ob der *Gesetzgeber*, zB mit der Festsetzung von Grenzwerten, selbst den *Maßstab* vorgeben kann, wann die Grenze von der Belästigung zur Beeinträchtigung überschritten ist und ein Eingriff vorliegt. Da es bedeuten würde, die Grundrechte zu seiner Disposition zu stellen, ist es mit seiner Bindung an die Grundrechte (Art. 1 Abs. 3) nicht vereinbar.

303

IV. Die verfassungsrechtliche Rechtfertigung von Eingriffen

1. Typologie der Gesetzesvorbehalte

Die unterschiedlichen Begriffe des Eingriffs, der Schranke, der Be- und Einschränkung usw (vgl Rn 263 ff) bedeuten keinen Unterschied in der Sache. Nach Art und Umfang, in dem sie Eingriffe usw vorsehen, können die Grundrechte aber in drei verschiedene Typen eingeteilt werden:
– Grundrechte mit einfachem Gesetzesvorbehalt,
– Grundrechte mit qualifiziertem Gesetzesvorbehalt und
– Grundrechte ohne Gesetzesvorbehalt.

304

a) Einen **einfachen Gesetzesvorbehalt** haben die Grundrechte, bei denen das Grundgesetz für Eingriffe lediglich verlangt, dass sie durch Gesetz oder auf Grund

305

---
15 Vgl E 105, 252/273; 105, 279/300 f; 113, 63/76 f; BVerwGE 151, 228/243; *Gusy*, NJW 2000, 977/982 f; *Murswiek*, NVwZ 2003, 1.
16 *Kloepfer*, VerfR II, § 51 Rn 36; aA *Stern*, StR III/2, S. 204 ff.

Gesetzes erfolgen. Der einfache Gesetzesvorbehalt stellt an das eingreifende Gesetz keine besonderen Anforderungen.

306 **Beispiele:** In Art. 2 Abs. 2 heißt es vom Grundrecht auf körperliche Unversehrtheit einfach, dass in es „nur auf Grund eines Gesetzes eingegriffen werden" darf; in Art. 10 Abs. 2 S. 1 heißt es zum Grundrecht des Brief-, Post- und Fernmeldegeheimnisses, dass „Beschränkungen ... nur auf Grund eines Gesetzes angeordnet werden" dürfen.

307 b)   Einen **qualifizierten Gesetzesvorbehalt** haben die Grundrechte, bei denen das Grundgesetz nicht nur fordert, dass die Eingriffe durch Gesetz oder auf Grund Gesetzes erfolgen, sondern außerdem verlangt, dass das Gesetz an bestimmte Situationen anknüpft, bestimmten Zwecken dient oder bestimmte Mittel benutzt.

308 **Beispiel:** In Art. 11 Abs. 2 heißt es, dass die Freizügigkeit „nur durch Gesetz oder auf Grund eines Gesetzes und nur für die Fälle eingeschränkt werden (darf), in denen eine ausreichende Lebensgrundlage nicht vorhanden ist und der Allgemeinheit daraus besondere Lasten entstehen würden oder in denen es zur Abwehr einer drohenden Gefahr ... erforderlich ist".

309 c)   Bei den Grundrechten **ohne Gesetzesvorbehalt** sieht das Grundgesetz überhaupt keine Eingriffe durch Gesetz oder auf Grund Gesetzes vor.

310 **Beispiel:** Art. 5 Abs. 3 S. 1 gewährleistet freie Kunst und Wissenschaft, Forschung und Lehre, ohne Eingriffsmöglichkeiten durch Gesetz oder auf Grund Gesetzes einzuräumen.

311 Zwar gilt auch für die Grundrechte ohne Gesetzesvorbehalt, dass der wildwüchsige Freiheitsgebrauch die *Gefahr von Konflikten* in sich birgt. Aber das Fehlen eines Gesetzesvorbehalts zeigt, dass das Grundgesetz dem Gesetzgeber nicht die Freiheit zur Beurteilung und Bekämpfung dieser Gefahr geben wollte. Bei den Grundrechten mit einfachem Gesetzesvorbehalt ist diese Freiheit am größten, bei den Grundrechten mit qualifiziertem Gesetzesvorbehalt ist sie geringer, und bei den Grundrechten ohne Gesetzesvorbehalt kann die Vollmacht des Gesetzgebers eigentlich nicht weiter gehen, als die Grenzen der Reichweite der Schutzbereiche der Grundrechte nachzuziehen (vgl Rn 384 ff).

2. Vom Gesetzesvorbehalt zum Parlamentsvorbehalt

312 Der Gesetzesvorbehalt erfordert für Grundrechtseingriffe der Verwaltung eine gesetzliche Ermächtigung. Seine *historische Funktion* lag im 19. Jahrhundert darin, die bürgerliche Gesellschaft gegen die monarchische Exekutive zu sichern.[17] Aber auch nach dem Wegfall des Gegensatzes zwischen dem in der Verwaltung beheimateten monarchischen und dem in der Gesetzgebung erwachsenden demokratischen Prinzip hat die Verwaltung ein so starkes Eigenleben und besitzt ein so großes Eigengewicht, dass es weiter seinen guten Sinn hat, sie bei Grundrechtseingriffen an das Erfordernis der gesetzlichen Ermächtigung zu binden. Die Rechtsprechung des BVerfG hat diese Bindung über ihre ursprüngliche Bedeutung sogar noch *ausgeweitet*.

313 *Ursprünglich* verlangte der Gesetzesvorbehalt nur, dass eine gesetzliche Ermächtigung vorlag, aber nicht, wie die gesetzliche Ermächtigung aussah. Möglich war, dass der Gesetzgeber das grundrechtseingreifende Verwaltungshandeln detailliert regelte.

---

17   Vgl *Böckenförde*, Gesetz und gesetzgebende Gewalt, 2. Aufl. 1981.

Möglich war aber auch, dass der Gesetzgeber bei Grundrechtseingriffen die Verwaltung großzügig zu eigenen Regelungen ermächtigte. Auch dann lag noch eine gesetzliche Ermächtigung für die Grundrechtseingriffe der Verwaltung vor und war der Gesetzesvorbehalt gewahrt. Aber seiner Verantwortung hatte der Gesetzgeber sich in letzterem Fall weithin entledigt.

Auch das Grundgesetz verlangt in seinen Gesetzesvorbehalten ausdrücklich nur, dass eine gesetzliche Ermächtigung vorliegt. Es lässt Eingriffe der Verwaltung „auf Grund eines Gesetzes" zu, wobei das Gesetz, von dem es in dieser und ähnlichen Wendungen spricht, wie überall im Grundgesetz das vom Parlament beschlossene *förmliche Gesetz* ist. Dass dieses förmliche Gesetz die Verwaltung zu eigenen grundrechtseingreifenden Regelungen ermächtigt, ist dabei nicht ausgeschlossen. Kein Eingriff ohne gesetzliche Ermächtigung – das bedeutet nur, dass kein Eingriff seine Grundlage allein im Gewohnheitsrecht finden kann,[18] dass aber jeder Eingriff seine Grundlage im Zwischenglied einer Rechtsverordnung oder Satzung finden darf, solange diese sog. *materiellen Gesetze* ihrerseits ihre Grundlage in förmlichen Gesetzen haben. Ist ein Gesetzesvorbehalt qualifiziert, dann muss die Qualifikation durch die Zwischenglieder der ermächtigten materiellen Gesetze ebenso wie durch das ermächtigende förmliche Gesetz erfüllt werden. Will das Grundgesetz Zwischenglieder ausnahmsweise ausschließen, ordnet es dies ausdrücklich an; gem. Art. 13 Abs. 2 oder Art. 104 Abs. 1 S. 1 müssen bei Durchsuchungen und Freiheitsbeschränkungen die handelnden Organe und zu beachtenden Formen im förmlichen Gesetz selbst geregelt sein. Sonst aber lassen auch die Gesetzesvorbehalte des Grundgesetzes dem Gesetzgeber die Möglichkeit, sich seiner Verantwortung durch großzügige Ermächtigungen an die Verwaltung weithin zu entledigen.

314

Den Gesetzgeber in seiner Verantwortung festzuhalten, ist zunächst die Aufgabe von *Art. 80*: Eine Ermächtigung zum Erlass einer Rechtsverordnung muss im Gesetz nach Inhalt, Zweck und Ausmaß bestimmt sein. Aber Inhalt, Zweck und Ausmaß können bestimmt und zugleich doch so weit gefasst sein, dass die eigentliche Entscheidung über die Voraussetzungen von Grundrechtseingriffen bei der ermächtigten Verwaltung liegt.[19] Das BVerfG verhindert dies mit seiner sog. *Wesentlichkeitslehre*. Danach muss der Gesetzgeber „in grundlegenden normativen Bereichen, zumal im Bereich der Grundrechtsausübung, soweit diese staatlicher Regelung zugänglich ist, alle wesentlichen Entscheidungen selbst ... treffen"[20], dh er darf sie nicht an die Verwaltung delegieren. Der Gesetzesvorbehalt erstarkt insoweit zum *Parlamentsvorbehalt*: „Er stellt sicher, dass die Grenzen zwischen zulässigem und unzulässigem Grundrechtsgebrauch, zwischen zulässiger und unzulässiger Grundrechtseinschränkung nicht fallweise nach beliebiger Einschätzung von beliebigen Behörden oder Gerichten, sondern primär – in der Form eines allgemeinen Gesetzes – durch den Gesetzgeber gezogen werden"[21].

315

Die Frage bleibt, was im Bereich der Grundrechtsausübung wesentlich ist. Sie wird dadurch erschwert, dass das BVerfG mit der Wesentlichkeitslehre den Gesetzes- bzw

316

---

18 Vgl *Jarass*, JP, Vorb. Rn 43.
19 AA *Ramsauer*, AK, Art. 80 Rn 28 f.
20 E 61, 260/275; 88, 103/116.
21 E 133, 112/132.

Parlamentsvorbehalt von den „überholte(n) Formeln (Eingriff in Freiheit und Eigentum)" lösen will.[22] Das bedeutet einerseits eine *Ausdehnung*, die der neueren grundrechtstheoretischen Entwicklung (vgl Rn 107 ff) folgt und vom Gesetzgeber auch Regelungen zu Schutzgewähr, Organisation, Verfahren und Teilhabe einfordert. Es könnte andererseits aber auch als *Einschränkung* verstanden werden, wenn zwischen wesentlichen und unwesentlichen Eingriffen unterschieden und dem Gesetzgeber nur für die wesentlichen eine Regelung abverlangt würde. Dies ist *abzulehnen*. Die Wesentlichkeitslehre kann den Grundrechtsschutz nicht verkürzen, sondern nur verstärken.

317 Die *Wesentlichkeitslehre* bedeutet danach, dass
- Eingriffe der Verwaltung nach wie vor nur auf Grund Gesetzes erfolgen dürfen,
- die wesentlichen Entscheidungen über die Voraussetzungen, Umstände und Folgen von Eingriffen vom Gesetzgeber selbst getroffen werden müssen und nicht an die Verwaltung delegiert werden dürfen und
- die Wesentlichkeit der Entscheidungen sich nach der Intensität bemisst, nach der die Grundrechte betroffen sind.

318 **Beispiele:** Besonders intensiv sind Eingriffe, die gleich mehrere Verhalten, die in den Schutzbereich eines Grundrechts fallen, unmöglich machen; die ein Verhalten nicht nur kurz, sondern lange verwehren; die den Grundrechtsgebrauch nicht nur von subjektiven Voraussetzungen, die der Einzelne erfüllen kann, sondern von objektiven, vom Einzelnen unbeeinflussbaren Voraussetzungen abhängig machen (vgl Rn 346 ff).

319 Darüber hinaus beurteilen Rspr und Literatur nicht nur die Reichweite des Gesetzesvorbehalts, sondern auch die Anforderungen an die *Regelungsdichte des Gesetzes* mithilfe der Wesentlichkeitslehre: Je intensiver die Grundrechte betroffen sind, desto genauer und differenzierter muss das Gesetz sein.[23] So wird die Wesentlichkeit zugleich zum Kriterium rechtsstaatlicher Klarheit und Bestimmtheit[24] (vgl Rn 365 f).

320 Das BVerfG hat die Wesentlichkeitslehre auch für das Verhältnis zwischen Gesetzgeber und *Rechtsprechung* fruchtbar gemacht. Auch der Rechtsprechung darf der Gesetzgeber die wesentlichen Entscheidungen im Bereich der Grundrechtsausübung nicht überlassen, es sei denn, es geht um zivilrechtliche Konflikte zwischen gleichgeordneten Grundrechtsträgern.[25]

3. Vom Vorbehalt des Gesetzes zum Vorbehalt des verhältnismäßigen Gesetzes

321 Indem die Grundrechte eingreifendes Verwaltungshandeln nur auf gesetzlicher Grundlage vorsehen, binden sie mit ihren Gesetzesvorbehalten die Verwaltung. Nach Art. 1 Abs. 3 binden die Grundrechte aber auch die *Gesetzgebung*. Die Frage ist, was diese Bindung bedeutet. Bisher haben die Grundrechte mit den Gesetzesvorbehalten nur verlangt, *dass* ein Gesetz vorliegt bzw wann irgendeine gesetzliche Grundlage ausreichend (Gesetzesvorbehalt) und wann eine die wesentlichen Entscheidungen

---

22 E 47, 46/79; *Lerche*, Hdb. GR III, § 62 Rn 26 ff.
23 Vgl E 49, 168/181; 59, 104/114; 86, 288/311; *Maurer*, StR, § 8 Rn 21 f.
24 Vgl *Jarass*, JP, Art. 20 Rn 82.
25 E 88, 103/115 ff.

treffende gesetzliche Grundlage erforderlich ist (Parlamentsvorbehalt). *Wie* das Gesetz auszusehen und welche Inhalte es aufzuweisen hat, wie viel Freiheit es dem Einzelnen nehmen darf und wie viel es ihm lassen muss, lässt der Gesetzesvorbehalt bisher noch offen. Aber gerade in den *inhaltlichen Anforderungen* muss sich die Bindung der Gesetzgebung an die Grundrechte zeigen.

Wie die inhaltlichen Anforderungen der Grundrechte an die Gesetze aussehen, wird an den *qualifizierten Gesetzesvorbehalten* deutlich. Sie statuieren eine Bindung des Gesetzgebers, indem sie bei einzelnen Grundrechten uU für einzelne Situationen bestimmte Zwecke und bestimmte Mittel ge- oder verbieten. 322

Beispiele: Zu Zwecken des Jugend- und des Ehrenschutzes dürfen Gesetze, die nicht allgemeine Gesetze sind, die Meinungs- und Pressefreiheit beschränken (Art. 5 Abs. 2); nur zum Zweck, die Verwahrlosung der Kinder zu verhindern, dürfen Gesetze das Mittel der Trennung von der Familie einsetzen (Art. 6 Abs. 3); wenn die ausreichende Lebensgrundlage fehlt und dies die Allgemeinheit belastet, darf die Freizügigkeit zum Zweck der Entlastung der Allgemeinheit eingeschränkt werden (Art. 11 Abs. 2). 323

Dabei liegt die Bindung auch darin, dass es einerseits *Zwecke* und andererseits *Mittel* sind, die ge- bzw verboten werden. Von Zwecken und Mitteln handelnd, verlangen die qualifizierten Gesetzesvorbehalte einen Zweck-Mittel-Zusammenhang, dh sie verlangen, dass das Gesetz ein Mittel zur Erreichung des vom Gesetzgeber verfolgten Zwecks ist. Damit geben sie zu erkennen, was Bindung der Gesetzgebung an die Grundrechte auch dort heißt, wo die qualifizierten Gesetzesvorbehalte fehlen. Auch dort verfolgt der Gesetzgeber Zwecke und setzt dafür Mittel ein. Fehlen nun die Ge- oder Verbote bestimmter Zwecke und bestimmter Mittel, dann bleibt doch das Erfordernis eines *stimmigen Zweck-Mittel-Verhältnisses*. Konsequent aktualisiert das BVerfG die Bindung der Gesetzgebung an die Grundrechte vornehmlich in der Kontrolle der Gesetze auf ihre *Verhältnismäßigkeit*. Denn Verhältnismäßigkeit heißt für den Gesetzgeber eben dies: Grundrechtseingreifende gesetzliche Regelungen und Ermächtigungen müssen geeignet und erforderlich zur Erreichung des jeweils verfolgten, seinerseits verfassungslegitimen Zwecks sein. 324

Als *verfassungsrechtliche Grundlage* für den Grundsatz der Verhältnismäßigkeit wird oft das Rechtsstaatsprinzip genannt. Aber unter der Bindung der Gesetzgebung an die Grundrechte ist der grundrechtliche Vorbehalt des Gesetzes zum grundrechtlichen Vorbehalt des verhältnismäßigen Gesetzes geworden.[26] Mit dem Vorbehalt des Gesetzes wehrten und wehren die Grundrechte grundrechtseingreifendes Verwaltungshandeln ohne gesetzliche Grundlage ab, mit dem Vorbehalt des verhältnismäßigen Gesetzes wehren sie unverhältnismäßig in die Grundrechte eingreifende Gesetze ab. 325

4. Schranken-Schranken

Die Gesetzesvorbehalte erlauben dem Gesetzgeber, selbst in die Grundrechte einzugreifen bzw die Verwaltung zu Eingriffen in die Grundrechte zu ermächtigen. Sie erlauben ihm damit, dem Grundrechtsgebrauch *Schranken* zu ziehen. Der **Begriff der Schranken-Schranken** bezeichnet die Beschränkungen, die *für den Gesetzgeber* gelten, wenn er dem Grundrechtsgebrauch Schranken zieht. 326

---

26 Vgl *Schlink*, EuGRZ 1984, 457/459 f.

327 a) Schranken-Schranken sind in den **Grundrechten selbst** enthalten. Sogar grundrechtliche Verbürgungen, die wie eigene Grundrechte aussehen, können Schranken-Schranken sein. So ist Art. 104 Abs. 1 S. 2 Schranken-Schranke zum Recht auf körperliche Unversehrtheit (vgl Rn 478), Art. 5 Abs. 1 S. 3 Schranken-Schranke zu den Grundrechten des Art. 5 Abs. 1 S. 1 und 2 (vgl Rn 710), Art. 12 Abs. 2 und 3 Schranken-Schranke zur allgemeinen Handlungsfreiheit (vgl Rn 996) und Art. 16 Abs. 2 Schranken-Schranke zur Freizügigkeit (vgl Rn 1100). Wenn diese Verbürgungen mit der Verfassungsbeschwerde geltend gemacht werden, handelt es sich also, grundrechtsdogmatisch genau genommen, um die Geltendmachung von Art. 2 Abs. 2, Art. 2 Abs. 1 und Art. 11 iVm den genannten Verbürgungen. Eine Schranken-Schranke, die nicht wie ein eigenes Grundrecht aussieht, ist in der Verbürgung von Art. 8 enthalten, dass Versammlungen ohne Anmeldung oder Erlaubnis stattfinden können (vgl Rn 833).

328 Auch die Qualifizierungen der Gesetzesvorbehalte und die Einrichtungsgarantien sind *grundrechtsdogmatisch* als Schranken-Schranken zu kennzeichnen: Jene beschränken den Gesetzgeber, der in den entsprechenden Schutzbereich eingreifen will, indem sie ihn auf bestimmte Zwecke oder bestimmte Mittel verpflichten; diese entziehen bestimmte Einrichtungen ganz der Disposition des Gesetzgebers.

329 b) Auch der **Parlamentsvorbehalt** ist eine Schranken-Schranke: Er beschränkt den Gesetzgeber, der die Verwaltung zu Eingriffen ermächtigen will, dahin, dass er die wesentlichen Entscheidungen nicht delegieren darf, sondern selbst treffen muss. Sogar die *Gesetzgebungskompetenz- und -verfahrensordnung* des Grundgesetzes kann als Beschränkung des eingreifenden Gesetzgebers verstanden werden, wird aber regelmäßig nicht als Schranken-Schranke bezeichnet, sondern unter dem Stichwort der formellen Verfassungsmäßigkeit vorab erörtert (vgl Rn 400 ff).

330 c) Die in der Rspr des BVerfG bedeutsamste Schranken-Schranke ist der **Grundsatz der Verhältnismäßigkeit** (Übermaßverbot). Er verlangt im Einzelnen zunächst, dass

– der vom Staat verfolgte *Zweck* als solcher verfolgt werden darf,
– das vom Staat eingesetzte *Mittel* als solches eingesetzt werden darf,
– der Einsatz des Mittels zur Erreichung des Zwecks *geeignet* ist und
– der Einsatz des Mittels zur Erreichung des Zwecks *erforderlich (notwendig)* ist.

331 Dies gilt für die eingreifende *Verwaltung* ebenso wie für den eingreifenden bzw die Verwaltung zu Eingriffen ermächtigenden *Gesetzgeber*. Der Unterschied besteht darin, dass der Gesetzgeber bei der Frage, welche Zwecke er verfolgen und welche Mittel er einsetzen darf, viel freier ist als die Verwaltung. Dem Gesetzgeber sind nur im Grundgesetz, besonders in den Grundrechten bestimmte Zwecke und Mittel als solche ge- und verboten, ihm bleibt eine Vielzahl verfassungslegitimer Zwecke und Mittel. Für die Verwaltung ist die Vielzahl reduziert; für sie enthalten zusätzlich die Gesetze eine Fülle von Zweck- und Mittelge- und -verboten.

332 Beispiel: Art. 5 Abs. 2 enthält einen qualifizierten Gesetzesvorbehalt, der den Gesetzgeber bei Eingriffen in Art. 5 Abs. 1 ua auf den Zweck des Jugendschutzes verpflichtet. Wie der Gesetzgeber den Zweck des Jugendschutzes verfolgen, welche Mittel er dabei einsetzen will, ist ihm weitgehend freigestellt; das Mittel der Zensur ist ihm durch Art. 5 Abs. 1 S. 3 allerdings ausdrücklich verboten. Ein weiteres im Grundgesetz selbst verbotenes Mittel ist die Todesstrafe (Art. 102).

Auch die Kriterien der Geeignetheit und der Erforderlichkeit haben für Gesetzgebung und Verwaltung *unterschiedliche Bedeutung*. Der Gesetzgeber hat gegenüber der Verwaltung eine Einschätzungsprärogative, genießt gewissermaßen einen Vertrauensvorsprung bei der oft schwierigen Beurteilung des komplexen empirischen Zusammenhangs zwischen dem Zustand, der durch das Mittel des Eingriffs geschaffen wird, und dem Zustand, in dem der Zweck erreicht ist. Auf eben diesen Zusammenhang beziehen sich die Kriterien der Geeignetheit und der Erforderlichkeit: 333

aa) Geeignetheit bedeutet, dass der Zustand, den der Staat durch das Mittel des Eingriffs schafft, und der Zustand, in dem der verfolgte Zweck als verwirklicht zu betrachten ist, in einem durch bewährte Hypothesen über die Wirklichkeit vermittelten Zusammenhang stehen. Dabei muss das Mittel den Zweck zwar nicht ganz erreichen, aber fördern. 334

Beispiel: Eine Geschwindigkeitsbegrenzung zum Zweck des Aufhaltens oder Verlangsamens des Waldsterbens ist unter dem Aspekt der Geeignetheit nur dann verhältnismäßig, wenn bewährte Hypothesen einen Zusammenhang zwischen der Verminderung des Schadstoffausstoßes (Zustand, der durch das Mittel des Eingriffs geschaffen wird) und der Verbesserung der Waldstruktur (Zustand, in dem der Zweck als verwirklicht zu betrachten ist) herstellen. 335

bb) Erforderlichkeit bedeutet, dass es keinen anderen Zustand gibt, den der Staat ohne großen Aufwand ebenfalls schaffen kann, der für den Bürger weniger belastend ist und der mit dem Zustand, in dem der verfolgte Zweck als verwirklicht zu betrachten ist, ebenfalls in einem durch bewährte Hypothesen über die Wirklichkeit vermittelten Zusammenhang steht. Der Zweck darf mit anderen Worten nicht durch ein gleich wirksames, aber weniger belastendes Mittel erreichbar sein. 336

Beispiel: Die Geschwindigkeitsbegrenzung wäre unter dem Aspekt der Erforderlichkeit dann unverhältnismäßig, wenn die ohnehin anstehenden Aufforstungen, so sie bestimmte Baumsorten bevorzugen würden, eine bestimmte Waldlandschaft herstellen würden und bewährte Hypothesen einen Zusammenhang zwischen dieser Waldlandschaft (der andere Zustand, den der Staat ebenfalls ohne großen Aufwand schaffen kann und der für die Bürger weniger belastend ist) und derselben Verbesserung der Waldstruktur (Zustand, in dem der Zweck als verwirklicht zu betrachten ist) herstellen. 337

Bekanntlich sind die Bedingungen des Waldsterbens komplex und ist die Beurteilung der entscheidenden empirischen Zusammenhänge schwierig. Hier bedeutet die *gesetzgeberische Einschätzungsprärogative* oder der Prognosespielraum des Gesetzgebers, dass Zweifel zu Gunsten des Gesetzgebers gehen, während die Verwaltung nur dann schon im Zweifel zulasten des Einzelnen handeln darf, wenn sie gesetzlich zur Gefahrenabwehr, der stets ein Ungewissheitsmoment innewohnt, ermächtigt ist.[27] 338

Die Kriterien der Geeignetheit und der Erforderlichkeit haben *nicht dasselbe Gewicht*. Nur was geeignet ist, kann auch erforderlich sein; was erforderlich ist, kann nicht ungeeignet sein. Hinter der Erforderlichkeitsprüfung tritt die Geeignetheitsprüfung systematisch zurück: Neben dem positiven Ergebnis der Erforderlichkeitsprüfung kann auch das Ergebnis der Geeignetheitsprüfung nur positiv sein, und neben dem negativen Ergebnis der Erforderlichkeitsprüfung kann das positive der Geeignet- 339

---

27 Vgl näher *Ossenbühl*, in: FS BVerfG, 1. Bd., 1976, S. 458; vertiefend *Raabe*, Grundrechte und Erkenntnis, 1998.

heitsprüfung die Verhältnismäßigkeit nicht mehr retten. Gleichwohl ist die Geeignetheitsprüfung strategisch wichtig: Sie erschließt die empirischen Zusammenhänge und führt in die Prüfung der Erforderlichkeit ein.

340 cc) Rspr und hL gewinnen dem Grundsatz der Verhältnismäßigkeit unter dem Begriff der **Verhältnismäßigkeit ieS** noch ein letztes Kriterium ab und verlangen, dass der Eingriff bzw die Beeinträchtigung, die der Eingriff für den Einzelnen bedeutet, und der mit dem Eingriff verfolgte Zweck in recht gewichtetem und wohl abgewogenem Verhältnis zueinander stehen (auch Proportionalität, Angemessenheit oder Zumutbarkeit genannt).[28] Gelegentlich stellen die Grundrechte selbst einen Bezug zwischen Eingriff und Eingriffszweck her, der als entsprechende Gewichtung und Abwägung verstanden werden kann. Dabei können mehrere für sich betrachtet angemessene Eingriffe in ihrer kumulativen oder additiven Wirkung unangemessen sein.[29] Je mehr das Angemessenheitserfordernis nicht als bloße Disproportionalitätskontrolle, sondern als umfassende Abwägung aller Umstände des Einzelfalls verstanden wird, desto eher rückt auch die sog. Grundrechtskombination in den Blick, bei der für die Angemessenheitsprüfung alle betroffenen Grundrechte miteinander kombiniert als Abwägungsposten eingestellt werden.[30]

341 **Beispiel:** So kann davon gesprochen werden, dass Art. 6 Abs. 3 den Zusammenhalt der Familie höher gewichtet als die Ausbildung des Kindes und niedriger als die Vermeidung seiner Verwahrlosung und dass Art. 5 Abs. 2 der freien Meinungsäußerung und Presseberichterstattung weniger Gewicht als dem Schutz der Jugend und der Ehre und mehr Gewicht als zB der Selbstdarstellung des Staates durch Propaganda zumisst.

342 Aber bei solchen im Grundgesetz vorgegebenen Gewichtungen und Abwägungen wollen Rspr und hL nicht stehen bleiben. Sie verlangen das *eigenständige Gewichten und Abwägen* der jeweils einschlägigen öffentlichen und privaten Güter und Interessen. Dabei ist dann zB von absoluten, überragenden, besonders wichtigen und wichtigen Gemeinschaftsgütern, von lauter motiviertem und bloß formal korrektem Freiheitsgebrauch, vom Rang der Freiheitsrechte und der Bedeutung der freiheitlichen demokratischen Grundordnung die Rede.

343 **Beispiele** aus dem Lüth- und Apotheken-Urteil: „Das Recht zur Meinungsäußerung muss zurücktreten, wenn schutzwürdige Interessen eines anderen von höherem Rang durch die Betätigung der Meinungsfreiheit verletzt würden" (E 7, 198/210). „Eine Regelung ..., die schon die Aufnahme der Berufstätigkeit von der Erfüllung bestimmter Voraussetzungen abhängig macht und die damit die Freiheit der Berufswahl berührt, ist nur gerechtfertigt, soweit dadurch ein überragendes Gemeinschaftsgut, das der Freiheit des Einzelnen vorgeht, geschützt werden soll" (E 7, 377/406).

344 Ein derartiges Gewichten und Abwägen, beim BVerfG auch als „Jonglieren" bezeichnet,[31] *entbehrt der rationalen und verbindlichen Maßstäbe*[32]. Auch die Berufung auf

---

28 Vgl *Stern*, StR III/2, S. 782 ff.
29 E 130, 372/392.
30 *Breckwoldt*, S. 238 ff
31 *Hoffmann-Riem*, EuGRZ 2006, 492/495.
32 Vgl *Schlink*, in: FS 50 Jahre BVerfG, 2001, Bd. II, S. 445/460 ff; *Groß*, DÖV 2006, 856/858 f; aufzeigen und formalisieren lassen sich allenfalls noch Konsistenzmaßstäbe, ein Versuch etwa bei *Alexy*, in: GS Sonnenschein, 2003, 771/777 ff; für die Gewichtung öffentlicher Interessen etwa *Kluckert*, JuS 2015, 116.

die Wertordnung der Grundrechte oder des Grundgesetzes behauptet lediglich einen Maßstab, kann ihn aber nicht aufweisen. Daher läuft die Prüfung der Verhältnismäßigkeit ieS stets Gefahr, bei allem Bemühen um Rationalität die subjektiven Urteile und Vorurteile des Prüfenden zur Geltung zu bringen. Dass das überprüfende BVerfG seine subjektiven Urteile über die des überprüften Gesetzgebers setzt, ist nicht zu rechtfertigen; dort, wo nur noch subjektive Urteile getroffen werden können, beginnen im Gegenteil der Bereich und die Legitimität der Politik. Einen ganz anderen Stellenwert hat die Verhältnismäßigkeit ieS bei der Verwaltung und der die Verwaltung überprüfenden Rechtsprechung; der Gesetzgeber ist ebenso frei, die Verwaltung zu einem bei allem Bemühen um Rationalität letztlich subjektiven Gewichten und Abwägen zu ermächtigen, wie die Rechtsprechung dazu, ihr subjektives Urteil über das der Verwaltung zu setzen.

Zur Vermeidung der Gefahren, die die Prüfung der Verhältnismäßigkeit ieS birgt, sind die Probleme eines Falls soweit möglich unter den anderen Prüfungspunkten abzuarbeiten. Auch beim BVerfG spielt die Prüfung der Verhältnismäßigkeit ieS zwar theoretisch eine große, praktisch aber nur eine kleine Rolle; praktisch ist die Verhältnismäßigkeitsprüfung vor allem eine Erforderlichkeitsprüfung. Wenn ein öffentliches Gut oder Interesse wirklich nur um den hohen Preis eines Grundrechtseingriffs erkauft werden kann, dann mag eben darin der Beweis seines hohen Werts erblickt werden. Die Prüfung der Verhältnismäßigkeit ieS hat die Bedeutung einer *Stimmigkeitskontrolle*: Erscheint die Falllösung schlechterdings unsinnig, dann ist das zunächst Anlass, alle anderen Prüfungspunkte nochmals und zumal die Erforderlichkeitsprüfung nochmals besonders sorgfältig durchzugehen; bleibt dabei der Eindruck der Unsinnigkeit, mag zur Korrektur ausnahmsweise die Frage nach der Verhältnismäßigkeit ieS gestellt werden. 345

Auch das Erforderlichkeitskriterium des Grundsatzes der Verhältnismäßigkeit ist in einigen *dogmatischen Figuren* näher ausgeformt worden. Es verlangt, dass von mehreren, gleichermaßen geeigneten Eingriffen der geringste, der schonendste gewählt wird. Soweit sich Stufen der Eingriffsintensität markieren lassen, verlangt daher der Grundsatz der Verhältnismäßigkeit, dass der Gesetzgeber die Stufe des intensiveren Eingriffs erst dann betritt, wenn er seinen Zweck auf der Stufe des weniger intensiven Eingriffs nicht erreichen kann. 346

So kann zwischen Beschränkungen des *Ob* und Beschränkungen des *Wie* der Grundrechtsausübung und beim Ob zwischen *unbeeinflussbaren* und *beeinflussbaren* Beschränkungen unterschieden und können entsprechende Unterschiede der Eingriffsintensität angesetzt werden; das BVerfG hat diese Unterschiede erstmals zu Art. 12 Abs. 1 entwickelt (vgl Rn 975 ff). Von unterschiedlicher Eingriffsintensität sind auch das repressive Verbot mit Befreiungs- oder Ausnahmebewilligungsvorbehalt und das präventive Verbot mit Erlaubnisvorbehalt, vom BVerfG erstmals zu Art. 2 Abs. 1 herausgearbeitet[33]. Das repressive Verbot hat das Ziel, das verbotene Verhalten möglichst zu unterbinden und nur ausnahmsweise zuzulassen; das präventive Verbot verfolgt lediglich das Ziel einer Kontrolle, bei der das Verhalten zwar grundsätzlich zugelassen sein, aber auf rechtswidriges Fehlverhalten überprüft werden soll. 347

---

33 E 20, 150.

348 **dd)** Die Rechtsprechung des BVerfG[34] und auch die Verfassungsrechtswissenschaft[35] gehen gelegentlich vom Übermaß- zu einem **Untermaßverbot** weiter. Wie der Staat die Grundrechte als Abwehrrechte dadurch respektiert, dass er nicht übermäßig in sie eingreift, so respektiere er die Grundrechte als Schutzpflichten dadurch, dass er sich nicht mit einem Schutz unter Maß begnüge. Jedoch kann die semantische Assimilation nicht darüber hinwegtäuschen, dass es sich um gänzlich unterschiedliche Prinzipien handelt. Das Maß, unter dem nicht geblieben werden soll, kann nicht das sein, über das nicht hinausgegangen werden darf. Das Abwehrrecht hat als Maß den geeigneten, erforderlichen und auch ieS verhältnismäßigen Eingriff. Während der nicht geeignete Eingriff ein Eingriff bleibt, nur eben einer, der nicht geeignet ist, bleibt die nicht geeignete Schutzmaßnahme nicht etwa eine Schutzmaßnahme; eine nicht geeignete Schutzmaßnahme ist vielmehr keine Schutzmaßnahme.

349 Ähnlich *abwegig* ist die Kennzeichnung einer Schutzmaßnahme als erforderlich. Ein Grundrecht oder genauer: den Gebrauch eines Grundrechts zu schützen gibt es stets eine Fülle von Möglichkeiten (vgl Rn 155 ff), angesichts derer das BVerfG dem Gesetzgeber beträchtliche Entscheidungsfreiheit zuerkennt (vgl Rn 135 ff). Die Schutzpflicht verlangt, dass der Staat schützend tätig wird, aber nicht wie; erforderlich ist, eine von vielen Schutzmaßnahmen zu ergreifen, aber nicht eine bestimmte, nicht eine einzige. Sollte sich tatsächlich einmal die schwer vorstellbare Situation ergeben, dass der Schutz nur durch eine einzige Maßnahme bewirkt werden kann, so ist die Kennzeichnung dieser Schutzmaßnahme als erforderlich ohne Gehalt; die notwendige Schutzmaßnahme ist einfach die einzige Schutzmaßnahme.

350 So bleibt als Maß nur die Verhältnismäßigkeit ieS[36]. Das *BVerfG* verlangt unter Berufung auf das Untermaßverbot neben der Wirksamkeit der Schutzmaßnahme, dh, da eine unwirksame Schutzmaßnahme keine Schutzmaßnahme ist, neben der Eigenschaft der Maßnahme als Schutzmaßnahme denn auch nur, dass „ein unter Berücksichtigung entgegenstehender Rechtsgüter angemessener ... Schutz erreicht wird (Untermaßverbot)"[37]. Unter Berufung auf das Untermaßverbot bringen sich letztlich wieder die subjektiven Urteile und Vorurteile der jeweils Prüfenden zur Geltung.

351 **Beispiele:** Im zweiten Urteil zum Schwangerschaftsabbruch meinen die Richter der Mehrheit, das Untermaßverbot verlange zum Schutz des werdenden Lebens den Einsatz des Strafrechts oder bestimmte Bedingungen der Schwangerenberatung, weil die Schutzaufgabe „elementar" sei (E 88, 203/257 f, 270 ff), was die Richter der abweichenden Minderheit, ohne den elementaren Charakter der Schutzaufgabe zu bestreiten, nicht verlangen (E 88, 203/248 ff). In der Kontroverse um die Frage, ob die Unterhaltspflicht für ein Kind verfassungsrechtlich zulässig als Schaden gesehen werden darf, hält der Zweite Senat des BVerfG diese Sicht durch das Untermaß für verwehrt (E 96, 409/412 f), der Erste Senat nicht (E 96, 375/399 f). Im Urteil zum bayerischen Schwangerenhilfeergänzungsgesetz meinen die Richter der abweichenden Minderheit, „es dränge sich auf", dass die Auffassung der Richter der Mehrheit das Untermaßverbot verletzt (E 98, 265/355 f), während sich dies den Richtern der Mehrheit nicht aufdrängt. – Außer bei den emotional aufgeladenen Problemen des Schutzes des werdenden Lebens hat das

---

34 E 88, 203/254.
35 *Merten*, in: Gedächtnisschrift Burmeister, 2005, S. 227/238 ff; *Klein*, JuS 2006, 960; *Calliess*, in: FS Starck, 2007, S. 201.
36 Vgl *Schlink*, in: FS 50 Jahre BVerfG, 2001, Bd. II, S. 445/462 ff.
37 E 88, 203/254.

BVerfG, sei es die Mehr-, sei es die Minderheit, nie auf eine Verletzung des Untermaßverbots abgestellt.

d) Die Schranken-Schranke der **Wesensgehaltsgarantie** (Art. 19 Abs. 2) muss bei jedem einzelnen Grundrecht gesondert bestimmt werden[38]. Hier kann nur angegeben werden, wonach zu fragen und zu suchen ist, wenn der Wesensgehalt bestimmt werden soll.

352

Nach der vielfach vertretenen *Theorie vom relativen Wesensgehalt*[39] muss der Wesensgehalt nicht nur für jedes einzelne Grundrecht, sondern sogar für jeden einzelnen Fall gesondert bestimmt werden. Erst das Gewichten und Abwägen der im einzelnen Fall beteiligten öffentlichen und privaten Güter und Interessen erlaube die Feststellung, ob der Wesensgehalt angetastet ist. Eine Antastung soll ausscheiden, wenn dem Grundrecht „das geringere Gewicht für die konkret zu entscheidende Frage beizumessen ist"[40], und muss entsprechend angenommen werden, wenn ihm das größere Gewicht für die konkret zu entscheidende Frage zukommt. Damit wird nur der Grundsatz der Verhältnismäßigkeit und dieser überdies im fragwürdigen Kriterium der Verhältnismäßigkeit ieS wiederholt.

353

Die *Theorie vom absoluten Wesensgehalt*[41] versteht demgegenüber den Wesensgehalt als eine feste, vom einzelnen Fall und von der konkreten Frage unabhängige Größe. Sie ist mit den Begriffen des Wesenskerns, des Grundrechtskerns, der Grundsubstanz, des Mindestinhalts, der Mindestposition etc. nur vage angedeutet. Was genau unangetastet bleiben soll, musste bisher aber auch noch nicht präziser bestimmt werden. Denn nach dem zu fragen, was von einem Grundrecht keinesfalls preisgegeben werden darf, besteht nur dann Anlass, wenn die Eingriffe in das Grundrecht so intensiv werden, dass dessen Preisgabe droht. Die Eingriffe mussten aber solange nicht von äußerster Intensität sein, solange in Zeiten des Wachstums, des Wohlstands und des politischen Konsenses die harten gesellschaftlichen Konflikte, die nur durch harte Eingriffe hätten geregelt werden können, ausblieben und der Staat Alternativen für Grundrechtseingriffe finanzieren und Grundrechtseingriffe durch Gewährung von Leistungen und Teilhaben abfedern konnte.

354

Zu Art. 19 Abs. 2 ist daher auch aus der *Rechtsprechung des BVerfG* nicht mehr festzuhalten, als dass vom Grundrecht trotz aller Eingriffe noch etwas bleiben muss. Wem es bleiben muss, ist dabei wieder offen: Das BVerfG hat gefragt, „ob Art. 19 Abs. 2 GG die restlose Entziehung eines Grundrechtskerns im Einzelfall verbietet oder ob er nur verhindern will, dass der Wesenskern des Grundrechts als solcher, zB durch praktischen Wegfall der im Grundgesetz verankerten, der Allgemeinheit gegebenen Garantie angetastet wird"[42]. Das eine Mal käme es darauf an, dass jeder Einzelne noch vom Grundrecht Gebrauch machen kann, das andere Mal, dass überhaupt noch und im Allgemeinen vom Grundrecht Gebrauch gemacht werden kann.

355

---

38 E 22, 180/219; 109, 133/156; *Krebs*, MüK, Art. 19 Rn 23.
39 *Häberle*, S. 234 ff.
40 BVerwGE 47, 330/358.
41 *Stern*, StR III/2, S. 865 ff.
42 E 2, 266/285.

356 **Beispiel:** Der gezielte polizeiliche Todesschuss entzieht dem, den er trifft, das Leben restlos. Als allgemeine Gewährleistung wird das Recht auf Leben (Art. 2 Abs. 2 S. 1) dadurch aber nicht angetastet.

357 Art. 19 Abs. 2 gibt auf diese Frage keine Antwort. Zwar spricht er aus, dass der Wesensgehalt eines Grundrechts „in keinem Fall" angetastet werden darf. Aber dies kann die verschiedenen Fälle sowohl der verschiedenen Grundrechte als auch der verschiedenen Individuen und Situationen meinen.

358 **Beispiele:** Art. 2 Abs. 2 S. 3 sieht Eingriffe auch in das Recht auf Leben vor. Da der Eingriff in das Leben stets den Entzug des Lebens bedeutet, kann der Wesensgehalt von Art. 2 Abs. 2 S. 1 nicht dahin gehen, dass keinem Einzelnen das Leben genommen werden darf. Hier also ist der Wesensgehalt in der Gewährleistung für die Allgemeinheit zu suchen. – Anders steht es schon beim Recht auf körperliche Unversehrtheit, in das anders als in das Recht auf Leben nicht nur ganz oder gar nicht, sondern mehr oder weniger eingegriffen werden kann. Hier besteht kein Grund, den Wesensgehalt in der Gewährleistung für die Allgemeinheit zu suchen.

359 Im Zweifel ist der Wesensgehalt in der Gewährleistung nicht für die Allgemeinheit sondern *für den Einzelnen* zu suchen. Den Einzelnen sind die Grundrechte verbürgt, und wenn der eine von seinen Grundrechten keinen Gebrauch mehr machen kann, dann nützt ihm nicht, dass ein anderer es noch kann.

360 Gelegentlich wird behauptet, der Wesensgehalt eines Grundrechts sei mit seinem *Menschenwürdegehalt* (vgl Rn 410) identisch. Dagegen spricht schon die Überlegung, dass dann Art. 19 Abs. 2 funktionslos wäre; denn seine Schutzwirkung wäre in Art. 79 Abs. 3 vollständig enthalten. Außerdem stehen durchaus nicht alle Grundrechte im Zusammenhang mit der Menschenwürde. Wo allerdings ein Grundrecht einen Menschenwürdegehalt hat, dürfte er häufig mit dem Wesensgehalt dieses Grundrechts übereinstimmen.[43]

361 e) Art. 19 Abs. 1 S. 1 enthält das **Verbot des einschränkenden Einzelfallgesetzes**, indem er verlangt, dass ein (grundrechts)einschränkendes Gesetz *allgemein* und nicht nur für den Einzelfall gilt. Das soll zum einen den Gesetzgeber daran hindern, in den Bereich der Verwaltung einzubrechen und in der Form des Gesetzes derart konkret und individuell tätig zu werden, wie dies die Sache der Verwaltung ist; Art. 19 Abs. 1 S. 1 hat insofern Bezug zur Lehre von der Gewalten- oder Funktionenteilung.[44] Zum anderen soll es verhindern, dass bei Grundrechtseinschränkungen in der einen oder anderen Richtung Ausnahmen gemacht und dadurch Grundrechtsprivilegierungen bzw -diskriminierungen geschaffen werden.

362 Damit beschränkt Art. 19 Abs. 1 S. 1 den einschränkenden Gesetzgeber *nicht anders*, als Art. 3 ihn schon beschränkt. Schon Art. 3 verbietet Privilegierungen und Diskriminierungen. Immerhin kann über Art. 19 Abs. 1 S. 1 unter gewissen Voraussetzungen einem Gesetz die verfassungsrechtliche Rechtfertigung *leichter* abgesprochen werden als bei Art. 3. Bei einschränkenden Gesetzen, die

– einen oder mehrere Adressaten namentlich individualisieren oder

---

43 Vgl *Brenner*, Staat 1993, 493/499 ff; *Remmert*, MD, Art. 19 Abs. 2 Rn 44.
44 *Stern*, StR III/2, S. 731; krit. *Remmert*, MD, Art. 19 Abs. 1 Rn 15.

– die Adressaten zwar abstrakt-generell bezeichnen, damit aber ausschließlich bestimmte Individuen umschreiben und auch umschreiben wollen (sog. getarntes oder verdecktes Individualgesetz),[45]

bedarf es keiner Überlegung zu Art. 3. Allerdings verstößt es nicht schon gegen Art. 19 Abs. 1 S. 1, wenn die Gesetzesmaterialien Einzelfälle als Begründung für die Notwendigkeit einer Regelung herausgreifen.[46]

f) Gem. dem **Zitiergebot** des Art. 19 Abs. 1 S. 2 kann ein Gesetz nur dann verfassungsrechtlich gerechtfertigt sein, wenn es das eingeschränkte Grundrecht unter Angabe des Artikels *nennt*. Diese Schranken-Schranke soll für die Gesetzgebung eine Warn- und Besinnungsfunktion und für die Gesetzesauslegung und -anwendung eine Klarstellungsfunktion haben; die Gesetzgebung soll die Auswirkung eines Gesetzes auf die Grundrechte bedenken, und die Gesetzesauslegung und -anwendung soll wissen, in welche Grundrechte das Gesetz allein einzugreifen ermächtigt.

363

Das BVerfG legt Art. 19 Abs. 1 S. 2 in stRspr eng aus, damit das Zitiergebot nicht den „Gesetzgeber in seiner Arbeit unnötig behindert"[47]. Für eine *enge Auslegung* kann der enge Wortlaut angeführt werden, der Zitierung nur da verlangt, wo „ein Grundrecht durch Gesetz oder auf Grund eines Gesetzes eingeschränkt werden kann". Bei den vorbehaltlosen Grundrechten ist von einschränkenden Gesetzen gar nicht, bei Art. 2 Abs. 1, Art. 3, Art. 5 Abs. 2, Art. 12 und Art. 14 Abs. 1 und 3 S. 2 jedenfalls nicht ausdrücklich davon die Rede, dass sie „durch Gesetz oder auf Grund eines Gesetzes eingeschränkt werden". Das BVerfG hat denn auch bei allen diesen Grundrechten, bei denen ein Gesetzesvorbehalt fehlt oder anders als in Art. 19 Abs. 1 S. 2 formuliert ist, auf die Beachtung des Zitiergebots verzichtet.[48] Es wendet das Zitiergebot außerdem dann nicht an, wenn ein Eingriff nur ein Reflex des gegen einen anderen Adressaten gerichteten, gezielten und gewollten Eingriffs ist.[49] Ferner kann das Zitiergebot keine Anwendung bei vorkonstitutionellen Gesetzen finden. Darüber hinaus hat das BVerfG Art. 19 Abs. 1 S. 2 nicht angewendet, wenn ein Gesetz bereits geltende Grundrechtsbeschränkungen unverändert oder mit geringen Abweichungen vorschreibt.[50] Es verlangt aber die Zitierung eines Grundrechts auch im Änderungsgesetz, wenn die Änderung zu neuen Einschränkungen des Grundrechts führt,[51] obwohl das geänderte Gesetz das Grundrecht schon zitiert.

364

g) Ob das rechtsstaatliche Gebot in Tatbestand und Rechtsfolge klar und bestimmt gefasster Gesetze (**Bestimmtheitsgebot**) über die spezielle Vorschrift des Art. 103 Abs. 2 (vgl Rn 1251 f) hinaus noch eine eigene Schranken-Schranke errichtet, kann bezweifelt werden. Denn ein unklares und unbestimmtes Gesetz würde mehr Eingriffe eröffnen, als zur Erreichung des Gesetzeszwecks erforderlich sind, und dadurch den Grundsatz der Verhältnismäßigkeit verletzen. Das Gebot rechtsstaatlicher Klarheit und Bestimmtheit setzt jedoch insofern einen eigenen Akzent, als es auf die *Per-

365

---

45 Vgl E 99, 367/400; *Kloepfer*, VerfR II, § 51 Rn 75; *Lege*, Hdb. GR III, § 66 Rn 116.
46 E 134, 33/89 f = JK 1/2014.
47 E 35, 185/188.
48 Vgl *Dreier*, DR, Art. 19 I Rn 22 ff; krit. *Axer*, Hdb. GR III, § 67 Rn 25 f.
49 BVerfG, NJW 1999, 3399/3400.
50 E 130, 1/39; für vorkonstitutionelle Gesetze schon E 35, 185/189; 61, 82/113.
51 E 113, 348/366 f; 129, 208/237.

spektive des Einzelnen, dh darauf abstellt, was dieser vorhersehen und berechnen kann. Ist das Gesetz hierfür zu unklar und zu unbestimmt, dann kann es ohne Verhältnismäßigkeitsprüfung schon daran scheitern.

366 **Beispiele:** § 9 Abs. 1 S. 1 des Volkszählungsgesetzes 1983 gestattete den Gemeinden, bestimmte Angaben aus den Erhebungsunterlagen mit den Melderegistern zu vergleichen, zu deren Berichtigung zu verwenden und auch weiterzugeben. Ausgewählte Personendaten konnten so nicht nur zu statistischen Zwecken, sondern zusätzlich zu einem Verwaltungsvollzug verwandt werden, dem keine konkrete Zweckbindung entsprach. Das führte zur „Unverständlichkeit der gesamten Regelung" sowie „dazu, dass der auskunftspflichtige Bürger die Auswirkungen dieser Bestimmung nicht mehr zu übersehen vermag" (E 65, 1/65). Auch Änderungen der Zweckbindung bedürfen einer „hinreichend normenklaren" gesetzlichen Grundlage (E 100, 313/360). – Für einen verurteilten Straftäter kann in bestimmten Fällen als Maßregel der Besserung und Sicherung vom Gericht Führungsaufsicht angeordnet werden, die mit Weisungen für dessen Verhalten verbunden werden kann. Ein darauf gestütztes fünfjähriges Publikationsverbot für die Verbreitung rechtsextremistischen oder nationalsozialistischen Gedankenguts war „unbestimmt und schon deswegen unverhältnismäßig" (BVerfG, EuGRZ 2011, 88/89).

367 **h)** Art. 103 Abs. 2 (vgl Rn 1251 f) verweist auch insoweit auf eine allgemeinere Schranken-Schranke, als ihm ein **Rückwirkungsverbot** entnommen wird.[52] Das allgemeine, aus Art. 20 Abs. 3 abgeleitete rechtsstaatliche Rückwirkungsverbot hat seine Wurzel im Vertrauensschutz. Der Einzelne soll grundsätzlich darauf vertrauen können, dass die Rechtslage, die er seinem Handeln zugrunde gelegt hat, nicht rückwirkend geändert wird. Gesetze, die grundrechtlich geschützte Rechtspositionen in unzulässiger Weise rückwirkend ändern, verletzen auch das einschlägige Grundrecht. Eine **echte Rückwirkung** liegt vor, wenn eine Neuregelung in einen bereits abgeschlossen Lebenssachverhalt eingreift und Rechtsfolgen für einen Zeitpunkt rückbewirken will, der vor ihrem Inkrafttreten liegt. Sie ist grundsätzlich unzulässig. Ausnahmen gelten nur, wenn auf die Rechtslage kein Vertrauen gestützt werden konnte, etwa weil die Regelungsänderung bereits sicher absehbar war oder bei gänzlich verworrenen Rechtslagen. Das Rückwirkungsverbot gilt hingegen nicht für Bagatellbelastungen. Außerdem sollen zwingende Gründe des Allgemeinwohls eine echte Rückwirkung rechtfertigen können.[53] Eine **unechte Rückwirkung** liegt demgegenüber vor, wenn die Neuregelung lediglich tatbestandlich an einen noch nicht abgeschlossenen lebensweltlichen Vorgang anknüpft, der bereits vor dem Inkrafttreten des Gesetzes in Gang gesetzt wurde. Unechte Rückwirkungen sind dem Gesetzgeber nicht grundsätzlich verwehrt. Der Vertrauensschutz ist aber im Rahmen der Verhältnismäßigkeit zu berücksichtigen, besonders muss sich die Enttäuschung investierten und schützenswerten Vertrauens im Hinblick auf den Zweck der Regelung als erforderlich und angemessen erweisen.[54] Besondere Bedeutung gewinnt der Vertrauensschutz im Rahmen der Verhältnismäßigkeit dann, wenn die unechte Rückwirkung der echten nahekommt.[55] Das allgemeine rechtsstaatliche Rückwirkungsverbot bezieht sich zunächst nur auf die Gesetzgebung. Eine Ausweitung auf Rechtsprechungsänderungen wird bislang lediglich in der Literatur erwogen[56] (zu Art. 103 Abs. 2 s. Rn 1263).

---

52 *Möller/Rührmair*, NJW 1999, 908/910 f, zum Verhältnis von Grundrechten und Rückwirkungsverbot.
53 E 11, 139/145 f; 30, 367/387; 72, 200/249 ff (st. Rspr.).
54 E 95, 64/86; 101, 239/263; 122, 374/394 f (st. Rspr.).
55 E 132, 302/319 f – Änderung des Steuerrechts für laufenden Veranlagungszeitraum.
56 *Grzeszick*, MD, Art. 20 und die allgemeine Rechtsstaatlichkeit, Rn 101 ff.

Beispiele: Eine Änderung des Einkommenssteuergesetzes, mit der eine Erhöhung der Steuerpflicht für einen vor dem Inkrafttreten des Änderungsgesetzes liegenden Veranlagungszeitraum eingeführt wird, enthält eine echte Rückwirkung und verstößt damit gegen das Rückwirkungsverbot (E 72, 200/249 ff). Wird hingegen durch das Änderungsgesetz lediglich an eine in der Vergangenheit liegende Verlegung des Wohnsitzes ins Ausland angeknüpft und eine höhere Steuerbelastung nur für die Zukunft angeordnet, liegt darin lediglich eine unechte Rückwirkung, die grundsätzlich verfassungsrechtlich zulässig ist (E 72, 200/241 ff). Auch eine rückwirkende „Klarstellung" der Rechtslage durch den Gesetzgeber ist am Rückwirkungsverbot zu messen, da sie Auslegungsalternativen ausschließt und damit den Normbestand rückwirkend verändert (E 131, 20/37 f; *Buchheim/Lassahn*, NVwZ 2014, 562 ff). Jedoch hat das Gericht in einer Reihe sozialrechtlicher Fälle deutlich gemacht, dass ein unklarer Normbestand selbst bei einer höchstrichterlichen Entscheidung, die sich noch nicht zu einer ständigen Rechtsprechung verfestigt hat, keine ausreichende Vertrauensgrundlage bietet (E 126, 369/394 ff; 131, 20/ 41 ff). Für das Steuerrecht scheint das Gericht diese Qualifikation nun zu Lasten des Gesetzgebers deutlich zurückgenommen zu haben (E 135, 1/23 ff). Geschützt wird dann nicht mehr das Vertrauen in die Klarheit einer Rechtslage, sondern das Vertrauen in den Normbestand als Grundlage einer vorteilhaften Rechtsauslegung (krit. abw. M. E 135, 1/29 ff; *Lepsius*, JZ 2014, 488 ff; aA *Grupp*, FS Wendt, 115/121 ff).

368

V. Kollisionen und Konkurrenzen

1. Kollisionen

Kollisionen sind zunächst nichts anderes als Konflikte zwischen Menschen, die sich bei wildwüchsigem Freiheitsgebrauch ergeben. Sie durch Eingriffe einzudämmen, ist der Gesetzgeber durch die Gesetzesvorbehalte befähigt. Wo die Gesetzesvorbehalte bei den *vorbehaltlosen* Grundrechten fehlen, fehlt dem Gesetzgeber die Freiheit zur Eindämmung der Kollisionen. Aber damit sind diese als Gefahr nicht aus der Welt. Es gibt verschiedene Ansätze zur Lösung des Problems:

369

a) Gelegentlich wurde und wird versucht, das Problem der Kollisionen bei den vorbehaltlosen Grundrechten mit der **Übertragung von Schranken** anderer Grundrechte zu lösen.

370

Beispiele: Art. 5 Abs. 3 unterliege den Schranken von Art. 5 Abs. 2; die Schrankentrias („soweit ...") des Art. 2 Abs. 1 als des allgemeinsten und „Muttergrundrechts" gelte auch für die speziellen, die „Tochtergrundrechte" und dabei auch für die vorbehaltlosen Grundrechte (vgl zB *Lücke*, DÖV 2002, 93).

371

Dies ist jedoch *abzulehnen*. Es wird der Bedeutung spezieller Grundrechtsverbürgungen und der Bedeutung von Spezialität im Recht überhaupt nicht gerecht. Auch das BVerfG vertritt in stRspr: „Abzulehnen ist ... die Meinung, dass die Freiheit der Kunst gem. Art. 2 Abs. 1 Hs. 2 durch die Rechte anderer, durch die verfassungsmäßige Ordnung und durch das Sittengesetz beschränkt sei"[57]. Gleiches hat das Gericht für Art. 4 Abs. 1, 2 entschieden.[58]

372

---

57 E 30, 173/192.
58 E 32, 98/107.

373 b) In **systematischer Interpretation** lässt sich uU zeigen, dass die Reichweite des Schutzbereichs den kollidierenden wildwüchsigen Freiheitsgebrauch nicht deckt.

374 **Beispiel:** Der vorbehaltlos gewährleisteten Gewissensfreiheit in weitem Verständnis jedes von festen Überzeugungen geleitete Handeln unterfallen zu lassen, würde Art. 4 Abs. 1 in eine Fülle von Kollisionen mit anderen öffentlichen und privaten Interessen führen. Der systematische Blick auf Art. 5 Abs. 1 zeigt jedoch, dass das weite Verständnis nicht richtig sein kann: Feste Überzeugungen sind zunächst einfach Meinungen, und erst eine zusätzliche, als verpflichtend empfundene religiöse oder moralische Qualität macht das Gewissen aus (vgl *Mager*, MüK, Art. 4 Rn 23).

375 Was derart gar nicht erst in den Schutzbereich eines Grundrechts fällt, muss auch nicht durch einen Eingriff in das Grundrecht daran gehindert werden, mit anderen Interessen, mit anderen Grundrechten und Verfassungsgütern zu kollidieren. In der Falllösung hat auch und gerade bei den vorbehaltlosen Grundrechten die *sorgfältige Bestimmung des Schutzbereichs* vor der Frage nach dem Eingriff und dessen verfassungsrechtlicher Rechtfertigung zu erfolgen.

376 c) Die systematische Interpretation soll nach einer Auffassung sogar bewirken, dass die Schutzbereiche der vorbehaltlosen Grundrechte stets nur soweit reichen, wie es ein iS praktischer Konkordanz[59] erfolgender Ausgleich mit kollidierenden anderen Grundrechten oder Verfassungsgütern jeweils erlaubt (**kollidierendes Verfassungsrecht als Schutzbereichsbegrenzung**).

377 **Beispiel:** Bei Ableistung des Wehrdienstes merkt jemand, dass ihm sein Gewissen den Kriegs- und Wehrdienst mit der Waffe verbietet. Mit Rücksicht auf den ungestörten Dienstbetrieb wird jedoch seinem Recht zur Verweigerung von Kriegs- bzw Wehrdienst bis zur rechtskräftigen Anerkennung nicht entsprochen (vgl E 28, 243). Dies wird damit gerechtfertigt, dass der Schutzbereich des Art. 4 Abs. 3 durch das kollidierende Verfassungsrechtsgut der Funktionsfähigkeit der Bundeswehr begrenzt sei (*Erichsen*, Jura Extra: Studium und Examen, 2. Aufl. 1983, S. 214/234).

378 Das Beispiel zeigt das *erste Defizit* dieses Ansatzes: Die besondere Gestaltung des Grundrechts wird tendenziell ihrer *Funktion beraubt*. Die Vorenthaltung des Verweigerungsrechts wird gar nicht erst darauf befragt, ob sie durch die Ermächtigung des Gesetzgebers, bei diesem vorbehaltlosen Grundrecht immerhin das Nähere zu regeln (Art. 4 Abs. 3 S. 2), gedeckt ist. Sie muss gar nicht erst darauf befragt werden, wenn die Verweigerung schon aus dem Schutzbereich herausfällt. Auch bei jedem anderen Grundrecht ist es von diesem Ansatz aus eigentlich richtig, ein Gesetz als erstes darauf zu befragen, ob es den Schutz von anderen Grundrechten oder Verfassungsgütern bezweckt und Kollisionen vermeidet oder ausgleicht. Tut es das, definiert es den Schutzbereich; nur wenn es das nicht tut, behält der Gesetzesvorbehalt noch eine Funktion. Es kann sogar noch weitergehend gefragt werden, woraus sich überhaupt ergeben soll, dass es der gesetzgeberischen Definition des Schutzbereichs bedarf, und warum nicht die Verwaltung, wenn sie sich außerhalb des Schutzbereichs hält, nicht ohne gesetzliche Ermächtigung soll handeln dürfen.

379 Das *zweite Defizit* dieses Ansatzes liegt im *Verlust der Bestimmtheit* der Reichweite des Schutzbereichs. Da Kollisionen vielfältig und verschiedengestaltig sind und ihre

---

59 Vgl *Hesse*, VerfR, Rn 72.

Lösungen den konkreten Umständen des einzelnen Falls Rechnung tragen müssen und in der Rechtsprechung des BVerfG auch tragen, wird die Reichweite des Schutzbereichs, wenn sie durch kollidierendes Verfassungsrecht begrenzt wird, fallabhängig. Sie ist nicht mehr generell bestimmt, sondern nur noch ad hoc und punktuell zu bestimmen. – Aus beiden Gründen kann die Auffassung daher nicht überzeugen.[60]

d) Eine ähnliche, sich ebenfalls auf die systematische Interpretation berufende wohl als herrschend zu bezeichnende Auffassung versteht kollidierendes Verfassungsrecht (Grundrechte und Verfassungsgüter) als (immanente) Schranken und sieht Eingriffe in die vorbehaltlos gewährleisteten Grundrechte dann verfassungsrechtlich gerechtfertigt, wenn sie Kollisionen mit anderen Grundrechten oder Verfassungsgütern iS praktischer Konkordanz ausgleichen (**kollidierendes Verfassungsrecht als Eingriffsrechtfertigung**). 380

In der Lösung konkreter Kollisionen trifft sich der vorliegende mit dem schon dargelegten Ansatz. Sein Vorzug liegt darin, dass er durch das kollidierende Verfassungsrecht nicht die Reichweite der Schutzbereiche bemisst, sondern die Eingriffe in die Schutzbereiche verfassungsrechtlich rechtfertigt; er gewährleistet daher die *Bestimmtheit der Reichweite des Schutzbereichs*. 381

Die Funktion der Gesetzesvorbehalte ist aber auch hier *gefährdet*. Denn wieder ist nicht hinreichend deutlich, ob die Schranken kollidierenden Verfassungsrechts nur bei den vorbehaltlosen oder auch bei den übrigen Grundrechten vorausgesetzt und nur vom Gesetzgeber oder auch von Rechtsprechung und Verwaltung nachgezeichnet werden können. 382

Soll bei der *Lösung konkreter Kollisionen* der besondere Wert, den das Grundgesetz einem Grundrecht durch die vorbehaltlose Gewährleistung zuerkennt, sowie Sinn und System der Gesetzesvorbehalte nicht preisgegeben werden, dann sind folgende Punkte zu beachten: 383

– Dort, wo das Grundgesetz *Gesetzesvorbehalte* enthält, hat es die Kollisionsgefahren gesehen und die Eingriffsmöglichkeit so geschaffen, wie es auch die Eingriffsnotwendigkeit bejaht hat. Bei den Grundrechten mit Gesetzesvorbehalten besteht zu Überlegungen über kollidierendes Verfassungsrecht kein Anlass.[61] 384

– Dort, wo das Grundgesetz keine Gesetzesvorbehalte enthält, hat es auch keine Kollisionsgefahren gesehen. Es hat keine Eingriffsmöglichkeit geschaffen, weil es auch die Eingriffsnotwendigkeit verneint hat. Alles spricht dafür, dass dabei eine Vorstellung des Schutzbereichs zu Grunde liegt, die Kollisionen ausschließt. Die Lösung eines Kollisionsproblems hat daher mit der Frage, ob das kollidierende Verhalten überhaupt in den Schutzbereich fällt, bzw mit einer präzisen Bestimmung der *Reichweite des Schutzbereichs* zu beginnen. Dies gilt umso mehr, als es *das* Problem der vorbehaltlosen Grundrechte nicht gibt, sondern nur die verschiedenen und verschieden zu lösenden Probleme der verschiedenen vorbehaltlosen Grundrechte. 385

---

60 Vgl auch *Lege*, DVBl. 1999, 569/571.
61 AA E 66, 116/136; 111, 147/157; BVerwGE 87, 37/45 f; krit. *Schoch*, DVBl. 1991, 667/671 ff; diff. *Michael/Morlok*, GR, Rn 712 ff.

386 – Dort, wo das Grundgesetz Eingriffsmöglichkeiten schaffen wollte, hat es die Eingriffe durch Gesetz oder auf Grund Gesetzes vorgesehen. Wenn Eingriffe auch dort möglich sein sollen, wo das Grundgesetz ihre Notwendigkeit nicht gesehen und daher ihre Möglichkeit nicht geschaffen hat, dann gewiss *nicht unter geringeren Voraussetzungen* als dort, wo es die Notwendigkeit gesehen und die Möglichkeit geschaffen hat. Der Eingriff in ein vorbehaltloses Grundrecht, der nicht durch Gesetz oder auf Grund Gesetzes erfolgt, ist verfassungsrechtlich nicht zu rechtfertigen.[62]

387 – Weil das Grundgesetz bei den vorbehaltlosen Grundrechten Eingriffe nicht vorsieht, müssen sie jedenfalls *Ausnahmen* bleiben. Zur Rechtfertigung unter Berufung auf kollidierendes Verfassungsrecht kann daher entgegen gelegentlichen Tendenzen in der Rspr des BVerfG[63] nicht alles taugen, was das Grundgesetz für den Alltag des Verfassungslebens als Gegenstand von Gesetzgebungs- und Verwaltungskompetenzen benennt.[64] Was als Kompetenz benannt wird, ist darum nicht schon Verfassungsgut.

2. Konkurrenzen

388 a) Eine Konkurrenz liegt vor, wenn das Verhalten **eines Grundrechtsträgers** auf den ersten Anschein durch **mehrere Grundrechte** geschützt wird.

389 **Beispiel:** Ein Redakteur hat Presse zum Beruf und steht damit grundsätzlich unter dem Schutz sowohl von Art. 5 Abs. 1 als auch von Art. 12 Abs. 1. Wird er in seiner Arbeit behindert, scheinen daher zunächst beide Grundrechte einschlägig zu sein. Aber oft kann und muss unterschieden werden, ob die Behinderung presse- oder berufsspezifisch ist, ob ihm zB eine Recherche wegen ihres Inhalts oder durch Verhängung eines vom Richter in seiner berufsregelnden Wirkung erkannten und gewollten Fahrverbots erschwert wird.

390 b) Besonders **Freiheits- und Gleichheitsrechte** sind auf den ersten Anschein oft nebeneinander einschlägig. Wenn in die Freiheit eines Grundrechtsträgers eingegriffen wird, wird dieser gegenüber den anderen Grundrechtsträgern, in deren Freiheit nicht eingegriffen wird, ungleich behandelt. Aber dem Grundrechtsträger, in dessen Freiheit eingegriffen wird, geht es nicht um die Gleichbehandlung mit den anderen Grundrechtsträgern. Die Gleichbehandlung könnte auch dadurch hergestellt werden, dass nicht nur in seine, sondern auch in die Freiheit der anderen eingegriffen wird. Der Grundrechtsträger will nicht dies erreichen, sondern den Eingriff in seine Freiheit als nicht gerechtfertigt abwehren, und er will ihn nicht anders abwehren, als wenn der Eingriff nicht nur ihm, sondern auch den anderen Grundrechtsträgern gälte.

391 Nur wenn der Eingriff in seine Freiheit gerechtfertigt ist, kann es ihm *allein um die Gleichbehandlung* gehen, dh dann, wenn mit derselben Rechtfertigung, mit der in seine Freiheit eingegriffen wird, auch in die Freiheit der anderen Grundrechtsträger eingegriffen werden könnte, aber nicht eingegriffen wird. Auch hier kann die Gleichbe-

---

62 Vgl E 107, 104/120; *Böckenförde*, Zur Lage der Grundrechtsdogmatik nach 40 Jahren Grundgesetz, 1989, S. 21.
63 E 53, 30/56; 105, 279/301 ff; krit. *Lege*, DVBl. 1999, 569.
64 Vgl abw. M. E 69, 57/58 ff; *Bamberger*, Verfassungswerte als Schranken vorbehaltloser Freiheitsgrundrechte, 1999, S. 145 ff; *Gärditz*, Hdb. StR[3] IX, § 189 Rn 18 ff; *Kloepfer*, VerfR II, § 51 Rn 65.

handlung zwar nicht nur dadurch hergestellt werden, dass er mit den anderen vom Eingriff verschont wird, sondern auch dadurch, dass in die Freiheit der anderen ebenso wie in seine Freiheit eingegriffen wird. Aber dieses Risiko muss er tragen; mehr als die Hoffnung, dass die Gleichbehandlung in der ihm günstigen Weise hergestellt wird, bleibt ihm nicht. Meistens wird die Hoffnung enttäuscht; die Rechtfertigung eines spezifischen Freiheitseingriffs ist meistens so spezifisch, dass in ihr auch die Rechtfertigung der Ungleichbehandlung gegenüber anderen Grundrechtsträgern angelegt ist.

Beispiel: Nachdem das BVerfG das strafbewehrte Verbot des Umgangs mit Cannabis vor Art. 2 Abs. 1 gerechtfertigt hatte, prüfte es unter Art. 3 Abs. 1 die Zulässigkeit der Ungleichbehandlung zwischen dem strafbedrohten Umgang mit Cannabis und dem straffreien Umgang mit Alkohol (E 90, 145/195 ff) und fand die Ungleichbehandlung ebenfalls gerechtfertigt (vgl auch E 89, 69/82 ff). 392

c) Fällt ein Verhalten in den Schutzbereich zweier Freiheitsrechte, zwischen denen ein Spezialitätsverhältnis besteht, so bestimmt sich sein Schutz allein nach dem **speziellen Grundrecht**. Dies folgt aus dem Vorrang, den allgemein die spezielle vor der generellen Norm genießt. 393

Beispiele: Die verfassungsrechtliche Zulässigkeit eines Einschreitens gegen eine Versammlung oder eine Vereinigung oder eines Eindringens in eine Wohnung bemisst sich nach Art. 8, Art. 9 Abs. 1 und 2 sowie Art. 13, nicht aber nach Art. 2 Abs. 1; der staatliche Umgang mit einer Koalition beurteilt sich nicht nach Art. 9 Abs. 1, sondern allein nach Art. 9 Abs. 3. – Zum Verhältnis zwischen speziellen Gleichheitssätzen und dem allgemeinen Gleichheitssatz vgl Rn 597. 394

Die *allgemeine Handlungsfreiheit* ist schon dann einschlägig, wenn ein Verhalten in den Regelungs-, aber nicht in den Schutzbereich eines Grundrechts (vgl Rn 255) fällt.[65] Nach aA soll Art. 2 Abs. 1 schon dann verdrängt werden, wenn das Verhalten nur in den Regelungsbereich eines speziellen Grundrechts fällt[66]. Mit dem weiten Verständnis von Art. 2 Abs. 1 als Grundrecht der allgemeinen Handlungsfreiheit und der Rspr des BVerfG ist dies nicht vereinbar. 395

Beispiel: Eine unfriedliche Versammlung fällt in den Regelungs-, nicht aber in den Schutzbereich des Art. 8 Abs. 1; sie ist durch Art. 2 Abs. 1 geschützt. 396

d) Fällt ein Verhalten in die Schutzbereiche zweier Freiheitsrechte, zwischen denen kein Spezialitätsverhältnis besteht (sog. Idealkonkurrenz), dann bestimmt sich der Schutz des Verhaltens nach **beiden Grundrechten**. Wenn die Schutzwirkung beider Grundrechte unterschiedlich stark ist, dann bedeutet der doppelte Schutz, dass ein Eingriff nur gerechtfertigt ist, wenn er auch am Grundrecht mit dem stärkeren Schutz gerechtfertigt werden kann.[67] 397

Beispiel: Die Prozession unter freiem Himmel verwirklicht die vorbehaltlose Glaubensfreiheit und die unter Gesetzesvorbehalt stehende Versammlungsfreiheit. Nimmt sie einen Weg, der in einer bestimmten religiösen Tradition wurzelt, dann muss sich ein Eingriff in die Wegführung 398

---

65 *Lorenz*, BK, Art. 2 Abs. 1, Rn 74.
66 *Krebs*, Vorbehalt des Gesetzes und Grundrechte, 1975, S. 38 ff.
67 *Berg*, Hdb. GR III, § 71 Rn 47.

auch an Art. 4 Abs. 2, nicht nur an Art. 8 Abs. 2 messen lassen. Andernfalls sind die Wegführung und ihre Beschränkung allein am Maßstab des Art. 8 zu beurteilen.

399 **Literatur:** *A. v. Arnauld*, Die Freiheitsrechte und ihre Schranken, 1999; *M. Bäumerich*, Entgrenzte Freiheit – das Schutzgut der Grundrechte, DÖV 2015, 374; *H. Bethge*, Mittelbare Grundrechtsbeeinträchtigungen, Hdb. GR III, § 58; *M. Breckwoldt*, Grundrechtskombinationen, 2015; *C. Bumke*, Der Grundrechtsvorbehalt, 1998; *C. Drews*, Die Wesensgehaltsgarantie des Art. 19 II GG, 2005; *P. Häberle*, Die Wesensgehaltgarantie des Art. 19 Abs. 2 GG, 3. Aufl. 1983; *H. Hanau*, Der Grundsatz der Verhältnismäßigkeit als Schranke privater Gestaltungsmacht, 2004; *G. Hermes*, Grundrechtsbeschränkungen auf Grund von Gesetzesvorbehalten, Hdb. GR III, § 63; *C. Hillgruber*, Grundrechtlicher Schutzbereich, Grundrechtsausgestaltung und Grundrechtseingriff, Hdb. StR³ IX, § 200; *M. Jestaedt/O. Lepsius* (Hrsg.), Verhältnismäßigkeit, 2015; *D. Krausnick*, Grundfälle zu Art. 19 I und II GG, JuS 2007, 991, 1088; *K.-H. Ladeur/T. Gostomzyk*, Der Gesetzesvorbehalt im Gewährleistungsstaat, Verwaltung 2003, 141; *J. Lege*, Verbot des Einzelfallgesetzes, Hdb. GR III, § 66; *F. Müller*, Die Positivität der Grundrechte, 2. Aufl. 1990; *D. Murswiek*, Grundrechtsdogmatik am Wendepunkt, Staat 2006, 473; *H.-J. Papier*, Vorbehaltlos gewährleistete Grundrechte, Hdb. GR III, § 64; *M. Reßing*, Die Grundrechtskonkurrenz, 2016; *N. Schaks*, Die Wesensgehaltsgarantie, Art. 19 II GG, JuS 2015, 407; *B. Schlink*, Abwägung im Verfassungsrecht, 1976; *J. Schwabe*, Probleme der Grundrechtsdogmatik, 1977; *T. Schwarz*, Die Zitiergebote im Grundgesetz, 2002; *K. Stern*, Die Grundrechte und ihre Schranken, in: FS 50 Jahre BVerfG, 2001, Bd. II, S. 1; *L.P. Störring*, Das Untermaßverbot in der Diskussion, 2009; *M. Winkler*, Kollisionen verfassungsrechtlicher Schutznormen, 2000.

Anhang: Aufbauschemata

400 Die dargelegte Systematik von Grundrechtsgewährleistung und Grundrechtsbeschränkung kann für Zwecke der *Falllösung*, insbesondere in Übungsarbeiten, in Aufbauschemata gebracht werden. Deren Struktur orientiert sich zunächst an der Fallfrage: In verfassungsrechtlichen Übungsarbeiten wird entweder gefragt, ob eine Person in ihren Grundrechten verletzt ist (= Konstellation 1) oder, ob ein Gesetz verfassungsgemäß ist (= Konstellation 2). In der Konstellation 1 bezieht sich die Fallfrage auf den Prüfungsmaßstab Grundrechte; es ist daher ein Aufbau zugrunde zu legen, der von den Grundrechten als Maßstab ausgeht (= **Aufbauschema I**). Das Aufbauschema I entspricht der Prüfung der Begründetheit im Rahmen einer Verfassungsbeschwerde (Rn 1334). In der Konstellation 2 wird insgesamt nach der Verfassungsmäßigkeit gefragt. Es wird dann die formelle und materielle Verfassungsmäßigkeit des Gesetzes geprüft (= **Aufbauschema II**); prozessual wird diese Frage meist mit der Prüfung einer Normenkontrolle (Art. 93 Abs. 1 Nr. 2, 100 Abs. 1) verbunden sein. Innerhalb der materiellen Verfassungsmäßigkeit sind dann die Grundrechte zu prüfen, selbstverständlich aber ohne die nochmalige Prüfung der formellen Verfassungsmäßigkeit im Rahmen der verfassungsrechtlichen Rechtfertigung. Inhaltlich decken sich die beiden Prüfungen also; sie sind nur aufgrund der zugrunde liegenden Fallfragen unterschiedlich strukturiert.

Diese beiden Aufbauschemata beziehen sich auf die Freiheitsrechte als Abwehrrechte; sie können für alle Freiheitsrechte herangezogen werden. Geht es hingegen um die Pflicht des Staats zum Schutz eines Verhaltens vor Gefahren, gilt das **Aufbauschema III**. Für den Fall, in dem es um die Pflicht des Staats zum Schutz durch Teilhabe und damit regelmäßig um ein Gleichheitsproblem geht, gilt das **Aufbauschema IV** für die Prüfung von Gleichheitsgrundrechten (vgl Rn 597). **Aufbauschema V** betrifft die Eigentumsfreiheit, die zwar grundsätzlich wie alle anderen Freiheitsrechte geprüft werden kann, für die aber spezielle Anforderungen im Bereich der Eingriffsrechtfertigung gelten (Rn 1097 f).

Aufbauschema I

Fallfrage: Wird ein Grundrechtsträger in seinen Grundrechten verletzt?

I. **Schutzbereich**
   1. **Sachlicher Schutzbereich**
      – Bezeichnung des Schutzgutes (z.B.: Glaube, Art. 4 Abs. 1, 2; Meinung, Art. 5 Abs. 1 S. 1)
      – Benennung der geschützten Verhaltensweisen (z.B.: Denken, Äußern und Handeln nach den Glaubensinhalten, Art. 4 Abs. 1, 2; Äußern und Verbreiten in Wort, Schrift und Bild, Art. 5 Abs. 1 S. 1)
   2. **Persönlicher Schutzbereich**
      Prüfung der Grundrechtsberechtigung (Rn 167–226), soweit der Sachverhalt Anlass dazu gibt

II. **Eingriff**
   Definition des Eingriffs: Rn 294 (nur, wenn die Eingriffsqualität der zu prüfenden Maßnahme problematisch ist)

III. **Verfassungsrechtliche Rechtfertigung**
   1. **Eingriffsermächtigung im Grundgesetz**
      a) **Parlamentsvorbehalt**
         Beachte: Prüfung nur, wenn nicht (auch) das Gesetz selbst (sondern allein auf dem Gesetz beruhender Einzelakt) Prüfungsgegenstand ist. Wird nur nach der Verfassungsmäßigkeit des Gesetzes gefragt, ist allein Punkt b) zu prüfen.
      b) **Materielle Anforderungen an die Eingriffsermächtigung**
         – Grundrechte mit einfachem Gesetzesvorbehalt (Beispiel: Art. 2 Abs. 2 S. 3): keine weiteren Anforderungen, daher direkt weiter mit 2.
         – Bei Grundrechten mit qualifiziertem Gesetzesvorbehalt (Beispiel: Art. 11 Abs. 2) sind dessen Voraussetzungen zu prüfen. Der Sache nach enthalten die qualifizierten Gesetzesvorbehalte oftmals Aussagen zu legitimen oder illegitimen Zwecken und Mitteln. Soweit ein Gesetz Zwecke und Mittel verfolgt, die nicht in den qualifizierten Gesetzesvorbehalten genannt sind, werden sie im Rahmen der Verhältnismäßigkeit geprüft.
         – Bei Grundrechten ohne ausdrücklichen Gesetzesvorbehalt (Beispiel: Art. 4 Abs. 1) sind Eingriffe nur zulässig, wenn sie das Ziel verfolgen, andere kollidierende Verfassungsgüter zu schützen; diese sind hier zu benennen.
   2. **Verfassungsmäßigkeit des zum Eingriff ermächtigenden Gesetzes**
      a) **Formelle Verfassungsmäßigkeit**
         aa) **Gesetzgebungskompetenz, insbes. Art. 70-74**
         bb) **Ordnungsgemäßes Gesetzgebungsverfahren, Art. 76-79, 82 Abs. 1**
      b) **Materielle Verfassungsmäßigkeit**
         aa) **Grundsatz der Verhältnismäßigkeit**
             (1) **Legitimität von Zweck und Mittel**
                 Legitim sind alle verfassungsrechtlich nicht verbotenen Zwecke (Zweckverbot zB Art. 26: Angriffskrieg) und Mittel (Mittelverbot: Seelische oder körperliche Misshandlung, Art. 104 Abs. 1 S. 2)
             (2) **Geeignetheit**
             (3) **Erforderlichkeit**
             (4) **Verhältnismäßigkeit i. e. S.**
         bb) **Sonstige Schranken-Schranken**
             Bestimmtheitsgebot, kein Einzelfallgesetz (Art. 19 Abs. 1 S. 1), Zitiergebot (Art. 19 Abs. 1 S. 2), Wesensgehaltgarantie (Art. 19 Abs. 2)

3. Verfassungsmäßigkeit des Einzelaktes
Nur für Maßnahmen der Judikative/Exekutive (vgl oben 1.): Grundrechtskonforme Anwendung des unter 2. geprüften Gesetzes, allerdings nur Prüfung spezifischer Verfassungsrechtsverletzungen, keine Prüfung des einfachen Rechts (Rn 1340 ff).

402 **Aufbauschema II**

Fallfrage: Ist das Gesetz verfassungsgemäß?
I. **Formelle Verfassungsmäßigkeit**
   1. Gesetzgebungskompetenz, insbes. Art. 70-74
   2. Ordnungsgemäßes Gesetzgebungsverfahren, Art. 76-79, 82 Abs. 1
II. **Materielle Verfassungsmäßigkeit**

Hier insbesondere Prüfung von Grundrechtsverstößen nach Maßgabe von Aufbauschema I.

Allerdings sind im Rahmen der verfassungsrechtlichen Rechtfertigung dann nur materielle Fragen, insbesondere also der Grundsatz der Verhältnismäßigkeit, zu prüfen (also nicht noch einmal die formelle Verfassungsmäßigkeit!).

403 **Aufbauschema III**

Die Frage, ob ein **grundrechtlicher Anspruch auf Schutz** durch eine der staatlichen Gewalten besteht, ist in folgenden Schritten zu prüfen:

I. **Schutzbereich**
   Fällt das Verhalten, für das Schutz begehrt wird, in den Schutzbereich des Grundrechts?
II. **Bestehen einer Schutzpflicht**
   Besteht eine Pflicht der staatlichen Gewalten zum Schutz des Verhaltens vor Gefahren?
   1. Verlangt das Grundrecht den Schutz ausdrücklich?
   2. Ist die Freiheit des Verhaltens tatsächlich gefährdet?
   3. Wird die Gefährdung durch den begehrten Schutz beseitigt oder vermindert?
   4. Ist der begehrte Schutz der staatlichen Gewalt tatsächlich und rechtlich möglich?
III. **Verletzung der Schutzpflicht**
   Genügt die staatliche Gewalt der Pflicht auf andere als die begehrte Weise?
   1. Wird die staatliche Gewalt überhaupt zum Schutz des Verhaltens tätig?
   2. Erreicht der staatliche Schutz den verfassungsrechtlichen Mindeststandard?

Teil II
Die einzelnen Grundrechte

Der Abschnitt I des Grundgesetzes trägt die Überschrift „Die Grundrechte". Ihren Ort haben die *Grundrechte* also zunächst einmal in Art. 1 bis 19, und auf die in diesen Artikeln enthaltenen Rechte bezieht sich auch Art. 93 Abs. 1 Nr 4a, wenn er von den Grundrechten spricht. Außerdem gibt es Normen in den Abschnitten II, III und IX, die von ihrer Struktur und ihrer Geschichte her den Grundrechten der Art. 1 bis 19 gleichstehen. Die Gleichstellung spricht das Grundgesetz in Art. 93 Abs. 1 Nr 4a auch aus: Verfassungsbeschwerde kann unter Berufung auch auf die in Art. 20 Abs. 4, 33, 38, 101, 103 und 104 enthaltenen Rechte erhoben werden. Diese werden *grundrechtsgleiche Rechte* genannt. **404**

Dass Abschnitt I der Ort der Grundrechte ist, bedeutet nicht, dass alle Normen des Abschnitts I Grundrechte wären. Neben Grundrechten und Normen über Grundrechte finden sich auch organisationsrechtliche Normen, die dem Einzelnen *keine subjektiven Rechte* einräumen, etwa Art. 7 Abs. 1, der die staatliche Schulaufsicht regelt. Bei ihnen besteht nur noch ein thematischer Zusammenhang mit Grundrechten. Auch die in Art. 93 Abs. 1 Nr 4a neben den Grundrechten genannten Artikel enthalten nicht nur grundrechtsgleiche Rechte, sondern daneben auch wieder organisationsrechtliche Normen. **405**

§ 7 Schutz der Menschenwürde (Art. 1 Abs. 1)

Fall 4: Das Entführungsdrama A und B entführen den herzkranken Industriellen I. Sie fordern von den Angehörigen des I ein hohes Lösegeld. I schwebt in äußerster Lebensgefahr, da er seine gewohnten Medikamente nicht einnehmen kann. Selbst wenn die Forderung der Entführer erfüllt würde, dauerte das Verfahren der Übergabe des Lösegelds und der Freilassung doch so lange, dass die medikamentöse Hilfe zu spät käme. Der zwischenzeitlich festgenommene B weiß, wo I von A versteckt gehalten wird, weigert sich aber, dies preiszugeben. Um das Leben des I zu retten, entschließt sich die Polizei, den B mit Folter zum Sprechen zu bringen. Verstößt sie gegen Art. 1 Abs. 1? **Rn 432** **406**

I. Überblick

Die nationalsozialistischen Verbrechen vor Augen hat der Parlamentarische Rat an den *Anfang* der Grundrechte das Bekenntnis zur Menschenwürde gestellt. Im Hinblick auf diese Stellung und darauf, dass auch eine Verfassungsänderung Art. 1 nicht „berühren" darf (Art. 79 Abs. 3), hat das BVerfG schon früh festgestellt: „In der freiheitlichen Demokratie ist die Würde des Menschen der oberste Wert"[1]. **407**

---
1 E 5, 85/204.

408 Wegen proklamatorischer Unbestimmtheit, wegen der in Art. 1 Abs. 3 statuierten Bindung der öffentlichen Gewalt an die „nachfolgenden" Grundrechte und weil deren Schutz ohnehin lückenlos sei, wird die Auffassung vertreten, Art. 1 Abs. 1 sei selbst kein Grundrecht[2]. Aber proklamatorische Unbestimmtheit findet sich auch bei anderen Grundrechten, und systematisch gehört Art. 1 Abs. 1, wie die Überschrift von Abschnitt I und Art. 142 zeigen, *zu den Grundrechten*. Das BVerfG vertritt von Anfang an, dass Art. 1 Abs. 1 ein Grundrecht ist, und hat auch jüngst wieder klargestellt, dass Art. 1 Abs. 1 als „Grundrecht die Würde jedes individuellen Menschen schützt"[3].

409 Anders als bei den meisten Grundrechten ist die Rechtsfolge der Gewährleistung der Menschenwürde in einem eigenen Satz formuliert: Art. 1 Abs. 1 S. 2 verpflichtet alle staatliche Gewalt, die Würde des Menschen zu *achten* und zu *schützen*. Die Achtungspflicht verbürgt ein Abwehrrecht, die hier ausnahmsweise (vgl Rn 133) ausdrücklich auferlegte Schutzpflicht einen Leistungsanspruch.[4]

410 Andere Grundrechte formen den Menschenwürdeschutz weiter aus. Dadurch fallen sie zwar nicht unter die Unabänderlichkeitsverbürgung von Art. 79 Abs. 3. Soweit ihr Schutzbereich sog. *Menschenwürdegehalt* hat, dh sich mit dem Schutzbereich von Art. 1 Abs. 1 deckt, verbürgt dessen Unabänderlichkeit aber, dass von ihnen auch noch nach ihrer Änderung oder sogar Abschaffung etwas übrig bleibt – als Aspekt von Art. 1 Abs. 1[5].

II. Schutzbereich

411 Den Schutzbereich der Menschenwürde zu bestimmen, macht in doppelter Hinsicht *Schwierigkeiten*. Zum einen ist der Begriff der Menschenwürde durch zweieinhalbtausend Jahre Geistesgeschichte gegangen und hat dabei verschiedene theologische, philosophische und soziologische Interpretationen gefunden, die, bis heute aktuell, auch verschiedene juristische Interpretationen nahelegen. Zum anderen ist die Vorstellung davon, was an der Existenz des Menschen besonders gefährdet und besonders darauf angewiesen ist, nicht angetastet zu werden, auch durch den politischen, ökonomischen und kulturellen Zustand einer Gesellschaft bedingt und wandelt sich mit ihm.

412 Es gibt besonders drei Auffassungen, wie der Schutzbereich der Menschenwürde zu bestimmen ist. Nach der sog. *Mitgifttheorie* schützt Art. 1 Abs. 1 das, was den Menschen als Menschen auszeichnet – seine Gottebenbildlichkeit, seine Vernunftbegabtheit, seine Willens- und Entscheidungsfreiheit. Die christlichen und aufklärerischen Wurzeln dieser Auffassung münden in der Philosophie *Kants* zusammen. „Autonomie ist … der Grund der Würde"; der Mensch, frei und zu vernünftiger Selbstgesetzgebung begabt und verpflichtet, ist Subjekt und existiert als Zweck an sich selbst, nicht als Objekt oder Mittel zum Gebrauch für andere – sei es für den Staat, sei es für einen anderen Menschen.[6]

---

2 Vgl *Enders*, FH, Art. 1 Rn 60 ff.
3 E 125, 175/223; 1, 332/343.
4 E 125, 175/222 f.
5 Vgl E 109, 279/310.
6 Vgl *Seelmann*, in: Brudermüller/Seelmann, Menschenwürde, 2008, S. 67 ff.

Die sog. *Leistungstheorie* lässt es nicht bei der Begabung und Verpflichtung zum Vernunftgebrauch bewenden; sie spricht dem Menschen Würde auf Grund und nach Maßgabe seiner Leistung der Identitätsbildung und Selbstdarstellung zu. „Nur er kann bestimmen, was er ist"[7]; dabei gewährt Art. 1 Abs. 1 ihm Schutz vor dem Staat. *Luhmann*, auf den die Theorie zurückgeführt wird, sieht den Menschen durch Art. 1 Abs. 1 nur in seinem Verhältnis zum Staat, nicht in seiner Kommunikation mit anderen Menschen geschützt; Kommunikation, innerhalb weiter rechtlicher Grenzen frei, bietet mit der Chance des Gelingens eben auch das Risiko des Scheiterns von Identitätsbildung und Selbstdarstellung.

413

Nach der sog. *Anerkennungstheorie* liegt der Grund der Würde in der Anerkennung, die sich Menschen als freie und gleiche gegenseitig schulden und gewähren und durch die sie sich zur staatlichen Gemeinschaft als Anerkennungs- und Solidargemeinschaft verfassen. Während die Würde für die Mitgifttheorie beim Menschen schon vorauszusetzen („Substanzbegriff") und für die Leistungstheorie vom Menschen erst zu erwerben ist („Leistungsbegriff"), ist sie für die Anerkennungstheorie „Kommunikationsbegriff" und stellt sich in der Gemeinschaft her.[8]

414

Alle drei Auffassungen greifen *zentrale Aspekte* dessen auf, was unter dem Begriff der Menschenwürde als unantastbar festgehalten zu werden verdient und in der Rechtsprechung des BVerfG auch festgehalten wird. Die erste Auffassung lehrt, die Würde auch der Menschen zu sehen, bei denen das, was sie als Menschen auszeichnet, nicht mit hinreichender Willens-, Handlungs- oder Leistungsfähigkeit einhergeht. Die zweite Auffassung stellt klar, dass nur der Einzelne entscheiden kann, was seine Würde ausmacht, und dass ihm keine Würdeverwirklichungen und -darstellungen aufgenötigt werden dürfen.[9] Die dritte Auffassung hält fest, dass Würde von Anerkennung lebt. Bereits der Wortlaut von Art. 1 Abs. 1, nach dem die Würde nicht angetastet werden kann und doch geachtet und geschützt werden muss, kann als Andeutung verstanden werden, dass es ein aus der unantastbaren Würde folgender antastbarer Anspruch ist, der Achtung und Schutz benötigt: ein Anerkennungsanspruch.[10]

415

Beispiele: Menschenwürde hat auch, wer „auf Grund seines körperlichen oder geistigen Zustands nicht sinnhaft handeln kann" (E 109, 133/150). – Frauen, die bei der Peepshow, und Zwergen, die beim Zwergenweitwurf mitmachen wollen, kann dies nicht um ihrer Menschenwürde willen verboten werden (vgl *Dreier*, DR, Art. 1 I Rn 149). – Wenn jemandem die Freiheit entzogen oder sonst eine Sanktion auferlegt wird, muss er seine Menschenwürde durch die Art und Weise, in der es geschieht, anerkannt finden; daraus folgen Vorgaben besonders für das strafrechtliche Verfahren (vgl Rn 427).

416

Alle drei Auffassungen treffen sich im Konsens, dass zum Schutzbereich *drei Teilbereiche* gehören,

417

– die menschliche Subjektivität, dh besonders die körperliche und seelische Identität und Integrität,
– die prinzipielle rechtliche Gleichheit der Menschen und
– die Gewährleistung des Existenzminimums.

---

7 Vgl *Luhmann*, Grundrechte als Institution, 1965, S. 53 ff.
8 *Hofmann*, AöR 1993, 353/364 ff; *Kloepfer*, VerfR II, § 55 Rn 8 f.
9 Vgl E 87, 209/228; *Podlech*, AK, Art. 1 Abs. 1 Rn 46.
10 E 109, 133/150.

418 Die staatliche Verpflichtung, die Menschenwürde zu achten und zu schützen, wirkt sich in diesen drei Teilbereichen unterschiedlich aus. Die fundamentalen Ansprüche auf Subjektivität und Gleichheit liegen staatlicher Wertung oder Bewertung voraus. Gelegentlich wird zwar die Ermittlung des Schutzbereichs auch in diesen Teilbereichen als situations- und kontextabhängig und *abwägungsoffen* bezeichnet.

419 **Beispiele:** Wer als Verbrecher die Würde des Opfers antaste, müsse sich die Folter durch die Polizei, die der Rettung des Opfers diene, selbst zurechnen und könne sie nicht als Antastung seiner Würde abwehren. Wer im Flugzeug sitze, das von Terroristen gekapert, in ein Kernkraftwerk gelenkt werde, habe eine derart reduzierte Lebensperspektive und Würdereichweite, dass der Abschuss des Flugzeugs seine Würde nicht antaste.

420 Doch ist die Relativierung des Schutzbereichs, die mit der Funktion und Bestimmtheit aller Grundrechte unvereinbar ist, mit der Unantastbarkeit, der besonderen Achtung und dem besonderen Schutz der Menschenwürde erst recht unvereinbar. Was im Allgemeinen als Schutzbereich der Menschenwürde auszumachen ist, muss auch im konkreten Fall als Schutzbereich festgehalten werden. Das BVerfG sagt denn auch nicht über den Schutzbereich der Menschenwürde, sondern über die Verletzung, sie lasse „sich nicht generell ..., sondern immer nur in Ansehung eines konkreten Falles"[11] bestimmen.

421 Das menschliche Existenzminimum verlangt hingegen aktiven und abhängig von der individuellen Bedarfssituation ausdifferenzierten staatlichen Schutz. Wem die „notwendigen materiellen Mittel fehlen, weil er sie weder aus seiner Erwerbstätigkeit, noch aus eigenem Vermögen noch durch Zuwendungen Dritter erhalten kann"[12], ist auf die sozialstaatlichen Leistungssysteme angewiesen. Zwar folgt der Leistungsanspruch unmittelbar aus Art. 1 Abs. 1, doch kann sein Umfang nicht unmittelbar aus der Verfassung abgeleitet werden. Das BVerfG berücksichtigt das dadurch, dass es das *Grundrecht auf Gewährleistung eines menschenwürdigen Existenzminimums* eigenständig neben den absolut wirkenden Art. 1 Abs. 1 stellt und nicht nur auf Art. 1 Abs. 1, sondern auch auf Art. 20 Abs. 1 stützt, der den staatlichen Gestaltungsauftrag hinsichtlich des Leistungsumfangs begründet.[13]

III. Eingriffe

422 Zur Bestimmung, ob ein Eingriff in die Menschenwürde vorliegt, bedient sich das BVerfG der sog. *Objektformel*. Der Mensch hat Würde als Subjekt; entsprechend widerspricht es seiner Würde, ihn zum „bloßen Objekt des Staates" zu machen.[14]

423 Das Problem der Objektformel liegt auf der Hand: Sie lässt manches offen. Im Abhörurteil hat das BVerfG versucht, sie zu *präzisieren*, und den Eingriff in die Menschenwürde dahin gekennzeichnet, dass der Mensch „einer Behandlung ausgesetzt wird, die seine Subjektqualität prinzipiell in Frage stellt [oder in der] eine willkürli-

---

11 E 30, 1/25.
12 E 125, 175/222.
13 E 125, 175/222 ff.
14 E 87, 209/228; 109, 133/149 f; 115, 118/153.

che Missachtung der Würde des Menschen liegt. Die Behandlung [muss also] Ausdruck der Verachtung des Wertes, der dem Menschen kraft seines Personseins zukommt, also in diesem Sinn eine ‚verächtliche Behandlung, sein"[15].

Aber dieser Präzisierungsversuch hilft nicht viel weiter. Soll neben der unzulässigen „willkürlichen Missachtung der Würde des Menschen" eine willkürfreie Missachtung der Menschenwürde zulässig sein? Auf wessen Einstellung soll das Erfordernis, die Behandlung müsse „Ausdruck der Verachtung" sein, abstellen, und warum soll es statt auf die Wirkung auf die Einstellung ankommen? Schon das abweichende Votum zum Abhörurteil hielt entgegen, der Mensch dürfe *schlechterdings* „nicht unpersönlich, nicht wie ein Gegenstand behandelt werden, auch wenn es nicht aus Missachtung des Personenwertes, sondern in ‚guter Absicht, geschieht"[16]. Jüngst hat das BVerfG die Objektformel ähnlich dahin gefasst: „Schlechthin verboten ist damit jede Behandlung des Menschen durch die öffentliche Gewalt, die dessen Subjektqualität, seinen Status als Rechtssubjekt, grundsätzlich in Frage stellt, indem sie die Achtung des Wertes vermissen lässt, der jedem Menschen um seiner selbst willen, kraft seines Personseins, zukommt"[17]. 424

Die Objektformel schafft jedenfalls *Klarheit*, dass der Zweck, für den der Mensch als Objekt oder Instrument behandelt wird, nicht zählt; auch der beste oder höchste Zweck macht die Behandlung nicht menschenwürdeverträglich. Bei der Menschenwürde geht es also nicht um das Verhältnis zwischen Zweck und Mittel, nicht um Abwägung und Verhältnismäßigkeit, sondern um das Verbot der Behandlung als Objekt oder Instrument schlechthin. Wie es nicht auf die Zwecke ankommt, kommt es nicht auf die Willkür oder Willkürfreiheit, Missachtung oder Achtung an, die den Träger der öffentlichen Gewalt leitet. Überdies wird der Mensch umso mehr als Subjekt respektiert und umso weniger als Objekt behandelt je mehr Zustimmung, Partizipation oder immerhin Transparenz zur Voraussetzung seiner Behandlung gemacht wird. 425

Die verschiedenen Auffassungen zur Menschenwürde treffen sich wie im Konsens über die drei Teilbereiche, die zum Schutzbereich gehören, auch im Konsens über die *teilbereichstypischen Eingriffe:*[18] 426
- In die körperliche und seelische Identität und Integrität wird besonders durch Folter, Brechung des Willens durch Drogen oder Hypnose, heimliche oder gewaltsame medizinische Manipulation zu Forschungs- oder Züchtungszwecken, Zerstörung menschlicher Intimität,
- in die prinzipielle rechtliche Gleichheit besonders durch Sklaverei, Leibeigenschaft, Menschenhandel und andere systematische Diskriminierungen, Demütigungen und Erniedrigungen und
- in die Gewährleistung des Existenzminimums dadurch eingegriffen, dass die Möglichkeit, das Minimum der eigenen Bedürfnisse selbst zu befriedigen, vorenthalten oder die erforderlichen materiellen und kulturellen Ressourcen verweigert werden.

---
15 E 30, 1/26; vgl auch E 109, 279/312 f.
16 E 30, 1/39 f.
17 E 115, 118/153; vgl *Enders*, JöR 2011, 245/251 ff.
18 *Windthorst*, StudK, Art. 1 Rn 26 ff.

427 **Beispiele:** Ob der fortpflanzungsmedizinische und gentechnische Umgang mit menschlichem Leben ein Problem des Identitäts- und Integritätsschutzes aus Art. 1 Abs. 1 oder des Lebens-, Gesundheits- und Persönlichkeitsschutzes aus Art. 2 ist, ist fraglich (vgl *Dreier*, DR, Art. 1 I Rn 81 ff; *Lorenz*, JZ 2005, 1121; *Middel*, Verfassungsrechtliche Fragen der Präimplantationsdiagnostik und des therapeutischen Klonens, 2006; zur Transplantationsmedizin Rn 135, 423); ob die Haftung des Arztes für den Unterhalt eines Kinds, das nach fehlgeschlagener Sterilisation oder fehlerhafter genetischer Beratung geboren wurde, mit der Menschenwürde des Kinds vereinbar oder eine menschenunwürdige „Kommerzialisierung menschlichen Daseins" ist, ist zwischen den Senaten des BVerfG streitig (E 96, 375/400 f; 96, 409/412 f). – Im Abschuss eines sog. Renegade-Flugzeugs sieht das BVerfG einen Eingriff in die Würde der Besatzung und der Passagiere, weil ihre Tötung als Mittel zur Rettung anderer benutzt wird (E 115, 118/154; dazu *Merkel*, JZ 2007, 373; *Lindner*, DÖV 2006, 577; zur Geiselrettung durch Einsatz von tödlichem Kampfgas vgl. EGMR, Finogenov v. Russia, No. 1829903 18299/03 u. 27311/03, Rn 198 ff). – Den Gebrauch des Lügendetektors qualifiziert das BVerfG als Problem nicht der Menschenwürde, sondern des allgemeinen Persönlichkeitsrechts (NJW 1982, 375; vgl auch NJW 1998, 1938). Dagegen sieht es im Lauschangriff (vgl Rn 1020 f) einen Eingriff nicht nur in das Wohnungsgrundrecht, sondern auch in die Menschenwürde, wenn der Kernbereich privater Lebensgestaltung angetastet wird (E 109, 279/314 ff). – Für die Strafrechtspflege folgt aus Art. 1 Abs. 1, dass Straftäter nicht zum bloßen Objekt der Verbrechensbekämpfung werden dürfen (E 131, 268). Daher greift es in die Menschenwürde von Strafgefangenen ein, wenn sie keine Chance haben, jemals wieder frei zu kommen und der Vollzug nicht auf Resozialisierung hinwirkt (E 109, 133/150 f), wenn sie zu zweit in einer Zelle von rund 8 m² untergebracht sind (BVerfG, EuGRZ 2011, 177/180 f; vgl auch BVerfG, NJW 2016, 1872) und wenn die Zelle mit Fäkalien verunreinigt ist (NJW 1993, 3190 f, EuGRZ 2010, 531/533). Zum Schutz der Menschenwürde im Strafverfahren fordert das BVerfG, dass der Beschuldigte „die Möglichkeit haben ... muss, auf das Verfahren einzuwirken, sich persönlich zu den gegen ihn erhobenen Vorwürfen zu äußern, entlastende Umstände vorzutragen, deren umfassende und erschöpfende Nachprüfung und ggfs. auch Berücksichtigung zu erreichen" (E 63, 332/337 f). – Zum Schutz des menschlichen Existenzminimums hat der Einzelne, dem keine ausreichenden eigenen Mittel oder Zuwendungen Dritter zur Verfügung stehen, einen Anspruch auf „diejenigen materiellen Voraussetzungen ..., die für seine physische Existenz und für ein Mindestmaß an Teilhabe am gesellschaftlichen, kulturellen und politischen Leben unerlässlich sind" (E 125, 175). Auch darf der Staat das vom Einzelnen erzielte Einkommen, das zur Erhaltung des Existenzminimums nötig ist, weder entziehen noch besteuern (E 82, 60/85; 99, 246/259 ff; 120, 125/155 f). Zwar hat der Gesetzgeber, anders als bei den anderen Teilbereichen, einen nach Maßgabe von Art. 1 Abs. 1 i. V. m. Art. 20 Abs. 1 (Rn 421) auszufüllenden Gestaltungsspielraum. Er muss aber „alle existenznotwendigen Aufwendungen folgerichtig in einem transparenten und sachgerechten Verfahren nach dem tatsächlichen Bedarf, also realitätsgerecht ... bemessen" und dieses Verfahren fortwährend überprüfen und weiterentwickeln (E 125, 175/225; 137, 34/72 ff zum allgemeinen Grundsicherungsrecht; vgl auch E 132, 134/162 zum Asylbewerberleistungsrecht; zum Grundsatz der Folgerichtigkeit Rn 524).

428 Da sich Menschenwürde im alltäglichen Sprachgebrauch „immer häufiger auf periphere soziale Vorgänge"[19] bezieht, werden vor dem BVerfG staatliche Maßnahmen oft unter Berufung auf die Menschenwürde gerügt, die von einer Verletzung der Menschenwürde weit entfernt sind. Das BVerfG hat Verfassungsbeschwerden, die eine Verletzung der Menschenwürde gerügt haben, daher mehrfach als *offensichtlich unbegründet* zurückgewiesen.

---

[19] *Podlech*, AK, Art. 1 Abs. 1 Rn 12.

Beispiele: Zahlung einer Geldbuße im Ordnungswidrigkeitsverfahren (E 9, 167/171), Ladung zum Verkehrsunterricht (E 22, 21/28), Leichenöffnung im Ermittlungsverfahren (BVerfG, NJW 1994, 783/784) und Friedhofszwang für Urnen (E 50, 256/262).

429

IV. Verfassungsrechtliche Rechtfertigung

Art. 1 Abs. 1 steht nicht unter Gesetzesvorbehalt. Da er wegen Art. 79 Abs. 3 nicht einmal durch eine Verfassungsänderung berührt werden darf und dadurch dem übrigen Verfassungsrecht vorgeordnet ist, scheidet die *Kollision* mit dem übrigen Verfassungsrecht als Eingriffsrechtfertigung aus.[20] Denkbar ist allenfalls die Eingriffsrechtfertigung durch Kollision mit den ebenfalls durch Art. 79 Abs. 3 der Verfassungsänderung entzogenen Verfassungsgrundsätzen. Die in Art. 20 GG niedergelegten Grundsätze zur Gestalt der staatlichen Gewalt scheiden zur Eingriffsrechtfertigung jedoch aus, da die staatliche Gewalt um der Menschenwürde Willen besteht und diese zu achten und zu schützen hat[21].

430

Es bleibt die Frage, ob in die Menschenwürde des einen zum Schutz der Menschenwürde eines anderen eingegriffen werden darf, besonders in die Menschenwürde von jemandem, der Unrecht tut, zum Schutz der Menschenwürde von jemandem, der Unrecht leidet.[22] Zwar ist der Staat aus Art. 1 Abs. 1 ebenso wie zur Achtung auch zum Schutz der Menschenwürde verpflichtet. Aber wie er seinen Schutzpflichten nachkommt, ist ihm durch das Grundgesetz nicht vorgezeichnet, sondern von ihm „grundsätzlich in eigener Verantwortung zu entscheiden"[23], und seiner Pflicht zum Schutz der Menschenwürde kommt er bereits durch seine Gesetze und deren Vollzug, besonders durch Polizei und Gerichte, nach. Dass der generelle gesetzliche Schutz im einen oder anderen Vollzugsfall versagen mag, gehört zum Wesen jedes generellen gesetzlichen Schutzes. Wie der Staat seiner Achtungspflicht nachkommt, ist ihm dagegen eindeutig vorgegeben: Er hat die menschenwürdeverletzende Behandlung zu unterlassen. Abwehr- und Schutzrechte wirken stets und auch hier nicht in der gleichen Unmittelbarkeit und Unbedingtheit.[24] Da somit kein Eingriff in die Menschenwürde gerechtfertigt werden kann, stellt jeder Eingriff zugleich eine Verletzung der Würde dar.[25]

431

Lösungsskizze zum Fall 4 (Rn 406): I. Ein wesentlicher Teil des Schutzbereichs der Menschenwürde ist die Wahrung der menschlichen Identität und Integrität sowohl in körperlicher wie in seelischer Hinsicht. Aller staatlichen Gewalt, und damit auch der Polizei, ist daher Folter verboten. Da B eine „festgehaltene Person" ist, ergibt sich dieses Verbot hier zugleich aus Art. 104 Abs. 1 S. 2. – II. Somit hat die Polizei in die Menschenwürde eingegriffen. – III. Eine verfassungsrechtliche Rechtfertigung des Vorgehens der Polizei kann nicht

432

---

20 E 93, 266/293; 107, 275/284.
21 Vgl E 75, 369/380.
22 So *Starck*, MKS, Art. 1 Rn 47; *Wittreck*, DÖV 2003, 873/879 f.
23 E 46, 160/164 f.
24 Vgl *Goos*, S. 186 ff.
25 *Kunig*, MüK, Art. 1 Rn 4; *Michael/Morlok*, GR, Rn 147; *Denninger*, in: FS von Brünneck, 2011, S. 397/409 ff; *Classen*, DÖV 2009, 689/694 f; *Linke*, JuS 2016, 888/891 f; aA *Kloepfer*, VerfR II, § 55 Rn 76; *Baldus*, AöR 2011, 529.

auf den Schutz von I abstellen. Es wäre verfehlt, hier eine Kollision zwischen der Menschenwürde von B und der Menschenwürde von I anzunehmen und die von B der von I zu opfern, weil jener unrecht getan und dieser Unrecht erlitten habe. Zwar ist der Staat aus Art. 1 Abs. 1 iVm Art. 2 Abs. 2 S. 1 zum Schutz des Lebens verpflichtet. Aber seiner Verpflichtung zum Schutz der Würde von I gegen Angriffe von B ist der Staat bereits mit seinen Strafgesetzen nachgekommen, die B die Angriffe verbieten, und durch Polizei und Gerichte, die den Strafgesetzen Geltung verschaffen. Vollständige Geltung kann ihnen nicht verschafft werden, da dem Rechtsstaat nicht jedes Mittel zur Erreichung seiner Ziele zur Verfügung stehen kann. Die unbedingte Verpflichtung, die Würde von B nicht zu verletzen, verbietet daher auch die Folter unbedingt (*Poscher*, JZ 2004, 756; vgl EGMR, NJW 2010, 3145 zu Art. 3 EMRK; aA mit der Konsequenz der Zulässigkeit der Folter *Brugger*, Staat 1996, 67; *Starck*, MKS, Art. 1 Rn 79; vgl auch *Hörnle*, in: Pieper/Brudermüller [Hrsg.], Grenzen staatlicher Gewalt, 2012; 71; *Lenzen* [Hrsg.], Ist Folter erlaubt?, 2006).

433 **Literatur:** *M. Baldus*, Kämpfe um die Menschenwürde. Die Debatten seit 1949, 2016; *S. Blömacher*, Die Menschenwürde als Prinzip des deutschen und europäischen Rechts, 2016; *H.G. Dederer*, Die Garantie der Menschenwürde (Art. 1 Abs. 1 GG), JöR 2009, 89; *G. Dürig*, Der Grundrechtssatz von der Menschenwürde, AöR 1956, 117; *C. Enders*, Die Menschenwürde in der Verfassungsordnung, 1997; *C. Goos*, Innere Freiheit. Eine Rekonstruktion des grundgesetzlichen Würdebegriffs, 2011; *P. Häberle*, Die Menschenwürde als Grundlage der staatlichen Gemeinschaft, Hdb. StR³ II, § 22; *H. Hofmann*, Die versprochene Menschenwürde, AöR 1993, 353; *F. Hufen*, Die Menschenwürde, Art. 1 I GG, JuS 2010, 1; *R. Kipke/E. Gündüz*, Philosophische Dimensionen der Menschenwürde – zu den Grundlagen des höchsten Verfassungsgutes, Jura 2017, 9; *T. Linke*, Die Menschenwürde im Überblick: Konstitutionsprinzip, Grundrecht, Schutzpflicht, JuS 2016, 888; *M. Nettesheim*, Die Garantie der Menschenwürde zwischen metaphysischer Erhöhung und bloßem Abwägungstopos, AöR 2005, 71; *R. Poscher*, „Die Würde des Menschen ist unantastbar", JZ 2004, 756; *B. Schlink*, Aktuelle Fragen des pränatalen Lebensschutzes, 2002; *P. Tiedemann*, Menschenwürde als Rechtsbegriff, 2. Aufl. 2010.

§ 8 Freie Entfaltung der Persönlichkeit (Art. 2 Abs. 1)

434 **Fall 5: Reiten im Walde (nach E 80, 137)** Das nordrhein-westfälische Landschaftsgesetz erlaubt das Reiten im Walde grundsätzlich nur auf solchen Wegen, die als Reitwege gekennzeichnet sind. Wird dadurch die freie Entfaltung der Persönlichkeit von Reitern verletzt? **Rn 466**

I. Überblick

435 Art. 2 Abs. 1 gewährleistet das Recht auf die freie Entfaltung der Persönlichkeit, das im gleichen Satz den drei Schranken („Schrankentrias") der Rechte anderer, der verfassungsmäßigen Ordnung und des Sittengesetzes unterworfen wird. Der Schutzbereich dieses Grundrechts ist zunächst von der sog. Persönlichkeitskerntheorie als bestimmter, begrenzter Lebensbereich

verstanden und auf einen „Kernbezirk des Persönlichen"[1] bezogen worden. Das BVerfG geht seit dem Elfes-Urteil[2] einen anderen Weg, auf dem ihm Rechtsprechung und Literatur weitestgehend folgen. Es versteht das Grundrecht des Art. 2 Abs. 1 einerseits unter Berufung auf die Entstehungsgeschichte als allgemeine Handlungsfreiheit im Sinne eines allgemeinen Freiheitsrechts, andererseits unter Aufnahme des Anliegens der Persönlichkeitskerntheorie als allgemeines Persönlichkeitsrecht, das es ergänzend auf Art. 1 Abs. 1 stützt. – Das vom Gesetzgeber des BGB noch abgelehnte allgemeine Persönlichkeitsrecht hat sich unter dem Einfluss der Grundrechte in der Rechtsprechung als sonstiges Recht i. S. d. § 823 Abs. 1 BGB etabliert[3].

II. Schutzbereiche

1. Allgemeine Handlungsfreiheit

Als allgemeine Handlungsfreiheit schützt Art. 2 Abs. 1 nicht einen bestimmten, begrenzten Lebensbereich, sondern jegliches menschliche Verhalten und ist ein „Grundrecht des Bürgers, nur auf Grund solcher Vorschriften mit einem Nachteil belastet zu werden, die formell und materiell der Verfassung gemäß sind"[4]. Aufgrund der Weite des Schutzbereichs werden besonders auch für die allgemeine Handlungsfreiheit rechtsethische Begrenzungen des Schutzbereichs gefordert. So wird aus Gründen der „juristischen Hygiene" (*Starck*, in: MKS, Art. 2 Abs. 1 Rn 13) der Ausschluss von Verhalten, die durch das Kernstrafrecht verboten sind, aus dem Schutzbereich oder ein allgemeiner „Friedlichkeitsvorbehalt" (*Isensee*, in: FS Sendler, 1991, S. 39/56 ff) gefordert. Jede Begrenzung des Schutzbereichs läuft jedoch Gefahr, staatliche Freiheitsbeschränkungen von den demokratisch-prozeduralen (Rn 312 ff) und grundrechtlich-materialen Rechtfertigungslasten (Rn 321 ff) freizustellen, die gerade auch mit der allgemeinen Handlungsfreiheit intendiert sind. Soweit es tatsächlich nur um die Freiheit zum Morden, Brennen und Schänden geht, erscheint die Auseinandersetzung hingegen ebenso praktisch irrelevant wie müßig: Selbst wenn sie konstruktiv vom Schutzbereich erfasst würde, wäre die Rechtfertigung entsprechender Verbote und Straftatbestände für die einen ebenso selbstverständlich, wie für die anderen der Ausschluss aus dem Schutzbereich. Jenseits dieser Selbstverständlichkeiten müssen jedoch die grundrechtlichen Rechtfertigungsanforderungen greifen. Wo immer sich die Frage der grundrechtlichen Rechtfertigung staatlicher Freiheitsbeschränkungen ernsthaft stellen lässt, ist der Schutzbereich der allgemeinen Handlungsfreiheit eröffnet.[5] Dies gilt unabhängig davon, ob das Verhalten durch Strafgesetze verboten oder als unfriedlich erachtet wird. Wo die Grundrechte die Unfriedlichkeit als Grenze des Schutzbereichs erachten, haben sie dies auch so formuliert (s. Art. 8 Abs. 1). Der weite Schutzbereich, dessentwegen Art. 2 Abs. 1 als Generalklausel bezeichnet wird, hat vor allem zwei Folgen: 436

a) Art. 2 Abs. 1 ist **Auffanggrundrecht** gegenüber den speziellen Grundrechten und tritt hinter diese zurück, soweit deren Schutzbereiche reichen (Subsidiarität; vgl 437

---

1 *Peters*, Das Recht auf freie Entfaltung der Persönlichkeit in der höchstrichterlichen Rechtsprechung, 1963, S. 49; vgl auch *Hesse*, VerfR, Rn 428; abw. M. E 80, 137/169.
2 E 6, 32; hierzu im historischen Rückblick *Lenz*, RW 2017, 149 ff.
3 E 34, 269/280 ff.
4 E 29, 402/408; 103, 29/45.
5 *Epping*, GrundR, R. 558 f.

Rn 395 f). Er gewinnt nur Bedeutung, wenn kein Schutzbereich eines speziellen Grundrechts einschlägig ist.

438 **Beispiele:** Abschluss oder Nichtabschluss von privatrechtlichen Verträgen (E 8, 274/328; 95, 267/303; 103, 197/215), soweit es nicht speziell um eigentums- oder berufsrelevante, Erb- oder Eheverträge geht, für die die entsprechenden Grundrechte einschlägig sind (vgl *Höfling*, Vertragsfreiheit, 1991, S. 14 ff); Austritt von Pflichtmitgliedern aus einer Kammer, wenn diese ihre Kompetenzen überschreitet (BVerwG, NVwZ 2017, 70/71); Besuch eines Sonnenstudios (BVerfG, NJW 2012, 1062); Führen eines Kraftfahrzeugs ohne Sicherheitsgurt (BVerfG, NJW 1987, 180); Genuss von Alkohol, Nikotin und Haschisch (E 90, 145/171; dazu *Kniesel*, ZRP 1994, 352); individuelle Gestaltung von Freizeit und Erholung (vgl E 54, 143/146; 55, 159/165; *Burgi*, Erholung in freier Natur, 1993); Veranstaltung von Sammlungen (E 20, 150/154). Selbst kriminelles Verhalten fällt in den Schutzbereich (aA *Kloepfer*, VerfR II, § 56 Rn 10). – Darüber hinaus wird auch die Freiheit, etwas zu unterlassen, eine Pflicht nicht zu erfüllen (negative Freiheit), häufig nicht von speziellen Grundrechten geschützt, zB Hafengebührenpflicht (E 91, 207/221); Kirchensteuerpflicht einer juristischen Person (E 19, 206/215); Versicherungspflicht für die Ehegatten von Landwirten (E 109, 96/109); Unterwerfung von Nichtmitgliedern unter die Normsetzung eines privaten Verbandes (E 64, 208/214).

439 **Lösungstechnischer Hinweis:** In Übungsarbeiten ist zunächst zu behandeln, ob der Schutzbereich eines oder mehrerer spezieller Grundrechte einschlägig ist. Art. 2 Abs. 1 darf nur geprüft werden, wenn kein spezielles Grundrecht einschlägig ist, wobei die Einschlägigkeit eines Grundrechts nicht dadurch entfällt, dass es zwar in seinem Schutzbereich betroffen, aber wegen Fehlens oder Rechtfertigung eines Eingriffs nicht verletzt ist. Diese Aussagen betreffen den sachlichen Schutzbereich; zum persönlichen Schutzbereich vgl Rn 174 ff.

440 b) Art. 2 Abs. 1 vermittelt ein „Recht" iSv Art. 19 Abs. 4 und erweitert damit aufgrund seiner generalklauselartigen Weite den **Rechtsschutz** und, weil er zu den in Art. 93 Abs. 1 Nr. 4a genannten Grundrechten gehört, die Möglichkeit zur Erhebung einer **Verfassungsbeschwerde**. Die Ausweitung des Schutzbereichs hat also eine Ausweitung des Rechtsschutzes und des Anwendungsbereichs der Verfassungsbeschwerde zur Folge. Soweit nicht die Verletzung eines speziellen Grundrechts gerügt werden kann, kann immer noch die Verletzung des Art. 2 Abs. 1 gerügt werden.

2. Allgemeines Persönlichkeitsrecht

441 Das allgemeine Persönlichkeitsrecht ist vom BVerfG aus *Art. 2 Abs. 1 iVm Art. 1 Abs. 1* entwickelt worden. Es hat seine Wurzeln in Art. 2 Abs. 1, weil es wie die allgemeine Handlungsfreiheit nicht auf bestimmte Lebensbereiche begrenzt ist, sondern in allen Lebensbereichen relevant wird. Es hat eine Verbindung zu Art. 1 Abs. 1, weil es den Einzelnen weniger in seinem Verhalten, als in seiner Qualität als autonomes Subjekt betrifft. Die Freiheit, die das Grundgesetz schützt, ist nicht bloße Willkürfreiheit, sondern Autonomie im Sinn der Fähigkeit, vor dem Hintergrund eines Selbstentwurfs begründete Entscheidungen treffen zu können. Die verschiedenen Ausformungen des allgemeinen Persönlichkeitsrechts, die die Rechtsprechung des BVerfG hervorgebracht hat, gelten denn auch nicht verschiedenen Lebensbereichen, sondern verschiedenen Aspekten des Selbstentwurfs: der Selbstbestimmung, Selbstbewahrung und Selbstdarstellung. Besonders im Hinblick auf den Datenschutz wird das allgemeine Persönlichkeitsrecht zunehmend auch von europarechtlichen Vorgaben geprägt.

a) Dabei verbürgt das allgemeine Persönlichkeitsrecht als **Recht der Selbstbestimmung** dem Einzelnen, seine Identität selbst zu bestimmen. Dazu gehören ua das Recht, sich der eigenen Identität zu vergewissern, und die Freiheit, nicht in einer Weise belastet zu werden, die die Identitätsbildung und -behauptung massiv beeinträchtigt.

442

Beispiele: Der Einzelne hat ein Recht auf Kenntnis der eigenen Abstammung (E 79, 255/ 268 f; 90, 263/270 f; 96, 56/63; BGHZ 204, 54/66), das der Gesetzgeber jedoch zum Schutz der Rechte Dritter einschränken darf (BVerfG, NJW 2016, 1939/1940 ff). Dem Einzelnen darf nicht verwehrt werden, seinen Namen zu behalten (E 78, 38/49; 109, 256/266 f; 115, 1/14) und seine sexuelle Orientierung (E 47, 46/73; 121, 175/190; 128, 109/124), den entsprechenden Personenstand (E 49, 286/298; vgl auch E 60, 123/134) und die eigene Fortpflanzung (zu Schwangerschaft E 88, 203/254; zu Sterilisation BGH, NJW 1995, 2407/2409; zu Inzest E 120, 224/238 f und EGMR, NJW 2013, 215/216) zu bestimmen. Einem Mann darf nicht die Erlangung der Kenntnis verwehrt werden, ob ein ihm rechtlich zugeordnetes Kind auch tatsächlich von ihm abstammt (E 117, 202/225 ff; vgl aber auch BVerfG, NJW 2015, 1506/1506 f = JK 7/ 2015, s. Rn 445). Menschen haben ein Recht auf „Neubeginn" (*Britz*, S. 74): Der Minderjährige hat ein Recht auf schuldenfreien Eintritt in die Volljährigkeit (E 72, 155/170 ff), das ihn seinen Platz im Leben ohne finanzielle Vorbelastungen finden und bestimmen lassen will; der Straftäter hat das Recht nicht nur auf schuldangemessene Bestrafung (E 95, 96/140; EuGRZ 2013, 212/220 ff), sondern auch auf Schutz seiner sozialen Integration, wenn sich die Medien auch noch nach der Verbüßung der Strafe unbeschränkt mit seiner Person und Privatsphäre befassen (E 35, 202/235 f; vgl auch E 64, 261/276 f; BVerfG, EuGRZ 2007, 738/742).

443

b) Als **Recht der Selbstbewahrung** verbürgt das allgemeine Persönlichkeitsrecht dem Einzelnen, sich zurückzuziehen, abzuschirmen, für sich und allein zu bleiben. Der Rückzug und die Abschirmung, die durch das allgemeine Persönlichkeitsrecht als Selbstbewahrungsrecht geschützt sind, sind vor allem sozial, aber auch räumlich zu verstehen.

444

Beispiele: Geschützt sind die aus dem vertraulichen Kontakt zwischen Arzt und Patient entstehenden Krankenakten (E 32, 373/379; BVerfG, NJW 2006, 1116), genetische Daten (E 103, 21/32 f; BVerfG, EuGRZ 2001, 249; vgl *Halàsz*, Das Recht auf bio-materielle Selbstbestimmung, 2004) und Gesundheitsdaten (BVerfG, NJW 2013, 3086/3087= JK 2/2014), ferner seelische Verfassung und Charakter (E 89, 69/82 f) und persönliche Vermögensverhältnisse (vgl BVerfG, NJW 2008, 1435). Als Recht auf Abschirmung sind geschützt das Recht geschlechtliche Beziehungen zu einem anderen Partner nicht offenbaren zu müssen (BVerfG, NJW 2015, 1506/1506 f = JK 7/2015, vgl aber auch E 117, 202/225 ff, s. Rn 443), das körperliche Schamgefühl (vgl BVerfG, NJW 2013, 3291/3292 = JK 9/2014), die Vertraulichkeit des Tagebuchs (E 80, 367/373 ff), die Verweigerung des Umgangs mit den eigenen Kindern (E 121, 69/90 ff) und der Rückzug an abgeschiedene Orte wie den dem unbemerkten Einblick entzogenen ruhigen Winkel eines Gartenlokals (E 101, 361/383 f).

445

Zu den Bereichen des Rückzugs und der Abschirmung hat das BVerfG eine *Sphärentheorie* entwickelt, die zwischen einer der öffentlichen Gewalt schlechthin verschlossenen Intimsphäre[6] und einer Privatsphäre unterscheidet, in die unter strenger Beachtung des Verhältnismäßigkeitsgrundsatzes eingegriffen werden darf. Dabei hat das BVerfG die Intimsphäre als den Kernbereich der privaten Lebensgestaltung gefasst, der aus Art. 1 Abs. 1 folgt und als Menschenwürdegehalt allen Freiheitsgrundrechten

446

---

6   E 6, 32/41; 38, 312/320.

eignet[7] (vgl Rn 360, 410, 1020). Der Kernbereich der privaten Lebensgestaltung genießt, wie die Menschenwürdegarantie, absoluten Schutz, soll aber Kommunikationen zu Straftaten wegen des ihnen immanenten Sozialbezugs nicht erfassen.[8] Intim- und Privatsphäre sind von einiger Unbestimmtheit. Der Schutzbereich zeigt sich „für bisher unbekannte Persönlichkeitsgefahren offen"[9] und stellt grundsätzlich jedem frei, wo und wie er sich zurückzieht und abschirmt und für sich seine Privatsphäre findet oder schafft; allerdings ist der Schutz der familiären Privatsphäre und von Kindern wegen Art. 6 Abs. 1 und 2 besonders stark und fehlen die Voraussetzungen des Privatsphärenschutzes, wenn der Einzelne sich unter vielen Menschen befindet oder selbst seinen privaten Bereich öffentlich macht, zB aus kommerziellen Gründen.[10] Amtsträgern steht dieses Recht nur für ihr Privatleben, nicht aber für ihre Amtsführung zu.[11]

447 c) Als **Recht der Selbstdarstellung** verbürgt das allgemeine Persönlichkeitsrecht dem Einzelnen, sich herabsetzender, verfälschender, entstellender und unerbetener öffentlicher Darstellungen, aber auch unerbetener heimlicher Wahrnehmungen seiner Person erwehren zu können.

448 Beispiele: Individuelle Gestaltung der äußeren Erscheinung durch Kleidung und Schmuck (BVerfG, NJW 2000, 1399); Schutz der persönlichen Ehre (E 54, 208/217) mit Schutz vor Äußerungen, die geeignet sind, sich abträglich auf das Bild des Einzelnen in der Öffentlichkeit auszuwirken (E 99, 185/193 f; 114, 339/346); Recht am eigenen Namen (E 104, 373/387; 123, 90/102), Bild (E 35, 202/220; 101, 361/380) und Wort (E 54, 148/155) mit Schutz vor heimlichem Mit- oder Abhören und Aufnehmen (E 34, 238/246; 106, 28/39 f), vor offener Videoüberwachung öffentlicher Orte (BVerfG, NVwZ 2007, 688/690), vor technischen Manipulationen (BVerfG, NJW 2005, 3271 f) und vor dem Zugriff auf personenbezogene Verbindungsdaten nach Abschluss des Telekommunikationsvorgangs (E 115, 166/187 ff); Recht auf Gegendarstellung (E 63, 131/142 f) und Berichtigung (E 97, 125/148 f); Recht, in Straf- und ähnlichen Verfahren nicht zur Selbstbezichtigung (Nemo-tenetur-Grundsatz; E 56, 37/41 ff; 95, 220/241) und im Berufsleben nicht zur Offenbarung persönlicher Lebensumstände (E 96, 171/181) gezwungen zu werden.

449 Eine wichtige Ausprägung des allgemeinen Persönlichkeitsrechts ist das Recht auf den *Schutz personenbezogener Daten*. Das BVerfG hat bereits 1983 im Volkszählungsurteil aus Art. 2 Abs. 1 i. V. m. Art. 1 Abs. 1 ein umfassendes *informationelles Selbstbestimmungsrecht* gewonnen, das die Befugnis des Einzelnen beinhaltet, „grundsätzlich selbst zu entscheiden, wann und innerhalb welcher Grenzen persönliche Lebenssachverhalte offenbart werden"[12]. Insofern sind Informationen über eine Person völlig unabhängig von der Sphäre, aus der sie stammen, sensibel und schutzbedürftig; weil zumal durch digitale Verarbeitung und Verknüpfung ein für sich gesehen belangloses Datum einen neuen Stellenwert bekommen kann, gibt es „kein ‚belangloses' Datum"[13]. Das informationelle Selbstbestimmungsrecht, ein Recht sowohl

---

7 E 109, 279/310 f; 113, 348/391; 119, 1/29 f; 124, 43/69 f.
8 E 109, 279/313; 141, 200/276 f.
9 E 95, 220/241.
10 E 101, 361/385 f; 120, 180/199.
11 E 101, 361/383; vgl aber auch BVerwGE 121, 115/125 f und dazu krit. *Lege*, Jura 2005, 616.
12 E 65, 1/42 f; 113, 29/47; 118, 168/183 ff.
13 E 65, 1/45.

auf Abwehr staatlicher Datenerhebungen und -verarbeitungen als auch auf deren Kenntnis,[14] hat die speziellen Rechte nicht verdrängt; es ist deren Auffangrecht geworden. Es stellt den informationellen Umgang des Staats mit dem Bürger umfassend unter Rechtfertigungszwang und ist damit zum Anlass einer umfangreichen informations- und datenschutzrechtlichen Gesetzgebung geworden, die zunehmend auch das Verhältnis der Bürger untereinander erfasst.[15]

Nicht vom informationellen Selbstbestimmungsrecht geschützt sieht das BVerfG die informationstechnischen Systeme, vom Personalcomputer bis zum Internet, in denen die persönlichen Verhältnisse, sozialen Kontakte und ausgeübten Tätigkeiten der Nutzer reichen Niederschlag finden; das informationelle Selbstbestimmungsrecht schütze nur gegen einzelne Datenerhebungen, gegen die heimliche Infiltration der Systeme insgesamt schütze das *„Grundrecht auf Gewährleistung der Vertraulichkeit und Integrität informationstechnischer Systeme"*[16]. Die informationstechnischen Systeme erinnern an die Wohnung; sie fallen zwar nicht in den Schutz von Art. 13, weil sie überall benutzt werden, haben aber eine ähnliche Bedeutung als persönlicher Lebensraum und bedürfen ähnlicher Schutzvorkehrungen (vgl Rn 461). 450

d) Das europäische Unionsrecht enthält mit Art. 8 GRCh ein neben dem Persönlichkeitsrecht (Art. 7 GRCh) eigenständiges Grundrecht auf den Schutz personenbezogener Daten. Beide Gewährleistungen gehen auf Art. 8 EMRK zurück,[17] was erklärt, dass der EuGH sie bislang durchweg gemeinsam und ohne genaue Abgrenzung untereinander prüft.[18] Beide Grundrechte haben im Unionsrecht eine verglichen mit anderen Grundrechten der Grundrechtecharta erhebliche Bedeutung. 451

Beispiele: Die Veröffentlichung der Daten von Empfängern von Agrarbeihilfen im Internet (EuGH, Schecke/Land Hessen, EU:C:2010:662, Rn 46 ff) verstößt ebenso gegen Art. 7, 8 GRCh wie die an Telekommunikationsdienstleister gerichtete Verpflichtung zur anlasslosen Vorratsdatenspeicherung (EuGH, Digital Rights Ireland/Minister for Communications u.a., EU:C:2014:238, Rn 24 ff = JK 8/2014; Tele 2 Sverige AB/Post- och telestyrelsen u.a., EU:C:2016:970, Rn 62 ff). Der EuGH erstreckt den Schutz von Art. 8 GRCh, dem er ein **Recht auf Vergessenwerden** entnimmt, auch auf Löschungsansprüche gegen Suchmaschinenbetreiber (EuGH, Google Spain, EU:C:2014:317, Rn 6 ff, 97 ff = JK 9/2014). Er hat dabei einen grundsätzlichen Vorrang der Persönlichkeitsrechte nicht nur gegenüber dem wirtschaftlichen Interesse, sondern auch gegenüber dem Informationsinteresse der Öffentlichkeit angenommen. Anders als der grundsätzliche Ansatz, der das Recht auf Neubeginn (Rn 426) für die digitale Welt weiterentwickelt, weicht der postulierte Vorrang des Persönlichkeitsrechts von der grundgesetzlichen Bestimmung des Verhältnisses von Persönlichkeits- und Kommunikationsfreiheiten ab, der ein grundsätzlicher Vorrang einer Freiheit fremd ist (vgl Rn 697). Aus Art. 8 GRCh folgt auch, dass die EU nur mit solchen Staaten sog. Safe-Harbor-Abkommen abschließt, die europäische Datenschutzstandards einhalten (EuGH, Digital Rights Ireland/Schrems, EU:C:2015:650, Rn 38 ff). Hingegen stellt die Verpflichtung zur Speicherung von Fingerabdrücken in Ausweisdokumenten einen gerechtfertigten Eingriff in diese Grundrechte dar (EuGH, Schwarz/Stadt Bochum, EU:C:2013:670, Rn 23 ff = JK 3/2014). 452

---

14 E 120, 351/360 f.
15 Vgl *Hoffmann-Riem*, AöR 1998, 513; *Gurlit*, NJW 2010, 1035.
16 E 120, 274/302; BVerfG, NJW 2016, 1781/1794 ff; *Volkmann*, DVBl. 2008, 590; *Heinemann*, Grundrechtlicher Schutz informationstechnischer Systeme, 2015.
17 *Britz*, EuGRZ 2009,1.
18 Kritisch *Kühling/Klar*, Jura 2011, 771/773.

453 Der Menschenrechtsausschuss der Vereinten Nationen entnimmt Art. 17 IPbpR ein Recht auf Privatheit, das ebenfalls Anforderungen an staatliche Datenerhebungen stellt. So hat der Ausschuss in seinen Bemerkungen zum Menschenrechtsbericht der USA von 2013 auf der Grundlage von Art. 17 IPbpR für die Massendatensammlungen der NSA u.a. präzise, verhältnismäßige und öffentlich zugängliche rechtliche Vorgaben, effektive Monitoring- und Rechtsschutzverfahren sowie den Verzicht auf die Verpflichtung Dritter zu Vorratsdatenspeicherungen gefordert.[19]

III. Eingriffe

454 Wegen des weiten Schutzbereichs des Art. 2 Abs. 1 iSd allgemeinen Handlungsfreiheit und wegen der Auflösung des klassischen Eingriffsbegriffs (vgl Rn 292 ff) mit der Folge, dass jegliche Beeinträchtigung einen Eingriff darstellt, besteht das Problem, dass die Möglichkeit, eine *Verfassungsbeschwerde* zu erheben, *ausufert*. Dieses Problem ist nach wie vor nicht befriedigend gelöst.[20]

455 Ein *erwägenswerter* Lösungsansatz besteht darin, die Auflösung des *klassischen Eingriffsbegriffs* nur für die speziellen Grundrechte und die Einzelverbürgungen des Art. 2 Abs. 1 gelten zu lassen, nicht aber für die allgemeine Handlungsfreiheit.[21] Dafür lässt sich anführen, dass die Rechtsprechung des BVerfG insoweit nur gezielte oder adressierte Belastungen zum Gegenstand gehabt hat. Ein Eingriff in die allgemeine Handlungsfreiheit würde danach nur unter zwei Voraussetzungen anzunehmen sein:

– Es muss sich um eine rechtliche (im Unterschied zu einer faktischen) Maßnahme handeln.
– Es muss sich um eine gegenüber dem betroffenen Einzelnen (im Unterschied zu Dritten) ergehende Maßnahme handeln.

456 **Beispiele:** Die Aufnahmeeinrichtung für Asylbewerber in einer Kommune mag von deren Einwohnern als beeinträchtigend empfunden werden, ist aber als faktische Maßnahme kein Eingriff in deren allgemeine Handlungsfreiheit. Die Zulassung von Kraftfahrzeugen mag Fußgänger und Radfahrer in ihrer allgemeinen Handlungsfreiheit beschneiden, sie stellt aber diesen gegenüber keinen Eingriff in Art. 2 Abs. 1 dar. Anders ist die Eingriffsqualität uU zu beurteilen, wenn ein Nachbar durch die Aufnahmeeinrichtung für Asylbewerber sein Grundstück beeinträchtigt sieht (Art. 14) oder wenn die staatliche Festlegung von Emissionswerten über die Luftverschmutzung zu einer Gesundheitsgefährdung führt (Art. 2 Abs. 2 S. 1).

457 Ein Eingriff in das Recht der informationellen Selbstbestimmung ist jeder persönlichen Lebenssachverhalten geltende Akt staatlicher Informations- und Datenerhebung und -verarbeitung, etwa bei einer Volkszählung. Kein Eingriff liegt dagegen vor, wenn Daten ungezielt und allein technikbedingt zunächst miterfasst, aber unmittelbar nach der Erfassung technisch wieder anonym, spurenlos und ohne die Möglichkeit, einen Personenbezug herzustellen, ausgesondert werden.[22] Dies gilt auch für Informa-

---

19 CCPR/C/SR/3061, 110 Sitzung, 26.3.2014, Ziff. 22; dazu *Fischer-Lescano*, JZ 2014, 965/967 ff.
20 Vgl *Di Fabio*, MD, Art. 2 Abs. 1 Rn 48 ff; *Cornils*, Hdb. StR[3] VII, § 168 Rn 37 ff.
21 Vgl *Pietzcker*, in: FS Bachof, 1984, S 131; *Höfling*, FH, Art. 2 Rn 62; aA *Kahl*, Staat 2004, 167/187.
22 E 100, 313/366; 115, 320/343; 120, 378/399.

tionen aus dem Kernbereich der privaten Lebensgestaltung, soweit sichergestellt ist, dass sie keiner Verwertung zugeführt werden. Für Eingriffe, die typischer Weise zur ungezielten Erhebung von Kernbereichsdaten führen können, verlangt das BVerfG eine gesetzliche Regelung, die zum einen bereits auf der Erhebungsebene Vorkehrungen zur Datenvermeidung trifft und zum anderen auf der Auswertungsebene eine Vorabkontrolle durch eine unabhängige Stelle vorsieht, die eine Verwertung von Kernbereichsdaten verhindert.[23]

Beispiele: Bei der automatisierten Erfassung von Kraftfahrzeugkennzeichen wird das mit einer Videokamera optisch erfasste Kennzeichen automatisch mit polizeilichen Fahndungsdateien abgeglichen und im Nichttrefferfall gelöscht; erst die Aufzeichnung im Trefferfall ist ein Eingriff (E 120, 378/399). Der von Kreditkartenunternehmen auf Ersuchen der Staatsanwaltschaft durchgeführte maschinelle Suchlauf nach Zahlungsvorgängen, die bezüglich einer bestimmten Kreditkarte in einem bestimmten Zeitraum über einen bestimmten Betrag mit einer bestimmten Bank getätigt worden sind, ist erst dann ein Eingriff, wenn ein solcher Vorgang an die Staatsanwaltschaft weitergegeben wird (BVerfG, NJW 2009, 1405). — 458

IV. Verfassungsrechtliche Rechtfertigung

Die Schranken des Art. 2 Abs. 1 gelten sowohl für die allgemeine Handlungsfreiheit als auch für das allgemeine Persönlichkeitsrecht.[24] Wichtig ist allein die Schranke der verfassungsmäßigen Ordnung. — 459

1. Verfassungsmäßige Ordnung

Die Rechtsprechung des BVerfG versteht diesen Begriff seit dem Elfes-Urteil als die Gesamtheit der Normen, die formell und materiell mit der Verfassung in Einklang stehen,[25] dh als *einfachen Gesetzesvorbehalt*. Diese Ausweitung der Schranke ist eine Folge der Ausweitung des Schutzbereichs (vgl Rn 436 ff). — 460

Der Schwerpunkt der Prüfung am Maßstab des Art. 2 Abs. 1 liegt in vielen Fällen auf der Prüfung der Schranken-Schranken, namentlich des *Verhältnismäßigkeitsgrundsatzes*. Als Folge des Übermaßverbots hat das BVerfG folgende Abwägungsdirektive aufgestellt: „Je mehr dabei der gesetzliche Eingriff elementare Äußerungsformen der menschlichen Handlungsfreiheit berührt, umso sorgfältiger müssen die zu seiner Rechtfertigung vorgebrachten Gründe gegen den grundsätzlichen Freiheitsanspruch des Bürgers abgewogen werden"[26]. Das gilt sowohl für die allgemeine Handlungsfreiheit als auch für das allgemeine Persönlichkeitsrecht; Eingriffe in besonders private Lebensbereiche bedürfen ebenso wie Eingriffe, mit denen der Betroffene nicht rechnet, denen er sich nicht entziehen oder die er nicht wahrnehmen kann, einer besonders sorgfältigen Abwägung.[27] Eingriffe in das Recht auf informationelle Selbst- — 461

---

23 E 109, 279/318 f; 113, 348/390 f; 120, 274/335 ff; BVerfG, 20.4.2015, Rn 125 ff.
24 E 65, 1/43 f; *Jarass*, JP, Art. 2 Rn 58.
25 E 6, 32/38 ff; 80, 137/153.
26 E 17, 306/314.
27 Vgl zur DNA-Analyse E 103, 21/33; VGH Mannheim, NJW 2001, 1082/1085; zur GPS-Observation E 112, 304/318 ff; zur Computerbeschlagnahme E 113, 29/52 ff; zur Rasterfahndung E 115, 320/345 ff.

bestimmung sind nur zulässig, wenn das ermächtigende Gesetz eine Zweckbindung für die erhobenen Daten sowie Auskunfts-, Berichtigungs- und Löschungspflichten vorsieht.[28] Für den Austausch von Daten zwischen Nachrichtendiensten und der Polizei hat das BVerfG darüber hinaus aus dem Grundsatz der Verhältnismäßigkeit ein informationelles Trennungsprinzip abgeleitet, das nur in Ausnahmefällen durchbrochen werden darf.[29] Die heimliche Infiltration informationstechnischer Systeme ist ein besonders intensiver Eingriff; sie darf nur beim Vorliegen einer konkreten oder sich immerhin konkretisierenden Gefahr für ein überragend wichtiges Rechtsgut und, wie die Wohnungsdurchsuchung (vgl Rn 1016), grundsätzlich nur auf richterliche Anordnung geschehen.[30]

2. Rechte anderer

462 Der Begriff umfasst unter Ausschluss bloßer Interessen *alle subjektiven Rechte*. Diese sind aber schon vollständig in der verfassungsmäßigen Ordnung enthalten.

3. Sittengesetz

463 Einst wurde dieser Begriff mit historisch überlieferten Moralauffassungen gleichgesetzt.[31] Das widerspricht aber der freiheitsbewahrenden Funktion des Art. 2 Abs. 1.

464 **Beispiele:** Im Jahr 1957 hat das BVerfG festgestellt: „Gleichgeschlechtliche Betätigung verstößt eindeutig gegen das Sittengesetz" (E 6, 389/434). Begründet wurde dies mit einer entsprechenden „allgemeinen Anerkennung", für die die strafgesetzliche Sanktion (§ 175 StGB aF) einen „Anhalt" liefere. – Im Jahr 1954 hat das OLG Karlsruhe die nichteheliche Lebensgemeinschaft als gegen das Sittengesetz verstoßend angesehen (FamRZ 1955, 117). Heute sieht man sie im Gegenteil als durch Art. 2 Abs. 1 geschützt an (vgl Rn 752).

465 Das Sittengesetz ist richtigerweise iSd „altbewährten und praktikablen Rechtsbegriffe" *gute Sitten, Treu und Glauben* zu verstehen.[32] Da diese positiviert sind (vgl §§ 138, 242, 826 BGB), kommt auch der Schranke des Sittengesetzes neben der der verfassungsmäßigen Ordnung keine eigenständige Bedeutung zu.[33]

466 **Lösungsskizze zum Fall 5 (Rn 434):** I. Das Reiten im Walde ist nicht durch ein spezielles Grundrecht geschützt; es kommt allein der Schutz durch Art. 2 Abs. 1 in Betracht. Macht man den Schutz davon abhängig, dass Verhalten „eine gesteigerte, dem Schutzgut der übrigen Grundrechte vergleichbare Relevanz für die Persönlichkeitsentfaltung besitzen" (so abw. M. E 80, 137/165), dann fällt das Reiten im Walde schwerlich in den Schutzbereich von Art. 2 Abs. 1. Es unterfällt auch keiner der von Rechtsprechung und Schrifttum entwickelten besonderen Konkretisierungen des allgemeinen Persönlichkeitsrechts. Gleichwohl ist es nach BVerfG, gefolgt von Rechtsprechung und Schrifttum, durch Art. 2 Abs. 1 geschützt, da mit der freien Entfaltung der Persönlichkeit die allgemeine Handlungsfreiheit und mit dieser „jede Form menschlichen Handelns ohne Rücksicht darauf, welches Gewicht der Betätigung für die Persönlichkeitsentfaltung zukommt", erfasst ist (E 80, 137/152). –

---

28 E 65, 1/46.
29 E 133, 277/329.
30 E 120, 274/326, 331; vgl auch *Voßkuhle*, in: FS Wahl, 2011, 443.
31 ZB *Starck*, in: FS Geiger, 1974, S. 259/276; heute noch *Kahl*, in: FS Merten, 2007, S. 57.
32 *Dürig*, MD, Erstbearbeitung Art. 2 Abs I Rn 16.
33 *Lorenz*, BK, Art. 2 Abs. 1, Rn 134.

II. Durch die Regelung im nordrhein-westfälischen Landschaftsgesetz wird der Reiter belastet, weil er nicht alle Wege, sondern nur die als Reitwege gekennzeichneten Wege benutzen darf. – III. Die Belastung ist gerechtfertigt, wenn sie zur verfassungsmäßigen Ordnung gehört, dh formell und materiell mit der Verfassung in Einklang steht. Zu prüfen ist ein Verstoß gegen das Übermaßverbot. Zweck der Regelung ist es, die Gefahren zu vermeiden, die sich für Erholung suchende Wanderer aus der Begegnung mit Pferden und aus der durch das Reiten verursachten Auflockerung des Waldbodens ergeben. Die Verweisung von Reitern auf besondere Wege ist hierfür ein geeignetes Mittel. Sie ist auch erforderlich. Zwar wäre der Zweck der Regelung statt durch die Ausgrenzung der Reitwege aus der Gesamtheit der Waldwege auch durch eine Ausgrenzung besonderer Wanderwege zu erreichen. Aber dies wäre kein milderes Mittel. Ebenso wie die Reiter können sich auch die Wanderer auf Art. 2 Abs. 1 berufen; sie, deren Zahl die Zahl der Reiter übersteigt, schwerer zu belasten, fällt als milderes Mittel aus. – E 80, 137/160 f thematisiert und akzeptiert den hier „dem Gesetzgeber aufgetragenen gerechten Interessenausgleich" zwischen Wanderern und Reitern unter dem Stichwort der Verhältnismäßigkeit im engeren Sinn.

Literatur: *M. Albers*, Grundrechtsschutz der Privatheit, DVBl. 2010, 1061; *G. Britz*, Freie Entfaltung durch Selbstdarstellung, 2007; *H.P. Bull*, Informationelle Selbstbestimmung – Vision oder Illusion?, 2009; *I. Dammann*, Der Kernbereich der privaten Lebensgestaltung, 2011; *M. Eifert*, Das Allgemeine Persönlichkeitsrecht des Art. 2 Abs. 1 GG, Jura 2015, 1181; *W. Kahl*, Grundfälle zu Art. 2 I GG, JuS 2008, 499, 595; *ders./L. Ohlendorf*, Grundfälle zu Art. 2 I iVm Art. 1 I GG, JuS 2008, 682; *H. Kube*, Persönlichkeitsrecht, Hdb. StR³ VII, § 148; *J. Lege*, Die allgemeine Handlungsfreiheit gem. Art. 2 I GG, Jura 2002, 753; *R. Poscher*, Menschenwürde und Kernbereichsschutz, JZ 2009, 269; *B. Schlink*, Das Recht der informationellen Selbstbestimmung, Staat 1986, 233; *F. Schoch*, Das Recht auf informationelle Selbstbestimmung, Jura 2008, 352; *D. Suhr*, Entfaltung der Menschen durch die Menschen, 1976.

467

§ 9 Recht auf Leben und körperliche Unversehrtheit (Art. 2 Abs. 2 S. 1)

Fall 6: Röntgenzwang für Studenten (nach VGH Mannheim, DÖV 1979, 338) Das Hochschulgesetz eines Landes bestimmt, dass ein Student ua dann exmatrikuliert werden kann, wenn sein Gesundheitszustand ein ordnungsgemäßes Studium ausschließt. Das Gesetz ermächtigt zu einer Regelung der Einzelheiten der Exmatrikulation in einer Universitätssatzung. Diese sieht vor, dass ein Student exmatrikuliert werden kann, wenn er sich nicht alle vier Semester einmal röntgenologisch untersuchen lässt, obwohl Röntgenstrahlen gefährlich und Tuberkuloseerkrankungen selten sind. Verstößt diese Satzungsbestimmung gegen Art. 2 Abs. 2 S. 1? **Rn 491**

468

I. Überblick

Das Recht auf Leben und körperliche Unversehrtheit hat keine Vorläufer in der deutschen Verfassungsgeschichte. Es ist eine Reaktion auf die Verbrechen der nationalsozialistischen Zeit („„Endlösung der Judenfrage", Vernichtung „rassisch wertlosen" oder „lebensunwerten" Lebens, Zwangssterilisationen, Zwangsversuche am lebenden Menschen, Folterungen).

469

470 Das Grundrecht auf Leben und körperliche Unversehrtheit ist zum einen ein Abwehrrecht gegen den Staat. Noch E 1, 97/104 f hat seine Wirkung ausdrücklich „darauf beschränkt, *negativ* ein Recht auf Leben und körperliche Unversehrtheit zu statuieren, dh insbesondere den staatlich organisierten Mord und die zwangsweise durchgeführten Experimente an Menschen auszuschließen". Seit E 39, 1/41 leitet das BVerfG dagegen aus Art. 2 Abs. 2 S. 1 auch eine Pflicht des Staates zum Schutz von Leben ab. Hierfür mag der systematische Zusammenhang mit Art. 1 Abs. 1 angeführt werden: Das Recht auf Leben und körperliche Unversehrtheit steht dem Gebot des Art. 1 Abs. 1, die menschliche Identität und Integrität zu achten und zu schützen (vgl Rn 425 f), nahe. Art. 2 Abs. 2 S. 1 hat mit anderen Worten einen besonders sichtbaren Menschenwürdegehalt, der auch in Art. 104 Abs. 1 S. 2 zum Ausdruck kommt (vgl Rn 432).

II. Abwehrrechte des Art. 2 Abs. 2 S. 1

1. Schutzbereiche

471 **a)** Das Recht auf **Leben** ist das Recht zu leben. Leben ist körperliches Dasein. Das Recht auf Leben beginnt schon vor der Geburt (vgl Rn 183) und endet mit dem Tod (vgl Rn 179). Es umfasst auch das Recht auf den Tod; im Sinn des Schutzes der negativen Freiheit schließt das Recht auf Leben auch das Recht auf die Selbsttötung (Selbstmord, Suizid) sowie in Fällen schwerster Erkrankungen darauf ein, Betäubungsmittel zum Zweck der Selbsttötung erwerben zu dürfen[1] und nicht entgegen dem eigenen Willen einer lebensverlängernde Behandlung ausgesetzt zu werden[2]. Bei Verweigerungen und Verhinderungen menschenwürdigen Sterbens und bei Maßnahmen der Zwangsernährung in staatlichen Anstalten ist zudem die Menschenwürde einschlägig[3].

472 **b)** **Körperliche Unversehrtheit** bedeutet zum einen Gesundheit im biologisch-physiologischen Sinn. Zum anderen ist Schutzgut auch die Gesundheit im psychischen Bereich[4]. Das folgt aus dem Zusammenhang des Art. 2 Abs. 2 S. 1 mit der Menschenwürde, die die Wahrung der Identität und Integrität ebenfalls nicht auf den körperlichen Bereich beschränkt (vgl Rn 426 f), sowie aus der Entstehungsgeschichte: Zu den Verbrechen der nationalsozialistischen Zeit gehörten gerade auch psychischer Terror, seelische Folterungen und entsprechende Verhörmethoden. Damit umfasst die Gesundheit auch die Freiheit von Schmerz.[5] Nicht dagegen gehören zur körperlichen Unversehrtheit das soziale Wohlbefinden[6] oder die Abwesenheit von Unlustgefühlen.[7] Wiederum gehört iSd Schutzes der negativen Freiheit das Recht auf

---

1 BVerwG, Urteil v. 2.3.2017, Rn. 23 ff.
2 *Fink*, Hdb. GR IV, § 88 Rn 48; *Kämpfer*, Die Selbstbestimmung Sterbewilliger, 2005, S. 177 ff; *Michael/Morlok*, GR, Rn 46, 160;; die hL sieht dies anders, zieht aber, wenig konsequent, die Selbsttötung oft in den Schutzbereich der allgemeinen Handlungsfreiheit; vgl *Stern*, StR IV/1, S. 148 f; *Lindner*, JZ 2006, 373/377; oder des allgemeinen Persönlichkeitsrechts; vgl *Möller*, KritV 2005, 230; auch der EGMR, Pretty v. The United Kingdom, No. 2346/02, Rn 63 ff; Lambert v. France, No. 46043/14, Rn 142, zieht in erster Linie Art. 8 EMRK unter Berücksichtigung von Art. 2 EMRK heran.
3 Vgl *Podlech*, AK, Art. 1 Abs. 1 Rn 55.
4 Krit. *Kloepfer*, VerfR II, § 57 Rn 8.
5 E 56, 54/75.
6 *Schmidt-Aßmann*, AöR 1981, 205/210; offen gelassen E 56, 54/74 ff.
7 AA BVerwG, NJW 1995, 2648/2649.

Krankheit zu Art. 2 Abs. 2 S. 1, so dass der Einzelne auch eine dringend gebotene Heilbehandlung ablehnen kann.[8]

2. Eingriffe

a) Eingriffe in das **Leben** sind die Verhängung und Vollstreckung der Todesstrafe, der polizeiliche Todesschuss und die Pflicht zum Einsatz von Leben und Gesundheit in den öffentlich-rechtlichen Dienstverhältnissen der Bundeswehr, Polizei, Feuerwehr und des Katastrophenschutzes.[9] Zu den Eingriffen in das Leben zählt auch die Euthanasie, wie sie in der nationalsozialistischen Zeit als staatlich organisierter Mord praktiziert wurde. Davon ist eine Sterbehilfe zu unterscheiden, die das Sterben erleichtert, ohne das Leben zu verkürzen, oder auch entsprechend dem Willen des Patienten das Leben verkürzt (vgl Rn 471). Eine gesetzliche Regelung, die dem Arzt erlauben würde, den Willen des unheilbar und qualvoll kranken Patienten nach Beendigung des Lebens Rechnung zu tragen, müsste dafür enge materiell- und verfahrensrechtliche Voraussetzungen statuieren, um zu gewährleisten, dass tatsächlich dem Willen entsprochen und nicht etwa doch ein Eingriff gesetzt wird.[10]

473

b) Eingriffe in die **körperliche Unversehrtheit** liegen nicht nur dann vor, wenn Schmerzen zugefügt oder empfunden werden. Sie schließen Schädigungen und Gefährdungen der Gesundheit ein.[11] Die mit Einwilligung des Betroffenen vorgenommene ärztliche Heilbehandlung ist kein Eingriff.[12] Die geringe Intensität einer Beeinträchtigung der körperlichen Unversehrtheit schließt den Eingriff nicht aus; die Frage der Intensität ist im Rahmen der verfassungsrechtlichen Rechtfertigung zu berücksichtigen.

474

Beispiele: Menschenversuche, Zwangskastration, Zwangssterilisation und medizinische Zwangsbehandlung (E 128, 282/300 ff; 129, 269/280 ff), körperliche Strafen und Züchtigungen, Impfzwang (BVerwGE 9, 78/79), Beschränkung der Organentnahme bei lebenden Organspendern auf Verwandte und nahe stehende Personen (BVerfG, NJW 1999, 3399/3401) sowie strafprozessuale Eingriffe wie Blutentnahme (BVerfG, NJW 1996, 771/772), Liquorentnahme (E 16, 194/198), Hirnkammerluftfüllung (E 17, 108/115) und zwangsweise Veränderung der Haar- und Barttracht (E 47, 239/248 f). – Dagegen stellt nach BVerwGE 125, 85/88 die Anordnung des Schneidens der Kopfhaare nur einen Eingriff in Art. 2 Abs. 1 dar.

475

3. Verfassungsrechtliche Rechtfertigung

a) Die Grundrechte auf Leben und auf körperliche Unversehrtheit stehen unter dem **Gesetzesvorbehalt** des Art. 2 Abs. 2 S. 3. Wegen der Intensität, die staatliche Eingriffe in den Schutzbereich des Art. 2 Abs. 2 S. 1 haben können, ergibt sich aus der Wesentlichkeitslehre (vgl Rn 315 ff), dass Eingriffe in das Leben und regelmäßig auch Eingriffe in die körperliche Unversehrtheit durch Parlamentsgesetz geregelt sein

476

---

8 E 128, 282/304.
9 Vgl *Sachs*, BayVBl. 1983, 460, 489; *Baldus*, NJW 1995, 1134.
10 Vgl *Höfling*, JuS 2000, 111; *Lorenz*, JZ 2009, 57.
11 E 66, 39/57 f; BVerfG, NJW 1998, 295.
12 E 128, 282/301; *Di Fabio*, MD, Art. 2 Abs. 2 Rn 69.

müssen. Lediglich unwesentliche Beeinträchtigungen der körperlichen Unversehrtheit können sich auf materielle Gesetze stützen.

477 **Beispiele:** Körperliche Eingriffe zu Untersuchungszwecken im Strafprozess mussten durch Parlamentsgesetz geregelt werden (vgl § 81a StPO). Körperliche Züchtigungen durch den Lehrer sind mit Schmerzen verbunden und sollen gerade damit verbunden sein; sie zählen nicht zu den unwesentlichen Beeinträchtigungen und bedürfen der Regelung durch Parlamentsgesetz (*Kunig*, MüK, Art. 2 Rn 83).

478 b) Als **Schranken-Schranken** wirken zunächst die *speziellen Normen* des Art. 104 Abs. 1 S. 2 und des Art. 102. Gem. *Art. 104 Abs. 1 S. 2* dürfen festgehaltene Personen weder seelisch noch körperlich misshandelt werden. Misshandlung muss hier in einem weiten Sinn verstanden werden[13]; andernfalls würde die Norm neben Art. 1 Abs. 1 keinen Sinn machen (vgl Rn 425 f, 432). Während Misshandlungen, die nicht die Schwere von Verstößen gegen die Menschenwürde aufweisen, als Eingriffe in die körperliche Unversehrtheit grundsätzlich durch den Gesetzesvorbehalt des Art. 2 Abs. 2 S. 3 gerechtfertigt werden können, sind sie gegenüber festgehaltenen Personen schlechthin ausgeschlossen.

479 **Beispiel:** Der Schlagstockeinsatz der Polizei führt zu körperlicher Misshandlung. Während er als unmittelbarer Zwang zur Vollstreckung rechtmäßiger Polizeiverfügungen zulässig sein kann, ist er gegenüber festgehaltenen Personen in keinem Fall zu rechtfertigen.

480 Gem. *Art. 102* ist die Todesstrafe abgeschafft und zugleich ihre Wiedereinführung durch einfaches Gesetz verboten. Fraglich ist, ob Art. 102 durch Verfassungsänderung aufgehoben und dann die Todesstrafe durch Gesetz wiedereingeführt werden kann. Dafür spricht, dass Art. 102 nicht gem. Art. 79 Abs. 3 der Verfassungsänderung entzogen ist.[14] Dagegen spricht, dass Art. 1 Abs. 1 berührt sein könnte und damit gegen Art. 79 Abs. 3 verstoßen würde. So wird damit argumentiert, dass die Verhängung und Vollstreckung der Todesstrafe den Körper in einer die Personalität beeinträchtigenden Weise zum bloßen Objekt machen würde,[15] und weiter damit, dass es keine Form der Vollstreckung der Todesstrafe gebe, die als Vorgang die Achtung der Menschenwürde gewährleiste, und dass daher „die Vollstreckung für die an diesem Vorgang Beteiligten staatliche Zumutung würdelosen Verhaltens" bedeute.[16] Dem entspricht es, dass der EGMR in der Todesstrafe einen Verstoß gegen das Verbot „grausamer und erniedrigender Strafe" aus Art. 3 EMRK sieht, obwohl Art. 2 Abs. 1 EMRK die Todesstrafe ausdrücklich als mögliche Einschränkung des Rechts auf Leben nennt und das nicht von allen Staaten ratifizierte 6. Zusatzprotokoll das Verbot der Todesstrafe zum Gegenstand hat.[17]

481 Umstritten ist, ob Art. 102 der deutschen öffentlichen Gewalt die *Auslieferung eines Ausländers* wegen einer Straftat verbietet, die in dem um die Auslieferung ersuchenden Staat mit der Todesstrafe bedroht ist.[18] Das BVerfG hat es offen gelassen.[19] In-

---

13 *Jarass*, JP, Art. 104 Rn 7 f; *Kloepfer*, VerfR II, § 57 Rn 70; *Kunig*, MüK, Art. 104 Rn 14 f.
14 *Tettinger*, JZ 1978, 128/131.
15 *Gusy*, MKS, Art. 102 Rn 33; *Degenhart*, SA, Art. 102 Rn 8.
16 *Podlech*, AK, Art. 1 Abs. 1 Rn 43.
17 EGMR, Al-Saadoon and Mufdhi v. United Kingdom, No. 61498/08, Rn 115–140.
18 Vgl *Di Fabio*, MD, Art. 2 Abs. 2 Rn 38.
19 E 60, 348/354.

zwischen ist in diesen Fällen durch § 8 des Gesetzes über die Internationale Rechtshilfe in Strafsachen (IRG) die Auslieferung verboten.

Sodann sind die *allgemeinen Schranken-Schranken*, namentlich die Rechtfertigungsanforderungen des Verhältnismäßigkeitsgrundsatzes, hier besonders sorgfältig zu beachten; denn das Grundrecht auf körperliche Unversehrtheit ist besonders sensibel. 482

Beispiel: Die medizinische Zwangsbehandlung ist wegen des Selbstbestimmungsrechts des Einzelnen auf Fälle der krankheitsbedingten Einsichtsunfähigkeit beschränkt; bei psychisch Kranken ist sie überdies nur mit dem Unterbringungsziel, den Betroffenen entlassungsfähig zu machen, gerechtfertigt (E 128, 282/304 ff; E 129, 269). 483

Das Grundrecht auf körperliche Unversehrtheit hat einen besonders sichtbaren *Menschenwürdegehalt*, der auch als sein Wesensgehalt iSd Art. 19 Abs. 2 verstanden wird (vgl Rn 360). Soweit er reicht, dürfen Leben und körperliche Unversehrtheit in keinem Fall angetastet werden und sind sie wegen Art. 79 Abs. 3 sogar der Disposition des verfassungsändernden Gesetzgebers entzogen. 484

Dabei ist aber das Leben nicht zugleich sein eigener Wesens- oder Menschenwürdegehalt. Obwohl der *Entzug des Lebens* vom Leben nichts mehr übrig lässt, steht er als solcher mit Art. 19 Abs. 2 und auch Art. 1 Abs. 1 noch nicht in Widerspruch. Denn Art. 2 Abs. 2 S. 3 lässt Eingriffe auch in das Leben gerade zu, und zu den Eingriffen in das Leben zählt in erster Linie dessen Entzug. Wenn Art. 19 Abs. 2 verlangt, dass vom Grundrecht stets noch etwas übrig bleiben muss (vgl Rn 355), kann dies also nicht im individuellen, sondern nur im kollektiven und generellen Sinn gemeint sein. 485

Beispiel: Der gezielte polizeiliche Todesschuss darf nur als äußerstes und letztes Mittel zur Rettung der Geisel aus unmittelbar drohender Lebensgefahr abgegeben werden, und dh auch nur dann, wenn der Geiselnehmer die Möglichkeit hatte, durch Freilassung der Geisel den Befreiungsschuss abzuwenden (vgl *Lerche*, in: FS v.d. Heydte, 1977, S. 1033). Sind diese Voraussetzungen gegeben, dann ist der Schuss aber selbst dann zulässig, wenn der Tod nicht nur billigend in Kauf genommen, sondern gewollt wurde (vgl *Schöne/Klaes*, DÖV 1996, 992; *Correll*, AK, Art. 2 Abs. 2 Rn 62); uU muss er gerade gewollt sein, damit das Leben der Geisel gerettet werden kann. 486

III. Schutzpflicht und Schutzrecht des Art. 2 Abs. 2 S. 1

1. Grund

Das BVerfG hat seine Ableitung staatlicher Schutzpflichten aus der objektiv-rechtlichen Funktion der Grundrechte zwar allgemein formuliert. Es nahm aber besonders Fälle zum Anlass, bei denen es um den Schutz gegen Gefährdungen der Grundrechte des Lebens und der körperlichen Unversehrtheit ging (vgl Rn 134 ff). Gerade beim Recht auf Leben eine Schutzpflicht zu bejahen, liegt nahe, weil hier Grundrechtsverletzungen, die sich aus Grundrechtsgefährdungen zu entwickeln drohen, *stets irreparabel* wären. Das ist bei anderen Grundrechten anders, und auch bei der körperlichen Unversehrtheit ist die Schutzpflicht schwächer als beim Leben, weil die Grundrechtsverletzungen nicht von derselben Endgültigkeit sein müssen. – Vom Schutzrecht ist ein Anspruch auf staatliche (Sozial-)Leistungen zu unterscheiden; dass der Staat der Grundrechtsverletzung schon im Stadium der Grundrechtsgefährdung wehren und da- 487 bei nicht nur Eingriffen vonseiten des Staates selbst, sondern auch Beeinträchtigungen des Schutzbereichs vonseiten des Einzelnen vorbeugen muss, ist etwas anderes als die Gewährleistung sozialer Fürsorge und medizinischer Versorgung (zur Sicherung des Existenzminimums Rn 421, 426). Allerdings soll Art. 2 Abs. 2 S. 1 bei lebensgefährdenden Erkrankungen, für die es keine medizinischen Standardmaßnahmen gibt, einen krankenversicherungsrechtlichen Leistungsanspruch auf Leistungen begründen, auch wenn deren therapeutischer Nutzen unsicher ist. Der Leistungsanspruch wird hier allerdings vor allem mit der aufgrund der Versicherungspflicht fehlenden Autonomie der Versicherten begründet[20]; damit handelt es sich um einen Aspekt der Abwehrdimension (Rn 123).

2. Erfüllung

488 Ob und wie der Schutz verwirklicht werden kann, hängt von vielen Faktoren ab (vgl Rn 141 f, 349). Der Staat hat daher einen *erheblichen Spielraum* bei der Erfüllung der Schutzpflicht.[21] Die Schutzpflicht ist verletzt, „wenn Schutzvorkehrungen entweder überhaupt nicht getroffen sind, wenn die getroffenen Regelungen und Maßnahmen offensichtlich ungeeignet oder völlig unzulänglich sind, das gebotene Schutzziel zu erreichen, oder wenn sie erheblich hinter dem Schutzziel zurückbleiben"[22]. Das eröffnet den Gerichten einen erheblichen Spielraum bei der Grenzziehung.

489 **Beispiele:** Der Staat erfüllt seine Schutzpflicht vor allem dadurch, dass staatliche Verfahren so ausgestaltet werden, dass ein Ausgleich widerstreitender Schutzgüter herbeigeführt werden kann, etwa durch umwelt- und wirtschaftsverwaltungsrechtliche Genehmigungsvorschriften für die das Leben und die körperliche Unversehrtheit gefährdenden Industriebetriebe (E 53, 30/ 55 ff; 56, 54/73 ff) und durch Verfahren sowie die Gewährleistung von Rechtsschutz bei der Zuteilung von Organen für eine Transplantation (NJW 2017, 545/546 = JK 8/2017, s. auch Rn 1172). – Es obliegt grundsätzlich den staatlichen Organen, im Fall einer Entführung, die der Freipressung von Strafgefangenen dient, zwischen der Schutzpflicht für das Leben des Entführten und der Schutzpflicht für das Leben aller anderen Menschen, deren Bedrohung durch den Terrorismus wachsen würde, wenn der Staat den Entführern nachgeben und dadurch für den Terroristen kalkulierbar würde, zu entscheiden (E 46, 160/165). Der Staat muss das Grundrecht zwar vor dem Missbrauch von Sportwaffen schützen, muss aber deren Gebrauch nicht verbieten (BVerfG, NVwZ 2013, 502). Aber er soll verpflichtet sein, für nicht einsichtsfähige Betreute bei drohenden erheblichen gesundheitlichen Beeinträchtigungen unter strengen Voraussetzungen eine ärztliche Behandlung auch gegen ihren natürlichen Willen vorzusehen (NJW 2017, 53/55 ff = JK 3/2017, s. auch Rn 65, 135); die Konstellation zeigt die Kehrseite der Schutzpflichten, die gerade auch zur Rechtfertigung von Eingriffen herangezogen werden (Rn 135). Nach dem EGMR, Lambert v. France, No. 46043/14, Rn 143 ff, liegt bei ausreichend ausgestalteten Verfahren und Rechtsschutz der Angehörigen in der Behandlungseinstellung für einen irreversibel komatösen Patienten keine Verletzung der staatlichen Schutzpflicht aus Art. 2 EMRK, auch wenn sie lediglich auf dem gemutmaßten Willen des Patienten beruht. Zu der aus Art. 2 EMRK abgeleiteten Schutzpficht gegenüber häuslicher Gewalt s. o. Rn 145.

490 Bedeutung kann die Schutzpflicht beim *Erlass und bei der Anwendung von Strafrechtsnormen* haben. Das BVerfG hatte in seiner ersten Entscheidung zum Schwan-

---

20 E 115, 25/45 f; NJW 2016, 1505/1506; krit. *Huster*, JZ 2006, 466 ff; *Kingreen*, NJW 2006, 877 ff.
21 E 77, 170/214; BVerfG, NJW 2017, 53/55 = JK 3/2017.
22 BVerfG, NJW 2017, 53/55 = JK 3/2017; vgl auch BVerfG, NVwZ 2016, 841/842.

gerschaftsabbruch noch gemeint, dass der Gesetzgeber das ungeborene Leben nicht ausreichend schütze, wenn er den Schwangerschaftsabbruch während der ersten drei Monate straffrei stelle und hat daher statt dieser sog. Fristen- den Erlass einer Indikationsregelung verlangt.[23] Es hat dem Gesetzgeber dann aber in einer zweiten Entscheidung nicht verwehrt, „für den Schutz des ungeborenen Lebens zu einem Schutzkonzept überzugehen, das in der Frühphase der Schwangerschaft in Schwangerschaftskonflikten den Schwerpunkt auf die Beratung der schwangeren Frau legt, um sie für das Austragen des Kindes zu gewinnen, und dabei ... auf eine indikationsbestimmte Strafdrohung ... verzichtet"[24]. In der Tat kann die Schutzpflicht keine strafrechtlichen Sanktionen gebieten, wenn diese sich wie beim Schwangerschaftsabbruch als dem Schutz des Lebens nicht förderlich erwiesen haben. Aus der Schutzpflicht folgt auch die Pflicht zu einer wirksamen Anwendung des Strafrechts, die elementare Rechtsgüter wie das Leben und die körperliche Unversehrtheit schützt, und zwar besonders dann, wenn Straftaten von Amtsträgern im Raum stehen oder der Staat eine spezifische Fürsorgepflicht dem Opfer gegenüber hat. Das Opfer einer Straftat hat zwar keinen grundrechtlichen Anspruch auf Strafverfolgung, wohl aber darauf, dass der Sachverhalt aufgeklärt, der Ermittlungsverlauf dokumentiert und eine Einstellungsentscheidung begründet wird.[25]

Lösungsskizze zum Fall 6 (Rn 468): I. Der *Schutzbereich* der körperlichen Unversehrtheit ist durch eine röntgenologische Untersuchung betroffen, da die Strahlen physiologische Veränderungen verursachen können. – II. Rechtsfolge der Ablehnung der Untersuchung ist die Exmatrikulation, die ihrerseits in das Grundrecht der Ausbildungsfreiheit (Art. 12 Abs. 1) eingreift. Um diese Sanktion zu vermeiden, ist jeder Student gezwungen, die Beeinträchtigung der körperlichen Unversehrtheit durch die röntgenologische Untersuchung hinzunehmen. Insofern wird ein Element des Schutzbereichs des Art. 2 Abs. 2 S. 1 zum Anknüpfungspunkt einer beeinträchtigenden staatlichen Maßnahme gemacht. Es liegt ein *Eingriff* nicht nur in Art. 12 Abs. 1, sondern auch in Art. 2 Abs. 2 S. 1 vor (aA VGH Mannheim, DÖV 1979, 338). – III. Da die röntgenologische Untersuchung keineswegs völlig ungefährlich und also auch nicht unwesentlich ist, muss sie ein *Parlamentsgesetz* zur Grundlage haben. Das Hochschulgesetz verlangt zwar einen Gesundheitszustand, der ein ordnungsgemäßes Studium gewährleistet. Wesentlich ist aber, wie der Gesundheitszustand nachgewiesen werden muss und ob zum Nachweis der Eingriff der röntgenologischen Untersuchung verlangt werden kann. Hierzu schweigt das Hochschulgesetz und scheidet daher als Grundlage des Eingriffs aus. Allein in der Satzung findet der Eingriff nicht die gem. Art. 2 Abs. 2 S. 3 erforderliche gesetzliche Grundlage (aA *v. Olshausen*, DÖV 1979, 340/341 f). – Auch bei großzügigerem Verständnis des Gesetzesvorbehalts in Art. 2 Abs. 2 S. 3 bleibt die Satzungsbestimmung verfassungsrechtlich problematisch. Denn auch wenn in der Satzung ein Gesetz iSd Art. 2 Abs. 2 S. 3 erblickt wird, muss doch weiter gefragt werden, ob ihr Erfordernis der röntgenologischen Untersuchung nicht *unverhältnismäßig* ist. Hierfür sprechen die Gefährlichkeit von Röntgenstrahlen und die Seltenheit von Tuberkuloseerkrankungen (aA für Soldaten BVerwGE 83, 191/195).

491

Literatur: *M. Anderheiden*, „Leben" im Grundgesetz, KritV 2001, 353; *I. Augsberg*, Grundfälle zu Art. 2 II 1 GG, JuS 2011, 28, 128; *H. Dreier*, Grenzen des Tötungsverbotes, JZ 2007, 261, 317; *G. Hermes*, Das Grundrecht auf Schutz von Leben und Gesundheit, 1987; *M. Kloep-*

492

---

23 E 39, 1.
24 E 88, 203/264; vgl auch E 98, 265/302 ff.
25 BVerfG, NJW 2015, 150/150 f; ferner EGMR, NJW 2001, 1989/1989 f.

fer, Leben und Würde des Menschen, in: FS 50 Jahre BVerfG, 2001, Bd. II, S. 77; *J.F. Lindner*, Die Würde des Menschen und sein Leben, DÖV 2006, 577; *R. Müller-Terpitz*, Recht auf Leben und körperliche Unversehrtheit, Hdb. StR³ VII, § 147; *B. Rütsche*, Rechte von Ungeborenen auf Leben und Integrität, 2009.

§ 10 Freiheit der Person (Art. 2 Abs. 2 S. 2, Art. 104)

493 **Fall 7: Festnahme eines Eckenstehers (nach OVG Münster, DVBl. 1979, 733)** An einem Tag, an dem wegen nicht angemeldeter Demonstrationen mehrere Polizeieinsätze stattfinden, steht der Bürger B längere Zeit vor dem Polizeipräsidium. Er wird von dem Polizeibeamten P festgenommen, weil dieser annimmt, B spähe das Einsatzverhalten der Polizei aus, um weitere nicht angemeldete Demonstrationen organisieren zu helfen. P glaubte sich hierzu befugt durch § 35 Abs. 1 Nr 2 nw PolG, wonach die Polizei eine Person in Gewahrsam nehmen kann, wenn das unerlässlich ist, um die unmittelbar bevorstehende Begehung oder Fortsetzung einer Straftat oder einer Ordnungswidrigkeit von erheblicher Bedeutung für die Allgemeinheit zu verhindern. B beteuert gegenüber P, er sei nur ein harmloser Eckensteher. Dennoch hält ihn P noch 5 Stunden lang fest. Hat P rechtmäßig gehandelt?
Rn 512

I. Überblick

494 Art. 2 Abs. 2 S. 2 und Art. 104 haben den gleichen Schutzbereich: die Freiheit der Person. Insofern stellt Art. 104 also eine eigentlich überflüssige *Verdoppelung der Gewährleistung* dar. Selbstständige Bedeutung gewinnt er aber dadurch, dass er mit seinem qualifizierten Gesetzesvorbehalt lex specialis zum einfachen Gesetzesvorbehalt von Art. 2 Abs. 2 S. 3 ist. Soweit Art. 2 Abs. 2 S. 3 neben den Schutzbereichen des Lebens und der körperlichen Unversehrtheit den Schutzbereich der Freiheit der Person betrifft, wird er durch Art. 104 verdrängt.

495 Dass Art. 2 Abs. 2 S. 2 und Art. 104 innerhalb des Grundgesetzes so weit auseinander gerissen worden sind, hat allein entstehungsgeschichtliche Gründe. Art. 104 knüpft an das zunächst in der englischen Verfassungsgeschichte entwickelte Institut des *habeas corpus* an[1]. Dieses betrifft die rechtsstaatlichen Maßstäbe für Festnahmen und sonstige Freiheitsbeschränkungen durch die öffentliche Gewalt, die vor allem durch den Richter zu gewährleisten sind. Daher hat sie der Parlamentarische Rat in den Abschnitt über die Rechtsprechung eingeordnet.

II. Schutzbereich

496 Freiheit der Person bedeutet *körperliche Bewegungsfreiheit*. Das Grundrecht umfasst das Recht, (positiv) jeden beliebigen, nahen oder fernen Ort aufzusuchen und (negativ) jeden beliebigen Ort zu meiden. In den Schutzbereich fällt, dass man dort, wo man nicht bleiben will, auch nicht bleiben muss. Die Freiheit der Person ist ebenso

---

1 Vgl *Amelung*, Jura 2005, 447.

wenig wie die anderen nicht normgeprägten Freiheitsrechte nur im Rahmen der allgemeinen Rechtsordnung geschützt.²

Nach verbreiteter Auffassung soll die Freiheit der Person aus historischen Gründen nur vor *körperlichen Beeinträchtigungen* der körperlichen Bewegungsfreiheit schützen. Das Verbot, einen bestimmten Ort zu verlassen, ist danach ebenso wie das Gebot, an einem bestimmten Ort zu erscheinen, nur dann ein Eingriff, wenn es von unmittelbarem Zwang oder durch dessen Androhung begleitet ist.³ Für diese Verengung der körperlichen Bewegungsfreiheit auf eine Freiheit vor körperlichen Beeinträchtigungen reichen aber die historischen Gründe nicht. Der unmittelbare Zwang oder seine Androhung geben den Verlassensverboten und Erscheinensgeboten in Zeiten eines voll entwickelten staatlichen Gewaltmonopols keine besondere Qualität, sondern stehen hinter ihnen ebenso wie hinter allen staatlichen Verboten und Geboten.⁴ 497

Andererseits ist die körperliche Bewegungsfreiheit aber auch nicht die Freiheit von jeglicher Pflicht zu körperlicher Bewegung. Bei dem Gebot, an einem bestimmten Ort zu erscheinen, muss daher *differenziert* werden. Die Pflicht, bis zu einem bestimmten Zeitpunkt an einem bestimmten Ort etwas Bestimmtes zu tun, lässt dem Betroffenen die Freiheit, wann er der Pflicht nachkommen will. Sie berührt noch nicht die Freiheit der Person, weil deren Schutzbereich die körperliche Bewegungsfreiheit als solche ist und nicht die Freiheit von jeglicher Handlungspflicht, die mit körperlicher Bewegung verbunden ist. Wenn sich die Pflicht jedoch zusätzlich auf einen bestimmten Zeitpunkt bezieht, ist die Freiheit der Person in ihrer negativen Ausprägung berührt. 498

III. Eingriffe

Eingriffe in die Freiheit der Person liegen vor, wenn jemand durch Gebote oder Verbote daran gehindert oder für einen bestimmten Zeitpunkt dazu verpflichtet wird, einen Ort aufzusuchen oder sich an einem Ort aufzuhalten.⁵ Sie reichen von der Vorladung über die kurzfristige Festnahme bis zur lebenslangen Freiheitsstrafe. Die körperliche Bewegungsfreiheit wird auch durch die Wehr- und die Schulpflicht beschränkt.⁶ Zu den Eingriffen zählen ferner die zur Durchsetzung eingesetzten Vollstreckungshandlungen, besonders der unmittelbare Zwang. 499

Beispiele: Das Urteil eines Strafgerichts über die Verhängung einer Freiheitsstrafe ist zu unterscheiden von der Festnahme des Täters sowie von dem Vollzug der Strafe in einer Anstalt. Jede dieser drei Maßnahmen stellt einen eigenen Eingriff in die Freiheit der Person dar (vgl auch E 14, 174/186). Ein Eingriff ist auch der Widerruf der Aussetzung der Strafvollstreckung zur Bewährung (BVerfG, NJW 2013, 2414/2415). Dagegen ist die Geldauflage bei einer zur Bewährung ausgesetzten Freiheitsstrafe kein Eingriff in die Freiheit der Person (BVerfG, NJW 2011, 3508). 500

Als besonders intensive Beschränkung der Freiheit der Person hebt Art. 104 Abs. 2–4 die *Freiheitsentziehung* hervor. Sie bedeutet die Aufhebung der körperlichen Bewe- 501

---

2 *Kloepfer*, VerfR II, § 58 Rn 4; aA E 94, 166/198; 96, 10/21.
3 *Di Fabio*, MD, Art. 2 Abs. 2 Rn 32; *Kunig*, MüK, Art. 2 Rn 76; *Schulze-Fielitz*, DR, Art. 2 II Rn 104.
4 Vgl *Gusy*, MKS, Art. 104 Rn 18.
5 Vgl E 105, 239/248.
6 AA *Gusy*, MKS, Art. 104 Rn 18; *Stern*, StR IV/1, S. 1097 f.

gungsfreiheit „nach jeder Richtung hin"[7], das Festhalten (durch Anordnung und/oder Vollzug) an eng umgrenztem Ort,[8] also jede Art von Arrest, Gewahrsam, Haft, Freiheitsstrafe und Unterbringung. Keine Freiheitsentziehungen, sondern nur Freiheitsbeschränkungen sind aufenthaltsbeschränkende und führungsaufsichtliche Maßnahmen sowie Vorladungen. Teilweise wird auch die Durchsetzung einer Vorladung, die Vorführung, nicht als Freiheitsentziehung, sondern als bloße Freiheitsbeschränkung angesehen.[9] Doch ist die Dienststelle ein eng umgrenzter Raum, in der der Vorgeführte gegen seinen Willen festgehalten wird. Der EGMR sieht daher mit Recht auch in einer nur kurzzeitigen Verbringung auf die Dienststelle eine Freiheitsentziehung iSv Art. 5 EMRK.[10] Beim Strafvollzug fallen über die Freiheitsentziehung hinaus notwendig andere Freiheitsbeeinträchtigungen an; sie sind mit der Freiheitsentziehung noch nicht erfasst und gerechtfertigt, sondern Eingriffe in andere Grundrechte und entsprechend eigens zu rechtfertigen.[11]

IV. Verfassungsrechtliche Rechtfertigung

1. Gesetzesvorbehalt des Art. 104

502 Art. 104 stellt verschiedene *form- und verfahrensmäßige Anforderungen* an die Zulässigkeit von Eingriffen in die Freiheit der Person, die auf verschiedene Eingriffsarten und -situationen zugeschnitten sind. Sie sind als Spezial- und Ausnahmeregelungen ineinander verschachtelt: Die Absätze 2–4, die der Freiheitsentziehung gelten, sind leges speciales zu Abs. 1, der von der Freiheitsbeschränkung handelt. Abs. 2 S. 2 und 3 sowie Abs. 3 normieren Ausnahmen zur Regel des Abs. 2 S. 1, wonach die Freiheitsentziehung der vorgängigen richterlichen Entscheidung bedarf. Dabei sind Abs. 2 S. 3 und Abs. 3 wiederum Spezialvorschriften zu Abs. 2 S. 2; sie gelten den besonderen Situationen, in denen jemand von der Polizei und wegen Strafverdachts in Gewahrsam bzw festgenommen wurde.

503 a) Für alle **Freiheitsbeschränkungen** gilt gem. Art. 104 Abs. 1 S. 1, dass sie
– nur unter Beachtung von Formen ergehen dürfen, die
– im förmlichen Gesetz, also nicht durch Rechtsverordnung, Satzung oder Gewohnheitsrecht geregelt sein müssen; eine analoge Anwendung eines Gesetzes reicht nicht aus[12].

Schon der Verstoß gegen eine gesetzliche Formvorschrift ist, da Art. 104 Abs. 1 ihre Beachtung zur Verfassungspflicht macht, ein Verfassungsverstoß. Dabei meint Art. 104 Abs. 1 S. 1, wenn er von Formen spricht, iS formeller Rechtmäßigkeit Form, Verfahren und Zuständigkeit von Freiheitsbeschränkungen. Für die Voraussetzungen der Freiheitsbeschränkungen gilt gemäß der Wesentlichkeitslehre (vgl Rn 315 ff), dass der parlamentarische Gesetzgeber selbst die wesentlichen Regelungen treffen muss.

---
7 E 105, 239/248; BVerfG, DVBl. 2011, 623/624.
8 BVerwGE 62, 325/328; BGHZ 82, 261/267; *Dürig*, MD, Art. 104 Rn 6.
9 BVerwGE 62, 325/327; 82, 243/245; BGHZ 82, 261/267.
10 EGMR, EuGRZ 2013, 489/494; NVwZ 2015, 879/879 f.
11 E 33, 1/9 f; 116, 69/80 f.
12 E 29, 183/195 f; 109, 133/188.

b) Die *zusätzliche* Anforderung für die verfassungsrechtliche Zulässigkeit einer **Freiheitsentziehung** besteht in erster Linie darin, dass *vorher* ein Richter entscheiden muss (Art. 104 Abs. 2 S. 1). Die Gerichte müssen organisatorisch gewährleisten, dass Richter erreichbar sind.[13] Ausnahmsweise ist gem. Art. 104 Abs. 2 S. 2 und 3 und Abs. 3 auch eine Freiheitsentziehung ohne vorherige richterliche Entscheidung zulässig. Dann ist aber unverzüglich eine richterliche Entscheidung herbeizuführen (S. 2). Aus der *Unverzüglichkeit* folgt, dass nur dann von der vorherigen richterlichen Entscheidung abgesehen werden darf, wenn „der mit der Freiheitsentziehung verfolgte verfassungsrechtlich zulässige Zweck nicht erreichbar wäre, wenn der Festnahme die richterliche Entscheidung vorausgehen müsste"[14]. Die richterliche Entscheidung darf sich nicht auf eine Prüfung der Plausibilität der von der Polizei vorgetragenen Gründe beschränken, sondern muss selbst prüfen und begründen, ob der Gewahrsam unerlässlich ist,[15] und dafür den Festgenommenen persönlich anhören,[16] gegebenenfalls mit einem Dolmetscher.[17]

504

Abs. 2 S. 3 und Abs. 3 stellen noch besondere Voraussetzungen für die Fälle auf, in denen die ohne vorherige richterliche Entscheidung ergehende Freiheitsentziehung durch die *Polizei* bzw im Zuge einer vorläufigen Festnahme wegen Verdachts einer strafbaren Handlung geschieht.

505

Eine weitere zusätzliche Anforderung für die verfassungsrechtliche Zulässigkeit einer Freiheitsentziehung ist die *Benachrichtigungspflicht* gem. Abs. 4. Sie begründet ein subjektives Recht auf die Benachrichtigung lediglich in der Person des Festgehaltenen, nicht auch bei den Angehörigen oder Vertrauenspersonen;[18] das Recht ist verzichtbar (vgl Rn 202).

506

Gesetze gestalten die Formerfordernisse des Art. 104 näher aus und verstärken sie gelegentlich sogar.

507

Beispiel: Die Landesgesetze über die Unterbringung von psychisch Kranken regeln die Voraussetzungen und das Verfahren für das zwangsweise Einweisen und Festhalten in einer Krankenanstalt. Sie verlangen eine Entscheidung des Amtsgerichts und konkretisieren damit Art. 104 Abs. 2, der einfach vom Richter spricht. Sie verlangen zusätzlich, dass das Amtsgericht grundsätzlich den Kranken mündlich anhört, und konkretisieren damit Art. 104 Abs. 1 S. 1. Verstöße können mit der Verfassungsbeschwerde gerügt werden (vgl E 58, 208/220 f; 66, 191/195 ff).

508

2. Schranken-Schranken

Für Freiheitsbeschränkungen und insbesondere für Freiheitsentziehungen gelten strenge Verhältnismäßigkeitsanforderungen. Vor allem die *lebenslange Freiheitsstrafe* bedarf als besonders intensiver Eingriff einer sehr strengen Prüfung; das BVerfG sieht sie nur gerechtfertigt, wenn der Verurteilte nicht nur auf eine gesetzlich nicht geregelte Begnadigung hoffen darf, sondern wenn die Voraussetzungen, unter denen die Vollstreckung einer lebenslangen Freiheitsstrafe ausgesetzt werden kann, und das

509

---

13 E 105, 239/248; vgl auch Rn 1016.
14 E 22, 311/317; BVerfG, NVwZ 2009, 1033.
15 E 83, 24/33.
16 *Degenhart*, SA, Art. 104 Rn 22 f.
17 BVerfG, NVwZ 2007, 1045.
18 Vgl E 16, 119/122; BVerwG, NJW 1985, 339.

dabei anzuwendende Verfahren gesetzlich geregelt sind.[19] Bei der fortdauernden Vollstreckung der lebenslangen Freiheitsstrafe wegen fortdauernder Gefährlichkeit des Gefangenen steigen die materiell- und verfahrensrechtlichen Voraussetzungen für ihre Rechtfertigung, je länger sie andauert.[20]

510 Hohe und ausdifferenzierte Anforderungen gelten auch für die *Sicherungsverwahrung*, die dem Schutz vor gemeingefährlichen Straftätern nach Verbüßung der im Strafurteil verhängten Haftstrafe dient (§§ 66 ff StGB). Das BVerfG hat es zunächst nicht als Verstoß gegen Art. 2 Abs. 2 S. 2 angesehen, dass der deutsche Gesetzgeber die bis 1998 bestehende Vollstreckungshöchstfrist von 10 Jahren auch für zu diesem Zeitpunkt bereits verurteilte Straftäter aufgehoben hat.[21] Nach Ansicht des *EGMR* muss hingegen die Freiheitsentziehung die Konsequenz aus der Verurteilung sein. Er hat daher einen Verstoß gegen das Recht auf Freiheit (Art. 5 Abs. 1 S. 2 lit. a) EMRK) bejaht.[22] Das BVerfG hat im Anschluss daran die Notwendigkeit einer strikten Verhältnismäßigkeitsprüfung betont und einen Verstoß der Vorschriften über die Sicherheitsverwahrung gegen Art. 2 Abs. 2 S. 2 bejaht.[23] Besondere Anforderungen gelten auch für den Vollzug der Sicherungsverwahrung, der sich dadurch vom Strafvollzug unterscheiden muss, dass er freiheitsorientiert und therapiegerichtet ist (sog. Abstandsgebot)[24], sowie für die Unterbringung psychisch Kranker[25] (Rn 1252). Im Übrigen reicht nach dem EGMR für die Rechtfertigung einer präventiven Haft entgegen dem Wortlaut von Art. 5 Abs. 1 S. 2 lit. b Alt. 2 EMRK nicht aus, das die allgemeine Pflicht zum Gesetzesgehorsam erzwungen werden soll. Der Betroffene muss vielmehr die Erfüllung einer konkretisierten Verpflichtung verweigern.[26] Soweit es um die Verpflichtung geht, keine Straftat zu begehen, muss sie bereits im Hinblick auf Ort und Zeitpunkt sowie potentielle Opfer hinreichend bestimmt sein.[27]

511 Bei der Rechtfertigung der *Untersuchungshaft* ist zusätzlich die rechtsstaatliche Unschuldsvermutung zu beachten.[28] Sie verbietet, einerseits mit dem Verdächtigen ebenso zu verfahren wie mit einem Verurteilten (Verbot der Vorwegnahme der Strafe)[29] und andererseits mit dem Verdächtigen ohne sachlichen Grund anders zu verfahren als mit einem Nichtverdächtigen. Die Untersuchungshaft ist gerechtfertigt, wenn es bei den Haftgründen der Flucht- und Verdunkelungsgefahr keine milderen Mittel gibt und beim Haftgrund der Wiederholungsgefahr um die Abwehr schwerer Kriminalität geht.[30] Auch die der Untersuchungshaft ähnliche Hauptverhandlungshaft ist

---

19 E 45, 187/242 ff; 72, 105/113; 113, 154/164 ff; zu Art. 3 EMRK so auch EGMR, NJOZ 2014, 1582/1584.
20 E 117, 71/94 ff; BVerfG, NJW 2009, 1941/1942.
21 E 109, 133/187 f.
22 EGMR, NJW 2010, 2495/2496 f; zum Verstoß gegen das strafrechtliche Rückwirkungsverbot Rn 1252.
23 E 128, 326/366 ff.
24 E 128, 326/374 ff; NJW 2013, 3151/3155 f = JK 1/2014; vgl *Payandeh/Sauer*, Jura 2012, 289; *Volkmann*, JZ 2011, 835. Zur Umsetzung des Abstandsgebots EGMR, EuGRZ 2016, 352/359 ff, 364 ff; *Renzikowski*, NJW 2013, 1638/1639 ff.
25 BVerfG, NJW 2013, 3228/3230; EGMR 2013, 1791/1793 ff.
26 EGMR, NVwZ 2012, 1089/1091.
27 EGMR, NVwZ 2014, 43/47 f; dazu BVerfG, NVwZ 2016, 1079/80.
28 E 74, 358/370 ff; 82, 106/144 f; 110, 1/23.
29 Vgl *Stuckenberg*, Untersuchungen zur Unschuldsvermutung, 1998, S. 530 ff.
30 *Di Fabio*, MD, Art. 2 Abs. 2 Rn 49 ff; *Schulze-Fielitz*, DR, Art. 2 II Rn 109.

nur zur Verfahrenssicherung zulässig.[31] Der Verhältnismäßigkeitsgrundsatz verlangt weiter, dass das Verfahren von den zuständigen Verfolgungsorganen mit größtmöglicher Beschleunigung betrieben wird[32] und die Untersuchungshaft eine Höchstdauer nicht überschreitet[33].

Lösungsskizze zum Fall 7 (Rn 493): Es ist zu unterscheiden zwischen der Rechtmäßigkeit der Festnahme und der des weiteren Festhaltens des B. I. § 35 Abs. 1 Nr 2 nw PolG ermächtigt zu einem Eingriff in die Freiheit der Person. Als förmliches Gesetz ist er von Art. 104 Abs. 1 S. 1 gedeckt. Art. 104 Abs. 2 S. 2 lässt auch eine nicht auf richterlicher Anordnung beruhende Freiheitsentziehung zu. Ob die Anwendung dieser Vorschrift im vorliegenden Fall rechtmäßig war, muss im Hinblick auf die Merkmale „unmittelbar bevorstehend" und „von erheblicher Bedeutung für die Allgemeinheit" bezweifelt werden, soll aber mangels näherer Sachverhaltsangaben dahinstehen. – II. Die Rechtmäßigkeit des weiteren Festhaltens des B beurteilt sich nach § 36 Abs. 1 S. 1 nw PolG, der mit Art. 104 Abs. 2 S. 2 übereinstimmt. Hier ist nicht unverzüglich eine richterliche Entscheidung herbeigeführt worden. Es fragt sich aber, ob die Polizei die in Art. 104 Abs. 2 S. 3 genannte Frist ausschöpfen darf, was der Fall wäre, wenn diese Vorschrift eine verdrängende lex specialis zu Art. 104 Abs. 2 S. 2 wäre. Diese Frist stellt jedoch – das ergibt sich aus dem Ausnahmecharakter der polizeilichen Freiheitsentziehung – eine *zusätzliche* Einschränkung dar; das Gebot der unverzüglichen Herbeiführung der richterlichen Entscheidung bleibt davon unberührt (E 105, 239/249). Daher hat das OVG Münster, DVBl. 1979, 733 entschieden, dass im Normalfall zwei bis drei Stunden für das Herbeiführen einer richterlichen Entscheidung zu veranschlagen sind und das fünfstündige Festhalten des B rechtswidrig gewesen ist.

512

Literatur: *C. Gusy*, Freiheit der Person, Hdb. GR IV, § 93; *P. Hantel*, Das Grundrecht der Freiheit der Person nach Art. 2 II 2, 104 GG, JuS 1990, 865; *H.-H. Jescheck/O. Triffterer* (Hrsg.), Ist die lebenslange Freiheitsstrafe verfassungsmäßig?, 1978; *V. Neumann*, Freiheitssicherung und Fürsorge im Unterbringungsrecht, NJW 1982, 2588; *A. Schieder*, Die richterliche Bestätigung polizeilich veranlasster Freiheitsentziehungen, KritV 2000, 218; *A. Tiemann*, Der Schutzbereich des Art. 2 II 2 GG, NVwZ 1987, 10; *F. Wittreck*, Freiheit der Person, Hdb. StR³ VII, § 151.

513

§ 11 Das Gleichheitsgebot (Art. 3, 6 Abs. 1 und 5, 33 Abs. 1–3, 38 Abs. 1 S. 1)

Fall 8: Staffelung von Kindergartengebühren nach dem Familieneinkommen
(nach E 97, 332) Eine Stadt erhebt von den Eltern der Kinder, die einen städtischen Kindergarten besuchen, Gebühren. Die einschlägige Satzung staffelt die Gebühren nach dem Familieneinkommen. E sind die Eltern eines Kindes, von denen die Stadt den Höchstsatz erhebt, der mehr als das doppelte des niedrigsten Satzes beträgt, die für das Kind tatsächlich anfallenden Kosten allerdings noch nicht deckt. Sie sehen in der Staffelung der Gebühren eine Verletzung von Art. 3 Abs. 1. Zu Recht? **Rn 595**

514

---

31 BVerfG, NJW 2001, 426; *Hellmann*, NJW 1997, 2145.
32 E 19, 342/347 f; 53, 152/158 f; BVerfG, EuGRZ 2009, 414/416.
33 *Gropp*, JZ 1991, 804/808 f.

§ 11 *Das Gleichheitsgebot (Art. 3, 6 Abs. 1 und 5, 33 Abs. 1–3, 38 Abs. 1 S. 1)*

I. Überblick

515 Das Grundgesetz enthält Gewährleistungen der Gleichheit an verschiedenen Stellen und mit verschiedenen Akzenten. Art. 3 Abs. 1 ist der allgemeine Gleichheitssatz; er verlangt allgemein die *Rechtsanwendungsgleichheit* (Gleichheit vor dem Gesetz) und die *Rechtsetzungsgleichheit* (Gleichheit des Gesetzes). Das Gebot der Rechtsetzungsgleichheit folgt zwar nicht aus dem Wortlaut von Art. 3 Abs. 1, aber aus dem Zusammenhang von Art. 3 Abs. 1 mit Art. 1 Abs. 3, der Bindung der Gesetzgebung an die Grundrechte. Art. 3 Abs. 2 S. 1 und Abs. 3 S. 1 verbieten, bestimmte Gegebenheiten zum Grund für Bevorzugungen und Benachteiligungen zu nehmen. Sie lassen damit erkennen, dass Art. 3 Abs. 1 nicht die völlige Gleichbehandlung verlangt, nicht jede Bevorzugung und Benachteiligung verbietet. Wäre das der Inhalt von Art. 3 Abs. 1, dann bedürfte es der Art. 3 Abs. 2 S. 1 und Abs. 3 S. 1 nicht. Es bedarf ihrer darum, weil Art. 3 Abs. 1 nur die *grundlose Ungleichbehandlung* verbietet; Art. 3 Abs. 1 verlangt rechtfertigende Gründe für Ungleichbehandlungen, und Art. 3 Abs. 2 S. 1 und Abs. 3 S. 1 statuiert, welche Gegebenheiten als rechtfertigende Gründe für Ungleichbehandlungen schlechthin ausfallen. – Auch die weiteren speziellen Gleichheitsgebote und Diskriminierungsverbote in Art. 6 Abs. 1 und 5, Art. 38 Abs. 1 S. 1 und Art. 33 Abs. 1–3 stellen besondere Anforderungen an die rechtfertigende Begründung von Ungleichbehandlungen, indem sie entweder wie Art. 3 Abs. 2 S. 1 und Abs. 3 bestimmte Rechtfertigungsgründe nicht oder wie Art. 33 Abs. 2 bestimmte Rechtfertigungsgründe allein zulassen. Art. 3 Abs. 2 S. 2 ist speziell insofern, als er dem Staat die Herstellung und Durchsetzung der Gleichberechtigung von Frau und Mann aufgibt.

516 Die EMRK (Rn 47, 66–69) enthält zwar keinen allgemeinen Gleichheitssatz, aber in Art. 14 ein Verbot der Diskriminierung aus Gründen, die denjenigen des Art. 3 Abs. 3 GG weitgehend entsprechen. Ebenso wie dieser schließen sie Diskriminierungen aus diesen Gründen teilweise kategorisch aus (EGMR, NVwZ 2008, 533/534). Bei anderen Kriterien lassen sie Ungleichbehandlungen aber aus „sachlichen und vernünftigen Gründen" (EGMR, NJW 2002, 2851/2855) zu. – Gleichheit ist ferner ein zentrales Thema des europäischen Unionsrechts, das sich zunächst der binnenmarktrechtlichen Gleichheit gewidmet und diese dann nach dem Übergang zur politischen Union 1992 zu allgemeinen Gleichheitsgrundrechten erweitert hat. Das Diskriminierungsverbot (Art. 18 Abs. 1 AEUV) und die Grundfreiheiten (Art. 34, 45, 49, 56, 63 AEUV) garantieren die für die Verwirklichung des Binnenmarktes fundamentale Gleichbehandlung aller Unionsbürger unabhängig von deren Staatsangehörigkeit (Rn 538). Das Unionsrecht hat daneben speziell die Gleichbehandlung von Frauen und Männern im Arbeitsleben wesentlich befördert. Schon der 1957 in Kraft getretene EWG-Vertrag (Rn 48) enthielt ein entsprechendes Gleichbehandlungsgebot, das aus Gründen der Wettbewerbsgleichheit in allen Mitgliedstaaten gelten sollte. Dieses weniger individualrechtlich, sondern ebenfalls mit der Funktion des Binnenmarktes begründete Sonderregime existiert nach wie vor (nunmehr Art. 157 AEUV), obwohl die seit 2009 rechtsverbindliche europäische Grundrechtecharta (Rn 49, 70) den Gleichheitsschutz darüber hinausgehend generalisiert hat und der Gleichheit ein eigenes Kapitel widmet. Der allgemeine Gleichheitssatz (Art. 20 GRCh) wird ergänzt durch das Gebot der Nichtdiskriminierung (Art. 21 GRCh), das außer den Merkmalen des Art. 3 Abs. 3 GG etwa auch die sexuelle Ausrichtung und das Alter als grundsätzlich verbotene Differenzierungskriterien nennt. Das Unionsrecht weitet damit den gleichheitsrechtlichen Horizont für Kriterien, die lange Zeit kaum (zur sexuellen Orientierung: Rn 537) oder, wie das Alter (Rn 532), nur im Kontext von Freiheitsrechten (Rn 961, 967) eine Rolle gespielt haben. Diese primärrechtlichen werden durch sekundärrechtliche, überwiegend auf Art. 19 Abs. 1 AEUV beruhende Gewährleistungen ergänzt[1], die vor allem bei Diskriminierungen im Arbeitsleben eine erhebliche Rolle spielen.

---

1 *Kingreen*, in: Ehlers (Hrsg.), Europäische Grundrechte und Grundfreiheiten, 4. Aufl. 2014, § 21 Rn 22.

Vielschichtig ist das Verhältnis der Gleichheit zur Freiheit. Die *politische Forderung* nach möglichst viel gesellschaftlicher Freiheit gerät mit der politischen Forderung nach möglichst viel gesellschaftlicher Gleichheit in *Konflikt*: Gesellschaftliche Freiheit ist auch die Ellenbogenfreiheit des Stärkeren, gesellschaftliche Gleichheit ist gerade die Chancengleichheit des Schwächeren. Die *grundrechtlichen Verbürgungen* von Freiheit und Gleichheit stehen dagegen *konfliktfrei* nebeneinander. Sie überlassen weitgehend dem Gesetzgeber, wie viel Spielraum er den Starken lassen und wie viel Schutz er den Schwachen geben, dh wie er die gegenläufigen politischen Forderungen befriedigen will. Sie setzen ihm dabei nach beiden Seiten nur gewisse Grenzen. Gemeinsam ist den Grenzsetzungen durch Freiheitsverbürgungen und durch Gleichheitsverbürgungen, dass sowohl die Freiheitsverkürzung als auch die Ungleichbehandlung *nicht grundlos* geschehen darf. Unterschiedlich ist jedoch die *Rechtstechnik* der Verbürgungen. Bei den Freiheitsrechten gibt es die einzelnen Lebensbereiche oder das Handeln schlechthin als Schutzbereiche und gibt es die Eingriffe in die Schutzbereiche. An die Feststellung eines Eingriffs schließt dann die Frage nach seiner verfassungsrechtlichen Rechtfertigung an (Rn 401). Bei den Gleichheitsrechten gibt es dagegen keinen Schutzbereich und daher auch keinen Eingriff in den Schutzbereich.[2] Hier vollzieht sich die Prüfung einer Grundrechtsverletzung in *zwei Schritten*; sie besteht aus der Feststellung einer Ungleichbehandlung und aus der Frage nach deren verfassungsrechtlicher Rechtfertigung (Rn 597).

517

II. Ungleichbehandlung

1. Verfassungsrechtlich relevante Ungleichbehandlung

Verfassungsrechtlich *relevant*, dh verfassungsrechtlicher Rechtfertigung bedürftig ist nur die Ungleichbehandlung von „wesentlich Gleichem".[3] Das bedeutet zum einen, dass die Ungleichbehandlung durch dieselbe Rechtsetzungsgewalt erfolgt sein muss. Soweit die Bürger eines Landes durch ein Landesgesetz anders behandelt werden als die Bürger eines anderen Landes, das kein entsprechendes oder ein abweichendes Landesgesetz erlassen hat, fehlt von vornherein die wesentliche Gleichheit; entsprechendes gilt im Verhältnis zwischen Bundes- und Landesgesetzen und zwischen Satzungen verschiedener Gemeinden, Universitäten usw.[4] Zum anderen gilt, dass kein Mensch genau wie der andere und keine Situation genau wie die andere ist. Daher kann wesentliche Gleichheit nur bedeuten, dass Personen, Personengruppen oder Situationen vergleichbar sind. Vergleichbarkeit bedarf zunächst eines *Bezugspunkts* (tertium comparationis).[5]

518

Beispiel: Für den, der einen Personenkraftwagen führt, gilt das Straßenverkehrsrecht, und für den, der eine Schankwirtschaft betreibt, das Gaststättenrecht. Hier werden zwar verschiedene Personengruppen rechtlich verschieden behandelt, aber es fehlt der Bezugspunkt eines Vergleichs, der von einer relevanten, verfassungsrechtlicher Rechtfertigung bedürftigen Ungleichbehandlung reden ließe. Vergleichbar ist dagegen das Führen von Personenkraftwagen mit dem Führen von Lastkraftwagen und Krafträdern und das Betreiben von Schankwirtschaften mit dem Betreiben von Speisewirtschaften und Beherbergungsbetrieben. Der Bezugspunkt liegt das eine Mal darin, dass Kraftfahrzeuge geführt, das andere Mal darin, dass Gaststätten betrieben werden.

519

---

2 *Heun*, Hdb. GR II, § 34 Rn 40 ff; aA *Blome*, JA 2011, 486; *Huster*, FH, Art. 3 Rn 79 ff.
3 StRspr, zB E 49, 148/165.
4 Vgl E 33, 224/231; *Huster*, FH, Art. 3 Rn 47.
5 Wie hier *Epping*, GrundR, Rn. 782 ff; kritisch *Sachs/Jasper*, JuS 2016, 769/772.

520 Der Bezugspunkt ist der *gemeinsame Oberbegriff* (genus proximum), unter den die rechtlich verschieden behandelten verschiedenen Personen, Personengruppen oder Situationen fallen. Unter ihm müssen die gemäß einem Unterscheidungsmerkmal (differentia specifica) verschiedenen Personen, Personengruppen oder Situationen vollständig und abschließend sichtbar werden. Anders werden auch der Inhalt, das Ausmaß und der mögliche Grund der Ungleichbehandlung nicht sichtbar.

521 Beispiel: Wenn der Gesetz- oder Verordnunggeber allein erziehende Mütter bei der Vergabe von Kindergartenplätzen privilegiert oder ihnen bei Krankheit des Kindes einen zusätzlichen Urlaubsanspruch gibt, ist ein Grund für diese Bevorzugung möglicherweise gegenüber gemeinsam erziehenden Eltern erkennbar, nicht jedoch gegenüber allein erziehenden Vätern. Das zeigt sich aber nur, wenn als nächster gemeinsamer Oberbegriff der der Alleinerziehenden gesehen, und nicht auf den der Eltern abgestellt wird. Der Begriff der Eltern ist nächster gemeinsamer Oberbegriff nur, wenn die Alleinerziehenden (Mütter und Väter) anders behandelt werden als gemeinsam erziehende Paare.

522 Lösungstechnischer Hinweis: Der Sinn von Art. 3 wird verkannt, wenn ein an sich sachlich vorliegender gemeinsamer Oberbegriff mit dem Hinweis auf die Verschiedenheit der Geschlechter (oder auf ein anderes in Abs. 2 und 3 genanntes Kriterium) verneint wird, etwa wenn männliche und weibliche Insassen von Justizvollzugsanstalten wegen des Geschlechtsunterschieds als zu verschieden beurteilt werden, einem gemeinsamen Oberbegriff zu unterfallen. Die Differenzierung nach Merkmalen von Abs. 2 bzw 3 ist auf der Rechtfertigungsebene (mit den besonderen verfassungsrechtlichen Anforderungen) zu erörtern und darf nicht zur Verneinung des gemeinsamen Oberbegriffs führen.

523 Eine Ungleichbehandlung, die verfassungsrechtlicher Rechtfertigung bedarf, ist also dann *gegeben*, wenn

– eine Person, Personengruppe oder Situation in einer bestimmten Weise, durch Eingriff oder Leistung, in Teilhabe oder Verfahren, rechtlich behandelt wird,
– eine andere Person, Personengruppe oder Situation in einer bestimmten anderen Weise rechtlich behandelt wird und
– beide Personen, Personengruppen oder Situationen unter einen gemeinsamen, weitere Personen, Personengruppen oder Situationen ausschließenden Oberbegriff gefasst werden können.

524 Sowohl der EuGH (Rn 532) als auch das BVerfG[6] bringen den Grundsatz der Kohärenz bzw. der „Folgerichtigkeit der Gesetzgebung" mit dem Gleichheitssatz (s. aber auch Rn 427 aE) in Verbindung. Indes ist der Gesetzgeber grundsätzlich nicht daran gehindert, Durchbrechungen und Ausnahmen in Regelsystemen vorzusehen. Entscheidend ist allein, ob sie sich vor Art. 3 GG rechtfertigen lassen. Dem Grundsatz der Folgerichtigkeit kommt daher allenfalls heuristischer Wert zu: Durchbrechungen und Ausnahmen in einem Regelungssystem können Anlass für eine gleichheitsrechtliche Prüfung sein.[7]

---

[6] In der älteren Rspr. noch Systemgerechtigkeit E 17, 122/132; 25, 236/252; aus der neueren Rspr. zum Steuerrecht E 84, 239/271; 122, 210/235; 135, 126/144.
[7] *Tappe*, JZ 2016, 28/31 f; *Payandeh*, AöR 136 (2011), 578/598 f; *Boyen*, MüK, Art. 3 Rn 89; *Dieterich*, Systemgerechtigkeit und Kohärenz, 2013, S. 382 ff.

2. Gleichbehandlung von wesentlich Ungleichem?

Nach stRspr des BVerfG verbietet der Gleichheitssatz nicht nur, „wesentlich Gleiches willkürlich ungleich", sondern auch „wesentlich Ungleiches willkürlich gleich zu behandeln"[8]. Somit gäbe es neben der Ungleichbehandlung, die verfassungsrechtlicher Rechtfertigung bedarf, auch eine Gleichbehandlung, die verfassungsrechtlicher Rechtfertigung bedarf. Wie aus den vielen rechtlichen Ungleichbehandlungen wären auch aus den vielen rechtlichen Gleichbehandlungen zunächst einmal die relevanten, verfassungsrechtlicher Rechtfertigung bedürftigen herauszufiltern. Wie dies genau zu geschehen hätte, mag jedoch dahinstehen. Denn Probleme der Gleichbehandlung lassen sich stets auch als Probleme der Ungleichbehandlung fassen. Es muss nur die richtige Vergleichsgruppe gewählt werden.[9]

525

Beispiele: Nach dem Ladenschlussgesetz gibt es eine weitgehende Ausnahme von den allgemeinen Ladenschlusszeiten für Bahnhofsverkaufsstellen und eine weniger weitgehende Ausnahmeregelung für Apotheken. Für Bahnhofsapotheken gilt nach dem Gesetz Letztere. Bahnhofsapotheken werden also im Vergleich mit anderen Bahnhofsverkaufsstellen ungleich, im Vergleich mit anderen Apotheken dagegen gleich behandelt (vgl E 13, 225/228 f). – Nach dem Asylbewerberleistungsgesetz müssen leistungsberechtigte Asylbewerber ihr Einkommen und Vermögen aufbrauchen, ehe sie Leistungen nach dem Gesetz erhalten. Als einem Asylbewerber auch erhaltenes Schmerzensgeld als aufzubrauchendes Einkommen angerechnet wurde, sah er wesentlich Ungleiches zu Unrecht gleich behandelt: Schmerzensgeld, zur Kompensation einer Einbuße an Lebensfreude bestimmt, sei etwas anderes als das der Sicherung der Existenz dienende Einkommen und Vermögen. Das BVerfG sah ihn zu Unrecht ungleich behandelt, nämlich anders als die Asylbewerber, die Leistungen nicht nach dem Asylbewerberleistungsgesetz, sondern dem Sozialgesetzbuch erhalten, wonach Schmerzensgeld nicht als aufzubrauchendes Einkommen anzurechnen ist (vgl E 116, 229/236, 238 ff).

526

III. Verfassungsrechtliche Rechtfertigung

1. Allgemeine Anforderungen

Für die Prüfung der verfassungsrechtlichen Rechtfertigung von Ungleichbehandlungen gilt ein „stufenloser am Grundsatz der Verhältnismäßigkeit orientierter verfassungsrechtlicher Prüfungsmaßstab, dessen Inhalt und Grenzen sich nicht abstrakt, sondern nur nach den jeweils betroffenen unterschiedlichen Sach- und Regelungsbereichen bestimmen lassen"[10]. Das BVerfG hat damit die frühere, kategorial erscheinende Unterscheidung zwischen einer bloßen Evidenzkontrolle, die sich auf die Prüfung beschränkte, ob die Behandlung willkürlich war,[11] und der seinerzeit als neue Formel bezeichneten Verhältnismäßigkeitskontrolle speziell für personenbezogene Ungleichbehandlungen[12] zugunsten einer einheitlichen Verhältnismäßigkeitsprüfung mit allerdings sehr unterschiedlicher Kontrolldichte aufgegeben.[13] Eher selten werden

527

---

8 E 49, 148/165; 98, 365/385.
9 *Podlech*, S. 53 ff; *Rüfner*, in: FS Kriele, 1997, S. 271, *Kempny*, JZ 2015, 1086; *Sachs/Jasper*, JuS 2016, 769/775.
10 E 129, 49/69; 130, 131/142; kritisch *Sachs/Jasper*, JuS 2016, 769/772 f.
11 E 17, 122/130.
12 E 55, 72/88.
13 *Britz*, NJW 2014, 346/347.

aber die Teilelemente des Verhältnismäßigkeitsgrundsatzes so deutlich herausgearbeitet wie bei den Freiheitsrechten;[14] oftmals fragt das BVerfG nur, ob Zweck und Grad der Ungleichbehandlung „in einem angemessenen Verhältnis" zueinander stehen.[15]

528 a) **Legitime Zwecke** der Ungleichbehandlung sind grundsätzlich alle, die nicht ausdrücklich verboten sind. Verboten ist daher insbesondere jede Ungleichbehandlung, die an die in Art. 3 Abs. 3 S. 1 GG genannten Kriterien anknüpft (Rn 537 ff). Bisweilen sind aber auch nur bestimmte Kriterien erlaubt, so die Eignung, Leistung und Befähigung bei Art. 33 Abs. 2 GG. Obwohl das BVerfG gelegentlich missverständlich formuliert, eine Ungleichbehandlung sei nur legitim, wenn zwischen zwei Gruppen „Unterschiede von solcher Art und solchem Gewicht *bestehen*, dass sie die ungleiche Behandlung rechtfertigen"[16], darf der Staat nicht nur da ungleich behandeln, wo er die Ungleichbehandlung rechtfertigende Unterschiede bereits vorfindet. Der regelnde und gestaltende Staat ist frei, Unterschiede allererst zu schaffen; er verfolgt dann die im Schrifttum sog. externen Zwecke im Unterschied zu den internen Zwecken, um die es bei den bereits vorgefundenen Unterschieden geht.[17]

529 **Beispiel:** Wenn eine Gemeinde nur für Einheimische, nicht aber für auswärtige Besucher eines Freizeitbades eine Eintrittsermäßigung vorsieht, dann schafft sie durch diese Ungleichbehandlungen die Unterschiede und bestimmt auch deren Art und Gewicht. Die Rechtfertigung kann daher nicht in diesem Unterschied selbst liegen; daher ist der Wohnsitz kein die Bevorzugung legitimierender Grund. Sie kann aber in den Zwecken liegen, die die Gemeinde verfolgt: Verfolgt sie durch die Privilegierung Einheimischer das Ziel, knappe Ressourcen auf den eigenen Aufgabenbereich (Art. 28 Abs. 2 S. 1) zu beschränken, Gemeindeangehörigen einen Ausgleich für besondere Belastungen zu gewähren oder Auswärtige für einen erhöhten Aufwand in Anspruch zu nehmen, oder sollen die kulturellen und sozialen Belange der örtlichen Gemeinschaft dadurch gefördert und der kommunale Zusammenhalt dadurch gestärkt werden, dass Einheimischen besondere Vorteile gewährt werden, kann dies ein legitimer Zweck sein – aber nur dann, wenn das Freizeitbad das kulturelle oder soziale Wohl seiner Einwohner fördern will und nicht auf Überregionalität zielt, um die notwendige Auslastung zu erreichen (BVerfG, NJW 2016, 3153/3155 ff = JK 1/2017). – Auch der EuGH sieht in nach Wohnsitz differenzierenden Entgeltsystemen einen unzulässigen Eingriff in Art. 18 Abs. 1 AEUV (EuGH, Kommission/Italien, EU:C:2003:30, Rn 22 ff) und lässt sog. Einheimischenprivilegien beim Erwerb von Grundstücken nur zu, wenn sie das Ziel verfolgen, ein ausreichendes Wohnangebot für einkommensschwache Personen oder andere benachteiligte Gruppen der örtlichen Bevölkerung zu schaffen (EuGH, Libert u. a/Flämische Regierung, EU:C:2013:288, Rn 49 ff)

530 b) Verfolgt die Ungleichbehandlung einen grundsätzlich legitimen Zweck, ist zu prüfen, ob die Unterscheidung zur Erreichung des Zwecks **verhältnismäßig** ist. Hierfür ist entscheidend, wie groß die Einschätzungs- und Gestaltungsspielräume sind, die das BVerfG dem Gesetzgeber bzw. ggfs der Verwaltung und dem Richter einräumt. Insoweit ist vor allem die Intensität maßgebend, mit der eine Ungleichbehandlung die Betroffenen beeinträchtigt. Die Intensität wächst,
– je mehr das Kriterium der Ungleichbehandlung einem der nach Art. 3 Abs. 3 verbotenen Kriterien ähnelt,

---

14 *Jarass*, JP, Art. 3 Rn 22.
15 E 102, 68/87; 129, 49/68.
16 E 55, 72/88; 105, 73/110; 107, 205/214.
17 Vgl *Huster*, S. 165 ff.

- je weniger der Betroffene das Kriterium der Ungleichbehandlung beeinflussen kann und
- je mehr die Ungleichbehandlung den Gebrauch grundrechtlich geschützter Freiheiten erschwert.

Mit der Intensität wachsen die Anforderungen an die Verhältnismäßigkeit. Die Ungleichbehandlung muss geeignet und erforderlich sein, gerade den verfolgten Zweck zu erreichen und sie darf auch nicht weiter reichen als dieser Zweck. Dabei ist vor allem zu prüfen, ob die Differenzierung von einem hinreichenden Sachgrund getragen ist, der in einem Sachzusammenhang mit der Verschiedenheit der ungleich behandelten Sachverhalte steht.[18] Die Intensität der Ungleichbehandlung beeinflusst zudem die Typisierungstoleranz, dh die Differenzierung muss mit größerer Treffsicherheit nur solche Fälle erfassen, für die der Zweck trägt.[19] Zudem muss der verfolgte Zweck in einem angemessenen Verhältnis zu der Intensität der Ungleichbehandlung stehen. Das BVerfG prüft die Angemessenheit meist nicht separat, sondern erörtert sie oftmals bereits im Rahmen des legitimen Zwecks.[20]

Beispiele: Mit der Beschränkung der Sukzessivadoption (= Adoption eines bereits adoptierten Kindes durch den Partner) auf Ehepaare wird das grundsätzlich legitime Ziel verfolgt, dass ein Kind nicht durch Adoption von Familie zu Familie weitergegeben wird. Von diesem Zweck wird aber der Ausschluss von Lebenspartnern von der Sukzessivadoption nicht getragen, weil es keine Anzeichen dafür gibt, dass eingetragene Lebenspartner ihre Elternrechte gegenüber einem gemeinsamen Kind weniger einvernehmlich ausüben könnten als Ehepartner (E 133, 59/88; vgl ferner E 133, 377/412 f). – Auch der EuGH greift das Verhältnis zwischen Differenzierungsziel und -grund auf, wenn er in seiner Rechtsprechung zu den Altersgrenzen fordert, dass die ungleich behandelnde Regelung in sich kohärent sein müsse. Er hat daher zB die mit dem Schutz der Gesundheit der Patienten vor dem Nachlassen der Leistungsfähigkeit von Vertragszahnärzten begründete Altersgrenze von 68 Jahren für Vertragszahnärzte nicht akzeptiert, da diese Altersgrenze nicht für Zahnärzte außerhalb des Vertragszahnarztsystems gelte (EuGH, Petersen, EU:C:2010:4, Rn 83; *Dombert*, Jura 2015, 938/943).

Die Prüfung der Verhältnismäßigkeit spielt beim Gleichheitsgebot dann eine schwächere Rolle als bei den Freiheitsrechten, wenn der Staat in Verfolgung von Förderungszwecken ungleich behandelt,[21] dh wenn er nicht „negativ", sondern „positiv" diskriminiert. Gesetzgeberische Regelungen und Gestaltungen sind, zumal im Steuer- und Sozialrecht,[22] mehr noch als ohne Freiheitsbeschränkungen ohne Ungleichbehandlungen schlechterdings nicht möglich. Denn um eine Personengruppe zu fördern, gibt es regelmäßig eine solche Fülle von Möglichkeiten und entsprechend zu den Förderungsmöglichkeiten, die der Staat wählt, eine solche Fülle von Alternativen, dass der Nachweis des Fehlens milderer, schonenderer Alternativen selten gelingt. Hier muss genügen, dass keine Alternative ersichtlich ist, die den Staat gleich oder weniger belastet, den Förderungszweck besser verfolgt und zugleich die Personengruppe, die nicht gefördert und durch die Förderung der anderen Personengruppe zurückgesetzt wird, milder und schonender behandelt. Der Gesetzgeber braucht daher bei Un-

---

18 *Britz*, NJW 2014, 346/350.
19 E 133, 377/413; zu den Anforderungen an Typisierungen i. E. BVerfG, DStR 2017, 1094/1100 f.
20 *Britz*, NJW 2014, 346/350.
21 Vgl E 99, 165/178.
22 E 113, 167/227 ff.

§ 11 *Das Gleichheitsgebot (Art. 3, 6 Abs. 1 und 5, 33 Abs. 1–3, 38 Abs. 1 S. 1)*

gleichbehandlungen tendenziell einen eher *weiten Gestaltungs- und Einschätzungsspielraum*. Verfassungsrechtlich bzw -gerichtlich lässt sich dann „nur die Überschreitung äußerster Grenzen (des Spielraums) beanstanden" und nicht darauf abstellen, „ob der Gesetzgeber die jeweils gerechteste und zweckmäßigste Regelung getroffen" hat.[23] Auch steuerrechtliche Regelungen müssen aber einer strengen Verhältnismäßigkeitsprüfung unterzogen werden, wenn sie eine nach Maßgabe der allgemeinen Kriterien (Rn 530) intensive Ungleichbehandlung bewirken; insbesondere kann die Freiheit des Gesetzgebers „durch das Ausmaß der mit der Steuerverschonung bewirkten Ungleichbehandlung und durch deren Auswirkung auf die gleichheitsgerechte Erhebung dieser Steuer insgesamt eingeschränkt sein"[24]. Der Ermessensspielraum ist zudem mit Blick auf das Sozialstaatsprinzip (Art. 20 Abs. 1) geringer, wenn steuerrechtliche Regelungen Einfluss auf die soziale Chancengleichheit haben.[25] Auch wenn der Staat andere als Förderungszwecke verfolgt, behält das Erfordernis der Erforderlichkeit seine dirigierende Kraft.

534 **Beispiele:** Der Gesetzgeber legt Taxenunternehmen bestimmte Pflichten auf und räumt ihnen bestimmte Vergünstigungen ein; dabei behandelt er sie auch steuerrechtlich besser als Mietwagenunternehmen. Sein Ziel ist, dass „der Allgemeinheit mit dem Taxenverkehr ein dem Kontrahierungszwang unterliegendes öffentliches Verkehrsmittel für individuelles Fahren zu einem festgelegten Tarif zur Verfügung steht". Dieses Ziel „lässt sich ... auch dadurch verwirklichen, dass das Umsatzsteuergesetz dem Kraftdroschkengewerbe günstigere Rahmenbedingungen als dem Mietwagenunternehmen einräumt" – mehr zur Geeignetheit und Erforderlichkeit sagt das BVerfG nicht und kann es auch nicht sagen; es prüft und bejaht anschließend nur noch die Angemessenheit (E 85, 238/246). – Die mindernde Berücksichtigung von Einkommen und Vermögen eines vom Auszubildenden getrennt lebenden Ehegatten bei der Bedarfsberechnung wird vom BVerfG dagegen eingehend auf Geeignetheit und Erforderlichkeit überprüft; für das Ziel, der Interessen- und Verantwortungsgemeinschaft von Ehegatten Rechnung zu tragen, ist die bedarfsmindernde Berücksichtigung nicht geeignet, und für das andere Ziel der Verhinderung von Missbrauch ist es, da Missbrauchsfällen anders begegnet werden kann, nicht erforderlich (E 91, 389/402). Auch die Privilegierungen des unentgeltlichen Erwerbs betrieblichen Vermögens im Erbschaftssteuerrecht prüft das BVerfG detailliert auf ihre Geeignetheit und Erforderlichkeit, weil die Erbschaftsteuer den Ausgleich einer sich sonst verfestigenden Konzentration von Privatvermögen in wenigen Händen ermöglicht (BVerfG, NJW 2015, 303/306, 327).

535 Die aufgezeigten Differenzierungen gelten grundsätzlich auch für Maßnahmen der Verwaltung und der Rechtsprechung. Die Verwaltung muss ausnahmsweise vorhandene Beurteilungsspielräume sowie ihr Ermessen sachgerecht ausüben, und die Gerichte müssen das einfache Recht zumindest vertretbar auslegen[26] (Rn 589 ff). Aufgrund der Gesetzesbindung sind die Spielräume verglichen mit dem Gesetzgeber aber geringer; die Beeinträchtigungen, die aus solchen Entscheidungen herrühren, lassen sich daher oftmals auf das maßgebliche Gesetz zurückführen und nicht auf die durchführende Verwaltungs- oder Gerichtsentscheidung.

536 **Beispiele:** *Angenommen* hat das BVerfG einen Verstoß gegen Art. 3 Abs. 1 bei folgenden Gesetzen: unterschiedliche Besoldung von Richtern verschiedener Gerichtsbarkeiten in gleicher Instanz (E 26, 100/110 f); Verweigerung von Vornamensänderung bei Transsexuellen (E 88,

---

23 StRspr, vgl E 64, 158/168 f; 66, 84/95.
24 E 138, 136/182.
25 Abw. M. E 138, 136/252; krit. *Sachs*, NJW 2015, 601/602 ff.
26 E 109, 38/59.

87/97 ff; 116, 243/259 ff); Gleichbehandlung unterschiedlich hoher Versorgungszusagen desselben öffentlichen Arbeitgebers (E 98, 365/384 ff); Ausschluss von Beratungshilfe im Steuerrecht anders als in anderen Rechtsgebieten (E 122, 39/53 ff); Zulassung vom Rauchverbot ausgenommener Raucherräume nicht für Speise-, sondern nur für Schankwirtschaften (E 130, 131/143) und von Prozesskostenhilfe ohne Rücksicht auf die persönlichen Verhältnisse des Rechtsuchenden (BVerfG, NJW 2011, 2039/2039 f, sog. Rechtsschutzgleichheit); Ungleichbehandlung von Studierenden in den neuen gegenüber den alten Ländern im Hinblick auf den Erlass der BAföG-Darlehenstilgung (E 129, 49/68 ff); bedürfnisunabhängige Privilegierung von betrieblichem Vermögen gegenüber Privatvermögen bei der Erbschaftssteuer (E 138, 136/179 ff).
– *Abgelehnt* hat das BVerfG einen Verstoß gegen Art. 3 Abs. 1 bei folgenden Gesetzen: Übernahme der Kosten künstlicher Befruchtung durch die gesetzliche Krankenversicherung bei verheirateten, nicht aber bei unverheirateten Paaren (E 117, 316/325 ff); Stichtagsregelungen, die am gegebenen Sachverhalt orientiert und somit sachlich vertretbar sind (E 13, 31/38; 87, 1/43 f); abgeschwächter Kündigungsschutz in Kleinbetrieben (E 97, 169/181 ff); Nichterstreckung des Zeugnisverweigerungsrechts gem. § 53 Abs. 1 StPO auf Sozialarbeiter und Tierärzte (E 33, 367/382; 38, 312/323 f); abgeschwächter Rechtsschutz gegen Vergabeentscheidungen unterhalb bestimmter Schwellenwerte (E 116, 135/159 ff).

2. Die besonderen Anforderungen aus Art. 3 Abs. 2 und 3

Verschärfte Rechtfertigungsanforderungen gelten, wenn an die in Art. 3 Abs. 2 und 3 genannten Merkmale angeknüpft wird. Das Merkmal „Geschlecht" in Art. 3 Abs. 3 ist inhaltsgleich mit dem Unterschied von Mann und Frau in Art. 3 Abs. 2; es erfasst nicht das Merkmal der sexuellen Orientierung.[27] „Abstammung" bezieht sich auf die biologische Beziehung zu den Vorfahren. „Heimat" bedeutet die emotional besetzte örtliche Herkunft eines Menschen nach Geburt oder Ansässigkeit[28] und zielte ursprünglich vor allem auf eine Gleichbehandlung deutscher Flüchtlinge und Vertriebener. „Herkunft" meint den sozialen, schichtenspezifischen Aspekt der Abstammung. „Rasse" umfasst Gruppen mit bestimmten vererblichen Eigenschaften. „Religiöse Anschauungen" sind mit dem „Glauben" (vgl Rn 601) identisch. Die Merkmale „Sprache" und „politische Anschauungen" verstehen sich hier von selbst. „Behinderung" ist eine nicht nur vorübergehende Beeinträchtigung der körperlichen, geistigen oder seelischen Funktionen.[29]

537

Auch wenn keines der Merkmale des Art. 3 Abs. 3 erfüllt ist, verschärft das BVerfG die Rechtfertigungsanforderungen in dem Maße, in dem sich die zur Unterscheidung führenden personenbezogenen Merkmale denjenigen des Art. 3 Abs. 3 annähern, etwa bei der den Merkmalen „Heimat" und „Herkunft" nahe kommenden Staatsangehörigkeit.[30] Im Verhältnis zu Unionsbürgern ist die Anknüpfung an die Staatsangehörigkeit in der Regel schon aufgrund der unionsrechtlichen Vorgaben unzulässig (vgl Rn 177, 516). Aber auch verfassungsrechtlich sind die Rechtfertigungsanforderungen bei Ungleichbehandlungen von Ausländern hoch, vor allem beim Zugang zu Sozialleistungen.[31] Neuerdings verallgemeinert das BVerfG die für die intensivierte Recht-

538

---
27 BVerfG, NJW 2008, 209/210.
28 E 102, 41/53.
29 Vgl E 99, 341/356 f; *Neumann*, NVwZ 2003, 897.
30 E 111, 160/169 ff; 111, 176/183 ff; E 130, 240/255 ff; BVerfG, NJW 2012, 1711/1713.
31 E 111, 160/169 ff; 111, 176/183 ff; E 130, 240/255 ff; BVerfG, NJW 2012, 1711/11713.

fertigungsprüfung erforderliche Nähe zu den Merkmalen des Art. 3 Abs. 3 dahingehend, dass verschärfte Anforderungen stets bei Diskriminierungen von Minderheiten gelten, etwa auch bei der sexuellen Orientierung; daran scheitern die Lebenspartnerschaften gegenüber der Ehe ungleich behandelnden Vorschriften (Rn 553). Er nimmt damit auch die entsprechende Rechtsprechung des EuGH auf, der diese Benachteiligungen dann nicht rechtfertigt, wenn der nationale Gesetzgeber Ehe und Lebenspartnerschaft als grundsätzlich vergleichbare Institute vorsieht.[32]

539 Art. 3 Abs. 2 und 3 setzt der Ermessens- oder Gestaltungsfreiheit feste Grenzen[33]. Früher zog das BVerfG diese Grenzen weit; die Diskriminierungsverbote sollten nur die ausdrückliche und nur die bezweckte Benachteiligung oder Bevorzugung verbieten (unmittelbare Diskriminierungen)[34]. Der EuGH hat allerdings den heutigen Art. 157 AEUV (Rn 516) und das darauf beruhende Sekundärrecht schon immer so ausgelegt, dass auch mittelbare Diskriminierungen erfasst sind, die merkmalsneutral formuliert sind, im Ergebnis aber überwiegend Angehörige einer Merkmalsgruppe betreffen können[35]. Auch das BVerfG sieht solche mittelbaren Diskriminierungen mittlerweile als relevant an[36] und fordert, dass der in Art. 3 Abs. 2 angesprochene Unterschied von Mann und Frau und die in Art. 3 Abs. 3 S. 1 bezeichneten Merkmale nicht als rechtfertigende Kriterien und Gründe für Ungleichbehandlungen taugen[37] und dass die Ungleichbehandlung nicht auf sie „zurückzuführen" ist.[38] Im obigen Prüfungs- und Begründungsschema wirkt sich das so aus:

540 a) Nach dem Unterschied von Mann und Frau (Art. 3 Abs. 2 S. 1) und nach den Merkmalen des Art. 3 Abs. 3 S. 1 zu bevorzugen oder zu benachteiligen, ist kein **Zweck**, den die öffentliche Gewalt verfolgen dürfte.

541 **Beispiele:** Der Gesetzgeber darf sich nicht zum Ziel nehmen, Frau und Mann in ihren tradierten Rollen festzuhalten (E 85, 191/207; NJW 2009, 661) oder aus ihnen hinauszudrängen. Die Polizei darf bei verdachtsunabhängigen polizeirechtlichen Identitätskontrollen nicht an der Hautfarbe anknüpfen (OVG Koblenz, NJW 2016, 2820/2827 ff = JK 1/2017).

542 Von diesen durch Art. 3 Abs. 2 und 3 verwehrten Zwecksetzungen ist zu unterscheiden, wenn der Gesetzgeber kulturelles, religiöses und politisches Leben, sprachliche oder regionale Vielfalt *insgesamt fördert*. Ausdrücklich für zulässig erklärt ist durch Art. 3 Abs. 2 S. 2 auch die Herstellung und Durchsetzung der Gleichberechtigung von Frauen und Männern.[39]. Art. 3 Abs. 2 S. 2 soll auch eine Antidiskriminierungsgesetzgebung durch Frauen begünstigende Quotenregelungen rechtfertigen, die einen bestimmten Prozentsatz von Stellen (im öffentlichen Dienst oder Führungspositionen in der Wirtschaft wie Aufsichtsratsposten[40]) mit Frauen zu besetzen verlangen und zu

---

[32] EuGH, Maruko, EU:C:2008:179, Rn 68 ff; Römer, EU:C:2011:286, Rn 42 ff.
[33] StRspr, vgl etwa E 37, 217/244 f.
[34] E 75, 40/70; BVerwGE 75, 86/96.
[35] EuGH, Bilka, EU:C:1986:204, Rn 29; Lewark, EU:C:1996:33, Rn 28; Gerster, EU:C:1997:452, Rn 30.
[36] Dazu *Richter*, Hdb. GR V, § 126 Rn 71 ff; ablehnend *Sachs*, Hdb. StR³ VIII, § 182 Rn 91 ff, der insoweit Art. 3 Abs. 1 für einschlägig hält.
[37] Vgl E 85, 191/206 f; 89, 276/288 f; *Heun*, DR, Art. 3 Rn 125 f.
[38] E 104, 373/393; 121, 241/254 f; 126, 29/53.
[39] E 92, 91/109; 109, 64/89; 113, 1/15.
[40] *Sachs*, ZG 2012, 52/61 ff.

einer „reversed discrimination", dh zur Zurücksetzung eines geeigneteren männlichen Bewerbers hinter einer weniger geeigneten weiblichen Bewerberin führen.[41] Art. 3 Abs. 2 S. 2 enthält aber aus systematischen Gründen keine Ausnahme zu Art. 33 Abs. 2, der nicht auf das Geschlecht, sondern auf die Befähigung abstellt. Er dispensiert auch nicht von der Freiheit der Wahl (Art. 38 Abs. 1 S. 1) und verbietet daher etwa die Angabe des gegenwärtigen Geschlechteranteils in der Vertretungskörperschaft auf Stimmzetteln.[42] Das BVerfG hat sich zu Quotenregelungen bisher noch nicht geäußert, wird aber häufig dahin verstanden, als laufe seine Rspr auf eine Zulassung von sog. qualifikationsabhängigen Quotenregelungen hinaus, die bis zur Besetzung eines bestimmten Prozentsatzes der Stellen mit Frauen bei gleicher Eignung männlicher und weiblicher Bewerber die Einstellung der weiblichen verlangen.[43] Auch das europäische Unionsrecht ermächtigt ausdrücklich zu positiven Fördermaßnahmen (Art. 157 Abs. 4 AEUV, Art. 23 GRCh). Allerdings sind nach Ansicht des EuGH starre Quoten, die Frauen automatisch bevorzugen, ohne auf die besondere Situation eines konkurrierenden Mannes einzugehen, unzulässig.[44] Enthalten sie eine individualisierte Öffnungsklausel, sind sie hingegen zulässig;[45] auch dann muss aber verhindert werden, dass weniger qualifizierte Bewerber vorgezogen werden.[46] Positive Fördermaßnahmen müssen sich zudem stets an ihrer Zielgenauigkeit (Rn 530) messen lassen: Wenn etwa die Vereinbarkeit von Familien- und Berufsleben (Art 33 Abs. 2 GRCh) verbessert werden soll, müssen Kindererziehende, nicht Frauen gefördert werden.[47]

Kontrollen und Sanktionen, die gewährleisten, dass Frauen nicht wegen ihres Geschlechts nicht eingestellt oder schlechter bezahlt werden, geraten mit Art. 3 Abs. 2 und 3 von vornherein nicht in Konflikt. Das BVerfG sieht den Gesetzgeber aus Art. 3 Abs. 2 S. 2 sogar verpflichtet, derartige Kontroll- und Sanktionsregelungen zu erlassen und dabei auch faktische Diskriminierungen, die sich aus ihnen ergeben, soweit wie möglich zu vermeiden.[48] 543

Beispiele: Gem. § 6 Abs. 6 S. 2 BWahlG findet die 5%-Klausel „auf die von Parteien nationaler Minderheiten eingereichten Listen keine Anwendung". Hierin liegt keine Bevorzugung wegen Abstammung, Sprache oder Heimat, weil der Begriff der nationalen Minderheit sich nicht auf eines dieser Merkmale reduzieren lässt. Derzeit wird nur eine parallele Vorschrift im Landeswahlrecht Schleswig-Holsteins für die Dänen praktisch (vgl auch E 5, 77/83; BVerfG, NVwZ 2005, 205/207). Hingegen deckt Art. 3 Abs. 2 S. 2 nicht eine landesrechtliche Regelung, wonach auf Stimmzetteln der Aufdruck „Männer und Frauen sind gleich berechtigt" und die Angabe des gegenwärtigen Geschlechteranteils in der Vertretungskörperschaft sowie das Geschlecht der Bewerber und der Geschlechteranteil der Wahlvorschläge aufzunehmen war (VerfGH RhPf, NVwZ 2014, 1089/1093). 544

Gem. Art. 3 Abs. 3 S. 2 darf der Zweck verfolgt werden, Menschen mit Behinderung zu bevorzugen und ihrer gesellschaftlichen Ausgrenzung durch besondere Aus- 545

---
41 *Jarass*, JP, Art. 3 Rn 97, 106.
42 VerfGH RhPf, NVwZ 2014, 1089/1093.
43 *Kokott*, NJW 1995, 1049/1051; *Langenfeld*, DVBl. 2010, 1019/1025; *Osterloh*, SA, Art. 3 Rn 289.
44 EuGH, Kalanke, EU:C:1995:322, Rn 22.
45 EuGH, Marschall, EU:C:1997:533, Rn 32 f.
46 EuGH, Abrahamsson, EU:C:2000:367, Rn 52.
47 Vgl *Kingreen*, in: Calliess/Ruffert (Hrsg.), EUV/AEUV, 5. Aufl. 2016, Art 33 GRCh Rn 6.
48 E 109, 64/89 ff; dazu *Aubel*, RdA 2004, 141.

gleichsleistungen und Entfaltungsmöglichkeiten entgegenzuwirken.[49] Diese Ermächtigung kann sich zu einer Verpflichtung verdichten. Der Gesetzgeber kann nicht nur berechtigt, sondern sogar verpflichtet sein, besondere Schutzvorschriften für Menschen mit Behinderung zu schaffen, und Gerichte und Verwaltung müssen das einfache Recht im Lichte von Art. 3 Abs. 3 S. 2 auslegen.

546 **Beispiele:** Zwar verbietet Art. 3 Abs. 3 S. 2 GG nicht schon für sich eine Überweisung eines Schülers mit Behinderung auf eine Förderschule, wohl aber, wenn eine Unterrichtung an einer allgemeinen Schule mit Förderbedarf möglich ist (E 96, 288/303). Der EGMR (NZS 2017, 299/300 f) geht darüber tendenziell hinaus, wenn er prüft, ob die (Hoch-)Schule angemessene Vorkehrungen für die Ermöglichung eines inklusiven Studiums getroffen hat (*Uerpmann-Wittzack*, NZS 2017, 301/302). Aus Art. 3 Abs. 3 S. 2 GG folgt ein Anspruch von Menschen mit Behinderung auf Änderung der Prüfungsbedingungen (Nachteilsausgleich), aber nicht auf Änderung des Maßstabs der Leistungsbewertung (Notenschutz). Art 3 Abs. 3 S. 2 GG ermächtigt aber zu einem Notenschutz und dient insoweit als Rechtfertigung für die Ungleichbehandlung gegenüber Schülern ohne Behinderung (BVerwG, NVwZ 2016, 541/543). Art. 3 Abs. 3 S. 2 GG ist zu Gunsten eines Verkehrsteilnehmers mit Behinderung auch bei der Prüfung des Mitverschuldens zu berücksichtigen (BVerfG, NJW 2016, 3013/3013 f und 3014/3014 f = JK 12/2016).

547 b) Die **Geeignetheit** und **Erforderlichkeit** einer Ungleichbehandlung für die Erreichung eines legitimen Zwecks muss begründet werden können, ohne dass der Unterschied von Mann und Frau oder die Merkmale des Art. 3 Abs. 3 als Kriterien eine Rolle spielen. Gelingt eine solche Begründung nicht, scheitert die Ungleichbehandlung an Art. 3; gelingt sie jedoch, hat sie vor Art. 3 selbst dann Bestand, wenn sie zu einer verschiedenen rechtlichen Behandlung von einerseits Männern und andererseits Frauen, von Personen verschiedener Sprache oder Herkunft, verschiedener religiöser oder weltanschaulicher Anschauung führen. „Differenzierungen, die auf anderen Unterschiedlichkeiten der Person oder auf Unterschiedlichkeiten der Lebensumstände beruhen, bleiben von dem Differenzierungsverbot unberührt"[50].

548 **Beispiele:** Ein nordrhein-westfälisches Gesetz räumte Frauen mit eigenem Hausstand Anspruch auf einen bezahlten arbeitsfreien Wochentag (Hausarbeitstag) ein. E 52, 369 erklärte es für unvereinbar mit Art. 3 Abs. 2, Männern in der gleichen Lage den gleichen Anspruch vorzuenthalten. Die Regelung beruhe „allein auf der herkömmlichen Vorstellung, dass es der Frau zufällt, den Haushalt … zu besorgen" (376). Eine andere Begründung, die nicht auf den Unterschied von Mann und Frau in ihren tradierten Rollen abstellt, ist nicht ersichtlich. Das gleiche gilt für die Regelung, dass Arbeiterinnen anders als Arbeiter nachts nicht arbeiten dürfen (E 85, 191/207 ff), dass nur Mädchen Pflichtunterricht im Fach Handarbeiten haben (VGH München, NJW 1988, 1405), dass nur Männer der Feuerwehrdienstpflicht unterfallen (E 92, 91/109) und dass Frauen beim Einkauf von Kosmetika im Strafvollzug privilegiert werden (BVerfG, NJW 2009, 661/661 f). Hingegen soll die Regelung in einer Dienstanordnung der Bundeswehr zulässig sein, wonach nur Männer, nicht aber Frauen kurze Haare tragen müssen. BVerwGE 149, 1/14 ff (= JK 6/2015) rechtfertigt das mit der Tradition, die sich bei Männern in der Armee herausgebildet habe und damit, dass diese Regelung Frauen vom Dienst in der Bundeswehr abhalten könne. Dagegen spricht aber, dass Art. 3 Abs. 2 gerade mit geschlechtsspezifischen Traditionen brechen soll.

---

49 Vgl E 96, 288/302 f; BVerfG, NJW 2005, 737; *Straßmair*, Der besondere Gleichheitssatz aus Art. 3 Abs. 3 Satz 2 GG, 2002, S. 178 ff.
50 E 3, 225/241; 57, 335/342 f; vgl auch E 128, 138/156 f.

Das BVerfG rechtfertigt unterschiedliche Regelungen für Männer und Frauen auch mit *„objektiven biologischen Unterschieden"*, dh damit, dass sie Probleme lösen, „die ihrer Natur nach nur entweder bei Männern oder Frauen auftreten"[51]. Dies hat für die unterschiedliche rechtliche Behandlung von Eltern Bedeutung und erlaubt die Privilegierung der Mutter gegenüber dem Vater insoweit, als sie den Belastungen der Schwangerschaft, der Geburt und des Stillens Rechnung trägt. Überzeugender als auf die objektiven biologischen Unterschiede ist auf Art. 6 Abs. 4 und dessen Verpflichtung zum Schutz der Mutter abzustellen. Aus Art. 3 Abs. 2 folgt dann die Verpflichtung zur Gleichstellung des Vaters, soweit er die Funktion der Mutter übernimmt[52].

549

Art. 3 Abs. 2 spricht nur vom Unterschied zwischen Männern und Frauen und Art. 3 Abs. 3 nur von bestimmten Merkmalen. Vom Verhalten, das aus dem Unterschied bzw aus den Merkmalen folgt, ist nicht die Rede. Die Zulässigkeit solchen *Verhaltens* beurteilt sich auch nicht nach Art. 3, sondern nach den anderen Grundrechten, in deren Schutzbereiche das Verhalten fällt. Ist allerdings ein Verhalten nach Maßgabe der anderen Grundrechte zulässig und die gewissermaßen natürliche Folge der in Art. 3 Abs. 2 und 3 genannten Gegebenheiten, dann darf es ebenso wenig wie diese Gegebenheiten selbst zur Begründung einer Ungleichbehandlung herangezogen werden. Eine Ungleichbehandlung darf dann mit dem Sprechen ebenso wenig begründet werden wie mit der Sprache, mit dem schichtenspezifischen Verhalten ebenso wenig wie mit der Herkunft, mit dem Äußern und Betätigen einer politischen Anschauung ebenso wenig wie mit deren Haben.

550

Beispiel: Der gleiche Zugang zum öffentlichen Dienst kann einem Bewerber nicht allein mit der Begründung verwehrt werden, er habe nicht nur eine verfassungsfeindliche politische Anschauung, sondern er äußere und betätige sie auch. Entscheidend ist, ob das Äußern und Betätigen der als verfassungsfeindlich bezeichneten Anschauung von Art. 5, 8, 9 und 2 Abs. 1, besonders aber von Art. 5 gedeckt und durch ein Gesetz, besonders durch ein allgemeines Gesetz nach Art. 5 Abs. 2, zulässigerweise beschränkt ist. Ist es nach Maßgabe der genannten Freiheitsrechte frei, dann darf es auch nicht zum Grund für eine Ungleichbehandlung genommen werden. Beim BVerfG klingt dies anders: Es „geht ... nicht an, das Verbot in Art. 3 Abs. 3 GG nicht nur auf das bloße ‚Haben' einer politischen Überzeugung, sondern auch auf das Äußern und Betätigen dieser politischen Anschauung zu beziehen" (E 39, 334/368). Aber das BVerfG will damit nur deutlich machen, dass das Verbot von Art. 3 Abs. 3 dem Gesetzgeber, der das Äußern und Betätigen politischer Anschauungen nach Maßgabe der Freiheitsrechte zulässigerweise beschränkt, nicht „im Wege steht" (vgl zum gleichen Zugang zum öffentlichen Dienst Rn 568 ff).

551

c) Schließlich ist zu beachten, dass von den Anforderungen der Abs. 2 und 3 durch spezielle Verfassungsnormen **Ausnahmen** zugelassen werden. So hatte Art. 117 Abs. 1 das dem Art. 3 Abs. 2 entgegenstehende Recht (vor allem Regelungen des BGB, wie das Letztentscheidungsrecht des Vaters über die Kindererziehung bei fehlender Einigung der Eltern, der Name des Mannes als Ehe- und Familienname) für eine Übergangszeit, „jedoch nicht länger als bis zum 31. März 1953", in Kraft gelassen. Heute noch aktuell ist Art. 12a Abs. 4 S. 2, wonach nur Männer zum Dienst mit der Waffe verpflichtet werden können.[53]

552

---

51 E 85, 191/207.
52 *Sacksofsky*, UC, Art. 3 II, III 1 Rn 299; vgl auch E 114, 357/367 ff.
53 BVerfG, DVBl. 2002, 772.

3. Die besonderen Anforderungen aus Art. 6

553 *Art. 6 Abs. 1* gebietet nicht die Besserstellung, verbietet aber die Schlechterstellung von Verheirateten gegenüber Ledigen[54], Eltern gegenüber Kinderlosen[55] und Ehe und Familie gegenüber anderen Lebens- und Erziehungsgemeinschaften[56]. Durch die Verknüpfung von Art. 3 Abs. 1 i. V. m. Art. 6 Abs. 1 hat das BVerfG vor allem die Familie im Bereich des Sozial- und des Steuerrechts gestärkt.[57] Privilegierungen der Ehe gegenüber anderen Lebensgemeinschaften akzeptiert es hingegen nur noch bei einem entsprechenden Sachgrund, etwa, wenn es für den konkreten Lebensbereich gerade auf die rechtliche Verfasstheit der Ehe ankommt.[58] Da die Unterscheidungen aber oftmals nur durch Tradition begründet wurden, werden sich Sachgründe nur selten, wenn überhaupt noch finden lassen. Gehen sie mit einer Benachteiligung von Lebenspartnerschaften einher, gelten sogar verschärfte Rechtfertigungsanforderungen, weil derartige Regelungen an der sexuellen Orientierung anknüpfen und folglich verschärften Rechtfertigungsanforderungen unterliegen (Rn 538). Das BVerfG hat daher Benachteiligungen von Lebenspartnerschaften gegenüber Ehen regelmäßig als nicht durch Art. 6 Abs. 1 zu rechtfertigenden Eingriff in Art. 3 Abs. 1 angesehen.[59] Ebenso steckt im Anspruch der Mutter auf Schutz und Fürsorge der Gemeinschaft aus *Art. 6 Abs. 4* ein Verbot der Schlechterstellung von Müttern gegenüber Nicht-Müttern.[60]

554 Auch *Art. 6 Abs. 5* enthält nicht nur einen Auftrag an den Gesetzgeber, sondern einen besonderen Gleichheitssatz. Seit das BVerfG die unmittelbare Anwendbarkeit dieses Grundrechts anerkannt hat,[61] gilt für die Geburt als Kind miteinander verheirateter oder nicht miteinander verheirateter Eltern dasselbe wie für die Eigenschaft, Mann oder Frau zu sein (Art. 3 Abs. 2), und die Merkmale des Art. 3 Abs. 3: Sie taugt nicht als rechtfertigender Grund für Ungleichbehandlungen.[62] Inzwischen hat der Gesetzgeber die Unterschiede in der Rechtsstellung zwischen Kindern miteinander verheirateter und nicht miteinander verheirateter Eltern weitgehend beseitigt. Dazu gehörte auch, dass, wie vom BVerfG verlangt,[63] die der Betreuung eines Kindes dienenden Unterhaltsansprüche verheirateter und nichtverheirateter Elternteile sich nicht mehr unterscheiden. Allerdings hat es den Ausschluss der vor dem 1.7.1949 geborenen nichtehelichen Kinder vom Erbrecht gebilligt;[64] dass es sich dabei in Übereinstimmung mit der Rechtsprechung des EGMR sieht, ist unverständlich, weil der EGMR in mittlerweile ständiger Rechtsprechung alle erbrechtlichen Ungleichbehandlungen nichtehelicher Kinder als Verstoß gegen Art. 14 EMRK ansieht.[65]

---

54 E 76, 126/128 f; 87, 234/259.
55 E 87, 1/37; 103, 242/263 ff; 112, 268/279.
56 E 67, 186/196; 99, 216/232; 107, 205/215; krit. *Kingreen*, Jura 1997, 401/406 f.
57 *Kingreen*, JZ 2004, 938 ff.
58 E 105, 313/348 ff; 117, 316/325 ff.
59 E 124, 199/220; 131, 239/260; 132, 179/191 f; 133, 59/88; 133, 377/412 f.
60 E 44, 211/215; vgl *Aubel*, Der verfassungsrechtliche Mutterschutz, 2003; *Seiler*, BK, Art. 6 Abs. 4 Rn 45 ff.
61 E 25, 167/178 ff.
62 Vgl E 74, 33/38 ff; 85, 80/87 f.
63 E 118, 45/62 ff.
64 BVerfG, NJW 2013, 2103/2104 ff.
65 EGMR, Wolter und Sarfert v. Deutschland, No. 59752/13 und 66277/13, Rn 57 ff; vgl bereits EGMR, NJW-RR 2009, 1603/1604 ff und EGMR, NJW-RR 2014, 645/646 ff.

4. Die besonderen Anforderungen bei den politischen Rechten

a) Art. 38 Abs. 1 S. 1 schreibt für die Wahl der Abgeordneten zum Deutschen Bundestag ua die **Allgemeinheit und die Gleichheit der Wahl** vor (zu den anderen Geboten des Art. 38 Abs. 1 S. 1 und zu dessen Anwendungsbereich vgl Rn 1197 ff).   555

Allgemeinheit bedeutet gleiche *Fähigkeit* aller Deutschen (Rn 168 f), zu wählen und gewählt zu werden. Allgemeinheit der Wahl ist also ein Sonderfall der Gleichheit der Wahl. Diese bedeutet darüber hinaus für das aktive Wahlrecht gleichen *Zählwert* („one man, one vote") und gleichen *Erfolgswert* (jede Stimme muss bei der Umsetzung der Stimmen in die Zuteilung von Parlamentssitzen gleiche Berücksichtigung finden), für das passive Wahlrecht *Chancengleichheit* aller Wahlbewerber. Für die Wahlberechtigten wie für die Wahlbewerber bedeutet Wahlgleichheit überdies den Anspruch auf ein Wahlprüfungsverfahren.[66]   556

Das BVerfG hat den wahlrechtlichen Gleichheitssatz des Art. 38 Abs. 1 S. 1 lange als „Anwendungsfall des allgemeinen Gleichheitssatzes" verstanden; inzwischen sieht es in ihm eine „spezialgesetzlich normierte Ausprägung der vom Grundgesetz in Art. 3 Abs. 1 allgemein gewährleisteten Gleichheit der Bürger", angesichts deren ein Rückgriff auf Art. 3 Abs. 1 weder notwendig noch auch nur möglich ist.[67] Folge davon ist, dass gegen Verletzungen des wahlrechtlichen Gleichheitssatzes in Art. 28 Abs. 1 S. 2 und seinen landesgesetzlichen speziellen Ausprägungen das BVerfG nicht mehr unter Berufung auf Art. 3 Abs. 1 angerufen werden kann. Unverändert verlangt der wahlrechtliche Gleichheitssatz eine *rechnerisch formale Gleichbehandlung* und lässt dem Gesetzgeber „nur einen eng bemessenen Spielraum für Differenzierungen ... Diese bedürfen hier stets zu ihrer Rechtfertigung eines zwingenden Grundes"[68].   557

Der eng bemessene Spielraum des Gesetzgebers und natürlich ebenso der Verwaltung bedeutet wieder eine *Verschärfung der Rechtfertigungs- bzw Begründungslast*. Diese Verschärfung wirkt im obigen Prüfungs- und Begründungsschema als   558

– Beschränkung auf wenige zu verfolgende Zwecke und
– strenger Maßstab der Geeignetheit und Erforderlichkeit.

Beispiele: Die *Allgemeinheit* wird durchbrochen durch das Erfordernis der Sesshaftigkeit im Wahlgebiet (§ 12 Abs. 1 Nr 2 BWahlG). Bei Auslandsdeutschen darf zwar eine gewisse Vertrautheit mit den politischen Problemen der Bundesrepublik verlangt werden. Das Erfordernis eines dreimonatigen Aufenthalts (§ 12 Abs. 2 S. 1 BWahlG) zu einem beliebigen Zeitpunkt ist aber nicht geeignet, dieses Ziel zu erreichen, weil einerseits Personen erfasst werden, bei denen diese Vertrautheit nicht mehr gewährleistet werden kann (etwa Personen, die nur als Minderjährige in Deutschland waren), andererseits aber Personen ausschließt, bei denen auch ohne dreimonatigen Aufenthalt von der erforderlichen Vertrautheit ausgegangen werden darf, etwa Grenzgänger (E 132, 39/51 ff; *Felten*, DÖV 2013, 466; *Germelmann*, Jura 2014, 310). Eine Durchbrechung der Allgemeinheit der Wahl stellt es auch dar, dass nach § 13 Nr. 2 BWahlG vom Wahlrecht ausgeschlossen ist, für den zur Besorgung aller seiner Angelegenheiten ein Betreuer bestellt ist. Der UN-Behindertenrechtsausschuss (DÖV 2016, 613) sieht hierin einen Verstoß gegen Art. 19 BRK (zustimmend *Uerpmann-Wittzack*, DÖV 2016, 608 f), was deut-   559

---
66 E 85, 148/158 f.
67 E 99, 1/10.
68 E 82, 322/338; 95, 408/418 f; 129, 300/320.

sche Gerichte zumindest zur gebührenden Berücksichtigung verpflichtet (Rn 65).– Die *Gleichheit* der Wahl wird durch die Sperrklauseln (zB § 6 Abs. 3 BWahlG) durchbrochen. Die Stimmen, die für die danach nicht berücksichtigten Parteien abgegeben wurden, haben nicht den gleichen Erfolgswert wie die übrigen Stimmen. Diese Ungleichbehandlung wird damit gerechtfertigt, dass sie unter den Bedingungen der Verhältniswahl, die das Aufkommen kleiner Parteien begünstige, zur Sicherung der Funktionsfähigkeit des Parlaments unbedingt erforderlich sei (vgl E 51, 222/235 ff; 95, 408/419 f; krit. *Meyer*, Hdb. StR³ III, § 46 Rn 36 ff; für Kommunalwahlen diff. E 120, 82/110 ff; vgl *Krajewski*, DÖV 2008, 345). Für die Wahlen zum Europäischen Parlament soll eine 3%-Klausel hingegen verfassungswidrig sein (E 129, 300/324 ff; 135, 259/293 ff), weil das Europäische Parlament auch ohne Sperrklausel nicht in seiner Funktion beeinträchtigt werde (soweit die Entscheidung auf der Unterschätzung der demokratischen Funktion des Europäischen Parlaments beruht, zu Recht krit. *Geerlings/Hamacher*, DÖV 2012, 671/677; *Grzeszick*, NVwZ 2014, 537/539 f; *Schönberger*, JZ 2012, 80/82 ff; *Wernsmann*, JZ 2014, 23 ff). – Die ungleiche Gewichtung des Erfolgswerts der abgegebenen Stimmen, die mit einem Mehrheitswahlsystem verbunden wäre, hält das BVerfG aufgrund seiner Prämisse, dass dem Gesetzgeber die Entscheidung zwischen Mehrheits- und Verhältniswahlsystem freigestellt ist (Art. 38 Abs. 3: „Das Nähere" vgl. *Degenhart*, StR I, Rn 74 f), für grundsätzlich legitim (E 95, 335/349 f; 121, 266/296; krit. *Morlok*, DR, Art. 38 Rn 106). Das BVerfG akzeptiert die Grundmandatsklausel (E 95, 408/420 ff; krit. *Roth*, UC, Art. 38 Rn 72, 98 ff), die Überhangmandatsregelung aber nur, wenn sie sich innerhalb des „Konzepts einer Verhältniswahl" hält. Das ist beim Anfall von Überhangmandaten im Umfang von mehr als einer halben Fraktionsstärke nicht mehr der Fall (E 131, 316/356 ff). Auch ist der Gesetzgeber verpflichtet, die Wahlkreise so zuzuschneiden, dass Überhangmandate nach Möglichkeit vermieden werden (E 130, 212/226). Verfassungswidrig ist der Effekt eines negativen Stimmgewichts, durch den die Zweitstimme eines Wählers sich bei der Stimmverteilung zu Lasten der gewählten Partei auswirkt (E 121, 266/294 ff; ferner E 131, 316/354 ff zur Verfassungswidrigkeit der sog. Reststimmenverwertung, die den Effekt des negativen Stimmgewichts hatte ausgleichen sollen).

560 Von den besonderen Anforderungen werden wieder durch spezielle Verfassungsnormen *Ausnahmen* zugelassen. So sieht Art. 38 Abs. 2 eine Durchbrechung der Allgemeinheit der Wahl vor, indem er das Wahlrecht erst mit der Vollendung des 18. Lebensjahres beginnen lässt. Weitere Ausnahmen normiert Art. 137 Abs. 1 für öffentliche Bedienstete.[69]

561 b) Das BVerfG hat die besonderen Anforderungen an die verfassungsrechtliche Rechtfertigung vom Wahlrecht als dem Recht der politischen Willensbildung auch auf das „Vorfeld der **politischen Meinungsbildung**" erstreckt und allgemein vom „Grundsatz der formalen Gleichheit, der die Ausübung politischer Rechte in der freien Demokratie beherrscht", gesprochen.[70] Das Gebot rechnerisch formaler Gleichbehandlung kann bei der Wahlvorbereitung und bei der politischen Meinungsbildung aber nur dann gelten, wenn Chancen, Sendezeiten, Plakatflächen und Steuervorteile auch rechnerisch zugeteilt werden. Selbst dann muss es jedoch Modifikationen erfahren: Art. 38 Abs. 1 S. 1 spricht jeder Stimme das gleiche Gewicht beim staatsorganschaftlichen Akt der Wahl zu; die Vorbereitung der Wahl und die Bildung des politischen Willens finden dagegen in der Gesellschaft statt, und hier lassen die Freiheitsrechte zu, dass die Bürger, Gruppen und Parteien sich verschieden stark Gehör und Geltung verschaffen können. Der Staat brächte diese Freiheit um ihren Ertrag und die

---

69 Vgl E 98, 145/160 ff.
70 E 8, 51/68 f; 69, 92/107; 82, 322/337 ff; 120, 82/104.

Freiheitsrechte um ihre Bedeutung, wenn er formale Gleichbehandlung im Sinn nivellierenden Eingreifens praktizieren würde.

Das BVerfG hat dies in seiner umfangreichen Rechtsprechung zur *Chancengleichheit der Parteien*, die es weiterhin primär in Art. 3 Abs. 1 wurzeln sieht,[71] durchweg berücksichtigt. Zwar verlangt es für Ungleichbehandlungen besondere, „zwingende" Gründe.[72] Gleichwohl fordert es insoweit keine formale, schematische Gleichheit; es gibt sich mit einer „abgestuften", einer „proportionalen" Gleichheit zufrieden. 562

Beispiele: § 5 Abs. 1 PartG bestimmt, dass ua bei der Zuteilung von Sendezeiten für die Wahlwerbung durch die öffentlich-rechtlichen Rundfunkanstalten alle Parteien gleichbehandelt werden „sollen". Die Zuteilung kann aber „nach der Bedeutung der Parteien ... abgestuft werden. Die Bedeutung der Parteien bemisst sich insbesondere auch nach den Ergebnissen vorausgegangener Wahlen zu Volksvertretungen." Diese Vorschrift entspricht im Ergebnis der Rechtsprechung des BVerfG (E 14, 121/134 ff; aA *Lipphardt*, Die Gleichheit der politischen Parteien vor der öffentlichen Gewalt, 1975): Eine formale Gleichbehandlung würde die Parteien um die Bedeutung bringen, die sie selbst in der Gesellschaft erkämpft haben. 563

Die normative Verankerung der Chancengleichheit der politischen Parteien in Art. 3 Abs. 1 durch die Rechtsprechung des BVerfG hat noch einen *prozessualen* Grund: Verstöße der öffentlichen Gewalt gegen Art. 21, der selbst kein Grundrecht oder grundrechtsgleiches Recht ist, können auf diese Weise von den Parteien im Verfahren der Verfassungsbeschwerde vor das BVerfG gebracht werden. Gerät eine Partei dagegen bei der Mitwirkung an der staatlichen Willensbildung in ihrer besonderen, anderen gesellschaftlichen Gruppen und Verbänden nicht zukommenden Rolle mit Verfassungsorganen in Konflikt, dann sieht das BVerfG sie nicht als jedermann iSd Art. 93 Abs. 1 Nr 4a, sondern als Quasi-Verfassungsorgan an und erkennt ihnen die Beteiligtenfähigkeit im Organstreitverfahren (Art. 93 Abs. 1 Nr 1) zu.[73] 564

5. Die besonderen Anforderungen bei den staatsbürgerlichen Rechten und Pflichten

a) Art. 33 Abs. 1 ist gegenüber Art. 3 in doppelter Weise speziell: Er verbürgt nicht die Gleichheit allgemein, sondern die gleichen *staatsbürgerlichen* Rechte und Pflichten, und er verbürgt sie nicht allen Menschen, sondern den *Deutschen*. Dabei bestimmt sich der Begriff des Deutschen nach Art. 116, versteht sich der Begriff der staatsbürgerlichen Rechte und Pflichten in weitem Sinn und umfasst „das gesamte Rechtsverhältnis des Staatsbürgers zum Staat", vom Wahlrecht bis zur Steuer- und Dienstleistungspflicht[74]. Bezüglich der Dienstleistungspflicht ist Art. 12 Abs. 2 (vgl Rn 996 ff) speziell. Als Ausnahme zu Art. 33 Abs. 1 ist der wiederum speziellere Art. 36 zu beachten. 565

Art. 33 Abs. 1 verdrängt Art. 3 Abs. 2 und 3 nicht, sondern ergänzt ihn. Die *Ergänzung* liegt darin, dass neben die Begründungs- und Rechtfertigungsverbote von Art. 3 Abs. 2 und 3 ein weiteres Begründungs- und Rechtfertigungsverbot tritt: Dass ein 566

---
71 Vgl E 99, 69/79; 121, 108/121.
72 E 82, 322/338; 111, 382/398; 121, 108/122.
73 E 84, 290/298; 85, 264/284; *Maurer*, JuS 1992, 296.
74 *Badura*, MD, Art. 33 Rn 6, 9.

Deutscher Landeskind des einen Bundeslandes ist, kann kein Grund für ein anderes Bundesland sein, ihn anders als seine Landeskinder zu behandeln; dass er von außerhalb der Bundesrepublik Deutschland kommt, kann kein Grund sein, ihn anders zu behandeln, als den, der aus der Bundesrepublik Deutschland stammt. Wieder ist damit aber nicht ausgeschlossen, dass eine Regelung die verschiedenen Deutschen in verschiedener Weise trifft (vgl Rn 547). Unterschiedlich beurteilt wird hingegen, was die Eigenschaft des Landeskindes konstituieren soll. Historisch wurde für die entsprechende Regelung in Art. 110 Abs. 2 WRV auf die Landesstaatsangehörigkeit abgestellt. Da eine formelle Landesstaatsangehörigkeit heute nicht mehr existiert, hat sich die Vorschrift nach einem engen Verständnis erledigt[75]. Nach einem weiteren Verständnis wird für die Landeskindereigenschaft auf faktische Anknüpfungspunkte wie Geburt, Wohnsitz oder Ausbildung abgestellt[76].

567 **Beispiel:** Sesshaftigkeit im Land als Voraussetzung für das Wahlrecht zum Landtag (vgl zB § 1 Nr 3 nwWahlG) führt dazu, dass der, der kurz vor der Wahl innerhalb des Landes umgezogen ist, wählen darf, während der, der kurz vor der Wahl von außerhalb des Landes zugezogen ist, nicht wählen darf. Obwohl die Versagung des Wahlrechts zumeist die Landeskinder verschonen und die treffen wird, die nicht Landeskinder sind, ist sie zulässig (aA *Sachs*, AöR 1983, 68/89). Die Begründung, dass erst Sesshaftigkeit die nötige Nähe zu den politischen Problemen eines Landes vermittelt und die sinnvolle Ausübung der politischen Rechte erlaubt (vgl Rn 559), stellt nicht auf die Landeskindereigenschaft ab. Zur Vergleichsgruppe, die kurz vor der Wahl von außerhalb des Landes zugezogen sind, gehören denn auch Landeskinder, die das Land zuvor verlassen haben.

568 b) **Art. 33 Abs. 2** enthält nochmals und zusätzlich Begründungs- und Rechtfertigungsverbote. Bei der Übertragung eines *öffentlichen Amts* darf nicht nur weder auf die Gegebenheiten von Art. 3 Abs. 2 und 3 noch darauf abgestellt werden, ob der Bewerber Landeskind ist oder aus der Bundesrepublik Deutschland – im Unterschied zu Deutschen von außerhalb der Bundesrepublik Deutschland – stammt. Bei der Übertragung darf nichts anderes als allein Eignung, Befähigung und fachliche Leistung des Bewerbers zählen (sog. Grundsatz der Bestenauslese).[77] Damit und auch mit dem europäischen Antidiskriminierungsrecht (Rn 79) vereinbar sind Altersgrenzen für öffentliche Ämter, soweit sie der typisierenden Einschätzung der Leistungsfähigkeit[78] oder sonstigen Zwecken dienen, die wie das Lebenszeit- oder das Alimentationsprinzip über Art. 33 Abs. 5 selbst Verfassungsrang besitzen.[79] Dabei stehen diese Begründungs- und Rechtfertigungsverbote nicht neben-, sondern greifen ineinander: Eignung, Befähigung und fachliche Leistung dürfen ihrerseits nicht mit Gesichtspunkten begründet werden, die nach Art. 3 Abs. 2 und 3 und nach Art. 33 Abs. 1 verpönt[80] oder mit dem grundrechtlichen Freiheitsschutz unvereinbar sind.[81] Beim Begriff der fachlichen Leistung, der sich auf Fachwissen, Fachkönnen und fachliche Bewährung

---

75 Vgl E 134, 1/19 f, das eine Differenzierung von Studiengebühren nach dem Landeswohnsitz nicht an Art. 33 Abs. 1 GG, sondern an Art. 12 i.V.m. Art. 3 Abs. 1 misst.
76 *Brosius-Gersdorf*, DR, Art. 33 Rn 65 ff; *Jarass*, JP, Art. 33 Rn 3.
77 Zur Modifikation des Grundsatzes bei der Ernennung von Bundesrichter durch Art. 95 Abs. 2 GG, NJW 2016, 3425/3426 f.
78 BVerfG, NVwZ 2013, 1540/1541 f = JK 2/2014.
79 BVerfG, NVwZ 2015, 1279/1283 ff.
80 *Brosius-Gersdorf*, DR, Art. 33 Rn 95.
81 E 108, 282/296, 307.

bezieht, und beim Begriff der Befähigung, der Begabung, Allgemeinwissen und Lebenserfahrung meint, liegt dies auch nicht nahe; wohl aber bei dem der Eignung, der die ganze Person mit ihren körperlichen, seelischen und charakterlichen Eigenschaften erfasst.[82] Dabei hat das Eignungselement auch eine prognostische Komponente in Bezug auf die künftige Aufgabenwahrnehmung. Für diese Prognose können auch potentielle Interessenkonflikte beachtlich sein, die sich aus partnerschaftlichen Beziehungen zwischen Vorgesetzten oder Mitarbeitern ergeben.[83]

Beispiel: Das BVerfG und die hM rechnen zur Eignung auch die Verfassungstreue, die dann fehlen soll, wenn jemand einer verfassungsfeindlichen Partei angehört (E 39, 334/348 ff; BVerfG, NVwZ 2002, 848). Dabei meint Verfassungsfeindlichkeit etwas anderes als Verfassungswidrigkeit: Über diese kann nach Art. 21 Abs. 2 S. 2 nur das BVerfG entscheiden, über jene soll der Dienstherr bzw das die Entscheidung des Dienstherrn kontrollierende Gericht befinden können. Mit Art. 3 Abs. 3, der nach politischen Anschauungen zu diskriminieren verbietet, ist dieses Verständnis von Eignung bzw Verfassungstreue unverträglich: Von Grundgesetz wegen genießt, solange das BVerfG nicht gem. Art. 21 Abs. 2 S. 2 entschieden hat, die politische Position jeder Partei dieselbe Freiheit; erst wenn das BVerfG entschieden hat, können an die politische Position einer Partei bzw an die entsprechende politische Anschauung eines Bürgers negative Rechtsfolgen geknüpft werden. Das BVerfG und die hM versuchen, dieser Konsequenz unter Berufung auf Art. 33 Abs. 4 und 5 und auf die dogmatische Figur der streitbaren oder wehrhaften Demokratie zu entgehen: Seit jeher verlange das Beamtenverhältnis als Treueverhältnis eine besondere Identifikation des Beamten mit dem Staat und der Verfassung; dies gelte zumal in der streitbaren oder wehrhaften Demokratie des Grundgesetzes. Aber das Verständnis des Beamtenverhältnisses als Treueverhältnis schwankt in der Geschichte, und die Streitbarkeit der Demokratie ist in Art. 21 Abs. 2 S. 2 durch das Entscheidungsmonopol des BVerfG gerade begrenzt (vgl näher *Pieroth/Schlink*, JuS 1984, 345; *Schlink*, Staat 1976, 335 mwN). – Die spätere Rspr des BVerfG zu den Sonderkündigungen für Angehörige des Öffentlichen Dienstes der ehemaligen DDR spricht nicht mehr von Verfassungstreue, sondern zurückhaltender von der „Fähigkeit und inneren Bereitschaft, die dienstlichen Aufgaben nach den Grundsätzen der Verfassung wahrzunehmen, insbesondere die Freiheitsrechte der Bürger zu wahren und rechtsstaatliche Regeln einzuhalten" (E 96, 152/163; vgl dazu *Will*, NJ 1997, 513).

569

Wieder gilt, dass die Begründungs- und Rechtfertigungsverbote nicht dadurch verletzt werden, dass der Mann statt der Frau, der Inlandsdeutsche statt des Auslandsdeutschen, der Protestant statt des Katholiken das Amt bekommt. Entscheidend ist, dass eben hierin nicht die Begründung liegt. Das BVerfG meint, es sollte „auf der Hand liegen", dass zB die Leitungsfunktion einer Mädchenschule von einer Frau versehen wird.[84] Aber auf der Hand liegt es nicht. Nicht weil die Schule eine Mädchenschule und die Bewerberin eine Frau ist, darf ihr das Amt gegeben werden, sondern nur wenn die Leitungsaufgaben gerade von ihr pädagogisch und disziplinarisch besonders gut erfüllt werden können. Erfüllt ein Mann sie besser, verdient er den Vorzug.[85]

570

Nach hM verlangt seit jeher das Sozialstaatsprinzip und heute Art. 3 Abs. 3 S. 2 für Menschen mit Behinderung *Ausnahmen*.[86] Das erscheint fraglich: Dem Sozialstaats-

571

---

82 E 92, 140/151; BVerfG, NVwZ 2009, 389.
83 BVerfG, NVwZ 2016, 59/61.
84 E 39, 334/368.
85 So auch *Höfling*, BK, Art. 33 Abs. 1–3 Rn 328.
86 Vgl *Jarass*, JP, Art. 33 Rn 17; *Brosius-Gersdorf*, DR, Art. 33 Rn 122.

153

prinzip bzw Art. 3 Abs. 3 S. 2 und Art. 33 Abs. 2 kann entsprochen werden, wenn Behinderte so gefördert werden, dass sie für bestimmte Funktionen nach Eignung, Befähigung und fachlicher Leistung ebenso gut wie ihre nicht behinderten Mitbewerber qualifiziert sind.[87] Dass politische Beamte jederzeit in den einstweiligen Ruhestand versetzt werden können, rechtfertigt sich hingegen dadurch, dass im parlamentarischen Regierungssystem die politischen Anschauungen von Spitzenbeamten Teil ihrer Eignung sind.[88]

572 c) **Art. 33 Abs. 3** *wiederholt* schon erörterte Begründungs- und Rechtfertigungsverbote und wird seinerseits teilweise nochmals in Art. 140 iVm 136 Abs. 2 WRV wiederholt. In Art. 33 wurde er aus historischen und systematischen Gründen aufgenommen: Die Irrelevanz der historisch besonders konfliktträchtigen Religions- und Konfessionsunterschiede sollte im systematischen Zusammenhang der staatsbürgerlichen Rechte- und Pflichtenstellung nochmals deutlich herausgestellt werden, das Verbot konfessioneller Patronage und konfessionellen Proporzes im öffentlichen Dienst sollte besonders betont werden. Art. 33 Abs. 3 ist neben den anderen Begründungs- und Rechtfertigungsverboten zwar eigentlich überflüssig, aber er ist doch *spezieller* als sie. Einschlägige Fälle und Probleme sind daher in erster Linie an ihm zu überprüfen[89].

573 **Beispiele:** Auf Grund eines Vertrags zwischen dem Heiligen Stuhl und dem Freistaat Bayern unterhält dieser an mehreren Universitäten sog. Konkordatslehrstühle für Philosophie, Soziologie und Pädagogik, „gegen deren Inhaber hinsichtlich ihres katholisch-kirchlichen Standpunktes keine Erinnerung zu erheben ist". Dabei hat der zuständige Diözesanbischof eine Zustimmungsbefugnis. Für den Bewerber um ein solches öffentliche Amt, dem die Zulassung wegen einer Erinnerung hinsichtlich seines katholisch-kirchlichen Standpunkts verweigert wird, ist Art. 33 Abs. 3 lex specialis zu Art. 3 Abs. 3 und zu Art. 33 Abs. 2. Hier liegt eine Ungleichbehandlung wegen des religiösen Bekenntnisses vor; eine verfassungsrechtliche Rechtfertigung ist nicht ersichtlich (*F. Müller*, DuR 1976, 175; *Korioth*, MD, Art. 140 iVm Art. 136 WRV Rn 70; aA *v. Campenhausen/Unruh*, MKS, Art. 140 iVm Art. 136 WRV Rn 25 ff; *Höfling*, BK, Art. 33 Abs. 1–3 Rn 416 f). – Bei der Einstellung eines Lehrers für eine Gemeinschaftsschule darf die Konfessionszugehörigkeit der Schüler nicht zu einer Berücksichtigung der Konfessionszugehörigkeit des Bewerbers führen (BVerwGE 81, 22/24 f).

IV. Wirkungen eines Gleichheitsverstoßes

1. Gleichheitsverstoß durch Gesetze, Rechtsverordnungen und Satzungen

a) Allgemeines

574 Eine verfassungswidrige Ungleichbehandlung hat *andere Folgen* als ein verfassungswidriger Eingriff in ein Freiheitsrecht. Der Eingriff in das Freiheitsrecht muss einfach abgestellt werden; der Bürger muss wieder in den Genuss der Freiheit kommen, in dem er ohne den Eingriff war. Die Ungleichbehandlung zweier Gruppen kann dage-

---

[87] Vgl *Schmidt-Aßmann*, NJW 1980, 16.
[88] Vgl BVerfG, NVwZ 1994, 477; *Bracher*, DVBl. 2001, 19.
[89] *Jachmann*, MKS, Art. 33 Rn 24.

gen verschieden behoben werden: Die eine Gruppe kann ebenso wie die andere, die andere kann ebenso wie die eine, und beide können auf neue dritte Weise behandelt werden.

Diese verschiedenen Möglichkeiten, eine Ungleichbehandlung zu beheben, gibt es sowohl dann, wenn ein Bürger sich gegen eine *Belastung* wendet, die ihn gegenüber anderen ungleich trifft, als auch dann, wenn er eine *Begünstigung* erstrebt, die ihm gegenüber anderen ungleich vorenthalten wird. Gleichwohl kann es einen Unterschied machen, ob ein Bürger sich gegen eine Belastung wendet oder eine Begünstigung erstrebt. Dieser Unterschied beruht auf dem Zusammenspiel zwischen Gesetzgebung und Rechtsprechung. 575

– Wendet sich ein Bürger gegen eine *Belastung*, die unter Verstoß gegen das Gleichheitsgebot für ihn bzw seine Gruppe in einem Rechtssatz niedergelegt ist, dann kann die Rechtsprechung den Rechtssatz aufheben und dadurch die Belastung beseitigen. 576

– Erstrebt ein Bürger eine *Begünstigung*, die unter Verstoß gegen das Gleichheitsgebot für eine andere Gruppe in einem Rechtssatz niedergelegt ist, dann kann die Rechtsprechung ihm durch Aufhebung des Rechtssatzes die Begünstigung nicht verschaffen. Wird der Rechtssatz aufgehoben, dann bekommt zwar die andere Gruppe, dann bekommt aber auch der Bürger die Begünstigung nicht. Lediglich dann, wenn ausnahmsweise ein Rechtssatz die Begünstigung allen Bürgern zuspricht und ein weiterer Rechtssatz eine Gruppe von Bürgern von der Begünstigung ausschließt, kann durch Aufhebung dieses weiteren Rechtssatzes der Gruppe von Bürgern die Begünstigung verschafft werden[90]. 577

Die Rechtsprechung kann im gewaltenteiligen Gefüge des Grundgesetzes gegenüber der Gesetzgebung grundsätzlich zwar *kassatorisch*, nicht aber gestaltend tätig werden. Und selbst da, wo sie kassatorisch tätig werden kann – regelmäßig bei belastenden, ausnahmsweise bei Begünstigungsausschlussregelungen –, lässt sich die Rechtsprechung des BVerfG von *Zurückhaltung* leiten. Denn die Kassation enthält immerhin ein gestalterisches Moment: Sie realisiert eine Möglichkeit zur Behebung der Ungleichbehandlung, obwohl auch andere Möglichkeiten bestehen. Das BVerfG gibt seine Zurückhaltung auf, wenn es selbst eine Übergangsregelung bis zum Inkrafttreten einer gesetzlichen Neuregelung trifft, zu der sich das Gericht veranlasst sieht, wenn ohne sie eine unerträgliche Rechtsunsicherheit einträte.[91] 578

b) Ungleich vorenthaltene Begünstigung

Nur mit besonderer Zurückhaltung ist das BVerfG bereit, eine *Begünstigung*, die ein Rechtssatz der einen Gruppe vorbehält, auf die andere Gruppe *auszudehnen*. Die besondere Zurückhaltung entspricht dem besonderen gestalterischen Moment, das einer solchen Ausdehnung innewohnt: Das BVerfG, das die Begünstigung ausdehnt, füllt eine „Gesetzeslücke"[92] und gestaltet da, wo der Gesetzgeber zu gestalten gerade un- 579

---

90 E 22, 349/360.
91 Vgl E 84, 9/20 f.
92 E 22, 349/360.

terlassen hat. Eine solche Gesetzeslücke zu schließen, sieht sich das BVerfG nur unter *zwei Voraussetzungen* berechtigt:

580 – Wenn ein *Verfassungsauftrag* oder sonst eine Verfassungsbestimmung eine bestimmte begünstigende Behandlung des Bürgers verlangt und der Gesetzgeber diese Behandlung einer Gruppe von Bürgern gleichheitswidrig vorenthalten hat, darf die Begünstigung auf diese Gruppe von Bürgern ausgedehnt werden.[93] Das folgt allerdings schon unmittelbar aus dem Verfassungsauftrag oder der sonstigen Verfassungsbestimmung.

581 – Hat der Gesetzgeber, wie im Beamten- und Sozialrecht, ein komplexes *Regelungssystem* geschaffen und will er daran erkennbar festhalten und bleibt das Regelungssystem nur dann *konsequent und stimmig*, wenn eine Begünstigung auf eine übersehene Gruppe ausgedehnt wird, dann darf diese Ausdehnung auch durch das BVerfG erfolgen.[94]

582 Sind diese Voraussetzungen für eine Ausdehnung der Begünstigung nicht gegeben, dann stellt das BVerfG lediglich die *Verfassungswidrigkeit* des Ausschlusses von der Begünstigung fest, ohne die Norm für nichtig zu erklären.[95] Es fordert zugleich den Gesetzgeber explizit oder implizit auf, eine verfassungsgemäße Rechtslage herzustellen. Teilweise setzt es dem Gesetzgeber darüber hinaus eine Frist, innerhalb derer die verfassungswidrige Rechtslage bereinigt werden muss.[96]

583 **Beispiel:** Zum nordrhein-westfälischen Gesetz über den Hausarbeitstag (vgl Rn 548) tenorierte das BVerfG, dieses sei „mit Art. 3 Abs. 2 des Grundgesetzes unvereinbar, soweit der Hausarbeitstag weiblichen, aber nicht männlichen allein stehenden Arbeitnehmern mit eigenem Hausstand gewährt wird" (E 52, 369/370). Das auf der verfassungswidrigen Vorschrift beruhende Urteil eines Arbeitsgerichts wird vom BVerfG unter Zurückverweisung aufgehoben: „Wenn (das Arbeitsgericht) sein Verfahren aussetzt, wird dem Beschwerdeführer die Chance offen gehalten, an einer etwaigen Erweiterung des Rechts auf den Hausarbeitstag durch den Gesetzgeber teilzunehmen" (ebd.).

584 Dieselbe Zurückhaltung, die das BVerfG bei der Ausdehnung einer Begünstigung übt, hält es auch bei der Kassation eines *Ausschlusses von einer Begünstigung* für angezeigt. Denn derselbe Wille des Gesetzgebers habe im einen und im anderen Fall lediglich einen unterschiedlichen gesetzestechnischen Ausdruck gefunden; in beiden Fällen liege eigentlich dieselbe Gesetzeslücke vor.[97]

c) Ungleich auferlegte Belastung

585 Auch einen ungleich belastenden Rechtssatz hält das BVerfG seit Beginn seiner Rechtsprechung nur dann für nichtig, wenn „keinem Zweifel unterliegt, dass der Gesetzgeber die sonstige gesetzliche Regelung auch ohne den verfassungswidrigen Teil aufrechterhalten hätte"[98]. Daneben ist auch hier, obwohl vom BVerfG nicht be-

---

93 E 22, 349/361; *Kirchhof*, MD, Art. 3 Abs. 1 Rn 282.
94 E 103, 225/238 ff; vgl auch BVerwGE 101, 113/118 f.
95 Vgl näher zu dieser Entscheidungsvariante *Schlaich/Korioth*, BVerfG, Rn 394 ff.
96 Vgl E 82, 126/155.
97 E 22, 349/360 f.
98 E 4, 219/250.

nannt, die erste der beiden Voraussetzungen für die Ausdehnung einer Begünstigung einschlägig: Eine ungleiche Behandlung darf als nichtig kassiert werden, wenn eine Verfassungsbestimmung eben diese Belastung verbietet.

Wenn diese Voraussetzungen für die Kassation *nicht* vorliegen, ist auch die Feststellung der Verfassungswidrigkeit ausgeschlossen, da dies im Ergebnis einer Kassation gleichkäme: So oder so dürfte die Belastung dem Bürger nicht mehr auferlegt werden. Bei der ungleichen Begünstigung ist das anders: Würde sie als nichtig kassiert, dann dürfte kein Bürger mehr in ihren Genuss kommen; wird lediglich ihre Verfassungswidrigkeit festgestellt, soweit sie eine Gruppe von der Begünstigung ausschließt, kann der anderen die Begünstigung weitergewährt werden, denn das Ergebnis, dass auch der anderen Gruppe die Begünstigung nicht mehr gewährt wird, könnte ohne weiteres durch Ausspruch der Nichtigkeit an Stelle der Feststellung der Verfassungswidrigkeit erreicht werden.[99] So spricht denn das BVerfG da, wo es nicht die ungleiche Belastung als nichtig kassieren kann, die Nichtigkeit der gesamten Regelung aus.[100]

586

d) Zusammenfassung

Folgende Situationen und Wirkungen, in bzw mit denen das Gleichheitsgebot den Bürger gegen einen ihn ungleich treffenden Rechtssatz schützt, sind zu unterscheiden:

587

– Von einer Belastung, die den Bürger unter Verstoß gegen das Gleichheitsgebot trifft, wird er frei: Nichtig ist entweder die belastende Teilregelung oder die Gesamtregelung.
– An einer Begünstigung, die dem Bürger unter Verstoß gegen das Gleichheitsgebot vorenthalten wird, wird er dann beteiligt, wenn ein entsprechendes Verfassungsgebot oder die Systematik der Regelungsmaterie und des Regelungswillens dies verlangen.
– An einer Begünstigung, die dem Bürger zwar ebenfalls unter Verstoß gegen das Gleichheitsgebot vorenthalten wird, deren Ausdehnung aber weder ein Verfassungsgebot noch die Systematik von Regelungsmaterie und -willen verlangt, wird er nicht beteiligt. Er kann nur die Feststellung der Verfassungswidrigkeit, die Aufhebung abschlägiger Entscheidungen und die Aussetzung laufender Verfahren erreichen.

2. Gleichheitsverstoß durch Verwaltung und Rechtsprechung

a) Allgemeines

Die Möglichkeit, gleich oder ungleich zu behandeln, haben Verwaltung und Rechtsprechung nur dort, wo sie einen *Handlungsspielraum* haben. Wo ein Rechtssatz keinen Handlungsspielraum lässt, sondern bei Vorliegen einer bestimmten Voraussetzung die Setzung einer bestimmten Rechtsfolge vorschreibt, behandeln Verwaltung

588

---

99 AA *Heußner*, NJW 1982, 257/258; BAGE 37, 352/355; vgl auch *Schlaich/Korioth*, BVerfG, Rn 417 ff.
100 Vgl E 9, 291/302.

und Rechtsprechung, wenn sie bei vorliegender Voraussetzung die Rechtsfolge nicht anwenden, den Bürger zwar ungleich. Diese ungleiche Behandlung ist aber schlicht eine unrichtige Anwendung des Rechtssatzes, wird als solche gerügt und durch die Fachgerichte korrigiert. Einen Handlungsspielraum hat die Verwaltung im Bereich des *Ermessens* und haben Verwaltung und Rechtsprechung bei der Auslegung und Anwendung *unbestimmter Rechtsbegriffe*.

b) Gleichheitsverstoß durch die Verwaltung

589 Im Bereich des *Ermessens* und grundsätzlich auch der Beurteilungsspielräume (vgl Rn 1173 f) realisiert sich die Bindung an das Gleichheitsgebot als Selbstbindung dadurch, dass die Verwaltung von

– Verwaltungsvorschriften, mit denen sie selbst die Ausübung ihres Ermessens steuern will, und
– ständiger Verwaltungspraxis, die sie selbst bei Ausübung ihres Ermessens eingeübt hat,

nicht ohne rechtfertigenden Grund abweichen darf.[101]

590 Bei Verstoß gegen diese Selbstbindung kann der Bürger aus Art. 3 Abs. 1 sowohl Belastungen abwehren als auch Begünstigungen erreichen. Die Bedenken, die gegen die Ausdehnung einer durch Rechtssatz vorenthaltenen Begünstigung sprechen, greifen hier nicht: Die Gestaltungsfreiheit bei der Vollziehung ist geringer als die bei der Gesetzgebung, und im Zusammenspiel von Rechtsprechung und Verwaltung hat die nicht nur kassatorische, sondern auch *gestaltende* Entscheidung ihren legitimen Ort.

591 **Beispiel:** Ein Sozialhilfeträger gewährte Sozialhilfeempfängern für die Weihnachtsfeier eine Weihnachtsbeihilfe. Obdachlosen wurde die Weihnachtsbeihilfe vorenthalten, weil sie ohne Obdach Weihnachten gar nicht feiern könnten. VGH Mannheim, NVwZ 1983, 427 erkannte auch ihnen ohne Umschweife den Anspruch auf Weihnachtsbeihilfe zu. Der vom Sozialhilfeträger angegebene Grund sei diskriminierend und auch mit dem Sozialstaatsprinzip unvereinbar.

592 Standen Verwaltungsvorschriften oder -praxis im Widerspruch zum Gesetz und geht die Verwaltung bei einem Bürger zu gesetzmäßiger Verwaltungspraxis über, so steht dies nicht im Widerspruch zum Gleichheitsgebot. Der Bürger genießt wegen des Vorrangs der Gesetze (Art. 20 Abs. 3) *keine Gleichheit im Unrecht*, hat keinen Anspruch auf Fehlerwiederholung.[102] Wird allerdings die gleiche Belastung, die ein Gesetz in seinen materiellen Regelungen erreichen will, in seinen Verfahrensregelungen generell verfehlt, dann kann der Bürger verlangen, nicht belastet zu werden; die Gleichheitswidrigkeit des Verfahrens und der Verfahrensregelung schlägt hier auf die materielle Regelung durch.[103]

---

101 Zur Selbstbindung vgl *Ossenbühl*, DVBl. 1981, 857; *Pietzcker*, NJW 1981, 2087.
102 HM; vgl *Huster*, FH, Art. 3 Rn 129 ff; *Reimer*, RW 2017, 1/15 ff, der allerdings aus Art. 3 GG einen Anspruch auf Aufhebung einer rechtswidrigen Begünstigung Dritter anerkennt, soweit Vertrauensschutzaspekte nicht entgegenstehen.
103 E 84, 239/268 ff, 284; 110, 94/112 ff.

c) Gleichheitsverstoß durch die Rechtsprechung

Eine Selbstbindung durch ständige Rechtsprechung entsprechend der durch ständige Verwaltungspraxis wird vom BVerfG nur *zögernd* und auch vom Schrifttum nur vorsichtig anerkannt. Das BVerfG hat einerseits ausgesprochen, dass durch das Gleichheitsgebot Rechtsentwicklung und Rechtsfortbildung nicht behindert werden dürfen; andererseits hält es für möglich, dass „einzelne Entscheidungen so sehr die Bahn organischer Fortentwicklung der Rechtsprechung verließen, dass sie als willkürlich bezeichnet werden müssten"[104]. Auch das Schrifttum will Rechtsentwicklung und Rechtsfortbildung nicht behindert, zugleich aber eine Selbstbindung gewahrt sehen.[105]

593

Das BVerfG nutzt das Gleichheitsgebot auch zu einer *Gerechtigkeitskontrolle*, mit der es einer von ihm für schlechthin unvertretbar und willkürlich gehaltenen unrichtigen Anwendung einfachen Rechts entgegentritt.[106] Mit dem Anspruch des BVerfG, keine Superrevisionsinstanz zu sein, ist dies schwer verträglich.[107]

594

Lösungsskizze zum Fall 8 (Rn 514): I. Der Satzungsgeber müsste mit der Staffelung der Gebühren *wesentlich Gleiches ungleich* behandelt haben. Die Eltern, die wie E mehr, und die, die weniger an die Stadt zahlen, sind dadurch verbunden, dass ihre Kinder einen städtischen Kindergarten besuchen. Sie erhalten von der Stadt die gleiche, auch im Aufwand und in den Kosten gleichwertige Leistung: die Betreuung ihrer Kinder. Dadurch sind sie in einer vergleichbaren Lage; der Satzungsgeber behandelt daher mit der Staffelung der Gebühren wesentlich Gleiches ungleich. – II. Dafür braucht er eine *verfassungsrechtliche Rechtfertigung*. Der Satzungsgeber verlangt keine kostendeckende Beteiligung am Betreuungsaufwand und diskriminiert daher bei einer Förderung, also „positiv"; es könnte dies eine Ungleichbehandlung von geringer Intensität sein, die lediglich willkürfrei sein muss. Da aber das Familieneinkommen ein personenbezogenes Kriterium ist, hat die Ungleichbehandlung durch den Satzungsgeber erhebliche Intensität und ist nur gerechtfertigt, wenn sie einen legitimen Zweck verfolgt, zur Erreichung des Zwecks geeignet und erforderlich ist und auch sonst in angemessenem Verhältnis zum Wert des Zwecks steht. – 1. Der Satzungsgeber verfolgt erkennbar einen sog. internen Zweck; er stellt auf das Familieneinkommen ab, weil er im unterschiedlichen Familieneinkommen iS der sog. neuen Formel einen Unterschied von solcher Art und solchem Gewicht sieht, dass ihm durch eine Ungleichbehandlung Rechnung zu tragen ist. Gegen die Annahme eines *legitimen Zwecks* könnte der vom Verfassungsrecht vorgefundene Gebührenbegriff sprechen, der verlangt, dass Gebühren anders als Steuern aus Anlass individuell zurechenbarer öffentlicher Leistungen erhoben werden und deren Kosten decken. Aus dem Gebührenbegriff folgt aber nur, dass die Gebühren nicht unabhängig von den tatsächlichen Kosten festgesetzt werden dürfen; von Verfassung wegen ist weder eine Über- noch eine Unterdeckung schlechterdings verwehrt. Der Satzungsgeber durfte daher im unterschiedlichen Familieneinkommen und in der Chancenungleichheit, die es für die Lebens- und Bildungsmöglichkeiten der Kinder mit sich bringt, einen Unterschied sehen, der den Zweck, die Familien mit den schlechteren Chancen besser zu stellen, legitimiert. – 2. Die Erhebung höherer Gebühren von den Eltern mit höherem Familieneinkommen ist zur Erreichung des Zwecks *geeignet*, weil sie der Stadt bei gleichem eigenen Auf-

595

---

104 E 18, 224/240.
105 *Riggert*, Die Selbstbindung der Rechtsprechung durch den allgemeinen Gleichheitssatz (Art. 3 I GG), 1993; für ein besonderes Begründungserfordernis bei Abweichungen *Kirchhof*, MD, Art. 3 Abs. 1 Rn 288.
106 E 70, 93/97; 86, 59/62 f.
107 Krit. denn auch *Heun*, DR, Art. 3 Rn 62.

kommen erlaubt, von den Eltern mit niedrigerem Familieneinkommen niedrigere Gebühren zu erheben. Diesen Eltern wird es erleichtert, das Betreuungsangebot der städtischen Kindergärten anzunehmen; ihren Kindern werden mehr Chancen des Erwerbs wichtiger elementarer Kenntnisse und Fähigkeiten eröffnet. – 3. Da die Chancen von Familien mit niedrigerem Familieneinkommen auf vielerlei Weise gefördert werden können, fragt sich, ob die Erhebung höherer Gebühren von den Eltern mit höherem Familieneinkommen zur Erreichung des Zwecks auch *erforderlich* ist. Bei gleichem eigenen Aufkommen kann die Stadt die Eltern mit niedrigerem Familieneinkommen nur dann entlasten, wenn sie die Eltern mit höherem Familieneinkommen belastet. Diese mehr verdienenden Eltern schonender zu behandeln, dh weniger zu belasten, würde zu Lasten der weniger verdienenden Eltern und damit zu Lasten des Förderungszwecks gehen. – 4. Die *Angemessenheit* der Ungleichbehandlung der Eltern mit höherem Familieneinkommen zeigt sich daran, dass auch deren höhere Gebühren die für ihre Kinder tatsächlich anfallenden Kosten nicht decken. Auch diese Eltern werden von der Stadt gefördert, lediglich in bescheidenerem Ausmaß. E sehen in der Staffelung der Gebühren zu Unrecht eine Verletzung von Art. 3 Abs. 1.

596 Literatur: *M. Albers*, Gleichheit und Verhältnismäßigkeit, JuS 2008, 945; *G. Britz*, Der allgemeine Gleichheitssatz in der Rechtsprechung des BVerfG, NJW 2014, 346; *K. Hesse*, Der Gleichheitssatz in der neueren deutschen Verfassungsentwicklung, AöR 1984, 174; *S. Huster*, Rechte und Ziele, 1993; *A. Podlech*, Gehalt und Funktionen des allgemeinen verfassungsrechtlichen Gleichheitssatzes, 1971; *M. Sachs/C. Jasper*, Der allgemeine Gleichheitssatz, JuS 2016, 769; *K.-A. Schwarz*, Grundfälle zu Art. 3 GG, JuS 2009, 315, 417; *R. Wendt*, Die Weiterentwicklung der „Neuen Formel" bei der Gleichheitsprüfung des Bundesverfassungsgerichts, in: FS Stern, 2012, 1553. – Speziell zu Art. 3 Abs. 2: *U. Di Fabio*, Die Gleichberechtigung von Mann und Frau, AöR 1997, 404; *I. Ebsen*, 15 Jahre Fördergebot des Art. 3 Abs. 2 S. 2 GG – zur praktischen Bedeutung einer Verfassungsänderung –, in: FS Jaeger, 2011, S. 401; *S. Huster*, Frauenförderung zwischen individueller Gerechtigkeit und Gruppenparität, AöR 1993, 109; *S. Kempny/P. Reimer*, Die Gleichheitssätze, 2012; *J. Kokott*, Gleichheitsschutz und Diskriminierungsverbote in der Rspr des BVerfG, in: FS 50 Jahre BVerfG, 2001, Bd. II, S. 127; *M. Sachs*, Quotenregelungen für Frauen im staatlichen und im gesellschaftlichen Bereich, ZG 2013, 52; *U. Sacksofsky*, Das Grundrecht auf Gleichberechtigung, 2. Aufl. 1996. – Speziell zu Art. 3 Abs. 3: *G. Beaucamp*, Das Behindertengrundrecht (Art. 3 Abs. 3 Satz 2 GG) im System der Grundrechtsdogmatik, DVBl. 2002, 997; *M. Sachs*, Besondere Gleichheitsgarantien, Hdb. StR[3] VIII, § 182. – Speziell zu Art. 38 Abs. 1 S. 1 s. Rn 1218.

Anhang: Aufbauschema

597 Aufbauschema IV: Gleichheitsrechte
  I. **Ungleichbehandlung von wesentlich Gleichem**
    Bildung von ungleich behandelten Vergleichsgruppen:
    (1) Mindestens zwei Personen(-gruppen), von denen eine anders behandelt wird als die andere
    (2) Bildung eines gemeinsamen Oberbegriffes nach Maßgabe des Ziels der ungleich behandelnden Regelung
  II. **Verfassungsrechtliche Rechtfertigung**
    Vorbemerkung: Die Geltung des Parlamentsvorbehaltes (Rn 321 ff) im Bereich des allgemeinen Gleichheitssatzes ist umstritten. Es ist jedenfalls gut vertretbar, beim

Gleichheitssatz ohne weitere Problematisierung auf seine Prüfung zu verzichten, zumal meist neben dem Gleichheitssatz noch – i. d. R. vorrangig zu prüfende – Freiheitsrechte einschlägig sind, bei denen er ohnehin anzusprechen ist.
1. **Verfassungsmäßigkeit des ungleich behandelnden Gesetzes**
   (soweit die Ungleichbehandlung durch Gesetz erfolgt; wenn nicht: weiter mit 2.)
   a) **Formelle Verfassungsmäßigkeit**
      aa) **Gesetzgebungskompetenz, Art. 70–74**
      bb) **Ordnungsgemäßes Gesetzgebungsverfahren, Art. 76–79, 82 Abs. 1**
   b) **Materielle Verfassungsmäßigkeit**
      Prüfung des Grundsatzes der Verhältnismäßigkeit nach Maßgabe der Intensität der Ungleichbehandlung (Rn 528 f)
      aa) **Legitimes Ziel**
         Verboten sind:
         – Anknüpfung an die nach Art. 3 Abs. 3 verbotenen Differenzierungskriterien
         – Verwendung anderer als der ausdrücklich erlaubten Differenzierungskriterien (Art. 33 Abs. 2)
      bb) **Verhältnismäßigkeit**
         Anforderungen an die Rechtfertigungsfähigkeit steigen
         – je mehr das Differenzierungskriterium einem verbotenen Kriterium (insbes. Art. 3 Abs. 2, Abs. 3 S. 1) ähnelt bzw. in seinen faktischen Auswirkungen gleichkommt.
         – je weniger der Betroffene das Kriterium beeinflussen kann und
         – je mehr die Ungleichbehandlung den Gebrauch der Freiheitsrechte erschwert.
2. **Verfassungsmäßigkeit des ungleich behandelnden Einzelaktes**
   bei Akten der Exekutive/Legislative: Hier nur Prüfung wie bei 1. b) und keine Prüfung der Vereinbarkeit mit einfachem Gesetzesrecht (Rn 1346).

III. **Rechtsfolgen eines Verstoßes**
   Anders als bei den Freiheitsrechten i. d. R. keine Kassation, sondern nur Unvereinbarkeitserklärung, um dem Gesetzgeber die Wahl zu lassen, wie er die Ungleichbehandlung beseitigt (Rn 574 ff).

Das **Aufbauschema IV** ist den freiheitsrechtlichen Aufbauschemata entsprechend abzuwandeln, wenn die Fallfrage nicht auf die Verletzung von Grundrechten (= **Aufbauschema I**, Rn 401), sondern auf die Verfassungsmäßigkeit des Gesetzes (= **Aufbauschema II**, Rn 402) gerichtet ist. Besonderheiten gelten aber für das Verhältnis zwischen dem allgemeinen und den speziellen Gleichheitssätzen: Da diese keinen Schutzbereich haben, sondern Rechtfertigungsanforderungen stellen, verdrängt ein spezieller Gleichheitssatz, anders als im Verhältnis zwischen speziellen Freiheitsrechten und der allgemeinen Handlungsfreiheit (vgl Rn 437 ff), nicht den allgemeinen Gleichheitssatz; auch wenn ein spezieller Gleichheitssatz der Ungleichbehandlung nicht entgegensteht, ist immer noch der allgemeine Gleichheitssatz zu prüfen.

Beispiel: Durch Gesetz wird eine bestimmte Frauensportart verboten, weil sie eine überdurchschnittliche Unfallquote aufweist. Das Gesetz scheitert nicht an Art. 3 Abs. 2, weil das Gesetz nicht auf dem Unterschied zwischen Mann und Frau, sondern auf der erhöhten Gefährlichkeit der Sportart beruht. Weiter ist zu fragen, ob nicht Art. 3 Abs. 1 verletzt ist. Denn andere Sportarten, die ebenfalls überdurchschnittliche Unfallquoten aufweisen, sind erlaubt.

§ 12 Religions-, Weltanschauungs- und Gewissensfreiheit (Art. 4, 12a Abs. 2, 140 iVm Art. 136 Abs. 1, 3 und 4, Art. 137 Abs. 2, 3 und 7 WRV)

600 **Fall 9: Steuerverweigerung aus Gewissensgründen? (nach BVerfG, NJW 1993, 455)**
Der Pazifist P beantragt seit Jahren bei der Finanzverwaltung, die von ihm gezahlte Einkommensteuer solle keine Verwendung für militärische Rüstung finden. Die Behörde möge seine Einkommensteuerschuld um den Prozentsatz herabsetzen, der vom Einkommensteueraufkommen jeweils für militärische Rüstung ausgegeben wird. Hilfsweise beantragt P die Genehmigung, diesen Teil seiner Steuerschuld bis zur Schaffung eines Friedensfonds auf einem Sperrkonto zu hinterlegen. Die Anträge werden von der Finanzverwaltung zurückgewiesen, gerichtlicher Rechtsschutz bleibt erfolglos. P erhebt Verfassungsbeschwerde und trägt vor, sein Gewissen verbiete ihm, Steuern als mittelbaren Beitrag für Kriegszwecke zu leisten. Kann er sich auf sein Gewissen berufen? **Rn 643**

I. Überblick

1. Textaussage

601 Dem unbefangenen Verständnis bietet Art. 4 verschiedene Schutzbereiche:[1] Abs. 1 schützt mit der Freiheit des Glaubens und Gewissens das *Denken*, das sog. forum internum der religiösen (Glauben) und moralischen (Gewissen) Überzeugungen, und mit der Freiheit des religiösen und weltanschaulichen Bekenntnisses das *Äußern* religiöser und areligiöser[2] Sinngebungen und -deutungen. Abs. 2 und Abs. 3 schützen glaubens- und gewissensgeleitetes *Handeln*, allerdings nicht schlechthin, sondern in zwei vor dem Hintergrund des Nationalsozialismus besonders schutzwürdigen Bereichen: Nach dem Kirchenkampf sollte die ungestörte Religionsausübung, nach der moralischen Katastrophe des Kriegs die Kriegsdienstverweigerung aus Gewissensgründen gewährleistet werden.

602 Zur Textaussage gehören auch die durch Art. 140 zum Bestandteil des Grundgesetzes gemachten Art. 136, 137, 138, 139 und 141 WRV. Diese *inkorporierten Artikel* sind „vollgültiges Verfassungsrecht der Bundesrepublik Deutschland geworden und stehen gegenüber den anderen Artikeln des Grundgesetzes nicht etwa auf einer Stufe minderen Ranges"[3].

603 Art. 4 enthält keine Eingriffsermächtigung. Lediglich beim Recht der Kriegsdienstverweigerung aus Gewissengründen ist in Abs. 3 S. 2 eine nähere Regelung vorbehalten. Im Übrigen ist Art. 4 ein *vorbehaltloses Grundrecht*. Demgegenüber enthalten Art. 136 Abs. 1 und 3 S. 2, 137 Abs. 3 S. 1 WRV iVm Art. 140 einzelne Schrankenregelungen.

---

1 Vgl *Herzog*, MD, Art. 4 Rn 2, 6 ff.
2 BVerfG, NJW 2017, 145/150.
3 E 19, 206/219.

2. Einheitlicher Schutzbereich?

Zwischen den aufgezeigten verschiedenen Schutzbereichen wurden *Schutzlücken* entdeckt. Wenn vom überzeugungsgeleiteten Handeln neben der Kriegsdienstverweigerung aus Gewissensgründen nur die Religionsausübung geschützt ist – wird dann Religion gegenüber anderen Gewissen und Weltanschauungen nicht privilegiert? Passt das zur Gleichsetzung von Religion und Weltanschauung in Art. 4 Abs. 1, Art. 33 Abs. 3 S. 2 und Art. 137 Abs. 2 und Abs. 7 WRV? Schneidet es nicht auch ab, wozu Gewissen und Weltanschauung ebenso wie Religion drängen: Betätigung dessen, was aus tiefer Überzeugung als richtig empfunden wird? Daraus ist zu erklären, dass die aufgezeigten textlichen Unterscheidungen in der Rechtsprechung des BVerfG nicht genau genommen werden: Art. 4 Abs. 1 und 2 werden als *einheitlicher Bereich* gefasst, der die Freiheit schützt, Glauben und Gewissen, Religion und Weltanschauung zu bilden, zu haben, zu äußern und demgemäß zu handeln. Wenn dabei die Religions- und Weltanschauungsfreiheit einerseits und die Gewissensfreiheit andererseits als getrennte Schutzbereiche behandelt werden, bedeutet das keinen Unterschied in der jeweiligen Intensität des verbürgten Schutzes. Er reicht beide Mal vom Denken über das Äußern bis zum Handeln.

604

Die Vereinheitlichung hat freilich *Folgeprobleme*: Zum einen treten Art. 4 Abs. 2 und auch die meisten besonderen Gewährleistungen der inkorporierten Artikel der Weimarer Reichsverfassung hinter Art. 4 Abs. 1 als überflüssig und damit auch die Schrankenregelungen der Weimarer Artikel hinter Art. 4 Abs. 1 als von dessen Vorbehaltlosigkeit „überlagert"[4] zurück. Zum anderen wachsen durch die Ausweitung des Schutzbereichs auf jedes glaubens-, gewissens-, religiös und weltanschaulich geleitete Handeln die Konfliktmöglichkeiten. Dadurch wächst auch die Notwendigkeit und Schwierigkeit, Eingriffe zu rechtfertigen, wo doch Art. 4 entsprechende ausdrückliche Ermächtigungen nicht enthält. Art. 4 muss unter den Vorbehalt kollidierenden Verfassungsrechts gestellt werden.

605

Gleichwohl ist das einheitliche Verständnis solange ganz herrschend gewesen, als das glaubens- und gewissensgeleitete Verhalten den konflikt- und kollisionsarmen Verhaltenshorizont der vertrauten großen und kleinen christlichen Kirchen wahrte. Seit dem Auftreten von Religionen und Sekten, die der Gesellschaft der Bundesrepublik Deutschland neu, fremd, konflikt- und kollisionsträchtig begegnen, wird es allerdings zunehmend kritisiert.[5] Ob das BVerfG an ihm festhalten wird, ist offen; es hat in seiner bisherigen Rechtsprechung mit den neuen, fremden Religionen und Sekten und den entsprechenden Konflikten und Kollisionen einfach erst wenig zu tun gehabt. Die folgende Darstellung knüpft an die Rechtsprechung des BVerfG an, präzisiert dabei aber den einheitlichen Schutzbereich im Sinn der geäußerten Kritik.

606

II. Schutzbereiche

1. Religions- und Weltanschauungsfreiheit

a) Individuelle Religions- und Weltanschauungsfreiheit

Der Schutzbereich umfasst insoweit die Freiheit, einen Glauben oder eine Weltanschauung (religiöse bzw areligiöse Sinndeutung von Welt und Mensch)[6] zu *bilden*, zu *haben*, zu *äußern* und entsprechend zu *handeln*.

607

---

4 E 33, 23/31.
5 *Kloepfer*, VerfR II, § 60 Rn 11, 92; *Muckel*, FH, Art. 4 Rn 5 ff; *Mückl*, BK, Art. 4 Rn 53 ff; *Schoch*, in: FS Hollerbach, 2001, S. 149.
6 Vgl BVerwGE 89, 368/370.

608 Näher bestimmt werden muss der Schutzbereich vor allem für das *Handeln*. Der Wortlaut des Art. 4 Abs. 2 („ungestörte Religionsausübung") und die historische Entwicklung der Glaubensfreiheit legen eine *Beschränkung* auf die traditionelle (häusliche und öffentliche) Manifestation der Glaubensinhalte durch Symbole und Riten, Gebete, Gottesdienste, Sakramente, Prozessionen, Glockengeläut, Ruf des Muezzin usw nahe.[7]

609 Das BVerfG ist darüber hinaus gegangen. Es ist dem darüber hinausdrängenden *Selbstverständnis* der Kirchen, Religions- und Weltanschauungsgemeinschaften gefolgt und hat ihm ausdrücklich eine wichtige Bedeutung für die Bestimmung des Schutzbereichs zuerkannt.[8] Geschützt sind dabei nicht nur die genannten kultischen Handlungen und religiösen Gebräuche, sondern auch diakonische und karitative Betätigungen, „religiöse Erziehung, freireligiöse und atheistische Feiern sowie andere Äußerungen des religiösen und weltanschaulichen Lebens"[9], der Genuss der Sonntagsruhe („Konnexgarantie") von Art. 140 iVm Art. 139 WRV[10], schließlich „das Recht des Einzelnen, sein gesamtes Verhalten an den Lehren seines Glaubens auszurichten und seiner inneren Glaubensüberzeugung gemäß zu handeln"[11].

610 Seine frühe Aussage, das Grundgesetz schütze nur diejenige Betätigung des Glaubens, „die sich bei den heutigen Kulturvölkern auf dem Boden gewisser übereinstimmender sittlicher Grundanschauungen im Laufe der geschichtlichen Entwicklung herausgebildet hat"[12], hat das BVerfG später aufgegeben.[13] Auf die zahlenmäßige Stärke und die soziale Relevanz einer religiösen Vereinigung kommt es nicht an;[14] die Glaubensfreiheit ist den Mitgliedern der Großkirchen und den Angehörigen kleiner kirchlicher und religiöser Gemeinschaften in *gleicher Weise* gewährleistet. Auf sie können sich auch die Angehörigen unserem Kulturkreis neuer, ihm fremder oder ihn sogar ablehnender Religionen und Sekten berufen.[15] Auch die vereinzelt auftretende Glaubensüberzeugung, die von den offiziellen Lehren der Kirchen und Religionsgemeinschaften abweicht, wird von Art. 4 Abs. 1 und 2 geschützt.[16] Bei atheistischen Weltanschauungen gehört so auch die demonstrative Abgrenzung von theistischen Anschauungen und Feiertagen zur Weltanschauungsfreiheit.[17]

611 Bei dieser in jeder Hinsicht extensiven Interpretation besteht die *Gefahr*, dass der Schutzbereich *konturenlos* wird. Das BVerfG sucht diese Gefahr dadurch zu bannen, dass es fordert, es müsse sich „auch tatsächlich, nach geistigem Gehalt und äußerem

---

7 Vgl auch *Preuß*, AK, Art. 4 Abs. 1, 2 Rn 25 f; *Waldhoff*, Verh. 68. DJT 2010, D 73 f.
8 E 24, 236/247 f; krit. *Mückl*, BK, Art. 4 Rn 84 ff.
9 E 24, 236/246.
10 E 125, 39/80; vgl *v. Lucius*, KritV 2010, 190/207 f.
11 E 32, 98/106; 93, 1/15; 108, 282/297; zust. *Borowski*, S. 381 ff; krit. *Herzog*, MD, Art. 4 Rn 103 ff; *Muckel*, FH, Art. 4 Rn 5 ff; *Vosgerau*, S. 178 ff.
12 E 12, 1/4.
13 E 41, 29/50.
14 E 32, 98/106.
15 Vgl E 105, 279/293; *Diringer*, BayVBl. 2005, 97; einschr. *Starck*, MKS, Art. 4 Rn 60 f.
16 E 33, 23/28 f; krit. *Augsberg*, Staat 2009, 239; nach *Classen*, Religionsfreiheit und Staatskirchenrecht in der Grundrechtsordnung, 2003, S. 54 ff; *Mückl*, BK, Art. 4 Rn 92 ist die vereinzelt auftretende Glaubensüberzeugung nicht als Betätigung der Religions-, wohl aber der Gewissensfreiheit geschützt.
17 BVerfG, NJW 2017, 145/151.

Erscheinungsbild, um eine Religion und Religionsgemeinschaft handeln"[18]. Es lässt auch nicht genügen, dass jemand sein Handeln als glaubensgeleitet und -verpflichtet nur behauptet; die Behauptung muss plausibel sein.

Beispiele für nicht plausible Glaubensgeleitetheit des entgegenstehenden Handelns: Pflicht der Mitglieder und Angehörigen der Universitäten, die gesellschaftlichen Folgen wissenschaftlicher Erkenntnis mitzubedenken (E 47, 327/385); Friedhofszwang für Urnen (E 50, 256/262); Pflicht zur Steuerzahlung bei glaubens- und gewissenswidriger Verwendung von Steuermitteln (vgl BVerfG, NJW 1993, 455); für plausible Glaubensgeleitetheit: Hauskirchenbestattung für Priester (BVerfG, NVwZ 2016, 1804/1809).

In der Rechtsprechung des BVerwG und im Schrifttum wird dies dahingehend präzisiert und ergänzt, dass das Handeln für den religiösen oder weltanschaulichen Auftrag notwendig sein und in entsprechendem organisatorischem und sachlichem *Zusammenhang* damit stehen muss,[19] dass es nicht genügt, wenn das Handeln nur im äußeren Zusammenhang mit religiösem und weltanschaulichem Handeln oder nur bei dessen Gelegenheit stattfindet,[20] und dass ein eigentlich ausschließlich wirtschaftliches oder politisches Handeln nicht durch religiöse Verbrämung zu religiösem Handeln wird.[21] Gelegentlich geht das Schrifttum so weit, fremdschädigendes Verhalten aus dem Schutzbereich der Religions- und Weltanschauungsfreiheit auszuschließen.[22]

Beispiele: Zwar ist der Kontakt zwischen Gläubigem und Seelsorger geschützt, nicht aber jede Hilfe des Seelsorgers für den Gläubigen (BVerfG, NJW 2007, 1865); zwar ist die Werbung für den Glauben von Art. 4 geschützt, nicht aber jedes Mittel, das im Zusammenhang mit der Werbung eingesetzt wird, zB die Ausnutzung einer Zwangslage (E 12, 1/4 f) oder eines Abhängigkeitsverhältnisses (BVerwGE 15, 134/136); zwar ist der Übertritt zu einer anderen Glaubensgemeinschaft geschützt, nicht aber jedes Verhalten bei Gelegenheit dieses Übertritts (E 17, 302/305); zwar sind religiöse Veranstaltungen geschützt, nicht aber der Verkauf von Speisen und Getränken an die Teilnehmer (E 19, 129/133) oder die Erbringung anderer entgeltlicher Leistungen, die üblicherweise auch unabhängig von der Mitgliedschaft in der religiösen Vereinigung erbracht werden (BVerwGE 105, 313/321).

Schließlich ist auch die Überlegung des BVerfG, der Einzelne müsse sein gesamtes Verhalten an seinem Glauben ausrichten dürfen, vom Sinn des Art. 4 her zu präzisieren. Mit der Religion und Weltanschauung, dem Glauben und ebenso auch dem Gewissen einer Person ist deren *Identität* geschützt; die Person soll nicht in den Konflikt zwischen den Geboten des Staats und den Geboten ihres Glaubens und ebenso auch ihres Gewissens gestellt werden und am Konflikt womöglich zerbrechen. Nicht geschützt ist danach ein religiöses Handeln, zu dem sich der Gläubige zwar motiviert, aber nicht verpflichtet sieht, das er also zumutbar sowohl tun als auch lassen kann.[23] Die Identität der Person, die mit deren Religion und Weltanschauung, Glauben und ebenso auch Gewissen geschützt werden soll, ist hier nicht gefährdet.[24]

---

18 E 83, 341/353.
19 *Badura*, Der Schutz von Religion und Weltanschauung durch das Grundgesetz, 1989, S. 54.
20 *Müller*, Die Positivität der Grundrechte, 2. Aufl. 1990, S. 99 f.
21 BVerwGE 90, 112/118; *Mückl*, BK, Art. 4 Rn 75; *Poscher*, Staat 2000, 49.
22 *Merten*, Hdb. GR III, § 56 Rn 60; *Muckel*, Hdb. GR IV, § 96 Rn 80 f; *Zähle*, AöR 2009, 434.
23 So aber *Hufen*, StR II, § 22 Rn 9, 13.
24 Zust. *Michael/Morlok*, GR, Rn 195; *Fischer/Groß*, DÖV 2003, 932/938 f.

616 **Beispiele:** Nicht geschützt sind die Bigamie, wenn eine Religion die Vielehe lediglich erlaubt, und das Tragen eines Schleiers, wenn eine Religion es freistellt. Auch hier gilt aber, dass die Verbindlichkeit plausibel geltend gemacht werden muss; gelingt dies, ist es nicht Aufgabe staatlicher Behörden und Gerichte, die Verbindlichkeit unter Hinweis auf unzumutbare Alternativen in Frage zu stellen; daher kann das Schlachten durch Schächten nicht mit der Begründung aus dem Schutzbereich ausgenommen werden, dass niemand zum Fleischverzehr gezwungen sei (E 104, 337/350 f; BVerwGE 127, 183/185 f; aA noch BVerwGE 99, 1/7 f; *Trute*, Jura 1996, 462).

617 Die Religions- und Weltanschauungsfreiheit wäre unvollständig gewährleistet, wenn nicht auch die *Negationen* des entsprechenden Denkens, Redens und Handelns mit gewährleistet wären. Zum Schutzbereich gehört daher neben der hier oft ausdrücklich als positiv bezeichneten Freiheit des Glaubens, Bekennens und Handelns auch die negative Freiheit, nicht zu glauben, einen Glauben oder eine Weltanschauung nicht zu bekennen, dh zu verschweigen, und aus der Kirche oder einer Weltanschauungsgemeinschaft auszutreten,[25] glaubensgeleitete Handlungen zu unterlassen[26] und dem Einfluss eines bestimmten Glaubens mit dessen Handlungen und Symbolen nicht unentziehbar ausgesetzt zu sein.[27] Teilbereiche der negativen Religions- und Weltanschauungsfreiheit sind in Art. 7 Abs. 2, Abs. 3 S. 3, Art. 140 iVm Art. 136 Abs. 3 S. 1, Abs. 4 und Art. 141 WRV normiert.

b) Korporative Religions- und Weltanschauungsfreiheit

618 Dies ist die einer religiösen oder weltanschaulichen Vereinigung als solcher zukommende Freiheit. Sie ist von der individuellen Freiheit, sich zu religiösen und weltanschaulichen Vereinigungen zusammenzuschließen, zu unterscheiden[28] und richtet sich nach Art. 19 Abs. 3.[29] Ein spezieller Aspekt der korporativen Freiheit ist zudem durch Art. 137 Abs. 2 S. 2 WRV iVm Art. 140 positiviert.

619 **Beispiele:** Grundrechtsberechtigt sind neben den als Körperschaften des öffentlichen Rechts und den in privatrechtlichen Formen organisierten Kirchen, Religions- und Weltanschauungsgemeinschaften (E 105, 279/293) ua auch die gegenüber den Kirchen verselbstständigten Vereinigungen, wie nichtrechtsfähige katholische Jugendvereine (E 24, 236/247), privatrechtlich organisierte konfessionelle Krankenhäuser (E 46, 73/85 ff; 53, 366/391 f) und als Körperschaften des öffentlichen Rechts verfasste Erziehungseinrichtungen (E 70, 138/162 f).

620 Mit dem *Selbstbestimmungsrecht* der Religionsgesellschaften gem. Art. 137 Abs. 3 WRV iVm Art. 140 werden die vom BVerfG wieder weit verstandenen institutionellen und organisatorischen Voraussetzungen der Religions- und Weltanschauungsfreiheit gewährleistet. Dazu zählt vor allem das Recht, die Mitgliedschaft zu regeln, was insbesondere Bedeutung für die Modalitäten des Austritts aus einer Religionsgemeinschaft hat.[30] In der Konsequenz der weiten Interpretation des Art. 4 Abs. 1 und 2 durch das BVerfG läge es, auch das Selbstbestimmungsrecht des Art. 137 Abs. 3

---

25 BVerfG, NJW 2008, 2978; *Stuhlfauth*, DÖV 2009, 225.
26 Vgl E 49, 375/376; 52, 223/238; 65, 1/39.
27 E 93, 1/16; krit. *J. Ipsen*, in: FS Kriele, 1997, S. 301.
28 E 105, 279/293 f.
29 Vgl E 46, 73/83; 53, 366/386; 70, 138/160; *v. Campenhausen*, Hdb. StR[3] VII, § 157 Rn 103; *Mückl*, BK, Art. 4 Rn 65 ff.
30 BVerwGE 144, 171/174 ff; *Augsberg*, AöR 2013, 493.

WRV dem Schutzbereich des Art. 4 Abs. 1 und 2 zuzuschlagen. Das BVerfG versteht Art. 137 Abs. 3 WRV aber als eine „rechtlich selbstständige Gewährleistung, die der Freiheit des religiösen Lebens und Wirkens der Kirchen und Religionsgemeinschaften die zur Wahrnehmung dieser Aufgaben unerlässliche Freiheit der Bestimmung über Organisation, Normsetzung und Verwaltung hinzufügt"[31]. Die Geltendmachung der rechtlich selbstständigen Gewährleistung in der Verfassungsbeschwerde muss allerdings über Art. 4 Abs. 1 und 2 erfolgen, weil Art. 140 kein Grundrecht oder grundrechtsgleiches Recht ist.[32]

Beispiele: Unter das Selbstbestimmungsrecht soll auch das Recht fallen, die Arbeitsbedingungen nicht durch den Abschluss von Tarifverträgen, sondern in Arbeitsrechtlichen Kommissionen und Schiedskommissionen zu vereinbaren (sog. Dritter Weg, BAG, NZA 2013, 448/460; *Grzeszick*, NZA 2013, 1377/1379 f; s. Rn 879). Ob das mit der Rechtsprechung des EGMR zu Art. 11 EMRK (Rn 879) vereinbar ist, ist unsicher, weil die EMRK keine eigenständige Gewährleistung des Selbstbestimmungsrechts der Religionsgemeinschaften enthält (*Edenharter*, RW 2015, 167/191 f). Ferner dürfen kirchlichen Arbeitnehmern besondere Loyalitätspflichten auch hinsichtlich ihrer Lebensführung auferlegt werden (E 70, 138/164 ff; grundsätzlich gebilligt durch EGMR, NZA 2012, 199/201 und EGMR, Nr. 56030/07, Rn 137), deren Inhalt von staatlichen Gerichten lediglich auf ihre Plausibilität und Vereinbarkeit mit Art. 79 Abs. 3 überprüft werden dürfen (E 137, 273/315 = JK 5/2015; BVerwG, DÖV 2017, 115/117; krit. *Safoklov*, DÖV 2017, 99/104 ff). Sanktionen (wie insbesondere Kündigungen), die an die Verletzung dieser Loyalitätspflichten anknüpfen, bedürfen aber wegen der kollidierenden Persönlichkeitsrechte der Arbeitnehmer einer strengen Verhältnismäßigkeitsprüfung, für die insbesondere die Lebenslage des Betroffenen, die Schwere der Pflichtverletzung (sowie ggfs. deren öffentliche Auswirkungen) und der Status des Betroffenen in der kirchlichen Einrichtung maßgeblich sind (zur Kündigung wegen Ehebruchs EGMR, NZA 2011, 277/278 f einerseits und NZA 2011, 279/282 andererseits; zur unzulässigen Kündigung wegen Homosexualität *Pallasch*, NZA 2013, 1176). Eine wichtige Rolle spielen ferner die Aussichten auf eine Wiederbeschäftigung (EGMR, Nr. 56030/07, Rn 144); daher sind Kündigungen vor allem dort problematisch, wo die Religionsgemeinschaften – wie im Sozialbereich und der Gesundheitsversorgung – ein bedeutender Arbeitgeber sind, die ihre Einrichtungen zudem überwiegend aus öffentlichen Mitteln finanzieren. Geschützt ist ferner eine eigene, dem staatlichen Rechtsschutz vorgelagerte und ihn inhaltlich beschränkende kirchliche Gerichtsbarkeit (BVerfG, NJW 2009, 1195; BVerwGE 149, 139/149; BGH, NJW 2000, 1555/1556; krit. *H. Weber*, NJW 2009, 1179), die Einrichtung eines theologischen Studiengangs (BVerwGE 101, 309/311; dazu *Morlok/Müller*, JZ 1997, 549), die Überwachung des Einklangs von Lehre und Forschung an den theologischen Fakultäten mit den Auffassungen der betroffenen Kirchen (BVerwGE 124, 310/315), das Recht einer Gemeinde, nicht vom Staat als Teil eines Dachverbands behandelt zu werden, dem die Gemeinde nicht angehört (E 123, 148/180), nach Stimmen in der Literatur auch das Kirchenasyl (*Fessler*, NWVBl. 1999, 449; *Görisch*, Kirchenasyl und staatliches Recht, 2000), nicht aber das Beschaffungswesen eines kirchlichen Krankenhauses, das „hier wie ein beliebiger anderer Marktteilnehmer am Rechts- und Wirtschaftsverkehr" handelt (BVerfG, NJW 1995, 1606/1607).

621

Die korporative Religions- und Weltanschauungsfreiheit betrifft auch Religionsgemeinschaften als *Körperschaften des öffentlichen Rechts* (Art. 137 Abs. 5 WRV iVm Art. 140). Diesen Status haben nach Art. 137 Abs. 5 S. 1 WRV Religionsgesellschaften, soweit sie ihn bereits vor Inkrafttreten der WRV hatten (christliche und jüdische

622

---

31 E 53, 366/401; 72, 278/289; 83, 341/357.
32 E 19, 129/135; 42, 312/322 f; 99, 100/119 f.

Gemeinden); anderen Gesellschaften kann er nach Art. 137 Abs. 5 S. 2 WRV durch die zuständigen Landesbehörden[33] auf Antrag verliehen werden, wenn sie neben der Erfüllung bestimmter organisatorischer Voraussetzungen Rechtstreue gewährleisten. Das BVerfG verlangt ferner, dass Religionsgemeinschaften, die den Körperschaftsstatus erhalten möchten, durch „ihr künftiges Verhalten die in Art. 79 Abs. 3 GG umschriebenen fundamentalen Verfassungsprinzipien, die dem staatlichen Schutz anvertrauten Grundrechte Dritter sowie die Grundprinzipien des freiheitlichen Religions- und Staatskirchenrechts des Grundgesetzes"[34] nicht gefährden. Die Anforderung bezieht sich auf das Verhalten der Religionsgemeinschaft, nicht auf ihre Glaubensinhalte; sie gilt ihrem Verhältnis zur staatlichen Ordnung, nicht ihrer inneren Verfasstheit. Eine Religionsgemeinschaft, die den Körperschaftsstatus anstrebt, darf sich daher nicht für die Einführung einer Theokratie einsetzen, muss aber nicht demokratisch verfasst sein.[35] Auch eine besondere Loyalität zum Staat ist nicht gefordert.[36] Die Religionsgemeinschaften sind wegen Art. 4 keine Organe der öffentlichen Gewalt, gehören also nicht zur mittelbaren Staatsverwaltung[37] sondern stehen „wie der Jedermann dem Staat gegenüber"[38]. Allerdings werden mit dem Status Privilegien im Vergleich zu nicht als Körperschaften des öffentlichen Rechts anerkannten Religionsgemeinschaften verliehen und gerechtfertigt.[39] Sie dürfen sich zum Teil der Handlungsformen des öffentlichen Rechts bedienen,[40] können daher etwa statt Vereinsbeiträgen Steuern erheben (Art. 137 Abs. 6 WRV iVm Art. 140), haben statt Satzungs- Rechtsetzungsautonomie, statt Schiedsgerichten eine unabhängige Gerichtsbarkeit,[41] sind nicht Arbeitgeber, sondern Dienstherren. Da es hier nur der Form, nicht aber dem Inhalt nach um hoheitliches Handeln geht, ist es fraglich, ob es insoweit einer Grundrechtsbindung bedarf.[42]

2. Gewissensfreiheit

a) Begriff

623 Das **Gewissen** ist eine moralische Haltung, die die personale Identität eines Menschen mitkonstituiert und ihm subjektiv bindend vorschreibt, in einer konkreten Situation bestimmte Handlungen als „gut" oder „gerecht" zu tun bzw als „böse" oder „ungerecht" zu lassen. Keine Gewissensentscheidung liegt danach vor bei einer Bewertung nach den Kategorien „schön/hässlich" oder „wahr/unwahr". Gewissensentscheidung iSv Art. 4 Abs. 1 wie Abs. 3 ist daher „jede ernste sittliche, dh an den Kategorien von ‚Gut, und ‚Böse, orientierte Entscheidung [...], die der Einzelne in einer bestimmten Lage als für sich bindend und unbedingt verpflichtend innerlich erfährt, sodass er gegen sie nicht ohne ernste Gewissensnot handeln könnte." [43]

---

33 BVerfG, NVwZ 2015, 1434/1436 ff = JK 12/2015.
34 E 102, 370/392.
35 E 102, 370/394.
36 E 102, 370/395.
37 E 66, 1/19 f.
38 E 42, 312/322.
39 BVerfG, NVwZ 2015, 135/136.
40 *Schlink*, JZ 2013, 209/213.
41 BVerwG 153, 282/286 ff.
42 So aber E 102, 370/392 f; vgl auch BVerfG, NVwZ 2015, 517/519 = JK 10/2015.
43 E 12, 45/55.

Beispiele: für fehlende Gewissensentscheidungen: Entscheidungen, seine Kinder nicht in der obligatorischen Förderstufe unterrichten zu lassen (E 34, 165/195), nicht am ärztlichen Bereitschaftsdienst teilzunehmen (BVerwGE 41, 261/268), vor Gericht als Anwalt keine Robe zu tragen (E 28, 21/36). 624

b) Reichweite des Schutzbereichs

Wie in Rn 604 dargelegt, wird in der Rechtsprechung des BVerfG zwischen der Religions- und Weltanschauungsfreiheit einerseits und der Gewissensfreiheit andererseits kein Unterschied gemacht, was die Intensität des verbürgten Schutzes angeht: Auch hier reicht er vom *Denken* über das *Äußern* bis zum *Handeln*. Dafür, die Gewissensfreiheit nicht auf den Innenbereich (forum internum) zu beschränken, sondern auch den Außenbereich, das vom Gewissen ausgelöste und von ihm bestimmte Handeln (forum externum) umfassen zu lassen, spricht, dass eine Gewissensentscheidung regelmäßig überhaupt erst durch ein entsprechendes Handeln zu einem gesellschaftlichen Konflikt werden kann. Diesen zu regeln ist Aufgabe des Art. 4; für sozial folgenlose Gewissensentscheidungen wäre das Grundrecht der Gewissensfreiheit praktisch entbehrlich. Auch hier gilt, dass das Gewissen mit einem Ge- oder Verbot sprechen muss, also das fragliche Handeln nicht freistellen darf, und dass die Gewissensgeleitetheit des Handelns plausibel sein muss. Dagegen gibt es keine kollektive oder korporative Gewissensfreiheit.[44] 625

c) Kriegsdienstverweigerung aus Gewissensgründen gem. Art. 4 Abs. 3

Der extensiven Interpretation des Art. 4 Abs. 1 durch das BVerfG würde es entsprechen, dem Art. 4 Abs. 3 keine selbstständige Bedeutung zuzuerkennen, weil das gewissensgeleitete Handeln schon durch Art. 4 Abs. 1 erfasst ist. Diese Folgerung hat das BVerfG aber nicht gezogen; vielmehr hält es Art. 4 Abs. 3 für eine *lex specialis* gegenüber Abs. 1, die die Wirkungen der Gewissensfreiheit im Bereich der Wehrpflicht, wenn es diese gibt, abschließend regelt.[45] 626

Kriegsdienst *mit der Waffe* ist ein Dienst, bei dem der Einzelne entweder selbst Waffen anwenden oder Waffenanwendung anderer unmittelbar unterstützen muss. Es ist Dienst mit der Waffe nicht nur im Krieg, sondern auch im Frieden, dh Ausbildung an der Waffe. Das ergibt sich aus dem systematischen Zusammenhang mit Art. 12a Abs. 2, da der Ersatzdienst, zu dessen Einführung der Gesetzgeber hier ermächtigt wird, gerade an die Stelle des Wehrdienstes im Frieden treten soll. Der Ersatzdienst kann weder unter Berufung auf Art. 4 Abs. 3 noch auf Art. 4 Abs. 1 verweigert werden; der sog. Totalverweigerer genießt nicht den Schutz der Gewissensfreiheit.[46] 627

III. Eingriffe

Hier empfiehlt es sich, nochmals an die durch die Textaussage nahe gelegten drei Bereiche des Denkens, Redens und Handelns anzuknüpfen: In das *Denken* wird schon dann eingegriffen, wenn der Staat die Bildung und den Bestand religiöser, weltan- 628

---

44 Vgl BVerfG, NJW 1990, 241.
45 E 19, 135/138; 23, 127/132.
46 Vgl BVerfG, NJW 2000, 3269; *Franke*, AöR 1989, 7/28 ff; *Mückl*, BK, Art. 4 Rn 190; aA *Kempen*, AK, Art. 4 Abs. 3 Rn 26; *Mager*, MüK, Art. 4 Rn 80.

schaulicher und moralischer Überzeugungen indoktrinierend beeinflusst[47]. Eingriffe in das *Reden* können in einer Verpflichtung zum Schweigen die positive und zum Offenbaren die negative Freiheit betreffen. *Verhaltens*mäßige Eingriffe beginnen bei staatlichen oder staatlich geförderten Warnungen vor einer Religions- oder Weltanschauungsgemeinschaft; das BVerfG will dabei fragwürdig zwischen nichteingreifenden sachlichen Informationen und eingreifenden verfälschenden, diskriminierenden und diffamierenden Darstellungen unterscheiden.[48] Verhaltensmäßige Eingriffe bestehen besonders in einer Verpflichtung zu einem Handeln oder Unterlassen, das gegen ein Glaubens-, Weltanschauungs- oder Gewissensgebot oder -verbot des Einzelnen oder gegebenenfalls einer Gemeinschaft verstößt.

629 Die Rechtsordnung kann Eingriffe dadurch vermeiden, dass sie bei Geboten und Verboten *Alternativen* eröffnet. So lässt sie den Eid mit oder ohne religiöse Beteuerung zu, und das BVerfG hat in der Nichteröffnung der weiteren Alternative einer dem Eid gleichstehenden Bekräftigung einen Eingriff in Art. 4 erblickt.[49] Es kann auch demjenigen, dem seine Überzeugungen ein Handeln ge- oder verbieten, zugemutet und abverlangt werden, *seinerseits Alternativen* zu eröffnen und die Verantwortung anderen zu überlassen.

630 **Beispiele:** Ein Mitglied einer Glaubensgemeinschaft, die die Verwendung der Erzeugnisse moderner medizinischer und pharmazeutischer Forschung als Teufelswerk verbietet, hat ein todkrankes Kind. Der Arzt verschreibt ein heilendes Antibiotikum und gibt dem Vater das Rezept. Vom Vater kann zwar nicht verlangt werden, dass er gegen seine Überzeugung dem Kind das Medikament besorgt und verabreicht (BVerwG, DVBl. 2002, 1645). Aber es kann verlangt werden, dass er seine fehlende Bereitschaft, das Kind medikamentös zu versorgen, dem Arzt offen legt, sodass dieser die Verantwortung für die Verlegung ins Krankenhaus übernehmen kann, und es kann auch verlangt werden, dass er im Krankenhaus nicht den Schlauch zerschneidet, über den dem Kind das Medikament zugeführt wird. Entsprechende Verpflichtungen stellen also keine Eingriffe in Art. 4 dar. – Von der Studentin der Biologie, der ihr Gewissen die Teilnahme an vorgeschriebenen Tierversuchen oder Übungen an eigens getöteten Tieren verbietet, kann verlangt werden, dass sie von ihr für gleichwertig gehaltene, an anderen Einrichtungen gehandhabte Lehr- bzw Lernmethoden aufzeigt und ggf die gleichwertigen Leistungen anbietet (BVerfG, NVwZ 2000, 909; BVerwGE 105, 73/87; krit. *Caspar*, NVwZ 1998, 814). – Von einem Postbediensteten kann verlangt werden, dass er sich an seine Vorgesetzten wendet, bevor er Sendungen der Scientology-Organisation aus religiösen oder Gewissensgründen vernichtet, statt sie zuzustellen (BVerwGE 113, 361/363).

631 Zu beachten ist eine gewisse *Wechselwirkung* zwischen den verschiedenen Ausübungsarten des Denkens, Redens und Handelns sowie der positiven und negativen Freiheitsausübung. Wer sich gegenüber einer staatlichen Handlungs- oder Unterlassungspflicht auf eine entgegenstehende Glaubens- oder Gewissensposition beruft, kann nicht zugleich sein Recht auf Verschweigen seiner Glaubens- oder Gewissensposition geltend machen. Die Verfassung setzt also „für die Ausübung des Verweigerungsgrundrechts gerade die Offenbarung der Überzeugung voraus"[50].

---

47 Vgl *Mager*, MüK, Art. 4 Rn 18; zur Beeinflussung durch Symbole *Heckmann*, JZ 1996, 880; *Filmer*, S. 222 ff.
48 E 105, 279/294; BVerfG, NJW 2002, 3459; krit. *Kloepfer*, VerfR II, § 60 Rn 54.
49 E 33, 23/32 f; 79, 69/76 f.
50 E 52, 223/246.

Beispiele für Eingriffe in die *individuelle Religions- und Weltanschauungsfreiheit*: Schulpflicht in einer bekenntnisgebundenen Schule (E 41, 29/48 gegen E 6, 309/339 f), in mit Kreuz oder Kruzifix ausgestatteten Schulräumen (E 93, 1/16; BVerwGE 109, 40/43); Verbot für Lehrerinnen und Erzieherinnen, um ihrer islamischen Religion willen ein Kopftuch zu tragen (E 108, 282/297; 138, 296/328 = JK 7/2015; NJW 2017, 381/383 = JK 8/2017); Pflicht zur Teilnahme am Schwimm- und Sportunterricht, wenn dies mit islamischen Bekleidungsvorschriften unvereinbar ist (BVerwGE 94, 82/89 ff; BVerwGE 147, 362/364 = JK 4/2014); Gebetsverbot in der Schule (BVerwGE 141, 223/226; *Rubin*, Jura 2012, 718; *Schäfer*, VerwArch 2012, 136); prozessrechtliche Pflichten, die Glaubens- oder Gewissenspositionen widerstreiten, wie die Ableistung eines Eids (E 33, 23/29 f) und das Verhandeln unter einem Kruzifix (E 35, 366/375 f; aA *Starck*, MKS, Art. 4 Rn 25); Kirchensteuerpflicht auf Grund einer Zwangsmitgliedschaft in einer Religionsgemeinschaft (E 30, 415/423 f; vgl auch E 44, 37/50 ff); BVerwGE 144, 171/179); das Verbot der Beschneidung (LG Köln, NJW 2012, 2128/2129; *Zähle*, AöR 2009, 434; s. Rn 759); das Verbot des für ein kultisches Opfer religiös gebotenen Schächtens (vgl BVerwGE 112, 227/234; zum Schächten für den Fleischgenuss vgl Rn 616). – Beispiele für Eingriffe in die *korporative Religions- und Weltanschauungsfreiheit*: Verbot der Kanzelabkündigung einer karitativen Sammlung (E 24, 236/251 f); Verbot des sakralen Läutens der Kirchenglocken (BVerwGE 68, 62/66 f; vgl auch 90, 163; *Haaß*, Jura 1993, 302); Verbot des Rufs des Muezzin zum Gebet (*Sarcevic*, DVBl. 2000, 519); speziell zum Selbstbestimmungsrecht: Durchführung einer Betriebsratswahl in einem kirchlichen Krankenhaus (E 46, 73/94 ff); Kündigungsschutz für Angehörige des kirchlichen Dienstes (E 70, 138/165 ff).

Speziell zu Art. 4 Abs. 3 ist die Frage viel diskutiert worden, ob nicht ein Verwaltungsverfahren zur Anerkennung als Kriegsdienstverweigerer aus Gewissensgründen einen Eingriff in dieses Grundrecht darstellt. Da sich die Gewissensentscheidung auf ein bestimmtes moralisches bzw sittliches Wertkonzept beziehen muss, darf im Rahmen einer Plausibilitätskontrolle nachgeprüft werden, ob es sich um ein solches (und nicht etwa um ein politisches, ökonomisches oder dergleichen) Konzept handelt.[51]

IV. Verfassungsrechtliche Rechtfertigung

Art. 4 enthält keinen Gesetzesvorbehalt; auch der Regelungsvorbehalt des Art. 4 Abs. 3 S. 2 legitimiert keine Eingriffe in die Gewissensfreiheit des Kriegsdienstverweigerers.[52] Allerdings gibt es außerhalb von Art. 4 spezielle Eingriffsermächtigungen; soweit diese allerdings nicht greifen, bleibt nur der Rückgriff auf kollidierendes Verfassungsrecht.

1. Art. 136 Abs. 1, 3 S. 2, Art. 137 Abs. 3 S. 1 WRV iVm Art. 140

Eine Schranke der Religionsfreiheit, dh in Konsequenz des einheitlichen Verständnisses von Art. 4 allen dadurch geschützten religiös und weltanschaulichen Handelns, ist Art. 136 Abs. 1 WRV. Die Bestimmung rechtfertigt, dass die privat- und öffentlichrechtlichen Pflichten ungeachtet der Religion und Weltanschauung eingefordert und durchgesetzt werden. Sie enthält damit nichts weniger als einen *einfachen Gesetzesvorbehalt*. Das BVerfG hält dies mit der Vorbehaltlosigkeit des Art. 4 für unverein-

---

51 E 69, 1/34; vgl *Böckenförde*, VVDStRL 28, 1970, 33/70 f; krit. *Kempen*, AK, Art. 4 Abs. 3 Rn 18 ff.
52 E 12, 45/53; 69, 1/23; vgl Rn 276.

bar. Es sieht Art. 136 Abs. 1 WRV von Art. 4 „überlagert"[53]. Im Schrifttum[54] und teilweise auch in der Rechtsprechung[55] trifft diese Auffassung auf Widerstand. Der inkorporierte Art. 136 Abs. 1 WRV sei „voll gültiges Verfassungsrecht [...] geworden und [...] gegenüber den anderen Artikeln des Grundgesetzes nicht etwa auf einer Stufe minderen Ranges" (vgl Rn 602). Er könne daher nicht von einem anderen Artikel des Grundgesetzes überlagert sein. Für die Überlagerungsthese spricht aber entscheidend der genetische Befund, nach dem die Religionsfreiheit nicht den weit reichenden Eingriffsmöglichkeiten eines einfachen Gesetzesvorbehalts unterworfen werden sollte.[56]

636 Von den Schrankenregelungen der Artikel der Weimarer Reichsverfassung hat lediglich Art. 136 Abs. 3 S. 2 in der Rechtsprechung des BVerfG Bedeutung erlangt. Durch ihn werden Eingriffe in die negative *Religions- und Weltanschauungsfreiheit* gerechtfertigt.

637 **Beispiele:** E 46, 266/267 hat die Frage nach der Konfessionszugehörigkeit bei der Aufnahme in ein staatliches Krankenhaus für zulässig gehalten, allerdings ohne davon abhängige Rechte und Pflichten zu benennen, vielmehr mit Rücksicht auf eine institutionelle Gewährleistung der Krankenhausseelsorge in Art. 141 WRV. Die Eintragung der Religionszugehörigkeit eines Bürgers auf der Lohnsteuerkarte ist wegen Art. 137 Abs. 6 WRV bei Kirchensteuerpflicht des Bürgers zulässig (E 49, 375 ff). Die statistische Erhebung der Zugehörigkeit oder Nichtzugehörigkeit zu einer Religionsgemeinschaft ist in Art. 136 Abs. 3 S. 2 WRV ausdrücklich vorgesehen (vgl E 65, 1/38 f).

638 Eine weitere Schranke enthält Art. 137 Abs. 3 S. 1 WRV mit dem „für alle geltenden Gesetz". Allerdings gilt sie nur für den Schutzbereich der *Ordnung und Verwaltung eigener Angelegenheiten* und ist selbst insoweit vom BVerfG auf ein Gebot der Güterabwägung mit möglichster Schonung des Selbstverständnisses der religiösen oder weltanschaulichen Gemeinschaft zurückgenommen worden.[57] Konkordate und Kirchenverträge können keine Eingriffe rechtfertigen; soweit sich die Kirchen in ihnen zu einer bestimmten Ausübung ihres Selbstordnungs- und -verwaltungsrechts verpflichten, ist dies als Grundrechtsverzicht (vgl Rn 193 ff) zulässig.[58]

2. Art. 12a Abs. 2

639 Art. 12a Abs. 2 S. 1 ist eine *Eingriffsermächtigung*, von der gegenwärtig kein Gebrauch gemacht wird. Wird von ihr Gebrauch gemacht, dann ist verfassungsrechtlich gerechtfertigt, eine Gewissensentscheidung, die gem. Art. 4 Abs. 3 grundrechtlichen Schutz genießt, zum Anknüpfungspunkt für die belastende Regelung eines Ersatzdienstes zu machen. Art. 12a Abs. 2 S. 2 und 3 sind dann *Schranken-Schranken*.

---

53 E 33, 23/31.
54 *Muckel*, FH, Art. 4 Rn 52; *Schoch*, in: FS Hollerbach, 2001, S. 149/163.
55 BVerwGE 112, 227/231 (3. Senat); vgl aber BVerwGE 147, 362/364 (6. Senat).
56 *Borowski*, S. 487 ff; *Kloepfer*, VerfR II, § 60 Rn 57; *Korioth*, MD, Art. 140 Art. 136 WRV Rn 54; *Maurer*, ZevKR 2004, 311; *Mückl*, BK, Art. 4 Rn 162.
57 E 53, 366/399 ff; 72, 278/289; BVerfG, JZ 2015, 188/189 f; krit. *Wieland*, Staat 1986, 321/328 ff.
58 Vgl *Ehlers*, SA, Art. 140 Rn 8; Art. 140 iVm Art. 137 WRV Rn 6.

3. Kollidierendes Verfassungsrecht

Die Grundrechte des Art. 4 sind zwar vorbehaltlos gewährleistet. Ihre Inanspruchnahme führt aber unter den Bedingungen religiöser und weltanschaulicher Pluralität zu vielfältigen Konflikten mit anderen Grundrechten und Verfassungsgütern. So ist es nicht erstaunlich, dass das BVerfG in Entscheidungen zu Art. 4 die ständige Rechtsprechung begründet hat, dass Eingriffe in vorbehaltlose Grundrechte durch kollidierende Grundrechte und andere Verfassungsgüter verfassungsrechtlich gerechtfertigt werden können.[59] Die Kollisionen, mit denen sich die Rechtsprechung zu beschäftigen hatte, spielten besonders in der Schule. Grundlegend sind die Entscheidungen des BVerfG zu den christlichen Gemeinschaftsschulen, die ausweislich der landesgesetzlichen Regelungen die Kinder auf der Grundlage des christlichen Bekenntnisses unterrichten und erziehen sollen. Das BVerfG sieht hierin eine Kollision zwischen der durch Art 4 geschützten negativen Glaubensfreiheit anders- oder nichtgläubigen Eltern und Kindern einerseits und der staatlichen Schulhoheit (Art. 7 Abs. 1) sowie der positiven Religionsfreiheit der christlichen Kinder und Eltern andererseits, die es nach den Grundsätzen praktischer Konkordanz durch verfassungskonforme Auslegung der landesrechtlichen Vorschriften aufgelöst hat.[60] Dabei wird die Religionsfreiheit der Schüler und das religiöse Erziehungsrecht der Eltern nicht nur vor religiöser Indoktrination geschützt, sondern bringt sich auch gegenüber solchen Unterrichtsinhalten zur Geltung, die religiösen Geboten entgegenlaufen. In dem verfassungsrechtlichen Ausgleich wird jedoch der Integrationsfunktion der Pflichtschule ein erhebliches Gewicht zugesprochen, der eine Unterrichtsbefreiung nur in Ausnahmefällen gebietet.[61]

Beispiele: Die islamischen Bekleidungsvorschriften erlauben es muslimischen Schülerinnen nicht, gemeinsam mit Jungen am Schwimmunterricht teilnehmen. Sie beantragen daher regelmäßig eine Befreiung vom Schwimmunterricht. Wenn die Schulverwaltung diese Unterrichtsbefreiung versagt, greift sie in die Religionsfreiheit der Schülerinnen und ggfs. ihrer Eltern ein, kann sich dafür aber auf Art. 7 Abs. 1 berufen, der den Staat ermächtigt, den Inhalt des Unterrichts festzulegen und über seine äußeren Modalitäten wie etwa die Frage seiner Durchführung in koedukativer oder monoedukativer Form zu bestimmen. Das BVerwG (E 94, 82/90 f) hatte die Versagung der Unterrichtsbefreiung zunächst gleichwohl für unverhältnismäßig gehalten, weil es die Gefahr der Stigmatisierung der Schülerin gesehen hatte. Es hat diese Rechtsprechung aber später unter Hinweis auf die Möglichkeit des Tragens eines Burkini aufgegeben, weil derjenige, „der auf die konsequente Umsetzung seiner religiösen Überzeugungen im Rahmen des Schulunterrichts dringt und von der Schule in diesem Zusammenhang Rücksichtnahme einfordert, seinerseits grundsätzlich akzeptieren [muss], dass er sich hierdurch in eine gewisse, für andere augenfällig hervortretende Sonderrolle begeben kann" (BVerwGE 147, 362/ 375 = JK 5/2014; s. a. BVerfG, NVwZ 2017, 227/228; EGMR, Osmanoglu v Suiss, No. 29086/ 12, Rn 56 ff; s. *Uhle*, NVwZ 2014, 541/542 ff); zum Verbot eines Gesichtsschleiers im Unterricht BayVGH, BayVBl. 2014, 233 f = JK 10/2014). – Zu den Problemen einer entsprechenden Kompromisslösung beim christlichen Schulgebet E 52, 223/235 ff (dazu *Böckenförde*, DÖV 1980, 323) und beim islamischen Gebet in der Schule BVerwGE 141, 223. Zur Ablehnung der entsprechenden Kompromisslösung beim Kruzifix in Schulräumen vgl Rn 632. Nachdem E 108, 282/309 ff die Entscheidung über das Tragen des Kopftuchs islamischer Lehrerinnen in

---

59 E 28, 243/261.
60 E 41, 29/44 ff; 41, 65/77 ff; *Huster*, Die ethische Neutralität des Staates, 2002, S. 182 ff.
61 BVerwGE 147, 362/364 ff; BVerwG, NJW 2014, 804/807 f.

der Schule der schulpolitischen Entscheidung des Gesetzgebers überantwortet hatte, hat nun E 138, 296/335 ff = JK 7/2015, dessen Regelungsspielraum auf die Abwehr konkreter Gefahren für den Schulfrieden eingeschränkt (für Kindergärten BVerfG, NJW 2017, 381/383 f = JK 8/2017). Dies kann aber allenfalls überzeugen, soweit der Schulfrieden nicht durch Maßnahmen gegen die Störer gewährleistet werden kann; eine nur „gefühlte" Gefährdung kann jedenfalls nicht ausreichen (*Klein*, DÖV 2015, 464/468). Ohnehin darf die Missbilligung durch Dritte staatliche Grundrechtseingriffe nicht legitimieren (*Muckel*, JA 2015, 476/478; krit. auch *Rusteberg*, JZ 2015, 637/640 ff; *Volkmann*, Jura 2015, 1083/1085 f). Zur unionsrechtlichen Beurteilung eines Kopftuchverbots in einem privaten Unternehmen (Rn 51a).

642 Anders als in Art. 4 wird die Religions- und Weltanschauungsfreiheit in Art. 9 Abs. 2 EMRK unter einen weitreichenden Gesetzesvorbehalt gestellt. Nach dem EGMR soll er auch Regeln erlauben, die der Einhaltung von Mindestanforderungen des Zusammenlebens in der Gesellschaft dienen. Er legitimiert damit das Verbot des Tragens einer Burka im öffentlichen Raum, weil es die zwischenmenschliche Kommunikation behindere.[62] Das vorbehaltlos gewährleistete Grundrecht des Art. 4 kennt einen solchen Vorbehalt nicht, und das BVerfG ist jedenfalls aufgrund seiner Interpretation des Günstigkeitsprinzips in Art. 53 EMRK (s. auch Rn 68) auch konventionsrechtlich nicht gehalten, einen solchen Vorbehalt zu akzeptieren.[63]

643 **Lösungsskizze zum Fall 9 (Rn 600):** I. Für die Entscheidung von P, den entsprechenden Prozentsatz der Einkommensteuer nicht für militärische Rüstung zu leisten, müsste der *Schutzbereich* der Gewissensfreiheit einschlägig sein. Es müsste sich um eine ernste, an den Kategorien von „Gut" und „Böse" orientierte Entscheidung handeln, die P als für sich verpflichtend erfährt. Das BVerfG bejaht eine Gewissensentscheidung, da die Entscheidung in der pazifistischen Überzeugung von P wurzelt, dieser ihre Durchsetzung zum wiederholten Mal mit rechtlichen Mitteln versucht hat und auch bereit ist, den entsprechenden Teil seiner Steuerschuld einer friedensfördernden Verwendung zur Verfügung zu stellen. – II. Das BVerfG sieht in der Pflicht zur Steuerzahlung jedoch keinen *Eingriff* in die Gewissensfreiheit. Es stellt auf die strikte staatsorganisationsrechtliche Trennung von Steuererhebung und haushaltsrechtlicher Ausgabeentscheidung ab. Der Bürger als Steuerzahler hat keinen Einfluss auf die Ausgabeentscheidung und ist daher für sie auch nicht verantwortlich; seine individuelle Steuerschuld ist unabhängig vom Ausgabezweck. Dieser liegt allein in der Hand des vor dem Wähler verantwortlichen Parlaments. – Diese Überlegung des BVerfG überzeugt, wenn sich auch fragen lässt, ob sie erst den Eingriff in den Schutzbereich oder nicht schon dessen Einschlägigkeit ausschließt (so *Starck*, MKS, Art. 4 Rn 69).

644 **Literatur:** *T. Barczak*, Die Glaubens- und Gewissensfreiheit des Grundgesetzes, Jura 2015, 463; *H. Bethge*, Gewissensfreiheit, Hdb. StR³ VII, § 158; *M. Borowski*, Die Glaubens- und Gewissensfreiheit des Grundgesetzes, 2006; *A. Edenharter*, Das Selbstbestimmungsrecht der Religionsgemeinschaften vor dem Hintergrund europäischer Grundrechtsvereinheitlichung und kultureller Diversifizierung, RW 2015, 167; *H.M. Heinig/C. Walter* (Hrsg.), Staatskirchenrecht oder Religionsverfassungsrecht?, 2007; *dies.* (Hrsg.), Religionsverfassungsrechtliche Spannungsfelder, 2015; *P. Hoffmann*, Die Weltanschauungsfreiheit, 2012; *Holterhus/Aghazadeh*, Die Grundzüge des Religionsverfassungsrechts, JuS 2016, 19, 117; *S. Korioth*, Freiheit der Kirchen und Religionsgemeinschaften, Hdb. GR IV, § 97; *S. Magen*, Körperschaftsstatus und Religionsfreiheit, 2004; *S. Muckel*, Religiöse Freiheit und staatliche Letztentscheidung, 1997;

---

62 EGMR, NJW 2014, 2925/2931; krit. abw. M. EGMR, NJW 2014, 2932.
63 Zum Tragen einer Burka vor Gericht *Michael/Dunz*, DÖV 2017, 125.

G. *Neureither*, Grundfälle zu Art. 4 I, II GG, JuS 2006, 1067; 2007, 20; *B. Pieroth/C. Görisch*, Was ist eine „Religionsgemeinschaft"?, JuS 2002, 937; *R. Poscher*, Vereinsverbote gegen Religionsgemeinschaften?, KritV 2002, 298; *B. Schlink*, Die Angelegenheiten der Religionsgemeinschaften, JZ 2013, 209; *U. Volkmann*, Dimensionen des Kopftuchstreits, Jura 2015, 1083; *U. Vosgerau*, Freiheit des Glaubens und Systematik des Grundgesetzes, 2007; *A. Voßkuhle*, Religionsfreiheit und Religionskritik – Zur Verrechtlichung religiöser Konflikte, EuGRZ 2010, 537.

§ 13 Meinungs-, Informations-, Presse-, Rundfunk- und Filmfreiheit (Art. 5 Abs. 1 und 2)

Fall 10: Plakettentragen durch einen beamteten Lehrer im Dienst (nach BVerwGE 84, 292) L ist beamteter Lehrer an einer öffentlichen Schule. Er trägt auch im Unterricht sichtbar eine Ansteckplakette mit der Aufschrift: „Atomkraft? Nein danke!" Das zuständige Schulamt untersagt L das Tragen der Plakette im Schulbereich unter Berufung auf die einschlägige Bestimmung des Landesbeamtengesetzes, die § 53 des Bundesbeamtengesetzes entspricht: „Der Beamte hat bei politischer Betätigung diejenige Mäßigung und Zurückhaltung zu wahren, die sich aus seiner Stellung gegenüber der Gesamtheit und aus der Rücksicht auf die Pflichten seines Amtes ergeben." Verstößt die Untersagungsverfügung gegen die Meinungsfreiheit des L? **Rn 713**

645

I. Überblick

Das Grundrecht der Meinungsfreiheit steht im Zentrum der Herausbildung des Verfassungsstaats der Moderne. Zu Recht hat es das BVerfG mit den Worten der Erklärung der Menschen- und Bürgerrechte von 1789 („un des droits les plus précieux de l'homme") und des berühmten amerikanischen Rechtslehrers Cardozo („the matrix, the indispensable condition of nearly every other form of freedom") gewürdigt.[1] Die Meinungsfreiheit schützt nicht nur Meinungen, „die positiv aufgenommen oder als unschädlich oder belanglos angesehen werden, sondern auch [...] solche, die beleidigen, schockieren oder verstören" und verschreibt sich damit dem „Pluralismus, der Toleranz und der Aufgeschlossenheit, ohne die eine demokratische Gesellschaft nicht möglich ist"[2].

646

Art. 5 Abs. 1 enthält insgesamt fünf Grundrechte, neben

647

- der Meinungsfreiheit (S. 1 Hs. 1) als dem Recht, seine Meinung in Wort, Schrift und Bild frei zu äußern und zu verbreiten, noch
- die Informationsfreiheit (S. 1 Hs. 2) als das Recht, sich aus allgemein zugänglichen Quellen ungehindert zu unterrichten,
- die Pressefreiheit (S. 2 Var. 1),
- die Freiheit der Rundfunkberichterstattung (S. 2 Var. 2) und
- die Freiheit der Filmberichterstattung (S. 2 Var. 3).

---
1 E 7, 198/208.
2 EGMR, A./.Deutschland, Nr. 3690/10, Rn 52.

Die Zusammenfassung aller fünf Grundrechte zu einer einheitlichen Kommunikationsfreiheit oder der letzten drei Grundrechte zu einer einheitlichen Medienfreiheit kann keine normativen Wirkungen über die einzelnen Grundrechte hinaus entfalten.[3]

648 Einige dieser Grundrechte sind nicht vom Grundrechtsberechtigten („jeder hat das Recht ..."), sondern vom Schutzbereich her („die Pressefreiheit ...") formuliert. Gleichwohl verbürgen auch sie subjektive Rechte. Für die Pressefreiheit hat das BVerfG das Verhältnis zwischen der subjektiv-rechtlichen und der objektiv-rechtlichen Funktion (Rn 105, 111 ff) richtig dahingehend bestimmt, dass „zunächst – entsprechend der systematischen Stellung der Bestimmung und ihrem traditionellen Verständnis – ein subjektives Grundrecht" gewährt wird und die Bestimmung „zugleich auch eine objektiv-rechtliche Seite" hat[4]. Aus dieser leitet es eine staatliche Schutzpflicht für die Presse und die grundsätzliche Zulässigkeit meinungsneutraler staatlicher Maßnahmen zur Förderung der Presse ab[5].

649 Die Regelung des Art. 5 Abs. 1 S. 3 („Eine Zensur findet nicht statt.") ist kein selbstständiges Grundrecht, sondern nur eine für die Grundrechte des Art. 5 Abs. 1 geltende Schranken-Schranke. Eine weitere Schranken-Schranke enthält Art. 42 Abs. 3.

II. Schutzbereiche

1. Meinungsfreiheit (Art. 5 Abs. 1 S. 1 Hs. 1)

a) Begriff

650 Meinungsäußerungen sind in erster Linie *Werturteile*, gleichgültig, auf welchen Gegenstand sie sich beziehen und welchen Inhalt sie haben. Sie können politische oder unpolitische, öffentliche oder private Angelegenheiten betreffen, vernünftig oder unvernünftig, wertvoll oder wertlos sein.[6] Sie können sogar beleidigend sein, wie sich aus der Schranke „Recht der persönlichen Ehre" in Art. 5 Abs. 2 rückschließen lässt.

651 **Beispiele** aus der Rechtsprechung sind der Boykottaufruf, die Filme des nationalsozialistischen Regisseurs Veit Harlan nicht mehr zu spielen und zu besuchen (E 7, 198/217; vgl Rn 112); die Unterschriftensammlung eines Wehrdienstleistenden auf dem Kaserngelände gegen den in der Nähe geplanten Bau eines Kernkraftwerks (E 44, 197/202 f); der Brief eines Strafgefangenen mit beleidigenden Äußerungen über den Anstaltsleiter (E 33, 1/14 f); die Bezeichnung eines Rechtsanwalts als „rechtsradikal" (BVerfG, NJW 2012, 3712/3713 f); die Werbung mit dem Greenpeace-Symbol auf dem Briefumschlag (BVerwGE 72, 183/185 f); die kommerzielle Wirtschaftswerbung jedenfalls dann, wenn sie der Meinungsbildung dient (E 71, 162/175; 102, 347/359 f; 107, 275/280; weitergehend *Hufen*, StR II, § 25 Rn 9; krit. *Hochhuth*, S. 311 ff).

652 Seit alters wird diskutiert, ob auch *Tatsachenbehauptungen* unter die Meinungsäußerungen fallen. Beide lassen sich voneinander deutlich unterscheiden: Tatsachenbehauptungen sind wahr oder falsch, Meinungsäußerungen weder wahr noch falsch. Auch das Strafrecht knüpft bei den Beleidigungsdelikten (§§ 186 ff StGB) und auch beim Betrugstatbestand (§ 263 StGB) unterschiedliche Rechtsfolgen an eine Äuße-

---

3 *Degenhart*, BK, Art. 5 Abs. 1 u. 2 Rn 20; *Jestaedt*, Hdb. GR IV, § 102 Rn 27.
4 E 20, 162/175.
5 E 80, 124/133 f.
6 E 61, 1/8; E 65, 1/41.

rung, je nachdem ob sie Meinungsäußerung oder Tatsachenbehauptung ist, und die Landespressegesetze gewähren einen Gegendarstellungsanspruch nur dann, wenn Tatsachenbehauptungen vorliegen. Daher wird gelegentlich vertreten, Tatsachenbehauptungen fielen aus dem Schutzbereich des Art. 5 Abs. 1 S. 1 heraus.[7]

Aber die Tatsachenbehauptung ist regelmäßig (zumindest stillschweigend) mit einem Werturteil des Behauptenden verbunden. Schon die Entscheidung, dass, wann, wo und wie eine Tatsache behauptet wird, hat wertende Qualität. Zum Rundfunk hat das BVerfG ausgeführt, dass alle Programme „durch die Auswahl und Gestaltung der Sendungen eine gewisse Tendenz haben, insbesondere soweit es um die Entscheidung darüber geht, was nicht gesendet werden soll, was die Hörer nicht zu interessieren braucht, was ohne Schaden für die öffentliche Meinungsbildung vernachlässigt werden kann, und wie das Gesendete geformt und gesagt werden soll"[8]. Im Schrifttum wird teilweise die Abgrenzung von Tatsachenbehauptungen und Werturteilen generell für unmöglich gehalten.[9]

653

Das *BVerfG* geht einen Mittelweg, indem es einen weiten Meinungsbegriff verwendet. Danach fällt eine Äußerung, die durch „die Elemente der Stellungnahme, des Dafürhaltens geprägt" ist, auch dann in den Schutzbereich des Art. 5 Abs. 1 S. 1, wenn „sich diese Elemente, wie häufig, mit Elementen einer Tatsachenmitteilung oder -behauptung verbinden oder vermischen"[10]. Die Verbindung und Vermischung geschieht besonders dadurch, dass Tatsachenbehauptungen „Voraussetzung der Bildung von Meinungen" sind.[11] Nur Tatsachenbehauptungen, die weder mit Werturteilen verbunden noch für die Bildung von Meinungen relevant sind, fallen aus dem Schutzbereich von Art. 5 Abs. 1 S. 1 Hs. 1 heraus, zB Angaben im Rahmen statistischer Erhebungen.[12]

654

Das BVerfG sieht „die erwiesen oder bewusst unwahre Tatsachenbehauptung nicht vom Schutz des Art. 5 Abs. 1 S. 1 umfasst", es sei nämlich die „unrichtige Information kein schützenswertes Gut"[13]. Daran ist richtig, dass bewusste Entstellungen der Wahrheit, die die Meinung des Äußernden nicht wiedergeben, auch nicht als dessen Meinungsäußerung geschützt sein können. Darüber hinaus kann es für den Schutzbereich nicht auf Wahrheitsbeweise, dh die objektive Richtigkeit von Tatsachen ankommen; Meinungsfreiheit ist immer auch die *Freiheit zum Irrtum*[14] – auch des auf Unbekümmertheit, Schludrigkeit oder Indifferenz gegenüber der Wahrheit beruhenden,[15] wie er häufig sog. „Fake News" prägt. Die Prüfung des Schutzbereichs gerät für Tatsachenbehauptungen zweistufig: erstens ist zu klären, ob es sich um eine Tatsachenbehauptung oder eine Meinungsäußerung handelt; handelt es sich um eine Tatsachen-

655

---

7 Vgl *Huster*, NJW 1996, 487.
8 E 12, 205/260.
9 *Herzog*, MD, Art. 5 Abs. 1, 2 Rn 51; *Schulze-Fielitz*, DR, Art. 5 I, II Rn 65.
10 E 61, 1/9; 90, 241/247; BVerfG, NJW 2011, 47/48.
11 E 85, 1/15.
12 E 65, 1/41.
13 E 61, 1/8; 85, 1/15; 99, 185/187; aA *Jestaedt*, Hdb. GR IV, § 102 Rn 36 ff; *Kloepfer*, VerfR II, § 61 Rn 9.
14 Vgl *Schmalenbach*, JA 2005, 749; aA E 90, 241/249 betr. die sog. Auschwitzlüge; vgl *Wandres*, Die Strafbarkeit des Auschwitz-Leugnens, 2000, S. 276 ff.
15 Zum Unterschied zur Lüge *Frankfurt*, On Bullshit, 2005, S. 30–34.

behauptung, scheidet sie zweitens nur aus dem Schutzbereich aus, wenn sie entweder in keiner Verbindung zu einer Meinungsäußerung steht oder bewusst unwahr ist. – Geschützt ist auch die Frage, die rhetorische wie die echte.[16]

b) Äußern und Verbreiten in Wort, Schrift und Bild

656 Mit diesen Schutzbereichsmerkmalen ist die Form angesprochen, in der eine Meinung den Mitmenschen kundgegeben wird. Bei den Kundgabemodalitäten des Äußerns und Verbreitens in Wort, Schrift und Bild handelt es sich nur um beispielhafte Aufzählungen; das Äußern und das Verbreiten können zum einen nicht im Sinn fester Tatbestandsmerkmale streng voneinander getrennt werden[17] und geschehen zum anderen in immer wieder neuer Art und Weise. Geschützt ist grundsätzlich auch die Kommunikation im Internet, wenn sie über die Zusammenstellung von Textinformationen für einen unbestimmten Empfängerkreis hinausgeht. In Anlehnung an eine US-amerikanische Debatte wird sogar vertreten, dass Suchmaschinen erfasst sein sollen, wenn sie aufgrund eines Suchalgorithmus eine wertende Stellungnahme enthalten.[18] Meinungsäußerungen im Internet fallen unter die Rundfunkfreiheit, wenn sie als Bestandteil aufbereiteten Programms der Meinungsbildung dienen (Rn 675), können aber auch der Pressefreiheit unterfallen, wenn die Inhalte im Schwerpunkt textbasiert sind (etwa Online-Zeitungen).[19] Geschützt ist mit der Meinungskundgabe auch die Wahl ihres Orts und ihrer Zeit.[20]

657 Eine Ausnahme ist lediglich in den Fällen zu machen, in denen eine Meinung einem anderen *aufgezwungen* werden soll. Das BVerfG hat immer wieder darauf hingewiesen, dass der Sinn und das Wesen des Grundrechts der Meinungsfreiheit darin liegt, „den *geistigen* Kampf der Meinungen" zu gewährleisten, der als elementare Grundvoraussetzung einer freiheitlichen demokratischen Staatsordnung anzusehen ist.[21] Entsprechend endet der Schutz des Art. 5 Abs. 1 S. 1 Hs. 1 dort, wo das Feld geistiger Auseinandersetzung verlassen wird und Druckmittel an Stelle von Argumenten zur Meinungsbildung eingesetzt werden (Rn 144).

658 Zum Äußern und Verbreiten einer Meinung gehört nicht nur, dass sich der Äußernde und Verbreitende ihrer entledigt. Geschützt ist auch, dass die Meinung beim Adressaten ankommt, von ihm *empfangen* werden kann. Die Nichtweiterleitung von Gefangenenpost ist daher an Art. 5 Abs. 1 und 2 zu messen.[22] Allerdings wirkt dieser Schutz lediglich zu Gunsten dessen, der seine Meinung äußert und verbreitet. Dem Adressaten ist das Recht auf den Empfang nicht durch Art. 5 Abs. 1 S. 1 Hs. 1, sondern nur durch die Informationsfreiheit des Art. 5 Abs. 1 S. 1 Hs. 2 verbürgt, dh soweit es um den Empfang aus allgemein zugänglichen Quellen geht.

---

16 E 85, 23/31 ff; BVerfG, NJW 2003, 661.
17 *Wendt*, MüK, Art. 5 Rn 17.
18 *Milstein/Lippold*, NVwZ 2013, 182/185.
19 *Jarass*, J/P, Art. 5 Rn 101; *Kube*, Hdb. StR[3] IV, § 91 Rn 12 ff.
20 E 93, 266/289.
21 E 25, 256/265.
22 E 35, 35/39; BVerfG, NJW 2005, 1341.

c) Negative Meinungsfreiheit

Art. 5 Abs. 1 S. 1 Hs. 1 gewährleistet ferner das Recht, Meinungen nicht zu äußern und nicht zu verbreiten,[23] und schützt damit gleichzeitig davor, fremde Meinungen als eigene äußern und verbreiten zu müssen. Die Gewährleistung der negativen Meinungsfreiheit macht verständlich, dass das BVerfG statistische Angaben und Tatsachenbehauptungen und -mitteilungen ohne jedes Moment wertender Stellungnahme aus dem Meinungsbegriff herausfallen lassen will. Denn sie einzubeziehen würde bedeuten, dass die zahlreichen, besonders wirtschafts- und gewerberechtlichen Auskunfts- und Meldepflichten Eingriffe in die negative Meinungsfreiheit wären.

Beispiele: Die negative Meinungsfreiheit schützt vor der Pflicht zur Teilnahme an staatlich organisierten Grußbotschaften und Ergebenheitsadressen. – Bei staatlich verordneten Produkthinweispflichten, zB dem Aufdruck „Rauchen gefährdet die Gesundheit", ist erkennbar, dass dies nicht die Meinung des Produktherstellers ist; daher beeinträchtigt eine derartige Verpflichtung zur Wiedergabe einer erkennbar fremden Meinung zwar Art. 12 Abs. 1, nicht aber Art. 5 Abs. 1 S. 1 Hs. 1 (E 95, 173/182; vgl *Hardach/Ludwigs*, DÖV 2007, 288).

Die Gewährleistung der negativen Meinungsfreiheit macht weiter eine *Abgrenzung* zwischen den Schutzbereichen der Art. 5 Abs. 1 und 10 Abs. 1 erforderlich. Denn wie zur positiven Meinungsfreiheit gehört, dass die Meinung ihren Adressaten erreicht, so gehört zur negativen, dass die Meinung dem, dem der Äußernde und Verbreitende sie nicht zukommen lassen will, auch nicht zukommt. Das aber gewährleistet bei brieflichen, telefonischen und ähnlichen Mitteilungen auch Art. 10 Abs. 1: Sie sollen an niemanden anders als an den gelangen, an den sie gerichtet sind. Art. 10 Abs. 1 ist insoweit lex specialis.

2. Informationsfreiheit (Art. 5 Abs. 1 S. 1 Hs. 2)

Informations*quelle* ist zum einen jeder denkbare *Träger* von Informationen, zum anderen der *Gegenstand* der Information selbst.[24]

Beispiele: Zeitung, Rundfunk- und Fernsehsendung, Akte, Brief, mündliche Auskunft; Verkehrsunfall, Naturkatastrophe. In der Informationsfreiheit und nicht in der Presse- und Rundfunkfreiheit finden die Zeitungsleser bzw. Rundfunkteilnehmer ihren Schutz (BVerfG, JZ 1989, 339).

Allgemein zugänglich ist eine Informationsquelle dann, wenn sie „geeignet und bestimmt ist, der Allgemeinheit, also einem individuell nicht bestimmbaren Personenkreis, Informationen zu verschaffen"[25]. Dabei muss die Eignung und Bestimmung zur Information der Allgemeinheit eine tatsächliche oder, wie das BVerfG früher formuliert hat, technische sein, denn anders könnte der Staat durch rechtliche Regelungen oder Maßnahmen über die allgemeine Zugänglichkeit einer Informationsquelle entscheiden und durch vorweggenommene Verengung des Begriffs „allgemein zugängliche Quellen" die Schranken des Art. 5 Abs. 2 unterlaufen.[26] Dass das BVerfG dem

---

23 Vgl E 65, 1/40; krit. *Jestaedt*, Hdb. GR, § 102 Rn 42.
24 *Herzog*, MD, Art. 5 Abs. 1, 2 Rn 87; *Wendt*, MüK, Art. 5 Rn 22.
25 E 27, 71/83; 90, 27/32; 103, 44/60.
26 E 27, 71/83 ff.

Staat inzwischen zuspricht, er dürfe den Zugang zu „einer im staatlichen Verantwortungsbereich liegenden Informationsquelle" rechtlich bestimmen und beschränken, ohne dass dies als Eingriff an Art. 5 Abs. 2 GG zu messen sei,[27] bricht mit dieser richtigen Einsicht und würde die Informationsfreiheit ohne Not zu einem normgeprägten Grundrecht machen.[28] Es ist insoweit noch einer konstitutionellen Staatsvorstellung verhaftet, die den Staat und besonders die Exekutive als Gegenüber der Gesellschaft versteht. Im demokratischen Staat ist aber auch die öffentliche Verwaltung Ausdruck der Selbstorganisation der Gesellschaft und damit den Bürgern nicht nur in ihren Ämtern (Art. 33 Abs. 2 GG), sondern auch in ihren Informationen allgemein zugänglich.[29] Entsprechendes gilt für bei Parlamenten und Gerichten vorliegende Akten und Informationen. Durch die die Informationsfreiheitsgesetze des Bundes und einiger Länder ist diese Rechtsprechung zudem weitgehend überholt.[30] Nur die Modalitäten des Zugangs können – wie in den Informationsfreiheitsgesetzen – gesetzlich ausgestaltet werden (vgl Rn 685 f).

665 **Beispiele:** Eine Zeitung, die von der Post zum Abonnenten befördert wird, ist eine allgemein zugängliche Quelle, weil die Gesamtauflage allgemein zugänglich ist. Die Tatsache, dass das konkrete, von der Post beförderte Exemplar dem Zugriff für jedermann entzogen ist, ändert hieran nichts (E 27, 71/85). Besonders die Massenkommunikationsmittel der Presse, des Rundfunks, Fernsehens und Films sind grundsätzlich allgemein zugänglich, auch wenn sie aus dem Ausland kommen (E 90, 27/32). Im modernen Verfassungsstaat gilt das auch für die Gerichtsverhandlung (E 91, 125/143; aA E 103, 44/62: nur „Saalöffentlichkeit") und für das Grundbuch (vgl BVerfG, EuGRZ 2000, 484). Keine allgemein zugänglichen Quellen sind dagegen die Redaktion eines privaten Verlags (E 66, 116/137).

666 Geschützt ist *positiv* die Unterrichtung aus den allgemein zugänglichen Informationsquellen, dh der passive Empfang wie das aktive Beschaffen[31] mit seinen notwendigen Voraussetzungen, zB der Errichtung einer Parabolantenne.[32] Allerdings ist der Staat und sind auch die öffentlich-rechtlichen Rundfunkanstalten nicht verpflichtet, dem Bürger verfügbare Informationen zu beschaffen und zu präsentieren.[33] Neben der positiven ist auch hier eine *negative* Freiheit anzuerkennen. Sie besteht im Schutz vor unentrinnbar aufgedrängter Information.[34]

3. Pressefreiheit (Art. 5 Abs. 1 S. 2 Var. 1)

a) Begriff

667 Presse umfasst herkömmlich alle zur Verbreitung geeigneten und bestimmten Druckerzeugnisse. Zur Presse gehören nicht nur *periodisch* erscheinende Druckwerke, sondern auch solche, die *einmalig* gedruckt werden, nicht nur allgemein zugängliche, sondern auch gruppeninterne Publikationen. Darüber hinaus definieren die Landes-

---

27 E 103, 44/60; s. auch BVerfG, NJW 1986, 1243; BVerwG, NJW 2014, 1126/1127; aA auch *Dörr*, Hdb. GR IV, § 103 Rn 30 f, 42 ff.
28 So aber etwa *Wirtz/Brink*, NVwZ 2015, 1166/1170 f.
29 Vgl *Scherzberg*, Die Öffentlichkeit der Verwaltung, 2000, S. 383.
30 *Schoch*, Jura 2008, 25/30; *Wegener*, in: FS Bartlsperger, 2006, S. 165.
31 E 27, 71/82 f.
32 E 90, 27/36 f.
33 VGH München, NJW 1992, 929/930; *Dörr*, Hdb. GR IV, § 103 Rn 75 ff.
34 *Dörr*, Hdb. GR IV, § 103 Rn 63 ff; *Kloepfer*, VerfR II, § 61 Rn 45.

pressegesetze als Druckwerke inzwischen auch Ton- und Bildträger. Sie tragen damit einem auch für den Schutzbereich der Pressefreiheit bedeutsamen technischen und gesellschaftlichen Wandel Rechnung.[35]

Beispiele: Periodisch erscheinende Zeitungen und Zeitschriften, auch die Schülerzeitung (im Unterschied zu der von der öffentlichen Schule verantworteten Schulzeitung; vgl *Hufen*, StR II, § 27 Rn 5) und die Werkszeitung (E 95, 28/35), einmalig gedruckte Bücher, Flugblätter, Handzettel, Aufkleber und Plakate, ton- und bildtragende Kassetten, CDs und DVDs sowie das Online-Archiv einer Zeitung (BVerfG, NJW 2012, 755).

668

b) Umfang der Gewährleistung

Der Schutz der Pressefreiheit reicht *positiv* „von der Beschaffung der Information bis zur Verbreitung der Nachrichten und Meinungen"[36]; „in seinem Zentrum steht die Freiheit der Gründung und Gestaltung von Presseerzeugnissen"[37]. Er erfasst auch pressefunktionswichtige Hilfstätigkeiten, allerdings nur die presseinternen, dh den Presseunternehmen organisatorisch eingegliederte Hilfstätigkeiten; für die presseexternen bleibt es beim Schutz anderer Grundrechte, besonders Art. 12 Abs. 1.[38] Die *negative* Pressefreiheit schützt vor Pflichten zur Veröffentlichung von staatlichen Aufrufen, Warnungen und Bulletins in privaten Presseerzeugnissen.[39]

669

Art. 5 Abs. 1 S. 2 kann auch einen verfassungsunmittelbaren Auskunftsanspruch der Presse gegenüber Behörden begründen.[40] Der EGMR geht noch weiter, indem er einen entsprechenden Auskunftsanspruch aus Art. 10 EMRK auch auf Nichtregierungsorganisationen erstreckt, die wie die Presse eine öffentliche Kontrollfunktion übernehmen.[41] Der Auskunftsanspruch der Presse ergibt sich im Verhältnis zu Landesbehörden allerdings bereits aus den Landespressegesetzen, die aber aus Gründen der Kompetenzverteilung keine Auskunftsansprüche gegenüber Bundesbehörden regeln können. Insoweit gilt zwar das nicht nur die Presse berechtigende Informationsfreiheitsgesetz des Bundes (IFG), das aber nach Meinung des BVerwG wegen seiner Zugangsregelungen und Begrenzungsvorschriften „nicht die besonderen Funktionsbedürfnisse der Presse" reflektiert.[42] Der verfassungsunmittelbare Auskunftsanspruch muss den Auskunftsansprüchen der Landespressegesetze entsprechen. Er erfasst auch die zumutbare Aufbereitung vorhandener Informationen.[43] Wie auch gegenüber dem Informationszugangsrecht aus Art. 5 Abs. 1 S. 1 soll sich der Staat dem Anspruch nicht durch die in seinem Verantwortungsbereich liegende Art der Informationsverwaltung entziehen können.[44] Der presserechtliche Auskunftsanspruch erfasst aber anders als die Informationsansprüche nach Art. 5 Abs. 1 S. 1 und den Informationsfrei-

670

---

35 *Bullinger*, Hdb. StR³ VII, § 163 Rn 2; *Schulze-Fielitz*, DR, Art. 5 I, II Rn 90.
36 E 20, 162/176.
37 E 97, 125/144.
38 E 77, 346/354; krit. *Wendt*, MüK, Art. 5 Rn 33.
39 Vgl *Kloepfer*, VerfR II, § 61 Rn 62.
40 BVerwGE 146, 56/63 ff; 151, 348/350 ff; offengelassen BVerfG, NVwZ 2016, 51; ablehnend *Blome*, NVwZ 2016, 1211/1212 ff; *Cornils*, AfP 2016, 205 ff.
41 EGMR, Társaság a Szabadságjogokért v. Hungary, No. 37374/05, Rn 26 ff; Animal Defenders v. United Kingdom, No. 48876/08, Rn 103; Österreichische Vereinigung v. Austria, No. 39534/07, Rn 33 ff.
42 BVerwGE 146, 56/64.
43 EGMR, NVwZ 2016, 211/212.
44 VG Berlin v. 19.6.2014, 2 K 212.13, Rn 50 ff.

heitsgesetzen nicht notwendig den Zugang zu den Dokumenten der öffentlichen Stellen. Er muss zudem stets mit den berechtigten Interessen privater und öffentlicher Stellen abgewogen werden; zu deren Konkretisierung zieht die Rechtsprechung auch die Regelungen des einfachen Rechts in den Presse- und Informationsfreiheitsgesetzen der Länder heran.

671 **Beispiele:** Der Auskunftsanspruch kann sich auf den Namen öffentlicher Funktionsträger wie Richter und Staatsanwälte (BVerwG, NJW 2015, 807/808 ff = JK 5/2015) sowie auf den Inhalt von durch die öffentliche Verwaltung abgeschlossenen Mietverträgen auch dann beziehen, wenn dadurch Geschäfts- und Betriebsgeheimnisse Dritter berührt werden (BVerwGE 146, 56/ 63 ff; 151, 348/351 ff); auch kann er sich im Einzelfall gegenüber geheimdienstlichen Interessen durchsetzen (BVerwG, NVwZ 2016, 945/946 f). Er kann auch gegenüber der Bundestagsverwaltung im Hinblick auf die Verwendung öffentlicher Mittel durch Bundestagsabgeordnete bestehen; allerdings müssen im Hinblick auf den Schutz des Mandats (Art. 38 Abs. 1 S. 2) konkrete Anhaltspunkte dafür vorliegen, dass öffentliche Mittel unwirtschaftlich eingesetzt wurden (BVerwG, NVwZ 2016, 1020/1022). Art. 38 Abs. 1 S. 2 hindert aber nicht daran, dass der Deutsche Bundestag der Presse Auskünfte darüber erteilt, an welche Interessenvertreter Fraktionen Hausausweise für den Deutschen Bundestag erteilt haben (OVG Berlin-Brandenburg, LKV 2016, 45/46 f = JK 3/2016). Ein Auskunftsanspruch der Presse über die Prüfung auszufertigender Gesetze (Art. 82 Abs. 1) durch den Bundespräsidenten besteht nicht, weil diese zum „Kernbereich präsidialer Eigenverantwortung" zählt (OVG Berlin-Brandenburg, NVwZ 2016, 950/952).

672 *Grundrechtsberechtigt* sind alle „im Pressewesen tätigen Personen und Unternehmen"[45]. Dazu gehören neben Verleger, Herausgeber, Redakteur und Journalist auch der Buchhalter im Presseunternehmen[46] und der Sachbearbeiter in der Anzeigenabteilung[47]. Daraus, dass die Pressefreiheit sowohl dem Verleger als auch dem Redakteur und dem Journalisten zusteht, können sich schwierige Drittwirkungsprobleme ergeben: Darf ein Verleger einem Redakteur und dieser einem Journalisten vorschreiben, über bestimmte Ereignisse nicht oder nur in bestimmter Weise zu berichten? Diese Fragen werden unter dem Stichwort der inneren Pressefreiheit diskutiert.[48]

c) Verhältnis zu den Grundrechten aus Art. 5 Abs. 1 S. 1

673 Die Pressefreiheit ist kein Spezialfall der Meinungsfreiheit. Für den Schutz von Meinungsäußerungen bleibt es, auch wenn sie in der Presse publiziert werden, bei der Maßgabe von Art. 5 Abs. 1 S. 1 Hs. 1[49]. Der besondere Schutzbereich der Pressefreiheit bezieht sich darauf, dass „es um die im Pressewesen tätigen Personen in Ausübung ihrer Funktion, um ein Presseerzeugnis selbst, um seine institutionell-organisatorischen Voraussetzungen und Rahmenbedingungen sowie um die Institution einer freien Presse überhaupt geht"[50]. Sie ist ein Spezialfall der Informationsfreiheit, da sie die Beschaffung von Informationen nicht nur aus allgemein zugänglichen Quellen, sondern auch durch besondere Recherchen, Beobachtungen, Interviews etc. umfasst

---

45   E 20, 162/175.
46   E 25, 296/304.
47   E 64, 108/114 f.
48   Vgl *Gersdorf*, AfP 2016, 1; *Liesegang*, JuS 1975, 215.
49   Vgl BVerfG, NJW 2003, 1110; krit. *Trute*, Hdb. GR IV, § 104 Rn 19.
50   E 85, 1/12 f; 113, 63/75; krit. *Heselhaus*, NVwZ 1992, 740.

und dabei auch einen Informations- und Informantenschutz verlangt, dh die Geheimhaltung von Informationsquellen und das Vertrauensverhältnis zu den privaten Informanten.[51] Obwohl kein Spezialfall der Meinungsfreiheit, teilt die Pressefreiheit mit ihr doch Abgrenzungsprobleme und auch deren Lösungskriterien.

Beispiele: Ebenso wie es für den Meinungsbegriff nicht auf den Inhalt ankommt, spielt es auch für den Pressebegriff keine Rolle, ob die Veröffentlichung ein bestimmtes Niveau besitzt (E 34, 269/283; 101, 361/389 f). Ähnlich wie die Einbeziehung von bloßen Tatsachenbehauptungen in den Schutz von Art. 5 Abs. 1 S. 1 Hs. 1 ist die Einbeziehung des Anzeigenteils, bei dem das Element der wertenden Stellungnahme durch das veröffentlichende Presseunternehmen fast ganz hinter der sachlichen Wiedergabe zurücktritt, in den Schutz der Pressefreiheit zum Problem geworden; das BVerfG hat sie bejaht (E 21, 271/278 f; 64, 108/114), und wenn der Schutz mit BGHZ 116, 47/54 auch auf die Anzeigenblätter ohne redaktionellen Teil erweitert wird, müssen ihm auch die der Zeitung nur beigelegten Werbematerialien unterfallen (*Hufen*, StR II, § 27 Rn 4).

674

4. Rundfunkfreiheit (Art. 5 Abs. 1 S. 2 Var. 2)

a) Begriff

Rundfunk umfasst neben dem – in der Umgangssprache allein als Rundfunk bezeichneten – Hörfunk auch das Fernsehen („Hörrundfunk *und* Fernsehrundfunk"[52]). Rundfunk ist jede an eine unbestimmte Vielzahl von Personen gerichtete drahtlose oder drahtgebundene Übermittlung von Gedankeninhalten durch physikalische Wellen. Daher werden auch Kabelhörfunk und -fernsehen von der Rundfunkfreiheit erfasst, nicht aber die private Kommunikation, weil sie nicht an eine unbestimmte Vielzahl von Personen gerichtet sind.[53] Die Unterscheidung verschwimmt bei der zunehmenden Integration von Medien, Netzen und Diensten (sog. Medienkonvergenz). Problematisch ist insbesondere die Abgrenzung zur Pressefreiheit, die anders als die öffentlich-rechtlich regulierte Rundfunkfreiheit weitgehend privatwirtschaftlich geordnet ist.[54]

675

b) Umfang der Gewährleistung

Wie die Pressefreiheit reicht auch die Rundfunkfreiheit von der Beschaffung der Information bis zur Verbreitung von Nachricht und Meinung; sie erstreckt sich auch auf die erforderlichen medienspezifischen Mittel wie den Einsatz von Aufnahme- und Übertragungsgeräten.[55] Gegenüber dem engen Wortlaut „Berichterstattung" hat das BVerfG ausdrücklich klargestellt, dass das inhaltliche Spektrum nicht kleiner ist als bei der Pressefreiheit und dass „Information und Meinung ... ebenso wohl durch ein Fernsehspiel oder eine Musiksendung vermittelt werden (können) wie durch Nachrichten oder politische Kommentare"[56]. Das Verhältnis zur Meinungsfreiheit ist wie bei der Pressefreiheit zu bestimmen (vgl Rn 673).

676

---

51 E 36, 193/204; 107, 299/329 f; 117, 244/265 ff.
52 E 12, 205/226; 31, 314/315.
53 *Herzog*, MD, Art. 5 Abs. 1, 2 Rn 194 f.
54 *Franzius*, JZ 2016, 650 (652 ff.).
55 E 91, 125/134 f; 119, 309/318 f.
56 E 35, 202/222; ebenso *Herzog*, MD, Art. 5 Abs. 1, 2 Rn 200 ff; krit. *Hochhuth*, S. 308 f.

677 Grundrechtsberechtigt sind traditionell die *öffentlich-rechtlichen Rundfunkanstalten.* Zwar sind sie juristische Personen des öffentlichen Rechts und verneint das BVerfG grundsätzlich die Grundrechtsberechtigung der juristischen Personen des öffentlichen Rechts. Das BVerfG lässt aber dann etwas anderes gelten, „wenn ausnahmsweise die betreffende juristische Person des öffentlichen Rechts unmittelbar dem durch die Grundrechte geschützten Lebensbereich zuzuordnen ist"[57]. Die Rundfunkanstalten können das Grundrecht der Rundfunkfreiheit für sich in Anspruch nehmen, weil für sie das aus Art. 5 Abs. 1 S. 2 Var. 2 folgende Gebot der Staatsfreiheit des Rundfunks gilt.[58] Dadurch ergibt sich die Besonderheit, dass die Rundfunkanstalten gleichzeitig Grundrechtsberechtigte und als Bestandteil der vollziehenden Gewalt iSd Art. 1 Abs. 3 Grundrechtsverpflichtete sind. Dies wurde vom BVerfG für die Vergabe von Sendezeiten an politische Parteien ausdrücklich anerkannt.[59] Entsprechendes muss für die Landesmedienanstalten gelten.[60]

678 Grundrechtsberechtigt sind auch *Private*, die Rundfunk veranstalten. Die Rundfunkfreiheit steht ohne Rücksicht auf öffentlich-rechtliche oder privatrechtliche Rechtsformen, kommerzielle oder nichtkommerzielle Betätigung jedem zu, der Rundfunk veranstaltet oder auch erst veranstalten will und sich um die erforderliche Rundfunklizenz bewirbt.[61] Die Grundrechtsberechtigung ist im Übrigen wie bei der Pressefreiheit (vgl Rn 672) zu bestimmen.[62] Nicht grundrechtsberechtigt sind die Rundfunkteilnehmer.[63]

679 Die Rspr des BVerfG zum Rundfunk knüpft an dessen *Sondersituation* im Vergleich zur Presse an. Bis Anfang der 80er-Jahre ergab sie sich aus der Knappheit der verfügbaren Frequenzen und dem außergewöhnlich hohen finanziellen Aufwand für die Veranstaltung von Rundfunksendungen. In neuerer Zeit ist diese Situation nicht entfallen; sie hat sich nur dadurch verändert, dass sich die technischen Voraussetzungen der Veranstaltung und Verbreitung von Rundfunkprogrammen durch die Entwicklung neuer Medien verbessert haben und dass ein europäischer und sogar über Europa hinausreichender Rundfunkmarkt entstanden ist.[64] Nach wie vor bestimmt die verfassungsgerichtliche Rechtsprechung den Schutzbereich der Rundfunkfreiheit nach der Funktion des Rundfunks als Medium und Forum öffentlicher Meinungsbildung. Danach verlangt die Rundfunkfreiheit eine gesetzliche Ausgestaltung durch materielle, organisatorische und Verfahrensregelungen, die einen freien Kommunikationsprozess gewährleisten, dh sicherstellen, dass die Vielfalt der bestehenden Meinungen im Rundfunk in Breite und Vollständigkeit Ausdruck findet; insoweit versteht das BVerfG die Rundfunkfreiheit als normgeprägtes Grundrecht.

680 Im heutigen *dualen System*[65] wird den öffentlich-rechtlichen Rundfunkanstalten die Aufgabe der für die demokratische Ordnung und für das kulturelle Leben unerlässli-

---

57 E 31, 314/322.
58 StRspr; vgl E 83, 238/322.
59 E 7, 99/103 f; 14, 121/133.
60 *Bumke*, Die öffentliche Aufgabe der Landesmedienanstalten, 1995, S. 197 ff; *Nolte*, in: Symposion Grimm, 2000, S. 161; vgl auch BayVerfGH, NVwZ 2006, 82; aA *Bethge*, NJW 1995, 557.
61 E 95, 220/234; 97, 298/311 f.
62 *Bethge*, DÖV 2002, 673/674.
63 BVerfG, NJW 1990, 311.
64 E 73, 118/121 ff.
65 Vgl *Stock*, JZ 1997, 583.

chen „Grundversorgung" der Bürger mit Rundfunksendungen noch immer mit der Begründung zugewiesen, dass ihre terrestrischen Programme nahezu die gesamte Bevölkerung erreichen und sie zu einem inhaltlich umfassenden Programmangebot in der Lage sind;[66] zunehmend umstritten ist aber ihr Recht, weitergehende Dienste und Programme im Internet anzubieten, die in einem Konkurrenzverhältnis mit nicht öffentlich finanzierten Presseunternehmen stehen.[67] Denn die Sicherstellung der Grundversorgung muss der Staat nach Meinung des BVerfG auch finanziell gewährleisten. Damit steht der öffentlich-rechtliche Rundfunk, vergleichbar mit den politischen Parteien (Art. 21 Abs. 1), in einem Spannungsfeld zwischen gesellschaftlicher Autonomie und staatlicher Abhängigkeit. Um die notwendige Staatsferne (Rn 677) zu garantieren, legt eine unabhängige Kommission (KEF) die Rundfunkgebühren fest; von deren Vorschlägen dürfen die Länder nur in Ausnahmefällen abweichen (Trennung der allgemeinen Rundfunkgesetzgebung von der Festsetzung der Rundfunkgebühr)[68]. Der Grundsatz der Staatsferne ist außerdem für die Besetzung der Gremien der Rundfunkanstalten relevant. In den Aufsichtsgremien sind „Personen mit möglichst vielfältigen Perspektiven und Erfahrungshorizonten aus allen Bereichen des Gemeinwesens zusammenzuführen"[69]; außerdem muss der Einfluss der staatlichen und staatsnahen Akteure begrenzt werden.

681 Bezüglich der *privaten Veranstalter* beschränkt sich das BVerfG darauf, dem (Landes-)Gesetzgeber grundsätzlich freizustellen, auf eine Meinungsvielfalt durch viele Veranstalter zu setzen (Außenpluralismus) oder die Meinungsvielfalt durch organisatorische und inhaltliche Anforderungen an die Veranstalter zu sichern (Binnenpluralismus). Diese Anforderungen brauchen zwar nicht gleich hoch zu sein wie im öffentlich-rechtlichen Rundfunk, müssen aber auch nicht niedriger sein.[70] Wichtig ist, dass Staatsnähe, der bestimmende Einfluss einer Partei und auch sonst das Entstehen vorherrschender Meinungsmacht verhindert wird,[71] auch bei lokalen und regionalen Programmen.[72] Das BVerfG verlangt vom (Landes-)Gesetzgeber Regelungen, die

– Informationsmonopole verhindern,
– ein Mindestmaß an inhaltlicher Ausgewogenheit, Sachlichkeit und gegenseitiger Achtung gewährleisten,
– bei privat-öffentlicher Veranstaltergemeinschaft eine Aushöhlung des öffentlichen Programmauftrags verhindern,
– eine begrenzte Staatsaufsicht (durch die Länder) vorsehen und
– den gleichen Zugang zur Veranstaltung privater Rundfunksendungen eröffnen.[73]

---

66 E 73, 118/158 f; 87, 181/198 ff.
67 Dazu etwa *Korte*, AöR 2014, 384/399 ff.
68 E 119, 181/219.
69 E 136, 9/31 ff; dazu *Starck*, JZ 2014, 552.
70 E 83, 238/316.
71 E 121, 30/51 ff.
72 BVerfG, NVwZ 2006, 201/203 f.
73 E 83, 238/296 f; 97, 228/257 f; *Schulze-Fielitz*, DR, Art. 5 I, II Rn 253 ff.

5. Filmfreiheit (Art. 5 Abs. 1 S. 2 Var. 3)

682 Unter Film versteht man eine Übermittlung von Gedankeninhalten durch Bilderreihen, die zur Projektion bestimmt sind.[74] Im Unterschied zum Rundfunk richtet sich der Film am Ort des Abspielens an die Öffentlichkeit.[75] Entsprechend der Rundfunkfreiheit (vgl Rn 640) erfasst die Filmfreiheit nicht nur dokumentarische Filme, sondern auch Spielfilme und alle anderen filmischen Meinungsäußerungen.[76]

III. Eingriffe

1. Meinungs-, Presse-, Rundfunk- und Filmfreiheit

683 Zu den Eingriffen zählen Verbote, Meinungen zu äußern und zu verbreiten, Sanktionen der Verbote, tatsächliche Be- oder Verhinderungen von Meinungsäußerungen und -verbreitungen und Beeinträchtigungen der technischen, organisatorischen und institutionellen Voraussetzungen, die Presseunternehmen und Rundfunkveranstalter sich für die Erfüllung ihrer Aufgaben geschaffen haben, sowie des Presse- und Rundfunkbetriebs. Eingriffe in die Rundfunkfreiheit liegen nicht vor, wenn Anforderungen an Rundfunkveranstalter und -veranstaltungen die Rundfunkfreiheit sichern; insoweit handelt es sich um Ausgestaltungen des normgeprägten (vgl Rn 266 ff) Grundrechts.[77]

684 **Beispiele für Eingriffe:** Verbot des Vertriebs von jugendgefährdenden Schriften über den Versandhandel (E 30, 336/347); Verbot von Fernsehaufnahmen im und von Berichten aus dem Gerichtssaal (E 91, 125/135; 119, 309/318 ff; NJW 2017, 798/798 f); Aufnahme einer Zeitschrift in den Verfassungsschutzbericht (E 113, 63/77 f); Vernehmung von Journalisten, Durchsuchung von Redaktionsräumen und Sicherstellung bzw. Beschlagnahme von Presse-, Rundfunk- und Filmmaterial (E 20, 162/185 ff; 77, 65/77 ff; 117, 244/265 ff; BVerfG, NJW 2011, 1860, 1846; vgl *Schmidt-De Caluwe*, NVwZ 2007, 640); Erhebung von Daten über den Telefonverkehr von Presse- und Rundfunkveranstaltern (E 107, 299/330 f); Pflicht privater Rundfunkveranstalter, ihre Sendungen zu Zwecken der Rundfunkaufsicht aufzuzeichnen und der Landesmedienanstalt vorzulegen (E 95, 220/235 f). – Kein Eingriff, sondern eine Ausgestaltung des normgeprägten Grundrechts ist dagegen das Kurzberichterstattungsrecht (E 97, 228/267; *Bethge*, DÖV 2002, 673/680).

2. Informationsfreiheit

685 Eingriffe in die Informationsfreiheit liegen vor, wenn der Zugang zur Information endgültig verwehrt oder nur zeitlich verzögert wird.[78] Auch die staatliche Erfassung und Registrierung der Informationsquelle, deren sich Bürger bedienen, stellen Eingriffe dar. Alle derartigen Maßnahmen greifen nicht erst dann ein, wenn sie sich auf alle allgemein zugänglichen Quellen beziehen, sondern schon wenn sie einer einzigen Informationsquelle gelten. Insofern beinhaltet Art. 5 Abs. 1 S. 1 Hs. 2 das Recht auf

---

74 *Herzog*, MD, Art. 5 Abs. 1, 2 Rn 198.
75 *Degenhart*, BK, Art. 5 I, II Rn 902; *Trute*, Hdb. GR IV, § 104 Rn 72.
76 *Jarass*, JP, Art. 5 Rn 51; *Kloepfer*, VerfR II, § 61 Rn 116; aA *Reupert*, NVwZ 1994, 1155.
77 Vgl E 95, 220/235; 97, 228/266 f.
78 E 27, 88/98 f.

Auswahl zwischen mehreren zur Verfügung stehenden Informationsquellen. Kein Eingriff in die Informationsfreiheit liegt vor, wenn Modalitäten des Zugangs zu einer Informationsquelle bestimmt werden, ohne die es den Zugang schlechterdings nicht geben kann; insoweit ist die Informationsfreiheit normgeprägt.⁷⁹

Beispiele: Die grundsätzlich öffentliche Gerichtsverhandlung ist eine allgemein zugängliche Quelle und der dauernde oder zeitweise Ausschluss der Öffentlichkeit ein Eingriff. Ein Eingriff ist die Verweigerung von Rundfunkempfang für einen Untersuchungshäftling mit der Begründung, es stehe ihm frei, Zeitungen zu halten (E 15, 288/295 f), und das Anhalten einer an den Strafgefangenen adressierten Broschüre über Rechte im Strafvollzug (BVerfG, NJW 2005, 1341). Keine Eingriffe sind die Festlegung der Öffnungszeiten und die Erhebung von Eintrittsgebühren bei staatlichen Archiven, Bibliotheken und Museen.

686

IV. Verfassungsrechtliche Rechtfertigung

1. Schranken

Die wichtigsten Schranken der Grundrechte aus Art. 5 Abs. 1 sind in Art. 5 Abs. 2 normiert. Deren bedeutsamste ist die Schranke der allgemeinen Gesetze. Daneben findet sich in Art. 17a ein Gesetzesvorbehalt, der für das Grundrecht der Meinungsfreiheit gilt. Auch die Eingriffsermächtigungen der Art. 9 Abs. 2, 18, 21 Abs. 2 können für die Grundrechte aus Art. 5 Abs. 1 von Bedeutung werden.

687

a) Die **Schranken des Art. 5 Abs. 2** werden durch förmliche Gesetze gezogen, die auch zur Schrankenziehung durch Rechtsverordnung und Satzung ermächtigen können. Alle diese Gesetze müssen **allgemein** iSv Art. 5 Abs. 2 sein (vgl Rn 314).

688

aa) **Allgemein** ist ein solches Gesetz nicht schon dann, wenn es abstrakt-generell formuliert ist. Wäre das der Fall, würde sich das Erfordernis der Allgemeinheit vollständig mit dem Verbot des Einzelfallgesetzes in Art. 19 Abs. 1 S. 1 decken und wäre daneben überflüssig. Es besteht Einigkeit, dass der Begriff der allgemeinen Gesetze in Art. 5 Abs. 2 eine bestimmte inhaltliche Qualität meint.⁸⁰

689

Schon zum insoweit gleich lautenden Art. 118 Abs. 1 S. 2 WRV wurde die sog. *Sonderrechtslehre* vertreten, die das Merkmal der nicht-allgemeinen, also der besonderen Gesetze darin erblickte, dass sie „eine an sich erlaubte Handlung allein wegen ihrer geistigen Zielrichtung und der dadurch hervorgerufenen schädlichen geistigen Wirkung verbieten oder beschränken"⁸¹. Die Sonderrechtslehre wurde auch dahin formuliert, dass allgemeine Gesetze „nicht eine Meinung als solche verbieten, sich nicht gegen die Äußerung der Meinung als solche richten"⁸², wobei unter dem Spezifischen einer Meinung und ihrer Äußerung, das mit „als solche" angesprochen ist, eben die geistige Zielrichtung und geistige Wirkung zu verstehen ist. Die Sonderrechtslehre begriff die besonderen Gesetze also als „Sonderrecht gegen die Meinungsfreiheit"⁸³.

690

---

79 *Schoch*, Jura 2008, 25/29.
80 *Herzog*, MD, Art. 5 Abs. 1, 2 Rn 252 ff; *Starck*, MKS, Art. 5 Rn 197.
81 *Häntzschel*, in: Anschütz/Thoma, Handbuch des Deutschen Staatsrechts II, 1932, S. 651/659 f.
82 *Anschütz*, VVDStRL 4, 1928, 74/75.
83 *Häntzschel*, aaO.

691 **Beispiele:** Als Beispiel für ein besonderes Gesetz wurde in der Weimarer Staatsrechtslehre ein „Gesetz, das die Verbreitung kommunistischer oder faszistischer oder atheistischer oder bibelwidriger Lehrmeinungen verbietet", angeführt (*Anschütz*, Die Verfassung des Deutschen Reichs, 14. Aufl. 1933, Art. 118 Anm. 3), als Beispiel für allgemeine Gesetze die meisten Strafgesetze und die allgemeinen Polizeigesetze.

692 Diese Sonderrechtslehre wahrt die *Freiheit des Geistes*; sie traut und mutet der Gesellschaft einen freien Prozess des Austauschs und auch Konflikts zwischen Meinungen zu, solange nicht ein „Einbruch vom Gebiet des Überzeugens in das Gebiet des unmittelbaren Handelns erfolgt"[84].

693 Aber schon unter der WRV wurde die Sonderrechtslehre als formalistisch, ihr Begriff des allgemeinen Gesetzes als formal kritisiert und ein *materialer Begriff* des allgemeinen Gesetzes gefordert. Danach sollten als allgemeine Gesetze diejenigen gelten, „die deshalb den Vorrang vor Art. 118 haben, weil das von ihnen geschützte gesellschaftliche Gut wichtiger ist als die Meinungsfreiheit"[85]. In diesem Sinn sollte es zB die „materiale Überwertigkeit des Strafrechtsgutes gegenüber dem Grundrechtsgut (sein), die dem Strafrecht den Vorzug gibt"[86]. Die Feststellung, ob ein Gesetz allgemein ist, ist danach das Ergebnis einer Abwägung, und *Smend* selbst hat gesehen: „Derartige Abwägungsverhältnisse können schwanken ..."[87].

694 Diese Weimarer Konkurrenz zwischen herrschender Sonderrechtslehre und Abwägungslehre fand das *BVerfG* vor, als es sich im *Lüth-Urteil*[88] erstmals mit dem Begriff des allgemeinen Gesetzes zu befassen hatte. Es hat seitdem einfach beide Lehren kombiniert und versteht in ständiger Rechtsprechung unter allgemeinen Gesetzen die Gesetze, die sich weder gegen bestimmte Meinungen als solche richten noch Sonderrecht gegen den Prozess freier Meinungsbildung darstellen,[89] „die vielmehr dem Schutze eines schlechthin, ohne Rücksicht auf eine bestimmte Meinung, zu schützenden Rechtsguts dienen, dem Schutze eines Gemeinschaftswerts, der gegenüber der Betätigung der Meinungsfreiheit den Vorrang hat"[90]. Diese Formel will nur die freiheitssichernde Wirkung der Sonderrechtslehre durch das zusätzliche Erfordernis stärken, dass mit dem allgemeinen Gesetz nicht ein beliebiger, sondern nur ein besonders wertvoller Zweck verfolgt werden darf. Dabei greift das BVerfG die einzelnen Aspekte der Sonderrechtslehre sowohl im Rahmen der Prüfung der Allgemeinheit als auch der Verhältnismäßigkeit des Gesetzes auf.

695 Was das BVerfG in Aufrechterhaltung der Sonderrechtslehre verlangt, ist – zu einem Leitbegriff zusammengezogen – die *Meinungsneutralität* der allgemeinen Gesetze. Meinungsneutralität bedeutet, dass ein Gesetz nicht zu bestimmten Meinungsinhalten bekehren oder von bestimmten Meinungsinhalten abbringen darf (Verbot der Meinungsmissionierung) und nicht die Wertlosigkeit oder Schädlichkeit von Meinungsinhalten zu Tatbestandsvoraussetzungen von Eingriffen machen darf (Verbot der Mei-

---

[84] *Häntzschel*, aaO.
[85] *Smend*, VVDStRL 4, 1928, 44/51.
[86] *Smend*, aaO.
[87] AaO, S. 53.
[88] E 7, 198.
[89] Vgl E 95, 220/235 f.
[90] E 7, 198/209 f.

nungsdiskriminierung). Für das BVerfG ist damit nicht ausgeschlossen, dass ein Gesetz an einen Meinungsinhalt anknüpft, ausgeschlossen ist aber die Anknüpfung an konkrete Standpunkte im Meinungskampf. Ähnlich Art. 3 Abs. 3 S. 1 Var. 9 soll die Schranke des allgemeinen Gesetzes vor der Diskriminierung bestimmter Anschauungen schützen.[91] Die Meinungsneutralität spielt auch in die Verhältnismäßigkeitsprüfung hinein und verlangt, dass die Zielsetzung des staatlichen Eingriffs sich nicht gegen die rein geistige Wirkung einer Meinungsäußerung richten darf, da dies das Prinzip der Meinungsfreiheit aufhebt,[92] das auf der Geistigkeit des Meinungsstreits[93] – dem zwanglosen Zwang des besseren Arguments[94] – beruht. Der Staat ist insoweit auf einen Schutz von Rechtsgutsgefährdungen in der „Sphäre der Äußerlichkeit"[95] beschränkt. Die Rechtsgüter sollen allerdings auch schon dadurch gefährdet werden können, dass Meinungsäußerungen Hemmschwellen für Dritte absenken oder Betroffene einschüchtern. Mit dem Erfordernis der Meinungsneutralität staatlicher Eingriffe geht der Schutz der Meinungsfreiheit unter dem Grundgesetz über den völkerrechtlichen Schutz hinaus. Regelmäßig erlauben die Menschenrechtskonventionen wie etwa Art. 17 EMRK bereits das Verbot von bloßen Meinungsäußerungen, deren Inhalt dem Geist der Konventionen widerspricht.[96] Ein Spannungsverhältnis ergibt sich zu Konventionen, die – anders als die EMRK – entsprechende Beschränkungen nicht nur erlauben, sondern verlangen. So fordert etwa Art. 4 lit. a des Übereinkommens gegen Rassendiskriminierung „jede *Verbreitung von Ideen*, die sich auf die Überlegenheit einer Rasse oder den Rassenhass gründen, ... zu einer nach dem Gesetz strafbaren Handlung zu erklären." Anders als andere Staaten, die das Konzept der Meinungsneutralität verfolgen, hat Deutschland keinen Vorbehalt gegenüber entsprechenden Bestimmungen erklärt.

Der Ergänzung durch die Abwägungslehre kommt dabei dieselbe Bedeutung wie sonst der *Verhältnismäßigkeit ieS* zu (vgl Rn 340 ff). Die Prüfung, wie wertvoll die Verfolgung des Gesetzeszwecks und die Betätigung der Meinungsfreiheit sind und ob das Rangverhältnis zwischen Gesetzeszweck und Meinungsfreiheit stimmt, ist eine das Ergebnis der vorangegangenen Prüfschritte in den Blick nehmende Stimmigkeitskontrolle, die, wenn sie unbefriedigend ausfällt, zunächst die nochmalige Kontrolle der vorausgegangenen Prüfschritte verlangt und nur als letzten Ausweg die Korrektur unter Hinweis auf das Abwägungsverhältnis erlaubt.[97]

696

Das BVerfG hat noch einen weiteren Aspekt der Eingriffsrechtfertigung, der auch bei den übrigen Grundrechten einschlägig ist, bei Art. 5 Abs. 2 begrifflich verselbständigt. Es verlangt „eine Wechselwirkung in dem Sinne, dass die ‚allgemeinen Gesetze' zwar dem Wortlaut nach dem Grundrecht Schranken setzen, ihrerseits aber ... in ihrer das Grundrecht begrenzenden Wirkung selbst wieder eingeschränkt werden müs-

697

---

91 E 124, 300/326.
92 E 124, 300/332; vgl auch *Hong*, DVBl. 2010, 1267; *Schlink*, Staat 1976, 335/353 ff.
93 Vgl. E 25, 256/264.
94 *Habermas*, in: Habermas/Luhmann, Theorie der Gesellschaft oder Sozialtechnologie, 1971, S. 101/137.
95 E 124, 300/333.
96 EGMR, Glimmerveen and Hagenbeek v. Netherlands, No. 8406/78; aus der neueren Rechtsprechung s. etwa EGMR, Norwood v. United Kingdom, No. 23131/03; vgl. auch EGMR, Vejdeland v. Sweden, No. 1813/07 unter Berufung auf Art. 10 Abs. 2 EMRK.
97 Vgl auch *Starck*, MKS, Art. 5 Rn 200 f.

sen"⁹⁸. Dieser sog. *Wechselwirkungslehre*, auch spöttisch Schaukeltheorie genannt, kommt hier dieselbe Bedeutung zu wie sonst dem Grundsatz der *verfassungskonformen Auslegung*.⁹⁹ Sie stellt die Auslegung der allgemeinen Gesetze unter „die Vermutung für die Zulässigkeit der freien Rede"¹⁰⁰.

698 Diese Vermutung hat nicht nur auf der sog. *Auslegungsebene* für die Interpretation des allgemeinen Gesetzes, sondern auch auf der sog. *Deutungsebene* für die Interpretation der Meinungsäußerung Bedeutung, um deren Beschränkung es geht. Sie verlangt dabei, eine öffentliche Äußerung, die sich auf verschiedene Weise deuten lässt, der rechtlichen Würdigung weder in der Perspektive des Äußernden noch der des Rezipienten, sondern in einer objektiven Perspektive grundsätzlich in der Deutung zugrunde zu legen, in der sie mit anderen Rechtsgütern nicht in Konflikt kommt;¹⁰¹ mindestens muss diese konfliktfreie Deutungsvariante vom Fachgericht erkannt worden sein, ehe sie mit guten Gründen zu Gunsten einer konfliktträchtigen Deutungsvariante verworfen wird.¹⁰² Dieser Grundsatz der wohlwollenden Deutung wirkt allerdings umso schwächer, je mehr in einer Äußerung die wertenden hinter den tatsächlichen Elementen zurücktreten;¹⁰³ das BVerfG will ihn, was nicht überzeugen kann, bei zukünftigen Äußerungen schwächer wirken lassen als bei vergangenen.¹⁰⁴

699 **Lösungstechnischer Hinweis:** Die Wechselwirkungslehre als spezieller Fall der verfassungskonformen Auslegung ist bei der Prüfung zu beachten, ob Art. 5 Abs. 1 durch ein Gesetz verletzt ist: Von mehreren möglichen Auslegungen des Gesetzes ist nur diejenige erforderlich und damit verhältnismäßig, die die freie Rede am wenigsten beschränkt. Dagegen ist die Vermutung für die Zulässigkeit der freien Rede auf der Deutungsebene bei der Prüfung zu beachten, ob Art. 5 Abs. 1 durch eine Maßnahme der vollziehenden oder der rechtsprechenden Gewalt verletzt ist: Von mehreren möglichen Deutungen der Meinungsäußerung haben die vollziehende und die rechtsprechende Gewalt diejenige zu Grunde zu legen, die nicht zur Anwendung des Gesetzes führt; nur dann ist ihre Maßnahme verhältnismäßig.

700 Unter den Begriff des allgemeinen Gesetzes fällt vor allem die große Menge der Gesetze, die das nicht nur geistige, sondern handfeste und tatkräftige *Wirken* der Menschen regeln.

701 **Beispiele:** Meinungsneutral sind etwa die ordnungs- und polizeirechtliche Generalklausel (BVerwGE 84, 247/256), die meisten Bestimmungen des Straf-, Strafprozess- und Strafvollzugsrechts (vgl E 71, 206/214 f und NJW 2014, 2777/2778 zu § 353d Nr. 3 StGB), die Bestimmungen des Straßenverkehrs-, Bau-, Gewerberechts, aus dem BGB der Folgenbeseitigungsanspruch gem. §§ 823, 1004 analog (BVerfG, NJW 1997, 2589). Meinungsneutral ist aber auch das Rechtsdienstleistungsgesetz, das auch die Erteilung von Rechtsrat in den Medien beschränkt (vgl *Ricker*, NJW 1999, 449/452). – Das BVerfG hat überhaupt erst einer Bestimmung die Qualität eines allgemeinen Gesetzes abgesprochen: der Genehmigungspflicht für die Veröffentlichung von Stellenangeboten für die Beschäftigung von Arbeitnehmern im Ausland (E 21, 271/280; vgl aber E 74, 297/343).

---

98 E 7, 198/208 f; vgl auch E 71, 206/214.
99 *Herzog*, MD, Art. 5 Abs. 1, 2 Rn 264.
100 E 54, 129/137; 93, 266/294; aA *Maurer*, StR, § 9 Rn 65.
101 Vgl E 82, 43/52 f.
102 E 94, 1/9.
103 E 85, 1/16 f.
104 E 114, 339/350 f; krit. auch *Teubel*, AfP 2006, 20; *Meskouris*, Staat 2009, 355.

Einige Bestimmungen des *politischen Strafrechts* und auch des *Beamtenrechts* verbieten allerdings zum Schutz der freiheitlichen demokratischen Grundordnung bestimmte Meinungsäußerungen und -betätigungen. Die beamtenrechtlichen Bestimmungen, die das Äußern und Betätigen von Meinungen lediglich einem Mäßigungs- und Zurückhaltungsgebot unterwerfen (vgl Rn 713) und die strafrechtlichen Bestimmungen, die sich bloß auf die verunglimpfende Art und Weise beziehen, in der Meinungen geäußert und betätigt werden (§§ 90 ff StGB), haben vor Art. 5 Abs. 2 deswegen Bestand, weil sie nicht mit dem inhaltlichen Wert oder der geistigen Wirkung von Meinungsinhalten begründet werden müssen, sondern mit der *Art und Weise* ihrer Äußerung und Betätigung, dh mit dem oft nur schwer zu präzisierenden und in der Rechtsprechung gelegentlich auch falsch präzisierten, aber insgesamt deutlichen und traditionsreichen Unterschied von Form und Inhalt.

702

Allerdings will das BVerfG eine unverständliche Ausnahme vom Allgemeinheitserfordernis meinungsbeschränkender Gesetze machen und für „Meinungsäußerungen, die eine positive Bewertung des nationalsozialistischen Regimes in seiner geschichtlichen Realität zum Gegenstand haben", Sonderrecht zulassen.[105] Diese Meinungsäußerungen seien vor dem Hintergrund der nationalsozialistischen Vergangenheit „mit anderen Meinungsäußerungen nicht vergleichbar" und könnten „im Ausland tiefgreifende Beunruhigung auslösen". Für sie eine ungeschriebene Ausnahme zu machen und Sonderrecht zuzulassen hält das BVerfG für geboten, weil ein „historisch zentrales Anliegen aller an der Entstehung wie Inkraftsetzung des Grundgesetzes beteiligten Kräfte es verlange"[106] – als hätten diese Kräfte ihre zentralen Anliegen nicht ausdrücklich ins Grundgesetz schreiben können und auch geschrieben.

703

Beispiel: Als Sonderrecht akzeptiert das BVerfG (E 124, 300) § 130 Abs. 4 StGB und dessen Auslegung dahin, dass eine Versammlung mit dem Thema „Gedenken an Rudolf Heß" und unter dem Motto „Seine Ehre galt ihm mehr als die Freiheit" verboten werden kann; die Bestimmung und ihre Auslegung entspreche, so das BVerfG, auch dem Verhältnismäßigkeitsgrundsatz. Es greift hingegen unverhältnismäßig in die Meinungsfreiheit ein, wenn § 130 Abs. 2 Nr. 1a, Abs. 3 und 5 StGB so ausgelegt wird, dass bereits der bloße Austausch von Schriften zwischen zwei Personen unter das auf volksverhetzende Schriften bezogene Merkmal „Verbreiten" fällt (BVerfG, NJW 2012, 1498/1499 f).

704

bb) Auch beim **Recht der persönlichen Ehre und des Jugendschutzes** müssen Gesetzgebung und Verwaltung „das eingeschränkte Grundrecht im Auge behalten und übermäßige Einengungen der Meinungsfreiheit vermeiden"[107]. Gerade bei Konflikten mit dem Recht der persönlichen Ehre gilt die Vermutung für die Zulässigkeit der freien Rede; sie findet ihre Grenze, wenn die Meinungsäußerung kein Thema von allgemeiner, öffentlicher Bedeutung zum Gegenstand hat, die Menschenwürde angreift, eine Formalbeleidigung oder Schmähkritik darstellt, Erst- statt Gegenschlag ist, auf rechtswidrig erlangter Information beruht oder wenn ihr Tatsachengehalt un-

705

---

105 E 124, 300/331; krit. *Barczak*, StudZR 2010, 309/314; *Enders*, in: FS Wahl, 2011, S. 283/301; *Höfling/Augsberg*, JZ 2010, 1088; *Hong*, DVBl. 2010, 1267/1271; *Jestaedt*, Hdb. GR IV, § 102 Rn 68; *Lepsius*, Jura 2010, 527/533; *Manssen*, GrundR, Rn 402; *Martini*, JöR 2011, 279; *Rusteberg*, StudZR 2010, 159/166 ff.
106 E 124, 300/328 f.
107 E 93, 266/290; vgl auch BVerfG, NJW 2008, 1654; 2010, 2193; 2012, 1273.

richtig ist und nicht sorgfältig geprüft wurde.[108] Die Pressefreiheit tritt gegenüber dem Recht der persönlichen Ehre eher bei Bild- als bei Wortveröffentlichungen zurück.[109] Dies gilt im Anschluss an die Kritik, die der EGMR[110] an der früheren Rechtsprechung[111] geübt hatte, auch für Persönlichkeiten des öffentlichen Lebens, wenn sie keinen Beitrag zur öffentlichen Meinungsbildung leisten.[112] Personen, die sich selbst an einer öffentlichen politischen Diskussion beteiligen, müssen allerdings zugunsten der Meinungsfreiheit größere Einschränkungen ihrer Persönlichkeitsrechte hinnehmen als im privaten Umfeld.[113] Entgegen der Systematik der Vorschrift sollen nach dem BVerfG auch die Anforderungen der Allgemeinheit des Gesetzes für die Schranken des Ehr- und Jugendschutzes gelten. Die ausdrückliche Nennung habe lediglich sicherstellen sollen, dass entsprechende Regelungen auch weiterhin zulässig seien.[114] Dies lässt sich wohl nur durchhalten, wenn unter Aufweichung des Schutzes der rein geistigen Wirkung von Meinungen in deren Einwirkung auf den sozialen Achtungsanspruch und die ungestörte Entwicklung Minderjähriger eine Rechtsgutsgefährdung in der „Sphäre der Äußerlichkeit" gesehen wird.

706 **Beispiele:** Der Satz „Soldaten sind Mörder" kann nicht nur als (strafbare) Kollektivbeleidigung der Soldaten der Bundeswehr, sondern auch als (grundrechtlich geschützte) Äußerung gegen das Soldatentum und Kriegshandwerk schlechthin verstanden werden (E 93, 266/298; vgl dazu *Mager*, Jura 1996, 405). Er muss auch nicht dahin gedeutet werden, Soldaten seien „Straftäter ..., die sich einer vorsätzlichen Tötung unter Verwirklichung eines der Mordmerkmale des § 211 StGB schuldig gemacht haben" (BVerfG, NJW 1994, 2943). Dementsprechend kann auch das Akronym ACAB („All cops are bastards") als Kritik an der Tätigkeit der Polizei gedeutet werden und darf daher nicht zwingend als strafbare Beleidigung sanktioniert werden (BVerfG, NJW 2016, 2643/2643 ff; krit. *Rüthers*, NJW 2016, 3337) und darf eine Person als „durchgeknallt" bezeichnet werden, wenn es einen gewissen Sachbezug hat und nicht der Diffamierung dient (BVerfG, NJW 2009, 3016; NJW 2014, 764; NJW 2016, 2870 = JK 12/2016). – Zwar haben insbesondere die Medien eine grundsätzliche Verpflichtung, Tatsachenbehauptungen zu prüfen, die die Persönlichkeitsrechte Dritter betreffen (EGMR, EuGRZ 2016, 23/26); die Anforderungen an die Sorgfalt steigen mit der Intensität der Persönlichkeitsbeeinträchtigung (BVerfG, NJW 2016, 3360/3362). Zivil- und strafrechtliche Bestimmungen zum Schutz der Ehre, die unwahre Äußerungen untersagen, dürfen aber nicht im Sinne einer so hohen Darlegungslast des Äußernden interpretiert werden, dass sie sich auf den generellen Gebrauch des Grundrechts der Meinungsfreiheit abschreckend auswirken (E 85, 23/34); zB muss die Berufung auf unwidersprochene Pressemitteilungen ausreichen (E 85, 1/21 f), solange deren Unwahrheit vom Angegriffenen nicht substantiiert dargelegt und bewiesen ist (E 99, 185/199). Ggfs. ist dem Äußernden aber zuzumuten, auch nach Abschluss umfassender Recherchen kenntlich zu machen, dass die verbreiteten Behauptungen durch das Ergebnis eigener Nachforschungen nicht gedeckt sind oder kontrovers beurteilt werden (BVerfG, NJW 2016, 3360/3361). – Wenn Äußerungen über andere wahr sind, müssen deren Persönlichkeitsinteressen regelmäßig zurücktreten, und sie müssen es besonders, wenn die Äußerungen außerdem für die Persönlichkeitsentfaltung des Äußernden wichtig sind (E 97, 391/401 ff). Die Persönlichkeits-

---

108 Vgl *Lenski*, Personenbezogene Massenkommunikation als verfassungsrechtliches Problem, 2007, S. 209 ff; *Seyfarth*, NJW 1999, 1287.
109 BVerfG, NJW 2011, 740; 2012, 756.
110 EGMR, NJW 2004, 2647.
111 E 101, 361.
112 E 120, 180/200 ff; gebilligt in EGMR, NJW 2012, 1053.
113 EGMR, NJW 2014, 3501/3502 (JK 5/2015).
114 E 124, 300, 327.

interessen sind auch schwächer zu gewichten, wenn die betroffene Person die Auseinandersetzung durch Äußerungen in der Öffentlichkeit selbst ausgelöst hat (BVerfG, NVwZ 2016, 761/762 f). Bei Äußerungen über Jugendliche ist zwar deren besondere Schutzbedürftigkeit zu berücksichtigen (E 101, 361/385). Es gibt aber keine Regelvermutung, dass das Informationsinteresse der Öffentlichkeit gegenüber dem Anonymitätsinteresse zurücktreten muss (BVerfG, NJW 2012, 1500/1502). – Der Jugendschutz deckt das Verbot der Ausstrahlung pornographischer Fernsehfilme nur, wenn auch tatsächlich verhindert wird, dass Minderjährige die Filme sehen (BVerwGE 116, 5/23 ff). – Gesteigerte Bedeutung hat der Persönlichkeitsschutz im Gerichtsverfahren, und zwar vor allem im Strafverfahren, weil sich Angeklagte hier unfreiwillig der Öffentlichkeit stellen müssen (E 103, 44/68; NJW 2012, 2178). – Boykottaufrufe (Rn 651) können grundrechtlich geschützt sein, wenn nicht Machtmittel eingesetzt werden, die dem Aufruf etwa durch Ausnutzung sozialer oder wirtschaftlicher Abhängigkeit Nachdruck verleihen sollen oder wenn der Boykottaufruf vorwiegend eigenen wirtschaftlichen Interessen dient (BVerfGE 25, 256/264 f; BGH, NJW 2016, 1584/1585 f).

b) Der Gesetzesvorbehalt des Art. 9 Abs. 2 (vgl Rn 864) und der Regelungsvorbehalt zur Verfassungswidrigkeitserklärung gem. Art. 21 Abs. 2 und 3 rechtfertigen Vereinigungs- und Parteiverbote und damit Verbote der vereins- und parteimäßigen Äußerung und Betätigung gegen die freiheitliche demokratische Grundordnung gerichteter Meinungen. Dieses Vereinigungs- und Parteiverbotsrecht (§§ 3 ff VereinsG, §§ 32 f PartG) ist kein allgemeines Recht und muss es wegen der besonderen Vorbehalte auch nicht sein; es ist ebenso durch diese Vorbehalte legitimiertes Sonderrecht wie die Bestimmungen des Strafrechts, die dem Vollzug der Verbote dienen (§§ 84 ff StGB). Ein darüber hinaus gehendes Vorgehen gegen Meinungsäußerungen und -betätigungen, die sich gegen die freiheitliche demokratische Grundordnung richten, ist Sonderrecht, das an Art. 5 Abs. 2 scheitert.

Beispiel: Die Bestrafung der Verbreitung von „Propagandamitteln, die nach ihrem Inhalt dazu bestimmt sind, Bestrebungen einer ehemaligen nationalsozialistischen Organisation fortzusetzen" (§ 86 Abs. 1 Nr 4 StGB), ist, soweit sie sich nicht auf den Vollzug des durch Besatzungsrecht erfolgten Verbots der NSDAP beschränkt und an den inhaltlichen Wert einer Meinung anknüpft, verfassungswidrig (*v. Dewitz*, NS-Gedankengut und Strafrecht, 2006, S. 240 ff; *Hamdan*, Jura 2008, 169/171).

c) Auch zum Schutz der Streitkräfte müssen die einschränkenden Gesetze nicht allgemein sein. Art. 17a Abs. 1 ermöglicht im Sinne eines einfachen Gesetzesvorbehalts[115] gesetzliche Einschränkungen der Meinungsfreiheit für Soldaten.

2. Zensurverbot (Art. 5 Abs. 1 S. 3)

Zu den allgemeinen, bei allen Grundrechtseingriffen geltenden Schranken-Schranken tritt für Art. 5 Abs. 1 und 2 mit dem Zensurverbot eine spezielle Schranken-Schranke hinzu. Sie gilt entsprechend ihrer systematischen Stellung grundsätzlich für alle Grundrechte des Abs. 1. Auf die Informationsfreiheit will das BVerfG diese Vorschrift hingegen nicht anwenden. Das Zensurverbot schütze „der Natur der Sache nach" nur den Hersteller eines Geisteswerkes, nicht aber dessen Bezieher und Leser[116].

---

115 *Ipsen*, BK, Art. 17a Rn 21 ff.
116 Vgl E 27, 88/102; 33, 52/65 ff; *Herzog*, MD, Art. 5 Abs. 1, 2 Rn 297; aA *Deumeland*, KUR 2001, 121/123.

711 Zensur iSd Art. 5 Abs. 1 S. 3 ist ein präventives Verfahren, „vor dessen Abschluss ein Werk nicht veröffentlicht werden darf"[117]. Dazu gehören auch Eingriffe in die Grundrechte des Abs. 1, deren Folgen einem präventiven Verfahren faktisch gleichkommen.[118] Erfasst ist nur die sog. *Vor- oder Präventivzensur.*[119] Nachträgliche Kontroll- und Repressionsmaßnahmen (Nachzensur) sind dagegen solange zulässig, als sie sich im Rahmen der dargestellten Schranken des Art. 5 Abs. 2 halten.

712 Aus der dogmatischen Einordnung des Zensurverbots als Schranken-Schranke folgt, dass es selbst nicht den Schranken Art. 5 Abs. 2 unterliegen kann. Erwägungen, die etwa eine Zensur durch Jugend- und Ehrschutzbestimmungen für zulässig halten wollen, sind daher abzulehnen.[120]

713 **Lösungsskizze zum Fall 10 (Rn 645):** I. Der *Schutzbereich* des Art. 5 Abs. 1 S. 1 Hs. 1 ist einschlägig, da das Tragen einer Ansteckplakette mit der Aufschrift „Atomkraft? Nein Danke!" eine Meinungsäußerung darstellt. – II. Die Untersagungsverfügung beinhaltet das Verbot gegenüber L, seine Meinung auf eine bestimmte Art, nämlich durch das Tragen der Plakette im Schulbereich zu äußern, und ist daher ein *Eingriff*. – III. Die Untersagungsverfügung auf der Grundlage der genannten Norm ist *verfassungsrechtlich gerechtfertigt,* wenn diese Vorschrift durch die Schranken des Art. 5 Abs. 2 gedeckt ist und auch ihre Anwendung im konkreten Fall nicht gegen die Meinungsfreiheit verstößt. 1. § 53 des Bundesbeamtengesetzes und die ihm entsprechenden landesrechtlichen Vorschriften müssten *„allgemeine Gesetze"* iSd Art. 5 Abs. 2 sein. In der Auseinandersetzung zwischen Abwägungslehre und Sonderrechtslehre ist grundsätzlich der Letzteren der Vorzug zu geben. Die genannten Normen über die Mäßigungs- und Zurückhaltungspflicht der Beamten verfolgen keinen missionarischen Eingriffszweck; sie bezwecken nicht, den Einzelnen zu bestimmten Meinungsinhalten zu bekehren oder von bestimmten Meinungsinhalten abzubringen. Sie stellen auch kein diskriminierendes Eingriffsmittel dar, da sie nicht die Wertlosigkeit oder Schädlichkeit von Meinungsinhalten zu Tatbestandsvoraussetzungen von Eingriffen machen. Sodann müssen sie sich als geeignet und erforderlich zur Erreichung eines legitimen Zwecks begründen lassen, ohne dass die Begründung auf den inhaltlichen Wert und die geistige Wirkung von Meinungsinhalten abstellt. Zweck dieser Vorschrift ist, die Funktionsfähigkeit des Beamtentums dadurch zu gewährleisten, dass zum einen im Rahmen des Dienstbetriebs störende politische Auseinandersetzungen vermieden werden und dass zum andern das Vertrauen der Öffentlichkeit in die politische Neutralität der Amtsführung nicht beeinträchtigt wird. Dies ist als hergebrachter Grundsatz des Berufsbeamtentums iSd Art. 33 Abs. 5 (vgl Rn 1190) ein legitimer Zweck. Ob die Eignung und Erforderlichkeit der Mäßigungs- und Zurückhaltungspflicht begründet werden kann, ohne dass auf die geistige Wirkung abgestellt wird, lässt sich bezweifeln; denn bei den befürchteten Störungen des Dienstbetriebs geht es nicht um Handgreiflichkeiten, sondern um Geistiges, und auch bestehendes oder mangelndes Vertrauen der Bevölkerung sind geistige Phänomene. Die Rechtfertigung gelingt nur, wenn auf den Unterschied von Form und Inhalt und darauf abgestellt wird, dass der Beamte jeden Meinungsinhalt äußern kann und lediglich in der Form der Äußerung Mäßigung und Zurückhaltung wahren muss. Dass diese Pflicht gänzlich unangemessen wäre, ist nicht erkennbar. – 2. Die *Anwendung* der Bestimmung auf L könnte den Art. 5 Abs. 1

---

117 E 87, 209/230.
118 *Bethge,* SA, Art. 5 Rn 135b; unklar E 87, 209/232 f.
119 *Jarass,* JP, Art. 5 Rn 77; *Stern,* StR IV/1, S. 1480 ff; aA *Hoffmann-Riem,* AK, Art. 5 Rn 93.
120 E 33, 52/72.

S. 1 Hs. 1 verletzen, insbesondere könnte sie unverhältnismäßig sein. Die Verwirklichung des Zwecks der Mäßigungs- und Zurückhaltungspflicht hängt vor allem von zwei Faktoren ab: ob die Meinungsäußerung innerhalb oder außerhalb des Dienstes getätigt wurde und welches konkrete Amt der Beamte bekleidet. Die normativen Anforderungen an die Amtsführung eines beamteten Lehrers werden neben den allgemeinen beamtenrechtlichen Pflichten durch die landesrechtlichen Vorschriften über den Erziehungsauftrag der öffentlichen Schule und die Grundrechte der Eltern und Schüler bestimmt. Daraus ergibt sich als Inhalt der Mäßigungs- und Zurückhaltungspflicht für Lehrer besonders, dass sie die Schüler nicht indoktrinieren, dh nicht autoritär, einseitig und unsachlich beeinflussen dürfen. Das Plakettentragen stellt nicht die in der öffentlichen Schule gebotene sachlich-argumentative, diskursive Auseinandersetzung mit strittigen politischen und weltanschaulichen Fragen dar und ist insofern als Verstoß gegen die beamtenrechtliche Mäßigungs- und Zurückhaltungspflicht zu werten (BVerwGE 84, 292/296 ff). Die Gegenauffassung (zB VG Berlin, NJW 1979, 2629/2630) argumentiert, dass die Gefahr der einseitigen Beeinflussung durch das Tragen von Plaketten nicht größer sei als bei sonstigen Meinungsäußerungen des Lehrers im Unterricht; dabei wird übersehen, dass auch sonstige Meinungsäußerungen jedenfalls nicht einseitig beeinflussend sein dürfen. Die Untersagungsverfügung verletzt den L nicht in seiner Meinungsfreiheit.

Literatur: *H. Bethge*, Die Freiheit des privaten Rundfunks, DÖV 2002, 673; *M. Bullinger*, Freiheit von Presse, Rundfunk, Film, Hdb. StR³ VII, § 163; *D. Dörr*, Informationsfreiheit, Hdb. GR IV, § 103; *M. Eifert*, Die Rundfunkfreiheit, Jura 2015, 356; *V. Epping/S. Lenz*, Das Grundrecht der Meinungsfreiheit (Art. 5 I 1 GG), Jura 2007, 881; *C. Fiedler*, Die formale Seite der Äußerungsfreiheit, 1999; *B. Geier*, Grundlagen rechtsstaatlicher Demokratie im Bereich der Medien, Jura 2004, 182; *C. Hillgruber*, Die Meinungsfreiheit als Grundrecht der Demokratie, JZ 2016, 495; *M. Hochhuth*, Die Meinungsfreiheit im System des Grundgesetzes, 2007; *W. Hoffmann-Riem*, Regelungsstrukturen für öffentliche Kommunikation im Internet, AöR 2012, 509; *M. Jestaedt*, Meinungsfreiheit, Hdb. GR IV, § 102; *A. Koreng*, Zensur im Internet, 2010; *S. Korte*, Die dienende Funktion der Rundfunkfreiheit in Zeiten medialer Konvergenz, AöR 2014, 384; *M. Nolte/C. J. Tams*, Grundfälle zu Art. 5 I 1 GG, JuS 2004, 111, 199, 294; *F. Schoch*, Das Grundrecht der Informationsfreiheit, Jura 2008, 25; *S. Wirtz/ S. Brink*, Die verfassungsrechtliche Verankerung der Informationszugangsfreiheit, NVwZ 2015, 1166; *H. Wolter*, Meinung – Tatsache – Einstufung – Deutung, Staat 1997, 426; *R. Zimmermann*, Die Meinungsfreiheit in der neueren Rechtsprechung des Bundesverfassungsgerichts, NJ 2011, 145.

714

§ 14 Kunst- und Wissenschaftsfreiheit (Art. 5 Abs. 3)

Fall 11: Der Sprayer (nach BVerfG, NJW 1984, 1293) S praktiziert eine Spray-Kunst, die ihn heimlich auf die Fassaden von Büro- und Geschäftshäusern bizarre, vom Betrachter durchaus als künstlerisch aussagestark empfundene Gestalten sprühen lässt. Die Eigentümer sehen dadurch ihre Büro- und Geschäftsgebäude beschädigt. Als S schließlich gefasst wird, wird er wegen Sachbeschädigung zu Freiheitsstrafe verurteilt. Verletzt die Verurteilung sein Grundrecht der Kunstfreiheit? **Rn 742**

715

I. Überblick

716 Art. 5 Abs. 3 S. 1 enthält zwei Grundrechte, nämlich die Kunstfreiheit und die Wissenschaftsfreiheit, wobei Wissenschaft der Oberbegriff für Forschung und Lehre ist.[1] Art. 5 Abs. 3 S. 2 normiert, dass die Freiheit der Lehre nicht von der Treue zur Verfassung entbindet; dies stellt eine Schutzbereichsbegrenzung dar. Kunst- und Wissenschaftsfreiheit unterliegen keinem Gesetzesvorbehalt.

717 Zu Art. 5 Abs. 3 S. 1 hat das BVerfG festgestellt, er enthalte „zunächst eine objektive ... wertentscheidende Grundsatznorm. Zugleich gewährleistet die Bestimmung jedem, der in diesem Bereich tätig ist, ein individuelles Freiheitsrecht"[2]. Das ist ein weder durch den Wortlaut geforderter noch mit der Systematik oder der Tradition verträglicher Vorrang der objektiv-rechtlichen vor der subjektiv-rechtlichen Grundrechtsfunktion. Auch die Freiheiten der Kunst und der Wissenschaft sind wie die Pressefreiheit (Rn 648) in erster Linie subjektive Rechte.[3]

II. Schutzbereiche

1. Kunstfreiheit

a) Begriff

718 Die Bemühungen in Rechtsprechung und Schrifttum, eine allgemein gültige **Definition der Kunst** zu entwickeln, waren bislang vergebens. Zunehmend setzt sich auch die Einsicht durch, dass eine solche Definition gar *nicht möglich* ist.

719 Das *BVerfG* war noch im Mephisto-Beschluss von der Definierbarkeit der Kunst ausgegangen: „Das Wesentliche der künstlerischen Betätigung ist die freie schöpferische Gestaltung, in der Eindrücke, Erfahrungen, Erlebnisse des Künstlers durch das Medium einer bestimmten Formensprache zu unmittelbarer Anschauung gebracht werden"[4]. In neuerer Zeit betont das BVerfG aber die „Unmöglichkeit, Kunst generell zu definieren"[5]. Es verwendet nebeneinander mehrere Kunstbegriffe:

- den von ihm als material bezeichneten Kunstbegriff der Mephisto-Entscheidung,
- einen von ihm formal genannten Kunstbegriff, der das „Wesentliche eines Kunstwerks" darin sieht, dass es einem bestimmten Werktyp (Malen, Bildhauen, Dichten, Theaterspielen usw) zugeordnet werden kann,
- einen gewissermaßen offenen Kunstbegriff, der „das kennzeichnende Merkmal einer künstlerischen Äußerung darin sieht, dass es wegen der Mannigfaltigkeit ihres Aussagegehalts möglich ist, der Darstellung im Wege einer fortgesetzten Interpretation immer weiter reichende Bedeutungen zu entnehmen, sodass sich eine praktisch unerschöpfliche, vielstufige Informationsvermittlung ergibt"[6].

720 Den Anachronistischen Zug, die schauspielerische Darstellung eines Gedichts von Bertolt Brecht, subsumiert das *BVerfG* unter alle drei Kunstbegriffe. Es lässt offen,

---

1 E 35, 79/113.
2 E 30, 173/188; vgl auch E 35, 79/112.
3 Vgl *Hufen*, Hdb. GR IV, § 101 Rn 36; *Löwer*, Hdb. GR IV, § 99 Rn 40.
4 E 30, 173/188 f.
5 E 67, 213/225.
6 E 67, 213/226 f.

welcher Definition der Kunst es folgen will, wenn die verschiedenen Kunstbegriffe miteinander in Konflikt geraten. Immerhin stellt es im Fortgang der Entscheidungsbegründung immer wieder auf die Interpretationsfähigkeit, die Interpretationsbedürftigkeit und die vielfältigen Interpretationsmöglichkeiten des Anachronistischen Zugs ab und steht damit dem *offenen Kunstbegriff* nahe.[7] Dessen Vorzug liegt nicht zuletzt darin, dass er auch die innere Rechtfertigung für die vorbehaltlose Gewährleistung der Kunstfreiheit erkennen lässt: Weil die Kunst vielfältig interpretierbar ist, entbehrt sie weithin der eindeutigen Aussage- und Stoßrichtung, die sie mit anderen Rechten, Gütern und Interessen in Konflikt bringen und einzuschränken verlangen würde.

Im *Schrifttum* hat jeder der drei Kunstbegriffe seine Vertreter.[8] Ferner wird nach dem sog. Kriterium der Drittanerkennung verfahren und die Frage, ob ein Gegenstand ein Kunstwerk ist, davon abhängig gemacht, dass ein in Kunstfragen kompetenter Dritter für vertretbar hält, den Gegenstand als Kunstwerk anzusehen.[9] Schließlich wird die Kunstfreiheit auch als Definitionsverbot verstanden, das dem Staat verwehrt, dem Kommunikationsprozess Kunst seine Vorstellungen von richtiger, wahrer und guter Kunst aufzuzwingen.[10] Angesichts der Verschiedenheit der Kunstbegriffe besteht auch im Schrifttum weitgehend Einigkeit darüber, dass die Gewährleistung der Kunstfreiheit offen verstanden werden muss und auch ungewöhnliche und überraschende Ausdrucksformen umfassen kann (Happening, satirischer Aufkleber, pornografische Provokation, Duftereignis, Spraybild usw). 721

b) Umfang der Gewährleistung

Der Einzelne muss nicht als Künstler anerkannt sein, Kunst nicht als Beruf ausüben und seine Produkte weder publizieren oder ausstellen noch sonst öffentlich darbieten. Tut er Letzteres allerdings, dann wird es von der Kunstfreiheit geschützt (*Wirkbereich* im Unterschied zum *Werkbereich*).[11] Auch Akte der Vorbereitung der Produktion, zB das Üben, sind geschützt.[12] Das BVerfG erstreckt den Schutz der Kunstfreiheit sogar vom Künstler auf diejenigen, die eine „unentbehrliche Mittlerfunktion" zwischen Künstler und Publikum ausüben.[13] Dagegen ist der bloße Kunstkonsum nicht mehr gewährleistet.[14] 722

Beispiele: Der Schutz der Kunstfreiheit erstreckt sich auf das Verlegen eines Romans (E 30, 173/191; 119, 1/20 f), die Werbung für das Kunstwerk (E 77, 240/251; krit. *Hufen*, StR II, § 33 Rn 13) und das Herstellen von Schallplatten (E 36, 321/331), nicht aber auf die Durchsetzung kommerzieller Interessen durch ein Tonträgerunternehmen (BVerfG, NJW 2006, 596/597) oder den Parkplatz-, Restaurations- und Garderobenservice im Theater (aA *Michael/Morlok*, GR, Rn 240). 723

---

7   E 67, 213/228 ff; vgl auch E 81, 278/291 ff; *v. Arnauld*, Hdb. StR³ VII, § 167 Rn 11.
8   Vgl die Nachweise E 67, 213/226 f.
9   *Scholz*, MD, Art. 5 Abs. 3 Rn 25 f; *Wendt*, MüK, Art. 5 Rn 92.
10 *Knies*, Schranken der Kunstfreiheit als verfassungsrechtliches Problem, 1967, S. 214 ff; *Hoffmann*, NJW 1985, 237.
11 E 30, 173/189 im Anschluss an *Müller*, S. 97 ff.
12 *v. Arnauld*, Hdb. StR³ VII, § 167 Rn 45.
13 E 30, 173/191; *Hufen*, Hdb. GR IV, § 101 Rn 41 ff; aA *Müller*, S. 101; *Scholz*, MD, Art. 5 Abs. 3 Rn 13.
14 Vgl BVerfG, NJW 1985, 263 f; *Starck*, MKS, Art. 5 Rn 323; aA *v. Arnauld*, Hdb. StR³ VII, § 167 Rn 49.

724 Die vorbehaltlose Gewährleistung mit ihren Problemen der Rechtfertigung von Eingriffen macht eine besonders *sorgfältige Bestimmung des Schutzbereichs* notwendig. Das BVerfG hat einmal, ohne dies in seiner übrigen Rechtsprechung zu wiederholen und zu vertiefen, mit Blick auf einen Konflikt zwischen Kunst- und Eigentumsfreiheit ausgeführt: Die „Reichweite erstreckt sich aber von vorneherein nicht auf die eigenmächtige Inanspruchnahme oder Beeinträchtigung fremden Eigentums zum Zwecke der künstlerischen Entfaltung (sei es im Werk- oder Wirkbereich der Kunst)"[15]. Das muss ebenso bei der *eigenmächtigen Beeinträchtigung* von fremdem Leib und Leben, fremder Ehre und Freiheit gelten. Es „kann sich Kunst auch ohne Beschädigung fremden Eigentums entfalten" – diese Aussage, in der „kann" auch „muss" bedeutet, geht in ihrer Konsequenz über das Eigentum hinaus. Auch wenn das BVerfG diese Beschränkung des Schutzbereichs verworfen hat,[16] kommt ihr für die Bestimmung des vorbehaltlosen Schutzes der Kunstfreiheit eine wichtige Bedeutung zu.

725 Soweit lediglich *auch sonst erlaubtes Verhalten* zur Herstellung und Darbietung von Kunst eingesetzt wird, darf es nicht mit Eingriffen nur deshalb belastet werden, weil es für die Kunst genutzt wird. Das ist nicht etwa eine überflüssige zusätzliche Garantie des ohnehin schon Erlaubten. Es schützt die spezifische Anstößigkeit und Provokation, die in der Kunst mit der Mannigfaltigkeit ihres Aussagegehalts stecken kann. Denn im Zusammenhang mit dem offenen Kunstbegriff bedeutet Kunstfreiheit im gekennzeichneten Sinn, dass der rechtlichen Würdigung von mehreren möglichen Interpretationen eines Kunstwerks diejenige zu Grunde zu legen ist, in der das Kunstwerk fremde Rechte *nicht beeinträchtigt*.[17] Ist das Kunstwerk in dieser einen Interpretation erlaubt, dann ist auch das Herstellen und Darbieten des Kunstwerks erlaubtes Verhalten; die ebenfalls möglichen, uU anstößigen und provokativen weiteren Interpretationen sind nur Folge der spezifisch künstlerischen Betätigung des erlaubten Verhaltens und genießen den Schutz der Kunstfreiheit. Soweit die Ausübung der Kunstfreiheit über das allgemein erlaubte Verhalten hinausgeht und in Rechte Dritter eingreift, müssen die Rechte Dritter einen wirksamen Schutz erfahren.[18] Dieser entspricht zwar grundsätzlich dem der allgemeinen Rechtsordnung, kann aber eine kunstspezifische Betrachtung erfordern.[19]

726 **Beispiele:** Unzulässig wären nicht nur das Verbot einer Kunst als entartet, das Absprechen der Kunstqualität wegen pornographischen Inhalts (E 83, 130/138 f), das Erfordernis einer Sondernutzungserlaubnis für Straßenkunst, wo andere Formen des kommunikativen Straßenverkehrs erlaubnisfrei sind (VGH Mannheim, NJW 1989, 1299; enger BVerwGE 84, 71/73 f), Anforderungen an die künstlerische Gestaltung von Bauwerken, wenn diese bauplanungs- und bauordnungsrechtlich zulässig sind. Unzulässig wäre auch, einen literarischen Text schlicht als Abbild der Wirklichkeit zu nehmen und in seinen negativen Gestalten persönlichkeitsverletzende Porträts lebenswirklicher Vorbilder zu sehen; bei kunstgemäßer Beurteilung literarischer Texte gilt eine Vermutung für deren Fiktionalität (E 119, 1/28; NVwZ 2008, 549/550). Unzulässig wäre weiter, die tiefere Bedeutung von künstlerischer Satire und Ironie mit der interpretatorischen

---

15 BVerfG, NJW 1984, 1293/1294; ebenso BVerwG, NJW 1995, 2648/2649; *Murswiek*, Staat 2006, 473/496 f; krit. *Kloepfer*, VerfR II, § 62 Rn 13; *Lenski*, Jura 2016, 35/37 f und *Wittreck*, DR, Art. 5 III (Kunstfreiheit) Rn 73 f.
16 BVerfG, NJW 2016, 2247/2251 = JK 11/2016.
17 E 67, 213/230; 81, 298/307.
18 E 119, 1/23.
19 BVerfG, NJW 2016, 2247/2250 f.

Elle eines angeblich gesunden Menschenverstandes zu messen und Verletzungen des Ehr-, Persönlichkeits- oder auch Staatsschutzes anzunehmen, wo es auch andere, symbolische und metaphorische Interpretationen gibt. Die Collage, bei der ein Mann auf die anlässlich eines Gelöbnisses von Soldaten gezeigte Bundesflagge uriniert, muss nicht den Staat und die verfassungsmäßige Ordnung angreifen, sondern kann als Satire lediglich dem Militärdienst und den Militäreinrichtungen gelten (E 81, 278/294); eine satirische Nachdichtung des Deutschlandlieds muss dieses nicht der Lächerlichkeit preisgeben, sondern kann Widersprüche zwischen Anspruch und Wirklichkeit anprangern wollen und dabei den Idealen des Deutschlandlieds gerade verpflichtet sein (E 81, 298/306 f). Verfehlt ist es, mit dem BVerfG seit E 75, 369/377 ff bei Satire und Karikatur zwischen Aussagekern und Einkleidung zu unterscheiden und beide verschiedenen Maßstäben zu unterwerfen; was auch immer Kunst sein mag, sie ist jedenfalls Einheit von Form und Inhalt (vgl auch *Nolte*, EuGRZ 1988, 253; *Gärtner*, Was die Satire darf, 2009) Die kunstspezifische Auslegung des einfachen Rechts verlangt, der genretypischen Nutzung von Musiksamples urheberrechtlich Rechnung zu tragen, wenn diese die Verwertungsinteressen des Urhebers allenfalls in geringem Maße berühren (BVerfG, NJW 2016, 2247/ 2250 f).

Die erwähnte Bestimmung der Reichweite des Schutzbereichs der Kunstfreiheit durch das BVerfG berührt sich mit einer älteren, die das kunstspezifische Verhalten durch die Ausgrenzung dessen zu bestimmen versucht, was bloß *bei Gelegenheit* der künstlerischen Betätigung geschieht, nur im äußeren Zusammenhang mit ihr steht.[20] 727

Beispiele: Der Bildhauer, der den Marmor, und der Musikant, der das Instrument stiehlt, tut dies nur im Zusammenhang mit seiner künstlerischen Betätigung; der Maler, der sein 13-jähriges Modell verführt, handelt lediglich bei Gelegenheit seines Kunstschaffens. – Wer ein Happening dadurch veranstaltet, dass er die Bahnschranke zerstört und dadurch Zug und Bus zusammenstoßen lässt, handelt allerdings in diesem Sinn nicht nur bei Gelegenheit oder im Zusammenhang seines künstlerischen Schaffens. Ein solches Happening fällt nur beim bundesverfassungsgerichtlichen Verständnis von Kunstfreiheit aus dem Schutzbereich heraus. 728

2. Wissenschaftsfreiheit

a) Begriff

Wissenschaft ist jede Tätigkeit, die „nach Inhalt und Form als ernsthafter und planmäßiger Versuch zur Ermittlung der Wahrheit anzusehen ist"[21]. Diese Formel setzt voraus, dass 729

- das Merkmal „ernsthaft" zur Geltung bringt, dass Wissenschaft stets einen gewissen Kenntnisstand voraussetzt und pflegt;
- das Merkmal „planmäßig" im Sinne methodisch geordneten Denkens verstanden wird;
- die Ermittlung der Wahrheit wesentlich davon lebt, dass die Erkenntnisse in den öffentlichen Diskurs gegeben[22] und dort kritisch infrage gestellt werden.

Demnach ist *Wissenschaft* der ernsthafte, auf einem gewissen Kenntnisstand aufbauende Versuch der Ermittlung wahrer Erkenntnisse durch methodisch geordnetes, kritisch reflektierendes und diskursives Denken.[23] Dabei ist zu beachten, dass die Wahr- 730

---

20 *Müller*, S. 104 ff; vgl auch *Stern*, StR IV/2, S. 695.
21 E 35, 79/113; 47, 327/367; 90, 1/12.
22 E 111, 333/354; 122, 89/105 f.
23 Vgl *Scholz*, MD, Art. 5 Abs. 3 Rn 91; *Stern*, StR IV/2, S. 747.

heitsermittlung und ihre Methode und Kritik selbst wieder Gegenstand der Wissenschaft sind und sich wandeln können. Auch der Prozess der Wissenschaft gewinnt immer wieder ungewöhnliche und überraschende Inhalte und Formen, auch der Wissenschaftsbegriff ist insofern offen. Nicht offen ist er hingegen gegenüber der Missachtung der Regeln wissenschaftlicher Redlichkeit wie der Fälschung und Manipulation von Forschungsergebnissen und der Verletzung des geistigen Eigentums. Solches Fehlverhalten, das die Glaubwürdigkeit des Wissenschaftsbetriebes zu beschädigen geeignet ist, fällt schon nicht in den Schutzbereich des Grundrechts.[24]

b) Umfang der Gewährleistung

731 Art. 5 Abs. 3 S. 1 schützt „den Prozess der Gewinnung und Vermittlung wissenschaftlicher Erkenntnisse"[25]. Dieser kann, muss aber nicht an Hochschulen stattfinden.[26] Träger des Grundrechts sollen neben Wissenschaftlern (an den Hochschulen also Professoren und wissenschaftliche Mitarbeiter) auch Studierende sein,[27] freilich in funktionsspezifisch unterschiedlichem, auf den Typ der Hochschule und die Aufgabe in ihr abstellendem Umfang.[28] Obwohl juristische Personen des öffentlichen Rechts sind auch die *staatlichen Hochschulen* und ihre *Fakultäten* sowie sonstige staatliche Forschungseinrichtungen (wie etwa Max-Planck-Institute) aus Art. 5 Abs. 3 S. 1 grundrechtsberechtigt (Rn 179 ff). Das gleiche muss für *private Hochschulen* gelten.[29] In seiner Ausgestaltungsfunktion verlangt Art. 5 Abs. 3 S. 1 eine Organisation der Hochschulen und eine Ausstattung der Hochschullehrer,[30] die es erlauben, die von wissenschaftsfremden Motiven unbeeinflusste Eigengesetzlichkeit der Wissenschaft zur Geltung zu bringen.[31] Das Grundrecht schützt so wissenschaftsrelevante (Mit-)Entscheidungsbefugnisse wie etwa die Festlegung von Lehrinhalten in Satzungen,[32] begründet aber keine gesonderten Beteiligungsansprüche im Rahmen von hochschulrelevanten Gesetzgebungsverfahren.[33]

732 *Außerhalb der Hochschule* ist der Unterricht an allgemein bildenden Schulen nicht von Art. 5 Abs. 3 erfasst, und zwar auch dann nicht, wenn er in höheren Klassen ein wissenschaftliches Gepräge besitzt. Denn Art. 7 Abs. 1 ist insoweit als lex specialis anzusehen (vgl Rn 802); pädagogische Freiheit kann es nur auf Grund einfach-gesetzlicher Gewährleistung geben.[34] Hingegen genießen Wissenschaftler in staatlichen und privaten Forschungseinrichtungen, von den Ressortforschungsanstalten über die Labors des Chemiegiganten bis zu den ökologischen Instituten der Umweltschützer, ebenfalls Grundrechtsschutz[35] wie auch der einzelne Privatgelehrte.

---

24 BVerwGE 147, 292/301; *Rixen*, NJW 2014, 1058/1059 f.
25 E 35, 79/111 f.
26 *Britz*, DR, Art. 5 III (Wissenschaftsfreiheit) Rn 22.
27 *Fehling*, BK, Art. 5 III Rn 121; *Glaser*, Staat 2008, 213/221.
28 Vgl E 54, 363/380 ff; 126, 1/19 ff.
29 *Jarass*, JP, Art. 5 Rn. 141.
30 E 111, 333/362.
31 Vgl E 35, 79/114 f.
32 BVerfG, NVwZ 2015, 1444/1445 = JK 4/2016.
33 BVerfG, NVwZ 2015, 1370/1372.
34 Vgl *Rux*, Die pädagogische Freiheit des Lehrers, 2002.
35 Vgl *Thieme*, DÖV 1994, 150; *Stern*, StR IV/2, S. 752.

Auch bei der Wissenschaftsfreiheit macht die Vorbehaltlosigkeit der Gewährleistung die besonders sorgfältige Bestimmung des Schutzbereichs erforderlich. Denn Art. 5 Abs. 3 S. 2 begrenzt die Reichweite des Schutzbereichs nur für den Teilbereich der *Lehre* und hat selbst insoweit nur eine beschränkte Bedeutung: Von seiner Entstehungsgeschichte her soll Art. 5 Abs. 3 S. 2 nur eine die Verfassung vom Katheder aus verächtlich machende, diffamierende und verunglimpfende Politik verwehren, aber die Freiheit auch kritischer Äußerungen lassen.[36] Im Übrigen geht es auch bei der Wissenschaftsfreiheit um die Frage, ob eine wissenschaftliche Betätigung, die eigenmächtig fremde Rechte beeinträchtigt, noch in den Schutzbereich fällt.[37] Die Frage besitzt hier allerdings nicht dieselbe Brisanz wie bei der Kunstfreiheit: Wissenschaft ist spezialisierter, stilisierter und abgehobener als Kunst, die alles und jedes zu ihrem Inhalt und Gegenstand macht. Denkbar sind *eigenmächtige Beeinträchtigungen* von fremdem Leib, Leben und Eigentum, fremder Ehre und Gesundheit aber auch hier. 733

Beispiele: Für den Sozialwissenschaftler mag es ergiebig sein, soziale Situationen durch den Einsatz unerlaubten technischen Geräts zu belauschen und zu beobachten; beim Arzt ist an Menschenversuche und an genetische Manipulationen zu denken (vgl *Sobota*, in: FS Kriele, 1997, S. 367). 734

Es spricht viel dafür, die Reichweite des Schutzbereichs bei der Wissenschaftsfreiheit nicht anders als bei der Kunstfreiheit zu bestimmen. Auch sie gilt der spezifischen *wissenschaftlichen Betätigung erlaubten Verhaltens*. Wiederum ist dies nicht etwa die überflüssige zusätzliche Erlaubnis des ohnehin schon Erlaubten. Denn auch Wissenschaft kann mit ihrem kritischen und der Wahrheit verpflichteten Anspruch von einer Anstößigkeit und Provokation sein, die spezifischen Schutzes bedarf. 735

III. Eingriffe

Eingriffe in die *Kunstfreiheit* können wie die Eingriffe in die Grundrechte von Art. 5 Abs. 1 durch Verbote, Sanktionen und (schutzbereichsverkürzende) tatsächliche Maßnahmen erfolgen (vgl Rn 683 f). Sie können sowohl das Herstellen (Werkbereich) als auch das Darbieten (Wirkbereich) der Kunst treffen. 736

Beispiele: Bestrafung der Darstellung des Kanzlerkandidaten F.J. Strauß im Anachronistischen Zug als Beleidigung (E 67, 213/222 ff); Verbot des Vertriebs des Romans „Mephisto" von Klaus Mann, weil er das Persönlichkeitsrecht von Gustaf Gründgens verletzte (E 30, 173/188 ff). 737

In die *Wissenschaftsfreiheit* kann vor allem durch die externe Evaluation von Wissenschaft eingegriffen werden. Ein schwerwiegender Eingriff in die Rechte der Lehrenden und der Fakultäten ist die Verpflichtung, Studiengänge akkreditieren lassen zu müssen, denn es handelt sich um eine präventive Kontrolle von Lehrinhalten.[38] Keine 738

---

36 *Schlink*, Staat 1976, 335/352 f.
37 Bejahend *Britz*, DR, Art. 5 III (Wissenschaftsfreiheit) Rn 28; *Fehling*, BK, Art. 5 Abs. 3 (Wissenschaftsfreiheit) Rn 147; verneinend *Lorenz*, in: FS Lerche, 1993, S. 267/274 f; diff. nach Evidenz *Löwer*, Hdb. GR IV, § 99 Rn 15.
38 BVerfG, NVwZ 2016, 675, Rn 52 ff.

Eingriffe sind Bewertung und Kritik, solange sie selbst wissenschaftlichen Standards genügen und Teil entweder von Prüfungs-, Bewerbungs-, Disziplinar- und ähnlichen Verfahren oder des wissenschaftlichen Diskurses sind;[39] darüber hinaus sind Evaluationen von Forschung und Lehre durch staatliche und universitäre Stellen Eingriffe.[40] Gesetzliche Lehrziel- und Lehrstoffvorgaben sind erst dann Eingriffe in die Wissenschaftsfreiheit, wenn sie dem wissenschaftlich Lehrenden nicht mehr die Freiheit der Aufbereitung und Darbietung des Stoffs, der Wahl von Lehrmethoden und -mitteln lassen,[41] oder ihm einen anderen Lehrauftrag oder ein anderes Fach übertragen.[42]

739 Zu den *innerorganisatorischen Konflikten an den Hochschulen* hat das BVerfG aus der objektiv-rechtlichen Dimension der Grundrechte eine Pflicht zur Ausgestaltung der Hochschulorganisation (Rn 150) zu vorbeugendem Eingriffsschutz entwickelt, die für die Zusammensetzung und Entscheidungsfindung der Hochschulgremien Strukturen verlangt, die Verletzungen der individuellen Freiheit des einzelnen Wissenschaftlers von vornherein verhindern.[43]

IV. Verfassungsrechtliche Rechtfertigung

740 Art. 5 Abs. 3 ist kein Gesetzesvorbehalt beigefügt. Daraus folgt nach allgemeinen Regeln, „dass die Grenzen der Kunstfreiheitsgarantie nur von der Verfassung selbst zu bestimmen sind"[44], dh dass Eingriffe in die Grundrechte des Art. 5 Abs. 3 nur, aber immerhin durch *kollidierendes Verfassungsrecht* gerechtfertigt werden können. Dabei bedarf es einer kunstspezifischen Prüfung, die danach fragt, inwieweit das künstlerische Werk als Darstellung der Realität aufzufassen und dementsprechend geeignet ist, persönlichkeitsverletzend zu sein.[45] Auch das BVerfG verlangt „staatliche Eingriffe umso weniger zuzulassen, je näher die umstrittene Handlung dem Kern der Kunstfreiheit zuzuordnen ist und je mehr sie sich im Bereich des Schaffens" (im Unterschied zum Bereich des Wirkens) abspielt.[46] Eine ähnliche Je-desto-Formel gilt auch für die Kollision zwischen Kunstfreiheit und Persönlichkeitsrecht bei Literatur, die die Lebenswirklichkeit zum Vorbild nimmt; je stärker Abbild und Urbild übereinstimmen und je privater das Urbild abgebildet wird, desto eher ist das Persönlichkeitsrecht gegenüber der Kunstfreiheit zu schützen.[47]

741 **Beispiele:** Auf das allgemeine Persönlichkeitsrecht (Art. 2 Abs. 1 i. V. m. Art. 1 Abs. 1; LG Hamburg, v. 10.2.2017, 324O402/16 – Böhmermann; dazu krit. *Klass*, AfP 2016, 477/486 ff) und auf das elterliche Erziehungsrecht (Art. 6 Abs. 2 S. 1) können Abgabe-, Vertriebs- und Werbebeschränkungen für künstlerische Schriften gestützt werden, die offensichtlich geeignet

---

39 Vgl E 96, 205/214; BVerfG, NJW 2000, 3635; BVerwGE 102, 304/311.
40 *Schlink*, Evaluierte Freiheit?, 1999, S. 15 ff.
41 BVerwG, NVwZ-RR 2006, 36; vgl auch E 93, 85/97.
42 E 122, 89/107 ff; 126, 1/27.
43 E 35, 79/112 ff, 120 ff; 111, 333/353 ff; 127, 87/114 ff; BVerwGE 135, 286/296 f; 144, 171/178 f; VerfGH BW, NVwZ 2017, 403.
44 E 30, 173/193.
45 *Bülow*, S. 160 ff.
46 E 77, 240/254; vgl auch die „Stufentheorie der Einschränkungen" bei *Starck*, MKS, Art. 5 Rn 330 ff.
47 E 119, 1/29 ff; *Wittreck*, DR, Art. 5 III (Kunstfreiheit) Rn 65 f; krit. *Vosgerau*, Staat 2009, 107.

sind, Kinder oder Jugendliche sittlich schwer zu gefährden (E 83, 130/139 f; 91, 223/224 f; krit. *Köhne*, KritV 2005, 244); die Aufführung eines Musicals kann nicht unter Berufung auf eine Gefahr für den öffentlichen Frieden (*Bamberger*, Staat 2000, 355 gegen BVerwG, NJW 1999, 304), wohl aber durch das auf den Feiertagsschutz gem. Art. 140 iVm Art. 139 WRV gestützte Landesrecht an sog. stillen Feiertagen (BVerwG, DVBl. 1994, 1242/1243 f) untersagt werden, wobei das BVerfG (JZ 2017, 145/150 ff) bei grundrechtlich geschützten nicht kommerziellen Veranstaltungen Ausnahmen verlangt, falls die grundrechtlichen Interessen des Veranstalters überwiegen; Baubeschränkungen für Kunstwerke im Außenbereich können mit dem Verfassungsauftrag zum Schutz der Umwelt gem. Art. 20a gerechtfertigt werden (BVerwG, NJW 1995, 2648; dazu *Koenig/Zeiss*, Jura 1997, 225). – Wegen des Selbstbestimmungsrechts der Religionsgesellschaften (Art. 137 Abs. 3 WRV iVm Art. 140) darf einem Theologieprofessor, der sich vom christlichen Glauben losgesagt hat, die Theologenausbildung entzogen werden (E 122, 89/114 ff). Auf das Grundrecht der körperlichen Unversehrtheit (Art. 2 Abs. 2 S. 1) und den Schutz der natürlichen Lebensgrundlagen (Art. 20a) sind Beschränkungen der Wissenschaftsfreiheit durch das Gentechnikgesetz gestützt worden (E 128, 1/40 ff). Auch Beschränkungen zur Qualitätssicherung der Lehre sind im Hinblick auf die Bedeutung von Hochschulabschlüssen für das in Art. 12 Abs. 1 GG garantierte Grundrecht auf Berufszugang zulässig, wenn sie durch die gesetzliche Ausgestaltung der Organisation und des Verfahrens wissenschaftsadäquate Maßstäbe sicherstellen (BVerfG, NVwZ 2016, 675/677 ff; zur Beschränkung der Wissenschaftsfreiheit zugunsten von Art. 12 Abs. 1 GG vgl auch BVerfG, NVwZ 2015, 1444/1445 = JK 4/2016).

Lösungsskizze zum Fall 11 (Rn 715): I. Nach sowohl dem materialen und dem formalen als auch dem offenen Kunstbegriff und dem sog. Kriterium der Drittanerkennung könnten die Spray-Werke in den *Schutzbereich* der Kunstfreiheit fallen. Wird dieser jedoch mit der gelegentlichen Rechtsprechung des BVerfG in seiner Reichweite durch die Rechte anderer begrenzt und damit auf die spezifisch künstlerische Betätigung erlaubten Verhaltens bezogen, handelt der Spray-Künstler nicht mehr im Schutzbereich der Kunstfreiheit. Damit wäre die Lösung schon gewonnen: Eine Verletzung der Kunstfreiheit scheidet aus. Im Folgenden wird skizziert, wie die Lösung unter Zugrundelegung eines weiteren Verständnisses des Schutzbereichs fortzusetzen ist. – II. Die Verurteilung zu Freiheitsstrafe ist Sanktion für die Produktion der Spray-Werke und also ein *Eingriff* in den Schutzbereich. – III. Die *verfassungsrechtliche Rechtfertigung* des Eingriffs in den vorbehaltlos gewährleisteten Art. 5 Abs. 3 kann nur in kollidierendem Verfassungsrecht gefunden werden. Das „Eigentumsgrundrecht (enthält) gleichfalls eine Verbürgung von Freiheit; nach den vom Grundgesetz getroffenen Wertungen steht es nicht prinzipiell hinter der Freiheit der Kunst zurück" (BVerfG, NJW 1984, 1293/1294). In der Kollision zwischen Kunst- und Eigentumsfreiheit erscheint es gerechtfertigt, die Kunstfreiheit jenseits der Grenze der Strafbarkeit hinter der Eigentumsfreiheit zurücktreten zu lassen. Es bleibt also bei dem Ergebnis, dass eine Verletzung der Kunstfreiheit ausscheidet.

Literatur: Zur Kunstfreiheit: *A. v. Arnauld*, Freiheit der Kunst, Hdb. StR³ VII, § 167; *F. Hufen*, Kunstfreiheit, Hdb. GR IV, § 101; *K. S. Bülow*, Persönlichkeitsrechtsverletzungen durch künstlerische Werke, 2013; *H. Kobor*, Grundfälle zu Art. 5 III GG, JuS 2006, 593, 695; *S. Lenski*, Die Kunstfreiheit des Grundgesetzes, Jura 2016, 35; *F. Müller*, Freiheit der Kunst als Problem der Grundrechtsdogmatik, 1969. – Zur Wissenschaftsfreiheit: *M. Blankenagel*, Wissenschaft zwischen Information und Geheimhaltung, 2001; *H. Dähne*, Forschung zwischen Wissenschaftsfreiheit und Wirtschaftsfreiheit, 2007; *M.-E. Geis*, Autonomie der Universitäten, Hdb. GR IV, § 100; *A.-K. Kaufhold*, Die Lehrfreiheit – ein verlorenes Grundrecht?, 2006; *W. Löwer*, Freiheit wissenschaftlicher Forschung und Lehre, Hdb. GR IV, § 99; *U. Mager*, Freiheit von Forschung und Lehre, Hdb. StR³ VII, § 166; *M. Nettesheim*, Grund und Grenzen der Wissenschaftsfreiheit, DVBl. 2005, 1072; *H.H. Trute*, Die Forschung zwischen grundrechtlicher Freiheit und staatlicher Institutionalisierung, 1994.

§ 15 Schutz von Ehe und Familie (Art. 6)

744 **Fall 12: Streit um ein Pflegekind** Ein zweijähriges Kind wurde zu Pflegeeltern gegeben, nachdem seinen leiblichen Eltern wegen drohender Verwahrlosung des Kindes gem. § 1666 Abs. 3 BGB das Aufenthaltsbestimmungsrecht entzogen worden war. Später verbesserten sich die Lebensverhältnisse der leiblichen Eltern wesentlich; sie wollten das inzwischen fünfjährige Kind wieder zu sich nehmen. Im Rechtsstreit zwischen leiblichen Eltern und Pflegeeltern ordnete das Familiengericht gem. § 1632 Abs. 4 BGB die Herausgabe des Kindes an die leiblichen Eltern an. Hierzu waren die Pflegeeltern nicht bereit. Ist ihre auf Art. 6 gestützte Verfassungsbeschwerde begründet? **Rn 782**

I. Überblick

745 Art. 6 betrifft Ehe und Familie, Eltern und Kinder in verschiedenen Hinsichten. Abs. 1 verbürgt grundsätzlich und allgemein den Schutz von Ehe und Familie durch die staatliche Ordnung. Abs. 2 und 3 gelten als leges speciales der Beziehung zwischen Eltern und Kindern in ihrer pflegerischen und erzieherischen Funktion (Abs. 2) und ihrer Grundlage räumlichen Zusammenseins (Abs. 3). Abs. 4 hebt unter den Eltern die Mutter hervor und räumt ihr für die besonderen Belastungen von Schwangerschaft, Geburt und Stillzeit einen besonderen Anspruch auf Schutz und Fürsorge ein. Abs. 5, die Forderung nach Gleichstellung unehelicher Kinder, trifft sich mit Abs. 2 und 3 in dem Anliegen, dass die Entwicklungsbedingungen der Kinder nicht durch Defizite der familiären Situation beeinträchtigt werden sollen.

746 In Art. 6 treffen auch verschiedene grundrechtliche Funktionen (zu ihnen allgemein Rn 93 ff) zusammen. Abs. 1 und Abs. 2 S. 1 enthalten *Abwehrrechte* und sichern die Freiheit des ehelichen und familiären Zusammenlebens gegen staatliche Eingriffe; Abs. 2 S. 2 enthält einen qualifizierten Gesetzesvorbehalt und Abs. 3 eine Schranken-Schranke. Abs. 1, 4 und 5 wirken in ihrer objektiv-rechtlichen Funktion als Diskriminierungsverbote. Abs. 1 und 4 formulieren mit der Verbürgung von Schutz für Ehe und Familie bzw des Anspruchs der Mutter auf Schutz und Fürsorge aber auch *Schutzrechte*. Sie verlangen neben der grundrechtskonformen Auslegung (vgl Rn 260) eine gesetzgeberische Umsetzung zur Erfüllung des Schutzes und erweisen sich damit als *Gesetzgebungsaufträge*. Umgekehrt spricht Abs. 5 einen Gesetzgebungsauftrag aus, der jedoch in der Rechtsprechung des BVerfG in einen unmittelbaren Anspruch auf Gleichbehandlung umgeschlagen ist (vgl Rn 554). Schließlich enthält Abs. 1 *Institutsgarantien* und beschränkt dadurch nochmals die gesetzgeberische Gestaltungsmacht bei der Regelung ehelicher und familiärer Rechtsbeziehungen.

747 Als Verfassungsnorm soll Art. 6 dem Staat für den Umgang mit Ehe und Familie, Eltern und Kindern verbindliche Maßstäbe vorgeben. Zugleich sind die Beziehungen der Ehe, in der Familie und zwischen Eltern und Kindern aber stets schon vom Staat rechtlich geregelte Beziehungen. Obwohl der Bereich von Ehe und Familie dem Staat nicht unverfügbar vorausliegt, sondern von ihm mitkonstituiert wird, soll er gegenüber dem Staat gesichert sein – hierin liegt das Grundproblem der Interpretation von Art. 6.

II. Abwehrrechte

1. Schutzbereiche

a) Die **Ehe** in Art. 6 Abs. 1 ist zugleich soziales und rechtliches Gebilde. Als *soziales Gebilde* ist sie die Gemeinschaft, die einen Mann und eine Frau nach beiderseitiger Absicht und gegenseitigem Versprechen umfassend und – zwar nicht ausnahmslos, aber doch grundsätzlich – lebenslang verbindet. Insoweit verzichtet der Ehebegriff noch auf alle rechtliche Förmlichkeit und umfasst jedes auf Dauer angelegte Zusammenleben, auch die nichteheliche oder eheähnliche, allerdings nicht die gleichgeschlechtliche Lebensgemeinschaft.[1] Aber diese Formen des Zusammenlebens sollen nach allgemeiner, schon vom Verfassungsgeber geäußerter und vom BVerfG bekräftigter Auffassung nicht unter den Begriff der Ehe fallen. Die Ehe ist zugleich *rechtliches Gebilde*; der Verfassung liegt insoweit „das Bild der ‚verweltlichten, bürgerlich-rechtlichen Ehe" zu Grunde, die in der rechtlich vorgesehenen Form geschlossen wird.[2]

748

Dieser Ehebegriff drückt ein Idealbild aus. Fraglich ist, wie *Abweichungen vom Idealbild*, die es sowohl nach der rechtlichen als auch nach der sozialen Seite gibt, zu beurteilen sind.

749

Beispiele: Eine Deutsche und ein Engländer werden in Deutschland von einem englischen Geistlichen getraut. Sie leben zunächst in England, später in Deutschland und gehen stets von der Rechtswirksamkeit ihrer Ehe aus. Auch ihre Umwelt betrachtet und behandelt sie als Ehepaar, bei der Geburt ihres Kindes stellt der deutsche Standesbeamte die entsprechenden Urkunden aus. Als die Frau nach dem Tod ihres Mannes Rente beansprucht, lehnt die zuständige Versicherungsanstalt ab, weil die Eheschließung nach deutschem Recht unwirksam ist. Auch eine derartige sog. hinkende, dh nach deutschem Recht unwirksame, nach fremdem Recht wirksame Ehe fällt in den Schutzbereich von Art. 6 Abs. 1, nicht aber eine nach beiden Rechten unwirksame Ehe (E 62, 323/329 ff; BVerwGE 123, 18/20). In den Schutzbereich von Art. 6 Abs. 1 fällt auch die sog. Schein-, Namens- oder Aufenthaltsehe, die zwar in der rechtlich vorgesehenen Form, aber ohne Absicht lebenslanger Verantwortungsgemeinschaft nur zur Weitergabe des Namens oder zur Verhinderung der Abschiebung eines Ausländers geschlossen wird. Allerdings sieht § 1314 Abs. 2 Nr 5 iVm § 1310 Abs. 1 S. 2 Hs. 2 BGB vor, dass der Standesbeamte sie nicht schließen darf und sie aufgehoben werden kann, und im Ausländerrecht wird zwischen den tatsächlich gelebten und den bloßen Scheinehen bei Aufenthalts-, Nachzugs- und Ausweisungsfragen differenziert (vgl E 76, 1/58 ff; BVerfG, DVBl. 2003, 1260). Die Mehrehe kann wie die hinkende Ehe am verfassungsrechtlichen Ehe- und auch Familienschutz teilhaben (BVerwGE 71, 228/231 f; *Coester-Waltjen*, MüK, Art. 6 Rn 8; *Robbers*, MKS, Art. 6 Rn 42).

750

Sowohl die *hinkende* als auch die *Namens-* oder *Scheinehe* in den Schutzbereich einzubeziehen, leuchtet ein: Würde der verfassungsrechtliche Ehebegriff den einfachrechtlichen schlicht abbilden, dann wäre das Verfassungsrecht dem einfachen Recht nicht mehr über-, sondern untergeordnet; würde der verfassungsrechtliche Ehebegriff auf die persönlichen Motive abstellen, dann müssten diese erforscht und gewertet werden und nähme das Grundrecht als Freiheitsrecht Schaden. Die Abweichungen lassen als entscheidenden Gesichtspunkt hervortreten, dass die Partner für

751

---
1 E 105, 313/345 f; *Ipsen*, Hdb. StR[3] VII, § 154 Rn 9; *Robbers*, MKS, Art. 6 Rn 45.
2 E 53, 224/245.

ihr Verhältnis zueinander die *öffentliche Anerkennung als Ehe* gesucht und gefunden haben.[3]

752 Nichteheliche Lebensgemeinschaften stehen verfassungsrechtlich unter dem Schutz von Art. 2 Abs. 1.[4] Sie dürfen, wenn bei ihnen in den Not- und Wechselfällen des Lebens gegenseitiges Einstehen erwartet werden kann („Verantwortungs- und Einstehensgemeinschaften"), einfach-rechtlich auch in bestimmten Fällen mit Ehen gleichbehandelt werden.[5] Bei gleichgeschlechtlichen Paaren ist eine einfach-rechtliche Anerkennung und formale Absicherung ihrer Lebensgemeinschaft durch das Lebenspartnerschaftsgesetz erfolgt, das mit Art. 6 Abs. 1 nicht kollidiert, weil es sich an Personen wendet, die miteinander keine Ehe eingehen können.[6] Das BVerfG stellt sogar strenge Anforderungen an die Ungleichbehandlung von Lebenspartnerschaften gegenüber der Ehe (Rn 553).

753 Der Schutzbereich der Ehe *reicht* von der Eheschließung mit einem selbst gewählten Partner[7] über das eheliche Zusammenleben bis zur Ehescheidung. Frei sind die Ehepartner bei Abschluss und Gestaltung eines gleichberechtigten Ehevertrags,[8] bei der Entscheidung, ob sie einen gemeinsamen Ehe-/Familiennamen führen wollen oder nicht und bei dessen Wahl,[9] bei der Bestimmung des räumlichen Zusammenlebens[10] und bei der Verteilung der Aufgaben in der Ehegemeinschaft.[11] Die Ehescheidung fällt in den Schutzbereich der Ehe, da sie die Wiedererlangung der Eheschließungsfreiheit bedeutet;[12] im Ehescheidungsfolgenrecht wirkt der Schutz der Ehe allerdings noch fort.[13] Schließlich wird als negative Eheschließungsfreiheit auch die Entscheidung geschützt, keine Ehe einzugehen.[14]

754 **b) Familie** ist das soziale *Beziehungsverhältnis zwischen Eltern und Kindern*. Geschützt ist nicht nur die Gemeinschaft von miteinander verheirateten Eltern, sondern auch von Lebenspartnerschaften[15] und von nichtehelichen Lebensgemeinschaften mit Kindern.[16] Unerheblich ist auch, ob die Kinder homolog oder heterolog gezeugt,[17] minder- oder volljährig,[18] aus Ein- oder Mehrehe hervorgegangen[19] oder Adoptiv-,

---

3 Ebenso *v. Coelln*, SA, Art. 6 Rn 10; aA für die Scheinehe *Kloepfer*, VerfR II, § 67 Rn 7.
4 Vgl E 82, 6/16; 115, 1/24; 128, 109/125; *Kingreen*, Die verfassungsrechtliche Stellung der nichtehelichen Lebensgemeinschaft im Spannungsfeld zwischen Freiheits- und Gleichheitsrechten, 1995, S. 65 ff.
5 E 87, 234/265.
6 E 105, 313/350 f; 124, 199/226; *Pieroth/Kingreen*, KritV 2002, 219/239; krit. *Steiner*, Hdb. GR IV, § 108 Rn 37 f; *Stern*, StR IV/1, S. 486 ff.
7 E 31, 58/67; 105, 313/342; BVerfG, NJW 2004, 2008/2010.
8 E 103, 89/101; vgl *Steiner*, Hdb. GR IV, § 108 Rn 13 ff.
9 Vgl mit einer Gleichheitsargumentation E 84, 9/21 ff.
10 E 114, 316/335.
11 E 105, 1/11.
12 E 53, 224/245; 55, 134/142.
13 E 53, 257/296; 108, 351/364.
14 *Kingreen*, Jura 1997, 401/402; *Robbers*, MKS, Art. 6 Rn 57; dagegen stellt E 56, 363/384 insoweit auf Art. 2 Abs. 1 ab; zust. *Ipsen*, Hdb. StR³ VII, § 154 Rn 59 ff; *Kloepfer*, VerfR II, § 67 Rn 28.
15 E 133, 59/82.
16 E 112, 50/65.
17 *Robbers*, MKS, Art. 6 Rn 79.
18 E 57, 170/178; 92, 158/176 ff.
19 BVerwGE 71, 228/231 f.

Stief- oder Pflegekinder sind.[20] Formfehler bei der Begründung der Adoptiv- oder Pflegeelternschaft schließen die Familienqualität nicht aus, sofern der entsprechende soziale Zusammenhalt gelebt und dafür die *öffentliche Anerkennung* gesucht und gefunden wurde. Der natürliche Zusammenhang genügt allein noch nicht; das Kind und sein Vater, der mit seiner Mutter nicht verheiratet ist, fallen unter den Familienbegriff des Art. 6 Abs. 1 nur, wenn die Vaterschaft von ihm anerkannt oder gerichtlich festgestellt wurde (rechtliche Vaterschaft) oder wenn er als zwar nicht rechtlicher aber leiblicher Vater (biologische Vaterschaft) zumindest eine Zeit lang tatsächlich Verantwortung für das Kind getragen hat.[21] Der biologische Vater ist aber selbst dann nicht Träger des Elternrechts; ihm ist lediglich verfahrensrechtlich die Möglichkeit zu eröffnen, die rechtliche Vaterschaft zu erlangen.[22] Die bloß rechtliche Vaterschaft genießt den Schutz von Art. 6 Abs. 2 S. 1 GG, unabhängig von der Begründung einer sozial-familiären Beziehung.[23]

Das familiäre Beziehungsverhältnis muss nicht in einer Hausgemeinschaft gelebt werden; wird es aber in einer Hausgemeinschaft oder sonst in tatsächlicher enger familiärer Verbundenheit gelebt, dann umschließt der Familienbegriff *alle nahen Verwandten*, die einander dadurch verbunden sind. Seine frühere, schon immer zweifelhafte Rechtsprechung, die den Schutz von Art. 6 Abs. 1 GG auf die Kleinfamilie im Gegensatz zur namentlich auch die Großeltern einschließende Großfamilie beschränken wollte,[24] hat das BVerfG mittlerweile aufgegeben;[25] das ist auch mit Blick auf die gleichlautende Rechtsprechung des EGMR konsequent.[26] 755

Der Schutzbereich der Familie *reicht* von der Familiengründung bis in alle Bereiche des familiären Zusammenlebens und durch das Pflichtteilsrecht sogar darüber hinaus.[27] Er umfasst unter anderem die freie Entscheidung der Eltern, wann und wie viele Kinder sie haben wollen. Er begründet zudem etwa das Recht naher Verwandter, bei der Entscheidung über die Auswahl eines Vormundes oder eines Ergänzungspflegers vorrangig in Betracht gezogen zu werden.[28] Das BVerfG misst Art. 6 Abs. 1 allerdings abgestufte Schutzwirkungen zu, je nachdem ob es sich um eine Lebens- und Beistands- bzw. bei Minderjährigen, Erziehungsgemeinschaft oder um eine bloße Begegnungsgemeinschaft handelt.[29] 756

c) Wie die Eltern für das körperliche Wohl *(Pflege)* und für die seelische und geistige Entwicklung, die Bildung und Ausbildung *(Erziehung)* der Kinder sorgen wollen, ist im **Elternrecht** des Art. 6 Abs. 2 S. 1 gegenüber dem Schutzbereich der Familie zum eigenen Schutzbereich verselbstständigt. Träger des Elternrechts ist, wer in einem durch Abstammung oder durch einfach-gesetzliche Zuordnung begründeten 757

---

20 E 68, 176/187; 80, 81/90.
21 E 108, 82/112 ff.
22 E 108, 82/103 ff.
23 E 135, 48/83 f = JK 6/2014, dort zur behördlichen Anfechtung wegen der Umgehung aufenthaltsrechtlicher Vorschriften.
24 E 48, 327/339.
25 E 136, 382/388 = JK 12/14; *Herzmann*, Jura 2015, 248/250.
26 EGMR, NJW 1979, 2449/2452.
27 E 112, 332/352 f.
28 E 136, 382/389 f = JK 12/14.
29 E 80, 81/90 f.

Elternverhältnis zum Kind steht,[30] also auch zwei Personen gleichen Geschlechts, wenn sie gesetzlich als Elternteile eines Kindes anerkannt sind.[31] Das Grundrecht garantiert, dass primär die Eltern die für das Aufwachsen des Kindes wesentlichen Entscheidungen treffen. Sie haben etwa die Freiheit zu entscheiden, wie das Kind heißen soll,[32] ob es überwiegend von einem Elternteil allein, von beiden Eltern in wechselseitiger Ergänzung oder von einem Dritten betreut werden soll.[33] Die Auseinandersetzungen um die Gestaltung des Schulwesens haben Anlass gegeben, den Inhalt des Schutzbereichs näher zu bestimmen.

758 **Beispiele:** Vom Ausgangspunkt aus, dass hier eine „gemeinsame Erziehungsaufgabe" von Eltern und Schule vorliege (E 34, 165/183; 98, 218/244 f), hat das BVerfG den Eltern ein Wahlrecht zwischen verschiedenen Schulformen zuerkannt, das aber solange noch nicht verletzt wird, als es nicht bloß eine einzige Schulform mit einem einzigen Bildungsgang gibt (E 45, 400/416); nicht geschützt ist die Erwartung, dass ein bestimmter Bildungsgang an einer Schule auch zukünftig angeboten wird (BVerfG, NVwZ 2016, 281 f). Insgesamt zurückhaltend ist das BVerfG bei der verfassungsrechtlichen Begründung von elterlichen Mitwirkungsrechten in der Schule: Es versagt den Eltern die Mitwirkung bei der Einrichtung einer Förderstufe (E 34, 165/181 ff), bei der Neuordnung der Oberstufe (E 53, 185/195 ff), bei der Gestaltung des inhaltlichen und didaktischen Unterrichtsprogramms (E 45, 400/415 ff; 47, 46/71 ff) und bei der schulischen Umsetzung der Rechtschreibreform (E 98, 218/244 ff); lediglich bei der Einführung eines fächerübergreifenden Sexualkundeunterrichts hat es aus dem Elternrecht einen Anspruch auf Information über Inhalt und Methode abgeleitet (E 47, 46/76). Die landesrechtlich normierten elterlichen Anhörungs- und Mitspracherechte in Art. 6 Abs. 2 S. 1 verankert zu sehen, wird im Schrifttum zuweilen gefordert (*Coester-Waltjen*, MüK, Art. 6 Rn 90), findet aber beim BVerfG keinen Anhalt (E 59, 360/380 f).

759 Das Elternrecht ist zugleich **Elternpflicht**. Die Eltern sind gem. Art. 6 Abs. 2 S. 1 ihrem Kind gegenüber zu dessen Pflege und Erziehung verpflichtet, und das BVerfG findet in dieser Bestimmung auch ein der Pflicht korrespondierendes **Grundrecht des Kindes**. Es schützt zusätzlich zu seinem allgemeinen Persönlichkeitsrecht gem. Art. 2 Abs. 1 iVm Art. 1 Abs. 1 den wichtigen familiären Bezug seiner Persönlichkeitsentwicklung, besonders beim Umgang mit getrennt lebenden Elternteilen[34] und begrenzt den elterlichen Entscheidungsspielraum bei Pflege- und Erziehungsentscheidungen, vor allem bei körperlichen Eingriffen wie der Beschneidung.[35]

2. Eingriffe

760 Weil Ehe und Familie zugleich soziale und rechtliche Gebilde sind, ist nicht jede ehe- und familienbezogene Regelung auch schon ein Eingriff. Vielmehr kann es sich um eine der Regelungen handeln, die Ehe und Familie als rechtliche Gebilde überhaupt definieren (vgl Rn 147 ff). Zu den *definierenden Regelungen* gehören grundsätzlich die Normen des Ehe- und Familienrechts; zu den *eingreifenden Regelungen* können

---

30 E 108, 82/100, 103.
31 E 133, 59/77 ff.
32 E 104, 373/385.
33 E 99, 216/231.
34 E 121, 69/93; *Höfling*, Hdb. StR[3] VII, § 155 Rn 32; aA *Jestaedt*, BK, Art. 6 Abs. 2 und 3 Rn 134.
35 *Hörnle/Huster*, JZ 2013, 328/332 ff; *Rixen*, NJW 2013, 257/258 f; *Windthorst*, StudK, Art. 6 Rn 52 ff, *Manok*, Die medizinisch nicht indizierte Beschneidung des männlichen Kindes, 2015, S. 92 ff.

Normen gehören, die auf den Regelungsbestand von Ehe und Familie freiheitsbeschränkend einwirken.

Beispiele: Definierende Regelungen sind § 1353 Abs. 1 S. 2 BGB, der die Ehe als Verantwortungsgemeinschaft kennzeichnet, und § 1357 Abs. 1 BGB, wonach jeder Ehegatte berechtigt ist, Geschäfte zur angemessenen Deckung des Lebensbedarfs der Familie mit Wirkung auch für den anderen Ehegatten zu besorgen (E 81, 1/7). Auch die Regelungen des Ehescheidungsrechts definieren die Ehe als rechtliches Gebilde (E 53, 224/245 ff). Demgegenüber läge ein Eingriff vor, wenn ein scheidungswilliger Beamter durch eine Erschwerung der Beförderung für geschiedene Beamte an der Auflösung der alten und der Eingehung der neuen Ehe gehindert würde. Ebenso würde in die Ehe eingegriffen, wenn ein verheirateter Transsexueller, der sich geschlechtsändernden Operationen unterzogen hat, die personenstandsrechtliche Anerkennung seiner neuen Geschlechtszugehörigkeit nur erhält, wenn seine Ehe zuvor geschieden wird (E 121, 175/198 ff). – Das Verbot entwürdigender Erziehungsmaßnahmen in § 1631 Abs. 2 BGB und die Pflicht eines Elternteils zum Umgang mit seinem Kind gem. § 1684 Abs. 1 BGB sind nur Definitionen dessen, was Art. 6 Abs. 2 S. 1 mit verantwortungsbewusster „Pflege und Erziehung" meint. Die familiengerichtliche Zuweisung des Sorgerechts an einen Elternteil greift dagegen in das Sorgerecht des anderen Elternteils ein. Der klassische Eingriff in das elterliche Erziehungsrecht ist die Schulpflicht.

761

Die *definierenden* Regelungen des einfachen Rechts sind aber stets am verfassungsrechtlichen Ehe- und Familienbegriff zu *messen*; wenn sie ihm nicht entsprechen, schlägt die Definition in einen *Eingriff* um. Es handelt sich dann, genau besehen, um eine zwar versuchte, aber nicht gelungene Definition. Die Prüfung, ob eine Definition vor Art. 6 Abs. 1 Bestand hat, nimmt das BVerfG ganz ähnlich vor wie sonst die Prüfung, ob ein Eingriff in ein Grundrecht vor diesem Grundrecht Bestand hat: Es fragt nach *rechtfertigenden Gründen*.

762

Beispiele: Für das ehemalige Eheverbot der Geschlechtsgemeinschaft hat das BVerfG weder in der traditionellen Gestalt oder sozialen Funktion der Ehe noch in erbbiologischen Erkenntnissen hinreichende Gründe gefunden und daher die Vereinbarkeit mit Art. 6 Abs. 1 verneint (E 36, 146/161). Bei einer Orientierung an Tradition und Funktion werden der Wandel der Gesellschaft, der Wandel der Rollen und die grundrechtliche Gewährleistung der Gleichberechtigung von Mann und Frau (Art. 3 Abs. 2) bedeutsam (vgl Rn 501 ff). Das BVerfG hat daran den Stichentscheid des Ehemanns scheitern lassen (E 10, 59/66), die Haushaltsführungspflicht der Ehefrau problematisiert (E 48, 327/338) und die Festlegung eines Ehenamens für entbehrlich erklärt (E 84, 9/19; vgl *Sacksofsky,* KritV 1995, 94). Dagegen hat es für das Verbot eines aus den Namen der Eltern gebildeten Doppelnamens für das Kind einen rechtfertigenden Grund in der Vermeidung von Namensketten gesehen (E 104, 373/390 f).

763

Die *Ausweisung von Ausländern*, die in der Bundesrepublik Deutschland verheiratet sind und/oder Kinder haben, und die Verweigerung des Nachzugs von ausländischen Ehegatten und Familienangehörigen sind nicht darum ein Eingriff, weil sie die Aufrechterhaltung des ehelichen bzw familiären Zusammenhalts in der Bundesrepublik Deutschland unmöglich machen.[36] Denn für Ausländer ist der Aufenthalt in der Bundesrepublik Deutschland als solcher nicht grundrechtlich gewährleistet (vgl Rn 170). Ausländer und Deutsche, die Ehen mit Ausländern schließen, müssen damit rechnen, dass das eheliche und familiäre Zusammenleben sich nicht stets in der Bundesrepu-

764

---

36 E 76, 1/47; aA *Zuleeg,* DÖV 1988, 587.

blik Deutschland vollziehen kann.³⁷ In der Ausweisung oder Verweigerung des Nachzugs für volljährige Ehepartner oder Familienangehörige ist aber dann ein Eingriff in das Ehe- und Familiengrundrecht zu sehen, wenn es aus besonderen Umständen nicht möglich oder nicht zumutbar ist, die Ehe- bzw Familiengemeinschaft im Ausland zu verwirklichen.³⁸

765 Für *minderjährige Kinder* gilt, dass ihre Minderjährigkeit sie grundsätzlich das Schicksal ihrer Eltern teilen lässt; gerade dieses Teilen des Schicksals ist durch Art. 6 Abs. 1 geschützt. Weil minderjährige Kinder grundsätzlich das Schicksal der Eltern teilen, können Altershöchstgrenzen für den Kindernachzug (vgl § 32 AufenthG) nur in den Fällen Bestand haben, in denen der familiäre Zusammenhalt und die Abhängigkeit der Kinder von den Eltern ausnahmsweise schon unterhalb der Volljährigkeitsschwelle weitgehend gelöst ist. In den anderen Fällen sind sie ein unzulässiger Eingriff in Art. 6 Abs. 1.

3. Verfassungsrechtliche Rechtfertigung

766 a) Der Unterschied zwischen definierenden und eingreifenden Regelungen und Maßnahmen ist wichtig, weil *Ehe und Familie* in Art. 6 Abs. 1 **vorbehaltlos** geschützt werden. Lediglich beim *Elternrecht* ermächtigt Abs. 2 S. 2 implizit zu Eingriffen, indem er eine Pflicht der Eltern zur Pflege und Erziehung der Kinder begründet und die staatliche Gemeinschaft zum Wächter über die Betätigung der Pflicht einsetzt.³⁹ Aus rechtsstaatlichen Gründen darf auch von dieser Ermächtigung nur durch oder auf Grund Gesetzes Gebrauch gemacht werden.⁴⁰ Die staatlichen Regelungen und Maßnahmen müssen bei Eingriffen in das Elternrecht der Pflege und Erziehung der Kinder dienen; Art. 6 Abs. 2 S. 2 ist somit ein qualifizierter Gesetzesvorbehalt.

767 aa) In die vorbehaltlosen Schutzbereiche von **Ehe und Familie** darf der Staat nicht eingreifen, er darf sie durch *definierende Regelungen* von Ehe und Familie nur gestalten. Ist der Bereich der definierenden Regelungen verlassen, dann können ehe- oder familienungünstige Regelungen oder Maßnahmen ihre Legitimation allenfalls in *kollidierendem Verfassungsrecht* finden.

768 Beispiel: Einem Bereitschaftspolizisten, der wie alle Bereitschaftspolizisten unter Zölibatsklausel stand, wurde die Heiratserlaubnis verweigert. BVerwGE 14, 21/27 ff hat die Zölibatsklausel grundsätzlich als verfassungsmäßig akzeptiert und nur deshalb die Verweigerung als unverhältnismäßig und verfassungswidrig abgelehnt, weil die Geburt eines Kindes bevorstand, dem erspart werden sollte, als Kind nicht miteinander verheirateter Eltern geboren zu werden. Aber es ist nicht einzusehen, warum die Effizienz der Polizei als möglicherweise in Betracht kommendes kollidierendes Verfassungsrechtsgut vom Bereitschaftspolizisten mehr verlangen soll, als dass er, ob unverheiratet oder verheiratet, seinen Dienst versieht (vgl *Richter*, AK, Art. 6 Rn 19; *Robbers*, MKS, Art. 6 Rn 52).

769 Auch wenn die *Ausweisung eines Ausländers*, die den ehelichen oder familiären Zusammenhalt zerreißt, kein Eingriff in das Ehe- und Familiengrundrecht ist (vgl

---

37 Vgl *Renner*, NVwZ 2004, 792/795 ff.
38 Vgl BVerfG, NVwZ 2009, 387; BVerwGE 129, 367/373 ff.
39 *Erichsen*, S. 48; *Burgi*, FH, Art. 6 Rn 149 ff; aA *Klein*, Fremdnützige Freiheitsgrundrechte, 2003, S. 79 f, 88 f; *Ossenbühl*, S. 59 f, 76, 84.
40 E 107, 104/120; *Burgi*, Hdb. GR IV, § 109 Rn 43.

Rn 764 f), stellt das BVerfG sie doch unter den Grundsatz der Verhältnismäßigkeit. Es spricht in diesem Zusammenhang von Art. 6 Abs. 1 als wertentscheidender Grundsatznorm, die auch hier, wo das Abwehrrecht und die Institutsgarantie von Art. 6 Abs. 1 nicht greifen, die Berücksichtigung ehelicher und familiärer Bindungen verlangt.[41] Voraussetzung ist dabei, dass die eheliche Lebensgemeinschaft tatsächlich besteht und nicht als Scheinehe nur vorgetäuscht wird;[42] entsprechend müssen auch Eltern und Kinder lebensgemeinschaftlich verbunden sein. Die Ausweisung von Ausländern, die in Deutschland verheiratet sind, Kinder oder Eltern haben, bedarf umso wichtigerer Gründe, je verwurzelter die Ehe und/oder Familie in Deutschland sind. Ähnliches gilt für die Erteilung und Verlängerung einer Aufenthaltserlaubnis[43] und für Einbürgerungen.[44]

Beispiele: Ein Ausländer, dessen Ehepartner die deutsche Staatsangehörigkeit hat, darf nicht wegen Bagatelldelikten ausgewiesen werden, und verstärkt spricht gegen die Ausweisung, wenn Kinder deutscher Staatsangehöriger vorhanden sind (E 51, 386/397 f). – Der Ausweisung eines Ausländers, der als Erwachsener von einem deutschen Staatsangehörigen adoptiert wird, steht die Adoption nicht entgegen, wenn sie nur eine Begegnungs-, wohl aber, wenn sie eine Lebens- und Beistandsgemeinschaft begründet (E 80, 81/90 ff; BVerfG, BayVBl. 1996, 144). – Die Versagung einer Aufenthaltserlaubnis oder Aufenthaltsbefugnis an den nicht sorgeberechtigten ausländischen Vater eines deutschen Kindes aus geschiedener Ehe ist mit Art. 6 Abs. 1 vereinbar, weil das Verhältnis des Vaters zum Kind nicht mehr Lebens- und Erziehungs-, sondern bloße Begegnungsgemeinschaft ist (BVerfG, DVBl. 1989, 1246; BVerwGE 106, 13/19; vgl Rn 756). 770

Auch an abschlägige Entscheidungen der Aufenthaltsbehörden zum Nachzug von ausländischen Ehegatten und Familienmitgliedern sind umso höhere Anforderungen zu stellen, je verwurzelter der Ehegatte oder das Familienmitglied, zu dem der Nachzug angestrebt wird, in der Bundesrepublik Deutschland ist und je härter die abschlägige Entscheidung die eheliche und familiäre Gemeinschaft trifft.[45] Es macht auch einen Unterschied, ob der bereits in der Bundesrepublik Lebende Deutscher oder Ausländer ist, da für Deutsche der Schutz von Art. 11 GG greift[46] (Rn 927). Ferner ist von Bedeutung, wie lange der Ausländer schon in der Bundesrepublik lebt, ob Kinder deutscher Staatsangehörigkeit da sind, ob die Kinder minderjährig sind und ob volljährige Kinder oder Eltern auf die in der Familiengemeinschaft geleistete Lebenshilfe angewiesen sind. 771

bb) Eingriffe in das **Elternrecht** sind zum einen gem. Art. 6 Abs. 2 S. 2 (vgl Rn 766) gerechtfertigt, wenn sie dem *Wohl des Kindes* dienen. Mit der Regelung des Sorgerechts, nach der die Eltern Rücksicht auf die zunehmende Einsichts- und Verantwortungsfähigkeit der Kinder nehmen müssen, trifft der Staat den Ausgleich zwischen dem Elternrecht und erstarkenden Grundrechten der heranwachsenden Kinder. Bei Interessenkollisionen zwischen dem Kind und seinen Eltern kommt den Interessen des Kindes grundsätzlich der Vorrang zu.[47] Der Eingriff in das Elternrecht des 772

---
41 E 76, 1/41 ff; BVerfG, NVwZ 2011, 870 f.
42 Vgl *Weichert*, NVwZ 1997, 1053.
43 BVerwGE 71, 228/232 ff; 105, 35/39 f; 133, 72/82.
44 BVerwGE 77, 164/171 ff; 84, 93/98 f.
45 E 76, 1/49 ff.
46 E 144, 141/150.
47 E 61, 358/378; 72, 122/137; 108, 82/102.

einen Elternteils, der in der Zuweisung des Sorgerechts an den anderen Elternteil liegt, kann durch das Kindeswohl gerechtfertigt sein. Den generellen Ausschluss eines gemeinsamen Sorgerechts hat das BVerfG in zwei Entscheidungen zu Recht als verfassungswidrig verworfen.[48] Allerdings ist es verfassungsgemäß, das nicht eheliche Kind bei seiner Geburt sorgerechtlich zunächst der Mutter zuzuordnen; der Vater darf aber nicht schon deshalb von der Sorgetragung ausgeschlossen werden, weil die Mutter dem nicht zustimmt.[49]

773 Eingriffe in das Elternrecht sind zum anderen durch *kollidierendes Verfassungsrecht* gerechtfertigt. In der Schulhoheit des Staates (Art. 7 Abs. 1) ist eine den Prinzipien der Toleranz und der Neutralität verpflichtete, von Indoktrination freie staatliche Erziehungsgewalt grundgelegt.[50] Sie rechtfertigt auch den Eingriff in das Elternrecht, der in der Schulpflicht der Kinder liegt,[51] nicht aber die Einführung einer allgemeinen Kindergartenpflicht.[52] Im Jugendstrafrecht rechtfertigt das BVerfG Eingriffe in das Elternrecht aus einem „Verfassungsgebot des strafrechtlichen Rechtsgüterschutzes"[53]; das überzeugt für Jugendstrafen unterhalb der Freiheitsstrafen (vgl Rn 776).

774 b) Die Trennung des Kindes von seinen Eltern ist der stärkste Eingriff in das Elternrecht und nach **Art. 6 Abs. 3** nur bei drohender Verwahrlosung zulässig; sie kann ihre Ursache im Versagen der Erziehungsberechtigten oder in anderen Gründen haben. Drohende Vernachlässigung setzt eine gegenwärtige erhebliche Gefahr einer Schädigung des Kindes voraus.[54]

775 Die Schranken-Schranke des Art. 6 Abs. 3 muss auch für die *Adoption eines Kindes* gegen den Willen der Eltern gelten.[55] Die zwangsweise Adoption trennt das Kind nicht einfach von den falschen Eltern, um es den wahren zu geben. Bis zur Trennung sind die natürlichen Eltern die einzigen Eltern; die zwangsweise Adoption muss daher durch *drohende Verwahrlosung* gerechtfertigt werden können. Bei ihrer Annahme ist der Verhältnismäßigkeitsgrundsatz „strikt" zu wahren.[56]

776 Die Auffassung, neben dem Versagen der Erziehungsberechtigten und der drohenden Verwahrlosung der Kinder gebe es noch *andere Trennungsgründe*, z.B. den Vollzug einer Freiheitsstrafe, ist mit Art. 6 Abs. 3 *nicht vereinbar.*[57] Vor Eintritt der Volljährigkeit verbietet Art. 6 Abs. 3 die Einberufung gegen den Willen der Erziehungsberechtigten, und bei der Verhängung einer Freiheitsstrafe verlangt er das Einverständnis der Erziehungsberechtigen, deren Versagen oder aus anderen Gründen drohende Verwahrlosung.

777 c) Als Schranken-Schranke für definierende und zulässigerweise eingreifende Regelungen wirkt die **Institutsgarantie** der Ehe und Familie. Sie hat wie alle Instituts-

---

48 E 61, 358/375 betraf das gemeinsame Sorgerecht geschiedener, E 84, 168/181 das gemeinsame Sorgerecht nicht miteinander verheirateter Eltern.
49 E 127, 132/145 ff; aA noch E 107, 150/169 ff.
50 Vgl BVerfG, NVwZ 1990, 54; BVerwGE 79, 298/301.
51 BVerfG, DVBl. 2003, 999; *Hebeler/Schmidt*, NVwZ 2005, 1368.
52 *Hartman*, DVBl 2014, 478/480.
53 E 107, 104/119.
54 BVerfG, NJW 2014, 2936/2936 f; NJW 2015, 223/224; *Britz*, JZ 2014, 1069/1071 ff.
55 *Coester-Waltjen*, MüK, Art. 6 Rn 100; *v. Coelln*, SA, Art. 6 Rn 85; aA E 24, 119/139 ff.
56 E 60, 79/89; BVerfG, NJW 2006, 1723; 2010, 2333; 2011, 3355 f.
57 Vgl auch *Erichsen*, S. 56.

garantien einen bewahrenden Gehalt. Die soziale und rechtliche Gestalt, die *Ehe und Familie* als Institute geschichtlich gewonnen haben, ist zwar nicht jeder Änderung durch den Gesetzgeber entzogen, muss aber im Kern intakt bleiben.[58] Dieses Prinzip wird erfüllt, wenn die Änderung aus der gesellschaftlichen Entwicklung gewissermaßen wächst und vom Staat nicht als Fremdkörper aufgezwungen wird.

Beispiele: Dem staatlichen Zugriff entzogen sind die Gestalt der Ehe als Einehe, das Erfordernis des Einverständnisses bei Begründung der Ehe, die grundsätzlich lebenszeitliche Dauer der Ehe (E 31, 58/69; 53, 224/245). Dagegen durfte das Eherecht vom Verschuldens- zum Zerrüttungsprinzip übergehen (E 53, 224/245 ff; 55, 134/141 ff) und den Versorgungsausgleich einführen (E 53, 257/299 ff; 71, 364/384 ff). Indem es die Wahlfreiheit beim Ehenamen erweitert, die Aufgabenverteilung in der Ehegemeinschaft den Eheleuten überlassen und ihnen gleichberechtigt Entscheidungsmacht eingeräumt und Familien- und Erwerbsarbeit als gleichwertig eingestuft hat (E 10, 59/66 ff; 48, 327/337; 105, 1/11 ff), ist es nicht nur der gesellschaftlichen Entwicklung gefolgt, sondern hat dem Gleichberechtigungsgebot des Art. 3 Abs. 2 gehorcht (vgl Rn 539 ff).

778

III. Diskriminierungsverbote, Schutz- und Teilhaberechte

Art. 6 enthält in den besonderen Gleichheitssätzen der Abs. 1, 4 und 5 *Diskriminierungsverbote* (vgl Rn 553 f). Soweit es um Benachteiligungen bei der Vergabe staatlicher Leistungen geht, werden diese besonderen Gleichheitssätze zu Teilhaberechten (vgl Rn 155).

779

In seiner objektiv-rechtlichen Funktion beinhaltet *Art. 6 Abs. 1* ferner das Gebot, Ehe und Familie vor Beeinträchtigungen durch gesellschaftliche Kräfte zu schützen und darüber hinaus durch staatliche Maßnahmen zu fördern,[59] zB durch steuerliche Berücksichtigung des Betreuungs- und Erziehungsbedarfs von Kindern.[60] Aus der Elternpflicht (Art. 6 Abs. 2 S. 1) und dem staatlichen Wächteramt (Art. 6 Abs. 2 S. 2) folgt eine Verpflichtung zu kinderwohlgerechtem Handeln, auf das das Kind gem. Art. 2 Abs. 1 einen grundrechtlichen Anspruch hat.[61] Aus Art. 6 Abs. 1 folgen aber keine konkreten Ansprüche auf Teilhabe an bestimmten staatlichen Leistungen.[62]

780

Gleiches gilt für den Anspruch der Mutter und schon der Schwangeren auf Schutz und Fürsorge der Gemeinschaft aus *Art. 6 Abs. 4* und den aus *Art. 6 Abs. 5* folgenden Anspruch des Kindes nicht miteinander verheirateter Eltern auf Verbesserung der Bedingungen für seine leibliche und seelische Entwicklung und gesellschaftliche Stellung. Er bedarf jeweils der gesetzgeberischen Umsetzung, sei es im bürgerlichen Recht und Arbeitsrecht,[63] im Steuer- oder Sozial-, Beamten- oder Dienstrecht.[64] Nur ausnahmsweise können diese Schutz- und Teilhaberechte auch Einzelmaßnahmen erfordern, zB für Besuche von Ehegatten und Kindern von Untersuchungsgefangenen

781

---

58 E 105, 313/348; *Burgi*, Hdb. GR IV, § 109 Rn 31; *Ipsen*, Hdb. StR³ VII, § 154 Rn 47 ff.
59 E 6, 55/76; 87, 1/35; 105, 313/346; BVerwGE 91, 130/133 f.
60 E 99, 216/233 f; vgl dazu *Birk/Wernsmann*, JZ 2001, 218.
61 E 99, 145/156; 103, 89/107.
62 E 39, 316/326; 87, 1/35 f; 110, 412/436, 445.
63 E 84, 133/156.
64 E 82, 60/85; 109, 64/87; 115, 259/270 ff.

Besuchsgelegenheiten zu schaffen⁶⁵ oder die Hauptverhandlung im Strafverfahren gegen eine Schwangere zu vertagen.⁶⁶

782 **Lösungsskizze zum Fall 12 (Rn 744):** I. Der Rechtsstreit zwischen leiblichen Eltern und Pflegeeltern wird im Verfahren der freiwilligen Gerichtsbarkeit geführt. Dies ist ein sog. objektives Verfahren, in dem die leiblichen und die Pflegeeltern nicht die Stellung von Parteien haben, sondern nur antrags- und anhörungsberechtigt sind. Hier spricht der Staat nicht Parteien private Rechte zu, sondern trifft selbst Anordnungen. Die Grundrechte gelten hier lediglich nach Maßgabe der Lehre von der mittelbaren Drittwirkung, sondern unmittelbar. – II. Die Verpflichtung der Pflegeeltern zur Herausgabe des Kindes an die leiblichen Eltern könnte ein Eingriff in das *Elternrecht der Pflegeeltern* sein. Denn „auch die aus dem Kind und den Pflegeeltern bestehende Pflegefamilie (ist) durch Art. 6 Abs. 1 geschützt", und damit wirkt Art. 6 Abs. 2 und 3 bei der Trennung des Kindes von den Pflegeeltern auch zu deren Gunsten (E 68, 176/187). – Ein Eingriff in das Elternrecht, der in der Trennung des Kindes von der Familie liegen könnte, ist gem. Art. 6 Abs. 3 nur bei Versagen der Erziehungsberechtigten und bei sonst drohender Verwahrlosung des Kindes gerechtfertigt. Im vorliegenden Fall haben die Pflegeeltern nicht versagt und droht dem Kind bei den Pflegeeltern auch sonst keine Verwahrlosung. – Dennoch ist die Verpflichtung der Pflegeeltern zu einer Herausgabe des Kindes an die leiblichen Eltern vorliegend gerechtfertigt. Das Verhältnis des Kindes zu den leiblichen Eltern ist auf Dauer, das zu den Pflegeeltern auf Zeit angelegt. Wenn ein Kind wegen drohender Verwahrlosung von den leiblichen Eltern getrennt und zu Pflegeeltern gegeben wird, dann wird nicht der dauernde Verbleib des Kindes bei den Pflegeeltern, sondern die behutsame Rückkehr zu den leiblichen Eltern angestrebt. Wenn bei diesen keine Verwahrlosung mehr droht, endet das Elternrecht der Pflegeeltern. – In der Verpflichtung der Pflegeeltern zur Herausgabe des Kindes an die leiblichen Eltern liegt vorliegend also gar *kein Eingriff* in deren Elternrecht. Der Schutz von Art. 6 Abs. 3 zu Gunsten der Pflegeeltern wirkt zwar, wenn der Staat zugunsten Dritter, nicht aber, wenn er zugunsten der leiblichen Eltern, bei denen dem Kind keine Verwahrlosung mehr droht, handelt. Anders liegt es, wenn die leiblichen Eltern das Kind von den Pflegeeltern nur herausverlangen, um es anderen Pflegeeltern in Obhut zu geben (E 75, 201/220), nochmal anders, wenn die Trennung von den Pflegeeltern die Adoption und dafür zunächst die Adoptionspflege ermöglichen soll (E 79, 51/65). – III. Der rechte *Zeitpunkt* für das Ende des Elternrechts der Pflegeeltern kann jedoch schwer zu bestimmen sein. Die Gefahr, dass die richterliche Anordnung der Herausgabe des Kindes an die leiblichen Eltern den Zeitpunkt falsch ansetzt, bedeutet eine Gefährdung des Elternrechts der leiblichen Eltern und der Pflegeeltern. Durch das Antragsrecht und die Anhörung sowohl der leiblichen Eltern als auch der Pflegeeltern (§ 1632 Abs. 1 bzw 4 BGB, § 160 bzw § 161 FamFG) sind beide Grundrechte immerhin *verfahrensrechtlich* gleichermaßen gesichert; verfahrensrechtlich ist durch die persönliche Anhörung des Kindes (§ 159 FamFG) auch dessen Wohl gesichert. Dadurch ist außerdem gewährleistet, dass der richterlichen Anordnung die relevanten Gesichtspunkte zu Grunde liegen. Im Zweifel verlangt Art. 6 Abs. 2, dass „das Wohl des Kindes immer den Richtpunkt" bildet (E 68, 176/188). – IV. E 68, 176 verfolgt bei dem etwas anders gelagerten Fall einen unterschiedlichen Lösungsweg: Das Gericht sieht zunächst die Elternrechte der leiblichen Eltern und der Pflegeeltern miteinander kollidieren und stellt auch nicht mit der nötigen Deutlichkeit auf den entscheidenden Gesichtspunkt der Verwahrlosung ab. Es löst die Kollision dann von der Dauerhaftigkeit des Elternrechts der leiblichen Eltern und der Vorläufigkeit des Elternrechts der Pflegeeltern her. Eben darum lässt sich aber von einer Kollision der Elternrechte letztlich gar nicht sprechen.

---

65 E 42, 95/101 f; BVerfG, NJW 1995, 1478.
66 BVerfG, NJW 2005, 2382 f.

Literatur: Zu Art. 6 Abs. 1: *J. Benedict*, Die Ehe unter dem *besonderen* Schutz der Verfassung, JZ 2013, 477; *M. Böhm*, Dynamische Grundrechtsdogmatik von Ehe und Familie?, VVDStRL 73 (2013), 211; *D. Classen*, Dynamische Grundrechtsdogmatik von Ehe und Familie?, DVBl. 2013, 1086; *D. Coester-Waltjen*, Art. 6 I GG und der Schutz der Ehe, Jura 2008, 108; *dies.*, Art. 6 I GG und der Schutz der Familie, Jura 2008, 349; *E.B. Franz/T. Günther*, Grundfälle zu Art. 6 GG, JuS 2007, 626, 716; *M. Germann*, Dynamische Grundrechtsdogmatik von Ehe und Familie?, VVDStRL 73 (2013), 257; *C. Gröpl/Y. Georg*, Die Begriffe „Eltern" und „Familie" in der neueren Rechtsprechung des Bundesverfassungsgerichts aus methodischer und verfassungstheoretischer Sicht, AöR 2014, 125; *K. Herzmann*, Der Schutz von Ehe und Familie nach Art. 6 I GG, Jura 2015, 248; *J. Ipsen*, Ehe und Familie, Hdb. StR³ VII, § 154; *T. Kingreen*, Das Grundrecht von Ehe und Familie (Art. 6 I GG), Jura 1997, 401; *N. Koschmieder*, Aktuelle verfassungsrechtliche Probleme zum Schutz von Ehe und Familie, JA 2014, 566; *F.G. Nesselrode*, Das Spannungsverhältnis zwischen Ehe und Familie in Art. 6 des Grundgesetzes, 2007; *S. Rixen*, Das Ende der Ehe? – Neukonturierung der Bereichsdogmatik von Art. 6 Abs. 1 GG: ein Signal des spanisches Verfassungsgerichts, JZ 2013, 864; *D. Schwab*, Familie und Staat, FamRZ 2007, 1; *U. Steiner*, Schutz von Ehe und Familie, Hdb. GR IV, § 108; *F. Wapler*, Familie und Familienschutz im Wandel – zur Entwicklung des Familienbegriffs im öffentlichen Recht, RW 2014, 57. – Zu Art. 6 Abs. 2: *E.-W. Böckenförde*, Elternrecht – Recht des Kindes – Recht des Staates, in: Essener Gespräche, 1980, S. 54; *G. Britz*, Das Grundrecht des Kindes auf staatliche Gewährleistung elterlicher Pflege und Erziehung – jüngere Rechtsprechung des Bundesverfassungsgerichts, JZ 2014, 1069; *M. Burgi*, Elterliches Erziehungsrecht, Hdb. GR IV, § 109; *H.-U. Erichsen*, Elternrecht – Kindeswohl – Staatsgewalt, 1985; *W. Höfling*, Elternrecht, Hdb. StR³ VII, § 155; *M. Jestaedt*, Staatliche Rollen in der Eltern-Kind-Beziehung, DVBl. 1997, 693.

783

§ 16 Schulische Grundrechte und Privatschulfreiheit (Art. 7 Abs. 2–5)

Fall 13: Genehmigung eines privaten Gymnasiums P ist ein bekannter Pädagoge und möchte seine Theorien in die Praxis umsetzen. Er hat einen „Förderverein des P-Gymnasiums" gegründet, der die erforderlichen Mittel für die Errichtung und den Betrieb des privaten Gymnasiums in der Stadt S aufgebracht hat. Der Antrag des Vereins auf Genehmigung des P-Gymnasiums als Ersatzschule wird von der zuständigen Schulbehörde mit der Begründung abgelehnt, in S bestünden schon Gymnasien aller Art und bei dem in den nächsten Jahren zu erwartenden Schülerrückgang sei für ein weiteres Gymnasium kein Bedürfnis vorhanden. Verstößt die Ablehnung gegen Art. 7 Abs. 4? **Rn 803**

784

I. Überblick

Art. 7 Abs. 1 enthält kein Grundrecht, sondern den Auftrag zur staatlichen Schulaufsicht, die nach der Kompetenzordnung des Grundgesetzes die Länder innehaben. Sie umfasst zum einen die Organisation, Planung und Leitung des Schulwesens, zum anderen aber auch die Wahrnehmung eines eigenständigen Bildungs- und Erziehungsauftrags im Schulbereich. Abs. 1 legitimiert damit zugleich auch Eingriffe namentlich in Art. 4 (Rn 641) und Art. 6 Abs. 2 (Rn 773). – Art. 7 Abs. 2 und 3 enthalten Grundrechte im Kontext des Religionsunterrichts, den Art. 7

785

Abs. 3 S. 1 zugleich als Einrichtungsgarantie gewährleistet. Auch Art. 7 Abs. 4 und 5 sind Einrichtungsgarantien der Privatschulen und enthalten zugleich Grundrechte. Art. 7 Abs. 6 verbietet sozial selektierende Vorschulen, die einer Vorbereitung auf weiterführende Schulen dienen, wie sie Anfang des 19. Jh. üblich waren.[1] Entsprechend der überwiegenden Gesetzgebungskompetenz der Länder für diesen Bereich sind die – teilweise ausführlichen – landesverfassungsrechtlichen Grundrechte hier von besonderer Bedeutung. Wegen Art. 5 Abs. 3 erfasst Art. 7 nicht die Hochschulen.

II. Schulische Grundrechte (Art. 7 Abs. 2 und 3)

1. Schutzbereiche

a) Art. 7 Abs. 3 S. 1 und 2

786 Es handelt sich um ein *Grundrecht der Religionsgemeinschaften*, nicht aber auch der Eltern und Schüler.[2] Die Vorschrift konkretisiert Art. 4 Abs. 1 und 2, geht aber hierüber hinaus, denn sie garantiert die Religionsausübung in der Form des Religionsunterrichts *innerhalb* des staatlichen Schulwesens und als Teil der Ausübung öffentlicher Gewalt. Zugleich durchbricht sie die grundsätzliche Trennung von Staat und Kirche; Art. 7 Abs. 3 ist lex specialis zu Art. 137 Abs. 1 WRV iVm Art. 140.

787 *Religionsgemeinschaften* sind nicht nur diejenigen, die die Rechte einer Körperschaft des öffentlichen Rechts erworben haben (vgl Art. 140 iVm Art. 137 Abs. 5 WRV); es genügt die Erlangung einer bürgerlich-rechtlichen Rechtsfähigkeit (vgl Art. 140 iVm 137 Abs. 4 WRV). Unter dieser Voraussetzung kann zB auch islamischer Religionsunterricht in öffentlichen Schulen erteilt werden.[3]

788 Art. 7 Abs. 3 S. 2 garantiert – im Zusammenhang mit S. 1 – den Religionsgemeinschaften, dass Religionsunterricht als ordentliches Lehrfach vorgesehen und *veranstaltet* wird, und zwar unter folgenden tatbestandlichen Voraussetzungen: *Öffentliche Schulen* bezeichnet den Gegensatz zu Privatschulen; es fallen alle Schulen darunter, die vom Staat getragen werden. *Bekenntnisfreie Schulen* meint weltliche, herkömmlicherweise auch Weltanschauungsschulen. Eine *territoriale* Beschränkung ergibt sich aus der Sondervorschrift des Art. 141, von der Berlin, Bremen und die neuen Länder betroffen sind[4] und von der Berlin, Brandenburg und Bremen mit der Einführung eines ethischen und religionskundlichen ordentlichen Lehrfachs neben der Veranstaltung von lediglich freiwilligem Religionsunterricht auch Gebrauch gemacht haben.

789 *Ordentliches Lehrfach* bedeutet, dass der Religionsunterricht unbeschadet der aus Art. 7 Abs. 2 und Abs. 3 S. 3 folgenden Besonderheiten nicht Wahl-, sondern Pflichtfach ist und als solches benotet wird, in den Notendurchschnitt eingeht und verset-

---

1 *Wißmann*, BK, Art. 7 Rn 273.
2 *Brosius-Gersdorf*, DR, Art. 7 Rn 89 f; *Korioth*, NVwZ 1997, 1041/1045 f; aA *Badura*, MD, Art. 7 Rn 66; *Robbers*, MKS, Art. 7 Rn 123.
3 BVerwGE 123, 49/54 ff.
4 *Manssen*, GrundR, Rn 484; *Schmitt-Kammler/Thiel*, SA, Art. 141 Rn 7 ff; *Pieroth/Kingreen*, GS Jeand'Heur, 1995, 265; *Schlink*, NJW 1992, 1008; *Wißmann*, BK, Art. 7 Rn 177; für den Ostteil Berlins BVerwGE 110, 327; aA *v. Campenhausen/Unruh*, MKS, Art. 141 Rn 7 ff; *Germann*, EH, Art. 141 Rn 6.

zungsrelevant ist.[5] Er ist also anderen Fächern grundsätzlich gleichberechtigt. Im System der Jahrgangsklassen muss er jedes Jahr im Fächerkanon vertreten sein; im System der Jahrgangsstufen zählt er zwar zum Pflichtbereich, kann aber auf bestimmte Jahrgangsstufen konzentriert werden. Wegen des Charakters als ordentliches Lehrfach darf die Landesgesetzgebung gewisse Mindestschülerzahlen für die Erteilung des Religionsunterrichts festsetzen.

Die Garantie richtet sich von vornherein nur auf die *inhaltlichen* Fragen des Religionsunterrichts, nicht auf die organisatorischen, die ganz beim Staat liegen. Das BVerfG geht davon aus, der Religionsunterricht sei „in konfessioneller Positivität und Gebundenheit" zu erteilen.[6] Da es die Religionsgemeinschaften sind, die den Religionsunterricht inhaltlich bestimmen sollen, ist auch ihr Selbstverständnis von konfessioneller Positivität und Gebundenheit maßgeblich. Danach ist sowohl ein Religionsunterricht möglich, der eher Verkündigung oder eher Information ist, als auch ein konfessionell-kooperativer, bi-konfessioneller, ökumenischer oder konfessionell geöffneter. Auch die Zulassung bekenntnisfremder Schüler zum Religionsunterricht bemisst sich nach den Grundsätzen der Religionsgemeinschaften.[7] 790

b) Art. 7 Abs. 3 S. 3

Das Recht der Lehrer, die Erteilung von Religionsunterricht *abzulehnen*, ist eine Konkretisierung ihrer Religions- und Weltanschauungsfreiheit und hat vor allem zur Folge, dass dem Lehrer hieraus keine Nachteile entstehen dürfen. Dieses Grundrecht hat insofern selbstständige Bedeutung, als mögliche Beschränkungen der Grundrechte der Lehrer aus Art. 4 Abs. 1 und 2, die mit ihrem Sonderstatus als Beamte begründet werden könnten, hierdurch ausdrücklich ausgeschlossen werden.[8] 791

c) Art. 7 Abs. 2

Das Recht der Erziehungsberechtigten, über die Teilnahme des Kindes am Religionsunterricht zu bestimmen, ist eine Konkretisierung des elterlichen Erziehungsrechts (Art. 6 Abs. 2) und der Religions- und Weltanschauungsfreiheit der Eltern (Art. 4 Abs. 1 und 2). Erziehungsberechtigte sind diejenigen, die nach dem Familienrecht das Recht der Personensorge haben, dh in der Regel die *Eltern* gemeinsam. Das Recht des *Kindes*, nach Erreichen der sog. Religionsmündigkeit (vgl Rn 184) selbst über die Teilnahme am Religionsunterricht zu bestimmen, ergibt sich unmittelbar aus Art. 4 Abs. 1 und 2[9]. 792

2. Eingriffe und verfassungsrechtliche Rechtfertigung

Art. 7 Abs. 2 und 3 unterliegt keinem Gesetzesvorbehalt. Art. 7 Abs. 1 legitimiert die organisatorische Gestaltung des Religionsunterrichts, kann aber darüber hinaus keine Eingriffe rechtfertigen. Kein Eingriff in die Freiheit der Teilnahme am Religionsun- 793

---

5 BVerwGE 42, 346/349; aA *Korioth/Augsberg*, ZG 2009, 223/224.
6 E 74, 244/252.
7 E 74, 244/253.
8 *Badura*, MD, Art. 7 Rn 86.
9 Vgl *Badura*, MD, Art. 7 Rn 84; *Stern*, StR IV/2, S. 518 f.

terricht ist die Pflicht des nicht am Religionsunterricht teilnehmenden Kinds, ersatzweise an einem religiös und weltanschaulich neutralen und dem Religionsunterricht gleichwertigen Ethikunterricht teilzunehmen.[10]

III. Privatschulfreiheit (Art. 7 Abs. 4 und 5)

1. Schutzbereich

794 Art. 7 Abs. 4 S. 1 verbürgt Einzelpersonen und Personenmehrheiten (Art. 19 Abs. 3) das *Grundrecht*, Privatschulen zu errichten. Damit ist auch das Recht gewährleistet, Privatschulen zu betreiben, da sonst die Verbürgung leerliefe. Ferner enthält Art. 7 Abs. 4 S. 1 eine Einrichtungsgarantie der Privatschule als Institution, aber nicht der einzelnen Privatschule.[11]

795 Art. 7 Abs. 4 S. 1 sichert der Privatschule das Recht zur
– Gestaltung des *äußeren Schulbetriebs* (Organisation von Schule und Unterricht),
– Gestaltung des *inneren Schulbetriebs* (Aufstellung von Lehrplänen, Festlegung von Lehrzielen, Lehrstoffen und Lehrmethoden, Auswahl der Lehr- und Lernmittel),
– *freien Schülerwahl* und
– *freien Lehrerwahl*.[12]

796 Nach Art. 7 Abs. 4 und 5 ist begrifflich zu unterscheiden: Privatschulen, die „als Ersatz für eine in dem Land vorhandene oder grundsätzlich vorgesehene öffentliche Schule dienen sollen"[13], nennt man *Ersatzschulen*. Die Privatschulen, die diese Eigenschaft nicht haben, heißen *Ergänzungsschulen*. Art. 7 Abs. 4 S. 1 gilt für Ersatz- und Ergänzungsschulen, Art. 7 Abs. 4 S. 2–4 und Abs. 5 nur für Ersatzschulen.

797 Das Recht zur Errichtung und zum Betrieb von Ersatzschulen ist ein normgeprägtes Grundrecht (vgl Rn 266). Denn da Ersatzschulen öffentliche Schulen ersetzen, müssen sie „ein Mindestmaß an Verträglichkeit mit vorhandenen Schulstrukturen" aufweisen, die landesrechtlich geregelt sind.[14] Dementsprechend ist es zulässig, von einer Ersatzschule zu verlangen, dass mindestens zwei Drittel der Lehrkräfte der Ersatzschule die Anstellungsfähigkeit für das ihrer Tätigkeit entsprechende Lehramt an öffentlichen Schulen besitzen.[15] Als Konsequenz hiervon steht das Recht unter dem in Abs. 4 S. 2 Hs. 1 genannten und gesetzlich ausgestalteten Vorbehalt der *Genehmigung*. Ohne die Genehmigung kann vom Recht kein Gebrauch gemacht werden. Auf ihre Erteilung bzw ihren Fortbestand besteht allerdings bei Vorliegen und Fortdauer folgender Voraussetzungen (S. 3 und 4) ein Anspruch:

– Die Ersatzschule steht in ihren Lehrzielen und Einrichtungen sowie der wissenschaftlichen Ausbildung ihrer Lehrkräfte nicht hinter den öffentlichen Schulen zu-

---
10 BVerfG, NVwZ 2008, 72; BVerwGE 107, 75/80 ff.
11 Vgl E 112, 74/84; *Brosius-Gersdorf*, DR, Art. 7 Rn 107.
12 Vgl E 27, 195/200 f.
13 E 27, 195/201 f; 90, 128/139; BVerfG, NVwZ 2011, 1384; BVerwGE 112, 263/266 f.
14 Vgl BVerwGE 104, 1/7; 112, 263/267 ff; *Kümper*, VerwArch 2016, 121/125 ff.
15 BVerwG, NVwZ 2016, 182/183.

rück. Dabei ist zu berücksichtigen, dass die Freiheit der Methoden- und Formenwahl wesentlicher Bestandteil der Privatschulfreiheit ist, weshalb auch eine monoedukative Ersatzschule die Voraussetzungen erfüllen kann.[16] Das sog. Homeschooling erfüllt diese Voraussetzungen aber schon im Hinblick auf die durch Art. 7 Abs. 1 gedeckte Schulpflicht nicht.[17]

– Sie fördert keine Sonderung der Schüler nach den Besitzverhältnissen der Eltern.[18]
– Sie sichert genügend die wirtschaftliche und rechtliche Stellung der Lehrkräfte.[19]

Bei der *privaten Volksschule*, dh jedenfalls der Grundschule, sind diese Voraussetzungen durch Abs. 5 weiter verschärft. Nach dessen 1. Alternative setzt die Zulassung die Anerkennung eines besonderen pädagogischen Interesses voraus.[20] Nach der 2. Alternative sind auf Antrag von Erziehungsberechtigten und mangels einer öffentlichen Schule Bekenntnis- und Weltanschauungsschulen zuzulassen. 798

Das Landesrecht kennt, mit Ausnahme Nordrhein-Westfalens (Art. 8 Abs. 4 S. 2 nw Verf), neben der Genehmigung noch eine *Anerkennung* als Voraussetzung dafür, dass die Ersatzschulen Berechtigungen (Zeugnisse, Versetzung, Hochschulzugang) mit öffentlich-rechtlicher Wirkung, dh als Beliehene erteilen.[21] Die verfassungsrechtliche Zulässigkeit einer von der Genehmigung gesonderten Anerkennung ist vom BVerfG damit bejaht worden, dass Art. 7 Abs. 4 S. 2 ein herkömmlicher, die Erteilung der Berechtigungen nicht umfassender Ersatzschulbegriff zu Grunde liege, dass die Ordnung des Berechtigungswesens eine „natürliche Aufgabe des Staates" sei und dass die Gegenauffassung zu „unannehmbaren Ergebnissen" führe.[22] Das ist eine fragwürdige Argumentation:[23] Damit die Privatschulen im eigentlichen Sinn als Ersatz für öffentliche Schulen fungieren können, gehört unter heutigen Bedingungen die Erteilung von Berechtigungen mit dazu, und eine Anerkennung neben der Genehmigung hat im Normtext des Art. 7 Abs. 4 keinen Anhalt. 799

Ebenfalls über den Normtext gehen Fragen der *Privatschulförderung* mit öffentlichen Mitteln hinaus. Die Rspr[24] bejaht eine staatliche Schutzpflicht und ein korrespondierendes grundrechtliches Schutzrecht, das private Ersatzschulwesen neben dem öffentlichen Schulwesen zu fördern und seinen Bestand zu schützen. Diese Schutzpflicht soll dann eine Handlungspflicht auslösen, wenn anderenfalls der Bestand des Ersatzschulwesens evident gefährdet wäre; gegenwärtig sei von einer generellen Hilfsbedürftigkeit privater Ersatzschulen auszugehen und eine verfassungsrechtliche Pflicht zur Privatschulförderung mit öffentlichen Mitteln anzunehmen.[25] 800

---

16 BVerwGE 145, 333/345 ff.
17 Anders *Brosius-Gersdorf*, DR, Art. 7 Rn 71 ff; 115; differenzierend *Wißmann*, BK, Art. 7 Rn 95 f.
18 Kritisch im Hinblick auf die Beachtung dieses Gebots in der Praxis *Wrase/Helbig*, NVwZ 2016, 1591.
19 Vgl *Müller*, S. 127 ff; *Stern*, StR IV/2, S. 531 ff.
20 Vgl E 88, 40/47 ff; BVerwG, DVBl. 2000, 706.
21 Vgl BVerwGE 68, 185/187 f; 112, 263/270 f.
22 E 27, 195/204 ff.
23 *Brosius-Gersdorf*, DR, Art. 7 Rn 117; vgl ferner *Müller*, S. 353 ff.
24 E 75, 40, 62 ff; 90, 107/114; 112, 74/83 f; BVerwGE 79, 154/156 f.
25 Zust. *F. Müller*, Die Positivität der Grundrechte, 2. Aufl. 1990, S. 120 ff; krit. *Gramlich*, JuS 1985, 607.

2. Eingriffe und verfassungsrechtliche Rechtfertigung

801 Art. 7 Abs. 4 enthält *keinen Gesetzesvorbehalt*. Auch Art. 7 Abs. 4 S. 2 Hs. 2 („unterstehen den Landesgesetzen") stellt nach Wortlaut, Systematik und Entstehungsgeschichte keine Eingriffsermächtigung dar; er setzt die aus Art. 7 Abs. 1, Abs. 4 S. 2–4 und Abs. 5 folgenden Ausgestaltungsbefugnisse voraus und stellt nur klar, dass es auch bei Ersatzschulen der Landesgesetzgeber ist, der von den Ausgestaltungsbefugnissen Gebrauch macht.[26]

802 Ebenso wie bei den öffentlichen gilt auch bei den Privatschulen Art. 7 Abs. 1 als verfassungsunmittelbare Eingriffsermächtigung. Die Länder haben also auch insoweit die *Schulaufsicht*, die neben organisatorischen auch inhaltliche Befugnisse umfasst (Rn 762). Der staatliche Bildungs- und Erziehungsauftrag gilt daher auch in Privatschulen.[27] Die Schulaufsicht darf den Betrieb privater Ersatzschulen aber nicht wie den der staatlichen Schule bestimmen, sondern nur *überwachen*, ob er die Voraussetzungen von Art. 7 Abs. 4 S. 2–4 und Abs. 5 fortdauernd erfüllt. Entsprechend ist sie zur Aufhebung der Genehmigung und zu allen Maßnahmen befugt, die nach dem Grundsatz der Verhältnismäßigkeit im Einzelfall geeignet, erforderlich und angemessen sind, um beim Betrieb einer Ersatzschule die Einhaltung der genannten Voraussetzungen zu gewährleisten. Bei diesen ist sie allerdings inhaltlich beschränkt.

803 **Lösungsskizze zum Fall 13 (Rn 784):** I. Ein Verein kann Berechtigter aus Art. 7 Abs. 4 sein. Das P-Gymnasium ist eine Ersatzschule, weil Gymnasien in allen Ländern vorgesehene öffentliche Schulen sind. Aus Art. 7 Abs. 4 S. 2–4 ergibt sich daher ein Anspruch auf Genehmigung unter den Voraussetzungen, dass das P-Gymnasium in seinen Lehrzielen und Einrichtungen sowie in der wissenschaftlichen Ausbildung seiner Lehrkräfte nicht hinter anderen Gymnasien zurücksteht, eine Sonderung der Schüler nach den Besitzverhältnissen der Eltern nicht gefördert, dh kein diskriminierendes Schulgeld erhoben wird und auch die wirtschaftliche und rechtliche Stellung der Lehrkräfte genügend gesichert ist. Diese Voraussetzungen sind hier erfüllt. – II. Die Ablehnung der Genehmigung stellt daher einen Eingriff dar. – III. Da der Katalog der Genehmigungsvoraussetzungen abschließend ist, ließe sich die Ablehnung des Antrags des Vereins nur noch mit sonstigen verfassungsrechtlichen Eingriffsrechtfertigungen begründen. Jedoch unterliegt Art. 7 Abs. 4 keinem Gesetzesvorbehalt, und die Schulaufsicht gem. Art. 7 Abs. 1 ist gegenüber Ersatzschulen darauf beschränkt zu überwachen, ob die genannten Voraussetzungen erfüllt werden. Das auf den Besuch der konkurrierenden staatlichen Schulen abstellende Bedürfnis ist keine für die Errichtung oder den Betrieb einer Ersatzschule zulässige Genehmigungsvoraussetzung. Dies gilt sogar bei der nach Art. 7 Abs. 5 schwächer geschützten privaten Volksschule. Die Ablehnung verstößt also gegen Art. 7 Abs. 4.

804 **Literatur:** *M. Jestaedt*, Schule und außerschulische Erziehung, Hdb. StR[3] VII, § 156; *U. Kramer*, Grundfälle zu Art. 7 GG, JuS 2009, 1090; *W. Loschelder*, Schulische Grundrechte und Privatschulfreiheit, Hdb. GR IV, § 110; *B. Pieroth*, Erziehungsauftrag und Erziehungsmaßstab der Schule im freiheitlichen Verfassungsstaat, DVBl. 1994, 949; *C. Rathke*, Öffentliches Schulwesen und religiöse Vielfalt, 2005; *M. Thiel*, Der Erziehungsauftrag des Staates in der Schule, 2000. – Zu II: *U. Hildebrandt*, Das Grundrecht auf Religionsunterricht, 2000; *S. Korioth/I. Augsberg*, Ethik- oder Religionsunterricht?, ZG 2009, 222; *J. Oebbecke*, Reichweite und

---

26 *Badura*, MD, Art. 7 Rn 100.
27 BVerwGE 145, 333/342 f.

Voraussetzungen der grundgesetzlichen Garantie des Religionsunterrichts, DVBl. 1996, 336; *B. Pieroth*, Die verfassungsrechtliche Zulässigkeit einer Öffnung des Religionsunterrichts, ZevKR 1993, 189. – Zu III: *F. Brosius-Gersdorf*, Privatschulen zwischen Autonomie und staatlicher Aufsicht, VerwArch 2012, 389; *F. Hufen/J.P. Vogel*, Keine Zukunftsperspektiven für Schulen in freier Trägerschaft?, 2006; *B. Kümper*, Die Akzessorietät der privaten Ersatzschule zwischen Bundesverfassungsrecht und Landesrecht, VerwArch 2016, 120; *F. Müller*, Das Recht der Freien Schule nach dem Grundgesetz, 2. Aufl. 1982; *M. Ogorek*, Der Schutz anerkannter Ersatzschulen durch das Grundrecht der Privatschulfreiheit, DÖV 2010, 341.

§ 17 Versammlungsfreiheit (Art. 8)

Fall 14: Die wirksame Versammlungsauflösung (nach E 87, 399) T ist Teilnehmer einer Sitzblockade vor der örtlichen Kaserne. Die mehrtägige Aktion war zwar nicht angemeldet, aber öffentlich angekündigt worden. Das zuständige Landratsamt hatte daraufhin eine Verfügung erlassen, die Auflagen gemäß § 15 Abs. 1 VersG enthielt. Dennoch wird die Sitzblockade von der Polizei aufgelöst und werden die Zufahrten zur Kaserne geräumt. Gegen T, der sich trotz der Auflösungsverfügung nicht unverzüglich entfernt, erlässt das Landratsamt nunmehr einen Bußgeldbescheid wegen Verstoßes gegen § 29 Abs. 1 Nr 2, Abs. 2 VersG. Den dagegen erhobenen Einspruch weist das Amtsgericht unter Hinweis auf die Wirksamkeit der Auflösungsverfügung zurück und verurteilt T zu einer Geldbuße. Verstößt seine Verurteilung gegen Art. 8? **Rn 834**

805

I. Überblick

Das Grundrecht der Versammlungsfreiheit schützt eine Form der Kommunikation mit anderen, das Sich-Versammeln. Wie Art. 5 und 9 wird es daher als Kommunikationsgrundrecht bezeichnet; es wird auch Demonstrationsgrundrecht genannt. Die Versammlungsfreiheit schützt öffentliche und nichtöffentliche Versammlungen. Indem sie nur für Versammlungen unter freiem Himmel einen qualifizierten Gesetzesvorbehalt enthält, schützt sie Versammlungen in geschlossenen Räumen vorbehaltlos. – Das Versammlungsrecht fällt seit der Föderalismusreform I im Jahre 2006 in die Gesetzgebungskompetenz der Länder. Für die Länder, die noch kein eigenes Versammlungsgesetz erlassen haben, gilt nach Art. 125a Abs. 1 S. 1 das auf Art. 74 Abs. 1 Nr. 3 a.F. gestützte Versammlungsgesetz des Bundes (VersG) weiter.

806

II. Schutzbereich

1. Versammlungsbegriff

Eine Versammlung ist eine örtliche Zusammenkunft von zumindest zwei[1] Personen.[2] Dieses Zusammenkommen muss eine *innere Verbindung* aufweisen, die sich in einer gemeinsamen Zweckverfolgung manifestiert. Keine Versammlungen, sondern bloße Ansammlungen sind daher ein Menschenauflauf bei einem Verkehrsunfall oder die

807

---

1 VGH Mannheim, VBlBW 2008, 60; *Höfling*, SA, Art. 8 Rn 9; *Stern*, StR IV/1, S. 1197 f.
2 E 69, 315/342 f; 104, 92/104.

Zuhörerschaft bei einem klassischen Konzert, wo alle zwar den gleichen, aber keinen gemeinsamen Zweck verfolgen, weil sie einander für die Zweckverfolgung nicht brauchen. Doch auch bloße Ansammlungen können zu Versammlungen werden, wenn sich die anfangs fehlende innere Verbindung einstellt.[3]

808 Streitig ist, ob der *gemeinsame Zweck* in gemeinsamer Meinungsbildung und -äußerung liegen muss. Weiter ist streitig, ob diese Meinung öffentliche Angelegenheiten betreffen muss (so der engste Versammlungsbegriff)[4] oder ob die Erörterung irgendwelcher Angelegenheiten ausreicht. Diese Ansichten stützen sich auf die Komplementärfunktion der Versammlungsfreiheit zur Meinungsfreiheit, wobei die Vertreter des engsten Versammlungsbegriffs zusätzlich darauf hinweisen, dass nach der geschichtlichen Erfahrung, die zu Art. 8 geführt hat, vor allem politische Versammlungen staatlichen Eingriffen ausgesetzt waren.

809 **Beispiele:** Unstreitig Versammlungen sind nach allen Auffassungen politische Diskussionsveranstaltungen oder Demonstrationen; wissenschaftliche Kongresse, Betriebs- oder Gesellschafterversammlungen fallen nach dem engsten Versammlungsbegriff aus dem Schutzbereich heraus; rein gesellige Zusammenkünfte sind vom Schutz des Art. 8 nur umfasst, wenn man für eine Versammlung nicht den Zweck gemeinsamer Meinungsbildung und -äußerung fordert.

810 Die Einschränkung des Versammlungsbegriffs auf die Erörterung *öffentlicher Angelegenheiten* ist *nicht haltbar*. Sie ergibt sich weder aus dem Wortlaut noch aus der systematischen Stellung des Art. 8. Die Tatsache, dass sich der Kampf um die Versammlungsfreiheit historisch gesehen vorwiegend an politischen Zusammenkünften entzündet hat, schließt nicht aus, andere Treffen ebenfalls als schützenswert anzusehen.

811 Doch auch die Beschränkung auf die gemeinsame Meinungsbildung und -äußerung vermag nicht zu überzeugen. Den Schutz speziell der meinungsbildenden und -äußernden Versammlung gewährleistet Art. 8 *iVm* Art. 5,[5] sodass auf einen bestimmten Inhalt des *Versammlungszwecks* neben dem der inneren Verbindung ganz *verzichtet* werden kann[6]. Gegen die einengende Auslegung des Art. 8 spricht ferner der Zusammenhang mit der freien Entfaltung der Persönlichkeit (Art. 2 Abs. 1): Das Grundrecht der Versammlungsfreiheit soll die drohende Isolierung des Einzelnen verhindern und (gemeinsam mit Art. 9) die Persönlichkeitsentfaltung in Gruppenform gewährleisten.[7] Das BVerfG fasst den Versammlungsbegriff mittlerweile enger und möchte den Zweck auf die Teilhabe an der öffentlichen Meinungsbildung beschränken.[8] Früher neigte es zum weiten Versammlungsbegriff und überzeugte damit mehr:[9] Es sah „Versammlungen und Aufzüge ... als Ausdruck gemeinschaftlicher, auf Kommunikation angelegter Entfaltung (ge)schützt. Dieser Schutz ist nicht auf Veranstaltungen beschränkt, auf denen argumentiert und gestritten wird, sondern umfasst vielfältige

---

3 *Kunig*, MüK, Art. 8 Rn 14.
4 Vgl *v. Mangoldt/Klein*, GG, 2. Aufl. 1957, Art. 8 Anm. III 2.
5 E 69, 315/344 ff.
6 Ebenso *Sachs*, VerfR II, Kap. 20 Rn 4; *Schulze-Fielitz*, DR, Art. 8 Rn 27.
7 *Gusy*, MKS, Art. 8 Rn 9.
8 E 104, 92/104; BVerfG, NVwZ 2011, 422; krit. *Michael/Morlok*, GR, Rn 272; *Möllers*, NJW 2005, 1973/1974 f; *Stern*, StR IV/1, S. 1206 ff.
9 E 69, 315/343; vgl dagegen *Hoffmann-Riem*, Hdb. GR IV, § 106 Rn 46 Fn 167.

Formen gemeinsamen Verhaltens bis hin zu nichtverbalen Ausdrucksformen". Auch Art. 11 EMRK spricht für einen weiten Versammlungsbegriff. Er schützt die Versammlungs- gemeinsam mit der nicht auf politische Zwecke beschränkten Vereinigungsfreiheit, was systematisch gegen eine Beschränkung der Versammlungsfreiheit auf politische Meinungsäußerungen spricht.[10]

Beispiele: Gemeinsames Musizieren stellt daher ebenso wie ein Vereinsabend eine Versammlung dar. Bei dem Besuch kultureller und sportlicher Veranstaltungen kommt es darauf an, ob eine innere Verbindung mit anderen vorliegt. So gibt es Kinovorführungen, Konzerte und Sportfeste, bei denen gerade das Zusammenkommen mit anderen von besonderer Bedeutung ist (zB Kultfilme, Rockkonzerte, Public viewing). Treten die Teilnehmer dagegen nicht als Akteure, sondern als bloße Konsumenten in Erscheinung, bilden sie keine Versammlung. Vom Standpunkt des BVerfG fallen alle diese Veranstaltungen aus dem Versammlungsbegriff heraus (vgl für die Love-Parade BVerfG, NJW 2001, 2459; BVerwGE 129, 42/45 ff; zur Kundgebung von Inlineskatern OVG Münster, NVwZ 2001, 1316; zu Flashmobs *Neumann*, NVwZ 2011, 1171/1174; *Levin/Schwarz*, DVBl. 2012, 10). 812

Entgegen vereinzelt im Schrifttum vertretener Ansicht[11] setzt eine Versammlung im Sinn von Art. 8 GG die körperliche Versammlung der Teilnehmer voraus. Es ist gerade die körperliche Präsenz der Teilnehmer, die ihre besondere Schutzwürdigkeit begründet. Auf der einen Seite ist es gerade die körperliche Präsenz der Versammlungsteilnehmer, die sie besonders bedrohlich macht, weil sie immer das Potential hat, in weitergehende, schwer beherrschbare politische Aktionen umzuschlagen. Versammlungen waren daher immer schon bevorzugte Objekte staatlicher Repression. Auf der anderen Seite begründet das Einstehen mit dem eigenen Körper aber auch eine besondere und unmittelbare Verwundbarkeit, die des besonderen Schutzes gegen staatliche Übergriffe bedarf. Diese zweifach besondere Gefährdungslage, die gerade in der körperlichen Präsenz der Teilnehmer begründet liegt, besteht für virtuelle „Versammlungen" in Chat-Räumen oder Internet-Foren nicht. Sie sind keine Versammlungen im Sinn der Versammlungsfreiheit. Mangels physischer Präsenz kann sich auch ein Redner, dessen Rede auf einer am Versammlungsort aufgestellten Videoleinwand fernübertragen wird, nicht auf die Versammlungsfreiheit berufen,[12] allerdings fällt die Integration der Videoübertragung in das Versammlungsgeschehen in die durch Art. 8 GG geschützte Gestaltungsfreiheit (Rn 824) der physisch präsenten Veranstalter und Teilnehmer. 813

2. Friedlichkeit und Waffenlosigkeit

Der sachliche Schutzbereich wird von Art. 8 Abs. 1 auf friedliche Versammlungen ohne Waffen begrenzt. *Waffen* sind neben den Waffen iSd § 1 WaffG (Pistole, Dolch, Schlagring) auch gefährliche Werkzeuge (Baseballschläger, Eisenketten), wenn sie zum Zweck des Einsatzes mitgeführt werden.[13] Keine Waffen sind reine Schutzge- 814

---

10 Vgl. zu dieser allerdings umstrittenen Ansicht *Marauhn*, in: Ehlers (Hrsg.), Europäische Grundrechte und Grundfreiheiten, 4. Aufl. 2014, § 4 Rn 61.
11 *Pötters/Werkmeister*, Jura 2013, 5/9.
12 Vgl OVG Münster, NVwZ 2017, 648/649, das allerdings den Grundrechtsschutz des Redners bereits wegen seiner Funktion als Staatsoberhaupt ausschließt.
13 *Schulze-Fielitz*, DR, Art. 8 Rn 46; weiter („an sich harmlose Gegenstände") *Kloepfer*, VerfR II, § 63 Rn 15.

genstände (Gasmasken, Schutzbrillen); der hierfür häufig gebrauchte Ausdruck „passive Bewaffnung" ist irreführend.[14]

815 Wann eine Versammlung *friedlich* ist, wird unbestimmt und untauglich definiert, wenn mit dem BGH[15] auf die „Störung des staatsbürgerlichen Friedens" abgestellt wird. Eine andere Definition, nach der jede Rechtsverletzung zur Unfriedlichkeit führt, leistet zwar klare Abgrenzungen, interpretiert aber schon in Art. 8 Abs. 1 den Gesetzesvorbehalt hinein, den erst Art. 8 Abs. 2 enthält.[16] Ein Gesetzesvorbehalt wird sogar dann in Art. 8 Abs. 1 hineininterpretiert, wenn zwar nicht jede Rechtsverletzung, wohl aber jeder Verstoß gegen das Strafrecht als Unfriedlichkeit gewertet wird. Denn dem Gesetzgeber steht frei, welche Verhalten er strafrechtlich sanktioniert. Unfriedlichkeit kann also auch nicht mit Strafrechtswidrigkeit gleichgesetzt werden.[17]

816 Traditionell wird Friedlichkeit in Anlehnung an §§ 5 Nr. 3, 13 Abs. 1 Nr. 2 VersG in der Weise definiert, dass die Versammlung nicht „einen gewalttätigen oder aufrührerischen Verlauf nimmt". Auch das BVerfG hat den „Einklang" zwischen dem grundrechtlichen Ausschluss unfriedlicher und dem versammlungsgesetzlichen Verbot gewalttätiger, aufrührerischer Versammlungen festgestellt.[18] Die Bestimmung der unfriedlichen als einer gewalttätigen, aufrührerischen Versammlung bedarf allerdings der *Präzisierung*.

817 Der Begriff der *Gewalttätigkeit* fordert seit jeher die aktive körperliche Einwirkung des Täters auf Personen oder Sachen. Überwiegend wird verlangt, dass die körperliche Einwirkung aggressiv und von einiger Erheblichkeit ist.[19] Der Begriff der Gewalttätigkeit ist damit enger als der heutige Begriff der Gewaltanwendung, der jede körperliche Zwangswirkung beim Opfer genügen lässt. Der Begriff *„aufrührerisch"* bezieht sich seit alters zum einen auf den Umsturz als das Ziel der Versammlung, zum anderen auf das Mittel des aktiven gewaltsamen Widerstands gegen rechtmäßig handelnde Vollstreckungsbeamte. Da die Frage, inwieweit auf einer Versammlung umstürzlerische Meinungen geäußert und propagiert werden dürfen, heute nach Maßgabe von Art. 5 zu beantworten ist, ist im Rahmen von Art. 8 nur das Merkmal des gewaltsamen Widerstands relevant. Es erfordert, wie das Merkmal der Gewalttätigkeit, die aktive körperliche Einwirkung, lässt aber, anders als das Merkmal der Gewalttätigkeit, auch eine geringfügige Einwirkung von geringfügiger Aggressivität genügen.[20]

818 **Beispiele:** Eine Sitzblockade ist entgegen der früheren (vgl E 73, 206/257 ff; BGHSt 35, 270) und Tendenzen der neueren Rspr (E 104, 92/101 f; BVerfG, NJW 2011, 3020; BGHSt 41, 231/241) keine Gewalt (E 92, 1/16 ff; abw. M. E 104, 124 ff; *Rusteberg*, NJW 2011, 2999). Das Grundrecht der Versammlungsfreiheit stellt aber jedenfalls hohe Anforderungen an die Annahme der Verwerflichkeit iSv § 240 Abs. 2 StGB (BVerfG, NJW 2011, 3020 ff). – Beim Werfen mit sog. weichen Gegenständen (zB Tomaten, Eiern) ist nach den oben ausgeführten Kriterien

---

14 Vgl *Depenheuer*, MD, Art. 8 Rn 91; *Hoffmann-Riem*, Hdb. GR IV, § 106 Rn 61.
15 BGH, DVBl. 1951, 736.
16 *Hoffmann-Riem*, Hdb. GR IV, § 106 Rn 56.
17 E 73, 206/248; *Höfling*, SA, Art. 8 Rn 30; *Kloepfer*, VerfR II, § 63 Rn 21.
18 E 73, 206/249; vager E 104, 92/106.
19 *Lenckner/Sternberg-Lieben*, in: Schönke/Schröder, StGB, 28. Aufl. 2010, § 125 Rn 5.
20 *Rudolphi*, Systematischer Kommentar zum StGB, § 125 Rn 5.

zu differenzieren; entscheidend ist sowohl, gegen wen das Werfen gerichtet ist, als auch ob es bloßen Happening-Charakter hat oder Verletzungen intendiert und bewirkt.

Gesondert zu würdigen ist das unfriedliche Verhalten *Einzelner*. Werden die Rechtsverstöße nicht von der Gesamtgruppe getragen, sondern gehen sie nur von Einzelnen innerhalb einer ansonsten friedlichen Versammlung aus, so wird dadurch die Friedlichkeit der Versammlung insgesamt nicht beeinträchtigt.[21] Die Versammlung wird aber unfriedlich, wenn sich die Versammlungsleitung oder die Mehrzahl der Teilnehmer mit dem unfriedlichen Verhalten Einzelner solidarisieren.[22] 819

Unfriedlich ist eine Versammlung schließlich auch dann schon, wenn ein gewalttätiger, aufrührerischer Verlauf *droht*, also unmittelbar bevorsteht. Hierfür ist jedoch die Vermummung von Versammlungsteilnehmern allein kein ausreichendes Indiz.[23] 820

Beispiele: Als nicht mehr von Art. 8 Abs. 1 gedeckt wurden angesehen der Aufruf zu verbrecherischen Handlungen (VG Köln, NJW 1971, 210/211); Sperraktionen gegen die Auslieferung von Zeitungen (BGH, NJW 1972, 1366/1367; NJW 1972, 1571/1573); Behinderung einer Versammlung durch Gegendemonstrationen (OVG Saarlouis, JZ 1970, 283; vgl auch *Rühl*, NVwZ 1988, 577). 821

3. Versammlungen in geschlossenen Räumen und unter freiem Himmel

Die metaphorische Unterscheidung zwischen Versammlungen unter freiem Himmel und in geschlossenen Räumen ist keine architektonische, sondern eine soziale. Sie gilt der besonderen Gefährdung und Gefährlichkeit von Versammlungen, die an einem Ort stattfinden, wo sich auch der allgemeine Publikumsverkehr bewegt. Durch den Kontakt mit dem allgemeinen Publikumsverkehr können sich Spannungen und Konflikte ergeben, die Versammlungen besonders störanfällig und gefährlich machen. Orte unter freiem Himmel – wie öffentliche Straßen und Plätze – verfügen in der Regel nicht über bauliche seitliche Begrenzungen. Es können aber auch Flächen in Einkaufszentren oder Flughäfen sein, wenn diese dem allgemeinen Publikumsverkehr geöffnet sind.[24] Soweit sie in der Hand privater Eigentümer liegen, geht damit eine Beschränkung ihrer Grundrechte einher, die aber zur Verwirklichung der Versammlungsfreiheit grundsätzlich gerechtfertigt ist.[25] 822

Diese raumbezogene Abgrenzung ist nicht zu verwechseln mit der für die Anwendung des Versammlungsgesetzes bedeutsamen Abgrenzung zwischen *öffentlichen und nichtöffentlichen* Versammlungen, die sich allein nach der für jedermann bestehenden oder nicht bestehenden Zugänglichkeit bemisst.[26] Für diese Unterscheidung kommt es nicht darauf an, ob die Versammlung gegenüber dem allgemeinen Publikumsverkehr abgeschirmt ist, sondern darauf, ob die Versammlung selbst öffentlich ist. Bei öffentlichen Versammlungen unter freiem Himmel treffen die Versamm- 823

---

21 E 69, 315/359 ff.
22 *Gusy*, MKS, Art. 8 Rn 24.
23 *Gusy*, MKS, Art. 8 Rn 25; *Hoffmann-Riem*, Hdb. GR IV, § 106 Rn 59; aA *Depenheuer*, MD, Art. 8 Rn 86.
24 E 128, 226/255; BGH, NJW 2015, 2892/2893; *Enders*, JZ 2011, 577 ff; *Kersten/Meinel*, JZ 2007, 1127/1131; zur zeitweisen Zulassung der Öffentlichkeit BVerfG, NJW 2014, 2706/2707.
25 BVerfG, NJW 2015, 2485/2485 f = JK 3/2016.
26 *Gusy*, MKS, Art. 8 Rn 60; *Kloepfer*, VerfR II, § 63 Rn 27.

lungsöffentlichkeit und die allgemeine Publikumsöffentlichkeit aufeinander, gerade hieraus können sich die besonderen Spannungen ergeben.

4. Umfang der Gewährleistung

824 Art. 8 schützt die Versammlung unabhängig davon, ob sie angemeldet ist.[27] Geschützte Verhaltensweisen sind die Organisation und Vorbereitung der Versammlung (Versendung von Einladungen, Werbung), die Wahl von Ort, Zeit, Ablauf und Gestaltung der Versammlung (etwa Einsatz von Megafonen und Lautsprechern).[28] Die Freiheit der Wahl des Ortes erfasst jedenfalls alle öffentlichen Flächen im Gemeingebrauch, auch solche, die zwar nach ihrem Widmungszweck an sich nicht für Versammlungen angelegt sind (wie ein Friedhof), in denen aber im konkreten Fall tatsächlich allgemeine Kommunikation (etwa in Gestalt einer Gedenkveranstaltung) stattfindet.[29] Darüber hinaus hat das BVerfG die Garantie auch auf solche privaten Flächen erstreckt, die die Funktion eines öffentlichen Raums übernehmen, der dem allgemeinen Publikumsverkehr geöffnet ist.[30] Geschützt ist auch die An- und Abreise[31] zum Versammlungsort, die Leitung sowie die Teilnahme an der Versammlung, gleichgültig ob die Teilnahme das Anliegen der Versammlung teilt oder sich kritisch dazu verhält. Nicht geschützt sind der Zutritt zu einer Versammlung und die Anwesenheit auf ihr, wenn sie in der Absicht geschehen, die Versammlung zu verhindern, statt an ihr teilzunehmen.[32] Art. 8 enthält auch die negative Versammlungsfreiheit, dass niemand zur Teilnahme an oder Bildung von Versammlungen gezwungen werden darf.[33]

III. Eingriffe

825 In Art. 8 Abs. 1 werden zwei Eingriffsfälle genannt: *Anmeldungs- und Erlaubnispflicht*. Eingriffe sind, mit ihren strafrechtlichen Sanktionen, auch Verbote und Auflösungen von Versammlungen, Auflagen, Ausschließungen einzelner Teilnehmer, Behinderungen und Beschränkungen bei Anfahrt und Abreise.[34] Das Grundrecht kann schließlich auch durch faktische Maßnahmen beeinträchtigt werden, die in ihrer Intensität imperativen Maßnahmen gleichstehen und eine abschreckende Wirkung haben, wie etwa eine als Boykottaufruf zu verstehende Pressemitteilung.[35] Auch für die Eingriffsqualität *staatlicher Überwachungsmaßnahmen* soll es auf den Abschreckungseffekt ankommen: Da auch die innere Entschlussfreiheit, an einer Versammlung teilzunehmen, geschützt werde, liege ein Eingriff vor, wenn die Angst vor staatlicher Überwachung dazu führe, dass man lieber auf die Grundrechtsausübung ver-

---

27 E 69, 315/351; BVerfG, NJW 2014, 2706/2707 = JK 8/2015.
28 OVG Berlin-Brandenburg, NVwZ-RR 2009, 370; *Gusy*, MKS, Art. 8 Rn 30.
29 BVerfG, NJW 2014, 2706/2707 = JK 8/2015.
30 E 128, 226/250 ff; BVerfG, NJW 2015, 2485/248 = JK 3/2016.
31 *Benda*, BK, Art. 8 Rn 35 f; *Geis*, FH, Art. 8 Rn 30 ff.
32 E 84, 203/209 f.
33 E 69, 315/343; aA *Gusy*, MKS, Art. 8 Rn 33; *Hoffmann-Riem*, Hdb. GR IV, § 106 Rn 81.
34 E 69, 315/349; 87, 399/409; BVerfG, NVwZ 2007, 1181, 1184.
35 BVerfG, NVwZ-RR 2016, 241/242.

zichte.³⁶ Von daher hat das BVerfG einen Eingriff bei „exzessive(n) Observationen und Registrierungen"³⁷ angenommen. Damit ist das Wesentliche noch nicht hinreichend erfasst, weil unklar bleibt, welche Überwachung „exzessiv" ist, und weil Angst auch bei „normaler" Überwachung entstehen kann. Vielmehr ist ein Eingriff immer dann anzunehmen, wenn es um die Beobachtung und Registrierung gerade der Versammlung oder ihrer Teilnehmer gerade in dieser Eigenschaft geht.³⁸

Beispiele: Die Observation eines einer Straftat Verdächtigen wird nicht dadurch zu einem Eingriff in die Versammlungsfreiheit, dass der Verdächtige an einer Versammlung teilnimmt. Ebenso verhält es sich bei der Beobachtung von gegen die Verfassung gerichteten Aktivitäten bestimmter Personen oder Gruppen. Gilt die Beobachtung dagegen der Frage, ob die Versammlung oder die Teilnahme an ihr selbst eine gegen die Verfassung gerichtete oder sonst rechtswidrige Aktivität ist, so liegt ein Eingriff in Art. 8 vor (*Henninger*, DÖV 1998, 713/715). Eingriffe sind auch polizeiliche Bildaufnahmen von Versammlungen (OVG Lüneburg, NVwZ-RR 2016, 98/99 = JK 8/2016) sowie die beiderseitige Begleitung eines Demonstrationszugs durch mit Einsatzanzug, Helm und Schlagstock ausgerüstete Polizeibeamte (OVG Bremen, NVwZ 1990, 1188/1189).

826

IV. Verfassungsrechtliche Rechtfertigung

1. Schranken

a) Der Gesetzesvorbehalt des Art. 8 Abs. 2 gilt nur für *versammlungsspezifische Eingriffe*. Für meinungsspezifische Eingriffe in Versammlungen, die durch Art. 8 iVm Art. 5 geschützt sind (vgl Rn 811), bestimmt sich die verfassungsrechtliche Rechtfertigung nach Art. 5 Abs. 2³⁹ mit der Folge, dass das Vorgehen gegen Versammlungen meinungsneutral sein muss und gegen rechte und rechtsextremistische Versammlungen nicht anders erfolgen darf als gegen linke und linksextremistische oder Mainstream-Versammlungen⁴⁰.

827

Art. 8 Abs. 2 enthält einen *qualifizierten Gesetzesvorbehalt*, weil er an eine bestimmte Situation („unter freiem Himmel") anknüpft⁴¹ (vgl Rn 307). Von ihm macht va die Versammlungsgesetze Gebrauch, die aber grundsätzlich nur für öffentliche, dh jedermann zugängliche Versammlungen gelten. Weitere Einschränkungen enthalten die Polizei- und Ordnungsgesetze, Bannmeilengesetze bzw. Gesetze über befriedete Bezirke,⁴² Sonn- und Feiertagsgesetze,⁴³ Straßen- und Wegegesetze sowie das Straßenverkehrsrecht.⁴⁴ Allerdings zählt die Ausübung der Versammlungsfreiheit zum Gemeingebrauch und tritt hinter dem Straßenverkehr keineswegs zurück.⁴⁵ Auch das zi-

828

---

36 E 65, 1/43; ebenso *Hoffmann-Riem*, Hdb. GR IV, § 106 Rn 31; *Kloepfer*, VerfR II, § 63 Rn 46.
37 E 69, 315/349.
38 *Bäumler*, JZ 1986, 469/471; vgl auch *Depenheuer*, MD, Art. 8 Rn 126.
39 Vgl auch E 82, 236/258 ff.
40 Vgl E 111, 147/154 f; BVerfG, NJW 2001, 2069, 2072, 2075, 2076; *Dörr*, VerwArch 2002, 485; *Kloepfer*, VerfR II, § 63 Rn 61; *Röger*, Versammlungsfreiheit für Neonazis?, 2004, S. 65 ff; aA E 124, 300/327 ff (vgl Rn 667 f); *Hufen*, StR II, § 30 Rn 38.
41 Vgl auch *Stern*, StR IV/1, S. 1261; aA *Hufen*, StR II, § 30 Rn 22.
42 Vgl *Werner*, NVwZ 2000, 369; *Dietrich*, DÖV 2010, 683.
43 Krit. *Arndt/Droege*, NVwZ 2003, 906.
44 *v. Mutius*, Jura 1988, 79/81 ff.
45 BVerfG, NVwZ 1992, 53 (zu Art. 5 Abs. 1 S. 1 GG); *Dietz*, AöR 2008, 556.

vilrechtliche Hausrecht gem. § 903 S. 1, § 1004 BGB kann eine Schranke darstellen, die aber für den staatlichen Hausrechtsinhaber keine weitergehenden Eingriffe rechtfertigt als das Versammlungsrecht.[46]

829 **b)** **Art. 17a Abs. 1** enthält einen **Gesetzesvorbehalt** (vgl Rn 709) für das Wehr- und Ersatzdienstverhältnis. Die besondere Bedeutung dieses neben Art. 8 Abs. 2 bestehenden Vorbehalts liegt in der Möglichkeit, auch Versammlungen in geschlossenen Räumen zu reglementieren. Das Zivildienstgesetz hatte von dieser Ermächtigung keinen Gebrauch gemacht. Anders ist die Lage bei Soldaten. Diese dürfen zB nach § 15 Abs. 3 SG nicht in Uniform an politischen Veranstaltungen, dh auch nicht an politischen Versammlungen in geschlossenen Räumen, teilnehmen.[47]

830 **c)** Die Einschränkungen, die die Versammlungsgesetze für Versammlungen in geschlossenen Räumen vorsehen, sind nicht durch den Gesetzesvorbehalt gedeckt. Sie dienen zum einen dazu, die Schutzbereichsgrenzen der Friedlichkeit und Waffenlosigkeit einfach-rechtlich nachzuziehen. Zum anderen sind sie gerechtfertigt, soweit sie zum Schutz **kollidierenden Verfassungsrechts** geboten sind.

831 **Beispiel:** Die Polizei erhält Kenntnis davon, dass möglicherweise eine Bombe in einer öffentlichen Versammlung in einem geschlossenen Raum detonieren wird. Um keine Panik hervorzurufen, löst die Polizei die Versammlung kurzerhand auf. Dieses Vorgehen ist durch § 13 Abs. 1 Nr 2, 2. Alt. VersG („unmittelbare Gefahr für Leben und Gesundheit der Teilnehmer") gedeckt, der seinerseits als Konkretisierung des insoweit mit Art. 8 Abs. 1 kollidierenden Art. 2 Abs. 2 S. 1 anzusehen ist (vgl auch *Gallwas*, JA 1986, 484/488; *Krüger*, DÖV 1997, 13). Spielt der Fall in einer nichtöffentlichen Versammlung, dient die entsprechend restriktiv zu interpretierende polizeirechtliche Generalklausel als Ermächtigungsgrundlage (*v. Coelln*, NVwZ 2001, 1234).

832 Zweifelhaft ist die Verfassungsmäßigkeit der *Pflicht zur Bestellung eines Leiters* (§ 7 Abs. 1 VersG). Bei größeren Versammlungen lässt sie sich damit rechtfertigen, dass ohne einen Veranstalter solche Versammlungen faktisch nicht organisiert werden können und die Pflicht zur Bestellung eines Leiters damit der Verwirklichung der Versammlungsfreiheit selbst dient. Das gilt aber nicht für kleinere Zusammenkünfte. Die ausnahmslose Pflicht zur Bestellung eines Leiters ist daher verfassungswidrig.[48]

2. Verbot von Anmelde- und Erlaubnispflicht

833 Der ausdrückliche Ausschluss von Anmeldung und Erlaubnis in Art. 8 Abs. 1 stellt wie das Zensurverbot (vgl Rn 649, 710 ff) eine Schranken-Schranke dar.[49] Die Versammlungsgesetze dürfen daher die Anmeldung nicht zur Pflicht machen und ihre Nichterfüllung nicht sanktionieren. Sie dürfen lediglich eine Obliegenheit zur Anmeldung statuieren, deren Erfüllung gewährleistet, dass die Polizei rechtzeitig vom Vorhaben der Versammlung weiß und zum Schutz ihres reibungslosen, verkehrssicheren Ablaufs und damit zum Schutz der öffentlichen Sicherheit oder Ordnung ausreichende Maßnahmen treffen kann. Bei Nichterfüllung der Obliegenheit gibt es nicht die au-

---

46 Vgl E 128, 226/262 f; krit. *Enders*, JZ 2011, 579 f.
47 *Kloepfer*, VerfR II, § 63 Rn 53; aA E 57, 29/35 f: Schutzbereich nicht einschlägig.
48 *Hoffmann-Riem*, Hdb. GR IV, § 106 Rn 74; aA *Depenheuer*, MD, Art. 8 Rn 150.
49 *Wege*, NVwZ 2005, 900.

tomatische Sanktion der Auflösung; die Versammlung riskiert lediglich, dass anders vermeidbare Gefahren für die öffentliche Sicherheit oder Ordnung die Polizei situativ zur Auflösung zwingen. In diesem Sinn interpretiert auch das BVerfG das Versammlungsgesetz des Bundes, wenn es die in § 15 Abs. 3 VersG als Sanktion auf das Unterlassen der Anmeldung vorgesehene Auflösung für unanwendbar erklärt hat.[50] Bei der Spontan- und der Eildemonstration hat es ohnehin auf das Erfordernis (rechtzeitiger) Anmeldung verzichtet.[51] Das GG gewährleistet damit die Versammlungsfreiheit – im Hinblick auf das Günstigkeitsprinzip (Art. 53 EMRK, Rn 68) auch zulässigerweise – weitergehend als die EMRK in der Auslegung des EGMR, der in sanktionsbewehrten Anmelde- und Genehmigungspflichten eine grundsätzlich zulässige Beschränkung von Art. 11 EMRK sieht.[52]

Lösungsskizze zum Fall 14 (Rn 805): I. Die Sitzblockade unterfällt dem Versammlungsbegriff. Fraglich ist, ob die Versammlung friedlich ist. Zur Unfriedlichkeit der Versammlung führt erst ein Verhalten nicht nur einzelner Versammlungsteilnehmer, das erheblich und aggressiv körperlich auf Personen und Sachen einwirkt. Die Sitzblockade ist weder gewalttätig noch aufrührerisch, sondern friedlich. – II. Mit der Verhängung der Geldbuße wird in die Versammlungsfreiheit eingegriffen. Denn der Schutz dieses Grundrechts endet nicht mit der Auflösung einer Versammlung, sondern wirkt auch in einem anschließenden Ordnungswidrigkeitsverfahren fort. – III. Die Verurteilung stützt sich auf § 29 Abs. 1 Nr 2 iVm § 15 Abs. 2 VersG, also auf ein den Gesetzesvorbehalt des Art. 8 Abs. 2 verfassungsmäßig ausfüllendes Gesetz. Dieses Gesetz muss aber auch in verfassungsrechtlich einwandfreier Weise angewendet und dabei im Lichte der grundlegenden Bedeutung von Art. 8 Abs. 1 ausgelegt werden. Insofern ergeben sich hier Zweifel daraus, dass das Amtsgericht den T verurteilte, ohne die Rechtmäßigkeit der Auflösungsverfügung überprüft zu haben. Vielmehr hielt es die Wirksamkeit dieser Verfügung (dazu § 43 VwVfG) für ausreichend, um den § 29 Abs. 1 Nr 2, Abs. 2 VersG anwenden zu können. Es ist aber nach Wortlaut und Entstehungsgeschichte offen, ob nur die rechtmäßige Versammlungsauflösung mit Bußgeld bewehrt oder ob bereits die Missachtung der wirksamen Auflösungsverfügung ohne Rücksicht auf ihre Rechtmäßigkeit sanktioniert ist. Will man der Bedeutung des Art. 8 Abs. 1 gerecht werden, so ist zwischen der verwaltungsrechtlichen Durchsetzung der Auflösungsverfügung und der späteren Ahndung ihrer Nichtbefolgung zu unterscheiden. Die verwaltungsrechtliche Durchsetzung der Auflösungsverfügung kann wegen der Situationsgebundenheit der Entscheidung nicht von der Rechtmäßigkeit abhängig gemacht werden, wenn man die vom Staat zu leistende Gewähr Sicherheit anderer Rechtsgüter nicht hintanstellen will. Dagegen erfolgt die Ahndung der Widersetzlichkeit nach § 29 Abs. 1 Nr 2, Abs. 2 VersG immer erst nach dem Ereignis, sodass eine verbindliche Klärung der Rechtmäßigkeit möglich ist. § 29 Abs. 1 Nr 2 VersG ist daher verfassungskonform dahin auszulegen, dass nur beim Nichtentfernen von einer rechtmäßig aufgelösten Versammlung ein Bußgeld verhängt werden darf. Weil das Amtsgericht dies nicht geprüft hat, beruht seine Entscheidung auf einer Verkennung des Art. 8.

834

Literatur: *R. Frau*, Versammlungsfreiheit und Privateigentum, RW 2016, 625; *W. Höfling/ S. Augsberg*, Versammlungsfreiheit, Versammlungsrechtsprechung und Versammlungsgesetzgebung, ZG 2006, 151; *W. Hoffmann-Riem*, Versammlungsfreiheit, Hdb. GR IV, § 106; *M. Kloepfer*, Versammlungsfreiheit, Hdb. StR[3] VII, § 164; *M. Kötter/J. Nolte*, Was bleibt von

835

---

50 E 69, 315/350 f.
51 E 69, 315/350 ff; 85, 69/74 f.
52 EGMR, NVwZ-RR 2017, 103/106.

der „Polizeifestigkeit" des Versammlungsrechts?, DÖV 2009, 399; *S. Kraujuttis*, Versammlungsfreiheit zwischen liberaler Tradition und Funktionalisierung, 2005; *U. Lembke*, Grundfälle zu Art. 8 GG, JuS 2005, 984, 1081; *C. Trurnit*, Grundfälle zum Versammlungsrecht, Jura 2014, 486.

§ 18 Vereinigungs- und Koalitionsfreiheit (Art. 9)

836 **Fall 15: Zwangsmitgliedschaft in der Studierendenschaft (nach VG Sigmaringen, DVBl. 1968, 717)** S ist als Jurastudent an der Universität Münster immatrikuliert und entrichtet bei jeder Rückmeldung den Beitrag in Höhe von 475,00 Euro. Im Laufe seines Studiums erfährt er, dass ein gewisser Prozentsatz des Beitrags dem AStA als Organ der Studierendenschaft zufließt. S ist der Ansicht, er sei kein Mitglied der Studierendenschaft, da er nie einen Mitgliedsantrag unterschrieben habe; er sei daher auch nicht verpflichtet, den Beitrag in dieser Höhe zu zahlen. Eine Mitgliedschaft, die ohne sein Dazutun entstehe, sei mit seinem Grundrecht der allgemeinen Vereinigungsfreiheit aus Art. 9 Abs. 1 nicht vereinbar. Hat S Recht? **Rn 881**

I. Überblick

837 In Art. 9 Abs. 1 wird die allgemeine Vereinigungsfreiheit garantiert. Art. 9 Abs. 3 schützt das Recht, Vereinigungen zur Wahrung und Förderung der Arbeits- und Wirtschaftsbedingungen zu bilden (Koalitionsfreiheit) als Sonderfall der allgemeinen Vereinigungsfreiheit. Das Grundrecht, sich zu politischen Parteien zusammenzuschließen, ist auch von Art. 9 Abs. 1 gewährleistet, sodass diese die Verfassungsbeschwerdebefugnis (vgl Rn 1297 ff) haben[1]; die verfassungsrechtliche Stellung der Parteien bestimmt sich im Übrigen nach Art. 21; einfach-gesetzlich ist darüber hinaus das Parteiengesetz lex specialis zum Vereinsgesetz (vgl auch dessen § 2 Abs. 2). Der Zusammenschluss zu Religionsgemeinschaften durch Art. 4 Abs. 1 und der Zusammenschluss zu Religionsgesellschaften als Körperschaften des öffentlichen Rechts ist nicht durch Art. 9 Abs. 1, sondern auch durch Art. 140 iVm Art. 137 Abs. 5 WRV geschützt (vgl Rn 622).

838 Die allgemeine Vereinigungsfreiheit und die Koalitionsfreiheit umfassen beide nach hM einerseits das *Individualfreiheitsrecht* der Vereinigungsmitglieder und andererseits das *kollektive Freiheitsrecht* der Vereinigungen selbst. Art. 9 Abs. 3 enthält darüber hinaus nach stRspr eine *Institutsgarantie* des Tarifvertragssystems.[2] Gelegentlich wird versucht, aus Art. 9 Abs. 1 eine entsprechende Garantie der Rechtsinstitute Verein und Gesellschaft herauszulesen. Da aber die Nennung dieser Vereinigungen nur beispielhaften Charakter hat, ist diese Ansicht unzutreffend. Allerdings muss der Gesetzgeber überhaupt Rechtsformen für Zusammenschlüsse bereitstellen[3].

839 Art. 9 Abs. 3 schützt nicht nur vor Eingriffen von staatlicher Seite, sondern entfaltet unmittelbare *Drittwirkung* auch gegenüber Beeinträchtigungen durch Private. Der ausdrückliche Hinweis in Art. 9 Abs. 3 S. 2, wonach Abreden, die die Koalitionsfreiheit einzuschränken oder zu

---

1 *Streinz*, MKS, Art. 21 Rn 32; aA *Hesse*, VerfR, Rn 411; *Kunig*, Hdb. StR[3] III, § 40 Rn 90.
2 E 4, 96/104; 44, 322/340.
3 E 50, 290/355; krit. *Ziekow*, Hdb. GR IV, § 107 Rn 40, 42, 44; *Kemper*, MKS, Art. 9 Rn 10 f.

behindern suchen, nichtig und darauf gerichtete Maßnahmen rechtswidrig sind, bezieht sich auf alle privat- oder arbeitsrechtlichen Vereinbarungen einschließlich der Tarifverträge. Insbesondere sind auch die Koalitionen selbst daran gebunden.

II. Schutzbereiche

1. Allgemeine Vereinigungsfreiheit

a) Begriff

Art. 9 Abs. 1 spricht von Vereinen und Gesellschaften. Der Verein wird in *§ 2 Abs. 1 VereinsG* in weitem, auch den Begriff der Gesellschaft umfassenden Sinn beschrieben als „Vereinigung, zu der sich eine Mehrheit natürlicher oder juristischer Personen für längere Zeit zu einem gemeinsamen Zweck freiwillig zusammengeschlossen und einer organisierten Willensbildung unterworfen hat". Auch Art. 9 Abs. 2 setzt Verein iSd § 2 Abs. 1 VereinsG mit Vereinigung gleich. 840

Es ist anerkannt, dass diese weite Definition den Schutzgegenstand von Art. 9 Abs. 1 *zutreffend* umschreibt. Die zivilrechtlichen Bestimmungen bezüglich der Vereine und der Gesellschaften sind für den Schutzgegenstand von Art. 9 Abs. 1 nicht maßgeblich; ihre Nennung stellt nur eine beispielhafte Aufzählung dar, die verdeutlichen soll, dass ein umfassender Freiheitsschutz gewährleistet wird. Er umfasst „das gesamte Spektrum des Assoziationswesens von der lose gefügten Bürgerinitiative bis zum hoch-aggregierten Spitzenverband"[4]. – Im Einzelnen sind für eine Vereinigung die folgenden Elemente konstitutiv: 841

Der Zusammenschluss erfolgt *freiwillig*. Zwangszusammenschlüsse genießen den Grundrechtsschutz aus Art. 9 Abs. 1 nicht (zur negativen Vereinigungsfreiheit des Einzelnen gegenüber Zwangszusammenschlüssen vgl Rn 848 ff). Auch öffentlich-rechtliche Zusammenschlüsse scheiden aus dem Schutzbereich von Art. 9 Abs. 1 aus[5]. Sie können nur durch staatlichen Hoheitsakt, also auf Grund des dem Staat als Sonderrecht vorbehaltenen öffentlichen Rechts errichtet werden. Private können sich nicht freiwillig zu öffentlich-rechtlichen Vereinigungen zusammenschließen. 842

Der Zusammenschluss dient einem *gemeinsamen Zweck*. Dieser kann ganz frei bestimmt werden, sich auf Sport, Kunst, Politik, Wohltätigkeit, Geselligkeit usw beziehen. Er wird nicht dadurch gefährdet, dass zwischen den Mitgliedern neben einer Übereinstimmung im Hauptziel unterschiedliche Auffassungen über Nebenziele bestehen. 843

Der Zusammenschluss vereinigt zwei[6] oder mehr natürliche oder juristische Personen mit einer gewissen *zeitlichen und organisatorischen Stabilität*. Diese stellt sich dadurch her, dass eine gemeinsame Willensbildung stattfindet, die geschriebenen oder ungeschriebenen Regeln folgt.[7] 844

---

[4] *Rinken*, AK, Art. 9 Abs. 1 Rn 46.
[5] E 10, 89/102; 38, 281/297 f.
[6] *Bauer*, DR, Art. 9 Rn 39; *Höfling*, SA, Art. 9 Rn 10, *Ziekow*, Hdb. GR IV, § 107 Rn 18.
[7] Vgl *Michael/Morlok*, GR, Rn 294; *Ziekow*, Hdb.GR IV, § 107 Rn 25.

845 **Beispiele:** Vereinigungen iSd Art. 9 Abs. 1 sind ua Handels- und Kapitalgesellschaften, Konzerne und Holdings. Keine Vereinigungen stellen Ein-Mann-GmbH und Stiftung dar, da sie nicht auf einem personalen Zusammenschluss beruhen (vgl BVerwGE 106, 177/181). Kartelle, bei denen lediglich Marktstrategien abgesprochen werden, sind noch nicht Vereinigungen; sie werden dies erst mit organisatorischem Zusammenschluss.

b) Art. 9 Abs. 1 als Individualgrundrecht

846 Nach seinem Wortlaut schützt Art. 9 Abs. 1 die *Bildung* von Vereinen und Gesellschaften. Das ist das Recht des Einzelnen, sich mit anderen zusammenzuschließen und Vereine zu gründen, und schließt die Entscheidung über den Zeitpunkt der Gründung, den Zweck, die Rechtsform, den Namen, die Satzung und den Sitz der Vereinigung ein (sog. Vereinsautonomie).

847 Würde in Art. 9 Abs. 1 nicht mehr als die Möglichkeit freier Vereinsbildung garantiert, bestünde die Gefahr, dass der Schutz der Vereinigungsfreiheit leerliefe. Es ist daher anerkannt, dass Art. 9 Abs. 1 auch den *Beitritt* zum bereits bestehenden Verein, die *Betätigung* im und mit dem Verein und den *Verbleib* (sog. positive Vereinigungsfreiheit) schützt sowie korrespondierend das Recht zum *Fernbleiben*[8] und *Austritt* (sog. negative Vereinigungsfreiheit), jedenfalls soweit es sich um privatrechtliche Vereinigungen handelt.

848 Während die Vereinigungsfreiheit aus Art. 11 EMRK auch die negative Freiheit schützt, nicht zum Beitritt zu einer Vereinigung verpflichtet zu werden,[9] ist dies für Art. 9 Abs. 1 für *öffentlich-rechtliche Zwangsvereinigungen*, zB Rechtsanwalts-, Ärzte-, Handwerks-, Industrie- und Handelskammern und Jagdgenossenschaften umstritten. BVerfG und BVerwG sehen den Schutzbereich von Art. 9 Abs. 1 als nicht einschlägig an und messen die Zulässigkeit von Pflichtmitgliedschaften ausschließlich an Art. 2 Abs. 1.[10] Dabei sehen BVerfG und BVerwG den Einzelnen als Pflichtmitglied einer öffentlich-rechtlichen Vereinigung immerhin dagegen geschützt, dass diese ihren Aufgabenbereich überschreitet.[11]

849 *Begründet* wird dies neben der Entstehungsgeschichte mit dem Vereinigungsbegriff, der nur privatrechtliche Vereinigungen schützt. Da der Einzelne aus Art. 9 Abs. 1 kein Recht ableiten könne, sich mit anderen zu einer öffentlich-rechtlichen Vereinigung zusammenzuschließen, sei umgekehrt von Art. 9 Abs. 1 auch nicht das Recht umfasst, solchen Vereinigungen fernzubleiben.[12]

850 Dieser Umkehrschluss ist verfehlt.[13] Zwar trifft es zu, dass Privaten kein Recht auf positive Vereinigungsfreiheit zu öffentlich-rechtlichen Körperschaften zusteht. Das Fernbleiben bedeutet aber gerade keine für den Privaten unmögliche Inanspruchnahme öffentlich-rechtlicher Gestaltungsformen. Vielmehr geht es insoweit um die klas-

---

8 E 10, 89/102; 50, 290/354; 123, 186/237.
9 EMRK, NZS 2017, 179/180.
10 E 10, 89/102; 15, 235/239; 38, 281/297 f; BVerfG, NVwZ 2002, 335/336; 2007, 808/811.
11 E 78, 320/330 f; BVerwGE 112, 69/72; *Messerschmidt*, VerwArch 1990, 55/74 ff.
12 *Epping*, GrundR, Rn 885; *Merten*, Hdb. StR³ VII, § 165 Rn 62 ff; *Kemper*, MKS, Art. 9 Rn 59; *Kloepfer*, VerfR II, § 64 Rn 19 ff; *Ziekow*, Hdb.GR IV, § 107 Rn 33 f.
13 *Bauer*, DR Art. 9 Rn 47; *Höfling*, SA, Art. 9 Rn 22.

sische Grundrechtsfunktion: die Abwehr eines staatlichen Zwangsaktes. Geschichtlich richtete sich die allgemeine Vereinigungsfreiheit gerade auch gegen hoheitliche Zwangszusammenschlüsse wie beispielsweise Zünfte.[14] Diese Schutzfunktion wird auch von der hM anerkannt, die Art. 9 Abs. 1 immerhin gegen privatrechtliche Zwangszusammenschlüsse schützen lässt.[15] Wenn aber Art. 9 Abs. 1 vor Vereinigungszwang schützt, kann es keinen Unterschied machen, ob sich ein Privater gegen die Pflichtmitgliedschaft in privatrechtlichen oder in öffentlich-rechtlichen Vereinigungen wehrt.[16] Die negative Vereinigungsfreiheit schützt den Einzelnen nach alledem auch vor dem staatlichen Zwang, einer öffentlich-rechtlichen Vereinigung beizutreten und in ihr zu verbleiben.

c) Art. 9 Abs. 1 als kollektives Freiheitsrecht

Das BVerfG sieht in stRspr[17] neben den aufgezeigten Gewährleistungen für die einzelnen Vereinigungsmitglieder auch die *Vereinigungen selbst*, ihr Entstehen und Bestehen durch Art. 9 Abs. 1 als geschützt an. Es beruft sich auf den Gesichtspunkt der Effektivität des Grundrechtsschutzes, der erst bei Einbeziehung auch der Vereinigungen selbst voll gewährleistet sei. Aber die Frage, in welchem Umfang Vereinigungen grundrechtsberechtigt sind, ist in Art. 19 Abs. 3 speziell und abschließend geregelt, und die dogmatische Konstruktion des „Doppelgrundrechts" von individueller und kollektiver Vereinigungsfreiheit passt nicht zu Art. 19 Abs. 3.[18]

851

Die kollektive Vereinigungsfreiheit soll die *Existenz* und die *Funktionsfähigkeit* der Vereinigungen umfassen. Dazu gehört nach innen die „Selbstbestimmung über die eigene Organisation, das Verfahren ihrer Willensbildung und die Führung ihrer Geschäfte"[19]. Umstritten ist, wie weit die kollektive Vereinigungsfreiheit nach außen reicht und ob sie *jede* Vereinstätigkeit schützt.[20] Das BVerfG sieht nur einen „Kernbereich des Vereinsbestandes und der Vereinstätigkeit"[21] geschützt, wozu es die Namensführung[22] und die werbewirksame Selbstdarstellung[23] rechnet; nur beim Kernbereich gehe es um Existenz und Funktionsfähigkeit der Vereinigung. Wird eine Vereinigung jedoch wie jedermann im Rechtsverkehr tätig, so sieht das BVerfG diese Betätigung nicht durch Art. 9 Abs. 1, sondern durch das betätigungsspezifische Grundrecht geschützt;[24] das entspricht im Ergebnis dem Ansatz, der die Vereinstätigkeit nur nach Maßgabe von Art. 19 Abs. 3 iVm dem für die jeweilige Tätigkeit einschlägigen Grundrecht geschützt sieht.

852

---

14 Vgl *F. Müller*, Korporation und Assoziation, 1965, S. 231 ff.
15 BVerfG, NJW 2001, 2617; BGHZ 130, 243.
16 *Schöbener*, VerwArch 2000, 374/402 f; *Murswiek*, JuS 1992, 116/118 f.
17 E 13, 174/175; 80, 244/253; 124, 25/34.
18 Vgl *W. Schmidt*, in: FS Mallmann, 1978, S. 233; *Isensee*, Hdb. StR³ IX, § 199 Rn 107 f.
19 E 50, 290/354.
20 Vgl *Kluth*, FH, Art. 9 Rn 74 ff.
21 E 80, 244/253.
22 E 30, 227/241.
23 E 84, 372/378.
24 BVerfG, NJW 2000, 1251; NVwZ 2015, 612/612 f.

2. Koalitionsfreiheit

853 a) Die Aussage des Art. 9 Abs. 3 S. 1 zum **Koalitionsbegriff** beschränkt sich auf die Beschreibung des Koalitionszwecks, nämlich die Wahrung und Förderung der Arbeits- und Wirtschaftsbedingungen;[25] im Übrigen muss es sich um eine Vereinigung (vgl Rn 840 ff) handeln. *Arbeitsbedingungen* sind Bedingungen, die sich auf das Arbeitsverhältnis selbst beziehen, zB Lohn, Arbeitszeit, Arbeitsschutz, Urlaub. *Wirtschaftsbedingungen* haben darüber hinaus wirtschafts- und sozialpolitischen Charakter, wie zB Maßnahmen zur Verringerung der Arbeitslosigkeit, Einführung von neuen Technologien, Konjunkturfragen. Beide Ziele müssen *gemeinsam*, dh nicht bloß alternativ, angestrebt werden. Daher genießen reine Wirtschaftsvereinigungen, die die Arbeitsbedingungen nicht berücksichtigen, wie zB Kartelle, Einkaufsgenossenschaften, Verbraucherverbände, nicht den Schutz von Art. 9 Abs. 3.

854 Nach allgemeiner Auffassung wird der Koalitionsbegriff aber nicht allein durch die Zweckbestimmung definiert. Vielmehr müssen die Vereinigungen noch *weitere Merkmale* aufweisen, um als Koalition angesehen werden zu können. Weitgehend anerkannt ist, dass eine Koalition jedenfalls *Gegnerfreiheit* – Ausschließlichkeit von entweder Arbeitnehmern oder Arbeitgebern als Mitglieder[26] –, *Gegnerunabhängigkeit* – wirtschaftliche Selbstständigkeit gegenüber der Gegenseite – und *Überbetrieblichkeit* voraussetzt.[27] Erst wenn diese Voraussetzungen erfüllt sind, kann eine Vereinigung die Durchsetzungskraft gegenüber dem sozialen Gegenspieler erringen, sodass sie in der Lage ist, wirksam und nachhaltig auf die in Art. 9 Abs. 3 genannten Arbeits- und Wirtschaftsbedingungen hinzuarbeiten und sich bei Verhandlung und Abschluss eines Tarifvertrags zu behaupten; Tariffähigkeit und Kampfbereitschaft sind dabei allerdings nicht zwingend gefordert.[28]

855 **Beispiele:** Koalitionen sind die Berufsverbände der Arbeitnehmer und Arbeitgeber (Gewerkschaften und Arbeitgeberverbände) sowie deren Spitzenorganisationen Deutscher Gewerkschaftsbund und Bundesvereinigung der deutschen Arbeitgeberverbände (vgl § 2 Abs. 2 TVG). Die Einzelverbände sind in der Regel nach dem Industrieverbandsprinzip organisiert, dh sie betätigen sich nur in einem bestimmten Wirtschafts- oder Gewerbezweig (IG Metall, IG Chemie etc); zulässig ist aber auch eine nach Berufsgruppen gebildete Verbandsstruktur wie bei der Deutschen Angestelltengewerkschaft (DAG).

856 b) Art. 9 Abs. 3 gibt dem einzelnen Arbeitnehmer oder Arbeitgeber das **Individualgrundrecht**, Koalitionen zu bilden, dh sich mit anderen zu einer Koalition zusammenzuschließen. Dies gilt für jedermann und alle Berufe, zB auch für Beamte (§ 57 BRRG), Richter (§ 46 DRiG), Soldaten (§ 6 S. 1 SG). Neben einer der Vereinsautonomie (vgl Rn 846) entsprechenden Koalitionsautonomie werden von Art. 9 Abs. 3 die gleichen Verhaltensweisen in positiver und negativer Hinsicht wie bei der allgemeinen Vereinigungsfreiheit (vgl Rn 847) geschützt. Wegen der Benennung des Koalitionszwecks wird darüber hinaus allgemein der Schutz der spezifisch koalitionsmäßigen Betätigung anerkannt (vgl Rn 858).

---

25 Zum verfassungshistorischen Hintergrund der Formulierung *Poscher*, RdA 2017, 235.
26 Krit. *Kluth*, FH, Art. 9 Rn 162.
27 Vgl E 50, 290/368; 58, 233/247; *Bauer*, DR, Art. 9, Rn 76 ff; aA *Kemper*, MKS, Art. 9 Rn 102 ff: nur Gegnerunabhängigkeit.
28 E 18, 18/32; 58, 233/249 f; BVerfG, NJW 1995, 3377.

c) Wie bei Art. 9 Abs. 1 tritt nach hM auch hier die **kollektive Freiheit** neben die individuelle: der Schutz des Bestands der Koalition und ihr Recht, durch spezifisch koalitionsmäßige Betätigung die in Art. 9 Abs. 3 genannten Zwecke zu verfolgen.[29] Wie bei Art. 9 Abs. 1 ist auch bei Art. 9 Abs. 3 die Annahme einer eigenständigen kollektiven Freiheit dem Einwand aus Art. 19 Abs. 3 ausgesetzt (vgl Rn 851); allerdings ist mit dem Arbeitskampf immerhin eine spezifisch koalitionsmäßige Betätigung der kollektiven Freiheit in Art. 9 Abs. 3 S. 3 ausdrücklich benannt. Wie bei Art. 9 Abs. 1 hat das BVerfG auch bei Art. 9 Abs. 3 die Betätigungsfreiheit lange nur in einem „Kernbereich" als geschützt angesehen, die Begrenzung auf den Kernbereich aber inzwischen aufgegeben.[30]

857

Die kollektive Koalitionsfreiheit bedeutet vor allem das Aushandeln und den Abschluss von *Tarifverträgen*, in denen insbesondere das Arbeitsentgelt und die anderen materiellen Arbeitsbedingungen, wie etwa die Dauer von Arbeit und Urlaub, autonom geregelt werden.[31] Zur spezifisch koalitionsmäßigen Betätigung rechnen ferner besonders die Werbung für die Koalition,[32] die Beratung und gerichtliche Vertretung von Mitgliedern,[33] die Aufrechterhaltung der Verbandsdisziplin,[34] die Beteiligung an der betrieblichen Mitbestimmung[35] und Arbeitskampfmaßnahmen.[36] Der Bezug zur Förderung und Wahrung der Arbeits- und Wirtschaftsbedingungen führt Rspr und hL allerdings dazu, den (nur mittelbar gegen den Tarifpartner gerichteten) politischen, Solidaritäts- und Sympathiestreik und den (nicht von einer Koalition geführten) wilden Streik als nicht von Art. 9 Abs. 3 geschützt anzusehen.[37]

858

Beispiele: Arbeitskampfmittel der Arbeitnehmerseite sind Streik, dh die gemeinsame und planmäßig durchgeführte Arbeitsniederlegung durch eine größere Anzahl von Arbeitnehmern (BAGE 1, 291/304), Boykott, Betriebsblockaden und -besetzungen. – Arbeitskampfmittel der Arbeitgeberseite sind insbesondere Aussperrung, dh die planmäßige Ausschließung einer Mehrzahl von Arbeitnehmern von der Arbeit, wobei als spezifisch koalitionsgemäß und damit verfassungsrechtlich geschützt jedenfalls die suspendierende Abwehraussperrung angesehen wird (E 84, 212/225; dazu *Coester*, Jura 1992, 84; *Richardi*, JZ 1992, 27; Einstellung der Lohnzahlung; Massenänderungskündigung.

859

III. Eingriffe

1. Eingriffe in die allgemeine Vereinigungsfreiheit

Staatliche Beeinträchtigungen der Vereinigungsfreiheit sind vom Gründungs- bis zum Auflösungsstadium denkbar. Keine Eingriffe stellen aber Normen dar, die Typen der Vereinigungen (OHG, AG etc.) festlegen. Als Ausgestaltungen (vgl Rn 147 ff) erschweren sie nicht die Bildung einer Vereinigung, sondern ermöglichen überhaupt

860

---

29 E 93, 352/357 ff.
30 E 93, 352/358 ff.
31 E 94, 268/283; 100, 271/282; 103, 293/304.
32 E 57, 220/245 f; 93, 352/357 f.
33 E 88, 5/15.
34 E 100, 214/221.
35 E 50, 290/372.
36 E 84, 212/225; 92, 365/393 f.
37 *Stern*, StR IV/1, S. 2059 ff; grds. so auch *Bertke*, Zur Zulässigkeit von Sympathiestreiks, 2014, S. 95 ff.

erst die Ausübung der Vereinigungsfreiheit in bestimmten Rechtsformen, die in ihrer einfach-gesetzlichen Ausprägung nicht vom Schutzbereich umfasst werden[38]. Verkürzungen dieses Normbestands können hingegen als Eingriff thematisiert werden (Rn 147 ff).

861 **Beispiele für Eingriffe:** Verbot der Gründung eines Vereins; präventive Kontrolle (BVerfG, NVwZ 2003, 855 f), besonders durch ein Konzessionssystem (vgl *v. Münch*, BK, Art. 9 Rn 44); Abhängigmachen der Vereinssatzung von einer behördlichen Genehmigung; Verhinderung des Beitritts oder Verbleibs in der Vereinigung durch den Staat; Erschwerung der Mitgliederwerbung; Vereinsverbot.

Beispiele für Ausgestaltungen: Mindestkapitalvorschriften und Eintragungspflichten in Vereins- und Handelsregister.

2. Eingriffe in die Koalitionsfreiheit

862 Die Koalitionsfreiheit ist nicht nur vor staatlichen Beeinträchtigungen geschützt, sondern Art. 9 Abs. 3 S. 2 verbietet ausdrücklich auch *Dritten*, in die Koalitionsfreiheit einzugreifen; die Norm entfaltet also unmittelbare Drittwirkung (vgl Rn 111, 236 ff). Keine Eingriffe setzt das Recht, soweit es den gegeneinander gerichteten Betätigungen der Koalitionen den Rahmen und die Formen zur Verfügung stellt, in denen sie die autonome Ordnung des Arbeitslebens verwirklichen können.

863 **Beispiele** für Eingriffe in die *individuelle* Koalitionsfreiheit: Verhinderung des Beitritts oder des Verbleibs in einer Gewerkschaft durch einen Arbeitgeber; daraus folgen die Unzulässigkeit einer Kündigung wegen Beitritts zu einer Gewerkschaft und die Nichtigkeit eines Versprechens, aus einer Gewerkschaft auszutreten. Ausübung von Zwang zum Austritt oder Beitritt durch unterschiedliche Behandlung wegen Gewerkschaftszugehörigkeit oder -nichtzugehörigkeit; unzulässig sind daher tarifvertragliche Klauseln, die Arbeitgeber verpflichten, nur organisierte Arbeitnehmer einzustellen oder weiter zu beschäftigen (sog. Organisations- oder Absperrklauseln) oder bei der Gewährung von Leistungen zwischen organisierten und nicht organisierten Arbeitnehmern zu unterscheiden (sog. Differenzierungsklauseln; vgl BAGE 20, 175/ 218 ff; *Scholz*, MD, Art. 9 Rn 231). Keinen Zwang zum Beitritt bedeutet die sog. Tariftreueregelung, nach der ein Unternehmer einen Auftrag nur bekommt, wenn er seine Arbeitnehmer nach den geltenden Entgelttarifen entlohnt (E 116, 202/217 ff). – Beispiele für Eingriffe in die *kollektive* Koalitionsfreiheit: Zuweisung der den Koalitionen nach Art. 9 Abs. 3 obliegenden Aufgaben an öffentlich-rechtliche Körperschaften mit Zwangsmitgliedschaft (sog. Arbeitnehmerkammern, die die Interessen der Arbeitnehmer in wirtschaftlicher, sozialer und kultureller Hinsicht wahrnehmen; vgl E 38, 281/302); staatliche Zwangsschlichtung eines Arbeitskampfes (E 18, 18/30; BAGE 12, 184/190); Beschränkung der Aussperrung (E 84, 212/223 f).

IV. Verfassungsrechtliche Rechtfertigung

1. Allgemeine Vereinigungsfreiheit

a) Art. 9 Abs. 2

864 Die allgemeine Vereinigungsfreiheit des Art. 9 Abs. 1 steht nicht ausdrücklich unter Gesetzesvorbehalt; in Art. 9 Abs. 2 ist aber das *Verbot bestimmter Vereinigungen* ent-

---

38 Vgl BVerfG, NJW 2001, 2617; krit. *Kluth*, FH, Art. 9 Rn 91 ff.

halten. Der Wortlaut „sind verboten" lässt an sich vermuten, dass die in Art. 9 Abs. 2 genannten Vereinigungen wie bei Art. 8 Abs. 1 die unfriedlichen und bewaffneten Versammlungen bereits aus dem Schutzbereich herausfallen.[39]

Demgegenüber wird Art. 9 Abs. 2 nach hM als verfassungsrechtliche *Rechtfertigung für einen Eingriff* angesehen.[40] Man ist sich einig, dass aus rechtsstaatlichen Gründen bestimmte Verfahrens- und Zuständigkeitsregelungen für ein Vereinsverbot erforderlich sind und den in diesen Verfahren von den zuständigen Organen ausgesprochenen Verboten konstitutive Wirkung zukommt.[41] Dazu passt die unterverfassungsrechtliche Regelung des § 3 Abs. 1 S. 1 VereinsG, wonach Vereine erst dann als verboten behandelt werden dürfen, wenn dies durch Verfügung der Verbotsbehörde festgestellt ist, in der die Auflösung des Vereins angeordnet wird. Im Ergebnis ist Art. 9 Abs. 2 also ein qualifizierter Gesetzesvorbehalt. **865**

Die *Verbotsgründe* sind in Art. 9 Abs. 2 abschließend aufgezählt, dh aus anderen Gründen ist ein Verbot nicht möglich: **866**

aa) Verboten sind Vereinigungen, deren Zwecke oder deren Tätigkeit den **Strafgesetzen** zuwiderlaufen. Mit Strafgesetzen sind nur die allgemeinen Strafgesetze gemeint, dh Strafvorschriften, die kein gegen die Vereinigungsfreiheit gerichtetes Sonderstrafrecht darstellen.[42] Macht man diese Beschränkung auf die allgemeinen Strafgesetze nicht, steht Art. 9 Abs. 1 zur Disposition des Gesetzgebers. **867**

Allerdings gibt es im Strafgesetzbuch Bestimmungen, die ansonsten erlaubte Betätigungen allein deshalb unter Strafe stellen, weil sie von mehreren gemeinsam ausgeübt werden, oder die gemeinsame Ausübung straferschwerend berücksichtigen (zB §§ 121, 129, 129a, 250 Abs. 1 Nr 2, 253 Abs. 4, 284 Abs. 2 StGB). Dies ist solange unproblematisch, als die strafrechtliche Bestimmung auf die besondere Gefährlichkeit der gemeinsamen Ausübung unabhängig davon zielt, ob hinter dieser eine Vereinigung steht. Für §§ 129 und 129a StGB gilt, dass das Vereinigen in Anknüpfung an die disqualifizierenden Tatbestandsmerkmale des Art. 9 Abs. 2 bestraft wird.[43] **868**

bb) Verboten sind Vereinigungen, die sich gegen die **verfassungsmäßige Ordnung** richten. Wegen der sachlichen Zusammengehörigkeit mit Art. 18 S. 1 und Art. 21 Abs. 2 S. 1 ist der Begriff „verfassungsmäßige Ordnung" in Art. 9 Abs. 2 anders als in Art. 2 Abs. 1 (vgl Rn 460) dem der „freiheitlichen demokratischen Grundordnung" gleichzusetzen[44] und umfasst nur die grundlegenden Regelungen zu Demokratie und Rechtsstaat. **869**

cc) Verboten sind Vereinigungen, die sich gegen den Gedanken der **Völkerverständigung** richten, insbesondere indem sie die Minderwertigkeit von bestimmten Rassen, Völkern oder Nationen propagieren. **870**

Stets ist Voraussetzung für ein Vereinsverbot gem. Art. 9 Abs. 2, dass sich die Vereinigung gegen die genannten Rechtsgüter „*richtet*". Wie bei Art. 18 S. 1 und Art. 21 **871**

---

39 Offen gelassen E 80, 244/254.
40 *Höfling*, SA, Art. 9 Rn 38 f; *Ziekow*, Hdb.GR IV, § 107 Rn 57 ff.
41 *Kluth*, FH, Art. 9 Rn 96; *v. Münch*, BK, Art. 9 Rn 77; *Scholz*, MD, Art. 9 Rn 132.
42 *Löwer*, MüK, Art. 9 Rn 48; *Stern*, StR IV/1, S. 1348; aA *Merten*, Hdb. StR³ VII, § 165 Rn 77.
43 *Löwer*, MüK, Art. 9 Rn 48.
44 BVerwGE 134, 275/292 f; *Maurer*, StR, § 23 Rn 8, krit. *Kluth*, FH, Art. 9 Rn 105.

Abs. 2 ist hierfür eine „aggressiv kämpferische Haltung"[45] erforderlich. Es genügt also nicht die bloße Kritik oder Ablehnung der in Art. 9 Abs. 2 aufgezählten Rechtsgüter. Soweit es um das aggressiv-kämpferische Verhalten *einzelner Mitglieder* geht, kommt es darauf an, ob dies der Vereinigung zuzurechnen ist, zB weil die Mehrheit der Mitglieder dieses Verhalten billigt oder widerspruchslos hinnimmt.[46]

b) Kollidierendes Verfassungsrecht

872 Kollisionen ergeben sich zum einen in Art. 9 Abs. 1 selbst; besonders die individuelle und die kollektive Vereinigungsfreiheit können miteinander in Konflikt geraten. Zum anderen gibt es, wenn der Schutzbereich der Vereinigungsfreiheit so weit gefasst wird, dass auch die Vereinstätigkeit geschützt ist (vgl Rn 852), Konflikte mit Verfassungsrecht außerhalb von Art. 9 Abs. 1.

873 **Beispiel:** Die Vereinigung von Strafgefangenen, die sich nicht nur kulturell und sportlich, sondern auch dadurch betätigt, dass Ausbruchstechniken entwickelt und unterrichtet werden, ist mit dieser Tätigkeit bei der weiten Auslegung des Schutzbereichs durch Art. 9 Abs. 1 zunächst geschützt. Der Eingriff, der in der Unterbindung dieser Tätigkeit liegt, ist dann durch kollidierendes Verfassungsrecht zu rechtfertigen: durch Art. 103 Abs. 2 und 3 und Art. 104, aus denen sich die verfassungsrechtliche Anerkennung des Strafvollzugs ableiten lässt. Entscheidend ist dabei, dass die Beschränkung der Vereinstätigkeit für den Bestand und die Funktionsfähigkeit des Strafvollzugs erforderlich ist (vgl *Schneider*, in: FS Klug, 1983, S. 597).

2. Koalitionsfreiheit

874 a) Umstritten ist, ob die Eingriffsermächtigung des **Art. 9 Abs. 2** auch auf die Koalitionsfreiheit anwendbar ist. Dies wird teilweise verneint unter Hinweis auf die systematische Stellung des Abs. 2 *nach* der Vereinigungsfreiheit, aber *vor* der Koalitionsfreiheit und im systematischen Vergleich mit Art. 5, wo anerkanntermaßen (vgl Rn 740) die in Abs. 2 normierten Schranken nur für Abs. 1, nicht aber für Abs. 3 gelten.[47] Von der hM wird es bejaht, da die Entstehungsgeschichte und der systematische Zusammenhang zwischen Art. 9 und Art. 21 ergeben, dass die Koalitionsfreiheit nicht weitergehend geschützt sein kann als die Parteienfreiheit.

875 Letztlich ist der Streit *ohne Bedeutung*. Eine Koalition, die sich die Zwecke des Art. 9 Abs. 2 setzen würde, wäre nicht mehr Koalition iSv Art. 9 Abs. 3 S. 1. Denn die Zwecke von Art. 9 Abs. 2 und Art. 9 Abs. 3 S. 1 sind völlig verschieden; die Wahrung und Förderung der Arbeits- und Wirtschaftsbedingungen läuft weder als Zweck noch im tätigen Vollzug den Strafgesetzen zuwider und richtet sich weder gegen die verfassungsmäßige Ordnung noch gegen den Gedanken der Völkerverständigung. Insofern kann die Anwendbarkeit der Eingriffsermächtigung des Art. 9 Abs. 2 auf die Koalitionsfreiheit verneint werden, weil sie nicht hilft und es ihrer nicht bedarf.[48]

876 b) **Kollisionen** können sich wieder in Art. 9 Abs. 3 selbst ergeben, wenn individuelle und kollektive Koalitionsfreiheit gegenläufig wirken oder die Koalitionsfreiheit

---
45 E 5, 85/141.
46 BVerwGE 80, 299/306 ff.
47 *Jarass*, JP, Art. 9 Rn 37; *W. Schmidt*, NJW 1965, 424/426.
48 Ähnlich *Höfling*, SA, Art. 9 Rn 127.

einer Koalition mit der einer anderen in Konflikt gerät. BVerfG und BAG sehen Konflikte zwischen Koalitionen und deren Ausgestaltung durch den Gesetzgeber oder durch Richterrecht daher durch den Grundsatz der Verhältnismäßigkeit regiert.[49]

Beispiele: Die individuelle Koalitionsfreiheit von Gewerkschaftsmitgliedern, sich zum Betriebsrat wählen zu lassen, wird in verhältnismäßiger Weise durch die kollektive Koalitionsfreiheit ihrer Gewerkschaft beschränkt, wenn diese um der Aufrechterhaltung ihrer Geschlossenheit nach innen und außen willen ihren Mitgliedern die Kandidatur auf einer konkurrierenden Liste verbietet (E 100, 214/223 f). Unzulässig ist ein ruinöser Arbeitskampf, in dessen Verlauf gegen eine andere Koalition in hetzerischer Weise vorgegangen wird oder die Vernichtung des Gegners angestrebt wird (BAG, NJW 1967, 843/845). 877

Ferner kann nach den allgemeinen Grundsätzen (Rn 380) der Schutz von Rechtsgütern, die mit Verfassungsrang ausgestattet sind, Beschränkungen von Art. 9 Abs. 3 legitimieren.[50] Diese Rechtsgüter müssen aber aus dem GG begründet werden; die Behauptung einer „Gemeinwohlbindung" der Koalitionen genügt dem nicht.[51] Beschränkungen müssen zudem Art. 11 EMRK berücksichtigen, der nach Meinung des EGMR ein allgemeines Streikverbot im öffentlichen Dienst ausschließt.[52] 878

Beispiele: Art. 33 Abs. 5 wird vom BVerfG bislang noch als Rechtfertigung dafür angesehen, dass Beamte kein Streikrecht haben (E 44, 249/264). Das *BVerwG* hält hingegen das statusbezogene Verbot des Art. 33 Abs. 5 und die funktionsbezogene Gewährleistung des Art. 11 EMRK, der ein Streikverbot nur für exklusiv hoheitliche Tätigkeiten erlauben soll, für unvereinbar. Zu einer Einschränkung des Streikverbots sieht es aber nur den Gesetzgeber befugt (BVerwGE 149, 117/130 ff = JK 10/2014; *Manssen*, Jura 2015, 835/839 ff). Ob die Rechtsprechung des EGMR auch für den in kirchlichen Einrichtungen praktizierten sog. Dritten Weg gilt, für den das BAG (NZA 2013, 448/460) eine Eingriffsrechtfertigung im kirchlichen Selbstbestimmungsrecht (Art. 137 Abs. 3 WRV iVm Art. 140) sieht, ist noch ungeklärt. Unzulässig sind zudem Arbeitskämpfe, die die Funktionsfähigkeit von Krankenhäusern, Feuerwehren und anderen lebensnotwendigen Betrieben gefährden (vgl Art. 2 Abs. 2 S. 1). – Art. 33 Abs. 4, 5 allein kann den Einsatz von Beamten während eines Streiks auf bestreikten Arbeitsplätzen nicht rechtfertigen (so noch BVerwGE 69, 208/214 f; BAGE 49, 303); hierzu bedarf es gesetzlicher Regelung (E 88, 103/116). – Das BVerfG hat gesetzliche Lohnabstandsklauseln, die befristet Zuschüsse für Arbeitsbeschaffungsmaßnahmen an die Vereinbarung von untertariflichen Entgelten knüpfen, mit der sozialstaatlichen Verpflichtung des Gesetzgebers zur Bekämpfung der Arbeitslosigkeit gerechtfertigt (E 100, 271/284) und das Verbot einer gewerkschaftlichen Unterschriftenaktion in den Diensträumen mit der rechtsstaatlich neutralen und objektiven Amtsführung (BVerfG, EuGRZ 2007, 228/231). 879

c) **Schranken-Schranke** für Eingriffe in die Koalitionsfreiheit ist der im Zug der Notstandsgesetzgebung eingefügte Art. 9 Abs. 3 S. 3. Mögen kollidierende Verfassungsgüter im Notstandsfall die Einschränkung des Arbeitskampfrechts noch so sehr verlangen – Art. 9 Abs. 3 S. 3 verwehrt sie. 880

---

49 E 84, 212/226 ff.
50 E 94, 268/284; 100, 271/283; 103, 293/306.
51 *Kemper*, MKS, Art. 9 Rn 84; aA v. *Danwitz*, Hdb, GR V, § 116 Rn 11 ff; *Scholz*, Hdb. StR[3] VIII, § 175 Rn 33 ff.
52 EGMR, NZA 2010, 1423.

881 **Lösungsskizze zum Fall 15 (Rn 836):** I. Vom *Schutzbereich* der Vereinigungsfreiheit wird nicht nur die positive, sondern auch die negative Freiheit erfasst, einer Vereinigung fernzubleiben oder aus ihr auszutreten. Fraglich ist, ob sich S gegen die Mitgliedschaft in der Studierendenschaft auf seine negative Vereinigungsfreiheit gem. Art. 9 Abs. 1 berufen kann. Die Studierendenschaft ist eine rechtsfähige Gliedkörperschaft der Hochschule, deren Mitgliedschaft mit der Einschreibung erworben wird (§ 53 Abs. 1 S. 2 nwHG). S ist daher als eingeschriebener Student auch ohne Antrag Mitglied der Studierendenschaft als öffentlich-rechtlicher Körperschaft geworden. Ob die negative Vereinigungsfreiheit auch gegen öffentlich-rechtliche Zwangsverbände schützt, ist umstritten. Nach der Rechtsprechung ist Art. 9 Abs. 1 insoweit nicht einschlägig; doch sprechen die besseren Argumente für die Gegenmeinung. – II. Die Zwangsmitgliedschaft der eingeschriebenen Studierenden in der Studierendenschaft *greift* in die negative Vereinigungsfreiheit des S *ein*. – III. Problematisch ist die *verfassungsrechtliche Rechtfertigung* für diesen Eingriff. Ein Verbotstatbestand iSd Art. 9 Abs. 2 liegt nicht vor. Es kommt allenfalls eine Rechtfertigung durch kollidierendes Verfassungsrecht in Betracht: Aus Art. 5 Abs. 3 ist zwar ein Mindestmaß an Mitwirkungsrechten der Studierenden in den Selbstverwaltungsorganen der Hochschule abzuleiten (vgl E 35, 79/125), aber dies erfordert nicht notwendig den öffentlich-rechtlichen Zwangszusammenschluss der Studierenden. Die meisten der in § 53 Abs. 2 S. 2 Nr 1–8 nwHG genannten Aufgaben der Studierendenschaft gehören noch nicht einmal zum Schutzbereich der Wissenschaftsfreiheit (zB wirtschaftliche, soziale und kulturelle Belange der Studierenden, Förderung des Studierendensports, Pflege der überörtlichen und internationalen Studierendenbeziehungen). Soweit einzelne Aufgaben der Studierendenschaft in den Schutzbereich des Art. 5 Abs. 3 fallen (zB fachliche Belange der Studierenden), ist sehr fraglich, ob zu ihrer Verfolgung die Zwangsmitgliedschaft erforderlich ist oder nicht privatrechtliche Zusammenschlüsse ausreichend sind (vgl *Damkowski*, DVBl. 1978, 229; *Pieroth*, Störung, Streik und Aussperrung an der Hochschule, 1976, S. 192 f). – Es sprechen daher gute Gründe dafür, dass S Recht hat. Demgegenüber hält die Rspr (BVerfG, DVBl. 2000, 1179; BVerwGE 59, 231/236 ff; 109, 97/100 f) die Zwangsmitgliedschaft in der Studierendenschaft für vereinbar mit Art. 2 Abs. 1.

882 **Literatur:** Zu Art. 9 Abs. 1: *T. Günther/E.B. Franz*, Grundfälle zu Art. 9 GG, JuS 2006, 788, 873; *D. Merten*, Vereinsfreiheit, Hdb. StR³ VII, § 165; *N. Nolte/M. Planker*, Vereinigungsfreiheit und Vereinsbetätigung, Jura 1993, 635; *M. Planker*, Das Vereinsverbot in der verwaltungsgerichtlichen Rechtsprechung, NVwZ 1998, 113; *T. Schmidt*, Die Freiheit verfassungswidriger Parteien und Vereinigungen, 1983. – Zu Art. 9 Abs. 3: *W. Hänsle*, Streik und Daseinsvorsorge, 2016; *W. Höfling/C. Burkiczak*, Die unmittelbare Drittwirkung gem. Art. 9 Abs. 3 S. 2 GG, RdA 2004, 263; *M. Kittner*, Die Rechtsprechung des Bundesverfassungsgerichts zu Tarifautonomie und Arbeitskampf, in: FS Jaeger, 2011, S. 483; *K.-H. Ladeur*, Methodische Überlegungen zur gesetzlichen „Ausgestaltung" der Koalitionsfreiheit, AöR 2006, 643; *B. Pieroth*, Koalitionsfreiheit, Tarifautonomie und Mitbestimmung, in: FS 50 Jahre BVerfG, 2001, Bd. II, S. 293; *R. Poscher*, Die Koalitionsfreiheit als ausgestaltungsbedürftiges und ausgestaltungsfähiges Grundrecht, RdA 2017, 235; *R. Scholz*, Koalitionsfreiheit, Hdb. StR³ VIII, § 175; *T. v. Danwitz*, Koalitionsfreiheit, Hdb. GR V, § 116; *J. Ziekow*, Vereinigungsfreiheit, Hdb.GR IV, § 107.

§ 19 Brief-, Post- und Fernmeldegeheimnis (Art. 10)

> **Fall 16: Sicherstellung des Inhalts eines Postfachs (nach BVerwGE 79, 110)** Durch ordnungsgemäße Verfügung des Innenministers ist der Verein „Volkssozialistische Bewegung Deutschlands" (V) gem. § 3 Abs. 1 VereinsG verboten und sein Vermögen beschlagnahmt und eingezogen worden. V besaß im Hauptpostamt seines Sitzortes ein Postfach. Der für den Vollzug der Verfügung des Innenministers gem. § 5 Abs. 1 VereinsG bestimmte Regierungspräsident erlässt einen Sicherstellungsbescheid gem. § 10 Abs. 2 VereinsG, wonach die Deutsche Post AG den Inhalt des Postfachs herausgeben muss. Ist dieser Bescheid mit Art. 10 vereinbar? **Rn 910**

883

I. Überblick

Art. 10 schützt die Vertraulichkeit bestimmter Kommunikationsmedien. Er enthält eine „spezielle Gewährleistung der Privatsphäre"[1], deren Notwendigkeit sich daraus ergibt, dass die Privatheit wegen der räumlichen Distanz und der Zugriffsmöglichkeiten für Dritte hier besonders gefährdet ist. Art. 10 steht damit in einem engen Zusammenhang mit Art. 13 Abs. 1, der die räumliche Privatsphäre schützt, und dem allgemeinen Persönlichkeitsrecht (Art. Abs. 1 iVm Art. 1 Abs. 1), das speziell die Vertraulichkeit und Integrität informationstechnischer Systeme (Rn 450) gewährleistet und zur Anwendung kommt, wenn nicht in den allein durch Art. 10 geschützten Kommunikationsvorgang selbst eingegriffen wird.

884

Die Unterscheidung von Brief-, Post- und Fernmeldegeheimnis beruht auf der historischen Entwicklung des Nachrichtenverkehrs. Das Brief- und das Fernmeldegeheimnis schützen die Übermittlung von Kommunikationsinhalten, während das Postgeheimnis die besonderen Gefährdungen durch die staatliche Deutsche Bundespost im Blick hatte. Privatisierungen und technische Entwicklungen stellen nicht den Schutzbedarf, wohl aber die herkömmliche Dreiteilung in Frage. Neben die Post bzw die gem. Art. 87f Abs. 2 S. 1 und Art. 143b gebildeten privatwirtschaftlichen Nachfolgeunternehmen der Deutschen Bundespost treten andere privatwirtschaftliche Kommunikationsmittler, die nicht unmittelbar grundrechtsgebunden sind. Daher werden heute Art. 10 Vorgaben für die Ausgestaltung des Rechts der Nachfolgeunternehmen und anderer Kommunikationsmittler entnommen, wonach sie den Geheimnissen des Art. 10 Abs. 1 ebenso verpflichtet sind, wie es ehedem die staatliche Post war. Der leitende Gedanke ist dabei, dass der Staat sich durch Privatisierungen nicht aus seiner grundrechtlichen Verantwortung stehlen darf. Durch die technische Entwicklung ist das Grundrecht herausgefordert, weil sich die Grenzen zwischen postalisch und über Fernsprecher vermittelten Kommunikationen durch die Digitalisierung weitgehend aufgelöst haben; Brief- und Fernmeldegeheimnis fusionieren zu einem „Telekommunikationsgeheimnis"[2]. Die Digitalisierung ermöglicht aber nicht nur neue Formen der Kommunikation, sondern eröffnet auch neue staatliche Zugriffsmöglichkeiten und damit grundrechtliche Gefährdungslagen. Sie haben vor dem Hintergrund neuer Herausforderungen für die öffentliche Sicherheit zu einer Renaissance des Grundrechts auch in der Rechtsprechung geführt.

885

Art. 10 Abs. 2 S. 1 enthält einen einfachen Gesetzesvorbehalt. Art. 10 Abs. 2 S. 2 ist kein qualifizierter Gesetzesvorbehalt in dem Sinn, dass er die Ermächtigung zum Eingriff in den

886

---
1 BVerfG, NJW 2016, 3508/3510.
2 BVerfG, NJW 2016, 3508/3510

Schutzbereich durch Gesetz an zusätzliche Voraussetzungen bindet. Vielmehr ermächtigt er in bestimmten Fällen (des Verfassungs- und Staatsschutzes) zu besonders weitgehenden Eingriffen in die Schutzbereiche des Art. 10 Abs. 1.

II. Schutzbereiche

1. Briefgeheimnis

887 Das Briefgeheimnis verwehrt der öffentlichen Gewalt, vom Inhalt eines Briefs oder einer anderen Sendung Kenntnis zu nehmen, die erkennbar eine *individuelle schriftliche Mitteilung* befördert. Bei verschlossenen Sendungen ist zwar nicht erkennbar, ob sie individuelle schriftliche Mitteilungen befördern, aber da sie sie befördern könnten und sich durch den Verschluss gegen die Erkennbarkeit und Kenntnisnahme gerade schützen, gehören auch sie in den Schutzbereich des Briefgeheimnisses.[3]

888 **Beispiele:** Briefe i. S. von Art. 10 Abs. 1 sind neben den eigentlichen Briefen auch Telegramme, Postkarten, Päckchen und Pakete. Offene Drucksachen, Zeitungs- und Büchersendungen, Waren- und Postwurfsendungen dienen dagegen erkennbar nicht der Beförderung individueller schriftlicher Mitteilungen (aA *Michael/Morlok*, GR, Rn 322).

889 Vom *Umfang* her erstreckt sich das Briefgeheimnis nicht nur auf den Inhalt der Sendung, sondern auch auf deren Absender und Empfänger und alle Umstände der Beförderung, einschließlich der Identität des Beförderers. Da das Briefgeheimnis dem Staat auch verwehrt, vom Beförderer Kenntnis zu nehmen, wird teilweise der Schutz des Briefgeheimnisses auch den Beförderungsunternehmen als Grundrechtsberechtigten zuerkannt.[4] Dagegen spricht, dass das Briefgeheimnis im Interesse der Kommunikationsteilnehmer und nicht der Beförderungsunternehmen als Kommunikationsmittler besteht.[5]

890 Das Briefgeheimnis *verpflichtet* nicht nur die Organe öffentlicher Gewalt, die im Bereich des Brief- und Postwesens gem. Art. 87f Abs. 2 S. 2 und Abs. 3 Hoheitsaufgaben ausführen; mit Aufsichtsaufgaben betraut, haben sie zu Eingriffen nicht einmal besondere Gelegenheit und besonderen Anlass. Es verpflichtet auch und vor allem Organe, die mit dem Brief- und Postwesen nichts zu tun haben, zumal die Sicherheitsorgane.

2. Postgeheimnis

891 In den Schutzbereich des Postgeheimnisses fallen alle *postalisch beförderten Sendungen*, vom Brief über die Zeitungssendung und Warenprobe bis zur Postanweisung, von der Einlieferung bei der Post bis zur Ablieferung beim Empfänger. Bei postalisch beförderten Sendungen mit individuellen schriftlichen Mitteilungen deckt sich der Schutz durch das Postgeheimnis mit dem durch das Briefgeheimnis.

892 Von besonderer *Bedeutung* war das Postgeheimnis, solange die Deutsche Bundespost das Beförderungsmonopol hatte und eine Einrichtung des Staates war. Je mehr die

---

3 *Durner*, MD, Art. 10 Rn 67, 95; *Hermes*, DR, Art. 10 Rn 31 ff.
4 *Badura*, BK, Art. 10 Rn 32.
5 *Gusy*, MKS, Art. 10 Rn 49; *Hermes*, DR, Art. 10 Rn 28; *Kloepfer*, VerfR II, § 65 Rn 17.

privatrechtlichen Nachfolgeunternehmen der Deutschen Bundespost Konkurrenz durch andere private Unternehmen bekommen, desto mehr verliert das Postgeheimnis neben dem Briefgeheimnis an Bedeutung.

Dass der Schutz, den das Postgeheimnis auch den Sendungen bietet, die *keine individuellen schriftlichen Mitteilungen* befördern oder befördern könnten, durch die Bedeutungsverschiebung zwischen Post- und Briefgeheimnis verloren geht, ist grundrechtlich nicht gerechtfertigt. Es muss dieser Schutz entweder dem Briefgeheimnis zuwachsen oder das Postgeheimnis letztlich nicht organisatorisch, sondern funktional verstanden werden und allen Sendungen zugute kommen, die postalisch oder funktional äquivalent durch andere Kommunikationsmittler, sog. Postdienstleister, befördert werden.[6] 893

Vom *Umfang* her erstreckt sich auch das Postgeheimnis auf Kommunikationsinhalt und -umstände. Auch das Postgeheimnis wird gelegentlich und wieder fragwürdig auf den Beförderer, dh die privatrechtlichen Nachfolgeunternehmen der Deutschen Bundespost erstreckt (vgl Rn 889); das BVerfG hatte die Deutsche Bundespost entsprechend als grundrechtsberechtigte und grundrechtsverpflichtete Hoheitsträgerin anerkannt.[7] Heute ist die Grundrechtsbindung der privatrechtlichen Nachfolgeunternehmen der Deutschen Bundespost im Einzelnen umstritten;[8] sie bemisst sich grundsätzlich nach der Fiskalgeltung der Grundrechte, nimmt also mit dem Übergang der Anteile vom Bund auf Private ab[9] (vgl Rn 235) und wird durch Bindung an gesetzliche Bestimmungen, die dem Schutz des Postgeheimnisses dienen, wie §§ 202 ff StGB, § 39 PostG und § 88 TKG, ergänzt. 894

3. Fernmeldegeheimnis

Gegenstand des Fernmeldegeheimnisses sind wieder Inhalte und Umstände des individuellen Kommunikationsvorgangs über das Medium drahtloser oder drahtgebundener elektromagnetischer Wellen; es kommt weder auf die konkrete Übermittlungsart noch auf die Ausdrucksform an.[10] Geschützt ist nicht nur der traditionelle Telefon-, Telegramm- und Funkverkehr, sondern auch die Kommunikation mittels neuer Medien, zB Mobilfunk und Internet.[11] Geschützt ist die Kommunikation, von der der Staat selbst oder durch private Diensteanbieter als Hilfspersonen Kenntnis genommen hat, auch während von ihr in Informations- und Datenverarbeitungsprozessen Gebrauch gemacht wird.[12] Gleichgültig ist, ob die Fernmeldeeinrichtung der Öffentlichkeit oder zB als haus- oder betriebsinterne Telefon- oder Computeranlage nur einem begrenzten Kreis von Teilnehmern zugänglich ist. Gleichgültig ist auch, ob das Kommunikationsmedium neben der Individual- auch der Massenkommunikation dient; bei der zunehmenden Integration von Medien, Netzen und Diensten ist die Vermischung von Individual- und Massenkommunikationsformen unvermeidlich und muss für den 895

---

6 *Durner*, MD, Art. 10 Rn 76; *Gusy*, MKS, Art. 10 Rn 35 ff.
7 E 67, 157/172.
8 Vgl *Wieland*, Verwaltung 1995, 315/318; *Hermes*, DR, Art. 10 Rn 47 ff.
9 BVerwGE 113, 208/211; *v. Arnauld*, DÖV 1998, 437.
10 E 115, 166/182; 120, 274/306 f; 129, 208/240 f.
11 E 120, 274/307; 124, 43/54; *Grote*, KritV 1999, 27/39 f.
12 E 125, 260/309 f; vgl *Britz*, JA 2011, 81.

Schutz eines Kommunikationsvorgangs durch das Fernmeldegeheimnis wieder (vgl. Rn 887) genügen, dass der Kommunikationsvorgang eine individuelle Mitteilung befördern könnte.[13]

896 *Nicht geschützt* sind Informationen über die Voraussetzungen und Umstände der Bereitstellung von Kommunikationsdienstleistungen, sofern sie nicht bestimmte Kommunikationsvorgänge zu identifizieren erlauben; anders als die Zuordnung von Vorgangsnummern zu Kommunikationen ist daher die Zuordnung von Anschlussnummern zu Anschlussinhabern nicht von Art. 10 Abs. 1 geschützt, steht aber unter dem Schutz des Rechts der informationellen Selbstbestimmung aus Art. 2 Abs. 1 i. V. m. Art. 1 Abs. 1.[14]

Geschützt ist hingegen die Zuordnung von dynamischen IP-Adressen, da für ihre Ermittlung auf konkrete Verbindungsdaten zurückgegriffen werden muss.[15]

Nicht geschützt sind die Träger der Information gegen Eingriffe nach dem Abschluss des Kommunikationsvorgangs, weil die Informationen, sind sie erst einmal zugegangen, nicht mehr den Gefahren ausgesetzt sind, die sich aus der Verwundbarkeit des Kommunikationsvorgangs ergeben und vor denen Art. 10 schützen soll; nach Zugang unterscheiden sich diese Informationen nicht mehr von anderen.[16]

Dies gilt hingegen nicht für noch bei einem Provider gespeicherte Nachrichten. Sie befinden sich nicht im Herrschaftsbereich des Nutzers.[17]

Nicht geschützt ist auch die vom Kommunikationsvorgang unabhängige Bestimmung des Standorts einer Person über die Bestimmung des Standorts ihres Kommunikationsgeräts.[18]

897 Dass der Schutz des Fernmeldegeheimnisses sich auch auf die *Fernmeldeunternehmen* erstreckt, ist hier ebenso fragwürdig wie beim Brief- und Postgeheimnis. Auch das Fernmeldegeheimnis verpflichtet va die Sicherheitsorgane; die Verpflichtung der Deutschen Telekom AG bemisst sich ebenso wie die der anderen privatrechtlichen Nachfolgeunternehmen der Deutschen Bundespost nach der Fiskalgeltung der Grundrechte und den einschlägigen Schutzgesetzen.

III. Eingriffe

898 Eingriffe in das Brief-, Post- und Fernmeldegeheimnis liegen nicht nur vor, wenn die öffentliche Gewalt den Inhalt, sondern auch wenn sie die Tatsache und die Umstände der geschützten Kommunikation erhebt oder sich vom jeweiligen Kommunikationsmittler erheben lässt und speichert, verwertet oder weitergibt.[19] Eingriffe sind schließlich Behinderungen und Verbote der Herstellung der Vertraulichkeit der Kommuni-

---

13 *Gusy*, MKS, Art. 10 Rn 44; *Hermes*, DR, Art. 10 Rn 40; *Schoch*, Jura 2011, 194/195.
14 E 130, 151/180 ff.
15 E 130, 151/181.
16 E 115, 166/183 ff; 120, 274/307 f; 124, 43/54; krit. *Schoch*, Jura 2011, 194/198.
17 E 124, 43/55 f.
18 BVerfG, NJW 2007, 351/353 f; krit. *Durner*, MD, Art. 10 Rn 89; *Schwabenbauer*, AöR 2012, 1/22 f.
19 E 100, 313/359, 366 f; 107, 299/313 f; 110, 33/53.

kation (Verschlüsselung).[20]

Beispiele: Der Staatsanwalt beschlagnahmt Päckchen in der Verteilungsstation des privaten Paketbeförderers. Der Dienstherr lässt alle Dienst- und Privatgespräche, die von dienstlichen Telefonapparaten aus geführt werden, ohne Einverständnis der Bediensteten elektronisch erfassen (aA noch BVerwG, NVwZ 1990, 71/73; VGH Mannheim, VBlBW 1991, 347). Die Telegraphenordnung von 1872 verbot die Chiffrierung privater Kommunikation. – Kein Eingriff in Art. 10 (wohl aber in Art. 2 Abs. 1 iVm Art. 1 Abs. 1) liegt vor, wenn ein Mobiltelefon beschlagnahmt und die darauf gespeicherten Gesprächsdaten erhoben werden; hier sind die Kommunikationsvorgänge bereits abgeschlossen (E 115, 166/181 ff). 899

Umstritten ist seit alters die Eingriffsqualität von sog. *betriebsbedingten Maßnahmen*, dh den Kenntnisnahmen der Post von Kommunikationsinhalten und -daten, die der Vermittlung der Kommunikation und der Vermeidung von Störungen des Betriebs dienen. 900

Beispiele: Sortieren von Sendungen, Öffnung unzustellbarer absenderloser Sendungen zur Ermittlung von Absender oder Empfänger, Installierung einer Fangschaltung zur Identifizierung eines anonymen Anrufers. 901

Rechtsprechung und Literatur haben teilweise die betriebsbedingten Maßnahmen insgesamt nicht als Eingriffe, sondern als bloße Schutzbereichsbegrenzungen angesehen.[21] Das BVerfG hat das Installieren einer Fangschaltung, obwohl es der Verhinderung von Missbrauch und Störung dient, ausdrücklich nicht als eingriffsneutrale, betriebsbedingte Schutzbereichsbegrenzung, sondern als Eingriff qualifiziert.[22] Ablehnen lässt sich die Eingriffsqualität nur für die betriebsbedingten Maßnahmen, die, wie das Sortieren der Sendungen, für die Vermittlung der Kommunikation schlechterdings *unerlässlich* sind und von den Benutzern auch vorausgesetzt werden. 902

Bedeutung behält die Frage auch nach der Ersetzung der hoheitlich handelnden Deutschen Bundespost durch *private Kommunikationsmittler*. Denn die Grenze, die bei der hoheitlichen Post zwischen eingriffsneutralen schutzbereichsbegrenzenden Maßnahmen und gesetzlicher Legitimation bedürftigen Eingriffen zu ziehen war, markiert auch die Schwelle, an der der Staat gegenüber den privaten Kommunikationsmittlern in die Pflicht zum Schützen (vgl Rn 885) genommen ist. Wo bei der hoheitlichen Post die Eingriffe begannen, die der Bürger bei Fehlen einer gesetzlichen Ermächtigung abwehren konnte, da beginnt bei privaten Kommunikationsvermittlungen der sensible Bereich, in dem der Staat Regelungen zum Geheimnisschutz zu treffen und mit § 85 TKG auch getroffen hat.[23] 903

Eingriffe liegen besonders darin, dass zu Staats- und Verfassungsschutzzwecken sowie zum Zweck der Bekämpfung schwerer Kriminalität *abgehört* und das Abgehörte aufgezeichnet, gespeichert, abgeglichen, ausgewertet, selektiert und übermittelt wird.[24] Regelmäßig vermittelt die Telekom die Leitungen, über die besonders die Geheimdienste die Telefongespräche verfolgen können; denkbar ist aber auch, dass die 904

---

20 *Bizer*, AK, Art. 10 Rn 41, 71, 76 f; *Durner*, MD, Art. 10 Rn 52 f, 91; *Gerhards*, (Grund-)Recht auf Verschlüsselung?, 2010, S. 139; aA *Gusy*, MKS, Art. 10 Rn 46; *Hermes*, DR, Art. 10 Rn 91, 104.
21 BVerwGE 76, 152/155.
22 E 85, 386/396 f; vgl auch E 124, 43/58.
23 E 106, 28/37.
24 E 125, 260/310.

Geheimdienste sich selbst in die Leitung einschalten. Von diesen Eingriffen zu unterscheiden sind die sog. Lauschangriffe, bei denen nicht Fernmeldeanlagen angezapft, sondern sog. Wanzen installiert oder Richtmikrofone benutzt werden. Sie beurteilen sich, sofern Gespräche in der Wohnung belauscht werden, nach Art. 13 (vgl Rn 1013, 1020). Stets ist zu beachten, dass Eingriffe in das Fernmeldegeheimnis nicht nur einen, sondern beide Kommunikationspartner treffen.[25] Kein Eingriff in das Fernmeldegeheimnis, wohl aber in das Recht am eigenen Wort als Teil des allgemeinen Persönlichkeitsrechts (vgl Rn 447) liegt vor, wenn ein Kommunikationspartner Dritte das Telefongespräch mithören lässt, das er mit dem anderen Kommunikationspartner führt; denn Art. 10 schützt vor Gefahren des Kommunikationsmittels, nicht vor dem Kommunikationspartner.[26]

IV. Verfassungsrechtliche Rechtfertigung

1. Gesetzesvorbehalt des Art. 10 Abs. 2 S. 1

905 Das Brief-, Post- und Fernmeldegeheimnis steht unter einfachem Gesetzesvorbehalt. Er ist durch zahlreiche postrechtliche und andere Bestimmungen ausgefüllt, die teilweise tatbestandlich sehr weit gefasst sind und bei deren Anwendung der Verhältnismäßigkeitsgrundsatz Bedeutung gewinnt. Aus diesem hat das BVerfG wie beim informationellen Selbstbestimmungsrecht (vgl Rn 461) in Parallele zur Wohnungsdurchsuchung (vgl Rn 1016) einen Richtervorbehalt abgeleitet.[27]

906 **Beispiele:** Gem. dem früheren § 12 FernmeldeanlagenG konnten der Richter und bei Gefahr im Verzug auch die Staatsanwaltschaft in strafgerichtlichen Untersuchungen von Telekommunikationsunternehmen Auskunft über die Telekommunikation auch von selbst unverdächtigen bloßen Nachrichtenmittlern verlangen, wenn „die Auskunft für die Untersuchung Bedeutung hatte". Das BVerfG verlangte einschränkend eine Straftat von erheblicher Bedeutung, einen konkreten Tatverdacht und eine hinreichend sichere Tatsachenbasis für die Annahme, dass der Betroffene als Nachrichtenmittler tätig wird (E 107, 299/321 ff; so jetzt auch § 100g StPO). Der frühere § 39 Abs. 1 und 2 AußenwirtschaftsG, der zur Verhütung von Straftaten nach diesem Gesetz die Überwachung des Brief- und Telekommunikationsverkehrs erlaubte, wenn Tatsachen die Annahme rechtfertigten, dass bestimmte Straftaten von erheblicher Bedeutung geplant wurden, war zu weit gefasst und verstieß gegen den Bestimmtheitsgrundsatz (E 110, 33/ 57 ff;). Die sog. Quellen-TKÜ, bei der Kommunikationsinhalte durch die Infiltration informationstechnischer Systeme bereits vor einer eventuellen Verschlüsselung erhoben werden sollen, wird zum Teil für unverhältnismäßig erachtet, wenn die technischen Instrumente nicht bereits vor der Entscheidung des Gesetzgebers entwickelt worden sind. Der Gesetzgeber dürfe nicht blind darauf vertrauen, dass die Exekutive rechtskonforme Systeme entwickeln werde (VerfG Sachsen-Anhalt, LKV 2015, 33/36 f).

907 Problematisch sind die strafprozessualen Einschränkungen des Art. 10 für Untersuchungshäftlinge. BVerfG und hM leiten die Rechtfertigung zum Anhalten, Öffnen und Lesen aller ein- und ausgehenden *Post von Untersuchungshäftlingen* aus § 119 Abs. 3 StPO ab. Diese Bestimmung ermächtigt dazu, dem Untersuchungshäftling sol-

---

25 Vgl E 85, 386/398 f; *Gusy*, JuS 1986, 89/94 ff.
26 E 106, 28/44 ff.
27 E 125, 260/337 f; krit. *Roßnagel*, NVwZ 2010, 751/752.

che Beschränkungen aufzuerlegen, die der Zweck der Untersuchungshaft oder die Ordnung in der Vollzugsanstalt erfordert, handelt allerdings nicht eigens von Beschränkungen des Brief- und Postgeheimnisses. Wenn man hierin überhaupt eine ausreichend bestimmte gesetzliche Grundlage erblicken will,[28] fordert der Verhältnismäßigkeitsgrundsatz jedenfalls, dass eine Kontrolle der Post des Untersuchungshäftlings nur erfolgt, wenn konkrete Anhaltspunkte für eine Störung der Anstaltsordnung vorliegen.[29]

2. Erweiterung des Gesetzesvorbehalts gem. Art. 10 Abs. 2 S. 2

Art. 10 Abs. 2 S. 2 eröffnet die Möglichkeit, von der das Gesetz zur Beschränkung des Brief-, Post- und Fernmeldegeheimnisses (G 10) Gebrauch gemacht hat, dass dem Betroffenen Überwachungs- und Abhörmaßnahmen *nicht mitgeteilt* werden. Dadurch gewinnt der entsprechende Eingriff eine besondere Intensität: Der Betroffene kann ihn nicht bemerken, nicht vermeiden und auch nicht gerichtlich angreifen. Ohnehin ist durch Art. 10 Abs. 2 S. 2 (vgl auch Art. 19 Abs. 4 S. 3) auch die Möglichkeit eröffnet, dass die Kontrolle durch Kommissionen des Bundestages den *Rechtsweg ersetzt*. Beides gilt dann, wenn der Eingriff dem Schutz der freiheitlichen demokratischen Grundordnung oder des Bestandes oder der Sicherung des Bundes oder eines Landes dient. Eine Benachrichtigung muss aber stattfinden, sobald keine Gefährdung des Zwecks der Maßnahme und der genannten Schutzgüter mehr droht; ein Verzicht auf die Benachrichtigung ist nur dann zu rechtfertigen, wenn die erfassten Daten sogleich als irrelevant vernichtet worden sind.[30]

908

Die *Verfassungsmäßigkeit* des durch die Notstandsgesetzgebung von 1968 eingefügten Satzes 2 in Art. 10 Abs. 2 sowie des G 10 war heftig umstritten: Wegen Verstoßes gegen die Menschenwürde und das Rechtsstaatsprinzip bzw deren Schutz durch Art. 79 Abs. 3 habe Satz 2 auch mittels Verfassungsänderung nicht eingeführt werden dürfen. Auch das BVerfG, das im Abhörurteil Art. 10 Abs. 2 S. 2 und das darauf gestützte Gesetz mit dem Grundgesetz für vereinbar hielt,[31] wurde stark kritisiert, besonders weil es Art. 79 Abs. 3 dahingehend relativiert, dass er nicht ausschließe, „elementare Verfassungsgrundsätze systemimmanent zu modifizieren"[32].

909

Lösungsskizze zum Fall 16 (Rn 883): I. Einschlägig ist der *Schutzbereich* des Postgeheimnisses, da das Postfach des V der Post übergebene Sendungen enthält. Nicht einschlägig ist dagegen der Schutzbereich des Briefgeheimnisses, das den Briefverkehr außerhalb des Postbereichs dagegen schützt, dass die öffentliche Gewalt von dem Inhalt des Briefes Kenntnis nimmt. – II. Der *Eingriff* erfolgt hier durch ein Organ der öffentlichen Gewalt; er liegt darin, dass der Regierungspräsident auf die dem Postgeheimnis unterliegenden Gegenstände zugreifen will, um von ihrem Inhalt Kenntnis zu nehmen. – III. Der Eingriff ist *verfassungsrechtlich gerechtfertigt*, wenn er gem. Art. 10 Abs. 2 S. 1 auf Grund eines Gesetzes angeordnet wurde. In Betracht kommt allein § 10 Abs. 2 VereinsG; der Sicherstellungsbe-

910

---

28 *Badura*, BK, Art. 10 Rn 74; aA abw. M. E 57, 182/185; *Gusy*, MKS, Art. 10 Rn 89; *Stern*, StR IV/1, S. 291.
29 E 35, 5/9 f; 35, 311/315 ff; 57, 170/177; vgl auch BVerfG, NJW 1996, 983.
30 E 100, 313/397 ff.
31 E 30, 1/26 ff.
32 Vgl abw. M. E 30, 1/38 ff; *Hufen*, StR II, § 17 Rn 14.

scheid könnte eine besondere Anordnung iSd S. 1 Alt. 2 darstellen. 1. *Materiell-rechtlich* stellt sich insoweit die Frage, ob der Inhalt des Postfachs im Gewahrsam Dritter steht. Sie wird durch die Sonderregelung des § 10 Abs. 2 S. 4 VereinsG iVm § 99 StPO beantwortet: Die Beschlagnahme gem. § 10 Abs. 2 S. 1 VereinsG erfasst auch an V gerichtete Postsendungen, die sich im Gewahrsam der Deutschen Post AG befinden, und ermächtigt damit auch ohne besondere Anordnung zur Sicherstellung des Inhalts des Postfachs des V. – 2. *Formell-rechtlich* ist gem. § 10 Abs. 2 S. 4 VereinsG auch § 100 StPO anzuwenden. Nach dessen Abs. 1 ist für eine Beschlagnahme von Gegenständen iSd § 99 StPO nur der Richter, bei Gefahr im Verzug auch die Staatsanwaltschaft befugt. Der Sicherstellungsbescheid des Regierungspräsidenten verstößt daher gegen Art. 10.

911 **Literatur:** *A. Funke/J. Lüdemann,* Grundfälle zu Art. 10 GG, JuS 2008, 780; *T. Groß,* Die Schutzwirkung des Brief-, Post- und Fernmeldegeheimnisses nach der Privatisierung der Post, JZ 1999, 326; *R. Hadamek,* Art. 10 GG und die Privatisierung der Deutschen Bundespost, 2002; *H.H. Kaysers,* Die Unterrichtung Betroffener über Beschränkungen des Brief-, Post- und Fernmeldegeheimnisses, AöR 2004, 121; *B. Schlink,* Das Abhörurteil des Bundesverfassungsgerichts, Staat 1973, 85; *F. Schoch,* Der verfassungsrechtliche Schutz des Fernmeldegeheimnisses (Art. 10 GG), Jura 2011, 194; *T. Schwabenbauer,* Kommunikationsschutz durch Art. 10 GG im digitalen Zeitalter, AöR 2012, 1.

§ 20 Freizügigkeit (Art. 11)

912 **Fall 17: Aufenthaltsverbot** Auf einem gemeindlichen Kinderspielplatz hält sich regelmäßig der obdachlose drogenabhängige D auf. Die zuständige Polizei- bzw Ordnungsbehörde befürchtet, dass sich spielende Kinder mit den von D häufig liegen gelassenen Injektionsnadeln verletzen können. Sie verbietet D daher für ein halbes Jahr, sich auf dem Spielplatz aufzuhalten. Ist die Maßnahme verfassungsmäßig? **Rn 930**

I. Überblick

913 In einem föderalen Gemeinwesen ist die Freizügigkeit eine fundamentale Garantie, denn sie vermittelt das Recht, sich unabhängig von der Landesangehörigkeit in jedem Gliedstaat aufzuhalten. In Art. 133 Abs. 1 der Paulskirchenverfassung hieß es etwa, dass mit der Freizügigkeit das Recht jedes Deutschen verbunden sei, „an jedem Orte des Reichsgebiets seinen Aufenthalt zu nehmen". Das ist deshalb bedeutsam, weil das einfache Recht regelmäßig am Aufenthalt anknüpft, indem es etwa Ansprüche auf soziale Unterstützungsleistungen in Abhängigkeit vom rechtmäßigen Aufenthalt gewährleistet. Art. 11 wird insoweit ergänzt durch Art. 33 Abs. 1 (Rn 565 ff), der einen Anspruch auf Gleichbehandlung unabhängig von der Landesangehörigkeit vermittelt.[1] Entsprechende Garantien enthält das europäische Unionsrecht in den Art. 18 und 21 AEUV; praktische Bedeutung haben sie dort vor allem für die Frage der sozialrechtlichen Gleichbehandlung von Unionsbürgern aus anderen Mitgliedstaaten. Die Garantie der Freizügigkeit und ihrer Schranken ist daher auch ein Gradmesser für innerföderale Solidarität[2]. – In Deutschland spielt die Garantie der Freizügigkeit heute nur noch eine untergeordnete Rol-

---
1 *Kingreen,* Soziale Rechte und Migration, 2010, S. 21 ff.
2 EuGH, Grzelyzk, EU:C:2001:458; *Wollenschläger,* DR, Art. 11 Rn 12 ff.

le, nachdem es keine Landesangehörigkeit mehr gibt (vgl. Art. 74 Abs. 1 Nr. 8 a.F.). Vor dem Hintergrund der durch den 2. Weltkrieg ausgelösten Flüchtlingsströme im geteilten Deutschland wurde allerdings nochmals kontrovers über eine Aufnahme in den Grundrechtskatalog diskutiert. Der Herrenchiemseer Verfassungsentwurf hatte auf eine Art. 111 WRV entsprechende Bestimmung verzichtet, „weil die gegenwärtigen Zustände der Durchführung unüberwindbare Hindernisse bereiten"[3]. Im Parlamentarischen Rat fand sich dann zwar eine Mehrheit für eine auch verfassungsrechtliche Gewährleistung der Freizügigkeit. Der ausführliche Gesetzesvorbehalt in Art. 11 Abs. 2 dokumentiert aber die Bedenken gegen eine unbeschränkte Freizügigkeit. 1989, als zunächst eine erhebliche Abwanderung aus Ostdeutschland einsetzte, sind Beschränkungen der Freizügigkeit aber nicht mehr ernsthaft diskutiert worden, schon vor dem Hintergrund, dass der Fall der Mauer und das Ende des Schießbefehls auch ein Sieg der Freizügigkeit gewesen waren.

II. Schutzbereich

1. Aufenthalts- und Wohnsitznahme

Freizügigkeit bedeutet die Freiheit, an jedem Ort innerhalb des Bundesgebiets Aufenthalt und Wohnsitz zu nehmen.[4] Sie wird uneingeschränkt nur deutschen Staatsangehörigen gewährt. Unionsbürger (Art. 20 AEUV) werden geschützt, soweit das Unionsrecht dies fordert (Rn 177). **914**

Wohnsitz ist, wie § 7 Abs. 1 BGB erläutert, die ständige Niederlassung an einem Ort. Die ständige Niederlassung ist die Niederlassung mit dem Willen, nicht nur vorübergehend zu bleiben, sondern den Ort zum Mittelpunkt des Lebens zu machen. Art. 11 Abs. 1 schützt die Begründung, Aufhebung und Verlagerung eines Wohnsitzes und auch mehrerer Wohnsitze. Die bloß vorübergehende Niederlassung unterfällt dem Begriff des Aufenthalts. **915**

Aufenthalt bedeutet vorübergehendes Verweilen. Da jede Fortbewegung eine Folge von Augenblicken des Verweilens ist, stellt sich die Frage, wann das Verweilen durch Art. 11 Abs. 1 und wann es durch Art. 2 Abs. 2 S. 2 geschützt ist, durch die Freiheit der Person, die auch die Bewegungs- und die Fortbewegungsfreiheit einschließt (vgl Rn 496). Von den einen wird Art. 2 Abs. 2 S. 2 auf den Schutz vor strafrechtlichen Freiheitsentziehungen und -beschränkungen reduziert und die Fortbewegungsfreiheit im Übrigen, dh in den meisten Fällen unter den Schutz von Art. 11 Abs. 1 gestellt.[5] Von anderen wird von dem durch Art. 11 Abs. 1 geschützten Aufenthalt eine gewisse Dauer verlangt; er müsse „mehr als flüchtig" sein[6] oder sogar eine Übernachtung einschließen.[7] Von wieder anderen wird eine gewisse Bedeutung gefordert; der Aufenthalt müsse von Relevanz für die Persönlichkeit sein[8] oder sogar einem „Lebenskreis" entsprechen.[9] **916**

---

3 JöR 1 (1951), S. 128.
4 So bereits die Definition des Parlamentarischen Rats JöR 1951, 130; ferner E 2, 266/273; 80, 137/150; 110, 177/190.
5 *Hufen*, StR II, § 18 Rn 7.
6 *Rittstieg*, AK, Art. 11 Rn 33.
7 *Merten*, Hdb.GR IV, § 94 Rn 38.
8 *Kunig*, MüK, Art. 11 Rn 13.
9 *Randelzhofer*, BK, Art. 11 Rn 28 ff; *Ziekow*, FH, Art. 11 Rn 44 f.

917 Eine gewisse Dauer oder Bedeutung als Merkmal des durch Art. 11 Abs. 1 geschützten Aufenthalts ist auch unerlässlich; die strafrechtliche Reduktion von Art. 2 Abs. 2 S. 2 mit Unterstellung der Fortbewegungsfreiheit in den meisten Fällen unter Art. 11 Abs. 1 hat in Wortlaut, Genese und Systematik keinen Anhalt. Entscheidend muss für die Abgrenzung sein, dass nicht der Aufenthalt um der Fortbewegung willen geschieht (dann Art. 2 Abs. 2 S. 2), sondern die *Fortbewegung um des Aufenthalts willen* (dann Art. 11 Abs. 1). Letzteres kann sowohl durch die Dauer des Aufenthalts als auch durch dessen Bedeutung indiziert werden.[10]

918 **Beispiele:** Die Bergwanderung, die auch eine Rast in der Hütte einschließt, oder der Stadtbummel, der auch in das eine oder andere Geschäft führt, ist durch Art. 2 Abs. 2 S. 2 geschützt, der mehrtägige Urlaub in der Berghütte oder die eintägige Reise in die Stadt, um im Geschäft als Verkäufer auszuhelfen, durch Art. 11 Abs. 1.

2. Fortbewegung zwecks Ortswechsels

919 Wohnsitz und Aufenthalt sind nur Anfangs- und Endpunkte der auf sie bezogenen Fortbewegung, des Ziehens. Freizügigkeit garantiert die Freiheit des Ziehens, dh der Fortbewegung speziell um der Wohnsitz- oder Aufenthaltsnahme willen. Sie umfasst den freien Wegzug, die Möglichkeit, den Weg zwischen altem und neuem Ort zurückzulegen, und den freien Zuzug, jedoch weder einen bestimmten Weg noch ein bestimmtes Mittel der Fortbewegung.[11]

3. Einreise und Einwanderung, Ausreise und Auswanderung

920 Nach hM fallen auch *Einreise* und *Einwanderung* in das Bundesgebiet unter den Schutzbereich des Art. 11,[12] wobei unter Einreise der Zuzug zur Aufenthaltsnahme und unter Einwanderung der Zuzug zur Wohnsitznahme verstanden wird.

921 Gegen die hM wird der Wortlaut des Art. 11 Abs. 1 angeführt, der von Freizügigkeit „im" ganzen Bundesgebiet spricht.[13] Aber entscheidend ist, dass nicht der Ausgangs-, sondern der Endpunkt der Fortbewegung im Bundesgebiet liegt; Freizügigkeit ist die *Freiheit, das gewählte Ziel zu erreichen*. Außerdem wollte der Parlamentarische Rat mit der Freizügigkeit für alle Deutschen auch den Deutschen aus dem Osten die Einreise in das Bundesgebiet gewähren.[14] Er wollte ihnen die Einreise allerdings auch gem. Art. 11 Abs. 2 verwehren können; an der Entstehungsgeschichte scheitert also auch die Auffassung, das Recht der Deutschen zur Einreise in das Bundesgebiet wurzele unmittelbar in der Staatsangehörigkeit, liege der Freizügigkeit voraus und dürfe durch Art. 11 Abs. 2 ebenso wenig beschränkt werden, wie auch das Verbot des Art. 16 Abs. 2, Deutsche an das Ausland auszuliefern, nicht beschränkt werden darf.[15]

---

10 Ähnlich *Durner*, MD, Art. 11 Rn 82; *Kloepfer*, VerfR II, § 69 Rn 4.
11 *Durner*, MD, Art. 11 Rn 74.
12 Vgl *Randelzhofer*, BK, Art. 11 Rn 72.
13 *Gusy*, MKS, Art. 11 Rn 38.
14 JöR 1951, 129 ff.
15 So aber *Isensee*, VVDStRL 32 (1974), 49/62.

Nach der Rechtsprechung[16] sind *Ausreise und Auswanderung* nicht von Art. 11, wohl aber von Art. 2 Abs. 1 geschützt. Im Schrifttum sind die Stimmen geteilt.[17] Dabei wird unter Ausreise die Entfernung aus dem Bundesgebiet mit dem Ziel der Begründung eines Aufenthalts im Ausland verstanden, unter Auswanderung die mit dem Ziel der Begründung eines Wohnsitzes.

922

Geschichte und Entstehungsgeschichte sprechen gegen den Einbezug von Ausreise und Auswanderung.[18] Bereits in den Verfassungen des 19. Jahrhunderts hat sich die Auswanderungsfreiheit gegenüber der Freizügigkeit verselbstständigt, und in der Weimarer Republik haben beide auch nebeneinander in Art. 111 und Art. 112 WRV ihren Schutz gefunden. Vom Parlamentarischen Rat wurde ausdrücklich abgelehnt, die Auswanderungsfreiheit unter die Grundrechte aufzunehmen; vermutlich befürchtete man im Nachkriegsdeutschland Auswanderungswellen.

923

4. Mitnahme der persönlichen Habe

Die Freizügigkeit schließt die Mitnahme von Eigentum ein. Traditionell wird unter dem Ziehen der Ortswechsel mit dem persönlichen Hab und Gut verstanden, nicht aber mit dem gewerblichen und betrieblichen Eigentum.[19]

924

5. Negative Freizügigkeit

Art. 11 schützt nicht nur die Freiheit, Ortswechsel vorzunehmen, sondern auch Ortswechsel nicht vorzunehmen (negative Freizügigkeit). Das Recht, an den Ort der Wahl zu ziehen, wäre ohne das Recht, am Ort der Wahl auch zu bleiben, entscheidend entwertet. Die Ausweisung und die Abschiebung von Deutschen sind daher an Art. 11 zu messen;[20] für die Auslieferung bietet Art. 16 Abs. 2 den Schutz einer besonderen Schranken-Schranke. Art. 11 vermittelt aber kein allgemeines Recht auf Heimat.[21] Das ist wichtig für bergbaubedingte Umsiedlungen, die der EGMR zwar als (rechtfertigungsfähige) Eingriffe in die Rechte auf Achtung des Privat- und Familienlebens (Art. 8 EMRK) und das im Protokoll Nr. 4 zur EMRK verbürgte Freizügigkeitsrecht ansieht.[22] Nach Ansicht des *BVerfG* schützt Art. 11 hingegen nicht das Recht, „an Orten im Bundesgebiet Aufenthalt zu nehmen und zu verbleiben, an denen Regelungen zur Bodenordnung oder Bodennutzung einem Daueraufenthalt entgegenstehen" und diese „nicht gezielt die Freizügigkeit bestimmter Personen oder Personengruppen treffen sollen"[23]. Art. 11 Abs. 1 wird dadurch zu einem normgeprägten Grundrecht (Rn 266 ff). Ein Widerspruch zur Rechtsprechung des EGMR besteht nicht, weil eine „schematische Parallelisierung" beider Grundrechtsordnungen nicht gefordert ist (Rn 68).

925

---

16 E 6, 32/35 f; 72, 200/245; BVerwG, NJW 1971, 820.
17 Vgl *Durner*, MD, Art. 11 Rn 100.
18 Vgl. *Merten*, Hdb.GR IV, § 94 Rn 133.
19 *Gusy*, MKS, Art. 11 Rn 31; aA *Kloepfer*, VerfR II, § 69 Rn 7; *Ziekow*, FH, Art. 11 Rn 55.
20 AA *Kloepfer*, VerfR II, § 69 Rn 9.
21 E 134, 242/328 f = JK 5/2014; anders *Baer*, NVwZ 1997, 27/30 ff.
22 EGMR, LKV 2001, 69/71 f.
23 E 134, 242/325 = JK 5/2014.

III. Eingriffe

926 Eingriffe in die Freizügigkeit sind Behinderungen oder Beeinträchtigungen des freien Ziehens. Eine Auffassung fordert bei der Freizügigkeit einen unmittelbaren Eingriff und lässt mittelbare Behinderungen und Beeinträchtigungen nicht genügen.[24] Daran ist richtig, dass auch von der Eingriffsseite her gilt, was in Rn 919 schon von der Schutzbereichsseite her erfasst wurde: Es muss um eine aufenthalts- oder wohnsitznahmespezifische Fortbewegung gehen. Insoweit reicht aber auch eine mittelbare Beeinträchtigung aus.[25]

927 **Beispiele:** In die Freizügigkeit wird eingegriffen, wenn sie von Bedingungen, Genehmigungen, Nachweisen etc abhängig gemacht wird (E 2, 266/274; 8, 95/97 f), nicht aber, wenn sie zu Abgaben führt (BVerfG, NVwZ 2010, 1022/1025). Ein Eingriff ist die sog. Residenzpflicht, die den Wohnort vom Beruf abhängig macht (*Durner*, MD, Art. 11 Rn 124; aA *Manssen*, GrundR, Rn 592: Art. 12 Abs. 1 bzw Art. 33). Von der Residenzpflicht ist das sog. Lokalisationsgebot zu unterscheiden, das berufliche Betätigungen auf bestimmte Orte beschränkt, zB früher die Pflicht der Rechtsanwälte, nur bei einem bestimmten Landgericht in Zivilprozessen aufzutreten (vgl E 93, 362/369); während die Residenzpflicht auch an Art. 12 Abs. 1 zu messen ist (vgl E 65, 116/125; BVerfG, NJW 1992, 1093), ist das Lokalisationsgebot ausschließlich an Art. 12 Abs. 1 zu messen (*Breuer*, Hdb. StR³ VIII, § 170 Rn 94). Die Regelung, dass Spätaussiedler, die an einem anderen als dem ihnen zugewiesenen Ort ständigen Aufenthalt nehmen, keine Sozialhilfe erhalten, ist ein Eingriff (E 110, 177/191). Gleiches gilt für die aufenthaltsrechtliche Untersagung des Ehegattenzuzugs zu einem Deutschen (BVerwGE 144, 141/150).

IV. Verfassungsrechtliche Rechtfertigung

1. Gesetzesvorbehalt des Art. 11 Abs. 2

928 Der Gesetzesvorbehalt des Abs. 2 ist durch verschiedene Merkmale qualifiziert: In die Freizügigkeit darf nur durch Gesetze eingegriffen werden, die auf die in Abs. 2 genannten Fälle reagieren und die in Abs. 2 genannten Zwecke verfolgen. Für sie ist durchweg eine enge Auslegung geboten. So folgt aus dem Sozialstaatsprinzip, dass eine nicht ausreichende Lebensgrundlage und daraus entstehende besondere Lasten der Allgemeinheit nicht schon allein bei Alter oder Krankheit angenommen werden dürfen,[26] wohl aber bei der massenhaften Einwanderung von Spätaussiedlern.[27] Bezüglich der drohenden Gefahr für den Bestand oder die freiheitliche demokratische Grundordnung des Bundes oder eines Landes gelten die zum Begriff der drohenden Gefahr im Polizeirecht anerkannten rechtsstaatlichen Beschränkungen.[28] Der sog. Kriminalvorbehalt (Vorbeugung gegen strafbare Handlungen) stellt höhere Anforderungen als die polizeiliche Generalermächtigung, weil sonst die tatbestandliche Ausdifferenzierung des Art. 11 Abs. 2 leerliefe.[29]

---

24 *Kunig*, MüK, Art. 11 Rn 19; aA *Wollenschläger*, DR, Art. 11 Rn 43.
25 E 110, 177/191.
26 Vgl *Kunig*, MüK, Art. 11 Rn 22.
27 E 110, 177/192 f.
28 Vgl *Pieroth/Schlink/Kniesel*, Polizei- und Ordnungsrecht, 9. Aufl. 2016, § 8 Rn 40 ff.
29 Vgl *Kloepfer*, VerfR II, § 69 Rn 32; *Kunig*, MüK, Art. 11 Rn 27.

2. Weitere Eingriffsrechtfertigungen

Einen weiteren Gesetzesvorbehalt enthält Art. 17a Abs. 2 für „Gesetze, die der Verteidigung einschließlich des Schutzes der Zivilbevölkerung dienen"[30]. Die Vorbehalte der Art. 117 Abs. 2 und Art. 119 sind heute obsolet.

929

> **Lösungsskizze zum Fall 17 (Rn 912):** Die Maßnahme unterfällt in den meisten Ländern der polizei- und ordnungsrechtlichen Spezialbefugnis des Aufenthaltsverbots. Fraglich ist, ob das Aufenthaltsverbot mit Art. 11 vereinbar ist. – I. Der Aufenthalt auf dem Spielplatz hat die Dauer und für D auch die Bedeutung, dass er nicht in den *Schutzbereich* der Freiheit der Person, sondern in den der Freizügigkeit fällt. – II. Die *verfassungsrechtliche Rechtfertigung* wirft ein Kompetenz- und ein Inhaltsproblem auf: 1. Das Aufenthaltsverbot ist in den Polizei- und Ordnungsgesetzen der Länder geregelt; gem. Art. 73 Abs. 1 Nr 3 hat dagegen der Bund die ausschließliche *Gesetzgebungskompetenz* für die Freizügigkeit. Da aber der Kriminalvorbehalt des Art. 11 Abs. 2 einen Aspekt des allgemeinen Gefahrenabwehrrechts bezeichnet, das unter dem Grundgesetz in die ausschließliche Gesetzgebungskompetenz der Länder fällt (vgl *Pieroth*, JP, Art. 70 Rn 17 f), zeigt an, dass die Gesetzgebungskompetenz des Bundes für die Regelung der Freizügigkeit sich nicht auf das allgemeine Gefahrenabwehrrecht bezieht (BayVerfGH, NVwZ 1991, 664/666; *Gusy*, MKS, Art. 11 Rn 52; *Kunig*, MüK, Art. 11 Rn 21). – 2. *Inhaltlich* hat die Spezialbefugnis des Aufenthaltsverbots nur Bestand, wenn sie verfassungskonform dahin interpretiert wird, dass sie zu Eingriffen in Art. 11 Abs. 1 nur unter den Voraussetzungen der Qualifikationsmerkmale des Art. 11 Abs. 2 ermächtigt (vgl *Pieroth/Schlink/Kniesel*, Polizei- und Ordnungsrecht, 9. Aufl. 2016, § 16 Rn 23). Da es hier darum geht, strafbaren Handlungen, nämlich zumindest fahrlässigen Körperverletzungen, vorzubeugen, verstößt die Maßnahme nicht gegen Art. 11.

930

Literatur: *H.W. Alberts*, Freizügigkeit als polizeiliches Problem, NVwZ 1997, 45; *K. Hailbronner*, Freizügigkeit, Hdb. StR[3] VII, § 152; *D. Merten*, Freizügigkeit, Hdb. GR IV, § 94; *F. Schoch*, Das Grundrecht der Freizügigkeit, Jura 2005, 34; *D. Winkler/K. Schadtle*, Ausreisefreiheit quo vadis?, JZ 2016, 764.

931

§ 21 Berufsfreiheit (Art. 12)

> **Fall 18: Zulassung als Vertragsarzt nach Vollendung des 55. Lebensjahrs** (nach E 103, 172) A, ein 56-jähriger Oberarzt an einer Universitätsklinik, empfand die Fortsetzung des Arbeitsverhältnisses wegen fachlicher und menschlicher Spannungen als belastend, kündigte und beantragte die Zulassung als Vertragsarzt in der gesetzlichen Krankenversicherung; die Zulassung wird längstens bis zur Vollendung des 68. Lebensjahrs erteilt. Da die auf einer ordnungsgemäßen gesetzlichen Grundlage beruhende Zulassungsverordnung für Vertragsärzte die Zulassung von Ärzten, die das 55. Lebensjahr vollendet haben, ausschließt, wurde As Zulassung abgelehnt. Ist A dadurch in Art. 12 Abs. 1 verletzt? **Rn 1000**

932

---

30 Vgl BVerwGE 35, 146/149.

I. Überblick

933 Art. 12 Abs. 1 scheint drei Schutzbereiche auszuweisen, die Freiheit der *Wahl des Berufs*, der *Wahl des Arbeitsplatzes* und der *Wahl der Ausbildungsstätte*, und häufig wird Art. 12 auch so gelesen. Danach entsprechen die Schutzbereiche den Abschnitten eines Berufswegs, der mit der Ausbildung beginnt, sich in der Entscheidung für den erlernten Beruf fortsetzt und in der Arbeit im gewählten Beruf erfüllt. Indes geht Art. 12 Abs. 1 S. 2 auf eine missratene Rezeption der Diskussion in Weimar zurück, in der aufgrund von Art. 151 Abs. 3 WRV, der Eingriffe in die Berufsfreiheit nur durch Reichsgesetze erlaubte, die Möglichkeit landesrechtlicher Ausübungsregelungen umstritten war.[1] Daran knüpft Art. 12 Abs. 1 S. 2 an, indem er die Möglichkeit von Ausübungsregelungen sicherstellt. Die Notwendigkeit von Beschränkungen der Berufswahlfreiheit war dem Parlamentarischen Rat zwar durchaus bewusst[2] und doch fand diese Einsicht keinen Eingang in den Wortlaut der Bestimmung. Art. 12 Abs. 1 enthält also einen einheitlichen Schutzbereich, der sowohl die Berufswahl- als auch die Berufsausübungs- als auch die Ausbildungsfreiheit umfasst. Art. 12 Abs. 1 S. 2 ist hingegen keine weitere Schutzbereichsbestimmung, sondern eine Schrankenregelung, die sich ihrem Wortlaut nach nur auf die Regelung der Berufsausübung richtet, aber Beschränkungen auch der Berufswahlfreiheit voraussetzt.[3]

934 Zu demselben Ergebnis gelangen auch diejenigen, die in den beiden Sätzen des Abs. 1 zwei Schutzbereichsbestimmungen sehen. Sie weisen darauf hin, dass *Berufswahl und Berufsausübung miteinander zusammenhängen:* Mit der Berufswahl beginnt die Berufsausübung, und in der Berufsausübung wird die Berufswahl immer wieder neu bestätigt. Dann ist schon mit der Berufswahl auch die Berufsausübung gewährleistet und mit der Berufsausübung auch die Berufswahl vom Regelungsvorbehalt betroffen.[4] Auch sie dehnen den Regelungsvorbehalt aus,[5] und zwar nicht nur auf die Berufswahl, sondern auch auf die Wahl von Ausbildungsstätte[6] und Arbeitsplatz. Dementsprechend spricht das BVerfG auch allgemein von „Gesetzesvorbehalt"[7]. So ist Art. 12 Abs. 1 heute auch nach dieser Ansicht ein einheitliches Grundrecht, das auch einheitlich unter Gesetzesvorbehalt steht.

935 Abs. 2 und 3 verbürgen die nur unter besonderen Voraussetzungen einschränkbare *Freiheit von Arbeitszwang* (Zwang zur Erbringung bestimmter einzelner Arbeitsleistungen) *und von Zwangsarbeit* (Zwang zum Einsatz der gesamten Arbeitskraft in bestimmter Weise). Sie lassen erkennen, dass die Freiheit der Berufs- und Arbeitsplatzwahl mehr ist als die Freiheit der Entscheidung, welche Arbeitsleistungen man erbringen und wie man seine Arbeitskraft einsetzen will; denn anders wären die Abs. 2 und 3 überflüssig. Beruf ist mithin nicht einfach Erbringung von Arbeitsleistung oder Einsatz der Arbeitskraft, sondern auf gewisse Dauer angelegte, der Schaffung und Erhaltung einer Lebensgrundlage dienende Tätigkeit; Arbeitsplatz ist der Platz, an dem nicht nur gearbeitet, sondern der Beruf ausgeübt wird.

---

1 *Bumke*, Der Grundrechtsvorbehalt, 1998, S. 128 f.
2 Etwa *v. Mangoldt*, 5. Sitzung des Grundsatzausschusses des Parlamentarischen Rates v. 29.9.1948, in: Deutscher Bundestag (Hrsg.), Der Parlamentarische Rat 1948–1949, Bd. 5/1, 1993, S. 91, 100; dazu auch *Bryde*, NJW 1984, 2177/2178.
3 Vgl bereits E 7, 377/401.
4 Vgl E 7, 377/401.
5 Krit. *Lücke*, Die Berufsfreiheit, 1994, S. 26 ff; *Michael/Morlok*, GR, Rn 684.
6 E 33, 303/336.
7 ZB E 54, 224/234; 54, 237/246.

II. Das Abwehrrecht des Art. 12 Abs. 1

1. Schutzbereich

Das einheitliche Grundrecht von Art. 12 Abs. 1 hat zwar einen einheitlichen Schutzbereich. Dessen Inhalt und Umfang werden aber zweckmäßig dadurch beschrieben, dass an die Begriffe Beruf, Ausbildungsstätte und Arbeitsplatz angeknüpft wird. 936

a) Der **Berufsbegriff** wird denkbar weit verstanden. Er umfasst nicht nur die traditionell fixierten Berufsbilder, sondern auch neu entstandene und frei erfundene Berufe.[8] Einschränkend gilt jedoch, dass die einzelnen Handlungen, die der Bürger zum Inhalt seines Berufs macht, *nicht verboten* sein dürfen.[9] Dieses Kriterium wird gelegentlich kritisiert[10] oder auch dadurch ersetzt, dass die beruflichen Handlungen nicht sozial- oder gemeinschaftsschädlich[11] oder durch die Verfassung selbst untersagt sein dürfen.[12] Dahinter steht das richtige Anliegen, den Berufsbegriff nicht zur Disposition des Gesetzgebers zu stellen, dh diesem nicht zu gestatten, durch ein Verbot einen Beruf einfach aus dem Schutzbereich von Art. 12 Abs. 1 auszuschließen und dem Maßstab von Art. 12 Abs. 1 zu entziehen. Aber die Kritik am Kriterium des Verbotenseins verkennt, dass es sich auf einzelne Handlungen unabhängig von ihrer beruflichen Vornahme, also auf die Tätigkeit als solche bezieht. Beruf ist die Bündelung vieler Handlungen, und ob diese spezifische, dh berufliche Bündelung verboten oder beschränkt werden darf, bemisst sich stets nach Art. 12 Abs. 1. Die einzelnen Handlungen sind dagegen durch andere Grundrechte geschützt, und ob sie verboten werden dürfen, richtet sich nach diesen anderen Grundrechten.[13] 937

Beispiele: Taschendiebe, Rauschgifthändler oder Menschenhändler haben als solche keine Berufe im Sinn von Art. 12 Abs. 1; ihre Handlungen sind schlechthin strafbar, unabhängig davon, ob sie professionell und dauernd oder nur einmalig und amateurhaft vorgenommen werden. Anders steht es mit dem Schwarzarbeiter, der zB mit dem Renovieren einer Wohnung oder der Reparatur eines Autos eine erlaubte Tätigkeit vornimmt und lediglich die steuer- und sozialversicherungsrechtlich geschuldeten Abgaben nicht abführt; hier liegt ein Beruf im Sinn von Art. 12 Abs. 1 vor, dessen Ausübung aber steuer- und sozialversicherungsrechtlich geregelt ist (vgl *Scholz*, MD, Art. 12 Rn 39 f). Auch die Prostitution ist ein Beruf, denn der Geschlechtsverkehr gegen Entgelt begründet gem. § 1 ProstG eine rechtswirksame Forderung. 938

Außerdem muss eine Tätigkeit, um unter den Berufsbegriff zu fallen, auf *gewisse Dauer* angelegt sein.[14] Auch dies ist nicht eng zu verstehen; auch der Gelegenheits- und der Ferienjob, das zur Überbrückung eines Zeitraums und das probeweise eingegangene Beschäftigungsverhältnis sind Berufe, nicht jedoch die Beschäftigung, die sich in einem einmaligen Erwerbsakt erschöpft.[15] Ebenso ist weit zu verstehen, dass die Tätigkeit der *Schaffung und Erhaltung einer Lebensgrundlage* dienen muss;[16] die 939

---
8 E 97, 12/25, 33 f; 119, 59/78.
9 Vgl E 7, 377/397; 81, 70/85; 115, 276/300 f.
10 *Breuer*, Hdb. StR³ VIII, § 170 Rn 69; *Kloepfer*, VerfR II, § 51 Rn 15.
11 BVerwGE 22, 286/289; *Kloepfer*, VerfR II, § 70 Rn 30.
12 *Stern*, StR IV/1, S. 1793 ff.
13 Ebenso *Rusteberg*, Der grundrechtliche Gewährleistungsgehalt, 2009, S. 197 f; ähnlich *Lerche*, in: FS Fikentscher, 1998, S. 541; krit. *Suerbaum*, DVBl. 1999, 1690.
14 E 32, 1/28 f.
15 E 97, 228/253.
16 E 105, 252/265.

Nebentätigkeit fällt darunter, weil sie, anders als ein bloßes Hobby, zur Schaffung und Erhaltung der Lebensgrundlage immerhin beiträgt;[17] und der Künstler hat einen Beruf, auch wenn ihn das Malen, Dichten oder Komponieren nicht so ernährt, wie er es gerne hätte.[18] Offen ist der Berufsbegriff schließlich auch insoweit, als er *selbstständige und unselbstständige Tätigkeiten* abdeckt.[19]

940 Die in Art. 12 Abs. 1 geschützte Berufsfreiheit beginnt schon bei der Entscheidung, überhaupt einen Beruf zu ergreifen, und schützt auch den, der ohne Beruf bleiben und zB von seinem Vermögen leben möchte *(negative Berufsfreiheit)*.[20] Sie umfasst besonders die Wahl eines bestimmten Berufs und dessen Ausübung. Sie schließt das Fordern einer angemessenen Vergütung ein[21] und reicht über die Erweiterung des Betätigungsfelds und den Berufswechsel bis zur Berufsbeendigung, sei es die Aufgabe einer bestimmten oder der Rückzug aus jeder beruflichen Tätigkeit.

941 Eine Gesellschaft, deren Bürgern die Berufs- und die Eigentumsfreiheit grundrechtlich verbürgt sind, wird dadurch in ihrer Wirtschaft geprägt. Nicht, dass das Grundgesetz eine bestimmte Wirtschaftsverfassung enthielte oder eine bestimmte Wirtschaftspolitik verlangte; es ist, wie das BVerfG mehrfach betont hat, „*wirtschaftspolitisch neutral*" und überlässt die Wirtschaftspolitik grundsätzlich dem gesetzgeberischen Ermessen[22]. So ist nicht etwa die gegenwärtige Wirtschaftsordnung im Schutzbereich von Art. 12 Abs. 1 oder von Art. 12 Abs. 1 iVm Art. 14 enthalten. Gleichwohl sind unter der Bedingung der Berufsfreiheit bestimmte Aspekte der gegenwärtigen Wirtschaftsordnung geschützt. Berufe frei wählend und frei ausübend geraten die Einzelnen als Unternehmer, als Handel- und Gewerbetreibende, als Freiberufler, aber auch als Arbeitnehmer, notwendig miteinander in Wettbewerb. Das Verhalten im Wettbewerb gehört zur Berufsausübung und zum Schutzbereich der Berufsfreiheit. Zu den Funktionsbedingungen des Wettbewerbs gehört aber auch, dass man darin unterliegen kann.[23] Mit der *Freiheit zum Wettbewerb* ist die Vorstellung einer Freiheit von Konkurrenz unverträglich.

942 **Beispiele:** Die Berufsfreiheit eines staatlich zugelassenen Unternehmers wird dadurch, dass der Staat andere Unternehmer zulässt, die den ersten durch scharfe Konkurrenz zur Aufgabe von Unternehmen und Beruf bringen, nicht berührt (E 34, 252/256; 55, 261/269; BVerwG, DVBl. 1983, 1251; HessStGH, NVwZ 1983, 542). Ebenso wenig wird die Berufsfreiheit berührt, wenn der Staat Markttransparenz fördert und wahrheitsgemäß und sachlich auf den Markt bezogen, zB über gefährliche Produkte, informiert (E 105, 152/267 ff; *Bäcker*, Wettbewerbsfreiheit als normgeprägtes Grundrecht, 2007, S. 124 ff; krit. *Bethge*, Jura 2003, 327/332 f; *Huber*, JZ 2003, 290/292 f). Berührt wird die Berufsfreiheit eines Unternehmers aber dann, wenn er im Wettbewerb mit einem Konkurrenten darum unterliegt, weil der Staat dem Konkurrenten durch Subventionen einen Vorteil im Wettbewerb verschafft (E 46, 120/137 f; BVerwGE 71, 183/191 ff), durch Monopolisierung Konkurrenz ausschaltet (BVerwG, NJW 1995, 2938), in einem staatlich regulierten Markt erhebliche Konkurrenznachteile für Einzelne

---

17 Vgl E 110, 141/157.
18 *Scholz*, MD, Art. 12 Rn 32.
19 E 7, 377/398 f; 54, 301/322.
20 Vgl E 58, 358/364.
21 E 101, 331/346 ff; 110, 226/251.
22 Vgl zB E 50, 290/336 ff.
23 E 105, 252/265; 110, 274/288; 116, 135/151 f.

schafft (vgl BVerfG, NJW 2005, 273/274) oder gegen öffentlich-rechtliche Bindungen, etwa für die wirtschaftlichen Betätigungen der Gemeinden, verstößt (vgl *Pieroth/Hartmann*, NWVBl. 2003, 322; krit. *Stern*, StR IV/1, S. 1861 ff).

Bei der beruflichen Ausübung von *Staatsfunktionen* ist zu unterscheiden: 943

– Als Inhalt eines *selbstständigen* Berufs scheidet sie aus. Zwar können von Privaten regelnde, richtende und schlichtende sowie verwaltende Dienstleistungen erbracht werden. Aber sie entbehren der verbindlichen Geltung, die den entsprechenden Staatsakten eignet.

– Zum Inhalt eines *unselbstständigen* Berufs wird sie im Staatsdienst. Dabei ist aber nicht nur Art. 12 Abs. 1, sondern auch Art. 33 einschlägig. Art. 33 verdrängt Art. 12 Abs. 1 nicht insgesamt,[24] statuiert und erlaubt als Spezialvorschrift jedoch Sonderregelungen für den öffentlichen Dienst. Dabei reduziert Art. 33 Abs. 2 in Rücksicht auf die staatliche Organisationsgewalt den Schutzbereich des Art. 12 Abs. 1 hinsichtlich der Berufswahl auf das Recht des gleichen Zugangs zu den öffentlichen Ämtern.[25] 944

– Auch bei den sog. *staatlich gebundenen* Berufen, bei denen öffentliche Aufgaben in privater Hand liegen, gewinnt die staatliche Organisationsgewalt Bedeutung und können „Sonderregelungen in Anlehnung an Art. 33 … die Wirkung des Grundrechts aus Art. 12 Abs. 1 zurückdrängen"[26]. Je näher dabei ein Beruf dem öffentlichen Dienst steht, desto mehr lassen sich Sonderregelungen auf Art. 33 Abs. 5 GG stützen; je mehr hingegen die Eigenschaften des freien Berufs hervortreten, desto weniger sind solche Sonderregelungen angezeigt. 945

Beispiel: Beim Notar ergibt sich die größte Distanz zum öffentlichen Dienst aus dem Umstand, dass er nicht öffentlich alimentiert wird, sondern wirtschaftlich selbständig tätig ist. Art. 33 Abs. 5 hat daher insoweit nur einen schwachen Einfluss auf die Prüfung der Berufsfreiheit, weshalb Notare etwa bei der Organisation ihrer Tätigkeit einen mit anderen freien Berufen vergleichbaren Gestaltungsspielraum haben müssen. Stärker wirkt Art. 33 Abs. 5 hingegen im Hinblick auf konkrete Amtsgeschäfte wie notarielle Beurkundungen und die Aufbewahrung und Ablieferung fremder Vermögensgegenstände. Hier sind auch Weisungsbefugnisse der Aufsichtsbehörden zulässig, wobei das BVerfG die Frage offen lässt, ob sich der Notar insoweit schon nicht auf Art. 12 Abs. 1 berufen kann oder Art. 33 Abs. 5 im Rahmen der Prüfung der verfassungsrechtlichen Rechtfertigung wirkt (E 131, 130/140 f). 946

b) Art. 12 Abs. 1 spricht nicht von einer freien Wahl und auch nicht von einer freien Durchführung der **Ausbildung**, sondern nur von der freien Wahl der Ausbildungsstätte. Das BVerfG sieht dadurch jedoch allgemein ein *„Abwehrrecht gegen Freiheitsbeschränkungen im Ausbildungswesen"* verbürgt.[27] Das überzeugt: Wer seine Ausbildung individuell bei einem Lehrer oder Meister, in Gruppen oder Kursen, durch Lesen oder Reisen arrangiert, verdient denselben Schutz wie der, der sie an öffentlichen oder privaten Ausbildungsstätten absolviert. Beide Mal sind mithin die Entscheidungen für eine bestimmte, sei es die erste oder eine zweite, zusätzliche Ausbildung, für deren Durchführung und für deren Beendigung frei. Frei ist auch die Ent- 947

---

24 *Michael/Morlok*, GR, Rn 348; aA *Wieland*, DR, Art. 12 Rn 44.
25 E 7, 377/397 f; 16, 6/21; 39, 334/369.
26 E 73, 280/292; 110, 304/321.
27 E 33, 303/329.

scheidung gegen jede Ausbildung. Die Ausbildungsfreiheit bedeutet aber keinen Anspruch auf kostenlose Ausbildung, zB auf kostenloses Hochschul-/Universitätsstudium; der Verfassungsgeber wollte die Erhebung von Studiengebühren nicht unterbinden.[28]

948 Dabei ist Ausbildung nicht Bildung. Zum Inhalt der Bildung kann alles werden, was überhaupt geistig erworben werden kann, und wie die Inhalte sind auch die Ziele der Bildung offen. Dagegen ist Ausbildung auf das Ziel einer *berufsbezogenen Qualifikation* gerichtet, und dieses Ziel bestimmt auch den Inhalt. Daran mangelt es nicht nur bei der Bildung allgemein, sondern auch bei der schulischen Bildung ohne Berufsbezug.

949 **Beispiele:** Zu den Ausbildungsstätten iSd Art. 12 Abs. 1 S. 1 gehören ebenso wenig wie kirchliche Akademien und private Sport- und Kultureinrichtungen auch Grund- und Hauptschulen, wohl aber nach hM weiterführende Schulen (E 41, 251/262 f; 58, 257/273; krit. *Kloepfer*, VerfR II, § 70 Rn 37), Fachhochschulen und Hochschulen/Universitäten, staatliche Vorbereitungsdienste (Referendardienste), betriebliche und überbetriebliche Ausbildungsgänge, private Lehrstellen, Sprachschulen, Therapeutenausbildungseinrichtungen etc. Bei städtischen Volkshochschulen ist danach zu differenzieren, ob ihr Bildungsangebot Berufsbezug hat oder nicht hat.

950 c) Der **Arbeitsplatz** ist die Stätte, an der eine berufliche Tätigkeit ausgeübt wird, sei es bei unselbstständiger Tätigkeit in der staatlichen Verwaltung, in der Produktion oder Administration eines Unternehmens, sei es bei selbstständiger Tätigkeit in der eigenen Praxis oder Werkstatt, im eigenen Büro oder Atelier. Frei ist die Entscheidung über Wahl, Wechsel, Beibehaltung und Aufgabe des Arbeitsplatzes. Bei abhängig Beschäftigten umfasst das Grundrecht auch den Zutritt zum Arbeitsmarkt und die Wahl des Vertragspartners.[29]

951 d) Geschützt sind nur **berufs- und ausbildungsspezifische Handlungen** (vgl Rn 937). Die Rechtsprechung erfasst diesen Aspekt von der Eingriffsseite her. Sie verlangt, dass eine staatliche Regelung oder Maßnahme nicht nur irgendwie geartete, entfernte Folgen für die berufliche Tätigkeit hat. Vielmehr muss ihr subjektiv oder objektiv eine *berufsregelnde Tendenz* eignen, dh sie muss entweder gerade auf die Berufsregelung zielen oder, bei berufsneutraler Zielsetzung, sich unmittelbar auf die berufliche Tätigkeit auswirken oder in ihren mittelbaren Auswirkungen von einigem Gewicht sein.[30]

952 **Beispiele:** Die Haftung aus beruflich geschlossenem Vertrag oder beruflich begangener unerlaubter Handlung hat weder subjektiv noch objektiv eine berufsregelnde Tendenz (E 96, 375/397; BVerfG, NJW 2009, 2945). Auch ist die Übernahme einer Vormundschaft und Pflegschaft grundsätzlich berufsunspezifisch; E 54, 251/270 spricht von der entsprechenden Pflicht als einer „allgemeinen staatsbürgerlichen Pflicht ohne spezielle berufsregelnde Tendenz". Wird jedoch ein Anwalt gerade wegen seiner beruflichen Qualifikation und in erheblichem Umfang mit Vormundschaften und Pflegschaften betraut, die er nur im Rahmen seiner beruflichen Tätigkeit wahrnehmen kann und in diesem Rahmen unentgeltlich wahrnehmen soll, dann geht es für ihn um eine berufsspezifische Handlung bzw liegt ein Eingriff in die Berufsfreiheit vor. –

---

28 BVerwGE 115, 32/36; *Pieroth/Hartmann*, NWVBl. 2007, 81.
29 E 84, 133/146; 128, 157/176.
30 Vgl E 97, 228/253 f; krit. *Manssen*, GrundR, Rn 618 ff.

Auch eine Steuer, bei deren Erlass dem Gesetzgeber zwar eine berufsregelnde subjektive Zielsetzung fehlt, die sich aber auf bestimmte Berufe unmittelbar oder gewichtig auswirkt, bedeutet einen Eingriff in die Berufsfreiheit (E 13, 181/186; 47, 1/21 f). Anders liegt es bei der Ökosteuer, die alle Verbraucher ungeachtet ihrer beruflichen Betätigung trifft (E 110, 274/288) und einer Abgabe zur Insolvenzsicherung, weil sie nicht an die Ausübung eines bestimmten Berufes anknüpft (BVerfG, NVwZ 2012, 1535/1536). – Berufsregelnde Tendenz hat auch die gesetzliche Zulassung nachrichtenmäßiger Kurzberichterstattung im Fernsehen, obwohl sie nur zum Teil berufsmäßig organisierte und verwertete Veranstaltungen betrifft; es reicht, dass die betroffenen unterhaltenden, sportlichen und kulturellen Ereignisse typischerweise berufsmäßig veranstaltet werden (E 97, 228/254).

2. Eingriffe

a) Ein **Eingriff in die Berufsfreiheit** kann dieser mehr in ihrem Ausübungsaspekt (*Wie* der beruflichen Tätigkeit) oder mehr in ihrem Wahlaspekt (*Ob* der beruflichen Tätigkeit) gelten. Ein Eingriff, der die Berufsfreiheit in ihrem Wahlaspekt betrifft, kann die Wahl entweder an subjektive oder an objektive Zulassungsvoraussetzungen knüpfen. Diese verschiedenen Eingriffe sind zu unterscheiden, weil sie regelmäßig *verschieden intensiv* sind und daher unter verschieden hohen Rechtfertigungsanforderungen stehen. 953

Objektive Zulassungsschranken verlangen für die Wahl eines Berufs die Erfüllung objektiver, dem Einfluss des Berufswilligen entzogener und von seiner Qualifikation unabhängiger Kriterien. Zu ihnen gehören besonders *Bedürfnisklauseln*, wie sie das Personenbeförderungsgesetz für den Linienverkehr in § 13 Abs. 2 Nr. 2 und für den Verkehr mit Taxen in § 13 Abs. 4[31] enthält. Auch das Apothekenurteil, Ausgangspunkt des einheitlichen Verständnisses der Berufsfreiheit, hatte eine Bedürfnisklausel zum Gegenstand, die als Voraussetzung für die Errichtung einer Apotheke verlangte, dass die vorhandenen Apotheken zur Versorgung der Bevölkerung mit Arzneimitteln nicht ausreichten und durch die Errichtung wirtschaftlich nicht wesentlich beeinträchtigt würden.[32] 954

Zu den objektiven Zulassungsbeschränkungen können weiter *steuerliche Vorschriften* zählen, die bestimmten Berufen gelten. Obwohl sie nur mittelbar auf die Berufsfreiheit einwirken, können sie doch von solchem Gewicht sein, dass sie einen Beruf wirtschaftlich „erdrosseln" und die Möglichkeit seiner Ergreifung tatsächlich ausschließen. 955

Beispiel: Würde der Verkauf von Tabak, Zigarren und Zigaretten derart besteuert, dass er kaum noch Gewinn abwürfe, dann würden die Tabakwaren zwar noch verkauft und auch im Sortiment des Handels gehalten werden, aber der Beruf des selbstständigen Tabakwareneinzelhandelskaufmanns wäre tatsächlich erledigt. – Das BVerfG hat bisher noch keiner steuerlichen Vorschrift diese erdrosselnde Wirkung zuerkannt und nur angelegentlich ausgesprochen, dass erdrosselnde Besteuerung vor Art. 12 schwerlich Bestand haben könnte (E 8, 222/228; vgl ferner E 13, 181/185 ff sowie BVerwG, NVwZ 2016, 529/531 f); das Schrifttum zieht den Kreis der Eingriffe in die Berufsfreiheit durch Besteuerung zT weiter (vgl *Hohmann*, DÖV 2000, 406). 956

---

31 E 11, 168; BVerwGE 79, 208; vgl auch E 126, 112/138.
32 E 7, 377.

957 Wo ein *Verwaltungsmonopol* die Ausübung einer Tätigkeit dem Staat vorbehält, da kann der Bürger sie nicht mehr zum Inhalt eines selbstständigen Berufs machen[33]. Zwar kennen die Verwaltungsmonopole regelmäßig Ausnahmen, die bestimmte Aspekte der monopolisierten Tätigkeit unter bestimmten Voraussetzungen zum Inhalt eines Berufs zu machen gestatten, wobei unter diesen Voraussetzungen objektive wie subjektive Zulassungsvoraussetzungen begegnen. Stets bleibt die monopolisierte Tätigkeit der selbstständigen beruflichen Ausübung jedoch überwiegend verschlossen.[34]

958 **Beispiele:** Das Spielbankenmonopol nach baden-württembergischem Landesrecht darf den Beruf des Spielbankbetreibers zwar nicht völlig versperren (E 102, 197/200 f; *Brüning*, JZ 2009, 29/31 f), lässt Ausnahmen aber nur in ganz engem Rahmen zu. Das bayerische Staatslotteriegesetz darf die Veranstaltung von Sportwetten nur dann vollständig auf staatliche Einrichtungen beschränken, wenn dadurch die Spielsucht wirksam bekämpft wird (E 115, 276/300 ff; BVerfG, NVwZ 2008, 301), und das bayerische Rettungsdienstgesetz darf nicht vorschreiben, dass Rettungsdienstleistungen primär von den freigemeinnützigen Trägern und nur nachrangig von privaten kommerziellen Rettungsdienstunternehmen erbracht werden dürfen (BayVerfGH, NVwZ-RR-2012, 665/668 ff).

959 Auch der Zugang zum *Staatsdienst* und zu bestimmten staatlich gebundenen Berufen wird durch objektive Zulassungsschranken reglementiert. Wenn die verfügbaren Stellen, über deren Zahl der Staat kraft seiner Organisationsgewalt entscheidet, erschöpft sind, dann bleibt selbst dem qualifiziertesten Lehrer oder Juristen der Zugang zum Staatsdienst verschlossen (vgl Rn 944 f).

960 *Subjektive Zulassungsvoraussetzungen* knüpfen die Wahl eines Berufs an persönliche Eigenschaften und Fähigkeiten, Kenntnisse und Erfahrungen, erworbene Abschlüsse und erbrachte Leistungen, schon ausgeübte Berufe und eingegangene Verpflichtungen.

961 **Beispiele:** Altersgrenzen (für Hebammen E 9, 338; für öffentlich bestellte und vereidigte Sachverständige BVerwGE 139, 1/11; BVerwG, NVwZ-RR 2016, 685; für Vertragsärzte E 103, 172/184; für Notare BVerfG, NJW 2008, 1212; für Piloten BVerfG, EuGRZ 2007, 231/233; krit. *Hufen*, StR II, § 35 Rn 57; zur unionsrechtlichen Relevanz der Altersgrenzen auch Rn 532). Zuverlässigkeit (für Einzelhandelsunternehmer BVerwGE 39, 247/251), Würdigkeit (für Rechtsanwälte E 63, 266/287 f; BVerfG, NJW 1996, 709; für Ärzte BVerwGE 94, 352/357 ff), Geschäfts- und Prozessfähigkeit (für Rechtsanwälte E 37, 67), erfolgreich abgelegte Prüfungen und beruflich erworbene Erfahrungen (E 13, 97; 19, 330; 34, 71), keine Ernennung von Rechtsanwälten zu Staatsbeamten (BVerfG, NJW 2007, 2317).

962 Mit einer dichten Normierung subjektiver Zulassungsvoraussetzungen fixiert der Gesetzgeber bestimmte *Berufsbilder*. Wenn in Rn 937 bemerkt wurde, dass der Berufsbegriff des Art. 12 Abs. 1 nicht an fixierte Berufsbilder anknüpft, dann heißt das nicht etwa, dass es fixierte Berufsbilder gar nicht geben dürfte oder könnte. Es heißt, dass der Schutzbereich von Art. 12 Abs. 1 nicht über fixierte Berufsbilder definiert ist, dass vielmehr die Fixierung eines Berufsbilds einen Eingriff in den Schutzbereich darstellt.

---

33 Vgl E 21, 245; 108, 370/389.
34 Vgl *Breuer*, Hdb. StR[3] VIII, § 171 Rn 89 f.

Berufsausübungsregelungen gelten den wieder teils objektiven, teils subjektiven[35] Bedingungen, unter denen, und den Modalitäten, in denen sich die berufliche Tätigkeit vollzieht. Sie sind einfach die übrigen Eingriffe in die Berufsfreiheit.

Beispiele: Festsetzungen von Ladenschlusszeiten (E 13, 237; 111, 10) und Polizeistunden (BVerwGE 20, 321/323); Rauchverbot in Gaststätten (E 121, 317/345 f); Beschränkungen des Schwerlastverkehrs in Ferienzeiten (E 26, 259); Werbeverbote für Rechtsanwälte (E 76, 196; 82, 18; BVerfG, NJW 2008, 839, 1298; *Kleine-Cosack*, NJW 2013, 272), Notare (BVerfG, NJW 1997, 2510), Steuerberater (E 85, 97; 111, 366), Ärzte (E 71, 162; 85, 248; BVerfG, NJW 2011, 2636, 3147; BVerwGE 105, 362/366 ff), Apotheker (E 94, 372) und Taxiunternehmer (BVerwGE 124, 26); Verpflichtung von Rechtsanwälten, vor Gericht in Robe aufzutreten (E 28, 21); Singularzulassung von Rechtsanwälten (E 103, 1); Facharztvorbehalt bei Schwangerschaftsabbrüchen (E 98, 265/305, 308); Verbot der Augeninnendruckmessung und Gesichtsfeldprüfung durch Optiker (BVerfG, NJW 2000, 2736); Verbot für Apotheker, Impfstoffe an Ärzte zu versenden (E 107, 186); Verbot einer Sozietät von Anwaltsnotaren und Angehörigen anderer freier Berufe (E 98, 49/59) sowie von Rechtsanwälten mit Ärzten und Apothekern (BVerfG, NJW 2016, 700/702 ff); Heranziehung von Banken zur Einbehaltung und Abführung der Kapitalertragsteuer (E 22, 380); Beschränkung der Freiheit, das urheberrechtliche Entgelt für berufliche Leistungen festzulegen (E 134, 204/222); Verpflichtung zur Offenlegung von Betriebs- und Geschäftsgeheimnissen (E 115, 205/229 ff); Einschränkung der Erwerbstätigkeit von Ruhestandssoldaten (BVerwGE 84, 194/198). Berufsausübungsregelungen sind auch steuerliche und sonstige Abgaben-Vorschriften, deren berufsregelnde Tendenz nicht auf die Erdrosselung eines Berufs, aber doch auf eine Lenkung seiner Ausübung hinausläuft (E 13, 181/187; 99, 202/211; 113, 128/145).

Die *Abgrenzung* zwischen objektiven und subjektiven Berufswahlregelungen und zwischen Berufswahl- und Berufsausübungsregelungen ist zuweilen schwierig. So enthalten Unvereinbarkeits- oder Inkompatibilitätsvorschriften, die zB Rechtsanwälten einen zweiten Beruf nur unter engen Voraussetzungen gestatten, objektive und subjektive Elemente.[36] Mit der Fixierung von Berufsbildern werden jeweils bestimmte Betätigungen als typisch festgehalten und andere als untypisch ausgeschlossen. Dies wirkt für diejenigen, die gemäß dem fixierten Berufsbild tätig sind und tätig sein wollen, als bloße Ausübungsregelung. Für diejenigen, die sich aus den als typisch festgehaltenen und den als atypisch ausgeschlossenen Betätigungen einen Beruf eigenständig zusammenstellen wollen, wirkt es jedoch als Berufswahlregelung.

Beispiel: Das Steuerberatungsgesetz hatte früher die geschäftsmäßige Erledigung der laufenden Lohnbuchhaltung den steuerberatenden Berufen vorbehalten. Gleichwohl bot eine Kaufmannsgehilfin die geschäftsmäßige Erledigung der laufenden Lohnbuchhaltung an. Sie wurde wegen Verstoßes gegen das Steuerberatungsgesetz belangt. Im Verfassungsbeschwerdeverfahren hat das BVerfG die einschlägigen Bestimmungen des Steuerberatungsgesetzes als Berufsausübungsregelung gekennzeichnet, die jedoch auch die Berufswahl beschränkten und daher den Rechtfertigungsanforderungen genügen müssten, die für Berufswahlbeschränkungen gelten. Es hat sie daran scheitern lassen (E 59, 302).

Auch mit der Einordnung von Vorschriften, die die *Aufgabe des Berufs* verlangen oder verbieten, tut sich die Rechtsprechung gelegentlich schwer; das BVerfG ordnet die Zusammenführung mehrerer Berufe zu einem einheitlichen Beruf,[37] die Festset-

---

35 E 86, 28/39.
36 E 87, 287/317.
37 E 119, 59/79 f.

zung einer Altersgrenze (vgl Rn 961) und die Anordnung der sofortigen Vollziehung des Widerrufs der Approbation eines Arztes[38] überzeugend den subjektiven Zulassungsvoraussetzungen zu, das BVerwG versteht eine Bestimmung des Soldatengesetzes, die Berufssoldaten vom Antrag auf Entlassung abhält, als Ausübungsregelung.[39]

968 b) Auch bei den **Eingriffen in die Ausbildungsfreiheit** lassen sich objektive Zulassungsschranken, subjektive Zulassungsvoraussetzungen und sonstige Regelungen des Ausbildungswesens unterscheiden. *Objektive Zulassungsschranken* sieht das BVerfG im sog. absoluten Numerus clausus, der nicht nur die Wahl einer bestimmten Universität und den Ablauf des Studiums reglementiert, sondern das gewünschte Studium bundesweit und langfristig Bewerbern versperrt, die mit dem Abiturzeugnis eigentlich die Hochschulreife erworben haben.[40] Auch wenn der Zugang zu staatlichen Vorbereitungsdiensten, die zB für Juristen und Lehrer bestimmte Ausbildungsabschnitte monopolisieren, langfristig verschlossen ist, liegen objektive Zulassungsschranken vor. *Subjektive Zulassungsvoraussetzungen* regeln den Zugang und auch den Abgang von Ausbildungsstätten nach Maßgabe persönlicher Qualifikationen; daher ist der Schulausschluss,[41] nicht aber die Nichtversetzung[42] ein Eingriff. Sie gelten sowohl für staatliche als auch für private Ausbildungsstätten, deren Abschlüsse staatlich anerkannt werden. Schließlich wird in das Ausbildungswesen auch durch *ausbildungsbezogene Regelungen* über Arbeitszeit, Kündigungsschutz und Betriebsverfassung eingegriffen.

969 c) **Eingriffe in die freie Wahl des Arbeitsplatzes** liegen vor, wenn der Staat den Einzelnen am Erwerb eines zur Verfügung stehenden Arbeitsplatzes hindert, ihn zur Annahme eines bestimmten Arbeitsplatzes zwingt oder die Aufgabe eines Arbeitsplatzes verlangt.[43] Insoweit kann nochmals nach objektiven und subjektiven Voraussetzungen für den Erhalt eines Arbeitsplatzes unterschieden werden.

970 Beispiele: Vereinbarungen, die einen Bediensteten bei vorzeitigem Ausscheiden aus dem öffentlichen Dienst zur Erstattung der aufgewandten Ausbildungskosten verpflichten (E 39, 128/141 ff; BVerwGE 30, 65/69; 40, 237/239), greifen in die freie Wahl des Arbeitsplatzes ein. Sie sind subjektive Zulassungsschranken, solange sie das Ausscheiden aus dem öffentlichen Dienst als Voraussetzung für die Wahl eines neuen Arbeitsplatzes von einer dem Ausbildungsvorteil angemessenen, vertret- und erbringbaren Geldleistung abhängig machen; bei prohibitiven Geldforderungen wären sie objektive Zulassungsschranken.

971 Da die Arbeitswelt vor allem privatwirtschaftlich organisiert ist, ist auch die freie Wahl des Arbeitsplatzes vor allem privatrechtlich bedingt und begrenzt. Hier sind Entscheidungen des Arbeitgebers nur im Sinn und unter den Voraussetzungen der mittelbaren Drittwirkung (vgl Rn 114, 240) gebunden, wobei das Arbeitsrecht zahlreiche „Einbruchstellen" der Grundrechte enthält.

972 Beispiele: Vereinbarungen über die Erstattung von Ausbildungskosten finden sich wie im öffentlichen Dienst auch in der Privatwirtschaft und werden hier den gleichen Kriterien unter-

---

38 BVerfG, DVBl. 1991, 482/483; vgl auch BVerwGE 105, 214/217.
39 BVerwGE 65, 203/207.
40 E 33, 303/337 f.
41 E 58, 257/273 ff.
42 BVerwG, DVBl. 1998, 969.
43 E 92, 140/151; 97, 169/175.

worfen wie dort (BAG, NJW 1977, 973). – Auch Wettbewerbsverbote können nach Gewicht und Wirkung objektiven Zulassungsschranken gleichkommen und von Rechtsprechung und Gesetzgebung eine Behandlung verlangen, die dem Schutz gegen staatliche objektive Zulassungsschranken entspricht (E 84, 133/151; 96, 152/163).

3. Verfassungsrechtliche Rechtfertigung

a) Art. 12 Abs. 1 S. 2 enthält einen **einfachen Gesetzesvorbehalt** (vgl Rn 276, 314, 935). Art. 33, der bei staatlich gebundenen Berufen Sonderregelungen rechtfertigen kann, macht die gesetzliche Grundlage nicht entbehrlich.[44] Keine Gesetze sind Verwaltungsvorschriften;[45] dazu gehören auch die Richtlinien des Standesrechts, in denen die Auffassungen der Standesgenossen über eine standesgemäße Berufsausübung niedergelegt sind. Sie dürfen nicht einmal als Maßstab für die Auslegung der Generalklauseln über die Berufspflichten der Standesgenossen (vgl zB § 43 BRAO) genommen und damit zu gesetzesähnlicher Bedeutung erhoben werden[46]. 973

Auch bei Art. 12 Abs. 1 ist die *Wesentlichkeitslehre* zu beachten (vgl Rn 315 ff). Sie verlangt, dass der Gesetzgeber staatlichen Stellen, die Positionen im beruflichen Wettbewerb ver- und zuteilen, die Auswahlkriterien und -verfahren vorgibt.[47] Besondere Bedeutung hat sie bei der Verleihung von Satzungsgewalt an Berufsverbände des öffentlichen Rechts und verlangt, dass der Gesetzgeber die sog. statusbildenden Regelungen der Berufswahl selbst treffen muss und nur die Regelung der Berufsausübung an die Berufsverbände delegieren darf.[48] Geht es allerdings um Berufsausübungspflichten, die sich intensiv auf die Rechte Dritter auswirken, müssen auch sie vom Gesetzgeber geregelt werden.[49] 974

b) Die **Stufenlehre**, im Apothekenurteil[50] entwickelt, unterscheidet die Stufen der Regelung der *Berufsausübung, subjektiver Zulassungsvoraussetzungen* und *objektiver Zulassungsschranken* als drei Stufen zunehmender Eingriffsintensität. Mit der Zunahme der Eingriffsintensität geht eine Abnahme der Gestaltungsfreiheit des Gesetzgebers einher. Dieser steht unter umso höheren Rechtfertigungsanforderungen, je intensiver er eingreift oder einzugreifen ermächtigt. In den Rechtfertigungsanforderungen kommt der *Verhältnismäßigkeitsgrundsatz (Übermaßverbot)* zur Geltung: Die „Stufentheorie, ist das Ergebnis strikter Anwendung des Prinzips der Verhältnismäßigkeit bei den vom Gemeinwohl her gebotenen Eingriffen in die Berufsfreiheit"[51]. 975

aa) Stufenlehre bzw Verhältnismäßigkeitsgrundsatz verlangen also zunächst, dass der Eingriff in die Berufsfreiheit einen **legitimen Zweck** verfolgt und zur Erreichung des Zwecks **geeignet** ist. 976

Beispiele: Könnten die Ärzte oder Rechtsanwälte in ihrer Furcht vor verschärftem Wettbewerb den Gesetzgeber dazu bewegen, Hürden gegen das Überschwappen der sog. Mediziner- 977

---

44 E 80, 257/265; BVerwGE 75, 109/116.
45 E 80, 257/265; BVerfG, NVwZ 2007, 804.
46 E 76, 171/184 ff; 82, 18/26 f; dazu *Pietzcker*, NJW 1988, 513.
47 E 73, 280/294 ff; VGH Mannheim, VBlBW 1999, 389.
48 E 33, 125/160; 94, 372/390.
49 E 101, 312/323.
50 E 7, 377.
51 E 13, 97/104.

und Juristenschwemme in ihre freien Berufe zu errichten, so würden diese berufswahl- oder -ausübungsbeschränkenden Hürden mit der Verhinderung von Wettbewerb einen illegitimen Zweck verfolgen (vgl *Tettinger*, NJW 1987, 293; Rn 883 f). – Einem Rechtsanwalt, der zugleich den Architektenberuf ausübt, im Geschäftsverkehr beide Berufsbezeichnungen führt und dadurch attraktiver ist als seine Konkurrenten, darf die Führung der beiden Berufsbezeichnungen standesrechtlich nicht verboten werden; Konkurrentenschutz ist kein legitimer Zweck (E 82, 18/28). – Das Verbot des Führens mehrerer Facharztbezeichnungen ist nicht geeignet, die hohe Qualität der medizinischen Versorgung für die Bevölkerung sicherzustellen (E 106, 181/194 ff).

978 Stufenlehre bzw Verhältnismäßigkeitsgrundsatz verlangen weiter, dass der Eingriff zur Erreichung des Zwecks erforderlich ist und zur Bedeutung des Zwecks in angemessenem Verhältnis steht (Verhältnismäßigkeit ieS). Bei der Bestimmung von Erforderlichkeit und Angemessenheit machen sie von der Unterscheidung der drei Eingriffsstufen Gebrauch:

979 **bb)** Dass der Eingriff zur Erreichung des Zwecks **erforderlich** sein muss, bedeutet, dass nicht ein anderer Eingriff, der den Bürger weniger belastet, zur Erreichung des Zwecks ebenso geeignet sein darf. Ob nun ein Eingriff den Bürger mehr oder weniger belastet, mehr oder weniger intensiv ist, bemisst sich besonders nach den oben erörterten Eingriffsstufen: Grundsätzlich gilt, dass am intensivsten die objektiven Zulassungsschranken sind, dass dann die subjektiven Zulassungsvoraussetzungen kommen und dass am wenigsten belastend die bloßen Berufsausübungsregelungen sind. Ein Eingriff auf einer höheren Stufe ist nur dann verhältnismäßig, wenn sein Zweck nicht ebenso gut durch einen Eingriff auf einer niederen Stufe erreicht werden kann. Auch auf ein und derselben Stufe kann es mehr und weniger intensive Eingriffe geben. Dies ist der erste Teil der Stufenlehre.

980 **Beispiel:** Gegenstand des Apothekenurteils war ein bayerisches Apothekengesetz, das die Eröffnung neuer Apotheken von einer objektiven Zulassungsschranke, einem entsprechenden Bedürfnis der Allgemeinheit, abhängig machte. Ziel der Niederlassungsbeschränkung war die Erhaltung der Volksgesundheit; der Gesetzgeber fürchtete, freie Konkurrenz vieler Apotheken werde zu einer Vernachlässigung der gesetzlichen Verpflichtungen, zu leichtfertigem Medikamentenverkauf, zu verführerischer Medikamentenwerbung und zu schädlicher Tablettensucht führen. Das BVerfG fragte, ob das gesetzgeberische Ziel nicht auch durch Berufsausübungsregelungen, durch staatliche Kontrollen der Medikamentenherstellung sowie durch Beschränkungen der freien Werbung und des freien Verkaufs erreicht werden könnte. Es hat die Frage bejaht und daran das bayerische Apothekengesetz scheitern lassen.

981 Allerdings hat die weitere Entwicklung der Rechtsprechung des BVerfG gezeigt, dass die *Stufen ineinander verschwimmen* können; nicht nur kann, wie in Rn 965 ff schon bemerkt, die Zuordnung eines Eingriffs zur einen oder zur anderen Stufe schwer fallen, sondern es kann auch ein Eingriff auf niederer Stufe intensiver sein als ein Eingriff auf höherer.

982 **Beispiele:** Eine Berufsausübungsregelung, die für bestimmte Handelssparten die Öffnungszeiten oder das Warensortiment empfindlich beschneiden oder hohe und teuere Anforderungen an Verpackungs- und Lagerungshygiene stellen würde, könnte den Handel in der fraglichen Sparte empfindlicher treffen als leicht zu erfüllende subjektive Zulassungsvoraussetzungen. – Das BVerfG hat die Regelung des Zugangs zur vertragsärztlichen Tätigkeit (E 11, 30/42 f; 103, 172/184) und das Verbot der leihweisen Arbeitnehmerüberlassung in Betriebe des Baugewer-

bes (E 77, 84/106) als eine Regelung der Berufsausübung beurteilt, wegen seiner Auswirkungen aber in die Nähe eines Eingriffs in die Freiheit der Berufswahl gerückt.

In derartigen Fällen kann die Prüfung der Erforderlichkeit nicht einfach fragen, ob es einen Eingriff auf derselben oder auf niederer Stufe gäbe, der den Zweck ebenfalls erreichte. Vielmehr muss sie die Intensität des Eingriffs und seiner allfälligen Alternativen aus den Sach- und Fallgegebenheiten bestimmen. Wie bei Art. 14 (vgl Rn 1069 f) ist dabei auch der personale oder soziale Bezug zu berücksichtigen.[52] Die Stufenlehre eröffnet zwar den *Einstieg* in die Frage nach der Erforderlichkeit eines Eingriffs und lässt immer wieder auch die Antwort finden. Gelegentlich reicht sie jedoch nicht aus und muss sich die Frage nach der Erforderlichkeit des Eingriffs von ihr lösen. 983

cc) Für das BVerfG und die hL bedeutet Verhältnismäßigkeit weiter **Verhältnismäßigkeit im engeren Sinn**, dh, dass der Zweck, dem der Eingriff dient, um so wertvoller sein muss, je intensiver der Eingriff ist. Es ist mit anderen Worten eine *Güterabwägung* vorzunehmen. Dies ist der zweite Teil der Stufenlehre: 984

– Objektive Zulassungsschranken sind nur gerechtfertigt, wenn sie zur „Abwehr nachweisbarer oder höchstwahrscheinlicher schwerer Gefahren für ein überragend wichtiges Gemeinschaftsgut" erforderlich sind;
– subjektive Zulassungsvoraussetzungen sind nur gerechtfertigt, wenn die Ausübung des Berufs ohne Erfüllung der Voraussetzungen „unmöglich oder unsachgemäß wäre" und auch, wenn sie Gefahren oder Schäden für die Allgemeinheit mit sich brächte;
– Berufsausübungsregelungen sind gerechtfertigt, wenn „Gesichtspunkte der Zweckmäßigkeit" sie verlangen, wobei es mal mehr um die Allgemeinheit, der Gefahren oder Schäden drohen, und mal mehr um den Berufsstand, der gesichert und gefördert werden soll, gehen kann.

Diese im Apothekenurteil geprägten und seitdem regelmäßig wiederholten Formeln sind blass, und mit ihnen lässt sich nicht leicht arbeiten. Auch die Bestimmungen der Wertigkeiten von einzelnen Gemeinschaftsgütern und -zwecken, die das BVerfG vorgenommen hat, zeigen eine ziemliche *Beliebigkeit*. 985

Beispiele: Als überragend wichtig hat das BVerfG so heterogene Gemeinschaftsgüter und -zwecke wie zB den Schutz von Gesundheit und Leben der Bevölkerung (E 103, 172/184; 126, 112/140), die finanzielle Stabilität der gesetzlichen Krankenversicherung (BVerfG, DVBl. 2002, 400), die funktionstüchtige Rechtspflege (E 93, 213/236), den Schutz vor ungeeigneten Rechtsberatern (E 75, 246/267), die Leistungsfähigkeit des öffentlichen Verkehrs (E 11, 168/184 f), die Wirtschaftlichkeit der Deutschen Bundesbahn (E 40, 196/218) und den schnellen Aufbau einer effektiven Verwaltung in den neuen Ländern (E 84, 133/151 f) anerkannt. 986

Die Beliebigkeit war in der Rechtsprechung des BVerfG jedoch deswegen *unschädlich*, weil jeweils die Prüfung der Erforderlichkeit ganz im Vordergrund stand. Nur wenn ein Eingriff zur Erreichung des verfolgten Zwecks wirklich erforderlich ist, stellt sich noch die Frage, ob der Zweck auch hinreichend wertvoll ist. Allerdings verlagert es in neuerer Zeit ohne Grund den Schwerpunkt der Begründung von der Erforderlichkeit auf die Verhältnismäßigkeit ieS.[53] In den besseren Fällen verbarg sich un- 987

---

52 *Bryde*, NJW 1984, 2177/2181 f.
53 Vgl E 97, 228/259 ff; 104, 357/368 ff; 110, 226/264 ff; 115, 276/308 ff; 119, 59/86 ff; 121, 317/355 ff.

§ 21 *Berufsfreiheit (Art. 12)*

ter der fehlenden Angemessenheit oder Zumutbarkeit eine mangelnde Erforderlichkeit; in den schlechteren vermied das BVerfG, sich der mangelnden Erforderlichkeit zu stellen. War andererseits ein Eingriff wirklich erforderlich, dann hat das BVerfG ihn nie an der mangelnden Wertigkeit des Zwecks scheitern lassen, sondern hat stets die hinreichende Wertigkeit eingeräumt.

988 Dahinter mag unausgesprochen die folgende Erkenntnis gestanden haben: Wenn ein Gemeinschaftszweck oder -gut tatsächlich nur um den teureren Preis eines intensiven Grundrechtseingriffs erreicht werden kann, dann zeigt sich regelmäßig eben darin sein hoher Wert. Richtigerweise hat die Prüfung der Verhältnismäßigkeit ieS die Bedeutung einer *Stimmigkeitskontrolle* (vgl Rn 345).

989 **Beispiele:** bei denen das BVerfG den Eingriff in die Berufsfreiheit für gerechtfertigt hielt:
– hinsichtlich objektiver Zulassungsschranken: Festsetzung von Höchstzahlen der Genehmigungen für Kraftfahrzeuge im Güterfernverkehr (E 40, 196/218); Eingliederung des privaten in die Trägerschaft des öffentlichen Rettungsdienstes (E 126, 112/139 ff); Arbeitsvermittlungsmonopol der Bundesanstalt für Arbeit (E 21, 245/250); Beschränkungen von Rechtsanwälten bei der Übernahme von Zweitberufen (E 87, 287/321); Ausschluss juristischer Personen vom Amt des Insolvenzverwalters (BVerfG, NJW 2017, 930/932 ff = JK 6/2016).
– hinsichtlich subjektiver Zulassungsvoraussetzungen: Altersgrenzen (vgl Rn 961); Befähigungsnachweis für das Handwerk (E 13, 97/113 ff; vgl aber BVerfG, EuGRZ 2005, 740); Zulassungsregelungen für Rechtsanwälte und Rechtsbeistände (E 41, 378/389 f; BVerfG, NJW 2009, 3710); ärztliche Prüfungen nach dem Antwort-Wahl-(Multiple Choice-)Verfahren (E 80, 1/23 ff);
– hinsichtlich Berufsausübungsregelungen: Ladenschlussregelung (E 111, 10/32 ff), Nachtbackverbot (E 87, 363/382 ff); Anbaubeschränkung von Weinreben auf ungeeigneten Böden (E 21, 150/160); Vergnügungssteuer auf Gewinnapparate (E 14, 76/100 f; 31, 8/26 f); Sonderbesteuerung des Werkfernverkehrs (E 16, 147/162 ff); Tariftreueregelung (E 116, 202/221 ff); Rückkehrgebot für Mietwagen (E 81, 70/84 ff); Einführung des Bestellerprinzips im Maklerrecht (BVerfG, NJW-RR 2016, 1349/1352 ff = JK 11/2016).

Dagegen hat das BVerfG in folgenden Fällen einen Verstoß gegen Art. 12 Abs. 1 angenommen: absolute Zugangssperre für Spielbankunternehmen in privater Trägerschaft (E 102, 197/217 ff); Singularzulassung von Rechtsanwälten bei den Oberlandesgerichten (E 103, 1/13 ff) im Gegensatz zu der beim BGH (E 106, 216/219 ff); uneingeschränktes Verbot anwaltlicher Erfolgshonorare (E 117, 163/181 ff); Bedürfnisprüfung bei der öffentlichen Bestellung von Sachverständigen (E 86, 28/41 ff); Ausschluss der Apotheken von der Teilnahme an verkaufsoffenen Sonntagen (E 104, 357/368 ff); Ausschluss einer Karenzentschädigung bei Wettbewerbsverboten für Handelsvertreter (E 81, 242/260 ff); Pflicht der Arbeitgeber zur vollen Entgeltzahlung während eines Sonderurlaubs für Zwecke der Jugendpflege (E 85, 226/234 ff); Verbot gegenüber Ärzten, an Presseberichten über die berufliche Tätigkeit mitzuwirken (E 85, 248/261 f).

990 Die aufgezeigte Prüfungs- bzw Rechtfertigungsweise gilt nicht nur bei den Eingriffen in den Teilbereich der Berufsfreiheit, sondern auch bei denen in die Teilbereiche der *Ausbildungsfreiheit* und der *Freiheit der Wahl des Arbeitsplatzes*. Jeweils kann nach objektiven Zulassungsschranken und sonstigen Eingriffen unterschieden, eine entsprechende Stufung von Eingriffsintensitäten vorgenommen und der Verhältnismäßigkeitsprüfung zu Grunde gelegt werden.

Lösungstechnischer Hinweis: Es empfiehlt sich, bei der Frage nach dem Vorliegen eines Eingriffs zugleich mitzuprüfen und zu entscheiden, welcher Stufe der Eingriff zugehört. Der Verhältnismäßigkeitsgrundsatz verlangt, den legitimen Zweck zu identifizieren, dann die Geeignetheit und die Erforderlichkeit des Eingriffs für den Zweck zu prüfen und dabei zu fragen, ob ein Eingriff auf niederer Stufe gleichermaßen geeignet wäre, und erst an- und abschließend, falls überhaupt noch ein Problemrest bleibt, die Verhältnismäßigkeit ieS zu untersuchen, dh Wert und Rang des Zwecks zu bestimmen und beide, Eingriff und Zweck, gegeneinander abzuwägen.

991

III. Schutz- und Teilhaberechte des Art. 12 Abs. 1

Soweit die Rechte auf freie Wahl des Berufs, des Arbeitsplatzes und der Ausbildungsstätte gegen den Staat, dh auf Zugang zu staatlichen Berufen, Arbeitsplätzen und Ausbildungsstätten gerichtet sind, werden sie unter den Bedingungen der *Knappheit* notwendig zu Teilhaberechten. Wenn es mehr Interessenten als Güter gibt, dann kann jeder Interessent nur noch einen Teil des knappen Guts bekommen. Da staatliche Berufe, Arbeitsplätze und Ausbildungsstätten als Güter nicht teilbar sind, können sie nur unter allen Interessenten in gleicher Weise, dh nach gleichen Kriterien verteilt werden. Teilhaberechte sind *Gleichheitsrechte*. Für den Zugang zum öffentlichen Dienst spricht Art. 33 Abs. 2 dies auch aus. Für den Zugang zum Universitäts- oder Hochschulstudium hat das BVerfG es aus der Logik des Problems entwickelt.

992

Beispiele: Die Studienplatzkapazitätsgrenzen müssen in Orientierung an der Funktionsfähigkeit der Universität und unter Ausschöpfung aller sachlichen und personellen Mittel bestimmt und die begrenzten Studienplatzkapazitäten so verteilt werden, dass jeder Interessent die gleiche Chance hat, überhaupt und auch an der bevorzugten Universität zu studieren (E 33, 303/338; 85, 36/54). Die Chancengleichheit verlangt die gleiche Anwendung legitimer Auswahlkriterien; das BVerfG akzeptiert eine Auswahl nach Leistung (Abiturnoten und Testergebnisse), Los, Wartezeit und Gesichtspunkten sozialer Härte (E 43, 291/317 ff) und formuliert für die Kumulation dieser Kriterien wiederum Kriterien (E 59, 1/21 ff). In der heutigen Hochschule, der gesteigerte Autonomie gewährt und zugleich Wettbewerbsorientierung, Leistungsdifferenzierung und Profilbildung abverlangt werden, ist der Zulassungsanspruch auf die Bewerber beschränkt, die die studiengangsspezifischen Fähigkeiten nachweisen (*Steinberg/Müller*, NVwZ 2006, 1113/1117). Chancengleichheit bedeutet nicht Kostenfreiheit (BVerwGE 134, 1/8 ff; *Pieroth/Hartmann*, NWVBl 2007, 81).

993

Eine Verstärkung der Rechte auf freie Wahl des Berufs, des Arbeitsplatzes und der Ausbildungsstätte zu Rechten auf Arbeit oder Ausbildung wird allgemein verneint;[54] sie wäre ohne umfassende, ihrerseits freiheitsgefährdende Ausbildungs- und Berufslenkung auch nicht realisierbar. Auch die Rechtsprechung hat sich insoweit stets zurückgehalten. Sie hat weder Ansprüche auf Schaffung von Lehrkapazitäten, Studienplätzen und Lehrmittelfreiheit anerkannt[55] noch den Gesetzgeber gehindert gesehen, einmal geschaffene Lehrkapazitäten und Studienplätze abzubauen.[56]

994

Als *Schutzrecht* hat das BVerfG Art. 12 Abs. 1 besonders bei Verfahren für Prüfungen entfaltet, die wie die juristischen Staatsprüfungen den Zugang zu Berufen eröff-

995

---

54 *Papier*, Hdb. GR II, § 30 Rn 18 f; *Stern*, StR IV/1, S. 1915 f.
55 Vgl BVerwGE 102, 142/146 f.
56 Vgl OVG Berlin, NVwZ 1996, 1239.

nen oder versperren. Die Rechtsprechung fordert, dass die Prüfung ohne unnötige Verzögerung durchgeführt wird, dass Prüfung und Benotung transparent sind, dass der Prüfer dem Prüfling einen Antwortspielraum zugesteht und Vertretbares nicht als falsch bewertet, dass der Prüfling Einwände gegen die Benotung wirksam vorbringen kann[57] und dass eine Leistungsbewertung mit Begründung erfolgt.[58] Eines Notenschutzes, dh einer Leistungsbewertung, die individuelles Leistungsvermögen berücksichtigt, bedarf es zwar nicht; wird er aber gewährt verbietet es auch Art. 3 Abs. 3 S. 2 nicht, dass er im Zeugnis vermerkt wird.[59] Erheblichen verfahrensmäßigen Aufwands zur Vermeidung von Fehlfragen und -bewertungen bedarf das Antwort-Wahl-Verfahren.[60] Vergleichbare Anforderungen gelten für andere staatliche Auswahlentscheidungen über die Zulassung einer beruflichen Tätigkeit.[61] – Als Schutzrecht gebietet Art. 12 Abs. 1 auch einen gewissen Mindestschutz des Arbeitsplatzes vor Verlust durch private Disposition, der durch das Kündigungsschutzgesetz und zivilrechtliche Generalklauseln gewährleistet ist.[62]

IV. Freiheit von Arbeitszwang und Zwangsarbeit (Art. 12 Abs. 2 und 3)

1. Schutzbereich

996 Die Freiheit von Zwang zu bestimmten einzelnen Arbeitsleistungen (Arbeitszwang) oder zum Einsatz der gesamten Arbeitskraft in bestimmter Weise (Zwangsarbeit) gehört systematisch eher zu *Art. 2 Abs. 1* als zu Art. 12 Abs. 1. Denn es geht nicht um den Zwang, bestimmte Berufe und Arbeitsplätze zu wählen oder nicht zu wählen, bestimmte berufliche Tätigkeiten auszuüben oder nicht auszuüben. Zwar kann man während der Zeit, während der man einem Arbeitszwang oder einer Zwangsarbeit unterliegt, nicht seinem Beruf nachgehen. Aber während der Zeit ist man ebenso an allen anderen Betätigungen gehindert, und außerhalb ihrer ist man zu allen beruflichen und nichtberuflichen Aktivitäten frei.[63] Außerdem sind beide Gewährleistungen anders als die Berufsfreiheit Menschenrechte. Art. 12 Abs. 2 und 3 schützen mithin als Schranken-Schranken die *allgemeine Handlungsfreiheit* gegen bestimmte Eingriffe.[64]

2. Eingriffe und verfassungsrechtliche Rechtfertigung

997 In der Qualifizierung einer Pflicht als *Arbeitszwang* (Art. 12 Abs. 2) sind Rechtsprechung und Schrifttum äußerst *zurückhaltend*. Sie verlangen, dass die Arbeitsleistung, zu der gezwungen wird, einen gewissen Aufwand erfordert und üblicherweise erwerbsmäßig erbracht wird; gelegentlich fordern sie auch, dass sie „durch persönliche

---

57 E 84, 34/45 ff; BVerfG, EuGRZ 1999, 359; BVerwGE 98, 324/330 ff; vgl Rn 1137 f.
58 BVerwGE 99, 185/189 ff.
59 BVerwG, NVwZ 2016, 541/542 f.
60 E 84, 59; BVerfG, NVwZ 1995, 469.
61 Vgl E 82, 209/227; 116, 1/16 ff; BVerfG, NVwZ 2011, 113/114.
62 E 97, 169/175 ff; 128, 157/176 f; vgl auch *Otto*, JZ 1998, 852.
63 Vgl auch *Stern*, StR IV/1, S. 1017.
64 Dagegen für ein eigenes Grundrecht *Kloepfer*, VerfR II, § 70 Rn 3, 107.

Arbeitsleistung (zu) erfüllen" ist.[65] Aus der Entstehungsgeschichte ergibt sich, dass „im Wesentlichen nur die gemeindlichen Hand- und Spanndienste, die Pflicht zur Deichhilfe und die Feuerwehrpflicht als überkommene Pflichten"[66] zugelassen werden sollten. Damit erweist sich Art. 12 Abs. 2 als wenig bedeutsam. Immerhin müssen diese Pflichten iSd Gesetzesvorbehalts (vgl Rn 312 ff, 460) eine gesetzliche Grundlage haben.[67]

Beispiele: Kein Arbeitszwang soll in der Schulpflicht, der Meldepflicht, der Pflicht zu ehrenamtlicher Tätigkeit (VGH München E 7, 77/80), der Pflicht zur Tätigkeit als Volkszähler (VGH München, NJW 1987, 2538; aA *Günther*, DVBl. 1988, 429), der Pflicht der Straßenanlieger zur Gehwegreinigung (BVerwGE 22, 26; VGH Kassel, DVBl. 1979, 83) und der Mitwirkungspflicht der Arbeitgeber bei der Einziehung von Lohnsteuer und Sozialversicherung (E 22, 380) liegen.

998

Auch Art. 12 Abs. 3 hat bisher wenig Bedeutung gewonnen. Die Einführung von *Zwangsarbeit* in Arbeits-, Erziehungs- und Konzentrationslagern liegt dem freiheitlichen Staat ohnehin fern. In ihm hat nur die Anordnung von Zwangsarbeit bei gerichtlich angeordneter Freiheitsentziehung Tradition (vgl § 41 Abs. 1 StVollzG); eben sie ist vom Verbot der Zwangsarbeit ausdrücklich ausgenommen, zugleich unter den Primat der Förderung der sozialen Integration gestellt und von einer allein auf Zwang gegründeten zu einer durch angemessene Anerkennung kompensierten Arbeit gewandelt.[68] Unter Berufung auf die Entstehungsgeschichte hat das BVerfG auch die in § 10 Abs. 1 S. 3 Nr 4 JGG als Erziehungsmaßregel vorgesehene Weisung, Arbeitsleistungen zu erbringen[69] sowie die in § 56b Abs. 2 Nr 3 StGB ermöglichte Bewährungsauflage, gemeinnützige Leistungen zu erbringen[70] als vom Verbot der Zwangsarbeit und des Arbeitszwangs nicht erfasst angesehen. Von ihm erfasst soll dagegen nach gelegentlich vertretener Auffassung die Einführung eines allgemeinen Dienstes für junge Bürger sein.[71]

999

Lösungsskizze zum Fall 18 (Rn 932): I. Es gibt nicht einfach den *Beruf* des Arztes, sondern zum einen den Beruf des selbstständig tätigen und zum anderen den des unselbstständig tätigen Arztes. Als Oberarzt an einer Universitätsklinik hatte A den Beruf des unselbstständig tätigen Arztes, als Vertragsarzt will er dagegen den Beruf des selbstständig tätigen Arztes ausüben. – II. 1. Die Ablehnung der beantragten Zulassung als Vertragsarzt wäre ein *Eingriff* in die Berufswahlfreiheit, wenn sie A die Ausübung des Berufs des selbstständig tätigen Arztes verwehren würde. Der Beruf des selbstständig tätigen Arztes umfasst aber nicht nur die Tätigkeit als Vertragsarzt, sondern auch die als Arzt, der privatversicherte Patienten behandelt. Diese letztere Tätigkeit kann A auch ohne Vertragsarztzulassung ausüben; die Ausübung des Berufs des selbstständig tätigen Arztes wird ihm daher nicht verwehrt, sondern nur beschränkt. Es liegt kein Eingriff in die Berufswahl-, sondern einer in die Berufsausübungsfreiheit vor. – 2. Angesichts der wenn nicht überhaupt Unmöglichkeit, dann doch Schwierigkeit, sich wirtschaftlich als ein Arzt zu behaupten, der allein privatversicherte Patienten behandelt, kommt diese Berufsausübungsregelung einer Berufswahlregelung aber

1000

---

65 BVerwGE 22, 26/29.
66 E 22, 380/383; 92, 91/109.
67 *Gusy*, JuS 1989, 710/713.
68 E 98, 169/199 ff; BVerfG, NJW 2002, 2023.
69 E 74, 102/122; dazu *Gusy*, JuS 1989, 710.
70 E 83, 119/125 ff.
71 Vgl *Köhler*, ZRP 1995, 140.

sehr nahe. Geregelt wird keine objektive, sondern eine *subjektive Zulassungsvoraussetzung* zur vertragsärztlichen Ausübung des Berufs des selbstständig tätigen Arztes, weil das Lebensalter eine persönliche Eigenschaft ist. Die Intensität des Eingriffs in die Berufsausübungsfreiheit von A ähnelt also der Intensität eines Eingriffs in seine Berufswahlfreiheit auf der Stufe einer subjektiven Zulassungsbeschränkung. – III. Die Zulassungsverordnung kann als materielles Gesetz den Eingriff *verfassungsrechtlich rechtfertigen*, wenn auch die Schranken-Schranke des Verhältnismäßigkeitsgrundsatzes gewahrt ist. 1. Der Eingriff dient dem *legitimen Zweck*, die Kosten der gesetzlichen Krankenversicherung, die erfahrungsgemäß mit der Zahl der zugelassenen Vertragsärzte steigen, zu begrenzen. – 2. Dafür ist eine Zulassungssperre eher für ältere als für jüngere Ärzte deshalb *geeignet*, weil von Ärzten, die erst nach Vollendung des 55. Lebensjahrs als Vertragsärzte zugelassen werden und ihre Tätigkeit mit Vollendung des 68. Lebensjahrs schon wieder beenden müssen, eine kostenbewusste Mitwirkung in der gesetzlichen Krankenversicherung besonders wenig zu erwarten ist. – 3. Die Zulassungssperre ist auch *erforderlich*, weil mildere, aber für die Personengruppe der bereits 56 Jahre alten Ärzte gleich wirksame Berufsregelungen nicht ersichtlich sind. – 4. Eine Berufsausübungsregelung mit ähnlicher Wirkung wie eine subjektiv zulassungsbeschränkende Berufswahlregelung bedarf wie diese der Rechtfertigung durch einen Zweck von *hinreichendem Gewicht*. Die Sicherung der finanziellen Stabilität und damit der Funktionsfähigkeit der gesetzlichen Krankenversicherung ist ein Gemeinwohlbelang von überragender Bedeutung. A ist durch die Ablehnung der Vertragsarztzulassung nicht in Art. 12 Abs. 1 verletzt.

1001 **Literatur:** *R. Breuer*, Freiheit des Berufs, Hdb. StR³ VIII, § 170; *B.-O. Bryde*, Artikel 12 Grundgesetz – Freiheit des Berufs und Grundrecht der Arbeit, NJW 1984, 2177; *O. Depenheuer*, Freiheit des Berufs und Grundfreiheiten der Arbeit, in: FS 50 Jahre BVerfG, 2001, Bd. II, S. 241; *F. Hufen*, Berufsfreiheit – Erinnerung an ein Grundrecht, NJW 1994, 2913; *A.-B. Kaiser*, Das Apotheken-Urteil des BVerfG nach 50 Jahren, Jura 2008, 844; *S. Langer*, Strukturfragen der Berufsfreiheit, JuS 1993, 203; *R.A. Lorz*, Die Erhöhung der verfassungsrechtlichen Kontrolldichte gegenüber berufsrechtlichen Einschränkungen der Berufsfreiheit, NJW 2002, 169; *T. Mann/E.-M. Worthmann*, Berufsfreiheit (Art. 12 GG) – Strukturen und Problemkonstellationen, JuS 2013, 385; *J. Pietzcker*, Artikel 12 Grundgesetz – Freiheit des Berufs und Grundrecht der Arbeit, NVwZ 1984, 550; *R. Pitschas*, Berufsfreiheit und Berufslenkung, 1983; *H.P. Schneider*, Berufsfreiheit, Hdb. GR V, § 113; *R. Waltermann*, Freiheit der Arbeitsplatzwahl (Art. 12 Abs. 1 GG) – Grundrecht der Arbeitnehmer, DVBl. 1989, 699.

§ 22 Unverletzlichkeit der Wohnung (Art. 13)

1002 **Fall 19: Die Betretungsbefugnis zur Überwachung einer Abgabepflicht** Das Absatzfondsgesetz begründet für Betriebe der Landwirtschaft eine Abgabepflicht zur Förderung des Absatzes und der Verwertung landwirtschaftlicher Erzeugnisse. § 11 Abs. 1 verpflichtet die Abgabepflichtigen, der zuständigen Behörde auf Verlangen unverzüglich die Auskünfte zu erteilen, die zur Durchführung der durch das Gesetz übertragenen Aufgaben erforderlich sind. § 11 Abs. 2 ermächtigt die von den zuständigen Behörden mit der Einholung von Auskünften beauftragten Personen, Grundstücke und Geschäftsräume des Auskunftspflichtigen zu betreten, dort Besichtigungen vorzunehmen und in die geschäftlichen Unterlagen des Auskunftspflichtigen Einsicht zu nehmen. Ist § 11 Abs. 2 des Absatzfondsgesetzes mit Art. 13 vereinbar? **Rn 1027**

I. Überblick

Der Schutzbereich dieses Grundrechts wird in Abs. 1 nur mit dem Begriff der Wohnung umrissen. Abs. 2–5 und 7 enthalten Eingriffsermächtigungen, wobei Abs. 2, 4 und 5 Spezialfälle von Abs. 7 sind und Abs. 3 über Abs. 7 hinausgeht. Abs. 6 ist eine organisationsrechtliche Bestimmung. Art. 13 ist ein Abwehrrecht gegen die öffentliche Gewalt. Er gibt also dem Mieter kein Abwehrrecht gegen den Vermieter und enthält auch kein Leistungsrecht gegen die öffentliche Gewalt auf Versorgung mit einer Wohnung, wie es einige Landesverfassungen kennen (vgl Art. 106 Abs. 1 bay Verf; Art. 28 Abs. 1 berl Verf; Art. 14 Abs. 1 brem Verf).

1003

II. Schutzbereich

Nach seiner geschichtlichen Entwicklung[1] steht das Grundrecht der Unverletzlichkeit der Wohnung im Zusammenhang mit der freien Entfaltung der Persönlichkeit. Es soll dem Einzelnen einen „elementaren Lebensraum"[2] und darin das Recht gewährleisten, „in Ruhe gelassen zu werden"[3]. Wohnung bedeutet von daher „räumliche Privatsphäre"[4]. Indem Art. 13 ausdrücklich gegen das technische Eindringen schützt, stellt er klar, dass er für diese Eingriffe in das allgemeine Persönlichkeitsrecht lex specialis zu Art. 2 Abs. 1 iVm Art. 1 Abs. 1 ist.[5]

1004

Fraglich ist, wo die *Grenzen* des Schutzbereichs zu ziehen sind. Eine Möglichkeit bestünde in der Anknüpfung an unterverfassungsrechtliche Begriffsverständnisse. So ist im *Strafrecht* neben der Wohnung ieS und den Geschäftsräumen auch das befriedete Besitztum iS eines eingehegten Teils der Erdoberfläche geschützt (§ 123 Abs. 1 StGB). Der eingefriedete Acker hat aber mit der Privatsphäre des Bauern nichts zu tun. Als *zivilrechtlicher* Anknüpfungspunkt kommt zwar offensichtlich nicht das Eigentum in Betracht, weil dann alle Mieter ohne den Grundrechtsschutz des Art. 13 wären, wohl aber der unmittelbare Besitz (§§ 854 ff BGB)[6] und gelegentlich sogar die Besitzdienerschaft (§ 855 BGB).

1005

Unterverfassungsrechtliche Bestimmungen können einen ersten Anhaltspunkt bieten, aber nicht den Schutzbereich abschließend definieren. Dies muss wie immer aus dem *Schutzzweck* des Grundrechts und dem *Gesamtzusammenhang der Verfassung* geschehen. Entscheidend für die räumliche Privatsphäre ist danach zum einen der nach außen erkennbare Wille des Einzelnen zur bloß privaten Zugänglichkeit von Räumen und Örtlichkeiten und zum anderen die soziale Anerkennung dieser individuellen Bestimmung der räumlichen Privatsphäre.[7]

1006

Beispiele: Ohne Weiteres Wohnung im verfassungsrechtlichen Sinn sind daher neben den Wohnräumen ieS: Keller, Garage, Innenhof, Vorgarten (BGH, NJW 1997, 2189), Campingwagen, Zelt, Jacht usw. Auch dem gekündigten Mieter, der trotz abgelaufener Kündigungsfrist die

1007

---

1 Dazu *Berkemann*, AK, Art. 13 Rn 1 ff; *Herdegen*, BK, Art. 13 Rn 4 ff.
2 E 42, 212/219; 51, 97/110.
3 E 27, 1/6; 103, 142/150.
4 E 65, 1/40.
5 E 109, 279/325.
6 So *Gentz*, S. 46 f.
7 *Berkemann*, AK, Art. 13 Rn 32 ff.

Wohnung noch innehat, wird der Schutz des Art. 13 zugebilligt (E 89, 1/12; *Ziekow/Guckelberger*, FH, Art. 13 Rn 44). Darüber hinaus können der Verschlag, in dem der Nichtsesshafte während des Winters im Gemeindewald wohnt, und unter bestimmten Voraussetzungen die von Hausbesetzern okkupierte Wohnung (*Kunig*, MüK, Art. 13 Rn 14; aA *Papier*, MD, Art. 13 Rn 12) unter Art. 13 fallen. – Für den durch das Internet erschlossenen „virtuellen Raum" wird eine analoge Anwendung des Art. 13 diskutiert (vgl *Rux*, JZ 2007, 285/293).

1008 Umstritten ist, ob *Betriebs- und Geschäftsräume* zum Schutzbereich der Unverletzlichkeit der Wohnung gehören. Der Zusammenhang des Art. 13 mit der Privatheit könnte zunächst dafür sprechen, diese Räume auszuklammern und Wohnung auf den Schutz des Einzelnen für sich und im Kreis seiner Familie zu beschränken. Dagegen spricht aber die in Art. 12 und 14 zum Ausdruck kommende Bedeutung, die Arbeit, Beruf und Gewerbe für die menschliche Selbstverwirklichung haben (vgl Rn 865). Das BVerfG hat daher zu Recht die Betriebs- und Geschäftsräume in den Schutzbereich des Art. 13 einbezogen.[8]

1009 Dabei ist allerdings zu *differenzieren*. Die Betriebs- und Geschäftsräume können
- in die eigentliche Wohnung integriert und dadurch dem öffentlichen Zutritt ebenso entzogen sein wie die Wohnung selbst (zB Wohnzimmerkanzlei, Dachatelier, Kellerwerkstatt),
- von der Wohnung getrennt, gleichwohl dem unkontrollierten öffentlichen Zutritt entzogen sein (zB Arztpraxis, Büroetage, Fabrik, Restaurantküche) und
- der Öffentlichkeit umfassend zugänglich, auf den unkontrollierten Zutritt geradezu angelegt sein (zB Einkaufspassage, Kaufhaus, Freizeitzentrum).

Die auf unkontrollierten öffentlichen Zutritt angelegten Betriebs- und Geschäftsräume verdienen während der Zeit dieser Zugänglichkeit nicht den Schutz von Art. 13.[9] Sie fallen nur dann, wenn sie geschlossen sind, mit den Betriebs- und Geschäftsräumen der zweiten Gruppe in den Schutzbereich von Art. 13. Unproblematisch fallen dagegen die in die Wohnung integrierten Betriebs- und Geschäftsräume unter Art. 13.

III. Eingriffe

1010 Die Beeinträchtigung besteht in einem körperlichen oder sich technischer Hilfsmittel bedienenden unkörperlichen Eindringen in die Wohnung und dortigen Verbleiben durch die staatliche Gewalt. Sie wird durch die Speicherung und Verwendung der gewonnenen Informationen sowie durch deren Weitergabe an andere Stellen fortgesetzt; die Verwendung der gewonnenen Informationen zu einem anderen Zweck ist dagegen ein eigenständiger Eingriff.[10] Abs. 2–7 differenzieren dabei nach für die Unverletzlichkeit der Wohnung typischen Gefährdungslagen.

---

8   E 32, 54/68 ff; 76, 83/88; 96, 44/51.
9   Vgl BVerfG, NJW 2003, 2669; *Kloepfer*, VerfR II, § 66 Rn 6; aA BVerwGE 121, 345/348.
10 E 109, 279/327, 374 f.

1. Durchsuchungen

Unter einer *Durchsuchung* (Art. 13 Abs. 2) versteht das BVerfG „das ziel- und zweckgerichtete Suchen staatlicher Organe nach Personen oder Sachen oder zur Ermittlung eines Sachverhalts, um etwas aufzuspüren, was der Inhaber der Wohnung von sich aus nicht offen legen oder herausgeben will"[11]. Darunter würde auch die Besichtigung einer Hotelküche durch einen Bediensteten der Gewerbeaufsicht fallen, der durch Suche nach Schmutz, Schimmel und Schaben ermitteln will, ob die hygienischen Verhältnisse ausreichend oder, was der Hotelier natürlich nicht offen legen will, ungenügend sind. Dass dergleichen Besichtigungen und Überprüfungen keine Durchsuchungen sind, ist aber seit jeher unstreitig. Die Definition des BVerfG ist daher zu präzisieren: Das, was aufgespürt werden soll, darf nicht einfach der Zustand der Wohnung und die Gewähr ihres funktionsgemäßen Gebrauchs sein. Durchsuchung ist das Suchen staatlicher Organe nach Personen oder Sachen, die sich in einer Wohnung befinden oder sogar in ihr versteckt sind, um dem Augenschein oder Zugriff entzogen zu sein; es ist durch Handlungen gekennzeichnet, die Verborgenes zu Tage fördern sollen.[12]

1011

Beispiele: Unter Art. 13 Abs. 2 fallen nicht nur strafprozessuale, sondern auch administrative Durchsuchungen, zB des Gerichtsvollziehers nach § 758 ZPO (E 51, 97; 76, 83; vgl dazu *Behr*, NJW 1992, 2125) und § 33 Abs. 2 FGG (BVerfG, NJW 2000, 943 f), der Finanzbehörden nach der Abgabenordnung (E 57, 346), der Polizeibehörden nach den Polizeigesetzen (BVerwGE 28, 285). Nicht mehr zur Durchsuchung gehört die Beschlagnahme oder Sicherstellung der aufgespürten Sachen (E 113, 29/45).

1012

2. Lauschangriffe

Der Einsatz technischer Mittel, von dem Abs. 3–5 handeln, wird üblicherweise als Lauschangriff bezeichnet. Abs. 3 handelt vom großen Lauschangriff zum Zweck der Strafverfolgung, der sich allein technischer Mittel zur akustischen Überwachung bedient, dh eines Richt- oder installierten Mikrofons (Wanze). Abs. 4 handelt vom großen Lauschangriff zum Zweck der Gefahrenabwehr, der sich sowohl akustischer als auch optischer und sonstiger technischer Mittel bedient, dh auch der Video- und Infrarotkamera, des Peilsenders und des Bewegungsmelders. Der kleine Lauschangriff des Abs. 5 zielt anders als der große nicht auf das Eindringen in die Wohnung, sondern auf den Schutz eingesetzter Personen, zB des als Dealer in die Szene eingeschleusten V-Manns.

1013

3. Sonstige Eingriffe

Die sonstigen *Eingriffe und Beschränkungen* (Art. 13 Abs. 7) umfassen das Betreten, Besichtigen, Verweilen zu anderen Zwecken als dem der Durchsuchung. Da das unkörperliche Eindringen durch technische Mittel in Abs. 2–5 eigens geregelt wird, ist diese Regelung auch abschließend. Ein Einsatz akustischer und optischer technischer Mittel, der nicht unter Abs. 2–5 fällt, fällt also auch nicht unter die sonstigen Eingriffe und Beschränkungen.

1014

---

11 E 76, 83/89.
12 Vgl OVG Hamburg, DVBl. 1997, 665/666.

1015 Fraglich ist, ob Art. 13 auch gegen *substanzielle Eingriffe* schützt, mit denen die räumliche Privatsphäre der eigenen Verfügung oder Nutzung ganz oder teilweise entzogen wird; dann würden auch die Räumung wegen Brand-, Einsturz- oder Seuchengefahr, die Beschlagnahme und der Abriss einen Eingriff in die Wohnungsfreiheit darstellen.[13] Damit wird aber das Spezifische der Wohnungsfreiheit verkannt und ihr Anwendungsbereich überdehnt.[14] Eingriffe in die Substanz sind an Art. 14 zu messen; das Institut der Enteignung ist lex specialis für die Entziehung von Wohnraum.[15] Die Abrissverfügung beeinträchtigt daher Art. 13 nicht. Gegen Wohnraumbewirtschaftungsmaßnahmen (vgl Abs. 7 „Behebung der Raumnot") schützt Art. 13 allerdings insoweit, als die Privatheit durch Zwangsbelegungen beeinträchtigt wird.[16]

IV. Verfassungsrechtliche Rechtfertigung

1. Durchsuchungen

1016 Durchsuchungen sind unter den Voraussetzungen des Art. 13 Abs. 2 verfassungsrechtlich zulässig. Durchsuchung ist ein Spezialfall der Eingriffe und Beschränkungen, von denen Art. 13 Abs. 7 handelt.[17] Durchsuchungen dürfen grundsätzlich nur in der gesetzlich vorgeschriebenen *Form*, dh durch den *Richter* angeordnet werden. Zwischen richterlicher und nicht-richterlicher Durchsuchungsanordnung besteht ein Regel-Ausnahme-Verhältnis.[18] Die Gerichte müssen daher organisatorisch gewährleisten, dass Richter erreichbar sind.[19] Ausnahmsweise sind bei Gefahr im Verzug auch andere gesetzlich vorgesehene Organe (Staatsanwaltschaft und Polizei) befugt, Durchsuchungen anzuordnen. Gefahr im Verzug bedeutet eine konkrete Gefahr, nicht schon die bloße Möglichkeit eines Beweismittelverlusts,[20] und liegt nur dann vor, „wenn die vorherige Einholung der richterlichen Anordnung den Erfolg der Durchsuchung gefährden würde"[21]. Der Begriff „Gefahr im Verzug" unterliegt unbeschränkter richterlicher Kontrolle; die Strafverfolgungsbehörden haben für das Gericht zu dokumentieren und vor Gericht zu begründen, warum sie eine Durchsuchung angeordnet haben.[22]

1017 Sieht das Gesetz, das zur Durchsuchung ermächtigt, auch in Fällen fehlender Gefahr im Verzuge keine richterliche Anordnung vor, ergibt sich deren Erforderlichkeit unmittelbar aus Abs. 2; die gesetzliche Regelung wird also durch die im Verfassungstext enthaltene Verfahrensvorschrift *ergänzt*.[23]

1018 Art. 13 Abs. 2 normiert nicht, aus welchen *inhaltlichen* Gründen der Richter die Durchsuchung anordnen darf. Diese ergeben sich aus den einfachen Gesetzen, die die

---

13 So *Berkemann*, AK, Art. 13 Rn 64; vgl auch E 89, 1/12.
14 Vgl *Gentz*, S. 96 ff.
15 AA abw. M. E 49, 228/238.
16 *Kloepfer*, VerfR II, § 66 Rn 17; offen gelassen von E 8, 95/98.
17 Vgl BVerwGE 28, 285/286 f; 47, 31/35 ff.
18 BVerfG, NJW 2015, 2787/2790.
19 E 103, 142/156.
20 E 103, 142/155.
21 E 51, 97/111.
22 E 103, 142/160; dazu *Lepsius*, Jura 2002, 259.
23 E 51, 97/114 f.

Voraussetzungen für die Durchsuchung festlegen müssen. Verfassungsrechtlich ist allerdings wegen des erheblichen Eingriffs in die persönliche Lebenssphäre eine sorgfältige Verhältnismäßigkeitsprüfung angezeigt.

Beispiele: Die strafprozessuale Durchsuchung muss in einem angemessenen Verhältnis zu der Schwere der Straftat und der Stärke des Tatverdachts stehen (BVerfG, NJW 2015, 1585/1586). Sie setzt einen auf konkreten Tatsachen beruhenden Verdacht einer Straftat und nicht nur vage Vermutungen voraus (BVerfG, NJW 2014, 1650). Sie muss zudem versprechen, geeignete Beweismittel zu erbringen, zur Ermittlung und Verfolgung der Straftat erforderlich sein sowie in angemessenem Verhältnis zur Schwere der Straftat und zur Stärke des Tatverdachts stehen. Dabei sind auch die Grundrechte Dritter zu berücksichtigen, etwa der Mandanten bei der Durchsuchung einer Rechtsanwaltskanzlei (E 113, 29/46 ff; BVerfG, NJW 2009, 2518). Der richterliche Durchsuchungsbeschluss als rechtliche Grundlage der konkreten Maßnahme muss hinreichend bestimmt sein, dh Rahmen, Grenze und Ziel der Durchsuchung definieren (vgl E 42, 212/220; 103, 142/151 f; 115, 166/197; *Papier*, MD, Art. 13 Rn 26 ff), und verliert spätestens nach Ablauf eines halben Jahres seine den Eingriff in das Grundrecht rechtfertigende Kraft (E 96, 44/52 ff). Zum Beweisverwertungsverbot vgl Rn 1024 f.

1019

2. Lauschangriffe

Abs. 3 lässt den großen Lauschangriff zum Zweck der *Strafverfolgung* durch Gesetz unter bestimmten materiellen und formellen Voraussetzungen zu: Es müssen bestimmte Tatsachen den Verdacht begründen, dass jemand eine bestimmte besonders schwere Straftat begangen hat; die Erforschung des Sachverhalts auf andere Weise muss unverhältnismäßig erschwert oder aussichtslos sein; es muss eine richterliche Anordnung ergehen. Darüber hinaus hat das BVerfG aus Art. 1 Abs. 1 und dem Grundsatz der Verhältnismäßigkeit weitere Voraussetzungen für die Rechtfertigung des großen Lauschangriffs abgeleitet: Er muss unterbleiben oder jedenfalls abgebrochen werden, wenn Informationen aus dem Kernbereich privater Lebensgestaltung erhoben werden; Aufzeichnungen darüber müssen gelöscht und dürfen nicht verwertet werden.[24]

1020

Der große (Abs. 4) und der kleine (Abs. 5) Lauschangriff zum Zweck der *Gefahrenbekämpfung* stehen unter strengeren Rechtfertigungsvoraussetzungen als vor der Änderung von Art. 13 im Jahr 1998; sie sind nur noch zur Gefahrenabwehr, nicht mehr zur Verhütung von Gefahren zulässig. Durch die Änderung und Ergänzung von Art. 13 hat der damalige Abs. 3 und heutige Abs. 7 trotz gleich bleibenden Wortlauts eine andere systematische Stellung und damit auch eine andere Bedeutung gewonnen; die „Eingriffe und Beschränkungen ... zur Verhütung dringender Gefahren für die öffentliche Sicherheit und Ordnung", von denen Abs. 7 handelt, schließen die Lauschangriffe nicht mehr ein, seit diese in Abs. 3 und 4 speziell geregelt sind,. Die Polizeigesetze, die Lauschangriffe zur vorbeugenden Bekämpfung von Straftaten zulassen, sind mit dem neuen Art. 13 daher unvereinbar.[25] Strenger als vor der Änderung von Art. 13 sind die Rechtfertigungsvoraussetzungen für die Lauschangriffe zur Gefahrenabwehr auch insofern, als sie einen Richtervorbehalt enthalten und eine richterliche Anordnung oder, wenn Gefahr im Verzug ist, eine nachträgliche richterliche Entscheidung verlangen.

1021

---

24 E 109, 279/315 ff; BVerfG, NJW 2007, 2753; krit. *Lepsius*, Jura 2005, 433, 586.
25 *Pieroth/Schlink/Kniesel*, Polizei- und Ordnungsrecht, 9. Aufl. 2016, § 14 Rn 125.

3. Sonstige Eingriffe

1022 Sie sind unter den Voraussetzungen des Art. 13 Abs. 7 verfassungsrechtlich zulässig. Aus dem Vergleich der Wortlaute (Abs. 2: „in den Gesetzen", Abs. 7: „auf Grund eines Gesetzes") ergibt sich, dass Eingriffe und Beschränkungen gem. Abs. 7 weitergehend als Durchsuchungen gem. Abs. 2 in Rechtsverordnungen und Satzungen geregelt werden können. Für die Eingriffsermächtigungen des ersten Halbsatzes ist zwar im Gegensatz zu denen des zweiten Halbsatzes eine gesetzliche Grundlage nicht ausdrücklich gefordert, doch versteht sich dieses Erfordernis im Rechtsstaat von selbst. Lediglich die Anforderungen an die Bestimmtheit der gesetzlichen Grundlage sind beim ersten Halbsatz geringer als beim zweiten Halbsatz.[26] Im Übrigen hat der Gesetzgeber auch hier eine Fülle gesetzlicher Regelungen getroffen, die von der Exekutive beachtet werden müssen. Ein Gesetz iSd zweiten Halbsatzes ist die Generalermächtigung; sie ist aber in verfassungskonformer Auslegung dahin zu verschärfen, dass eine dringende Gefahr Voraussetzung der Befugnis zum polizeilichen Einschreiten ist.[27]

1023 **Beispiele:** Eine gemeine Gefahr bezieht sich auf eine unbestimmte Zahl von Personen und Sachen und kommt in ihrer Bedeutung einer Lebensgefahr nahe. Zu denken ist an Überschwemmungen, Lawinenkatastrophen, Erdbeben usw. Ein Eingriff zur Abwehr einer Lebensgefahr für einzelne Personen ist die (zeitweise) Unterbringung eines Unfallverletzten in einer Wohnung. Dringende Gefahr bedeutet angesichts der in Abs. 7 aufgeführten Beispielsfälle, dass Rechtsgüter von besonderem Gewicht gefährdet sein müssen (vgl BVerwGE 47, 31/40; *Papier*, MD, Art. 13 Rn 129 ff will auch auf die zeitliche Nähe und die Wahrscheinlichkeit des Schadenseintritts abstellen).

1024 Umstritten sind Eingriffsqualität und verfassungsrechtliche Rechtfertigung der *Betretungs- und Besichtigungsbefugnisse* von Ordnungsbehörden.[28] Das BVerfG[29] will die Geschäfts- und Betriebsräume im Hinblick auf ihre mindere Schutzbedürftigkeit von den Anforderungen des Abs. 7 ausnehmen und die Betretungs- und Besichtigungsbefugnisse wie Eingriffe in Art. 2 Abs. 1 nur unter den Grundsatz der Verhältnismäßigkeit stellen:

– Eine besondere gesetzliche Vorschrift muss zum Betreten und Besichtigen der Räume ermächtigen;
– das Betreten und Besichtigen der Räume muss einem erlaubten Zweck dienen und für dessen Erreichung erforderlich sein;
– das Gesetz muss den Zweck des Betretens, den Gegenstand und den Umfang der Besichtigung deutlich erkennen lassen;
– das Betreten und Besichtigen der Räume ist nur in den Zeiten statthaft, zu denen die Räume normalerweise für die geschäftliche oder betriebliche Nutzung zur Verfügung stehen.

Das BVerwG hat noch eine Informationspflicht der betretenden und besichtigenden Beamten gegenüber dem Inhaber des Hausrechts hinzugefügt.[30]

---

26 *Jarass*, JP, Art. 13 Rn 35; aA *Papier*, MD, Art. 13 Rn 121.
27 BVerwGE 47, 31/40.
28 Vgl *Herdegen*, BK, Art. 13 Rn 71 f.
29 E 32, 54/75 ff; 97, 228/266; BVerfG NJW 2008, 2426 f.
30 BVerwGE 78, 251/255 f; dazu *Kunig*, DVBl. 1988, 578.

Diese Rechtsprechung ist *inkonsequent*: Wenn die Geschäfts- und Betriebsräume dem Schutzbereich unterfallen, sind auch Eingriffe nur nach Maßgabe der Abs. 2 und 7 verfassungsrechtlich zulässig.[31] Auch die genannten Betretungs- und Besichtigungsbefugnisse müssen dann den Erfordernissen der Abs. 2 und 7 genügen.[32]

4. Weitere Eingriffsrechtfertigungen

Einen Gesetzesvorbehalt enthält noch Art. 17a Abs. 2 für „Gesetze, die der Verteidigung einschließlich des Schutzes der Zivilbevölkerung dienen".

> **Lösungsskizze zum Fall 19 (Rn 1002):** I. Der *Schutzbereich* des Art. 13 Abs. 1 ist nur teilweise einschlägig: Grundstücke sind keine Wohnung. Geschäftsräume fallen zwar grundsätzlich in den Schutzbereich; das gilt aber nicht für die der Öffentlichkeit umfassend zugänglichen Geschäftsräume für die Zeit ihrer öffentlichen Zugänglichkeit. – II. Ein Eingriff liegt bei jedem Eindringen in die Wohnung durch die staatliche Gewalt vor. Darunter fällt auch die Betretungsbefugnis einer Behörde. Die Rechtsprechung des BVerfG, die die Befugnis zum Betreten eines Geschäftsraums nicht als Eingriff iSd Art. 13 Abs. 7 ansieht, ist als inkonsequent abzulehnen. – III. Die *verfassungsrechtliche Rechtfertigung* richtet sich nicht nach Art. 13 Abs. 2, da die Betretungsbefugnis keine Durchsuchung darstellt, sondern nach Art. 13 Abs. 7.
>
> Zweck der Betretungsbefugnis ist, einen ordnungsgemäßen Vollzug des Absatzfondsgesetzes sicherzustellen. Dieser ist dadurch gefährdet, dass der Abgabepflicht nicht oder nicht vollständig nachgekommen wird. Dies ist ein Rechtsverstoß, und damit besteht eine Gefahr für die öffentliche Sicherheit; sie ist aber keine mit den in Art. 13 Abs. 7 aufgeführten Beispielsfällen auf eine Stufe zu stellende dringende Gefahr. Ein Eingriff in den Schutzbereich der Unverletzlichkeit der Wohnung wird durch § 11 Abs. 2 des Absatzfondsgesetzes nicht gerechtfertigt. Soweit durch diese Bestimmung nicht der Öffentlichkeit umfassend zugängliche Geschäftsräume erfasst sind, ist sie verfassungswidrig. – IV. Es kommt eine *verfassungskonforme Auslegung* des § 11 Abs. 2 des Absatzfondsgesetzes in Betracht. Dieser hat einen verfassungsmäßigen (Grundstücke und Geschäftsräume, soweit sie der Öffentlichkeit umfassend zugänglich sind) und einen verfassungswidrigen (Geschäftsräume, soweit sie der Öffentlichkeit gar nicht oder nur kontrolliert zugänglich sind) Anwendungsbereich. Eine Aufrechterhaltung seiner Geltung unter Beschränkung auf den verfassungsmäßigen Anwendungsbereich bestimmt den normativen Gehalt der Vorschrift nicht grundlegend neu. Der Begriff „Geschäftsräume" kann und muss daher verfassungskonform als „der Öffentlichkeit umfassend zugängliche Geschäftsräume" interpretiert werden.

Literatur: *F. Braun,* Der so genannte „Lauschangriff" im präventivpolizeilichen Bereich, NVwZ 2000, 375; *J. Ennuschat,* Behördliche Nachschau in Geschäftsräume und die Unverletzlichkeit der Wohnung gem. Art. 13 GG, AöR 2002, 252; *M. Gentz,* Die Unverletzlichkeit der Wohnung, 1968; *C. Gusy,* Lauschangriff und Grundgesetz, JuS 2004, 457; *O. Lepsius,* Die Unverletzlichkeit der Wohnung bei Gefahr im Verzug, Jura 2002, 259; *J. Ruthig,* Die Unverletzlichkeit der Wohnung (Art. 13 GG nF), JuS 1998, 506; *F. Schoch,* Die Unverletzlichkeit der Wohnung nach Art. 13 GG, Jura 2010, 22; *A. Voßkuhle,* Behördliche Betretungs- und Nachschaurechte, DVBl. 1994, 611; *H. Wißmann,* Grundfälle zu Art. 13 GG, JuS 2007, 324, 426.

---

31 Krit. auch *Hermes,* JZ 2005, 461; *Lübbe-Wolff,* DVBl. 1993, 762.
32 *Voßkuhle,* DVBl. 1994, 611/616 f; *Ennuschat,* AöR 2002, 252/287 f; *Schoch,* Jura 2010, 22/30.

§ 23 Eigentumsgarantie (Art. 14, 15)

1029 **Fall 20: Die Buchshecke als Naturdenkmal** Die Einfahrt des schlossartigen Landhauses des E ist von einer selten hohen und sehr schönen Buchshecke flankiert. Vorfahren von E haben sie nicht nur aus ästhetischen, sondern auch aus wirtschaftlichen Gründen gepflanzt: Der langsam wachsende Buchs hat ein außerordentlich festes Holz, das schon immer für die Herstellung mancher Produkte unentbehrlich und entsprechend teuer war. Inzwischen ist der Preis für Buchsholz weiter erheblich gestiegen. E, der in finanziellen Schwierigkeiten und der Buchshecke außerdem überdrüssig ist, will das Holz abschlagen lassen und verkaufen. Die für Natur- und Landschaftsschutz zuständige Behörde erfährt von diesem Vorhaben und setzt die Buchshecke als Naturdenkmal fest. Damit ist das Verbot des Abholzens verbunden (vgl zB §§ 22, 34 Abs. 3 nw LG). Die Zahlung einer Entschädigung lehnt die Behörde ab. Wie ist die Rechtslage nach Art. 14? **Rn 1095**

I. Überblick

1030 Art. 14 schützt das Eigentum und mit dem Erbrecht zugleich seinen Übergang. Er soll „dem Träger des Grundrechts einen Freiheitsraum im vermögensrechtlichen Bereich [...] sichern und ihm dadurch eine eigenverantwortliche Gestaltung seines Lebens [...] ermöglichen"[1]. Die Eigentumsgarantie steht damit in engem Zusammenhang mit der persönlichen Freiheit[2], begründet aber auch soziale Macht und Ausschließlichkeitsrechte, die ein wesentliches Element gesellschaftlicher Ungleichheit sind, welche das Erbrecht in die Zukunft verlängert[3]. Daher betont das Grundgesetz auch die Sozialbindung des Eigentums, das nicht nur berechtigt, sondern auch verpflichtet (Art. 14 Abs. 2 S. 1) und nicht nur dem Grundrechtsträger, sondern zugleich dem Wohle der Allgemeinheit dienen soll (Art. 14 Abs. 2 S. 2). Unter den Voraussetzungen von Art. 15 ist sogar eine Sozialisierung zulässig. Ein weiterer wichtiger Unterschied zu den anderen Freiheitsrechten besteht darin, dass Art. 14 Abs. 3 die Enteignung, also den Entzug des Eigentums, nur gegen eine angemessene Entschädigung zulässt, weil die vermögensrechtlichen Grundlagen der Freiheit anders als die Freiheit selbst finanziell kompensationsfähig sind. Er enthält damit nicht nur eine *Bestandsgarantie* für das grundrechtliche Schutzgut, sondern auch eine *Wertgarantie*, die für den Verlust des Eigentums entschädigt.

1031 Art. 14 Abs. 1 ist eine Herausforderung für die Bestimmung des *Schutzbereichs* der Eigentumsgarantie, weil er in S. 1 das Eigentum verfassungsrechtlich schützt, in S. 2 aber festlegt, dass dessen Inhalt durch die (einfachen!) Gesetze bestimmt wird. Das Grundrecht zeichnet sich durch eine besonders *intensive Normprägung* aus. Während sich zB die Ehe immerhin als soziales Gebilde ohne Rückgriff auf Normen beschreiben lässt (vgl Rn 760 ff), bestimmt sich das Eigentum allein durch die normative Zuordnung von Gütern und Rechten zu Personen. Weil aber Art. 14 Abs. 1 zugleich verfassungsrechtlich garantiert und diese Garantie nicht zur freien Disposition des den Inhalt ausgestaltenden Gesetzgebers stehen darf, wird er auch als *Institutsgarantie* des Eigentums verstanden, die das Eigentum als privatnütziges Institut garantiert (Rn 1091 f).

1032 Das Zusammenspiel von verfassungsrechtlicher Eigentumsgarantie in Art. 14 Abs. 1 S. 1 und einfachgesetzlicher Ausgestaltungsnotwendigkeit nach Art. 14 Abs. 1 S. 2 prägt auch die Prüfung des *Eingriffs*. Denn die Bestimmung des Inhalts kann nicht zugleich Eingriff in das Eigen-

---

1 E 102, 1/15.
2 E 24, 367/389.
3 Abw. M. E 138, 136/252.

tum sein. Damit ist die Abgrenzung zwischen Inhalt und Schranken des Eigentums oder allgemeiner: zwischen seiner bloßen Ausgestaltung und dem rechtfertigungsbedürftigen Eingriff (Rn 266 ff) angesprochen.

Art. 14 benennt zwei Eingriffsformen mit unterschiedlichen Anforderungen an die *verfassungsrechtliche Rechtfertigung*: Enteignungen, also der Entzug des Eigentums, sind nur nach Maßgabe von Art. 14 Abs. 3 S. 1-3 zulässig. Alle Eingriffe, die nicht Enteignungen sind, sind Inhalts- und Schrankenbestimmungen i. S. v. Art. 14 Abs. 1 S. 2, die verhältnismäßig sein müssen, aber i.d.R. entschädigungslos hinzunehmen sind. 1033

Aufgrund der Entschädigungspflichtigkeit von Enteignungen (Art. 14 Abs. 3 S. 2–3) ist das Eigentumsgrundrecht mit dem Recht der staatlichen Entschädigungsleistungen (Staatshaftungsrecht) verknüpft. Art. 14 Abs. 3 S. 2 und 3 sind aber selbst keine Anspruchsgrundlagen für Entschädigungen, sondern besagen nur, dass eine Enteignung ohne Entschädigung verfassungswidrig ist. Die Entschädigungsansprüche folgen vielmehr aus dem einfachen Gesetzesrecht und subsidiär aus den gewohnheitsrechtlich anerkannten Rechtsinstituten des enteignenden und enteignungsgleichen Eingriffs. Daher sind auch in Prüfungsarbeiten stets zwei Konstellationen zu unterscheiden: Entweder wird gefragt, ob eine staatliche Maßnahme die Eigentumsgarantie verletzt; darum geht es in diesem Kapitel. Oder es ist zu prüfen, ob Entschädigungsansprüche aufgrund von Eigentumsbeeinträchtigungen bestehen; diese Frage ist Gegenstand der Lehrbücher zum Staatshaftungsrecht. 1034

Das *europäische Unionsrecht* schützt die Eigentumsgarantie in Art. 17 GRCh, der die Freiheitsgarantie ebenfalls mit der Sozialpflichtigkeit des Eigentums verknüpft. Das Unionsrecht betont zudem in Art. 345 AEUV die Zuständigkeit der Mitgliedstaaten, über die Zuordnung des Eigentums in private oder öffentliche Trägerschaft zu bestimmen[4]. In der *EMRK* (Art. 1 1. ZP) wird die Sozialbindung des Eigentums weniger deutlich betont, was – trotz der Einräumung nationaler Prärogativen für die Bestimmung des gerechten Ausgleichs durch den EGMR – bereits zu divergierenden Verhältnismäßigkeitsbeurteilungen von Eigentumsbeschränkungen geführt hat[5]. Für das Eigentum ausländischer Investoren gelten ferner häufig *Investitionsschutzabkommen*. Sie sehen einen Schutz vor Enteignungen sowie vor Maßnahmen mit enteignungsgleicher Wirkung vor und verlangen eine faire und gerechte Behandlung des Investors. Anders als im nationalen Recht und in den menschenrechtlichen Garantien wird der Schutz regelmäßig durch Entschädigungszahlungen gewährleistet („dulde und liquidiere"), über die internationale Schiedsgerichte entscheiden. Mangels einer vereinheitlichenden Rechtsprechungsinstanz und aufgrund der unterschiedlichen völkervertraglichen Rechtsgrundlagen werden die Anforderungen an eine Entschädigungspflicht nicht einheitlich interpretiert[6]. 1035

II. Schutzbereich

1. Begriff des Eigentums

Eigentum sind „alle vermögenswerten Rechte, [...] die dem Berechtigten von der Rechtsordnung in der Weise zugeordnet sind, dass er die damit verbundenen Befugnisse nach eigenverantwortlicher Entscheidung zu seinem privaten Nutzen ausüben darf"[7]. In dieser Definition kommt die in Art. 14 Abs. 1 S. 2 vorausgesetzte Rechtsab- 1036

---

4 *Kingreen*, in: Calliess/Ruffert, EUV/AEUV, 5. Aufl. 2016, Art. 345 AEUV Rn 10.
5 Einerseits BVerfG, NVwZ 2007, 808; andererseits EGMR, NJW 2012, 3629; dazu *Michl*, JZ 2013, 504.
6 *Ludwigs*, NVwZ 2016, 1/5 ff; *Krajewski/Ceyssens*, AVR 45 (2007), 180.
7 E 83, 201/208 f; 89, 1/6; 97, 350/371.

hängigkeit des Eigentums zum Ausdruck. Paradigmatischer Bezugspunkt ist das Sacheigentum des *bürgerlichen Rechts*, das in den §§ 903 ff BGB das Eigentum und die Befugnisse des Eigentümers garantiert. Der verfassungsrechtliche Eigentumsbegriff geht aber über das hinaus, was das einfache Recht als Eigentum bezeichnet. Hierin liegt der eigentliche Kern der der Inhaltsbestimmung nach Art. 14 Abs. 1 S. 2 vorangestellten Gewährleistung des Eigentums in Art. 14 Abs. 1 S. 1: Zwar wird das verfassungsrechtliche Eigentum nach Art. 14 Abs. 1 S. 2 durch das Sacheigentum des bürgerlichen Rechts geprägt, aber nach Art. 14 Abs. 1 S. 1 nicht abschließend definiert. Es gibt damit ein vom Sacheigentum des bürgerlichen Rechts unabhängiges Eigentum[8], das alle vermögenswerten Rechtspositionen erfasst, die für Persönlichkeitsentfaltung und Existenzsicherung funktional die gleiche Bedeutung wie Sacheigentum haben.

1037 **Beispiele:** Durch Art. 14 Abs. 1 S. 1 geschützt sind daher auch privatrechtliche Forderungen, das Vorkaufsrecht (E 83, 201/209 f), Wertpapiere (E 100, 289/301 f; 105, 17/30) und selbst das Nutzungsrecht einer Internet-Domain (BVerfG, NJW 2005, 589/589), obwohl es sich dabei zivilrechtlich jeweils nicht um Eigentum handelt. Auch das Besitzrecht des Mieters bezieht das BVerfG (E 89, 1/6) in den verfassungsrechtlichen Eigentumsbegriff ein, obwohl das bürgerliche Recht Besitz (§§ 854 ff BGB) und Eigentum (§§ 903 ff) unterscheidet. Für Art. 14 Abs. 1 S. 1 GG sei maßgebend, dass „ein vermögenswertes Recht dem Berechtigten ebenso ausschließlich wie Sacheigentum zur privaten Nutzung und zur eigenen Verfügung zugeordnet ist". Das privatrechtliche Sacheigentum ist damit zwar der argumentative Bezugspunkt des verfassungsrechtlichen Eigentumsbegriffs, aber nicht seine Grenze. Das BVerfG entwickelt den verfassungsrechtlichen Eigentumsbegriff über die Funktion des privatrechtlichen Sacheigentums fort: Der Mieter sei auf Wohnraum „zur Befriedigung elementarer Lebensbedürfnisse sowie zur Freiheitssicherung und Entfaltung seiner Persönlichkeit" ebenso angewiesen wie ein Eigentümer; daher stelle das Besitzrecht „eine privatrechtliche Rechtsposition dar, die dem Mieter wie Sacheigentum zugeordnet ist".

1038 Die funktional begründete Ausweitung des verfassungsrechtlichen gegenüber dem privatrechtlichen Eigentum („wie Sacheigentum") ermöglicht auch den Schutz *öffentlich-rechtlicher Rechtspositionen*. Das BVerfG bezieht sie in den Eigentumsbegriff ein, „wenn es sich um vermögenswerte Rechtspositionen handelt, die nach Art eines Ausschließlichkeitsrechts dem Rechtsträger als privatnützig zugeordnet sind, auf nicht unerheblichen Eigenleistungen" des Rechtsträgers beruhen und „seiner Existenzsicherung dienen"[9]. Geschützt sind daher nach Meinung des BVerfG durch eigene Beitragsleistungen begründete sozialversicherungsrechtliche Anwartschaften, weil die wirtschaftliche Existenz weniger durch privates Sachvermögen als vielmehr durch den Arbeitsertrag und die daran anknüpfende, solidarisch getragene Altersversorgung gesichert werde.[10] Das leuchtet zwar insbesondere bei rentenversicherungsrechtlichen Anwartschaften grundsätzlich ein, lässt sich aber nur mit Abstrichen durchhalten. Denn im Gegensatz zum Sacheigentum kann der Anwartschaftsberechtigte nicht frei über die Anwartschaft verfügen, kann also seine Rechte nicht „nach eigenverantwortlicher Entscheidung zu seinem privaten Nutzen ausüben"[11], sondern erst, wenn sich ein bestimmtes Risiko (Alter, Erwerbsunfähigkeit) realisiert. Stirbt er, bevor sich das

---

8 *Hufen*, StR II, § 38 Rn 8.
9 E 97, 271/284.
10 E 100, 1/32.
11 E 123, 186/258.

Risiko realisiert, wird daher die Anwartschaft nicht vererbt – beim zivilrechtlichen Privateigentum wäre das im Hinblick auf das ebenfalls durch Art. 14 Abs. 1 S. 1 geschützte Erbrecht unvorstellbar.[12] Allenfalls ließen sich insoweit die mit den Anwartschaften verbundenen Rentenansprüche des Partners als funktionales Teiläquivalent verstehen. Das BVerfG fordert bei den öffentlich-rechtlichen Positionen ferner, dass die Ansprüche vorwiegend auf eigener Leistung beruhen müssen. Daher sind etwa steuerfinanzierte sozialrechtliche Leistungsansprüche (Arbeitslosengeld II, Sozialhilfe) ebenso wenig geschützt[13] wie öffentlich-rechtliche Genehmigungen.[14] Auch hier besteht ein Unterschied zum privatrechtlichen Eigentum, bei dem nicht gefordert wird, dass es durch Eigenleistungen erworben sein muss.[15]

Art. 14 Abs. 1 gewährleistet mit dem Eigentum konkretisierbare Bestandteile des Vermögens. Das *Vermögen* als solches, dh die Zusammenfassung aller individuell zugeordneten Vermögenswerte, ist nicht geschützt.[16] Das ist wichtig für Abgabenlasten, die jeweils nicht auf einen konkreten Vermögenswert zugreifen, sondern aus dem Vermögen insgesamt beglichen werden müssen. Art. 14 Abs. 1 S. 1 schützt daher grundsätzlich nicht vor der Belastung durch Abgaben. Der 2. Senat des BVerfG hat dies zwar für die Einkommensteuer vereinzelt anders gesehen, weil diese an konkrete hinzu erworbene Vermögenswerte anknüpfe.[17] Doch auch die Einkommensteuer wird insgesamt aus dem Vermögen bestritten. Ohnehin würde der Schutz dem Steuerpflichtigen nur etwas einbringen, wenn man Art. 14 Abs. 1 S. 1 eine prozentuale Grenze der Steuerlast entnehmen könnte,[18] wie dies der 2. Senat des BVerfG mit dem „Halbteilungsgrundsatz"[19] einmal angenommen, dann aber zurecht wieder verworfen hat.[20]

1039

Den gleichen Problemhintergrund hat die Diskussion über den Schutz des *eingerichteten und ausgeübten Gewerbebetriebs*. Dabei geht es um die Frage, ob über die einzelnen Vermögensgüter des Unternehmens hinaus auch das Unternehmen selbst geschützt wird. Anders als BGH und BVerwG[21] ist das BVerfG[22] tendenziell skeptisch, und zwar aus dem gleichen Grund, wie bei der Frage des allgemeinen Vermögensschutzes: Das Unternehmen stellt mit seinen materiellen und immateriellen Wertbestandteilen keinen individualisierbaren Vermögensgegenstand dar. Tatsächliche Begebenheiten (Geschäftsverbindungen, Kundenstamm) und günstige Umweltbedingungen (etwa die strategisch gute Lage einer Gaststätte an einer vielbefahrenen Bundesstraße) sind zwar für die Bewertung des Bestands der Vermögensgegenstände eines Unternehmens von Bedeutung. Als zukünftige Erwerbschancen schützt sie Art. 14 Abs. 1 S. 1 aber nicht unabhängig von diesen das Unternehmen ausmachen-

1040

---

12 *Depenheuer*, Hdb. GR V, § 111 Rn 69; *Kingreen*, Jura 2016, 390/393.
13 Vgl E 53, 257/291 f; 116, 96/121 f; 128, 90/101.
14 BVerfG, NVwZ 2009, 1426/1428; NJW 2017, 217/223 = JK 5/2017; *Wieland*, DR, Art. 14 Rn 77; aA *Axer*, EH, Art. 14 Rn 62.
15 Krit. daher *Wieland*, DR, Art. 14 Rn 75.
16 E 4, 7/17; 96, 375/397; 123, 286/258 f.
17 E 115, 97/110 ff; zust. *F. Kirchhof*, Hdb. GR III, § 59 Rn 48 ff; krit. *Wernsmann*, NJW 2006, 1169.
18 *Volkmann*, StR II, § 17 Rn 19.
19 Vgl E 93, 121/138; krit. abw. M. 147 ff.
20 E 115, 97/114.
21 BGHZ 111, 349/356; BVerwGE 81, 49/54.
22 E 51, 193/221 f.

den konkreten Vermögensgegenständen. Vielmehr greift insoweit der Schutz durch die den Erwerb und nicht das Erworbene schützende Berufsfreiheit (Art. 12 Abs. 1), s. Rn 1042.

1041 **Beispiel:** Der Vertragsarzt und der Erbe einer Arztpraxis, deren Nachbesetzung durch die Kassenärztliche Vereinigung abgelehnt wird, muss nach § 103 Abs. 3a S. 13 SGB V mit dem Verkehrswert der Arztpraxis (der namentlich den Patientenstamm umfasst) entschädigt werden. Das folgt aber nicht aus Art. 14 Abs. 1, sondern aus Art. 12 Abs. 1. Der Verlust des Patientenstamms betrifft nicht den Bestand des Eigentums, sondern den zukünftigen Erwerb, der allein durch Art. 12 Abs. 1 geschützt wird. Der aus Art. 12 Abs. 1 folgende Entschädigungsanspruch kann dann aber als öffentlich-rechtlicher Anspruch, der überwiegend auf eigener Leistung (Rn 1038) beruht, Gegenstand der Eigentumsgarantie sein sowie unter das Erbrecht fallen.

2. Umfang des Eigentumsschutzes

1042 a) Geschützt ist der vorhandene *Bestand* des Eigentums. Hierzu zählen nicht bloße Umsatz-, Erwerbs- und Gewinnchancen, -hoffnungen, -erwartungen und –aussichten.[23] Es gilt die Faustformel: Art. 14 schützt das Erworbene, das Ergebnis einer Betätigung; den Erwerb, die Betätigung selbst schützt dagegen Art. 12.[24] Obwohl das Eigentum „geronnenes Vertrauen" ist, sind vermögenswerte Positionen nur insoweit geschützt, als der Eigentümer von Rechts wegen auf ihren Bestand vertrauen kann. Das Vertrauen in das Ausbleiben rechtlich möglichen und zulässigen Staatshandelns ist hier so wenig wie bei anderen Grundrechten geschützt.[25]

1043 **Beispiele:** Vom Eigentumsschutz nicht umfasst ist die Erwartung, dass ein landwirtschaftliches Grundstück Bauland wird (BGHZ 62, 96) oder dass von einer nicht an das Grundgesetz gebundenen Staatsgewalt entzogene Eigentumspositionen wieder eingeräumt oder entschädigt werden (E 102, 254/297). Der Betriebsinhaber wird nicht in seinem Vertrauen darauf geschützt, dass eine widerrufliche Konzession oder Genehmigung nicht widerrufen (BVerwGE 62, 224) oder dass ein im Übrigen zulässiger Anschluss- und Benutzungszwang nicht eingeführt wird (BVerwGE 62, 224; BGHZ 40, 355; 54, 293; vgl aber auch BGHZ 77, 179). Auch Beeinträchtigungen durch Straßenarbeiten muss der an der Straße gelegene Gewerbebetrieb wie jeder Anlieger hinnehmen, es sei denn, die Straßenarbeiten würden rechtswidrig verzögert oder die Beeinträchtigungen wären von ganz unerwartbarer außergewöhnlicher Schwere (BGHZ 57, 359/361 f).

1044 b) Anders als beim Fahrniseigentum ist beim Grundstückseigentum auch seine *Nutzung* geschützt. Die unterschiedliche verfassungsrechtliche Behandlung von Fahrnis- und Grundstückseigentum hat wohl zwei Gründe: Zum einen werden bei fast jeder Freiheitsausübung bewegliche Sachen genutzt; jede Freiheitsbeschränkung wäre dann immer auch ein Eingriff in das Eigentum. Zum anderen sind traditionell lediglich für Grundstücke Nutzungsrechte als selbständige dingliche Rechte wie etwa die Grunddienstbarkeit ausgestaltet.

1045 **Beispiele:** Die Lektüre der gekauften Zeitung ist Ausübung nicht der Eigentumsfreiheit, sondern der Freiheit, sich aus allgemein zugänglichen Quellen ungehindert zu unterrichten (Art. 5 Abs. 1 S. 1); das Autofahren wird nicht von Art. 14, sondern von der allgemeinen Handlungs-

---

23 E 78, 205/211 f; 105, 252/277; 128, 90/101.
24 E 88, 366/377; 121, 317/345; 126, 112/135 f; aA *Kloepfer*, VerfR II, § 72 Rn 61.
25 Vgl *Bryde*, MüK, Art. 14 Rn 20.

freiheit des Art. 2 Abs. 1 geschützt. – Hingegen schützt Art. 14 Abs. 1 S. 1 die Nutzung eines Grundstücks und damit auch der darauf erbauten Gebäude. Daher nehmen nach BVerfG, NJW 2017, 217/223 auch die beim Atomausstiegsgesetz zugewiesenen Resttrommengen an der durch Art. 14 Abs. 1 S. 1 geschützten Nutzung der kerntechnischen Anlagen teil, obwohl sie selbst kein Eigentum sind. Art. 14 Abs. 1 S. 1 schützt auch die Bebauung eines Grundstücks. Das ist nicht dem Grunde nach, sondern nur hinsichtlich des Umfangs umstritten. Wer nämlich zum Inhalt des Eigentums i. S. v. Art. 14 Abs. 1 S. 2 nicht nur das grundsätzliche Baurecht zählt, sondern auch die aus dem BauGB und den Landesbauordnungen folgenden Beschränkungen, kommt zu dem Ergebnis, dass das verfassungsrechtliche Baurecht nur nach Maßgabe dieser Beschränkungen besteht (*Lege*, Jura 2011, 507/510 und *Volkmann*, StR II, § 17 Rn 16). Erkennt man hingegen ein Eigentum jenseits der gesetzlichen Inhaltsbestimmung an, besteht die Baufreiheit zunächst einmal unbeschränkt (*Hufen*, StR II, § 38 Rn 9). Die praktische Bedeutung dieses Streits ist wegen der schwierigen Abgrenzbarkeit zwischen Inhalts- und Schrankenbestimmungen gering (Rn 1051 f).

c) Art. 14 hat zudem eine *Verfahrens- und Rechtsschutzdimension*: Geschützt ist auch das Recht des Eigentümers, seine Eigentümerinteressen im Verwaltungs- und im Gerichtsverfahren effektiv zu vertreten und gegenüber anderen Privatrechtssubjekten verfolgen und durchsetzen zu können. **1046**

Beispiele: In seiner prozeduralen Ausprägung verpflichtet Art. 14 Abs. 1 S. 1 eine Gemeinde dazu, bei der Terminierung einer Zwangsversteigerung auf den Gesundheitszustand der Eigentümerin Rücksicht zu nehmen (E 46, 325/335 f). Unmittelbar aus Art. 14 Abs. 1 S. 1 (und nicht aus Art. 19 Abs. 4) leitet das BVerfG auch einen Anspruch auf Rechtsschutz ab: Grundsätzlich kann und muss sich ein Eigentümer vor den Verwaltungsgerichten gegen eine Enteignung zur Wehr setzen (Rn 1056). Maßnahmen, die die Enteignung vorbereiten, sind hingegen noch keine Enteignung und können daher grundsätzlich auch noch nicht mit Rechtsmitteln angegriffen werden. Baut aber eine Enteignung auf verbindlichen behördlichen Vorentscheidungen auf, müssen auch diese gerichtlich überprüfbar sein. Andernfalls müssten betroffene Eigentümer Eingriffe in ihr Grundrecht aufgrund behördlicher (Vor-)Entscheidungen hinnehmen, gegen die ihnen Rechtsschutz gänzlich versagt geblieben wäre (E 134, 242/311 = JK 5/2014). **1047**

3. Erbrecht

Das Recht des Erblassers, sein Vermögen an den zu vererben, an den er es vererben möchte (Testierfreiheit), fällt eigentlich als Verfügung über das das Vermögen bildende Eigentum ebenso unter dessen Schutz, wie das Recht des Erben am ererbten Vermögen bzw Eigentum. Das Erbrecht verdankt seine besondere Erwähnung lediglich der *Tradition*: Schon die Weimarer Reichsverfassung hatte es neben dem Eigentum erwähnt, sogar in einem eigenen Artikel (Art. 154 neben Art. 151). Wie das Eigentum wird auch das Erbrecht durch die Inhalts- und Schrankenbestimmungen des einfachen Rechts *definiert*.[26] Andererseits *greifen* die Inhalts- und Schrankenbestimmungen wie in das Eigentum auch in das Erbrecht *ein*;[27] dabei sind die Möglichkeiten des Gesetzgebers zur Einschränkung des Erbrechts weitergehend als beim Eigentum, weil sie an einen Vermögensübergang anknüpfen.[28] Im Übrigen gilt die folgende Darstellung auch zum Erbrecht. **1048**

---

26   Vgl E 99, 341/352.
27   E 93, 165/174.
28   E 112, 332/348.

III. Eingriffe

1049 Art. 14 benennt zwei Eingriffstypen: die Enteignung nach Art. 14 Abs. 3 und die sonstigen Schrankenbestimmungen i. S. v. Art. 14 Abs. 1 S. 2.

1050 **Prüfungstechnischer Hinweis**: Man kann bereits bei der Eingriffsprüfung fragen, ob die beeinträchtigende Maßnahme eine Schrankenbestimmung ist oder eine Enteignung. Systematisch kommt es auf die Abgrenzung aber erst bei der verfassungsrechtlichen Rechtfertigung an, weil für Enteignungen andere Rechtfertigungsanforderungen gelten als für Schrankenbestimmungen.

1051 Bei der Prüfung des Eingriffs kann sich die Frage der Abgrenzung zwischen Inhaltsbestimmungen und Schrankenbestimmungen stellen. Inhaltsbestimmungen prägen das Eigentum normativ und sind daher keine Eingriffe, sondern Ausgestaltungen des Schutzbereichs (Rn 147 ff, 266 ff); Schrankenbestimmungen greifen hingegen in das durch die Inhaltsbestimmung konstituierte Eigentum ein.[29] Abgrenzen kann man beide aber allenfalls nach ihrer zeitlichen Wirkung: Eine Maßnahme, die Bestand und Nutzung des Eigentums für die Zukunft definiert, greift in das in der Vergangenheit begründete Eigentum ein.[30] Dogmatische Konsequenzen folgen daraus aber in der Rechtsprechung des BVerfG nicht,[31] weil stets vergangenes und zukünftiges Eigentum zugleich betroffen sind. Daher müssen sie auch einheitlich einer Rechtfertigungsprüfung unterworfen werden; die unterschiedliche Betroffenheit des gegenwärtigen und eines zukünftigen Eigentümers können allenfalls für den Vertrauensschutz Bedeutung haben (vgl Rn 152).

1052 **Beispiele:** Die Einführung neuer gesetzlicher Einschränkungen der Baufreiheit sind für den gegenwärtigen Eigentümer eines Grundstücks Schrankenbestimmungen, für den zukünftigen Eigentümer bestimmen sie den Inhalt seines Baurechts. – Gesetzliche Regelungen, die sich negativ auf die Rentenhöhe auswirken, sind für Rentner Schrankenbestimmungen, für Personen, die noch gar nicht Mitglieder der Rentenversicherung sind, Inhaltsbestimmungen. Hingegen stehen Erwerbstätige, die durch ihre Erwerbstätigkeit bereits Anwartschaften erworben haben, ohne bereits Rentenleistungen zu beziehen, irgendwo dazwischen. Der Grad des durch das bisherige Recht begründeten Vertrauensschutzes ist zwar unterschiedlich, eine Abgrenzung nach unterschiedlicher zeitlicher Betroffenheit aber auf der Eingriffsebene schwierig. Das BVerfG (E 128, 138/147 ff) bejaht daher einheitlich einen Eingriff.

IV. Verfassungsrechtliche Rechtfertigung

1. Abgrenzungen

1053 a) Inhalts- und Schrankenbestimmungen iSv Art. 14 Abs. 1 S. 2 und Enteignungen (Art. 14 Abs. 3) müssen voneinander abgegrenzt werden, weil die Rechtfertigungsanforderungen unterschiedlich sind. Die Abgrenzung ist mit dem staatshaftungsrechtlichen Entschädigungsrecht verbunden, weil nur Art. 14 Abs. 3 S. 2, nicht aber Art. 14 Abs. 1 S. 2 eine Entschädigung fordert. Anders als für die Frage der Verfassungsmä-

---

[29] *Wendt*, SA, Art. 14 Rn 55 ff.
[30] *Stern*, StR IV/1, S. 2234 f ; grds ebenso, aber differenzierend zwischen bisherigen Eigentümern und späteren Erwerbern *Sachs*, VerfR II, Kap. 26 Rn 25 ff; krit. *Jasper*, DÖV 2014, 872/878.
[31] E 58, 300/336: „lediglich eine Frage der Gesetzestechnik"; *Jasper*, DÖV 2014, 872/873.

ßigkeit von Eingriffen in das Eigentum, sind für die Entschädigungsansprüche gemäß Art. 14 Abs. 3 S. 4 die Zivilgerichte zuständig, die die Eigentumsdogmatik bis zum *Nassauskiesungsbeschluss* des BVerfG[32] geprägt haben.

Der BGH hatte Enteignungen auf der einen und Inhalts- und Schrankenbestimmungen auf der anderen Seite zunächst nach der Intensität der Beeinträchtigung abgegrenzt. Als Enteignungen galten solche Eingriffe, die über die Sozialbindung des Eigentums hinausgingen und daher nicht mehr entschädigungslos hingenommen werden konnten. Für dieses Umschlagen von der Inhalts- und Schrankenbestimmung in eine Enteignung war die *Sonderopfertheorie* maßgebend. Enteignung war danach eine „Belastung, der die betroffenen Einzelnen oder Gruppen im Vergleich zu anderen ungleich, besonders trifft und sie zu einem besonderen, den übrigen nicht zugemuteten Opfer für die Allgemeinheit zwingt"[33]. Das Sonderopfer wurde durch die Rechtswidrigkeit des Eigentumseingriffs zwar indiziert; es kam auf sie aber letztlich nicht an: Denn die Enteignungsentschädigung nach Art. 14 Abs. 3 wurde schließlich durch an sich rechtmäßige Eingriffe ausgelöst, die den Eigentümer aber über Gebühr trafen. Für rechtswidrige Eingriffe wurde auf das Institut des sog. **enteignungsgleichen Eingriffs** zurückgegriffen. Wenn der Staat schon für rechtmäßige Sonderopfer entschädigen müsse, dann müsse das erst recht für rechtswidrige Maßnahmen gelten. Daher wurde auch die Entschädigung wegen enteignungsgleichen Eingriffs unmittelbar auf Art. 14 Abs. 3 gestützt. Enteignung iSv Art. 14 Abs. 3 war schließlich auch der **enteignende Eingriff**, der die unzumutbaren – meist atypischen und unvorhergesehenen – Nebenfolgen eines an sich rechtmäßigen Eingriffs erfasste.[34] Der BGH subsumierte also alle als Sonderopfer zu qualifizierenden Eigentumseingriffe unabhängig von ihrer Rechtmäßigkeit und ihrer Finalität unter Art. 14 Abs. 3 und unterwarf sie als Enteignung einer Entschädigungspflicht. Art. 14 Abs. 3 (und nicht etwa die einschlägigen Fachgesetze) wurde zur verfassungsunmittelbaren Anspruchsgrundlage für alle diese Entschädigungsansprüche.

1054

Das Problem der Sonderopferformel des BGH bestand darin, dass der Umschlagpunkt zur Enteignung im Einzelfall schwer zu bestimmen war.[35] Das war auch für den Gesetzgeber misslich, der nach Art. 14 Abs. 3 zwar für Enteignungen, nicht aber für Inhalts- und Schrankenbestimmungen (Art. 14 Abs. 1 S. 2) Entschädigungsregelungen vorsehen muss. Er behalf sich daher mit sog. salvatorischen Entschädigungsklauseln: „Stellen Maßnahmen aufgrund dieses Gesetzes eine Enteignung dar, ist eine angemessene Entschädigung in Geld zu leisten." Schon diese Formulierung zeigt, dass nicht der Gesetzgeber, sondern die Zivilgerichte über das Bestehen von Entschädigungsansprüchen entschieden. Das Problem wurde noch dadurch verschärft, dass die Betroffenen letztlich frei entscheiden konnten, ob sie vor den Verwaltungsgerichten die Rechtmäßigkeit des Eigentumseingriffs angriffen (sog. Primärrechtsschutz) oder vor den Zivilgerichten gleich auf Entschädigung wegen der unverhältnismäßigen Beeinträchtigung ihres Eigentums klagten (Sekundärrechtsschutz), was zur Regel wurde (sog. „Dulde und liquidiere").

1055

---

32 E 58, 300.
33 BGHZ 6, 270/280.
34 BGHZ 99, 24/27.
35 Vgl BGHZ 99, 24/27.

1056 Das BVerfG hat daher die Kriterien für die Abgrenzung zwischen Art. 14 Abs. 3 und Art. 14 Abs. 1 S. 2 im *Nassauskiesungsbeschluss* grundlegend verändert. Hintergrund waren aus seiner Sicht zwei Kompetenzüberschreitungen des BGH:[36]

- Allein der Gesetzgeber bestimmt über Inhalt und Schranken des Eigentums und damit auch über Entschädigungsansprüche. Damit ist es unvereinbar, wenn die Zivilgerichte solche Ansprüche unmittelbar auf Art. 14 Abs. 3 stützen[37] und im Rahmen der Abgrenzung zur entschädigungslos hinzunehmenden Inhalts- und Schrankenbestimmungen auf die nur schwach konturierte Sonderopfertheorie zurückgreifen. Daraus folgt, dass Enteignungen, für die keine gesetzlichen Entschädigungsregelungen vorgesehen sind, schon aus diesem Grunde verfassungswidrig sind und nicht mehr dadurch verfassungsgemäß werden können, dass unmittelbar auf Art. 14 Abs. 3 gestützte kompensatorische Entschädigungsansprüche zugesprochen werden. Die Zivilgerichte sind daher nur dafür zuständig, über die „Höhe der Entschädigung" (Art. 14 Abs. 3 S. 4) zu befinden, nicht aber über die Existenz eines Entschädigungstatbestandes. Zu diesem Zweck muss der Enteignungsbegriff formaler und damit vorhersehbarer definiert werden, damit der Gesetzgeber überhaupt abschätzen kann, in welchen Fällen er Entschädigungsbestimmungen vorsehen muss. Das BVerfG löst das durch ein die Grenzen klar definierendes Trennungsmodell, das Übergänge von der Inhalts- und Schrankenbestimmung zur Enteignung und zurück strikt ausschließt (Rn 1058 ff).
- Allein das BVerfG hat das Verwerfungsmonopol für formelle Parlamentsgesetze. Ein Zivilgericht, das ein solches Gesetz für verfassungswidrig hält (etwa wegen des Fehlens einer Entschädigungsregelung), muss dieses dem BVerfG nach Art. 100 Abs. 1 vorlegen und kann nicht unter Hinweis auf die Verfassungswidrigkeit unmittelbar nach Art. 14 Abs. 3 eine Entschädigung gewähren. Das wahrt zugleich die Haushaltshoheit des parlamentarischen Gesetzgebers. Aus diesem Grunde kann der Betroffene kein Wahlrecht mehr zwischen einer Anfechtung im verwaltungsgerichtlichen Primärrechtsschutz und der Geltendmachung einer Entschädigung im zivilgerichtlichen Sekundärrechtsschutz haben; einen rechtswidrigen Eingriff muss er anfechten, er kann ihn also nicht bestandskräftig werden lassen und dann auf Entschädigung klagen (kein „Dulde und liquidiere).[38]

1057 b) Die Konzeption des BVerfG bedingt, dass die Enteignung auf der einen Seite und Inhalts- und Schrankenbestimmungen auf der anderen Seite begrifflich streng voneinander getrennt werden müssen; zwischen beiden gibt es keine Übergänge etwa in dem Sinne, dass eine besonders intensiv eingreifende Inhalts- und Schrankenbestimmung in eine Enteignung umschlüge. Die Abgrenzung muss dabei vom Begriff der Enteignung her erfolgen. Denn das BVerfG hat, um in der Entschädigungsfrage Rechtssicherheit zu schaffen, nur die Enteignung begrifflich formalisiert. Alle Maßnahmen, die nicht Enteignung sind, unterfallen daher als nicht näher definierte Inhalts- und Schrankenbestimmungen Art. 14 Abs. 1 S. 2 GG:

1058 aa) **Enteignung** ist die vollständige oder teilweise individuelle Entziehung konkreter subjektiver Eigentumspositionen durch einen final darauf gerichteten Rechtsakt

---

36 E 58, 300/318 ff; vgl bereits E 52, 1/27 f.
37 *Lege*, Jura 2011, 826/829.
38 Vgl *Maurer*, Allg. VwR, § 27 Rn 30 f.

(Gesetz oder Maßnahme der Verwaltung) zur Erfüllung bestimmter öffentlicher Aufgaben[39]. Die Enteignung unterscheidet sich somit durch vier Merkmale von den Inhalts- und Schrankenbestimmungen: Sie ist *konkret* statt abstrakt, trifft *individuell* statt generell, belässt das Eigentum dem Eigentümer nicht, sondern *entzieht* es ihm und dient durch die Beschaffung des Gegenstands öffentlichen Aufgaben. Entscheidend ist damit, ob sich die privatrechtliche Eigentumszuordnung durch die öffentlich-rechtliche Maßnahme verändert hat, nicht hingegen wie intensiv sie wirkt oder ob sie ein Sonderopfer bewirkt. Inhalts- und Schrankenbestimmungen können daher im Einzelfall intensiver belasten als eine Enteignung; dies kann aber hingenommen werden, weil es auch Inhalts- und Schrankenbestimmungen gibt, die nur verhältnismäßig sind, wenn sie mit einer Entschädigungsregelung verknüpft sind (zu diesen ausgleichspflichtigen Inhalts- und Schrankenbestimmungen s. Rn 1084).

Vorausgesetzt wird zunächst eine *Entziehung des Eigentums*. Bei einer Enteignung wird dem Eigentümer sein Eigentum also nicht, wie bei den Inhalts- und Schrankenbestimmungen, belassen. Bei einer teilweisen Entziehung ist die Abgrenzung schwierig. Denn aus dem Vollrecht wird nur ein Teil herausgelöst, der Rest bleibt unberührt. Insoweit ist entscheidend, ob der herausgelöste Teil rechtlich selbständig ist, was man etwa bei der Einziehung eines Grundstücksteils oder dessen Belastung mit einer Dienstbarkeit (Beispiel: Wegerecht) bejahen kann. Hingegen ist das Verbot bestimmter Nutzungen des Eigentumsgegenstandes regelmäßig nicht rechtlich vom Eigentum abtrennbar und daher keine Enteignung. 1059

Beispiele: Obwohl sie den Betroffenen intensiver belasten mögen als die Teilentziehung eines kleines Teils eines Grundstücks, sind daher weder umwelt- oder naturschutzrechtliche Nutzungsbeschränkungen (Rn 1095) noch die Regelungen über die polizei- und ordnungsrechtliche Zustandsverantwortlichkeit (E 102, 1/15 f) noch der Ausschluss des Kündigungsrechts bei der Vermietung von Kleingärten(E 52, 1/27 f) Enteignungen. 1060

Die Voraussetzung der *finalen* Entziehung bringt zum Ausdruck, dass Enteignungen nur solche Maßnahmen sind, die bewusst darauf abzielen, eigentumsrechtliche Positionen ganz oder teilweise zu entziehen. Deshalb fallen die o.g. faktischen staatlichen Eingriffe, die das Eigentum zufällig oder versehentlich betreffen, nicht unter Art. 14 Abs. 3. Für daraus resultierende Schäden sind nach wie vor die Institute des enteignenden bzw. enteignungsgleichen Eingriffs (Rn 1086 ff) bedeutsam. 1061

Die Enteignung setzt ferner eine *individuelle* Entziehung voraus, dh sie muss sich auf einen konkreten Vermögensgegenstand beziehen im Gegensatz zur abstrakt-generellen Festlegung von Inhalt und Schranken des Eigentums durch die Inhalts- und Schrankenbestimmungen. Die Voraussetzung der individuellen Entziehung unterscheidet die Enteignung auch von der Vergesellschaftung nach Art. 15. Diese wirkt abstrakt und generell, ist also eine strukturelle Enteignung, die allerdings nur in Bezug auf Grund und Boden, Naturschätze und Produktionsmittel zulässig ist (Rn 1093 f). 1062

Beispiel: Die gesetzliche Verpflichtung, von Druckwerken jeweils Pflichtexemplare an Bibliotheken abzugeben, ist eine Inhalts- und Schrankenbestimmung, keine Enteignung. Zwar kann dieser Verpflichtung nur durch Einreichung eines bestimmten Buches nachgekommen werden. Doch hat der Autor die Freiheit, zu entscheiden, welches Exemplar er abgibt. Das Ge- 1063

---

39   Vgl E 102, 1/15f; 104, 1/9; *Bryde*, MüK, Art. 14 Rn 55.

setz schränkt also die konkrete Rechtsposition noch nicht ein, sondern begründet die abstrakte, jeden Verleger treffende Verpflichtung zur Abgabe eines frei wählbaren Exemplars (E 58, 137/ 144 f).

1064 Schließlich ist die Enteignung eine Maßnahme der *Güterbeschaffung*.[40] Der enteignete Gegenstand wird zur Erfüllung der öffentlichen Aufgaben benötigt. Historisches Vorbild ist die Enteignung etwa für den Eisenbahnbau zur Zeit der Industrialisierung. Maßnahmen, die nicht der Güterbeschaffung, sondern dem Schutz der Gemeinschaft vor Gefahren dienen, die *von* dem Eigentum ausgehen, sind Inhalts- und Schrankenbestimmungen. Für die Inhalts- und Schrankenbestimmung ist kennzeichnend, dass der verfolgte Gemeinwohlbelang mit dem Gebrauch der betreffenden Eigentumsposition durch den Eigentümer zusammenhängt.

1065 **Beispiele:** Die Befristung von Laufzeiten von Kernkraftwerken (BVerfG, NJW 2017, 217/ 226) und die Zerstörung gefährlicher Objekte (etwa: Tötung eines seuchenkranken Tieres, *Ossenbühl/Cornils*, Staatshaftungsrecht, 6. Aufl. 2013, S. 239 f) stellen daher Inhalts- und Schrankenbestimmungen dar, weil der Staat die dem Eigentum unterliegenden Gegenstände nicht für öffentliche Zwecke benötigt. Keine Enteignung ist auch die Baulandumlegung; sie entzieht zwar Eigentum, aber nicht für öffentliche Zwecke, sondern zum Ausgleich privater Interessen (E 104, 1/10). Auch die strafrechtliche Einziehung ist keine Enteignung, weil sie einen gemeinwohlschädlichen Gebrauch verhindern, aber nicht die Erfüllung einer öffentlichen Aufgabe ermöglichen soll (E 110, 1/24 f).

1066 **bb)** Alle Eigentumseingriffe, die keine Enteignung sind, fallen als **Inhalts- und Schrankenbestimmungen** unter Art. 14 Abs. 1 S. 2. Das sind alle gesetzlichen Bestimmungen, die Rechte und Pflichten des Eigentümers festlegen bzw. zu entsprechenden Festlegungen durch die Exekutive ermächtigen. Inhalts- und Schrankenbestimmung ist daher selbstverständlich nicht nur die Norm selbst, sondern auch deren Vollzug durch die Verwaltung.

1067 Es gibt aber auch eigentumsbeeinträchtigende Maßnahmen und Realakte der Verwaltung, die keinen Gesetzesvollzug darstellen. So wie normative Beschränkungen des Eigentums können eigentumsbelastende Realakte rechtmäßig oder rechtswidrig sein: Die Feuerwehrleiter fällt während des Löscheinsatzes auf das Nachbargrundstück; Polizisten stellen den Einsatzwagen während der Mittagspause in den Carport des Nachbarn. Auf der Grundlage der binären Eingriffsdogmatik des BVerfG können beide nur unter Art. 14 Abs. 1 S. 2 fallen: Die Rechtsordnung ist eben auch insoweit Inhalts- und Schrankenbestimmung als sie diese Eingriffe nicht verhindert.

2. Enteignung

1068 Maßstab für die verfassungsrechtliche Rechtfertigung von Enteignungen ist Art. 14 Abs. 3 S. 1-3, der einen qualifizierten Gesetzesvorbehalt (Rn 307) enthält, dh er verlangt nicht nur eine gesetzliche Grundlage für den Eingriff, sondern stellt zusätzliche, qualifizierte Anforderungen an die gesetzliche Eingriffsermächtigung.

1069 **a)** Eine Enteignung muss gem. Art. 14 Abs. 3 S. 2 entweder durch **Gesetz** (Legalenteignung) oder auf Grund eines Gesetzes (Administrativenteignung) erfolgen. Dabei folgt aus der Wesentlichkeitslehre (vgl Rn 315), dass es „allein dem parlamenta-

---

[40] BVerfG, NJW 2017, 217/224 f = JK 5/2017; *Osterloh*, Liber Amicorum Landau, 2016, S. 127 ff.

risch-demokratischen Gesetzgeber ... vorbehalten (ist), die eine Enteignung legitimierenden Gemeinwohlaufgaben zu bestimmen"[41], und allein er „festzulegen (hat), für welche Vorhaben unter welchen Voraussetzungen und für welche Zwecke eine Enteignung zulässig sein soll"[42].

Art. 14 Abs. 3 S. 2 erstreckt den Parlamentsvorbehalt ausdrücklich auch auf die Regelung der Entschädigung. Diese sog. **Junktimklausel** hat eine Warnfunktion:[43] Der enteignende Gesetzgeber wird sich aufgrund seiner Verpflichtung zur gesetzlichen Regelung der finanziellen Folgen der Enteignung für den Staatshaushalt bewusst. Er muss daher vorhersehen können, wann eine Enteignung vorliegt und wann nicht. Die Junktimklausel steht mithin in einem konzeptionellen Zusammenhang mit dem formalen Enteignungsbegriff: Sie kann nämlich nur dann sinnvoll angewandt werden, wenn bei Erlass des enteignenden Gesetzes verlässlich feststeht, dass es Enteignungen enthält bzw. zu solchen ermächtigt. Ein Enteignungsgesetz ohne Entschädigungsregelung ist verfassungswidrig;[44] die gem. Art. 14 Abs. 3 S. 4 angerufenen Gerichte können eine fehlende Entschädigungsregelung weder durch Analogie ergänzen, noch aus Art. 14 unmittelbar ableiten, sondern müssen das verfassungswidrige Enteignungsgesetz nach Art. 100 Abs. 1 dem BVerfG vorlegen (Rn 1056).

1070

Die Junktimklausel *gilt nicht für vorkonstitutionelle Gesetze*[45] und lässt zu, dass der Gesetzgeber für die Durchführung des Enteignungsverfahrens und die Regelung der Enteignungsentschädigung auf ein allgemeines Enteignungsgesetz verweist.[46] Ob auch sog. salvatorische Entschädigungsklauseln, die eine Entschädigung für den offen gelassenen Fall vorsehen, dass das Gesetz enteignende Wirkung haben sollte, mit der Junktimklausel vereinbar sind, hat das BVerfG dahinstehen lassen.[47] Dem Zweck der Junktimklausel ist aber nur dann genügt, wenn das Gesetz sich nicht mit salvatorischen Klauseln begnügt, sondern die Tatbestände regelt, bei deren Vorliegen die Rechtsfolge der Entschädigung eintreten soll.[48]

1071

b) Legitimer Zweck einer Enteignung ist gem. Art. 14 Abs. 3 S. 1 nur das **Wohl der Allgemeinheit**. Die Beurteilung, wie diese Gemeinwohlziele beschaffen sein müssen, überlässt die Vorschrift weitgehend dem Gesetzgeber, der grundsätzlich alle öffentlichen Ziele verfolgen darf, die ihm das Grundgesetz nicht verbietet (Rn 331).[49] Nicht durch das Gemeinwohl gedeckt sind Enteignungen allein aus fiskalischen Gründen[50] oder allein zur Förderung privater Interessen[51].

1072

Beispiele: Eine Enteignung dient nicht allein der Förderung privater Interessen, wenn sie privates Gewinnerzielungs- und Innovationspotenzial mehrt und dadurch der Erhaltung oder Verbesserung der Wirtschaftsstruktur oder der Bekämpfung der Arbeitslosigkeit dient. Dabei ver-

1073

---

41 E 56, 249/261.
42 E 74, 264/285.
43 E 46, 268/287.
44 E 24, 367/418.
45 E 4, 229/237; 46, 268/288.
46 E 56, 249/263 f; vgl *Bryde*, MüK, Art. 14 Rn 88.
47 E 58, 300/346.
48 BVerwGE 84, 361/365; vgl *Detterbeck*, DÖV 1994, 273; *Pietzcker*, JuS 1991, 369; aA BGHZ 99, 24/28; 105, 15/16 f.
49 BVerfG v. 25.1.2017, 1 BvR 2297/10, Rn 35.
50 E 38, 175/180; BVerfG, NJW 1999, 1176.
51 Abw. M. E 56, 266/284 ff.

langt das BVerfG vom Gesetzgeber, die entsprechenden strukturpolitischen Gemeinwohlaspekte ausdrücklich und differenziert als Enteignungszwecke zu bezeichnen (E 74, 264/287 ff, vgl bereits E 66, 248/257); zudem muss durch gesetzliche Vorgaben gesichert sein, dass das Gemeinwohl durch den Privaten, zu dessen Gunsten die Enteignung erfolgt, dauerhaft gefördert wird (E 134, 242/295 = JK 5/2014; BVerfG, NVwZ 2017, 399/401).

1074 c) Die Enteignung muss zur Förderung des Gemeinwohls **geeignet** und **erforderlich** sein. Hierbei ist zwischen Eignung und Erforderlichkeit des Vorhabens für die Förderung des Gemeinwohls und der Eignung und Erforderlichkeit der Enteignung für das Vorhaben zu unterscheiden. Während sich für Letztere keine Besonderheiten ergeben, lässt sich die Erforderlichkeit des Vorhabens nicht im strengen Sinn fordern, da das Gemeinwohl regelmäßig durch eine Vielzahl unterschiedlicher Vorhaben gefördert werden kann, ohne dass sich eines als zwingend ausweisen ließe – meist wird sich nicht zeigen lassen, dass das Gemeinwohl nur durch eine Straße oder Eisenbahnlinie genau an dieser Stelle gefördert werden kann. Das BVerfG verlangt aber über die Geeignetheit des Vorhabens hinaus, dass es vernünftigerweise in dem Sinn geboten ist, dass es einen „substantiellen Beitrag zur Erreichung des Gemeinwohlziels leistet"[52].

1075 **Beispiel:** Die Enteignung ist nicht erforderlich, wenn der freihändige Erwerb zumutbar ist, wenn das Vorhaben auch auf einem öffentlichen Grundstück verwirklicht werden kann oder wenn statt der vollständigen auch die teilweise Entziehung, zB eine dingliche Belastung, ausreicht. Weil die Administrativenteignung mehr Rechtsschutzmöglichkeiten bietet als die Legalenteignung, ist sie das mildere Mittel; die Legalenteignung ist daher nur zulässig, wenn eine Administrativenteignung „mit erheblichen Nachteilen für das Gemeinwohl verbunden wäre, denen nur durch eine gesetzliche Regelung begegnet werden kann" (E 95, 1/22). Wenn der Enteignungszweck nachträglich entfällt, hat der ehemalige Eigentümer einen Anspruch auf Rückübereignung (E 38, 175/179 ff; BVerwG, NVwZ 1987, 49).

1076 d) Die Bestimmung der Enteignungsentschädigung muss schließlich gem. Art. 14 Abs. 3 S. 3 unter **gerechter Abwägung** der Interessen der Allgemeinheit und der Beteiligten erfolgen. Dieses Abwägungsgebot richtet sich wieder an Gesetzgebung und Verwaltung; das Gesetz muss jedenfalls einen Entschädigungsrahmen festsetzen, der dem Abwägungsgebot genügt, und die Verwaltung muss ihn dem Abwägungsgebot entsprechend ausfüllen. Daneben richtet sich das Abwägungsgebot auch an die gem. Art. 14 Abs. 3 S. 4 im Streitfall entscheidenden ordentlichen Gerichte. Es erlaubt nicht eine bloß nominelle Entschädigung, verlangt andererseits aber auch nicht die Entschädigung zum vollen Verkehrswert.[53] Dazwischen ist die Entschädigung daran zu orientieren, wieweit das enteignete Eigentum eigener Arbeit und Leistung und wieweit es staatlichen Vorkehrungen oder einfach Zufällen zu verdanken ist.[54]

1077 Die *Verletzung* der Gemeinwohlbindung führt ebenso wie die der Junktimklausel zur Verfassungswidrigkeit der Enteignung und dazu, dass der Enteignete keine Entschädigung erhalten kann, sondern sich gegen die Enteignung selbst wehren muss. Für die Verletzung des Abwägungsgebots durch das die Legalenteignung durchführende oder das zur Administrativenteignung ermächtigende Gesetz muss konsequent dasselbe

---

52 E 134, 242/297 = JK 5/2014.
53 E 24, 367/421; 46, 268/285; BGHZ 67, 190/192.
54 Vgl *Papier*, MD, Art. 14 Rn 607 ff.

gelten, während die Verletzung durch die Verwaltung im Streitfall von den Gerichten korrigiert werden kann, indem eine höhere Entschädigung zugesprochen wird.

3. Inhalts- und Schrankenbestimmungen

a) Inhalts- und Schrankenbestimmungen erfolgen „durch die **Gesetze**". Obwohl bei Art. 14 anders als bei den anderen Grundrechten nicht von Schranken auf Grund Gesetzes die Rede ist, gilt auch hier, dass der Gesetzgeber nicht nur selbst Inhalt und Schranken bestimmen, sondern auch die Verwaltung dazu ermächtigen kann. Gewohnheitsrecht genügt auch hier nicht[55]. 1078

b) Inhalts- und Schrankenbestimmungen müssen weiter dem **Grundsatz der Verhältnismäßigkeit** entsprechen. Dieser ist wegen der sog. Sozialbindung des Eigentums gem. Art. 14 Abs. 2 von besonderer Struktur. Der Gesetzgeber darf hier nicht nur die Freiheit nicht mehr als verhältnismäßig verkürzen, er darf auch die Sozialbindung nicht mehr als verhältnismäßig vernachlässigen und ist verpflichtet, „die Interessen der Beteiligten in einen gerechten Ausgleich und ein ausgewogenes Verhältnis zu bringen"[56]. Den Gestaltungsspielraum des Gesetzgebers[57] schränkt das BVerfG unter den folgenden Aspekten und für die folgenden Situationen ein. Sie sind besondere Ausprägungen des Verhältnismäßigkeitsgrundsatzes. 1079

Der Gesetzgeber muss die *Eigenart des vermögenswerten Guts oder Rechts* beachten. Unter diesem Gesichtspunkt werden Inhalts- und Schrankenbestimmungen gerechtfertigt, die um der Sozialbindung willen notwendig sind. 1080

Beispiele: „Die Tatsache, dass der Grund und Boden unvermehrbar und unentbehrlich ist, verbietet es, seine Nutzung dem unübersehbaren Spiel der freien Kräfte und dem Belieben des Einzelnen vollständig zu überlassen; eine gerechte Rechts- und Gesellschaftsordnung zwingt vielmehr dazu, die Interessen der Allgemeinheit beim Boden in weit stärkerem Maße zur Geltung zu bringen als bei anderen Vermögensgütern" (E 21, 73/82 f; 52, 1/32 f). – Der BGH hat mit der Lehre von der Situationsgebundenheit des Eigentums für die Beurteilung der Zulässigkeit entschädigungsloser Verbote bestimmter Eigentumsverwendungen einen ähnlichen Gesichtspunkt fruchtbar gemacht und gefragt, ob der vernünftige und einsichtige Eigentümer von sich aus mit Rücksicht auf die natürliche Situation die verbotene Verwendung überhaupt ins Auge fassen würde (BGHZ 23, 30/35; 80, 111/116; 90, 4/15). 1081

Der Gesetzgeber muss die *Bedeutung des vermögenswerten Guts oder Rechts für den Eigentümer* beachten. Unter diesem Gesichtspunkt kann sowohl die personale wie die soziale Funktion des Eigentums bedeutsam und nach der Geeignetheit und Erforderlichkeit von Inhalts- und Schrankenbestimmungen in der einen wie in der anderen Richtung gefragt werden. 1082

Beispiele: „Soweit es um die Funktion des Eigentums als Element der Sicherung der persönlichen Freiheit des Einzelnen geht, genießt dieses einen besonders ausgeprägten Schutz" (E 101, 54/75). Hieraus folgert das BVerfG, dass der Gesetzgeber beim Verbot der Veräußerung von Eigentum, die ein elementarer Bestandteil der Eigentumsfreiheit sei, und bei Eingriffen in diejenigen vermögenswerten Güter und Rechte, die durch eigene Arbeit und Leistung erworben 1083

---

55 Vgl *Jarass*, JP, Vorb. vor Art. 1 Rn 43; *Wieland*, DR, Art. 14 Rn 90; aA *Papier*, MD, Art. 14 Rn 339.
56 E 101, 239/259; 112, 93/109.
57 E 8, 71/80; 53, 257/293.

worden sind, einen eingeschränkteren Gestaltungsspielraum hat (vgl *v. Brünneck*, JZ 1991, 992/994). – „Dagegen ist die Gestaltungsfreiheit des Gesetzgebers umso größer, je stärker der soziale Bezug des Eigentumsobjekts ist" (E 101, 54/76). Das gilt namentlich für das Eigentum an Produktionsmitteln, das Macht über Dritte verleiht (*Jarass*, JP, Art. 14 Rn 42). Die Mitbestimmung der Arbeitnehmer nach dem Mitbestimmungsgesetz von 1976 fällt in diesen „Bereich, den das Grundgesetz in Art. 14 Abs. 1 S. 2 der Gestaltung durch den Gesetzgeber öffnet" (E 50, 290/347). Auch sind Eigentumsbeschränkungen legitim, die den Zugang aller zur freien Natur sichern; deshalb durften Skipistensperrungen beseitigt werden, um Tourengehern den Zugang zu präparierten Pisten zu ermöglichen (BayVerfGH, BayVBl. 2016, 671/673 ff = JK 12/2016). – Der Gesetzgeber ist auch zu unterschiedlicher Behandlung von Sacheigentum und geistigem Eigentum und von Verfügungsrecht und Verwaltungsrecht des Urhebers verpflichtet (E 79, 29/41). – Die polizei- und ordnungsrechtliche Zustandsverantwortlichkeit kann unzumutbar sein, wenn die Gefahr, um deren Abwehr es geht, aus Natur-, der Allgemeinheit oder Dritten zuzurechnenden Ereignissen herrührt und ihre Beseitigung den wesentlichen Teil des Vermögens des Pflichtigen aufzehren würde (E 102, 1/20 ff; vgl *Lepsius*, JZ 2001, 22).

1084 c) Der Gesetzgeber muss den Eingriff uU durch *finanzielle Entschädigung* ausgleichen.[58] Bei diesen sog. ausgleichspflichtigen Inhalts- und Schrankenbestimmungen schlägt die Bestands- in die Wertgarantie um: Das Eigentum wird zwar, anders als bei der Enteignung, nicht entzogen, aber so intensiv beeinträchtigt, dass es in seinem Wert ausgeglichen werden muss. Die Intensitätsgrenze zieht das BVerfG zum einen da, wo in den Ertrag eigener Arbeit und Leistung eingegriffen, zum andern da, wo der Gleichheitssatz verletzt wird. Die Nähe zur Sonderopfer- und Intensitätsschwelle beim enteignenden und enteignungsgleichen Eingriff ist augenfällig, und viele lange als enteignende Eingriffe beurteilte Sachverhalte werden inzwischen auch als ausgleichspflichtige Inhalts- und Schrankenbestimmungen verstanden.[59] Allerdings betont das BVerfG, dass die Herbeiführung der Angemessenheit des Eingriffs durch eine finanzielle Entschädigungsregelung ultima ratio gegenüber der Verringerung der Intensität des Eingriffs durch andere Maßnahmen bleiben muss, soweit sich mit diesen kein unverhältnismäßiger Aufwand verbindet. Salvatorische Entschädigungsregelungen, die den Vorrang bestandserhaltender Ausgleichsmaßnahmen nicht spezifizieren, genügen den verfassungsrechtlichen Anforderungen nicht.[60] Hier bringt sich der Vorrang der Bestands- vor der Wertgarantie zum Ausdruck.

1085 **Beispiele:** Ein Pressegesetz bestimmte, dass Verleger von jedem Druckwerk ohne Unterschied ein Belegstück unentgeltlich an eine Bibliothek abliefern mussten (vgl Rn 1063). Die Pflicht zur unentgeltlichen Ablieferung galt somit auch für mit großem Aufwand und in kleiner Auflage hergestellte, teure Druckwerke. Dadurch sah das BVerfG besonders intensiv gerade den Verleger getroffen, der es „durch seine private Initiative und Risikobereitschaft ... möglich (macht), künstlerisch, wissenschaftlich und literarisch exklusives Schaffen ... der Öffentlichkeit zu erschließen", und erklärte die Vorschrift für teilweise verfassungswidrig (E 58, 137/150). Außerdem hielt das BVerfG diese Regelung für einen Verstoß gegen den „im Rahmen des Art. 14 Abs. 1 S. 2 GG zu beachtenden Gleichheitssatz", weil die unterschiedslos unentgeltliche Ablieferungspflicht zur „Belastung von erheblich unterschiedlicher Intensität" führe (ebd.). Es könnte gefragt werden, ob hier nicht schon eine Enteignung vorliegt; das BVerfG verneint dies, denn die einschlägige Bestimmung begründet „in genereller und abstrakter Wei-

---

58 Vgl *Bryde*, MüK, Art. 14 Rn 64; krit. *Ossenbühl*, in: FS Friauf, 1996, S. 391.
59 Vgl *Bryde*, MüK, Art. 14 Rn 98.
60 E 100, 226/243 ff; BVerfG, NVwZ 2012, 429/431.

se eine Naturalleistungspflicht in Form einer Abgabe", und das „Eigentum am Druckwerk ist schon bei seiner Entstehung mit der Verpflichtung zur Ablieferung eines Exemplars belastet" (E 58, 137/144). – Als Ausgleichsleistungen zur Herstellung der Verhältnismäßigkeit kommen die Entschädigungsbestimmungen der Natur- und Denkmalschutzgesetze in Betracht, wenn der Erhalt der Natur oder des Denkmals nicht möglich ist (E 100, 226/244 ff; BVerwG, LKV 2016, 514/515). Einen Ausgleichsanspruch hat das BVerfG (NJW 2017, 217/239) auch den Kernkraftwerksbetreibern im Hinblick auf die erratischen Entscheidungen über den Atomausstieg in den Jahren 2010 und 2011 zugestanden: Art. 14 Abs. 1 schütze „unter bestimmten Voraussetzungen berechtigtes Vertrauen in den Bestand der Rechtslage als Grundlage von Investitionen in das Eigentum und seine Nutzbarkeit". Nachdem erst 2010 die Entscheidung für eine Verlängerung der Laufzeiten getroffen worden, durften sich die Kraftwerkbetreiber „zu Investitionen in ihre Anlagen ermutigt fühlen und mussten nicht damit rechnen, dass der Gesetzgeber noch in derselben Legislaturperiode von der energiepolitischen Grundsatzentscheidung wieder Abstand nehmen würde". Für diese frustrierten Investitionen hätte eine Entschädigung gewährt werden müssen.

Staatshaftungsrechtlich können sich auch soweit der Gesetzgeber keine Ausgleichspflicht vorgesehen hat, Entschädigungsansprüche ergeben, wenn sich der Einzelne gegen die Beeinträchtigung des Eigentums nicht rechtzeitig zur Wehr setzen kann. Das ist der Fall bei **enteignenden Eingriffen**, also solchen *Realakten*, die als unbeabsichtigte Nebenfolge *rechtmäßigen* Verwaltungshandelns für den Gesetzgeber nicht vorhersehbar und dadurch auch nicht regelbar waren, und bei **enteignungsgleichen Eingriffen**, die als *rechtswidrige* Maßnahmen sogleich vollzogen worden sind. Der vom BVerfG für diese Fälle angeführte verwaltungsrechtliche Folgenbeseitigungsanspruch richtet sich nur auf die Wiederherstellung des status quo ante, die überhaupt unmöglich sein kann und jedenfalls für zwischenzeitlich erlittene Nachteile keine Entschädigung bietet. Hier zumindest müssen also enteignender und enteignungsgleicher Eingriff ihre Bedeutung behalten.[61] Ein Entschädigungsanspruch setzt voraus, dass der Eingriff Unmittelbarkeit besitzt, ein Sonderopfer abverlangt und von hinreichender Intensität ist. Unmittelbarkeit bedeutet, dass die Beeinträchtigung des Eigentums entweder eine unmittelbare Folge einer hoheitlich gesetzten Ursache oder eine typische Aktualisierung einer hoheitlich geschaffenen Gefahrenlage oder ein Ergebnis ist, das einem hoheitlichen Verantwortungszusammenhang wertend zuzurechnen ist.[62] Sonderopfer bedeutet, dass zu Lasten einzelner Eigentümer die allgemeine, durch Inhalts- und Schrankenbestimmungen gezogene Opfergrenze überschritten wird, was im Fall des enteignungsgleichen Eingriffs durch seine Rechtswidrigkeit indiziert ist. Hinreichende Intensität bedeutet, dass das Eigentum, wenn schon nicht entzogen, dann schwer, unerträglich, unzumutbar beschränkt wird.

Beispiele: Enteignende Eingriffe sind die Verursachung eines Waldbrands durch Schießübungen der Bundeswehr (BGHZ 37, 44), die Vernichtung einer Aussaat durch von einer städtischen Mülldeponie angelockte Vögel (BGH, NJW 1980, 770) und die Beschädigung eines KFZ aufgrund kriminalpolizeilicher Ermittlungsmaßnahmen (BGH, NVwZ-RR 2011, 556). – Enteignungsgleiche Eingriffe sind der Abriss eines Hauses ohne gesetzlichen Grundlage (BGHZ 13, 88) und die Bauverzögerung wegen ungerechtfertigter Änderungswünsche der Baugenehmigungsbehörde (BGHZ 76, 35).

---

61 Vgl *Ossenbühl/Cornils*, Staatshaftungsrecht, 6. Aufl. 2013, S. 223 f, 270.
62 Vgl BGHZ 92, 34/41 f.

1088 Beide Entschädigungsinstitute gelten als Ausprägungen des neben Art. 14 Abs. 3 stehenden, einstmals in §§ 74, 75 Einl. ALR positivierten, richterrechtlich entfalteten, heute gewohnheitsrechtlich anerkannten Gedankens der Aufopferung.[63] Soweit der Gesetzgeber Belastungen des Eigentums nicht vorhersehen kann und dem Eigentümer gegen unmittelbar belastende Realakte auch kein Primärrechtsschutz möglich ist, greifen die gegen die frühere BGH-Rechtsprechung (s. Rn 1056) geltend gemachten Bedenken nicht. Die Fortgeltung der nur gewohnheitsrechtlich anerkannten Institute des enteignenden und des enteignungsgleichen Eingriffs wird allerdings insgesamt als unklar und unbefriedigend empfunden. Die Reform durch das Staatshaftungsgesetz von 1981 war jedoch mit den Kompetenzbestimmungen des Grundgesetzes unvereinbar und ist gescheitert.[64] Seit 1994 hat der Bund gem. Art. 74 Abs. 1 Nr 25 die konkurrierende Gesetzgebungskompetenz für die Staatshaftung, von der er aber noch keinen Gebrauch gemacht hat.

1089 d) Der Gesetzgeber muss den Eingriff uU durch **Härteklauseln** und **Übergangsregelungen** abfedern[65]. Hierzu ist nicht nur auf die Verhältnismäßigkeit ieS, die Zumutbarkeit für den Eigentümer, sondern auch auf den rechtsstaatlichen Vertrauensschutz zu verweisen, der „für die vermögenswerten Güter im Eigentumsgrundrecht eine eigene Ausprägung und verfassungsrechtliche Ordnung erfahren" hat.[66] Das BVerfG sieht Übergangsregelungen besonders bei der Neuordnung eines ganzen Rechtsgebiets[67] sowie dann als erforderlich an, „wenn von einer nach früherem Recht möglichen Nutzungsbefugnis bereits Gebrauch gemacht worden ist und diese entzogen wird"[68].

1090 **Beispiele:** Durch eine Änderung des Atomgesetzes wird das Ziel verfolgt, die Nutzung der Kernenergie zur gewerblichen Erzeugung von Elektrizität geordnet und sicher zu beenden. Es sollen keine neuen Betriebsgenehmigungen mehr erteilt werden. Für die vorhandenen, in Betrieb befindlichen Kernenergieanlagen werden Restlaufzeiten bestimmt. Dadurch werden einerseits Inhalt und Schranken des Eigentums an Kernenergieanlagen für die Zukunft neu bestimmt und andererseits das Vertrauen auf den Bestand erworbenen Eigentums grundsätzlich gewahrt (BVerfG, NJW 2017, 217/235; *Koch*, NJW 2000, 1529; dagegen für Enteignung *Schmidt-Preuß*, NJW 2000, 1524). – Unzumutbar ist eine denkmalschutzrechtliche Regelung, die eine Beseitigung eines geschützten Baudenkmals auch dann ausschließt, wenn für es keinerlei sinnvolle Nutzungsmöglichkeit mehr besteht, und die keine Ausnahme- und Ausgleichsregelungen enthält (E 100, 226/243).

V. Die Institutsgarantie als Schranken-Schranke

1091 Als Schranken-Schranke setzt die Institutsgarantie des Art. 14 Abs. 1 S. 1 den ansonsten verfassungsrechtlich gerechtfertigten Inhalts- und Schrankenbestimmungen sowie der Enteignung *letzte Grenzen*. Über sie darf sich auch keine Eigentumsdefinition hinwegsetzen. Ihre Bedeutung in der Rechtsprechung des BVerfG ist gering, weil

---

63 BGHZ 91, 20/27 f; 102, 350/357; vgl *Bryde*, MüK, Art. 14 Rn 98 f; *Hendler*, DVBl. 1983, 873/881; *Ossenbühl*, NJW 1983, 1.
64 E 61, 149.
65 Vgl *Bryde*, MüK, Art. 14 Rn 62; *Papier*, MD, Art. 14 Rn 327.
66 E 76, 220/244; 95, 64/82; BVerfG, NJW 2017, 217/227.
67 E 70, 191/201 f; 83, 201/211 ff.
68 E 58, 300/338; BVerfG, NJW 1998, 367; krit. *Kube*, Jura 1999, 465.

das Netz der übrigen Anforderungen verfassungsrechtlicher Rechtfertigung dicht genug ist.

Die Institutsgarantie sichert einen „Grundbestand von Normen", die ein Rechtsinstitut ausformen, das den Namen des Eigentums verdient.[69] Um den *Namen des Eigentums* zu verdienen, muss das Rechtsinstitut „Privatnützigkeit", dh die Zuordnung zu einem Rechtsträger, der zugleich Nutznießer ist, und dessen grundsätzliche Verfügungsbefugnis über den Eigentumsgegenstand gewährleisten.[70] Insofern soll Art. 14 Abs. 1 S. 1 eine „grundlegende Wertentscheidung des Grundgesetzes zu Gunsten des Privateigentums"[71] enthalten. Verwehrt ist aber nur, „dass solche Sachbereiche der Privatrechtsordnung entzogen werden, die zum elementaren Bestand grundrechtlich geschützter Betätigung im vermögensrechtlichen Bereich gehören"[72]. Unter einem wirtschaftspolitisch neutralen Grundgesetz darf Art. 14 dem Gesetzgeber auch nicht mehr an absoluten Bindungen auferlegen.

1092

VI. Vergesellschaftung

Die Vergesellschaftung des Art. 15 ist ein *Eingriff* in das Eigentum, der sich sowohl von den Inhalts- und Schrankenbestimmungen als auch von der Enteignung unterscheidet: Anders als die Inhalts- und Schrankenbestimmungen belässt sie das Eigentum dem Eigentümer nicht, sondern entzieht es ihm; anders als die Enteignung ist sie nicht konkret und individuell, sondern abstrakt und generell. Sie ist strukturelle Enteignung.

1093

Art. 15 lässt sie nur bei *Grund und Boden, Naturschätzen und Produktionsmitteln* zu. Mit Produktionsmitteln sind allgemein Unternehmen gemeint. Art. 15 erfasst damit sowohl Unternehmen, die Güter erzeugen, als auch solche, die Dienstleistungen erbringen, wie Banken und Versicherungen.[73] Bei anderen vermögenswerten Gütern und Rechten ist nicht die strukturelle Enteignung der Vergesellschaftung, sondern nur eine konkrete und individuelle Enteignung zulässig. Die Entschädigungsregelung ist die des Art. 14 Abs. 3 S. 3 und 4. Sie soll als „Sozialisierungsbremse"[74], nicht aber als Ausschluss der Sozialisierung wirken. Auch daraus folgt, dass das Abwägungsgebot des Art. 14 Abs. 3 S. 3 keine Entschädigung nach dem Verkehrswert verlangen kann. Ob vergesellschaftet wird, ist in die gesetzgeberische Entscheidung gestellt. An den Verhältnismäßigkeitsgrundsatz ist der Gesetzgeber hier nicht gebunden;[75] von der Pflicht zur verhältnismäßigen Berücksichtigung der Eigentümerinteressen des Art. 14 ist er deswegen befreit, weil Art. 15 gegenüber Art. 14 zur eigenen Grundgesetzbestimmung verselbstständigt ist. Nur dies wird auch der Entstehung der Bestimmung gerecht: Die SPD hat dem Grundgesetz nicht zuletzt deswegen zugestimmt, weil es

1094

---

69 E 24, 367/389.
70 E 91, 294/308.
71 E 21, 150/155.
72 E 24, 367/389.
73 *Jarass*, J/P, Art. 15 Rn 3; *Peters*, DÖV 2012, 64/66; aA *Durner*, MD, Art. 15 Rn 39; *Gröpl*, StudK, Art. 15 Rn 11; *Manssen*, GrundR, Rn 729.
74 *Bryde*, MüK, Art. 15 Rn 22.
75 *Bryde*, MüK, Art. 15 Rn 10; *Rittstieg*, AK, Art. 14/15 Rn 250; aA *Schliesky*, BK, Art. 15 Rn 55; *Sieckmann*, FH, Art. 15 Rn 28 ff; diff. *Durner*, MD, Art. 15 Rn 85.

ihr in Art. 15 die Möglichkeit eröffnete, bei entsprechender Mehrheit im Parlament eine grundlegende Umgestaltung der Wirtschaftsordnung vorzunehmen.[76]

1095 **Lösungsskizze zum Fall 20 (Rn 1029):** I. Die Buchshecke steht im zivilrechtlichen Eigentum von E (§ 94 BGB) und fällt insofern unter den *Eigentumsbegriff* von Art. 14 Abs. 1 S. 1. Es fragt sich aber, ob das Abschlagenlassen und Verkaufen der Buchshecke als Nutzung vom Schutzbereich des Eigentums umfasst ist. Sieht man das Eigentum an Naturdenkmälern als durch das naturschutz- oder landschaftsgesetzliche Beseitigungs- und Veränderungsverbot definiert, dann könnte die fragliche Nutzung aus dem Schutzbereich von Art. 14 Abs. 1 S. 1 herausfallen. Die durch die Naturschutz- und Landschaftsgesetze eingeführten Beseitigungs- und Veränderungsverbote sind jedoch neueren Datums und haben hier einen schon vorhandenen Bestand vorgefunden. Das Eigentum an der Buchshecke ist also nicht etwa durch die genannten Gesetze lediglich definiert. – II. Die mit dem Verbot des Abholzens verbundene Festsetzung der Buchshecke als Naturdenkmal durch die zuständige Behörde ist ein *Eingriff*. – III. Diese Beschränkung könnte *verfassungsrechtlich gerechtfertigt* werden. 1. Dazu kommt es zunächst darauf an, ob eine Enteignung oder eine Inhalts- und Schrankenbestimmung vorliegt. Gegen eine *Enteignung* spricht hier, dass E soll sowohl das Grundstück, dessen wesentlicher Bestandteil die Buchshecke ist, als auch diese selbst behalten darf, sogar muss; damit entfällt eine vollständige Entziehung. Auch eine teilweise Entziehung scheidet aus; denn das Eigentum selbst soll E ganz erhalten bleiben, nur sein Eigentümerbelieben, seine Eigentümerbefugnisse sollen verkürzt werden (vgl auch BGH, DVBl. 1957, 861). Beim Verbot, die Buchshecke abholzen zu lassen und zu verkaufen, handelt es sich mithin um eine *Inhalts- und Schrankenbestimmung* des Eigentums. 2. Verhältnismäßigkeit der Inhalts- und Schrankenbestimmung. Zu den Beseitigungs- und Veränderungsverboten der Naturschutz- und Landschafts*gesetze* lässt sich vertreten, dass sie um der Eigenart des vermögenswerten Guts willen überhaupt geboten sind: Eine für die Gefährdung der Natur sensible Zeit hat erkannt, dass die nur knapp vorhandenen und kaum vermehrbaren Naturschönheiten nicht entbehrt werden können. Naturschönheiten dürfen dem freien Spiel der Kräfte und Belieben des Einzelnen nicht vollständig überlassen werden. Zwar kann bei einem Verbot der Veräußerung besondere Behutsamkeit verlangt werden, weil das Veräußern ein elementarer Bestandteil der Eigentumsfreiheit ist. Als Naturschönheit, an der viele Freude haben, stehen diese Eigentumsobjekte jedoch in einem sozialen Bezug und haben eine soziale Funktion. Da die Naturschutz- und Landschaftsgesetze auch einen Ausgleich von Eingriffen durch finanzielle Entschädigung vorsehen, sind sie insgesamt verfassungsrechtlich gerechtfertigt. 2. Auch der *Vollzug* der einschlägigen Gesetze lässt keinen Rechtsfehler erkennen. Den Eingriff hier nur bei finanzieller Entschädigung zuzulassen, besteht kein Anlass, weil die Buchshecke zwar auch aus wirtschaftlichen Gründen angepflanzt worden war, ihren Wert aber nicht durch Arbeit und Leistung gewonnen hat (aA *Lege*, Jura 2011, 826/839). Sie zu behalten, belastet E auch nicht wirtschaftlich unzumutbar.

1096 **Literatur:** Zu Art. 14 allgemein: *O. Depenheuer*, Eigentum, Hdb. GR V, § 111; *R. Hendler*, Zur Inhalts- und Schrankenbestimmung des Eigentums, in: FS Maurer, 2000, S. 127; *H.D. Jarass*, Inhalts- und Schrankenbestimmung oder Enteignung?, NJW 2000, 2841; *C. Jasper*, Von Inhalten, Schranken und wichtigen Weichenstellungen: Die Eigentumsgarantie des Art. 14 GG in der allgemeinen Grundrechte-Eingriffs-Dogmatik, DÖV 2014, 872; *H. Jochum/W. Durner*, Grundfälle zu Art. 14 GG, JuS 2005, 220, 320, 412; *T. Kingreen*, Die Eigentumsgarantie (Art. 14 GG), Jura 2016, 390; *J. Lege*, Das Eigentumsgrundrecht aus Art. 14 GG, Jura 2011, 507, 826; *L. Osterloh*, Nassauskiesung und kein Ende?, in: Bouffier/Horn/Poseck/Radtke/Safferling (Hrsg.), Grundgesetz und Europa. Liber Amicorum für Herbert Landau zum Ausschei-

---
76 Vgl *Bryde*, MüK, Art. 15 Rn 1.

den aus dem Bundesverfassungsgericht, 2016, 117; *H.-J. Papier*, Der Stand des verfassungsrechtlichen Eigentumsschutzes, in: Depenheuer (Hrsg.), Eigentum, 2005, S. 93; *F. Shirvani*, Eigentumsschutz und Grundrechtskollision, DÖV 2014, 173. – Speziell zu Enteignung, enteignendem und enteignungsgleichem Eingriff: *A. v. Arnauld*, Enteignender und enteignungsgleicher Eingriff heute, VerwArch 2002, 394; *M. Baldus/B. Grzeszick/S. Wienhues*, Staatshaftungsrecht, 4. Aufl. 2013; *C. Külpmann*, Enteignende Eingriffe, 2000; *F. Ossenbühl/M. Cornils*, Staatshaftungsrecht, 6. Aufl. 2013; *J. Rozek*, Die Unterscheidung von Eigentumsbindung und Enteignung, 1998.

Anhang: Aufbauschema

Das nachfolgende Aufbauschema ist maßgebend, wenn nach der Verfassungsmäßigkeit eines Eingriffs in das Eigentum gefragt wird. Art. 14 ist demgegenüber keine Anspruchsgrundlage für Entschädigungsansprüche; diese folgen allein aus den einfachrechtlichen Entschädigungsgesetzen. Die Eigentumsgarantie kann grundsätzlich nach den allgemeinen, für Freiheitsrechte empfohlenen Prüfungsschemata geprüft werden (Rn 401 ff). Allerdings enthält das Grundrecht spezielle Anforderungen an die Rechtfertigung von Eingriffen, die damit zusammenhängen, dass es – anders als die anderen Freiheitsrechte – nicht nur als Bestandsgarantie wirkt, sondern auch eine Wertgarantie enthält (Rn 1030).

1097

Aufbauschema V: Eigentum, Art. 14

I. **Schutzbereich**

II. **Eingriffe**

III. **Verfassungsrechtliche Rechtfertigung**

Abgrenzung: Der Prüfungsmaßstab hängt davon ab, ob der Eingriff eine Enteignung oder Inhalts- und Schrankenbestimmung darstellt:

– Enteignung: Vollständige oder teilweise individuelle Entziehung konkreter subjektiver Vermögenspositionen durch einen final darauf gerichteten Rechtsakt zur Erfüllung bestimmter öffentlicher Aufgaben.
– Inhalts- und Schrankenbestimmung: alle das Eigentum verkürzenden Maßnahmen, die keine Enteignung sind.

Rechtfertigungsanforderungen:

1. **Enteignung**
   a) **Eingriffsermächtigung:** Art. 14 Abs. 3 S. 2
      Gesetzlich geregelt werden müssen nicht nur die Eingriffsvoraussetzungen (allgemeiner Parlamentsvorbehalt), sondern auch die Entschädigung (**Junktimklausel**).
   b) **Verfassungsmäßigkeit des eingreifenden Gesetzes**
      aa) Formelle Verfassungsmäßigkeit
      bb) Materielle Verfassungsmäßigkeit
         (1) **Grundsatz der Verhältnismäßigkeit:**
            – Legitimes Ziel: Wohl der Allgemeinheit, Art. 14 Abs. 3 S. 1
            – Geeignetheit
            – Erforderlichkeit
            – Angemessenheit: Gerechte Abwägung, Art. 14 Abs. 3 S. 3
         (2) **Wahrung der Institutsgarantie**
   c) **Verfassungsmäßigkeit eines Einzelaktes (= Administrativenteignung)**

1098

> 2. Inhalts- und Schrankenbestimmungen
>   a) Eingriffsermächtigung: Art. 14 Abs. 1 S. 2
>   b) Verfassungsmäßigkeit des eingreifenden Gesetzes
>   aa) Formelle Verfassungsmäßigkeit
>   bb) Materielle Verfassungsmäßigkeit
>   (1) **Grundsatz der Verhältnismäßigkeit** mit besonderen Anforderungen im Rahmen der Angemessenheit: Interessenausgleich zwischen Eigentümerinteressen (Art. 14 Abs. 1) und Allgemeininteressen (Art. 14 Abs. 2), dabei sind zu berücksichtigen:
>   – Eigenart des vermögenswerten Rechts
>   – Bedeutung der vermögenswerten Position (Präponderanz der personalen oder der sozialen Funktion des Eigentums?)
>   – Übergangsregelungen/Härteklauseln
>   – Ggfs. finanzielle Entschädigung (sog. ausgleichspflichtige Inhalts- und Schrankenbestimmung) bei intensiven Beeinträchtigungen (= Eingriff in den Ertrag eigener Leistung/Arbeit oder Auferlegung eines gleichheitswidrigen Sonderopfers, für den Fall, dass keine Entschädigung gewährt würde).
>   (2) **Institutsgarantie**
>   c) **Verfassungsmäßigkeit eines Einzelaktes**

§ 24 Schutz vor Ausbürgerung und Auslieferung und das Asylrecht (Art. 16, 16a)

1099 **Fall 21: Die bosnische Muslimin** B ist Bosnierin muslimischen Glaubens. Im November 1991 reiste sie über Frankreich in das Bundesgebiet ein. Im Laufe des Jahres 1992 griff der Bürgerkrieg im ehemaligen Jugoslawien auch auf Bosnien-Herzegowina über. Den bosnischen Serben gelang es, mehr als die Hälfte des Landes unter ihre Herrschaft zu bringen. In den von ihnen beherrschten Gebieten errichteten sie Gefangenenlager, in denen es zu systematischen Misshandlungen, Folterungen, Vergewaltigungen und außergerichtlichen Hinrichtungen vor allem gefangener Muslime kam. Das administrative und wirtschaftliche System in Bosnien-Herzegowina brach vollständig zusammen. In dieser Situation stellt B einen Asylantrag. Hat sie Anspruch auf politisches Asyl? **Rn 1141**

I. Überblick

1100 Art. 16 und 16a enthalten drei Verbürgungen:
– den Schutz Deutscher vor Ausbürgerung,
– den Schutz Deutscher vor Auslieferung und
– das Recht Jedermanns auf politisches Asyl.

Der sachliche Zusammenhang dieser drei Verbürgungen besteht darin, dass ihnen die Anknüpfung an ein status- oder territorialrechtliches Band zwischen der Bundesrepublik Deutschland und einem Einzelnen gemeinsam ist. Dieser kann das eine Mal als Deutscher oder deutscher Staatsangehöriger, das andere Mal als politisch verfolgter Ausländer Rechte geltend machen, und zwar auf Aufrechterhaltung des personenrechtlichen Status (Art. 16 Abs. 1) und auf Einreise und Aufenthalt auf deutschem Territorium (Art. 16 Abs. 2 und Art. 16a). Dabei sind der Schutz vor Ausbürgerung und das Recht auf politisches Asyl Grundrechte, der Schutz vor Auslieferung ist grundrechtsdogmatisch Schranken-Schranke zu Art. 11 (vgl Rn 925).

Die Unterscheidung der Begriffe des Deutschen und des deutschen Staatsangehörigen von dem Begriff des Ausländers kennzeichnet verschieden geartete Rechtsbeziehungen. Sie beruhen auf zwei gegenläufigen Prinzipien moderner Staatlichkeit, der Personalhoheit und der Gebietshoheit. Inhalt des ersten Prinzips ist die Zuordnung von Personen zu einem Staat, der ihnen Schutz bietet und von ihnen Gehorsam verlangt und beides selbst dann, wenn sie das Staatsgebiet verlassen. Gebietshoheit meint die grundsätzlich alleinige, dh andere Staaten ausschließende Herrschaftsausübung auf einem Teil der Erdoberfläche über alle dort befindlichen Personen und Sachen. Beide Prinzipien sind Ausdruck staatlicher Souveränität. Staatsangehöriger eines Staates ist, wer dessen Personalhoheit unterliegt, Fremder oder Ausländer hingegen, wer zwar der Gebietshoheit eines Aufenthaltsstaates unterliegt, nicht aber dessen Personalhoheit, sondern keinem Staat (sog. Staatenloser) oder einem anderen, dem sog. Heimatstaat, durch ein solches personales Band verbunden ist. 1101

Die Verbürgungen des Art. 16 und 16a hängen auch historisch miteinander zusammen. Das Entziehungsverbot des Art. 16 Abs. 1 S. 1 reagiert auf die vorwiegend rassistisch motivierte Ausbürgerungspraxis im nationalsozialistischen Deutschland. Auch das Asylrecht des Grundgesetzes ging ursprünglich auf Erfahrungen im und mit dem Dritten Reich zurück, weil damals rassisch bzw politisch verfolgte Deutsche, wenn überhaupt, so nur unter erheblichen Schwierigkeiten im Ausland Schutz finden konnten und weil mit der Schaffung eines vorbehaltlosen Asylgrundrechts Menschen, die sich in einer ähnlichen politischen Lage in anderen Staaten befinden, geholfen werden sollte. Nur das Auslieferungsverbot, wie es heute in Art. 16 Abs. 2 normiert ist, wurde schon Ende des 19. Jahrhunderts als wesentlicher Bestandteil des Reichsbürgerrechts und eigentlich in die Reichsverfassung gehörig bezeichnet.[1] Es war seit 1871 aber nur einfach-gesetzlich verankert, erst 1919 wurde es in die Verfassung aufgenommen (Art. 112 Abs. 3 WRV). 1102

II. Schutz vor Ausbürgerung (Art. 16 Abs. 1)

1. Schutzbereich

Art. 16 Abs. 1 S. 1 schützt vor dem Entzug der deutschen Staatsangehörigkeit; Art. 16 Abs. 1 S. 2 nennt die Voraussetzungen, unter denen gesetzlich festgelegte Tatbestände den Verlust der deutschen Staatsangehörigkeit vorsehen dürfen. Berechtigt sind hieraus nur deutsche Staatsangehörige (vgl Rn 169), nicht auch Status-Deutsche.[2] 1103

2. Eingriffe

Art. 16 Abs. 1 kennt die Entziehung gem. Satz 1 und den Verlust gem. Satz 2. Satz 2 kennt weiter den Verlust mit Willen des Betroffenen und den Verlust gegen den Willen des Betroffenen. Klärungsbedürftig ist das Verhältnis zwischen der Entziehung gem. Satz 1 und dem Verlust gegen den Willen des Betroffenen gem. Satz 2. Denn 1104

---

1 Vgl *Laband*, Das Staatsrecht des Deutschen Reiches, 5. Aufl. 1911, 1. Bd., S. 155.
2 BVerwGE 8, 340/343; *Wittreck*, DR, Art. 16 Rn 42; aA *Becker*, MKS, Art. 16 Rn 57.

mit dem Begriff der Entziehung verbindet sich sowohl die Folge des Verlusts als auch das Merkmal der mangelnden Freiwilligkeit; aber wegen der unterschiedlichen Rechtsfolgen müssen die Entziehung gem. Satz 1 und der Verlust gegen den Willen des Betroffenen gem. Satz 2 unterschiedliche Tatbestände bezeichnen. Der Verfassunggeber[3] hatte in der Tat drei Tatbestandsgruppen vor Augen:

– den Verlust mit Willen des Betroffenen, heute besonders durch Entlassung, Verzicht und Erklärung (vgl § 17 Nr 1, 3 und 6 StAG),
– die überkommenen Tatbestände des Verlusts gegen den Willen des Betroffenen, besonders bei Erwerb einer ausländischen Staatsangehörigkeit, ursprünglich durch Eheschließung (vgl § 17 Nr 6 RuStAG aF), heute auf Antrag oder durch Adoption (§ 17 Nr 2 und 4 StAG),
– die willkürliche Entziehung der Staatsangehörigkeit, besonders die Ausbürgerung und Aberkennung der Staatsangehörigkeit aus politischen Gründen.

1105 Diese dreifache Unterscheidung kommt im Wortlaut von Art. 16 Abs. 1 nur unzureichend zum Ausdruck, was zu einer Fülle von Abgrenzungsvorschlägen geführt hat.[4] Um zwischen dem Verlust gegen den Willen des Betroffenen gem. Satz 2 und der Entziehung gem. Satz 1 tatbestandlich deutlicher zu unterscheiden, wird der Entziehung verbreitet als weiteres Merkmal die Unvermeidbarkeit beigelegt; der gegen den Willen erfolgende Verlust bei Erwerb einer ausländischen Staatsangehörigkeit sei vermeidbar, die Entziehung durch Ausbürgerung und Aberkennung der Staatsangehörigkeit dagegen unvermeidbar, da sie erfolge, „ohne auf den Willen oder das Verhalten des Betroffenen in irgendeiner Weise Rücksicht zu nehmen"[5]. Auch damit ist das Problem nicht gelöst, denn die Aberkennung der Staatsangehörigkeit aus politischen Gründen erfolgt natürlich mit Rücksicht auf die politische Einstellung und das politische Verhalten des Betroffenen. Das BVerfG setzt an die Stelle des Begriffs der Vermeidbarkeit den der zumutbaren Beeinflussbarkeit; Entziehung liegt dann vor, wenn es nicht zumutbar ist, den Verlust, etwa durch Änderung der politischen Einstellung oder des politischen Verhaltens, zu beeinflussen.[6]

1106 Umstritten ist, ob die *Rücknahme einer fehlerhaften Einbürgerung* eine Entziehung im definierten Sinne und damit unzulässig ist. Dafür spricht zwar, dass die bloß fehlerhafte, aber nicht nichtige Einbürgerung gem. § 43 VwVfG verbindlich ist, also eine Rechtsposition begründet, die nur noch entzogen werden kann.[7] Aber die Rücknahme kann, „wenn der Verwaltungsakt durch arglistige Täuschung, Drohung oder Bestechung oder durch vorsätzlich unrichtige oder unvollständige Angaben, die wesentlich für seinen Erlass gewesen sind" (§ 35 Abs. 1 StAG), nicht als willkürliche Entziehung angesehen werden. In solchen Fällen ist die Rücknahme zulässig.[8] Fällt rückwirkend die deutsche Staatsangehörigkeit eines Kindes aufgrund erfolgreicher Vaterschaftsanfechtung weg, stellt dies keine unzulässige Entziehung dar.[9]

---

3 Vgl JöR 1951, 159 ff.
4 *Schmalenbach*, Hdb. GR V, § 122 Rn 26 ff.
5 *Randelzhofer*, MD, Art. 16 Abs. 1 Rn 49.
6 E 116, 24/44 f; 135, 48/62 = JK 6/2014.
7 *Lübbe-Wolff*, Jura 1996, 57/62.
8 E 116, 24/36 ff; vgl auch *Kämmerer*, BK, Art. 16 Rn 86 ff; *Zimmermann/Tams*, FH, Art. 16 Rn 48 f; krit. *Wittreck*, DR, Art. 16 Rn 54.
9 BVerfG, NJW 2007, 425.

3. Verfassungsrechtliche Rechtfertigung

Art. 16 Abs. 1 S. 1 verbietet die Entziehung der Staatsangehörigkeit vorbehaltlos. Sie ist daher stets verfassungswidrig.

Beispiel: Die zuständige Behörde kann nach § 1600 Abs. 1 Nr 5 BGB die von einem deutschen Staatsangehörigen anerkannte Vaterschaft anfechten, wenn durch die Anerkennung rechtliche Voraussetzungen für den erlaubten Aufenthalt eines Beteiligten geschaffen werden (§ 1600 Abs. 3 BGB). Durch die Anfechtung verliert das Kind die deutsche Staatsangehörigkeit. Es liegt eine verfassungswidrige Entziehung der Staatsangehörigkeit nach Art. 16 Abs. 1 S. 1 vor, weil das Kind die Entziehung nicht beeinflussend und ihm auch nicht Beeinflussungsmöglichkeiten Dritter zugerechnet werden können (E 135, 48/62 ff = JK 6/2014).

Der Verlust der Staatsangehörigkeit steht dagegen unter einem Gesetzesvorbehalt. Für den Fall, dass der Verlust gegen den Willen des Betroffenen erfolgt, ist der Gesetzesvorbehalt dadurch qualifiziert, dass der Verlust nicht zur Staatenlosigkeit des Betroffenen führen darf.

Beispiele: Der Verlust gem. §§ 17 Nr 1, 18 StAG (Entlassung) ist zulässig, weil er mit Willen erfolgt. Der Verlust gem. §§ 17 Nr 2, 25 StAG (Erwerb einer ausländischen Staatsangehörigkeit) ist zulässig, weil er zwar gegen den Willen des Betroffenen erfolgt, aber nicht zu dessen Staatenlosigkeit führt; denn der Verlust tritt erst mit rechtswirksamem Erwerb der ausländischen Staatsangehörigkeit ein (BVerfG, NVwZ 2007, 441).

III. Auslieferungsverbot (Art. 16 Abs. 2)

1. Schutzbereich

Art. 16 Abs. 2 schützt den Bürger davor, „gegen seinen Willen aus der ihm vertrauten Rechtsordnung entfernt (zu) werden"[10]. Berechtigt sind – anders als bei Art. 16 Abs. 1 (vgl Rn 1103) – alle Deutschen (vgl Rn 167). Unionsbürger sind nur berechtigt, soweit das Unionsrecht dies fordert (Rn 177).

2. Eingriff

Auslieferung bedeutet die – notfalls zwangsweise – Entfernung eines Deutschen aus dem Hoheitsbereich der Bundesrepublik Deutschland, verbunden mit der Überführung in den Bereich einer Macht auf deren Ersuchen. Eine derartige Macht ist auch, wie sich aus Art. 16 Abs. 2 S. 2 ergibt, ein internationaler Gerichtshof. Unter die Auslieferung fällt auch die sog. *Durchlieferung*, wenn ein Deutscher von einem Staat an einen anderen unter Durchquerung der Bundesrepublik Deutschland ausgeliefert wird; weder ist die Weitergabe an den Bestimmungsstaat noch die Rückführung an den übergebenden Staat erlaubt.[11]

Von der Auslieferung zu unterscheiden ist die *Ausweisung* eines Deutschen. Darunter versteht man das ohne Ersuchen eines anderen Staates an einen Deutschen ergehende Gebot, die Bundesrepublik egal wohin zu verlassen. Gegen die Ausweisung und deren Vollzug, die sog. *Abschiebung*, schützt aber Art. 11 (vgl Rn 925).

---

10 E 113, 273/293.
11 E 10, 136/139.

1114 Schwierig ist der Fall der sog. *Rücklieferung* zu beurteilen. Darunter versteht man die Auslieferung eines Deutschen ins Ausland, nachdem dieser zuvor nur vorläufig auf Grund einer Rückführungszusage aus dem Ausland in die Bundesrepublik Deutschland verbracht worden ist. Das BVerfG[12] hat hierin keine verbotene Auslieferung gesehen, weil die Rücklieferung nur wieder den Zustand herstellt, der schon vor der vorläufigen Verbringung in das Bundesgebiet bestanden hat, sich also per saldo die Lage des Betroffenen nicht verschlechtert hat. Diese Erwägung hat jedoch vor der strikten Anordnung des Art. 16 Abs. 2, wonach ein Deutscher niemals gegen seinen Willen einer anderen Macht zugeführt werden darf, keinen Bestand[13]. Danach ist schon die Abgabe einer Rücklieferungszusicherung verboten, und ihr darf, falls sie doch abgegeben worden ist, nicht nachgekommen werden (auch wenn sich die Bundesrepublik Deutschland dadurch möglicherweise nach völkerrechtlichen Grundsätzen haftbar macht).

3. Verfassungsrechtliche Rechtfertigung

1115 Das Auslieferungsverbot steht unter dem *qualifizierten Gesetzesvorbehalt* des Art. 16 Abs. 2 S. 2. Das Gesetz darf Auslieferungen nur an einen Mitgliedstaat der Europäischen Union oder an einen internationalen Gerichtshof, zB den Internationalen Strafgerichtshof (IStGH), und nur dann zulassen, wenn für den Ausgelieferten dort rechtsstaatliche Grundsätze, wie richterliche Unabhängigkeit, rechtliches Gehör, faires Verfahren und Unschuldsvermutung, gewährleistet sind. Nach dem BVerfG[14] darf eine Auslieferung auch bei maßgeblichem Inlandsbezug der vorgeworfenen Straftat nicht erfolgen.

IV. Asylrecht (Art. 16a)

1. Schutzbereich

1116 Der *Begriff des politisch Verfolgten* in Art. 16a Abs. 1 wird ausgehend von der Genfer Flüchtlingskonvention vom 28.6.1951[15] definiert. Politisch verfolgt ist, wer „wegen seiner Rasse, Religion, Nationalität, Zugehörigkeit zu einer sozialen Gruppe oder wegen seiner politischen Überzeugung Verfolgungsmaßnahmen mit Gefahr für Leib oder Leben oder Beschränkungen seiner persönlichen Freiheit ausgesetzt ist oder solche Verfolgungsmaßnahmen begründet befürchtet"[16]. Politisch verfolgt ist aber auch, wer „auf Grund unabänderlicher persönlicher Merkmale anders ist, als er nach Ansicht des Verfolgers zu sein hat"[17]; daher schützt Art. 16a Abs. 1 etwa auch, wer wegen seiner sexuellen Orientierung verfolgt wird. Zur Sicherung dieses materiellen Gehalts hat Art. 16a Abs. 1 auch *verfahrensrechtliche* Bedeutung. Daraus folgt etwa bei

---

12 E 29, 183/193 f.
13 Vgl *Kämmerer*, BK, Art. 16 Rn 128; *Wittreck*, DR, Art. 16 Rn 66; aA *Zimmermann/Tams*, FH, Art. 16 Rn 89.
14 E 113, 273/302 f, 331, 342 f; zur Notwendigkeit der Einzelfallabwägung auch bei erheblichem Auslandsbezug BVerfG, NJW 2016, 1714/1715; BVerfG, NStZ-RR 2017, 55/56 f.
15 BGBl. 1953 II, 559; vgl auch E 94, 115/134 f.
16 BVerwGE 67, 184/186; krit. *Selk*, NVwZ 1990, 1133/1135.
17 BVerwGE 79, 143/146.

Auslieferungsersuchen, dass die zuständigen Stellen die Voraussetzungen von Art. 16a Abs. 1 GG selbstständig prüfen müssen, wenn die Entscheidung im Asylverfahren noch nicht gefallen ist.[18]

a) Verfolgung ist Beeinträchtigung von Rechtsgütern, die den Betroffenen in eine ausweglose Lage bringt.[19] Sie kann alle Lebensbereiche beeinträchtigen, auch den religiösen, den kulturellen und den wirtschaftlichen.[20] Soweit die Beeinträchtigungen Leben, Leib oder persönliche Freiheit nicht gezielt verletzen oder gefährden und auch soweit sie andere Rechtsgüter betreffen, sind sie nur bei menschenwürdeverletzender Intensität Verfolgung iSv Art. 16a Abs. 1.[21] Bei „Nachteilen, die jemand auf Grund der allgemeinen Zustände in seinem Heimatstaat zu erleiden hat, wie Hunger, Naturkatastrophen, aber auch bei den allgemeinen Auswirkungen von Unruhen, Revolutionen und Kriegen" liegt Verfolgung nicht vor.[22] 1117

Beispiele: Die Beeinträchtigung der beruflichen Betätigung begründet Verfolgung nur dann, wenn das Existenzminimum nicht mehr gewährleistet ist (BVerwGE 88, 367/374); Beeinträchtigungen der Religionsfreiheit sind nur dann Verfolgung, wenn das „religiöse Existenzminimum", dh die Religionsausübung im häuslich-privaten Bereich nicht mehr gewährleistet ist (E 76, 143/158 ff; 81, 58/66; BVerwGE 120, 17/20 f). 1118

Verfolgungsfurcht setzt *Verfolgungsgefahr* voraus. Diese ist gegeben, wenn dem Asylsuchenden politische Verfolgung mit überwiegender Wahrscheinlichkeit droht, sodass ihm der Aufenthalt in seinem Heimatstaat nicht zumutbar ist.[23] Für Vorverfolgte, bei denen schon vor Verlassen des Heimatstaats eine Verfolgung stattgefunden oder unmittelbar gedroht hat, ist der Wahrscheinlichkeitsmaßstab herabgestuft; bei der Rückkehr muss ein Wiederaufleben der ursprünglichen Verfolgung oder eine gleichartige Verfolgung mit hinreichender Wahrscheinlichkeit ausgeschlossen sein.[24] Bei dem, der sich selbst dem Schutz seines Heimatstaats unterstellt, ist davon auszugehen, dass ihm dort keine Verfolgung (mehr) droht.[25] 1119

Der Betroffene befindet sich dann nicht (mehr) in auswegloser Lage, wenn er eine Fluchtalternative hat. Eine sog. *inländische Fluchtalternative* besteht, wenn der Betroffene nicht überall in seinem Heimatland schutzlos ist, sondern in verfolgungsfreie Landesteile ausweichen kann. Das BVerfG spricht in diesem Zusammenhang von einem „mehrgesichtigen Staat", der in verschiedenen Landesteilen unterschiedliche politische Zwecke verfolgt und unterschiedliche Kultur- und Rechtsordnungen zulässt.[26] Entsprechend ist nicht mehr verfolgt, wem die Rückkehr in sein Heimatland[27] oder nur schon in bestimmte Gegenden seines Heimatlandes wegen zwischenzeitlich eingetretener Änderungen der dortigen politischen Lage zugemutet werden kann;[28] 1120

---

18 BVerfG, NVwZ 2015, 1204/1204 f.
19 E 74, 51/64.
20 *Jarass*, JP, Art. 16a Rn 7.
21 E 54, 341/357; 76, 143/158; BVerwGE 80, 321/324.
22 E 80, 315/335.
23 E 76, 143/167; BVerwGE 89, 162/169.
24 E 54, 341/356 ff; BVerwGE 104, 97/99 ff.
25 Vgl BVerwGE 89, 231/233 ff.
26 E 80, 315/342 f; vgl auch E 81, 58/65 f.
27 BVerwGE 124, 276/281 ff.
28 BVerwGE 85, 139/146; 112, 345/347 f.

das soll selbst dann gelten, wenn dort keine staatliche Friedensordnung mehr besteht.[29] An einer zumutbaren Fluchtalternative fehlt es aber dann, wenn der Betroffene dort existenziell gefährdet ist, weil er auf Dauer ein Leben am Rand des wirtschaftlichen Existenzminimums zu erwarten hat.[30]

1121 Auch bei einer sog. *ausländischen Fluchtalternative* ist die Situation des Betroffenen nicht (mehr) ausweglos. Eine solche besteht, wenn der Betroffene in einem anderen Staat Aufnahme und Schutz vor Verfolgung gefunden hat. Objektive Sicherheit[31] vor Verfolgung ist besonders dann gegeben, wenn die Flucht im Drittstaat ihr Ende gefunden hat.[32] Entsprechend der inländischen Fluchtalternative muss der Betroffene im Drittstaat auch vor einer Existenzbedrohung durch Obdachlosigkeit, Mittellosigkeit, Krankheit und Hunger sicher sein.[33]

1122 b) Die Verfolgung muss **gegenwärtig** oder gegenwärtig zu befürchten sein. Dies ist nicht der Fall, wenn jemand erst mehrere Jahre nach erlittener, aber beendeter Verfolgung seinen Heimatstaat[34] oder einen von diesem beherrschten Drittstaat[35] verlässt oder in seinen inzwischen verfolgungsfreien Heimatstaat zurückkehren kann.[36] Ihren Anlass kann die Verfolgung oder Verfolgungsfurcht aber auch in sog. Nachfluchtgründen haben, dh in nach Verlassen des Heimatstaates eingetretenen Handlungen, Vorgängen oder Ereignissen wie zB in einem Putsch oder einer Revolution im Heimatstaat, im Beitritt zu einer Exilorganisation oder in der Stellung eines Asylantrags durch den Asylbewerber.

1123 Dabei schränkt die Rechtsprechung ein: Grundsätzlich verlange das Asylrecht den kausalen Zusammenhang zwischen Verfolgung und Flucht. Danach könne das bloße illegale Verlassen des Heimatstaates allein keinen Asylanspruch begründen.[37] Nach der Flucht einsetzende Verfolgung oder Verfolgungsfurcht könne das Asylrecht allerdings dann begründen, wenn sie durch sog. *objektive Nachfluchttatbestände*, dh durch „Vorgänge oder Ereignisse im Heimatland" oder sonstige vom Betroffenen nicht selbst herbeigeführte Umstände ausgelöst werde.[38] Sog. *subjektive* oder selbstgeschaffene Nachfluchttatbestände seien dagegen grundsätzlich unbeachtlich; etwas anderes gelte nur, wenn sie „sich als Ausdruck und Fortführung einer schon während des Aufenthalts im Heimatstaat vorhandenen und erkennbar betätigten festen Überzeugung darstellen"[39] oder Folge einer zum Nachfluchtverhalten drängenden, zumindest latenten Gefährdungslage im Heimatstaat sind[40] oder wenn Verfolgung unter Verletzung der Menschenwürde drohe.[41] Bei unbeachtlichen subjektiven Nachflucht-

---

29 BVerwGE 108, 84/90.
30 E 80, 315/344; 81, 58/65 f; BVerwGE 105, 211 f; 131, 186/190.
31 BVerwGE 77, 150/152.
32 BVerwGE 79, 347/351; 84, 115/121; vgl auch § 27 Abs. 3 AsylVfG.
33 BVerwGE 78, 332/345 f; 88, 226/232.
34 BVerwGE 87, 52/53 f.
35 BVerwGE 89, 171/175 f.
36 E 54, 341/360.
37 BVerwGE 81, 41/46.
38 E 74, 51/64 f; BVerwGE 88, 92/94 f.
39 E 74, 51/64 ff; BVerwGE 77, 258/261; zust. *Wittreck*, DR, Art. 16a Rn 80; vgl auch § 28 AsylVfG.
40 BVerwGE 81, 170/172 f; DVBl. 1992, 1543.
41 BVerwGE 90, 127/132 f.

gründen kommt allerdings Abschiebungsschutz nach § 60 Abs. 1 AufenthG in Betracht.[42]

c) Die Verfolgung muss eine **eigene** sein. Dass jemand einer Gruppe zugehört, die Verfolgungsmaßnahmen ausgesetzt ist, begründet eigene politische Verfolgung, wenn alle Gruppenangehörigen dasselbe asylerhebliche Merkmal teilen, sich in einer nach Ort und Zeit vergleichbaren Lage befinden und wenn jeder angesichts einer hinreichenden Vielzahl von Verfolgungsschlägen (sog Verfolgungsdichte) oder eines staatlichen Verfolgungsprogramms befürchten muss, jederzeit selbst Opfer der Verfolgungsmaßnahmen zu werden.[43] Familiäre Verbundenheit mit einem Verfolgten begründet als solche noch keine eigene Verfolgung.[44] Allerdings ist bei Ehegatten und minderjährigen Kindern, nicht aber bei anderen Verwandten anerkannt, dass sie gewissermaßen stellvertretend politisch verfolgt werden können; daraus resultiert eine widerlegliche Vermutung für eigene politische Verfolgung.[45] Daher räumt § 26 AsylVfG Ehegatten, Lebenspartnern und minderjährigen Kindern von Asylberechtigten unter bestimmten Voraussetzungen die Rechtsstellung von Asylberechtigten ein.

1124

Beispiel: Eine kleine Minderheit, wie die Jeziden in der Türkei, wird mit solcher Härte, Ausdauer und Unnachsichtigkeit verfolgt, dass jeder Angehörige dieser Minderheit sich ständig der Gefährdung an Leib, Leben oder persönlicher Freiheit ausgesetzt sieht (E 83, 216/232; BVerwGE 88, 367/371 ff).

1125

d) Die Verfolgung muss eine **politische** sein, obwohl die Asylgewährung selbst nicht aus politischen, sondern humanitären Gründen erfolgt.[46] Die politische Verfolgung ist objektiv zu bestimmen; sie hängt mit „Auseinandersetzungen um die Gestaltung und Eigenart der allgemeinen Ordnung des Zusammenlebens von Menschen und Menschengruppen" zusammen und geht von einem „Träger überlegener, in der Regel hoheitlicher Macht" aus.[47]

1126

Schwierig ist besonders die Zuordnung von *strafrechtlicher* zu politischer Verfolgung. Zum sog. politischen Strafrecht (zB Hochverrat, Sabotage) gilt, dass eine staatliche Verfolgung von Handlungen, die aus politischer Überzeugung begangen werden, grundsätzlich politische Verfolgung selbst dann ist, wenn der Staat nur gewaltsame Angriffe auf die Integrität seines Territoriums oder seiner Ordnung abwehrt. Sie ist es nach der Rechtsprechung nicht, wenn ein Staat politischen Terrorismus bekämpft und sich dabei auf die eigentlichen Taten, Täter und Förderer und auf eine gewissermaßen normale Intensität der Bekämpfung beschränkt.[48] Auch eine Verfolgung wegen Tatbeständen, die nicht dem politischen Strafrecht zugehören, kann politische Verfolgung sein; es kommt darauf an, ob nur der gewissermaßen normale kriminelle Gehalt der Tat geahndet wird oder ob die Sanktion an asylrelevante Eigenschaften, besonders an die politische Überzeugung des Täters anknüpft und auf sie abzielt[49]

1127

---

42 E 74, 51/66 f.
43 E 83, 216/231; BVerwGE 125, 243/249.
44 BVerwGE 65, 244/245.
45 BVerwGE 75, 304/312 f; 79, 244/246.
46 E 54, 341/357.
47 E 80, 315/333 f; BVerfG, NVwZ 2000, 1165/1166.
48 E 80, 315/339 f; 81, 142/149 ff; BVerwGE 111, 334/339.
49 Vgl BVerwGE 80, 136/140; *Wittreck*, DR, Art. 16a Rn 65; *Davy*, AK, Art. 16a Rn 27.

oder härter ist als die im Verfolgerstaat sonst bei ähnlichen, nichtpolitischen Straftaten verhängte Sanktion (sog. Politmalus).[50]

1128 Da Art. 16a Abs. 1 eine politische Verfolgung verlangt, bietet er nicht ohne weiteres Schutz gegen *Folter* und *Todesstrafe*, die nicht im Zusammenhang mit politischer Verfolgung stehen. Die Folter stellt aber dann politische Verfolgung dar, wenn sie wegen eines der in Rn 1116 genannten Merkmale eingesetzt oder verschärft wird.[51] Außerdem kommt eine Abschiebung des Asylbewerbers in einen Staat, in dem ihm Folter droht, wegen der Bindung der deutschen Staatsorgane an Art. 1 Abs. 1 nicht in Betracht.[52] Auch bei drohender Todesstrafe ist eine Abschiebung wegen Art. 2 Abs. 2 S. 1 und Art. 102 regelmäßig unzulässig (zum Meinungsstand Rn 481).

1129 e) Politische Verfolgung ist grundsätzlich **staatlich**,[53] dh sie wird von staatlichen Bediensteten ausgeübt; nur vereinzelte Exzesstaten solcher Personen stellen allerdings keine staatliche politische Verfolgung dar[54]. Darüber hinaus kann politische Verfolgung auch in Verfolgungshandlungen durch Dritte bestehen, die dem Staat zuzurechnen sind (sog. mittelbare staatliche Verfolgung). Verfolgungshandlungen Dritter sind dem Staat dann zuzurechnen, wenn er Einzelne oder Gruppen zu Verfolgungsmaßnahmen anregt oder derartige Handlungen unterstützt oder tatenlos hinnimmt und damit den Betroffenen den erforderlichen Schutz versagt, weil er hierzu nicht willens oder im einzelnen Fall nicht in der Lage ist.[55]

1130 Dem Staat können Verfolgungshandlungen Dritter nicht mehr zugerechnet werden, wenn die Schutzgewährung seine *Kräfte übersteigt*.[56] Grundlagen der Zurechnung von Drittverfolgungen sind nämlich das staatliche Gewaltmonopol iS einer überlegenen Hoheitsmacht und das damit korrespondierende Schutzmonopol, das eine Garantenstellung begründet, die der Staat für und gegen jedermann durch Einsatz seiner Sicherheits- und Ordnungskräfte zum Schutz vor (politisch motivierten) Übergriffen wahrnehmen muss.[57] Diese Garantenstellung und der Zurechnungsgrund entfallen, wenn der Staat zur Verhinderung solcher Übergriffe prinzipiell und auf Dauer und nicht nur im einzelnen Fall und zeitweise[58] nicht in der Lage ist, weil, zB wegen eines Bürgerkriegs, er das Gesetz des Handelns an andere Kräfte verloren hat und seine staatlichen Sicherheits- und Ordnungsvorstellungen insoweit nicht mehr durchzusetzen vermag. Dann kommt aber eine unmittelbare politische Verfolgung durch die Gruppe oder Bürgerkriegspartei in Betracht, die den Staat aus seiner überlegenen Position verdrängt und zumindest in einem Kernterritorium ein Herrschaftsgefüge von gewisser Stabilität errichtet hat (sog. quasistaatliche Verfolgung).[59] Dieser Wechsel des Zurechnungssubjekts setzt weder voraus, dass der Konkurrent um die überlegene Staatsgewalt völkerrechtlich anerkannt worden noch dass der Bürgerkrieg beendet ist.[60]

---

50 E 80, 315/338; 81, 142/150.
51 E 81, 142/151; BVerwG, DVBl. 1993, 325/326.
52 BVerwGE 67, 184/194; *Frowein/Kühner*, ZaöRV 1983, 537/560 ff; vgl auch § 60 Abs. 2 AufenthG.
53 E 54, 341/356 ff; 80, 315/334; BVerwGE 95, 42/44 ff.
54 E 80, 315/352; BVerfG, DVBl. 2003, 1261 f.
55 E 54, 341/358; 80, 315/336; BVerwGE 67, 317/319.
56 E 80, 315/336.
57 *Rothkegel*, UC, Art. 16a Rn 72 ff.
58 BVerwGE 70, 232/236 f; 72, 269/271 f.
59 BVerwGE 101, 328/333; 104, 254/258.
60 BVerfG, NVwZ 2000, 1165; BVerwGE 114, 16/21 ff.

Auch in einem Bürgerkrieg, in dem die Bürgerkriegspartei oder -parteien *kein Herrschaftsgefüge* von gewisser Stabilität errichtet hat bzw haben, kann es politische Verfolgung geben. Zwar hat das Asylrecht nicht die Aufgabe, vor den allgemeinen Unglücksfolgen zu bewahren, die sich aus Krieg, Bürgerkrieg und sonstigen Unruhen ergeben.[61] Daraus folgt aber nicht, dass Bürgerkriegsverhältnisse das Entstehen eines Asylanspruchs durchweg ausschließen. Die Möglichkeit einer politischen Verfolgung ist vielmehr dann gegeben, wenn die Maßnahmen gegen den Bürgerkriegsgegner nicht alle Betroffenen gleichmäßig, sondern Einzelne und bestimmte Gruppen in Abhängigkeit von asylerheblichen Gesichtspunkten stärker treffen.[62] Dies ist besonders dann der Fall, wenn die staatlichen Kräfte im Bürgerkrieg auf die physische Vernichtung von auf der Gegenseite stehenden oder ihr zugerechneten und nach asylerheblichen Merkmalen bestimmten Personen zielen, obwohl diese keinen Widerstand mehr leisten wollen oder können und an dem militärischen Geschehen nicht oder nicht mehr beteiligt sind; vollends, wenn die Handlungen der staatlichen Kräfte in die gezielte physische Vernichtung oder Zerstörung der ethnischen, kulturellen oder religiösen Identität des gesamten aufständischen Bevölkerungsteils umschlagen (sog. Gegenterror).[63] Diese Maßstäbe für die staatlichen Kräfte im Bürgerkrieg gelten unter dem Gesichtspunkt der quasistaatlichen Verfolgung auch für den Bürgerkriegsgegner.

1131

f) Als **Schutzbereichsbegrenzung** wirkt Art. 16a Abs. 2 S. 1: Wer aus einem Mitgliedstaat der Europäischen Gemeinschaften, heute: Union, einreist, dem ist von Verfassung wegen die Berufung auf Art. 16a Abs. 1 verwehrt.[64] Dagegen handelt es sich bei Art. 16a Abs. 2 S. 2 um einen Gesetzesvorbehalt; hier wird der Gesetzgeber ermächtigt, andere Staaten zu bestimmen, in denen die in S. 1 festgelegten Voraussetzungen vorliegen.[65] Die Mitgliedstaaten und die anderen Staaten werden unter dem Begriff der sog. sicheren Drittstaaten zusammengefasst. Da sämtliche an Deutschland angrenzende Staaten zu den sicheren Drittstaaten gehören,[66] ist eine Anerkennung nach Art. 16a bei einer Einreise auf dem Landweg grundsätzlich ausgeschlossen. Allerdings kann eine Überstellung eines Asylsuchenden in einen sicheren Drittstaat im Einzelfall ausnahmsweise ausgeschlossen sein, wenn Erkenntnisse über rechtliche oder tatsächliche Defizite des Asylsystems im Drittstaat vorliegen.[67] Sofern sich kein sicherer Drittstaat zur Aufnahme bereitfindet, weil die Einreiseroute nicht nachweisbar ist, greift für politische Flüchtlinge jedoch der Abschiebungsschutz gem. § 60 Abs. 1 AufenthG.

1132

2. Eingriffe

Als Eingriffe stellen sich alle aufenthaltsverweigernden und -beendenden Maßnahmen gegenüber den vom Asylrecht geschützten politisch Verfolgten dar. Daher liegt wie in der Abweisung eines Asylsuchenden an der Grenze[68] und in der Verweigerung

1133

---

61 E 80, 315/335.
62 BVerwGE 72, 269/277.
63 E 80, 315/340; 81, 142/152; BVerwG, NVwZ 1993, 191 f.
64 E 94, 49/85.
65 E 94, 49/89.
66 Vgl § 26a AsylVfG iVm Anlage I.
67 So jedenfalls im Rahmen der Güterabwägung im Verfahren der einstweiligen Anordnung BVerfG, NVwZ 2009, 1281; NVwZ 2010, 318.
68 BVerfG, NVwZ 1992, 973; BVerwGE 105, 28/32.

eines für die Einreise gegebenenfalls erforderlichen Sichtvermerks durch eine deutsche Auslandsvertretung auch in dem Verbot, Asylsuchende ohne Sichtvermerk auf dem Luftweg in die Bundesrepublik Deutschland zu befördern, ein Eingriff[69]. Die gelegentlich vom BVerwG geäußerte Auffassung,[70] Ausländer seien aus Art. 16a Abs. 1 erst dann berechtigt, wenn sie das Staatsgebiet der Bundesrepublik Deutschland erreicht haben, widerspricht Art. 1 Abs. 3 (vgl Rn 244 f). Kein Eingriff in das Asylgrundrecht ist die Vorenthaltung von Hilfeleistungen, Unterbringung und Versorgung,[71] denn Art. 16a Abs. 1 enthält ein Recht des status negativus, nicht des status positivus.[72] Die Vorenthaltung kann aber eine Verletzung von internationalen Menschenrechten oder sonstigen einfach-gesetzlichen Positionen sein[73].

3. Verfassungsrechtliche Rechtfertigung

1134 a) Art. 16a Abs. 2 S. 2 und Abs. 3 S. 1 enthalten qualifizierte **Gesetzesvorbehalte**. Art. 16a Abs. 2 S. 2 verwehrt die Berufung auf Art. 16a den Personen, die aus einem nicht den Europäischen Gemeinschaften, heute: Union, angehörenden sog. sicheren Drittstaat einreisen, dh aus einem Staat, für den ein Gesetz, das der Zustimmung des Bundesrates bedarf, feststellt, dass in ihm die Anwendung der Genfer Flüchtlingskonvention (vgl Rn 1116) und der EMRK sichergestellt ist. Art. 16a Abs. 3 S. 1 enthält auf den ersten Blick dieselbe Rechtsfolge, wenn er bei gesetzlich bestimmten sog. sicheren Herkunftsstaaten die Vermutung fehlender politischer Verfolgung anordnet. Doch kann diese Vermutung gem. Abs. 3 S. 2 durch einen Vortrag von Tatsachen über individuelle politische Verfolgung entkräftet werden.[74] Die eigentliche Bedeutung des Abs. 3 liegt in den prozessualen Rechtsfolgen des Abs. 4.

1135 b) Art. 16a Abs. 2 S. 3 und Abs. 4 enthalten **Beschränkungen des gerichtlichen Rechtsschutzes** bei der Asylgewährung und sind daher Spezialregelungen zu Art. 19 Abs. 4 S. 1. Bei der Einreise aus einem sog. *sicheren Drittstaat* wird durch Art. 16a Abs. 2 S. 3 der vorläufige Rechtsschutz gegen aufenthaltsbeendende einschließlich einreiseverhindernder[75] Maßnahmen ausgeschaltet. Dies gilt nach Wortlaut, Systematik und Sinn der Vorschrift auch dann, wenn der Einzelne sich nicht auf das Asylgrundrecht beruft, sondern die drohende Verletzung der Menschenwürde geltend macht.[76]

1136 Auch bei der Einreise aus einem sog. *sicheren Heimatstaat* und in anderen Fällen offensichtlicher Unbegründetheit eines Asylantrags geht es um sowohl aufenthaltsbeendende als auch einreiseverhindernde Maßnahmen.[77] Die Anforderungen an die Erlan-

---

69 *Becker*, MKS, Art. 16a Rn 125; *Kloepfer*, VerfR II, § 73 Rn 115; *Wittreck*, DR, Art. 16a Rn 92; vgl aber BVerwG, NVwZ 2000, 448.
70 BVerwGE 69, 323/325 ff.
71 BVerwGE 71, 139/141.
72 Vgl *Rottmann*, Staat 1984, 337/346 ff; *Zimmermann/Tams*, FH, Art. 16 Rn 41 ff; aA *Wittreck*, DR, Art. 16a Rn 122 ff; *Randelzhofer*, MD, Art. 16a Abs. 1 Rn 28.
73 Vgl BVerwGE 111, 200.
74 E 94, 115/145 ff.
75 E 94, 49/101.
76 So wohl auch E 94, 49, wo auf die Berufung der Verfassungsbeschwerden auf die Menschenwürde nicht eingegangen wird.
77 E 94, 166/192; diff. *Randelzhofer*, MD, Art. 16a Abs. 4, Rn 149 f.

gung vorläufigen Rechtsschutzes werden durch Art. 16a Abs. 4 zwar insofern nicht verschärft, als es wie bisher darauf ankommt, ob das Bundesamt für Migration und Flüchtlinge den Asylantrag zu Recht als offensichtlich unbegründet abgelehnt hat. Aber eine Verschärfung liegt darin, dass das Verwaltungsgericht nicht mehr nach der Richtigkeit des Offensichtlichkeitsurteils, sondern nur noch danach fragt, ob an der Richtigkeit ernstliche Zweifel bestehen.[78] Auch sonst ermächtigt der Gesetzesvorbehalt, den Prüfungsumfang der Verwaltungsgerichte einzuschränken und verspätetes Vorbringen für nicht berücksichtigungsfähig zu erklären. Eine Beschränkung des verfassungsgerichtlichen Eilrechtsschutzes ergibt sich daraus aber nicht.[79] Verfassungswidrig ist die Vollziehung einer Eilentscheidung vor Zustellung ihrer Begründung.[80]

c) Der **Vorbehalt völkerrechtlicher Verträge** gem. Art. 16a Abs. 5 soll bestimmte völkerrechtliche Bindungen der Bundesrepublik Deutschland bezüglich der Zuständigkeitsregelungen für die Prüfung von Asylbegehren einschließlich der gegenseitigen Anerkennung von Asylentscheidungen selbst dann ermöglichen, wenn dies nach den bisher dargestellten Schutzbereichsbegrenzungen und Eingriffsrechtfertigungen nicht zulässig sein sollte; auf die unionsrechtliche Harmonisierung des Asylrechts gem. Art. 78 AEUV findet er keine Anwendung.[81] Da derartige völkerrechtliche Bindungen nur durch ein Zustimmungsgesetz gem. Art. 59 Abs. 2 innerstaatlich wirksam werden, handelt es sich um einen qualifizierten Gesetzesvorbehalt.[82]

1137

d) Darüber hinaus kann das Grundrecht nur nach **Art. 18** verwirkt werden; die von Art. 16a Abs. 2–5 nicht gedeckte, auf eine Verwirkung hinauslaufende, aber nicht als Verwirkung ausgestaltete Einreiseverhinderung nach § 18 Abs. 2 Nr 3 AsylVfG sowie die Ausweisung und Abschiebung von Asylberechtigten nach §§ 56 Abs. 1, 60 Abs. 8 AufenthG sind daher verfassungswidrig.[83] Nicht angängig ist es, diesen verfassungstextlichen Befund durch die Annahme kollidierenden Verfassungsrechts zu unterlaufen. So beruft die Rechtsprechung sich für die Rechtfertigung auf das Sicherheitsinteresse des Staates und der Allgemeinheit und Art. 26 Abs. 1.[84] Im Schrifttum wird diesem Sicherheitsinteresse gelegentlich sogar eine „Kapazitätsschranke" entnommen.[85] Grundrechte unterliegen jedoch keiner Bewirtschaftung nach vorhandenen Kapazitäten.

1138

e) Ob Art. 16a in vollem Umfang **verfassungsmäßig** ist, war umstritten,[86] wurde aber vom BVerfG bejaht.[87] Problematisch ist Art. 16a zum einen, weil der Schutz der Menschenwürde die Abschiebung eines Asylbewerbers in einen Staat, in dem ihm Folter (vgl Rn 1128) oder die Abschiebung in einen anderen, ihn mit Folter bedrohen-

1139

---

78 E 94, 166/190.
79 Abw. M. E 94, 223/233; *Rozek*, DVBl. 1997, 517/526; aA E 94, 166/218 f; *Tomuschat*, EuGRZ 1996, 381/385.
80 *Zimmermann/Tams*, FH, Art. 16a, Rn 227 f.
81 *Wittreck*, DR, Art. 16a Rn 118; *Zimmermann/Tams*, FH, Art. 16a Rn 237.
82 *Becker*, MKS, Art. 16a Rn 230.
83 *Renner*, ZAR 2003, 52/55 f; aA *Zimmermann/Tams*, FH, Art. 16a Rn 130 f.
84 BVerfG, DVBl. 2001, 66; BVerwGE 139, 272/293.
85 *Randelzhofer*, Hdb. StR³ VII, § 153 Rn 62.
86 Vgl einerseits *Brenner*, Staat 1993, 493; *Schoch*, DVBl. 1993, 1161; andererseits *Pieroth/Schlink*, in: FS Mahrenholz, 1994, S. 669; auch *Voßkuhle*, DÖV 1994, 53.
87 E 94, 49.

den Staat (sog. Kettenabschiebung) droht, verbietet und weder in allen Mitgliedstaaten der Europäischen Union noch in anderen Drittstaaten iSv Art. 16a Abs. 2 S. 1 Kettenabschiebungen schlechterdings auszuschließen sind. Hierzu spricht das BVerfG vom „Konzept normativer Vergewisserung"; der verfassungsändernde Gesetzgeber habe sich daran orientiert und orientieren dürfen, dass in den fraglichen Staaten von Rechts wegen Kettenabschiebungen ausgeschlossen sind. Wo in den fraglichen Staaten allerdings die Sicherstellung der Anwendung des Flüchtlingsabkommens und der Menschenrechtskonvention ausnahmsweise durch Umstände gefährdet sei, die im Konzept der normativen Vergewisserung nicht hätten berücksichtigt werden können, bleibe die Bundesrepublik Deutschland zur Gewährung von Schutz verpflichtet.[88]

1140 Problematisch ist zum anderen die Einhaltung des *Art. 20 Abs. 2 und 3* durch Art. 16a. Zwar ist die Rechtsschutzgarantie des Art. 19 Abs. 4 einer Einschränkung durch verfassungsändernde Gesetze nicht entzogen,[89] doch verlangen die Gewaltenteilung und die Bindung der vollziehenden Gewalt an Gesetz und Recht einen Grundstandard an effektivem Rechtsschutz, der nach dem Abhör-Urteil des BVerfG zwar nicht notwendig gerichtlicher Rechtsschutz, aber irgendeine Art „unabhängiger Kontrolle" sein muss.[90] Das Problem bei Art. 16a Abs. 2 S. 3 ist, dass eine entsprechende Kontrolle durch deutsche Gerichte oder andere unabhängige Instanzen verwehrt wird; das BVerfG lässt wieder die normative Vergewisserung betreffend die Sicherstellung der Anwendung des Flüchtlingsabkommens und der Menschenrechtskonvention in den fraglichen Staaten genügen.[91] Treffen allerdings die Befürchtungen des Betroffenen zu und erweist sich zB der Drittstaat als nicht sicher, indem er ihn in den Verfolgerstaat abschiebt, ist die politische Verfolgung irreparabel. Die Verfassungsänderung hat das Asylrecht zu einem „Grundrecht zweiter Klasse" gemacht.[92]

1141 **Lösungsskizze zum Fall 21 (Rn 1099):** I. Der Schutzbereich des Art. 16a Abs. 1 setzt voraus, dass B politisch verfolgt ist. B befürchtet begründet Beeinträchtigungen von Leib und Leben wegen ihrer Religion und Volkszugehörigkeit. Sie hat keine inländische Fluchtalternative, weil ihr bei der katastrophalen Versorgungslage in Bosnien-Herzegowina ein Leben am Rande des Existenzminimums droht, und keine ausländische Fluchtalternative, weil sie in keinem anderen Staat Aufnahme und Schutz vor Verfolgung gefunden hat. Die Verfolgungsgefahr ist gegenwärtig, weil sich die Verhältnisse in Bosnien-Herzegowina geändert haben und damit ein beachtlicher objektiver Nachfluchttatbestand gegeben ist. Der B droht eigene Verfolgung. Dies ergibt sich aus der Situation der Muslime in Bosnien-Herzegowina insgesamt (sog. Einzelverfolgung wegen Gruppenangehörigkeit). B befindet sich nach Ort, Zeit und Wiederholungsträchtigkeit in einer vergleichbaren Lage mit den in den Lagern der bosnischen Serben gefangenen Muslimen. Angesichts der großen Zahl intensiver Menschenrechtsverletzungen an Mitgliedern der muslimischen Bevölkerungsgruppe besteht für B nicht nur die theoretische, sondern die reale Möglichkeit, selbst Opfer von schwersten Misshandlungen zu werden. B befürchtet auch politische Verfolgung. Zwar geht die Verfol-

---

88 E 94, 49/99 f.
89 E 30, 1/25; 94, 49/103.
90 Vgl E 30, 1/27 ff; *Schlink*, Staat 1973, 85/98 ff.
91 E 94, 49/104.
92 *Tomuschat*, EuGRZ 1996, 381/386.

gung der Muslime weder aktiv vom bosnischen Staat aus (sog. unmittelbare Verfolgung) noch ist dieser auf absehbare Zeit in der Lage, seinen Bürgern Schutz vor Übergriffen zu gewähren. Daher scheidet auch eine sog. mittelbare staatliche Verfolgung aus. Es liegt aber eine sog. quasistaatliche Verfolgung durch die bosnischen Serben vor, die faktisch die Staatsgewalt in Bosnien-Herzegowina innehaben; denn diesen ist es gelungen, auf dem Territorium des Staates Bosnien-Herzegowina eine selbstständige Herrschaftsordnung zu etablieren, die es ihnen möglich macht, staatsähnliche Herrschaftsgewalt auszuüben. Dass die Verfolgungshandlungen im Rahmen eines Bürgerkriegs begangen wurden, ist hier unschädlich, denn Bürgerkriegsverhältnisse schließen das Entstehen eines Asylbegehrens jedenfalls dann nicht aus, wenn die Handlungen quasistaatlicher Kräfte in die gezielte physische Vernichtung oder Zerstörung der ethnischen oder religiösen Identität einer bestimmten Bevölkerungsgruppe umschlagen. Das kann angesichts der sog. ethnischen Säuberungen in Bosnien-Herzegowina angenommen werden. – II. Der B den Asylanspruch zu versagen, wäre ein Eingriff, der verfassungsrechtlich nicht gerechtfertigt wäre. Insbesondere greift Art. 16a Abs. 2 nicht ein; denn diese Regelung gilt nur für die Fälle, in denen der Betroffene nach dem 30.6.1993 eingereist ist (BVerfG, NVwZ-Beilage 2/1993, 12).

Literatur: Allgemein: *A. Meßmann/T. Kornblum*, Grundfälle zu Art. 16, 16a GG, JuS 2009, 688, 810. – Zu II. und III.: *R. Grawert*, Staatsvolk und Staatsangehörigkeit, Hdb. StR³ II, § 16; *U. Häde*, Die Auslieferung – Rechtsinstitut zwischen Völkerrecht und Grundrechten, Staat 1997, 1; *K. Hailbronner/G. Renner/H.-G. Maaßen*, Staatsangehörigkeitsrecht, 5. Aufl. 2010; *A. Leupold*, Einführung in das Staatsangehörigkeitsrecht, JuS 2006, 126; *K. Lubenow*, Verfassungsrechtliche Schranken der Auslieferung in der Rechtsprechung des BVerfG, in: FS Graßhof, 1998, S. 325; *G. Lübbe-Wolff*, Entziehung und Verlust der deutschen Staatsangehörigkeit – Art. 16 I GG, Jura 1996, 57; *K. Schmalenbach*, Verbot der Auslieferung und des Entzugs der Staatsangehörigkeit Hdb. GR V, § 122; *F.E. Schnapp/M. Neupert*, Grundfragen des Staatsangehörigkeitsrechts, Jura 2004, 167; *A. Uhle*, Auslieferung und Grundgesetz, NJW 2001, 1889; *A. Zimmermann*, Die Auslieferung Deutscher an Staaten der Europäischen Union und internationale Strafgerichtshöfe, JZ 2001, 233. – Zu IV.: *S. Fontana*, Verfassungsrechtliche Fragen der aktuellen Asyl- und Flüchtlingspolitik im unions- und völkerrechtlichen Kontext, NVwZ 2016, 735; *K. Hailbronner*, Asylrecht, Hdb. GR V, § 123; *M. Hong*, Asylgrundrecht und Refoulementverbot, 2008; *G. Lübbe-Wolff*, Das Asylgrundrecht nach den Entscheidungen des BVerfG vom 14. Mai 1996, DVBl. 1996, 825; *F. Moll*, Das Asylgrundrecht bei staatlicher und frauenspezifischer Verfolgung, 2007; *A. Randelzhofer*, Asylrecht, Hdb. StR³ VII, § 153.

1142

§ 25 Petitionsrecht (Art. 17)

Fall 22: Der abgewiesene Lehramtsanwärter (nach E 2, 225) L wendet sich mit einem Brief an den Kultusminister des Bundeslandes B. Darin führt er aus, dass er die Zurückweisung seines Antrages auf Einstellung in den Schuldienst durch die zuständige Abteilung des Kultusministeriums für rechtswidrig halte und eine Klage erwäge. Zuvor wolle er jedoch dem Minister Gelegenheit bieten, selbst dem Recht zur Geltung zu verhelfen. Daraufhin erhält er folgende Antwort eines Ministerialbeamten: „Der Herr Minister hat Ihre Eingabe vom … zur Kenntnis genommen, sieht sich jedoch nicht veranlasst, auf Ihre Vorstellungen hin eine Verfügung zu treffen." Wird dadurch Art. 17 verletzt? **Rn 1154**

1143

I. Überblick

1144 Das Petitionsrecht ist ein altes Grundrecht. Mit ihm wird dem Einzelnen allein oder „in Gemeinschaft mit anderen" (sog. Sammelpetition) ein formloser Rechtsbehelf garantiert. Art. 17 ist nicht nur ein Abwehrrecht; er beinhaltet einen Anspruch auf sachliche Bescheidung der Petition und stellt insofern ein Teilhaberecht dar (vgl Rn 155). Das Petitionsrecht hat große praktische Bedeutung; so gingen beim Deutschen Bundestag im Jahr 2015 ca. 13 000 Eingaben ein.[1] Die Befugnisse des Petitionsausschusses des Deutschen Bundestages sind in einem auf Grund des Art. 45c ergangenen Gesetz besonders geregelt.

II. Schutzbereich

1. Petitionsbegriff

1145 Petitionen iSd Art. 17 werden als „Bitten und Beschwerden" umschrieben. Bitten richten sich auf künftiges, Beschwerden gegen vergangenes Verhalten. Grundrechtlich geschützt ist nur die schriftliche Petition (anders zB Art. 16 hess Verf). Wortlaut und Systematik führen zu folgenden Abgrenzungen: reine Meinungsäußerungen werden ausschließlich von Art. 5 Abs. 1 S. 1 Hs. 1 geschützt; für Bitten um Zugang zu allgemein zugänglichen staatlichen Informationsquellen ist Art. 5 Abs. 1 S. 1 Hs. 2 speziell; förmliche Rechtsbehelfe und Rechtsmittel fallen unter Art. 19 Abs. 4. Aus dem Sinn und Zweck des Art. 17 ist schließlich zu folgern, dass anonyme Eingaben keine Petitionen sind.[2]

1146 **Beispiele:** Petitionen sind nicht nur die herkömmlicherweise unterschiedenen drei Typen der formlosen Rechtsbehelfe, nämlich Gegenvorstellung (Bitte an die handelnde Behörde, die beanstandete Maßnahme zu überprüfen und ggf zu korrigieren), Aufsichtsbeschwerde (entsprechende Bitte an die übergeordnete Behörde) und Dienstaufsichtsbeschwerde (Beschwerde an einen Dienstvorgesetzten über das Verhalten eines Bediensteten), sondern alle Bitten und Beschwerden bezüglich der Ausübung öffentlicher Gewalt.

2. Adressaten der Petition

1147 Die Petition muss an die zuständige Stelle oder an die Volksvertretung gerichtet sein. Zur *Volksvertretung* rechnen nicht nur der Deutsche Bundestag und die Landtage bzw Bürgerschaften, sondern auch die Gemeinderäte (vgl Art. 28 Abs. 1 S. 2).[3] Die *Zuständigkeit* der Stelle wird nach allgemeiner Meinung nicht streng organisationsrechtlich verstanden: So muss der Instanzenzug nicht gewahrt werden.[4] Bei Petitionen an die sachlich unzuständige Stelle fordert Art. 17 die Weiterleitung oder immerhin eine Mitteilung an die zuständige Stelle.[5]

---

1 Vgl BT-Drucks. 18/8370, S. 7.
2 *Brenner*, MKS, Art. 17 Rn 31; *Jarass*, JP, Art. 17 Rn 4; *Kloepfer*, VerfR II, § 76 Rn 19; aA *Krings*, FH, Art. 17 Rn 41; *Stern*, StR IV/2, S. 305.
3 OVG Münster, DVBl. 1978, 895; OLG Düsseldorf, NVwZ 1983, 502; aA OVG Lüneburg, OVGE 23, 403/407.
4 E 2, 225/229.
5 BVerwG, DÖV 1976, 315; aA *Krings*, FH, Art. 17 Rn 57.

3. Inhaltliche Zulässigkeitsvoraussetzungen

Nach der Rechtsprechung des BVerfG soll eine Petition unzulässig sein, wenn mit ihr „etwas gesetzlich Verbotenes gefordert wird" oder sie „beleidigenden, herausfordernden oder erpresserischen Inhalt hat"[6]. Hierbei wird die rechtliche Bewertung des Verhaltens des Petenten mit der rechtlichen Bewertung des Verhaltens, das er von der angeschriebenen Stelle verlangt, vermengt:[7] Einerseits wird ein *rechtlich verbotenes Verhalten* nicht dadurch zulässig, dass es sich als Petition ausgibt. Nicht von Art. 17 geschützt ist daher eine Petition, die gegen Strafgesetze verstößt. Die Auslegung der Strafgesetze muss allerdings die objektiv-rechtliche Bedeutung des Art. 17 berücksichtigen.

1148

Beispiel: Beleidigende Äußerungen können durch die Wahrnehmung berechtigter Interessen (§ 193 StGB) gerechtfertigt sein. Da Petitionen nicht auf die Geltendmachung von Individualinteressen beschränkt sind, sondern auch ein allgemeines Anliegen verfolgen dürfen, muss auch die Wahrnehmung von Interessen der Allgemeinheit nach § 193 StGB gerechtfertigt sein (vgl auch OLG Düsseldorf, NJW 1972, 650).

1149

Andererseits sind Petitionen, die etwas *rechtlich Verbotenes verlangen*, nicht unzulässig. Es kann gerade ein sinnvoller Inhalt der Petition sein, eine Rechtsänderung anzuregen. Für die Zulässigkeit derartiger Petitionen spricht auch die Überlegung, dass gerichtliche Klagen, die viel strengeren Zulässigkeitsvoraussetzungen unterliegen, nicht allein deshalb unzulässig sind, weil sie auf etwas rechtlich Verbotenes gerichtet sind.[8]

1150

4. Anspruch auf sachliche Bescheidung

Dem Wortlaut nach gewährt Art. 17 nur das Recht, sich an die genannten Stellen zu *wenden*. Wenn man daraus nur deren Pflicht entnähme, die Petition *entgegenzunehmen*, bliebe das Petitionsrecht ein wirkungsloses Instrument. Zu einem Rechtsbehelf im eigentlichen Sinn wird es erst, wenn auch eine inhaltliche Auseinandersetzung mit dem Anliegen des Einzelnen erfolgen muss. Daher ist anerkannt, dass Art. 17 einen Anspruch auf *Prüfung* und *Bescheidung* der Petition gewährt. Aus dem Bescheid muss sich „zum mindesten die Kenntnisnahme von dem Inhalt der Petition und die Art ihrer Erledigung ergeben"; eine „besondere Begründung" soll dagegen nicht erforderlich sein.[9] Im Schrifttum wird dagegen überwiegend ein Anspruch auf wenigstens knappe Begründung bejaht.[10]

1151

III. Eingriffe und verfassungsrechtliche Rechtfertigung

Jedes Zurückbleiben hinter den dargestellten Anforderungen stellt einen Eingriff dar. Art. 17 enthält keinen Gesetzesvorbehalt; lediglich für Sammelpetitionen von Soldaten sieht Art. 17a Abs. 1 eine Einschränkungsmöglichkeit (vgl Rn 709) vor, von der

1152

---

[6] E 2, 225/229.
[7] Vgl *Stein*, AK, Art. 17 Rn 23.
[8] *Klein*, MD, Art. 17 Rn 55; *Kloepfer*, VerfR II, § 76 Rn 30.
[9] Vgl E 2, 225/230; BVerfG, NJW 1992, 3033; BVerwG, BayVBl. 1991, 152; aA OVG Bremen, JZ 1990, 965/966 f; zust. *Stern*, StR IV/2, S. 315.
[10] Vgl *Klein*, MD, Art. 17 Rn 90 f; *Kloepfer*, VerfR II, § 76 Rn 16; *Stettner*, BK, Art. 17 Rn 92 ff.

bisher nur für Beschwerden, nicht aber für Bitten durch § 1 Abs. 4 WBO Gebrauch gemacht worden ist. Das BVerfG hat eine Eingriffsrechtfertigung nur durch kollidierendes Verfassungsrecht anerkannt.

1153 **Beispiel:** Das sog. Kontaktsperregesetz hat im Jahr 1977 die §§ 31–38 EGGVG eingeführt. Danach kann jedwede Verbindung von Gefangenen untereinander und mit der Außenwelt unter eng umschriebenen Voraussetzungen für einen begrenzten Zeitraum unterbrochen werden. Den darin liegenden Eingriff ua in Art. 17 hat E 49, 24/64 f mit dem „Interesse überragender Gemeinschaftswerte", nämlich dem Schutz des Lebens vor terroristischen Gewalttätern gerechtfertigt.

1154 **Lösungsskizze zum Fall 22 (Rn 1143):** I. Der *Schutzbereich* des Art. 17 ist betroffen, wenn es sich bei dem Schreiben des L um eine zulässige Petition handelt, die nicht sachlich beschieden wurde. 1. Die Bitte, der Minister möge sich des Falles annehmen und der bisherigen Entscheidung seiner Behörde abhelfen, fällt ohne weiteres unter den Begriff der Petition. L muss sich auch an die zuständige Stelle gewendet haben. Da ein Minister für die Rechtmäßigkeit des Verwaltungshandelns seiner Behörde verantwortlich ist, kann auch diese Voraussetzung bejaht werden. Nach der Rechtsprechung des BVerfG ist eine Petition dann unzulässig, wenn sie „beleidigenden, herausfordernden oder erpresserischen Inhalt hat" (E 2, 225/229). Allgemeiner gesagt darf die Petition nicht gegen – ihrerseits verfassungsmäßige – Strafgesetze verstoßen. Da die Androhung des L, ggf den Rechtsweg zu beschreiten, nicht als unzulässiges Druckmittel anzusehen ist, ist die Eingabe keinesfalls unzulässig. – 2. Daraus ergibt sich für L nicht nur ein Anspruch auf Entgegennahme, sondern darüber hinaus auf Prüfung und Bescheidung durch die angegangene Stelle. Der Bescheid muss nach der Rechtsprechung zwar keine Begründung enthalten, wohl aber dem Petenten gegenüber erkennen lassen, dass die Eingabe vom Adressaten zur Kenntnis genommen worden ist und was dieser zur Erledigung veranlasst hat. Dagegen wird im Schrifttum überwiegend eine, wenn auch kurze, Begründung verlangt. Hier ist dem dem L gegenüber ergangenen Bescheid zu entnehmen, dass der Minister mit der Eingabe befasst war, jedoch nichts unternehmen wird. Damit wurde den Anforderungen der Rechtsprechung, nicht aber den weitergehenden des Schrifttums genügt. – II. Nach der Rechtsprechung liegt schon kein *Eingriff* in Art. 17 vor. Nach der abweichenden Auffassung wäre ein solcher zu bejahen; da hierfür keine verfassungsrechtliche Rechtfertigung ersichtlich ist, läge auch ein Verstoß gegen Art. 17 vor.

1155 **Literatur:** *H. Bauer,* Das Petitionsrecht: Eine Petitesse?, in FS Stern, 2012, S. 1211; *A. Guckelberger,* Neue Erscheinungen des Petitionsrechts – E-Petitionen und öffentliche Petitionen, DÖV 2008, 85; *W. Hoffmann-Riem,* Zum Gewährleistungsgehalt der Petitionsfreiheit, in: FS Selmer, 2004, S. 93; *M. Hornig,* Die Petitionsfreiheit als Element der Staatskommunikation, 2001; *C. Langenfeld,* Das Petitionsrecht, Hdb. StR[3] III, § 39; *U.F.H. Rühl,* Der Umfang der Begründungspflicht von Petitionsbescheiden, DVBl. 1993, 14; *W. Vitzthum/W. März,* Das Grundrecht der Petitionsfreiheit, JZ 1985, 809.

§ 26 Rechtsschutzgarantie (Art. 19 Abs. 4)

Fall 23: Beschwerdeverfahren im Strafvollzug (nach E 40, 237) A verbüßt eine Freiheitsstrafe in einer Justizvollzugsanstalt. Wegen eines Verstoßes gegen die Anstaltsordnung erteilt ihm der Anstaltsleiter Hausarrest. Zwei Wochen später erhebt A hiergegen Beschwerde, die der Präsident des Justizvollzugsamts zurückweist. Sein Antrag auf gerichtliche Entscheidung gem. § 23 EGGVG wird vom OLG wegen Fristversäumnis als unzulässig zurückgewiesen. Das Gericht stützt sich auf § 24 Abs. 2 EGGVG, wonach der Antrag auf gerichtliche Entscheidung erst nach vorausgegangenem Beschwerdeverfahren gestellt werden darf, sowie eine Verwaltungsvorschrift, in der das Beschwerdeverfahren zu dem Präsidenten des Justizvollzugsamts geregelt und für die Einlegung dieser Beschwerde eine Frist von einer Woche vorgeschrieben ist. Verstößt die Entscheidung des OLG gegen Art. 19 Abs. 4? **Rn 1178**

1156

I. Überblick

Art. 19 Abs. 4 ist formelles oder *Verfahrensgrundrecht*: Er setzt die materiellen Grund- und einfach-rechtlichen Rechte voraus und gewährleistet, dass ihre rechtliche Geltung im gerichtlichen Verfahren zu tatsächlicher Wirksamkeit gebracht wird. Seine formell-rechtliche Bedeutung entspricht der materiell-rechtlichen Bedeutung von Art. 2 Abs. 1: Wie Art. 2 Abs. 1 den Freiheitsschutz materiell lückenlos abschließt, verbürgt Art. 19 Abs. 4 den lückenlosen gerichtlichen Rechtsschutz. Art. 19 Abs. 4 steht im Zusammenhang mit dem Rechtsstaat und wird als dessen Krönung, als Schlussstein in dessen Gewölbe bezeichnet.[1] Das Offenstehen des Rechtswegs in zivilrechtlichen Streitigkeiten, das nicht Inhalt von Art. 19 Abs. 4 ist, folgt aus dem allgemeinen Justizgewährungsanspruch, den das BVerfG aus dem Rechtsstaatsprinzip ableitet.[2]

1157

Art. 19 Abs. 4 ist Grundrecht mit *normgeprägtem* Schutzbereich. Damit man Rechtswege beschreiten und Rechtsschutz erlangen kann, müssen Gerichte geschaffen, Zuständigkeiten begründet und Verfahren eingerichtet sein; Art. 19 Abs. 4 setzt Gerichtsverfassungs- und Verfahrensgesetze voraus und wird daher als institutionelle Garantie der Gerichtsbarkeit bezeichnet[3]. Zugleich kann Art. 19 Abs. 4 als verfassungsrechtliche Bestimmung aber nicht dem einfachen Recht überlassen, wie eng- oder weitherzig es Rechtswege eröffnet und Rechtsschutz ermöglicht (Rn 147 ff). Eine gewisse Unabhängigkeit vom einfachen Recht liegt darin, dass Art. 19 Abs. 4 S. 2 bei fehlender anderer Zuständigkeit, dh wenn der Gesetzgeber für eine öffentlich-rechtliche Streitigkeit bei einem Fachgericht keine Zuständigkeit begründet hat, die Zuständigkeit der ordentlichen Gerichte bestimmt. Außerdem verlangt das BVerfG „effektiven Rechtsschutz" und gibt damit dem Gesetzgeber einen Maßstab für die Eröffnung von Rechtswegen und Ermöglichung des Rechtsschutzes.

1158

---

1 Vgl *Dürig*, Gesammelte Schriften 1952–1983, 1984, S. 137 ff.
2 E 93, 99/107; 97, 169/185; 107, 395/401; 108, 341/347; 117, 71/122; BVerwG, DÖV 2017, 115.
3 *Ibler*, FH, Art. 19 IV Rn 19 ff; krit. *Schenke*, BK, Art. 19 Abs. 4 Rn 39 f.

II. Schutzbereich

1. Öffentliche Gewalt

1159 Der Begriff der öffentlichen Gewalt oder der Staatsgewalt bezeichnet im Grundgesetz üblicherweise Gesetzgebung, vollziehende Gewalt und Rechtsprechung (vgl Art. 1 Abs. 1 und 3, 20 Abs. 2, 93 Abs. 1 Nr 4a). Anders in Art. 19 Abs. 4:

1160 – Nach der Rechtsprechung des BVerfG[4] ist hier die *Rechtsprechung nicht* erfasst. Art. 19 Abs. 4 soll den Schutz *durch*, nicht *gegen* den Richter gewährleisten. Das ergibt auch der systematische Zusammenhang mit dem Grundsatz der Rechtssicherheit als Element des Rechtsstaatsprinzips: Richterliche Entscheidungen müssen um der Rechtssicherheit willen in Rechtskraft erwachsen. Dies würde vereitelt, wenn gegen sie wieder und wieder der Rechtsweg beschritten werden könnte.[5] Soweit ein Richter gegen den Anspruch auf rechtliches Gehör gemäß Art. 103 Abs. 1 verstößt, leitet das BVerfG einen wenigstens einmaligen fachgerichtlichen Rechtsschutz aus dem allgemeinen rechtsstaatlichen Justizgewährungsanspruch ab.[6]

1161 – Nach der Rechtsprechung des BVerfG[7] ist hier auch *nicht* die *Gesetzgebung*, jedenfalls nicht die formelle Gesetzgebung gemeint. Dies ist zwar nicht zweifelsfrei, aber mit einleuchtenden systematischen Argumenten begründbar: Die gerichtliche Überprüfung von Gesetzen, dh die Normenkontrolle, ist im Grundgesetz an mehreren Stellen ausdrücklich geregelt, in Art. 93 Abs. 1 Nr 2, Art. 93 Abs. 1 Nr 4a und Art. 100 Abs. 1. Das Kennzeichnende dieser Vorschriften ist, dass es regelmäßig (mit Ausnahme des Art. 93 Abs. 1 Nr 4a) nicht in der Macht des Einzelnen steht, die Normenkontrolle bei formellen Gesetzen in Gang zu setzen, und dass es außerdem nicht in der Macht der in Art. 19 Abs. 4 angesprochenen ordentlichen und Fachgerichte steht, sie durchzuführen. Dies darf nicht durch Art. 19 Abs. 4 überspielt werden, und daher muss die (Parlaments-)Gesetzgebung bei Art. 19 Abs. 4 aus dem Begriff der öffentlichen Gewalt ausgenommen werden.[8]

1162 Die danach übrig bleibende Exekutive unterliegt der gerichtlichen Kontrolle aber *umfassend*. Ebenso umfassend wie die Exekutive durch Art. 1 Abs. 3 an die Grundrechte gebunden ist (vgl Rn 229 ff), wird sie über Art. 19 Abs. 4 auf die Einhaltung der Grundrechte kontrolliert. Die Kontrolle erfasst auch den Rechtspfleger[9] und den Staatsanwalt[10], die zwar in Nachbarschaft zur Rechtsprechung agieren, ihr aber nicht zugehören. Durch das Wahlprüfungsverfahren gem. Art. 41 wird der gerichtliche

---

4 E 49, 329/340 f; 107, 395/404 ff.
5 Ebenso *Jarass*, JP, Art. 19 Rn 45; *Ramsauer*, AK, Art. 19 Abs. 4 Rn 55 f; *Schenke*, BK, Art. 19 Abs. 4 Rn 371 ff; aA *Huber*, MKS, Art. 19 Rn 435 ff; *Ibler*, FH, Art. 19 IV Rn 91 ff; *Uhle*, Hdb. GR V, § 129 Rn 14.
6 E 107, 395/407, 411; dazu *Voßkuhle*, NJW 2003, 2193; *Dörr*, Jura 2004, 334.
7 E 24, 33/49 ff; 24, 367/401.
8 Ebenso *Hesse*, VerfR, Rn 337; *Jarass*, JP, Art. 19 Rn 43 f; aA *Ibler*, FH, Art. 19 IV Rn 82 ff; *Schenke*, BK, Art. 19 Abs. 4 Rn 338 ff; *Schmidt-Aßmann*, MD, Art. 19 Abs. 4 Rn 93 ff; *Uhle*, Hdb. GR V, § 129 Rn 14.
9 E 101, 397/407.
10 E 103, 142/156.

Rechtsschutz nur insoweit speziell geregelt, als die Erklärung der Ungültigkeit der Bundestagswahl begehrt wird; gegen behördliche Maßnahmen im Wahlverfahren steht der Rechtsweg offen.[11] Aus der Zeit vor der Geltung des Grundgesetzes stammen Versuche, den Rechtsschutz zumal im sog. besonderen Gewaltverhältnis und bei sog. justizfreien Hoheitsakten (Regierungsakten, Gnadenakten) einzuschränken; sie haben vor Art. 19 Abs. 4 keinen Bestand.[12] Allerdings hält das BVerfG in stRspr Gnadenentscheidungen für nicht gerichtlich überprüfbar.[13] Schließlich gehört die Rechtsetzung der Exekutive in der Form von Rechtsverordnungen und Satzungen zur öffentlichen Gewalt iSv Art. 19 Abs. 4; wo das Landesrecht keine Normenkontrolle gem. § 47 VwGO vorsieht, hat verwaltungsgerichtlicher Rechtsschutz über die Feststellungsklage stattzufinden.[14]

2. Rechtsverletzung

Unter Rechten sind nicht etwa nur die im selben Abschnitt aufgeführten Grundrechte,[15] sondern *alle subjektiven Rechte* des öffentlichen wie des privaten Rechts zu verstehen. Art. 19 Abs. 4 setzt sie voraus und schafft sie nicht. Es kommt also darauf an, ob im sonstigen Recht ein subjektives Recht begründet ist.[16]   1163

Beispiele: Grundrechte des Grundgesetzes, die als einfaches Recht geltenden Grundrechte der EMRK, Rechte auf Baugenehmigung, Reisegewerbekarte, Ausbildungsförderung, Sozialhilfe, der öffentlich-rechtliche Folgenbeseitigungsanspruch, privatrechtliche Eigentums-, Forderungs-, Gesellschafter-, Wertpapierrechte usw.   1164

Unter Rechtsverletzung ist der *rechtswidrige Eingriff* zu verstehen. Er muss nicht wirklich erfolgt sein, damit der Rechtsweg offen steht; die Feststellung, ob er wirklich erfolgt ist, ist gerade die den Gerichten durch Art. 19 Abs. 4 zugewiesene Aufgabe. Die Rechtsverletzung muss lediglich *geltend gemacht*, dh immerhin schlüssig und plausibel vorgetragen werden.   1165

Beispiel: Gem. § 42 Abs. 2 VwGO sind die Anfechtungs- und Verpflichtungsklage vor dem Verwaltungsgericht nur zulässig, wenn der Kläger geltend machen kann, durch den Verwaltungsakt in seinen Rechten verletzt zu sein. Hier wird genau das gefordert, was auch Art. 19 Abs. 4 voraussetzt. In § 42 Abs. 2 VwGO liegt daher kein Eingriff in Art. 19 Abs. 4.   1166

Strukturelle Rechtsschutzprobleme werfen heimliche Überwachungsmaßnahmen auf. Aufgrund ihrer Heimlichkeit können potentiell Betroffene eine tatsächliche Betroffenheit kaum je nachweisen. Bei der nicht Art. 19 Abs. 4 unterfallenden Gesetzesverfassungsbeschwerde hat das BVerfG für die Beschwerdebefugnis daher ausreichen lassen, dass „mit einiger Wahrscheinlichkeit" von der Betroffenheit des Beschwerdeführers ausgegangen werden kann.[17] Demgegenüber hat das BVerwG die Klagebefugnis gegen strategische Telekommunikationsüberwachungen abgelehnt, wenn der   1167

---

11 *Pieroth*, JP, Art. 41 Rn 4.
12 Vgl *Kloepfer*, VerfR II, § 74 Rn 8; *Schenke*, BK, Art. 19 Abs. 4 Rn 306 ff, 316.
13 E 25, 352/358; BVerfG, NJW 2001, 3771; anders aber für den Widerruf eines Gnadenakts E 30, 108/111.
14 E 115, 81/92 ff.
15 So *Pestalozza*, NVwZ 1999, 140.
16 E 15, 275/281; 83, 184/194 f.
17 E 122, 63/81 f; 125, 260/305; 133, 277/311 ff.

Kläger den Beweis seiner Betroffenheit nicht erbringen kann. Da die Löschung der Überwachungsdaten durch die Behörde auch dem Interesse der Betroffenen gedient habe, sah das Gericht auch keinen Grund zu einer Beweislastumkehr.[18] Jedenfalls soweit das Gericht diese Wertung darauf stützt, dass es sich allenfalls um einen geringfügigen Eingriff gehandelt haben könnte und außerdem eine Kontrolle der Maßnahmen durch die parlamentarische Kontrollkommission erfolgt sei, verkennt sie die grundgesetzliche Gewährleistung des Rechtsschutzes, der weder eine Bagatellgrenze kennt, noch – jenseits von Art. 10 Abs. 2 S. 2 – durch parlamentarische Verfahren substituiert werden kann.[19]

1168 Mit der Voraussetzung, dass der Grundrechtsberechtigte in *seinen* Rechten verletzt sein muss, ist klargestellt, dass eine *Popularklage* – Klage eines beliebigen Bürgers, der einen beliebigen Rechtsverstoß rügt – und eine *Verbandsklage* – Klage eines Verbands, der die Verletzung von Rechten seiner Mitglieder oder auch gemäß dem Verbandsanliegen die Verletzung sonstiger Rechtsnormen geltend macht – nicht von Art. 19 Abs. 4 geschützt sind.[20] Diese Klagen sind durch die Rechtsweggarantie aber auch nicht verboten. Dem Gesetzgeber steht es frei, sie allgemein oder nur für bestimmte Bereiche einzuführen.

1169 **Beispiele:** Art. 53 Abs. 1 S. 1 bay VerfGHG lautet: „Die Verfassungswidrigkeit eines Gesetzes oder einer Verordnung wegen unzulässiger Einschränkung eines Grundrechts (Art. 98 Satz 4 der Verfassung) kann von jedermann durch Beschwerde beim Verfassungsgerichtshof geltend gemacht werden" (Popularklage). – Durch § 2 UmwRG und § 64 BNatSchG ist den vom Bund und den Ländern anerkannten Verbänden ein eigenes Klagerecht eingeräumt worden (materiell-rechtliche Verbandsklage; vgl *Calliess*, NJW 2003, 97 ff; *Schlacke*, Überindividueller Rechtsschutz, 2008). Dagegen ist das Klagerecht der anerkannten Naturschutzverbände aus § 2 UmwRG, § 64 BNatSchG auf die Beteiligung am Verwaltungsverfahren beschränkt (verfahrensrechtliche Verbandsklage; vgl BVerwGE 87, 62/69 f).

3. Offenstehen des Rechtswegs

1170 Mit dem Offenstehen des Rechtswegs ist der *Zugang* zum Gericht, das *Verfahren* vor dem Gericht und die *Entscheidung* durch das Gericht verbürgt. Dabei sind staatliche Gerichte gemeint, die in ihrer organisatorischen Stellung und personellen Besetzung den Anforderungen von Art. 92 und 97 genügen.[21] Das Grundgesetz kennt verschiedene Gerichtsbarkeiten (Art. 95 und 96) und begründet einige Zuständigkeiten der ordentlichen Gerichtsbarkeit (Art. 14 Abs. 3 S. 4, Art. 34 S. 3, hilfsweise Art. 19 Abs. 4 S. 2). Im Übrigen überlässt es die Ausgestaltung von Gerichtsverfassung und -verfahren dem Gesetzgeber und *nur dem Gesetzgeber*; da der Richter allein dem Gesetz unterworfen ist, kann der Rechtsweg auch nur durch den Gesetzgeber und nicht etwa durch die Verwaltung eröffnet und verschlossen werden. Der Gesetzgeber ist frei, einen mehrstufigen Instanzenzug oder nur ein einstufiges Gerichtsverfahren einzurichten; Art. 19 Abs. 4 verlangt keinen Rechtsweg in zweiter oder dritter Instanz.[22]

---

18   BVerwG, JZ 2014, 994/996.
19   *Gärditz*, JZ 2014, 998/1000 f.
20   Vgl BVerfG, NVwZ 2001, 1149; *Michael*, Verwaltung 2004, 35.
21   E 11, 232/233; 49, 329/340.
22   E 4, 74/94 f; 104, 220/231 f; 107, 395/401 ff; BVerwGE 120, 87/93.

Die Rechtsschutzgarantie wäre offensichtlich wirkungslos, wenn die Gerichte das **1171** Rechtsschutzbegehren inhaltlich nicht prüfen müssten und sich mit der Entscheidung beliebig viel Zeit lassen könnten. Das BVerfG hat deshalb betont, dass Art. 19 Abs. 4 einen *effektiven Rechtsschutz* garantiert, der den Grundrechten tatsächliche Wirksamkeit verschafft; er darf nicht „leerlaufen"[23]. Hier wirken die Rechtsschutzgarantie und die jeweiligen Grundrechte als Verfahrensrechte (vgl Rn 126) zusammen.

Beispiele: Effektiver Rechtsschutz setzt stets die Eröffnung eines Rechtswegs voraus; Unklar- **1172** heiten bei der Abgrenzung der Rechtswege dürfen nicht auf dem Rücken des Rechtsuchenden ausgetragen werden (BVerfG, NJW 2017, 545/546 f = JK 8/2017, s. auch Rn 489). Die Gerichte müssen eine vollständige rechtliche und tatsächliche Prüfung vornehmen (E 64, 261/279; 78, 88/99; 103, 142/156) und dafür auch Einsicht in die relevanten Akten der Verwaltung bekommen (E 101, 106/125 ff). Art. 19 Abs. 4 S. 1 garantiert effektiven Rechtsschutz grundsätzlich in der Hauptsache und nicht nur im Eilrechtsschutz (BVerfG, NVwZ 2017, 305/306). Werden in einem gestuften Verwaltungsverfahren in tatsächlicher Hinsicht Festlegungen geschaffen, deren spätere Korrektur realistisch nicht erwartet werden kann, muss sich der Rechtsschutz bereits gegen die frühen Stufen des Verfahrens richten können, auch wenn sich mit ihnen keine rechtliche Vorfestlegung des späteren Grundrechtseingriffs verbindet (E 134, 242/311 = JK 5/2014; NVwZ 2017, 149/150; *Beier*, DÖV 2015, 309/311 ff, s. Rn 1047). – Dem Rechtsschutzsuchenden muss der Zugang zum Gericht, wenn er ihn sich anders nicht leisten kann, durch Prozesskostenhilfe ermöglicht werden (BVerfG, DVBl. 2001, 1748), ihm dürfen keine unangemessenen verfahrensrechtlichen Hindernisse begegnen (E 60, 253/266 ff), u.a. keine überspannten Darlegungsanforderungen aufgebürdet werden (BVerfG, NVwZ 2001, 552); die Überprüfung einer richterlichen oder staatsanwaltschaftlichen (BVerfG, NJW 2007, 1345 f) Anordnung der Durchsuchung (E 96, 27/40), Inhaftierung (E 104, 220/233 ff) und Telekommunikationsüberwachung (BVerfG, NJW 2005, 1637, 1855) sowie einer Eilverfahrensentscheidung (E 110, 77/86 ff) darf nicht nur deshalb, weil sie bereits vollzogen worden ist oder sich erledigt hat, verweigert werden (BVerfG, NVwZ-RR 2015, 881/881 f). Die Gerichte – auch das BVerfG selbst (vgl EGMR, NJW 2001, 213) – müssen in angemessener Frist entscheiden (E 93, 1/13; BVerfG, NVwZ 2011, 486/492). §§ 198 ff GVG und die §§ 97a ff BVerfGG sehen ein eigenständiges Entschädigungsverfahren bei unangemessener Prozessdauer vor, das bei abgeschlossenem Verfahren das Rechtsschutzbedürfnis für eine Verfassungsbeschwerde entfallen lässt (BVerfG JZ 2013, 145 [s. Rn 1324]); es muss vorläufiger Rechtsschutz gewährleistet sein, wenn ohne ihn unzumutbare, anders nicht abwendbare Nachteile entstünden (E 65, 1/70 f; BVerfG, NVwZ 2004, 95); schon im Vorfeld des Gerichtsverfahrens verlangt effektiver Rechtsschutz von der Verwaltung das Unterlassen von Maßnahmen, die ohne hinreichenden Grund vollendete Tatsachen schaffen (E 37, 150/153; 69, 200/227 ff), die Benachrichtigung bei nicht erkennbaren Eingriffen wie dem Lauschangriff (E 109, 279/363 f), die Rechtsbelehrung des rechtsunkundigen Einzelnen (vgl abw. M. E 53, 69/74 f) und die Begründung der Bewertung bei Berufszugangsprüfungen (vgl Rn 995); der Bürger muss auch zuverlässig in Erfahrung bringen können, wie die Rechtsprechung seine Rechte und Rechtsschutzaussichten sieht, und hat einen Anspruch auf Zugang zu getroffenen Entscheidungen, aus dem eine Pflicht zur Veröffentlichung von wichtigen Entscheidungen folgt (vgl BVerwGE 104, 105); die Vollstreckung gerichtlicher Entscheidungen muss wirkungsvoll sein (BVerfG, BayVBl. 2000, 47).

Ihre *Grenze* findet die Rechtsschutzgarantie bzw die richterliche Prüfung da, wo das **1173** Handeln der öffentlichen Gewalt *nicht normiert* ist. Gerichte kontrollieren die Rechtmäßigkeit, nicht die Zweckmäßigkeit staatlichen Handelns. Wo der Gesetzgeber der

---

23   BVerfG, NJW 2010, 2864.

Verwaltung Entscheidungsspielräume einräumt (Ermessens- und Beurteilungsspielräume)[24], können die Gerichte nur prüfen, ob die Entscheidungsspielräume überschritten sind. Dass der Gesetzgeber der Verwaltung Entscheidungsspielräume einräumt und die Verwaltung damit zu Letztentscheidungen ermächtigt, ist, solange der Gesetzgeber Umfang und Gehalt der subjektiven Rechte der Bürger definiert, mit Art. 19 Abs. 4 vereinbar.[25] Beurteilungsspielräume mit reduzierter richterlicher Kontrolle erkennt das BVerfG zu Recht nur an, wenn den jeweiligen Rechtsvorschriften zumindest konkludent entnommen werden kann, dass die Verwaltung ermächtigt ist, abschließend darüber zu befinden, ob die durch einen unbestimmten Gesetzesbegriff gekennzeichneten tatbestandlichen Voraussetzungen vorliegen (sog. normative Ermächtigungslehre)[26] und diese Ermächtigung durch funktionelle Grenzen des Rechtsschutzes vor Art. 19 Abs. 4 legitimiert ist[27].

1174 **Beispiel:** Prüfungsentscheidungen müssen aus der Prüfungssituation heraus getroffen werden, lassen sich in späteren Verwaltungsstreitverfahren faktisch nicht wiederholen, und ihrer Wiederholbarkeit ist rechtlich auch dadurch eine Grenze gesetzt, dass Chancengleichheit die Prüfung und Bewertung eines Kandidaten im Vergleichsrahmen der Prüfung und Bewertung aller Kandidaten verlangt. Weil sich die Prüfungssituation prozessual nur begrenzt rekonstruieren lässt, ist ein prüfungsrechtlicher Beurteilungsspielraum seit Langem anerkannt. Die gerichtliche Kontrolle beschränkt sich darauf, ob der Sachverhalt korrekt ermittelt wurde, keine Verfahrens- oder sonstige Rechtsfehler vorliegen und allgemein gültige Bewertungsmaßstäbe beachtet worden sind. Dort, wo unterschiedliche fachliche Auffassungen vertretbar sind, hat das BVerfG dem Prüfer den Bewertungsspielraum und dem Prüfling einen Antwortspielraum zugestanden (E 84, 34/54 f; BVerwGE 104, 203/206; vgl *Müller-Franken*, VerwArch 2001, 507).

III. Eingriffe

1175 Eingriffe können allein solche staatlichen Maßnahmen sein, die *nicht Elemente der Ausgestaltung des Rechtswegs* sind (Rn 147 ff). Wegen des normgeprägten Schutzbereichs von Art. 19 Abs. 4 ist die Ausgestaltung unerlässlich und gibt es keinen gewissermaßen natürlichen Rechtsschutz, in den durch die prozessrechtlichen Vorschriften über Partei- und Prozessfähigkeit, Anwaltszwang, Klage- und Ausschlussfristen, Bindung an Entscheidungen anderer Gerichte, Rechtskraft etc. eingegriffen würde. Lediglich der Ausschluss des Zugangs zu den Gerichten sowie unangemessene, durch die Funktionsbedingungen von Rechtspflege und Rechtssicherheit nicht gebotene und dem Rechtsschutzsuchenden unzumutbare gesetzliche Erschwerungen des Zugangs zu den Gerichten bzw des Verfahrens vor ihnen sind Eingriffe. Daneben liegen Eingriffe dann vor, wenn die Verwaltung oder die Rechtsprechung selbst den Rechtsweg gegen dessen gesetzliche Ausgestaltung erschwert oder behindert.

1176 Ein vielfach diskutiertes Problem stellen die materiellen und verwaltungsverfahrensrechtlichen *Präklusionsvorschriften* dar.[28] Das BVerfG sieht in ihnen Ausformungen

---

24 Vgl dazu *Maurer*, Allg.VwR, § 7.
25 E 129, 1/20 ff.
26 E 88, 40/56 ff; BVerwGE 94, 307/309 ff; 100, 221/225; vgl auch *Pieroth/Kemm*, JuS 1995, 780.
27 *Poscher*, in: FS Wahl, 2011, 527.
28 Vgl *Schenke*, BK, Art. 19 Abs. 4 Rn 758 ff.

des materiellen subjektiven Rechts, das von Art. 19 Abs. 4 nicht geschaffen, sondern vorausgesetzt wird. Gleichwohl seien die Präklusionsvorschriften am Grundrecht des Art. 19 Abs. 4 zu messen, da sich aus ihm auch „Vorwirkungen auf die Ausgestaltung des den gerichtlichen Rechtsschutzverfahren vorgelagerten Verwaltungsverfahrens" ergeben.[29]

IV. Verfassungsrechtliche Rechtfertigung

Art. 19 Abs. 4 enthält keinen Gesetzesvorbehalt. Eingriffe könnten ihre verfassungsrechtliche Rechtfertigung daher allein in kollidierendem Verfassungsrecht finden. Von dieser allgemeinen Grundrechtslehre (Rn 379 ff) löst sich das BVerfG, wenn es zur Rechtfertigung von Eingriffen in Art. 19 Abs. 4 schlicht Gründe „von hinreichendem Gewicht" ausreichen lässt.[30] Eingriff im Unterschied zur Ausgestaltung ist jedoch nur die Regelung des Rechtswegs, die durch die Funktionsbedingungen von Rechtspflege und Rechtssicherheit gerade nicht geboten ist. Aus den kollidierenden Verfassungsgütern der Rechtspflege und Rechtssicherheit kann es für Eingriffe daher auch keine Rechtfertigung geben; andere Rechtfertigungen aus anderen Verfassungsgütern sind nicht ersichtlich. Jeder Eingriff ist somit eine verfassungsrechtlich nicht zu rechtfertigende Verletzung.

1177

> **Lösungsskizze zum Fall 23 (Rn 1156):** I. Der *Schutzbereich* des Art. 19 Abs. 4 ist einschlägig: A will gegen eine Maßnahme der Verwaltung, die Verhängung des Hausarrests, ein Gericht anrufen, und kann eine Verletzung eines subjektiven Rechts, des Grundrechts der Freiheit der Person, geltend machen. Offenstehen des Rechtswegs bedeutet eine vollständige Nachprüfung der Verwaltungsmaßnahme in rechtlicher und tatsächlicher Hinsicht durch das Gericht. – II. Dies erfolgt nicht: Das OLG weist den Antrag auf gerichtliche Entscheidung wegen Fristversäumnis als unzulässig zurück. Es stützt sich dabei auf die Regelung des Beschwerdeverfahrens in der Verwaltungsvorschrift. Hierin liegt dann ein Eingriff, wenn der Rechtsweg nicht nur *ausgestaltet* wird. Keine Ausgestaltung des Art. 19 Abs. 4 ist eine unangemessene und unzumutbare Erschwerung des Zugangs zu den Gerichten bzw des Verfahrens durch das Gesetz oder durch eine gerichtliche Entscheidung. Eine lediglich einwöchige Beschwerdefrist mag im Strafvollzug angemessen und zumutbar sein (E 40, 237/ 258). Fragwürdig ist jedoch, dass das BVerfG auch von einer hinreichenden gesetzlichen Ausgestaltung des Rechtswegs ausgeht: Die grundlegende Entscheidung hat der Gesetzgeber in § 24 Abs. 2 EGGVG getroffen, die Verwaltungsvorschrift sei demgegenüber nur eine „untergeordnete Regelung" (E 40, 237/251). Aber die Frage der Fristen ist eine wichtige, sonst durchweg gesetzlich geregelte Frage. Das BVerfG hat denn auch weithin Ablehnung gefunden (abw. M. E 40, 260; *Schenke*, DÖV 1977, 27; *Schwabe*, JuS 1977, 661).

1178

Literatur: *C. Bickenbach*, Grundfälle zu Art. 19 IV GG, JuS 2007, 813, 910; *R. Herzog*, Verfassung und Verwaltungsgerichte – Zurück zu mehr Kontrolldichte?, NJW 1992, 2601; *H.-J. Papier*, Rechtsschutzgarantie gegen die öffentliche Gewalt, Hdb. StR[3] VIII, § 177; *B. Remmert*, Die Rechtsschutzgarantie des Art. 19 IV 1 GG, Jura 2014, 906; *W.-R. Schenke*, Die Rechtsschutzgarantie des Art. 19 IV GG im Spiegel der Rechtsprechung des Bundesverfassungsgerichts, in: Wolter/Riedel/Taupitz (Hrsg.), Einwirkungen der Grundrechte auf das Zivil-

1179

---

29 E 61, 82/110.
30 E 101, 106/124 f; BVerfG, NVwZ 2017, 305/309.

recht, Öffentliche Recht und Strafrecht, 1999, S. 153; *E. Schmidt-Aßmann*, Art. 19 IV als Teil des Rechtsstaatsprinzips, NVwZ 1983, 1; *A. Uhle*, Rechtsstaatliche Prozessgrundrechte und -grundsätze, Hdb. GR V, § 129.

§ 27 Widerstandsrecht (Art. 20 Abs. 4)

1180 **Fall 24: Bau einer Bunkeranlage** Seit Wochen sichert die Bundespolizei mit großem Aufwand ein Gelände in der Nähe von Berlin, auf dem eine weitläufige Bunkeranlage entsteht. Die Öffentlichkeit ist darüber, was auf dem Gelände geschieht, nicht unterrichtet. Als der gerade gewählte Bundestag, der unter Parteienzersplitterung und dünnen Mehrheiten leidet und eine krisenreiche Legislatur- und Regierungsperiode verspricht, zusammentreten soll, gewinnen mehrere Bürger den Eindruck, dass sich die Bewegungen der Bundespolizeieinheiten häufen und mehren. Sie finden sich in einer Gruppe zusammen, die einen überzeugt davon, dass auf dem Gelände Bundespolizeieinheiten für eine Entmachtung von Bundestag und Bundesregierung zusammengezogen werden, die anderen im Glauben, dass der Bau einer Chemiefabrik neuen und großen Stils und besonders gefährlichen Typs vorbereitet und gesichert werde. Um ein Zeichen des Widerstands zu setzen, legen sie nachts Nagelbretter auf zwei Zufahrtsstraßen zum Gelände. Dadurch bleiben zwei Bundespolizeilastwagen liegen; auf der einen Zufahrtsstraße kommt es zu einem größeren Unfall mit erheblichem Sach- und auch Personenschaden. Vor Gericht berufen die Bürger sich auf Art. 20 Abs. 4. Zu Recht? **Rn 1185**

1181 Das Widerstandsrecht ist im Zusammenhang mit der Notstandsgesetzgebung in das Grundgesetz eingefügt worden. Dahinter stand eine doppelte Absicht: Zum einen sollte der Schutz der Verfassungsordnung nicht nur durch die Notstandsgesetze zur Aufgabe des Staats, sondern mit dem Widerstandsrecht auch zum *Recht der Bürger* gemacht werden. Zum anderen sollte gewährleistet werden, dass der Notstands- oder Ausnahmefall als Stunde der Exekutive, der Verfassungsverkürzung und der Freiheitsbeschneidung *nicht von der Exekutive* dazu *missbraucht* wird, die Verfassungsordnung zu beseitigen.

1182 Dass die gute Absicht ein gutes Resultat erbracht hat, muss bezweifelt werden. Art. 20 Abs. 4 will eine Situation rechtlich regeln, in der die *rechtlichen Regelungen versagen*: Die andere Abhilfe, von der Art. 20 Abs. 4 spricht, ist die Abhilfe in den rechtlich geregelten Bahnen der Verfassungs- und Rechtsordnung, und gerade ihre Unmöglichkeit ist Voraussetzung für das Widerstandsrecht. Wo die Voraussetzung des Widerstandsrechts vorliegt, da kann der Bürger in der nicht mehr funktionierenden Rechts- und Verfassungsordnung für sein Widerstandsrecht keine rechtliche Anerkennung mehr finden; wo der Bürger umgekehrt in der noch funktionierenden Rechts- und Verfassungsordnung die rechtliche Anerkennung seines Widerstandsrechts finden könnte, da fehlt dessen Voraussetzung.[1] Anders und salopp ausgedrückt: Wenn der Staatsstreich misslingt, werden die, die Widerstand geleistet haben, ohnehin gefeiert; wenn er gelingt, können die, die Widerstand geleistet haben, sich gegenüber der neuen Staatsordnung ohnehin nicht mehr auf die alte berufen. Art. 20

---
1 Vgl E 123, 267/333.

Abs. 4 will rechtlich regeln, was letztlich nicht rechtlich geregelt, sondern nur dem Gewissen des Einzelnen überlassen werden kann; er hat mit anderen Worten nur symbolische Funktion.[2]

Art. 20 Abs. 4 will verbürgen, dass Widerstandshandlungen, mit denen der Bürger um der Verteidigung der Verfassungsordnung willen rechtliche Gebote oder Verbote überschreitet, gleichwohl als *rechtmäßig* betrachtet werden – wie auch der Staat im Notstand, den das Grundgesetz und das einfache Recht regeln, um der Verteidigung der Verfassungsordnung willen von sonst geltendem Recht suspendiert wird. Ein Eingriff in den Schutzbereich von Art. 20 Abs. 4 wäre darin zu sehen, dass die Widerstandshandlungen des Bürgers dennoch von der öffentlichen Gewalt als rechtswidrig behandelt würden. Eine verfassungsrechtliche Rechtfertigung hierfür gäbe es nicht.

1183

Das Widerstandsrecht gehört nicht zu den Elementen des Art. 20, die nach Art. 79 Abs. 3 auch im Wege einer *Verfassungsänderung* nicht mehr geändert oder aufgehoben werden dürfen. Art. 79 Abs. 3 bezieht sich auf Art. 20 nur mit den ersten drei Absätzen, mit denen er ursprünglich vorlag. Anders könnte der verfassungsändernde Gesetzgeber die Grenzen der Verfassungsänderung verschieben, die ihm in Art. 79 Abs. 3 gerade unverrückbar vorgegeben sind.[3]

1184

Lösungsskizze zum Fall 24 (Rn 1180): Es ist zu unterscheiden zwischen einer möglichen Rechtfertigung derer, die sich gegen den Bau von Chemiefabriken und Kernkraftwerken, und derer, die sich gegen einen Putsch der Bundespolizei wenden wollen. – I. Aktionen gegen den Bau von Kernkraftwerken, die Stationierung von Raketen, die Lagerung von chemischen oder biologischen Waffen etc. fallen von vornherein aus dem Schutzbereich von Art. 20 Abs. 4 heraus: Der Bau, die Stationierung oder die Lagerung mögen in die Grundrechte eingreifen oder sie sogar verletzen, sie haben aber mit der Beseitigung der Verfassungsordnung noch nichts gemein. Auch die Frage, ob ziviler Ungehorsam in Formen gewaltlosen oder gewaltarmen Widerstands, besonders Blockaden, gegen bestimmte energie- und militärpolitische Unternehmungen gerechtfertigt ist, ist keine Frage des Art. 20 Abs. 4, sondern der Auslegung des Nötigungstatbestandes (§ 240 StGB), seines Gewaltbegriffs und seines Verwerflichkeitskriteriums (vgl Rn 818). Vor allem diese Frage ist gemeint, wenn heute über Widerstand und Loyalität der Bürger diskutiert wird. – II. Eine Entmachtung von Bundestag und Bundesregierung würde sich dagegen durchaus gegen die Verfassungsordnung iSd Art. 20 Abs. 4 richten und sie auch nicht nur beeinträchtigen, sondern beseitigen. Denn mit der Entmachtung würde die Staatsgewalt nicht mehr vom Volk ausgehen. Ob mit dem Zusammenziehen von putschbereiten Bundespolizeieinheiten schon der Übergang vom Stadium der Vorbereitung zu dem des Versuchs erreicht ist, mag zweifelhaft sein. Außerdem kann bezweifelt werden, ob das Setzen eines Zeichens des Widerstands, das keinerlei Widerstandserfolg verspricht, als Widerstandshandlung gerechtfertigt ist. Jedenfalls ist aber, solange die putschbereiten Bundespolizeieinheiten erst zusammengezogen werden, noch andere Abhilfe möglich. So wäre das Handeln der Bürger nicht einmal dann durch Art. 20 Abs. 4 gerechtfertigt, wenn ihre Einschätzung der Lage zutreffend wäre (zur Frage der irrtümlichen Berufung auf Art. 20 Abs. 4 vgl *Herzog*, MD, Art. 20 Abschn. IX Rn 44).

1185

Literatur: *R. Dreier*, Widerstandsrecht im Rechtsstaat?, in: FS Scupin, 1983, S. 573; *C. Enders*, Bürgerrecht auf Ungehorsam?, Staat 1986, 351; *J. Isensee*, Das legalisierte Widerstandsrecht, 1969; *H.H. Klein*, Ziviler Ungehorsam im demokratischen Rechtsstaat, in: FS Gesell-

1186

---

2 *Kloepfer*, VerfR II, § 77 Rn 28 f.
3 Vgl *Hesse*, VerfR, Rn 761; *Pieroth*, JP, Art. 79 Rn 18.

schaft für Rechtspolitik, 1984, S. 177; *U.K. Preuß*, Politische Verantwortung und Bürgerloyalität, 1984; *S. Schmahl*, Rechtsstaat und Widerstandsrecht, JöR 2007, 99.

§ 28 Berücksichtigung der hergebrachten Grundsätze des Berufsbeamtentums (Art. 33 Abs. 5)

1187 **Fall 25: Beihilfe für Beamte (nach E 58, 68)** P ist Polizeiobermeister a.D. und erhält Versorgungsbezüge aus der Besoldungsgruppe A 8. Seine private Krankenversicherung erstattet ihm bei ambulanter Behandlung 30 % der Aufwendungen. Nach unterverfassungsrechtlichen Vorschriften wird ihm eine Beihilfe von weiteren 65 % gewährt. P meint, gem. Art. 33 Abs. 5 steht ihm ein Beihilfeanspruch in Höhe von 70 % zu, um nicht gegenüber seiner aktiven Dienstzeit schlechter gestellt zu sein. Hat er Recht? **Rn 1193**

I. Überblick

1188 Seinem Wortlaut nach enthält Art. 33 Abs. 5 kein Grundrecht oder grundrechtsgleiches Recht, sondern einen Regelungsauftrag an den Gesetzgeber und eine institutionelle Garantie. Das BVerfG, gefolgt von der hL, vertritt aber in stRspr[1], dass Art. 33 Abs. 5 auch ein mit der Verfassungsbeschwerde durchsetzbares subjektives Recht des Beamten enthält. Da der einzelne Beamte die den Arbeitnehmern durch Art. 9 Abs. 3 garantierte Arbeitskampf- und Tarifgestaltungsmöglichkeit nicht habe, bedürfe er für die Gestaltung seiner Rechtsverhältnisse des subjektiven Rechts aus Art. 33 Abs. 5.

II. Schutzbereich

1189 Den Schutzbereich bezeichnet der Begriff des *Berufsbeamtentums*. Dessen Garantie ist aber in charakteristischer Weise *abgeschwächt*: Erstens geht es nicht um jeden einzelnen Rechtssatz überkommenen Beamtenrechts, sondern nur um die „Grundsätze". Zweitens sind diese Grundsätze nicht zu beachten, sondern nur zu „berücksichtigen", was vom Parlamentarischen Rat mit Bedacht so formuliert worden ist[2] und dem Gesetzgeber einen „weiten Spielraum des politischen Ermessens" eröffnet.[3] Drittens dürfen diese Grundsätze ausdrücklich „fortentwickelt" werden. Und viertens folgt aus der Eigenschaft des Art. 33 Abs. 5 als „Transformationsnorm" – er übernimmt früheres in geltendes Recht –, dass nur diejenigen hergebrachten Grundsätze verbindlich sind, die mit dem Grundgesetz im Übrigen vereinbar sind.[4]

1190 Das BVerfG *definiert* die hergebrachten Grundsätze des Berufsbeamtentums als „jenen Kernbestand von Strukturprinzipien …, die allgemein oder doch ganz überwie-

---

1 E 8, 1/17; 107, 218/236 f; 117, 330/344; 130, 263/294 ff.
2 Vgl JöR 1951, 322 f.
3 E 76, 256/295.
4 E 3, 58/137; vgl auch Art. 123 Abs. 1.

gend und während eines längeren, Tradition bildenden Zeitraums, mindestens unter der Reichsverfassung von Weimar, als verbindlich anerkannt und gewahrt worden sind"[5]. Als *wichtigste Fälle* hat das BVerfG genannt: „Pflicht zu Treue und Gehorsam gegenüber dem Dienstherrn und zu unparteiischer Amtsführung, fachliche Vorbildung, hauptberufliche Tätigkeit, lebenslängliche Anstellung, Rechtsanspruch auf Gehalt, Ruhegehalt, Witwen- und Waisenversorgung"[6]. Die hergebrachten Grundsätze des Berufsbeamtentums enthalten also objektiv-rechtliche Anforderungen an das Beamtenrecht sowie Rechte und Pflichten der einzelnen Beamten. Als Inhalt des Art. 33 Abs. 5 als grundrechtsgleiches Recht kommen vor allem die *Rechte des Beamten* in Betracht.

Beispiele: Aus Art. 33 Abs. 5 folgt ein Anspruch auf amtsangemessene Alimentation, dh Besoldung und Versorgung (stRspr; E 71, 39/60), die ein „Minimum an Lebenskomfort" gewährleisten (E 99, 300/315), nicht aber die Gewährung von Ortszulagen einschließen müssen (E 117, 330/348 ff). Für die Amtsangemessenheit gilt das Leistungsprinzip als Korrelat der Bestenauslese nach Art. 33 Abs. 2; dieses schließt auch das Laufbahnprinzip ein, wonach für die Einstellung und das berufliche Fortkommen des Beamten Laufbahnen mit bestimmten typisierten Anforderungen bestehen. Damit ist es unvereinbar, dass für Besoldungserhöhungen nach einer Beförderung eine Wartefrist gilt (BVerfG, NVwZ 2017, 392/395 ff) Der Höhe nach ist die Alimentation nur verfassungswidrig, wenn sie „evident unzureichend" (BVerfG, NJW 2015, 1935/1937; NVwZ 2016, 223/224) ist. Insoweit hat das BVerfG fünf Parametern indizielle Bedeutung zuerkannt (deutliche Differenz zwischen einerseits der Besoldungsentwicklung und andererseits der Entwicklung der Tarifentlohnung im öffentlichen Dienst, des Nominallohnindex sowie des Verbraucherpreisindex, systeminterner Besoldungsvergleich und Quervergleich mit der Besoldung des Bundes und anderer Länder). Ist die Mehrheit dieser Parameter erfüllt, besteht eine Vermutung für eine verfassungswidrige Unteralimentation. Diese Vermutung kann durch die Berücksichtigung weiterer alimentationsrelevanter Kriterien im Rahmen einer Gesamtabwägung widerlegt oder weiter erhärtet werden (BVerfG, NJW 2015, 1935/1936 ff; NVwZ 2016, 223/225 ff). Die Versorgung muss sich am zuletzt ausgeübten Amt orientieren (E 117, 372/381 ff). Ferner gewährleistet Art. 33 Abs. 5 einen Anspruch auf eine amtsangemessene Amtsbezeichnung (E 38, 1/12) und einen Anspruch auf Fürsorge, wodurch der Dienstherr verpflichtet wird, „den Beamten gegen unberechtigte Anwürfe in Schutz zu nehmen, ihn entsprechend seiner Eignung und Leistung zu fördern, bei seinen Entscheidungen die wohlverstandenen Interessen des Beamten in gebührender Weise zu berücksichtigen" (E 43, 154/165 – Dagegen besteht kein Anspruch auf den Schutz wohlerworbener Rechte (E 3, 58/137), kein Recht am Amt im Sinn eines Rechts auf „unveränderte und ungeschmälerte Ausübung der übertragenen dienstlichen Aufgaben" (E 43, 242/282), kein Anspruch auf Beschäftigung jenseits der gesetzlich festgelegten Altersgrenze (E 71, 255/270) und kein Anspruch „auf Erhaltung des Besitzstandes in Bezug auf ein einmal erreichtes Einkommen" (E 44, 249/263). – Zur Treuepflicht vgl. Rn 569.

1191

III. Eingriffe und verfassungsrechtliche Rechtfertigung

Ein Eingriff liegt erst dann vor, wenn die Grundsätze nicht mehr berücksichtigt, dh die Strukturprinzipien nicht nur zeitgemäß fortentwickelt, sondern über Bord geworfen werden. Für diesen Eingriff gibt es dann grundsätzlich auch keine verfassungs-

1192

---

5 E 8, 332/343; 107, 218/237; 117, 330/348 f.
6 E 9, 268/286.

rechtliche Rechtfertigung. Für den Alimentationsgrundsatz hat das BVerfG allerdings im Hinblick auf das Verbot der Neuverschuldung in Art. 109 Abs. 3 S. 1 die Möglichkeit einer Rechtfertigung durch kollidierendes Verfassungsrecht anerkannt, soweit die Einschränkung Teil eines Gesamtkonzepts zur Begrenzung der Verschuldung ist, das Beamte nicht in besonderer Weise belastet.[7]

1193 **Lösungsskizze zum Fall 25 (Rn 1187):** Es fragt sich, ob der Beihilfeanspruch des P unter die hergebrachten Grundsätze des Berufsbeamtentums fällt. Die Gewährung von Beihilfe ist ein Anwendungsfall der beamtenrechtlichen Fürsorgepflicht des Dienstherrn gegenüber dem Beamten für die Fälle von Krankheit, Geburt oder Tod in dessen Familie. Der Anspruch auf Fürsorge ist zwar selbst ein hergebrachter Grundsatz des Berufsbeamtentums (E 43, 154/165), allerdings nur in dem Umfang, wie er 1949 schon bestanden hat (vgl E 58, 68/76 f). Damals gab es aber noch kein Beihilfensystem wie heute; es ist erst später entstanden und also nicht hergebracht. Allerdings verlangt der Anspruch auf amtsangemessene Alimentation, der ein hergebrachter Grundsatz des Berufsbeamtentums ist, eine so bemessene Versorgung, dass der Beamte sich eine angemessene Krankenversicherung leisten kann (E 83, 89/101 f). Daher könnte allenfalls eine Anpassung der Versorgung, nicht aber eine Erhöhung der Beihilfe aus Art. 33 Abs. 5 verlangt werden.

1194 **Literatur:** *W. Höfling/C. Burkiczak*, Die Garantie der hergebrachten Grundsätze des Berufsbeamtentums unter Fortentwicklungsvorbehalt, DÖV 2007, 321; *H. Lecheler*, Der öffentliche Dienst, Hdb. StR³ V, § 110; *F. Rottmann*, Der Beamte als Staatsbürger, 1981; *B. Schlink*, Zwischen Identifikation und Distanz. Zur Stellung des Beamten im Staat und zur Gestaltung des Beamtenrechts durch das Staatsrecht, Staat 1976, 335.

§ 29 Wahlrecht (Art. 38)

1195 **Fall 26: Die Wahl von Bezirksvertretungen (nach E 47, 253)** Durch eine Änderung der Gemeindeordnung werden Bezirksvertretungen in den kreisfreien Städten vorgeschrieben, denen selbstständige Entscheidungsbefugnisse auf dem Gebiet der Verwaltung übertragen werden. Die Mitglieder der Bezirksvertretungen werden gleichzeitig mit den Mitgliedern des Rates gewählt. Die Sitze für die Bezirksvertretungen werden auf Grund von Listen, die die Parteien und Wählergruppen aufstellen, nach der Wahl des Rates auf die Parteien und Wählergruppen unter Berücksichtigung der auf sie im jeweiligen Stadtbezirk entfallenen gültigen Stimmen nach den d'Hondtschen Höchstzahlverfahren verteilt. Die Mitglieder der Bezirksvertretungen werden sodann vom Wahlleiter berufen, der die sich aus den Listen ergebende Reihenfolge der Bewerber einzuhalten hat. Bei der Nachfolge ausgeschiedener Mitglieder der Bezirksvertretungen bestimmt die zuständige Stelle der Partei oder der Wählergruppe die Reihenfolge der Sitzzuteilung. Die Vorschrift des kommunalen Wahlgesetzes, wonach die Kandidatenaufstellung durch geheime Wahlen in Mitglieder- und Vertreterversammlungen zu erfolgen hat, ist auf die Aufstellung der Listen für die Bezirksvertretungen nicht anwendbar. Verstößt diese Regelung gegen Art. 38? **Rn 1217**

---

7 BVerfG, NJW 2015, 1935/1942 ff.

I. Überblick

Art. 38 Abs. 1 S. 1 gewährleistet das aktive und passive Wahlrecht für die Wahlen zum Deutschen Bundestag und stellt mit den so genannten Wahlrechtsgrundsätzen der Allgemeinheit, Unmittelbarkeit, Freiheit, Gleichheit und Geheimheit bestimmte Anforderungen an diese Wahlen. Diese Gewährleistung steht in engem Zusammenhang mit dem Demokratieprinzip (Art. 20 Abs. 1, 2). Art. 38 Abs. 1 S. 2 normiert mit der Rechtsstellung der Abgeordneten des Deutschen Bundestages deren organschaftliche Berechtigung und ist kein grundrechtsgleiches Recht. In Art. 38 Abs. 2 findet sich die Festlegung des Beginns der Wahlberechtigung; systematisch ist dies eine Ausnahmevorschrift zur Allgemeinheit der Wahl (vgl Rn 555 ff). Gem. Art. 38 Abs. 3 bestimmt das Nähere ein Bundesgesetz. Damit ist in erster Linie auf das Bundeswahlgesetz verwiesen; erst dort ist das geltende Wahlsystem („personalisierte Verhältniswahl") normiert. Art. 38 Abs. 3 ist kein Gesetzesvorbehalt; er ermächtigt nicht zu Eingriffen in die Rechte des Art. 38 Abs. 1, sondern nur dazu, die Wahlgrundsätze form- und verfahrensmäßig handhabbar zu machen. 1196

II. Das unmittelbare, freie und geheime Wahlrecht

Die Wahlrechtsgrundsätze der Allgemeinheit und Gleichheit sind als besondere Anforderungen der Rechtfertigung von Ungleichbehandlungen im Zusammenhang mit dem Gleichheitsgebot schon behandelt worden (vgl Rn 555 ff). Hier wird auf die Wahlrechtsgrundsätze der Unmittelbarkeit, Freiheit und Geheimheit eingegangen. 1197

1. Schutzbereich

a) Art. 38 Abs. 1 S. 1 gilt sowohl für das **aktive Wahlrecht** (Wahlberechtigung) als auch für das **passive Wahlrecht** (Wählbarkeit, Eligibilität). Der Schutzbereich umfasst den gesamten Wahlvorgang, von der Aufstellung der Bewerber bis zur Zuteilung der Abgeordnetensitze.[1] 1198

Dieses grundrechtsgleiche Recht betrifft direkt nur die *Wahl zum Deutschen Bundestag*. Dieselben Wahlrechtsgrundsätze sind aber gem. Art. 28 Abs. 1 S. 2 auch für die Wahlen in den Ländern, Kreisen und Gemeinden maßgeblich. Sie gelten nach allgemeiner Meinung auch als ungeschriebenes Verfassungsrecht für alle Wahlen zu Volksvertretungen und für politische Abstimmungen, wie zB Volksentscheide, die in einigen Landesverfassungen vorgesehen sind.[2] Hiervon sind Wahlen innerhalb von Selbstverwaltungseinrichtungen zu unterscheiden, soweit die spezifische Sachaufgabe an Stelle der allgemeinen demokratischen Legitimation der Ausübung öffentlicher Gewalt im Vordergrund steht. 1199

Beispiele: Der Schlüsselstellung, die den Hochschullehrern an den Universitäten nach „Qualifikation, Funktion, Verantwortung und Betroffenheit" zukommt, muss das Wahlrecht zu den Hochschulgremien durch eine besondere Gewichtung der Stimmen der Hochschullehrer gerecht werden (E 39, 247/254 ff). – Die Richtergesetze des Bundes und der Länder sehen für die Beteiligung der Richter an allgemeinen, sozialen und personellen Angelegenheiten als Vertre- 1200

---

[1] Vgl *Pieroth*, JP, Art. 38 Rn 1; *Stern*, StR I, S. 304 f.
[2] E 13, 54/91 f; 47, 253/276; 60, 162/167; BVerwGE 118, 345/347 f; einschr. *Hartmann*, Volksgesetzgebung und Grundrechte, 2005, 140 ff.

tungsorgane Richter- und Präsidialräte vor. Die spezifische Sachaufgabe einer leistungsfähigen Rechtspflege durch eine unabhängige und unparteiliche Richterschaft lässt Abweichungen von den Wahlrechtsgrundsätzen des Art. 38 Abs. 1 S. 1 zu, zB dass der Wahlvorschlag für den Vorsitz des Präsidialrates mindestens einen Gerichtspräsidenten enthalten muss (E 41, 1/12 f). – Dagegen gelten die Wahlrechtsgrundsätze der Allgemeinheit und Gleichheit im Bereich der Sozialversicherung (E 30, 227/246), Personalvertretung (E 60, 162/169 ff) und Arbeitnehmerkammern (E 71, 81/94 f).

1201 b) Die **Unmittelbarkeit der Wahl** verlangt, dass jede Stimme bestimmten oder bestimmbaren Wahlbewerbern zugerechnet wird, ohne dass nach der Stimmabgabe eine Zwischeninstanz nach ihrem Ermessen die Abgeordneten auswählt. „Nur wenn die Wähler das letzte Wort haben, haben sie auch das entscheidende Wort; nur dann wählen sie unmittelbar"[3]. Dies ist auch bei einer Listenwahl (vgl § 1 Abs. 2 BWahlG) gewährleistet, denn „der Grundsatz der unmittelbaren Wahl hindert nicht, dass die Wahl eines Bewerbers von der Mitwahl weiterer Bewerber abhängig gemacht wird"[4]. Die Unmittelbarkeit verlangt ferner, dass der Wähler erkennen kann, welche Personen sich um ein Mandat bewerben[5] und wie sich die eigene Stimmabgabe auf Erfolg oder Misserfolg der Wahlbewerber auswirken kann[6].

1202 c) Die **Freiheit der Wahl** bedeutet zunächst, „dass der Akt der Stimmabgabe frei von Zwang und unzulässigem Druck bleibt"[7]. Um der Freiheit von Zwang und unzulässigem Druck willen ist auch die **Geheimheit der Wahl** verbürgt; Freiheit und Geheimheit der Wahl hängen miteinander zusammen. Ein wirkungsvoller Schutz der Wahl kann sich auf die Stimmabgabe nicht beschränken, sondern muss auch die vorbereitende Willensbildung umfassen und nachträgliche Sanktionen ausschließen. Freiheit und Geheimheit der Wahl gelten demgemäß vor, bei und nach der Stimmabgabe. Inhaltlich bedeutet die Freiheit der Wahl die freie Entschließung über das Ob und das Wie der Wahl sowie die Möglichkeit hinreichender Auswahl zwischen verschiedenen Kandidaten bzw Listen. Die Geheimheit der Wahl bedeutet inhaltlich, dass niemand von einem anderen ohne dessen Willen wissen darf, wie er gewählt hat, wählt oder wählen wird.

1203 Überwiegend wird den Grundsätzen der Freiheit und Geheimheit der Wahl *unmittelbare Drittwirkung* zuerkannt: Sie sollen nicht nur gegenüber der öffentlichen Gewalt, sondern auch gegenüber nichtstaatlichen Organisationen und Einzelpersonen gelten.[8] Dies mag unter dem Gesichtspunkt der Schutzpflicht als Ausfluss einer objektivrechtlichen Funktion von Art. 38 Abs. 1 S. 1 verstanden werden.

1204 **Beispiele:** Die von einem privaten Arbeitgeber ausgesprochene Kündigung eines Arbeitnehmers wegen einer bestimmten Stimmabgabe bzw eine entsprechende Bevorzugung eines anderen Arbeitnehmers ist gem. §§ 134, 138 BGB nichtig (vgl *Trute*, MüK, Art. 38 Rn 43). – Andererseits ist selbst massive Wahlpropaganda nichtstaatlicher Stellen, solange sie mit allgemein erlaubten Mitteln erfolgt, von Art. 5 Abs. 1 und 2 geschützt. Das gilt auch für kirchliche Aufrufe zur Wahl einer bestimmten Partei (Hirtenbriefe; vgl BVerwGE 18, 14; OVG Münster, JZ

---

3 E 7, 63/68.
4 E 7, 63/69.
5 E 47, 253/280 f; 95, 335/350; 97, 317/326.
6 E 121, 266/307.
7 E 44, 125/139; 103, 111/133.
8 *Achterberg/Schulte*, MKS, Art. 38 Rn 125; *Stern*, StR IV/2, S. 229; *Trute*, MüK, Art. 38 Rn 42.

1962, 767). – Durch §§ 108 (Wählernötigung), 108a (Wählertäuschung) und 108b (Wählerbestechung) StGB wird die Freiheit der Wahl gegenüber jedermann strafrechtlich geschützt. Wo keine Wählernötigung vorliegt, ist die Freiheit der Wahl durch Private nicht verletzt (E 66, 369/380).

Das BVerfG rechnet zur Wahlfreiheit – über das bisher Gesagte hinaus – auch „ein grundsätzlich freies Wahlvorschlagsrecht für alle Wahlberechtigten"[9] sowie „eine freie Kandidatenaufstellung unter Beteiligung der Mitglieder der Parteien und Wählergruppen"[10]. Es verbindet dabei die Wahlfreiheit mit der aus der passiven Wahlgleichheit folgenden *Chancengleichheit* der Bewerber (vgl Rn 556).

1205

Weitere Anforderungen für Wahlen hat die Rspr aus Art. 38 iVm dem Demokratieprinzip abgeleitet: die *Öffentlichkeit des Wahlverfahrens* – abgesehen von der Geheimheit der Stimmabgabe[11] –, mit der sich auch eine erhebliche Hürde für die Einführung von Online-Wahlen verbindet,[12] und das Gebot, dass zwischen Wahl und Zusammentritt neu gewählter Volksvertretungen nicht mehr als *drei Monate* liegen dürfen.[13] Auch hierauf kann die Verfassungsbeschwerde gestützt werden.

1206

d) Im Zusammenhang mit dem Prozess der europäischen Einigung hat das BVerfG Art. 38 Abs. 1 S. 1 einen weiteren Aspekt abgewonnen. Weil Art. 38 Abs. 1 S. 1 einen „**Anspruch auf demokratische Selbstbestimmung**, auf freie und gleiche Teilhabe an der in Deutschland ausgeübten Staatsgewalt sowie auf die Einhaltung des Demokratiegebots einschließlich der Achtung der verfassungsgebenden Gewalt des Volkes"[14] begründe, schütze er die Wahlberechtigten davor, dass die demokratische Legitimation der Staatsgewalt sowie die Einflussnahme auf deren Ausübung entleert wird, indem Aufgaben und Befugnisse in einer das Demokratieprinzip verletzenden Weise auf die europäische Ebene verlagert werden[15]. Dieser „Anspruch auf Demokratie" soll aktiviert werden, wenn diejenigen Grundsätze berührt sind, die Art. 79 Abs. 3 dem verfassungsändernden Gesetzgeber entzieht, und auch bei Kompetenzüberschreitungen von Organ der Europäischen Union, die diese Fundamentalgrundsätze nicht notwendigerweise berühren.[16] Besonders betont das BVerfG, dass auch eine supranationale Einschränkung des haushaltspolitischen Spielraums des Bundestags, die die parlamentarische Repräsentation des Volkswillens rechtlich oder praktisch unmöglich macht, das Wahlrecht verletzen kann.[17] Der Bundestag dürfe daher „einem intergouvernemental oder supranational vereinbarten, nicht an strikte Vorgaben gebundenen und in seinen Auswirkungen nicht begrenzten Bürgschafts- oder Leistungsautomatismus nicht zustimmen [...], der – einmal in Gang gesetzt – seiner Kontrolle und Einwirkung entzogen ist"[18]. Das BVerfG stellt damit die über Art. 38

1207

---

9 E 41, 399/417.
10 E 47, 253/282.
11 E 121, 266/291; 123, 39/68.
12 Zur Einführung von Online-Wahlen und Abstimmungen *Luch/Schulz/Tischer*, BayVBl. 2015, 253 ff.
13 VerfGH NRW, NWVBl. 2009, 98.
14 E 123, 267/340; 129, 124/177; 131, 195/239; ähnlich schon E 89, 155/171 f; krit. *Tomuschat*, EuGRZ 1993, 491; *Trute*, MüK, Art 38 Rn 17 ff.
15 E 134, 366/396 = JK 7/2014; E 135, 317/386 = JK 7/2014.
16 E 134, 366/397 = JK 7/2014; E 135, 317/386 = JK 7/2014.
17 E 129, 124/169 ff.
18 E 135, 317/399 = JK 7/2014.

I GG vermittelte Volkssouveränität über die Souveränität des Parlaments, selbst darüber zu entscheiden, womit es sich befasst.[19]

2. Eingriffe

1208 a) Eine **mittelbare Wahl** liegt vor, wenn eine fremde Willensentscheidung außer der des Bewerbers selbst zwischen den Wahlakt und das Wahlergebnis *geschaltet* ist.

1209 **Beispiele:** Bei der Listenwahl (vgl § 1 Abs. 2 BWahlG) darf die Liste nicht nachträglich aufgefüllt (E 3, 45/51) oder abgeändert werden (E 47, 253/279 ff), außer es geschieht durch freie Willensentscheidung des Gewählten selbst, zB durch Nichtannahme, späteren Rücktritt (E 3, 45/50) oder freiwilliges Ausscheiden aus der Partei (E 7, 63/72). Soweit § 48 Abs. 1 S. 2 BWahlG dagegen einen auf der Landesliste einer Partei an sich nachrückenden Bewerber von der Nachfolge auch dann ausschließt, wenn er aus der Partei ausgeschlossen worden ist, liegt ein Eingriff in die Unmittelbarkeit der Wahl vor (*Erichsen*, Jura 1983, 635/640; aA *Maurer*, StR, § 13 Rn 11).

1210 b) Eine **unfreie Wahl** durch unzulässigen Druck auf die Wahlentscheidung des Bürgers vonseiten eines Trägers öffentlicher Gewalt kann bei *kompetenzüberschreitendem* Verhalten gegeben sein.

1211 **Beispiele:** Der Staat darf nicht, außer im Rahmen der gesetzlich geregelten staatlichen Finanzierung, einer Partei zur Finanzierung des Wahlkampfes Steuergelder zukommen lassen. Die Kompetenz der Regierung zur Information durch Öffentlichkeitsarbeit darf nicht durch Wahlwerbung überschritten werden (vgl E 44, 125/147 ff; 63, 230/243 f).

1212 Darüber hinaus bestimmt sich die Unzulässigkeit des Drucks danach, ob eine inhaltliche Beeinflussung des Wählers vorliegt. Hinsichtlich des *Ob* der Wahl und damit der Frage der verfassungsrechtlichen Zulässigkeit einer Wahlpflicht ist dies umstritten. Teilweise wird von der Wahlentscheidungsfreiheit eine Wahlbeteiligungsfreiheit unterschieden, die von Art. 38 Abs. 1 S. 1 nicht geschützt sei.[20] Aber auch im Fernbleiben von der Wahl kann ein Kundtun des politischen Willens der Wählerschaft liegen. Die Einführung einer Wahlpflicht ist daher als Eingriff in die Freiheit der Wahl zu qualifizieren.[21] Hinsichtlich des *Wie* der Wahl bedeutet inhaltliche Beeinflussung die Bevorzugung einer Partei oder eines Bewerbers gegenüber anderen. Auch die hinreichende *Auswahlmöglichkeit* zwischen verschiedenen Kandidaten bzw. Listen kann durch staatliche Maßnahmen beeinträchtigt werden.

1213 **Beispiele:** Ein Bürgermeister lässt eine Wahlempfehlung für eine Partei in einer von ihm herausgegebenen „Amtlichen Bekanntmachung" drucken (BVerwG, DVBl. 1993, 207) oder ruft in amtlicher Eigenschaft zur Wiederwahl eines Landrats auf (BVerwGE 104, 323/327). – Im Wahlraum hängen Plakate einiger Parteien. Selbst wenn von allen Parteien Plakate aufgehängt würden, ist ein bevorzugter Platz eines Plakats faktisch nicht zu vermeiden. Daher bestimmt § 32 Abs. 1 BWahlG, dass im Gebäude, in dem sich der Wahlraum befindet, jede Beeinflussung der Wähler durch Wort, Ton, Schrift oder Bild verboten ist.

---

19 Krit. etwa *Jestaedt*, Der Staat 2009, 489/503 f.; *Schönberger*, JZ 2010, 1160 ff.
20 *Merten*, in: FS Broermann, 1982, S. 301/308 ff; vgl auch *Volkmann*, FH, Art. 20 Rn 30.
21 *Butzer*, EH, Art. 38 Rn 58; *Grzeszick*, Jura 2014, 1110/1115; *Morlok*, DR, Art. 38 Rn 88; *Stern*, StR IV/2, S. 201 f.

Eine **nicht geheime Wahl** liegt vor bei einer Pflicht zur Offenbarung, wie jemand wählen will, wählt oder gewählt hat. Aber auch eine staatliche Regelung, die es erlaubt, dass der Wahlakt selbst nicht geheim vorgenommen wird, beeinträchtigt die Geheimheit der Wahl.

1214

Beispiele: Ein Gericht erlässt einen Beweisbeschluss dahingehend, dass die Wahlentscheidung einer Person ermittelt wird (BVerwGE 49, 75/76; vgl auch BGHSt 29, 380/385 f). – Die Briefwahl (vgl § 36 BWahlG) ist solange unbedenklich, als alle geeigneten und erforderlichen Vorkehrungen zur Sicherung des Wahlgeheimnisses getroffen sind (E 21, 200/204 ff; 59, 119/127 f); besonders auch technisch anspruchsvoller wären die Vorkehrungen, die für eine Online-Stimmabgabe zu treffen wären (*Luch/Schulz/Tischer*, BayVBl. 2015, 253/254 f). – Keine Beeinträchtigung der Geheimheit der Wahl sind Unterschriftenquoren für Wahlvorschläge (vgl §§ 20 Abs. 2 und 3, 27 Abs. 1 BWahlG), da eine derartige Unterschrift nicht zwingend auf die Wahlentscheidung schließen lässt. Von der Rechtsprechung werden sie demgegenüber als Durchbrechung des Grundsatzes der geheimen Wahl angesehen und damit gerechtfertigt, dass sie zur ordnungsgemäßen Durchführung der Wahl unbedingt erforderlich sind (E 12, 135/137).

1215

3. Verfassungsrechtliche Rechtfertigung

Art. 38 Abs. 3 ermächtigt nicht zu Eingriffen (vgl Rn 1196). Gewisse Durchbrechungen der Allgemeinheit und Gleichheit sind dargestellt worden (vgl Rn 559 f). Das BVerfG hat dem Gesetzgeber bei der Entscheidung, ob mögliche Gefährdungen der Verwirklichung eines Wahlrechtsgrundsatzes zur besseren Durchsetzung eines anderen Wahlrechtsgrundsatzes in Kauf zu nehmen sind, einen Ermessensspielraum zugebilligt; nicht jeder Wahlrechtsgrundsatz könne „in voller Reinheit" verwirklicht werden.[22] Sonstige verfassungsrechtliche Rechtfertigungen von Eingriffen sind nicht ersichtlich.

1216

Lösungsskizze zum Fall 26 (Rn 1195): Art. 38 Abs. 1 S. 2 kommt hier als Maßstab offensichtlich nicht in Betracht, da es um die Wahl von Volksvertretern und nicht um die Ausübung eines Abgeordnetenmandats geht. Außerdem betrifft Art. 38 Abs. 1 S. 2 nur die Abgeordneten des Deutschen Bundestages. Dies trifft zwar auch für die Wahlrechtsgrundsätze des Art. 38 Abs. 1 S. 1 zu; doch gelten sie anerkanntermaßen auch darüber hinaus (Art. 28 Abs. 1 S. 2; ungeschriebenes Verfassungsrecht für alle Wahlen zu den Volksvertretungen und für politische Abstimmungen). Im vorliegenden Fall handelt es sich um die Wahl zu einer kommunalen Volksvertretung, für die die Wahlrechtsgrundsätze gelten:

I. *Unmittelbarkeit* der Wahl: Dieser Grundsatz verbietet, dass nach der Wahlhandlung zwischen Wähler und Wahlbewerber eine Instanz eingeschaltet wird, die nach ihrem Ermessen den Vertreter auswählt. Genau das geschieht, wenn bei der Nachfolge ausgeschiedener Mitglieder der Bezirksvertretung eine Stelle der Partei oder Wählergruppe die Reihenfolge der Sitzzuteilung bestimmt. Das ist mit der Unmittelbarkeit der Wahl nicht vereinbar (E 47, 253/280). –

II. *Freiheit* der Wahl: 1. Zwar ist die Listenwahl als solche verfassungsgemäß. Staatliche Maßnahmen dürfen aber nicht die Auswahlmöglichkeit zwischen verschiedenen Listen beeinträchtigen. Die vorgeschriebene einheitliche Stimmabgabe für die Vertreter und Listen des Rates und der Bezirksvertretungen führt zu einer nicht zu rechtfertigenden „Verengung

1217

---

22 E 59, 119/124; BVerwG, DVBl. 1986, 240: Allgemeinheit contra Geheimheit bei der Briefwahl; krit. *Meyer*, Hdb. StR³ III, § 46 Rn 31.

der Entschließungsfreiheit des Wählers": „Hat sich der Wähler für die Wahl eines Ratskandidaten entschlossen, so kann er nicht mehr frei entscheiden, welcher gebundenen Liste von Kandidaten für die Bezirksvertretung er seine Stimme geben will" (E 47, 253/283 f). – 2. Nach der Rechtsprechung des BVerfG ist auch die freie Kandidatenaufstellung ein Gebot der Freiheit der Wahl: „Der Gesetzgeber darf es nicht bei der Annahme bewenden lassen, eine demokratischen Grundsätzen entsprechende Kandidatenaufstellung werde auf Grund der Parteiensatzungen und tatsächlicher Übung regelmäßig auch ohne Nachweis erfolgen" (E 47, 253/283; aA OVG Münster, OVGE 22, 66/70 ff). Der Ausschluss der Anwendbarkeit der entsprechenden Vorschrift des Kommunalwahlgesetzes verstößt danach gegen die Freiheit der Wahl.

1218 **Literatur:** *H.H. v. Arnim*, Wahlgesetze: Entscheidungen des Parlaments in eigener Sache, JZ 2009, 813; *C. Burkiczak*, Die verfassungsrechtlichen Grundlagen der Wahl des Deutschen Bundestags, JuS 2009, 805; *B.J. Hartmann*, Eigeninteresse und Gemeinwohl bei Wahlen und Abstimmungen, AöR 2009, 1; *B. Grzeszick*, Verfassungsrechtliche Grundsätze des Wahlrechts, Jura 2014, 1110; *H. Meyer*, Wahlgrundsätze, Wahlverfahren, Wahlprüfung, Hdb. StR[3] III, § 46; *A. Voßkuhle/A.K. Kaufhold*, Die Wahlrechtsgrundsätze, JuS 2013, 1078; *W. Schreiber*, Bundeswahlgesetz. Kommentar, 8. Aufl. 2009; *M. Wild*, Die Gleichheit der Wahl, 2003.

§ 30 Recht auf den gesetzlichen Richter (Art. 101 Abs. 1 S. 2)

1219 **Fall 27: Der Richter in Luxemburg (nach E 82, 159)** Landwirt L wird auf Grund des Absatzfondsgesetzes zur Entrichtung der Absatzfondsabgabe herangezogen. Weil er das Gesetz für unvereinbar mit den Bestimmungen des AEUV zum gemeinsamen Agrarmarkt hält, erhebt er Klage mit der Behauptung, die gemeinschaftsrechtswidrige Abgabe verletze ihn in seinen Rechten. Die Verwaltungsgerichte weisen der Klage jedoch ab. Dabei legen sie den AEUV so aus, dass er – entgegen einer in der Literatur vertretenen Auffassung – dem Absatzfondsgesetz nicht entgegensteht. Das letztinstanzlich zuständige BVerwG sieht sich mit denselben Gründen nicht zur Vorlage zum EuGH gemäß Art. 267 Abs. 3 AEUV verpflichtet und verwirft die Revision. L erhebt Verfassungsbeschwerde und rügt eine Verletzung des Art. 101 Abs. 1 S. 2. Zu Recht? **Rn 1236**

I. Überblick

1220 Art. 101 Abs. 1 S. 2 ist ein subjektives und gem. Art. 93 Abs. 1 Nr 4a ein grundrechtsgleiches Recht. Es verbürgt dem Einzelnen, dass nur der durch Gesetz bestimmte, nicht ein auf andere Weise bestimmter Richter über ihn Recht spricht. Damit stellt Art. 101 Abs. 1 S. 2 die Bestimmung des zuständigen Richters unter Gesetzesvorbehalt. Zugleich handelt es sich wie bei Art. 19 Abs. 4 um einen stark normgeprägten Schutzbereich: Es sind Gesetze erforderlich, die die richterliche Zuständigkeit ausgestalten. Art. 101 Abs. 1 S. 1 verbietet Ausnahmegerichte, dh Gerichte, die entweder keine gesetzliche Grundlage haben oder zwar eine gesetzliche Grundlage, aber keine abstrakt-generelle Festlegung ihrer Zuständigkeit haben.[1] Art. 101

---
1 E 3, 213/223.

Abs. 2 enthält einen Gesetzesvorbehalt für Gerichte für besondere Sachgebiete, zB Ehren- und Berufsgerichte.[2] Dieser Gesetzesvorbehalt wäre neben dem des Art. 101 Abs. 1 S. 2 überflüssig, wenn er für die Errichtung von Gerichten für besondere Sachgebiete nicht ein förmliches Gesetz verlangen würde. Insgesamt ist dieser Artikel ein wichtiger Bestandteil des Rechtsstaatsprinzips des Grundgesetzes.

II. Schutzbereich

1. Gesetzliche Zuständigkeit des Richters

Dies ist das überkommene und unstreitige Verständnis der Gewährleistung: Die Zuständigkeit eines Richters für einen konkreten Fall muss im Voraus abstrakt-generell festgelegt sein; dieser muss „blindlings" auf Grund allgemeiner Merkmale an den entscheidenden Richter kommen.[3] **1221**

Richter iSd Art. 101 Abs. 1 S. 2 sind die staatlichen Richter von der untersten Instanz bis zum BVerfG[4] und die Richter des Gerichtshofs der Europäischen Union, der anders als der Internationale Strafgerichtshof[5] mit der deutschen Gerichtsbarkeit funktional verschränkt ist.[6] Zu den staatlichen Richtern gehören auch die ehren- und nebenamtlichen Richter (zB Schöffen). Gleichgültig ist auch ihr Status als Richter auf Zeit oder Lebenszeit. Nicht unter den Begriff des Richters iSd Grundgesetzes fallen private Gerichte und ihre Richter, wie zB Schiedsgerichte gem. §§ 1025 ff ZPO und Parteischiedsgerichte gem. § 14 PartG. **1222**

Die *Zuständigkeit* des Richters im konkreten Fall ergibt sich aus dem Zusammenspiel des Gerichtsverfassungsrechts und der verschiedenen Prozessgesetze: Zunächst ist sie eine Frage der Gerichtsbarkeit (zB ordentliche Gerichte oder Verwaltungsgerichte usw), dann der verschiedenen Gerichte derselben Gerichtsbarkeit (zB Amtsgericht oder Landgericht – sachliche und instanzielle Zuständigkeit – bzw Amtsgericht A oder B – örtliche Zuständigkeit –), weiter der verschiedenen Spruchkörper bzw Einzelrichter desselben Gerichts (zB I. oder II. Kammer bzw Senat), schließlich der verschiedenen Richter desselben Spruchkörpers (zB Richter A, B oder C der I. Kammer). **1223**

Nach der *Wesentlichkeitslehre* (vgl Rn 305 f) müssen die wesentlichen Regelungen, das sind hier die „fundamentalen Zuständigkeitsregeln"[7], in einem Parlamentsgesetz enthalten sein (vgl Rn 312 ff). Im Übrigen kann aber die Bestimmung des zuständigen Richters auch in einer Rechtsverordnung oder Satzung geregelt werden;[8] Satzungen sind die Geschäftsverteilungspläne der Gerichte.[9] **1224**

---

2 E 26, 186/193; 71, 162/178.
3 E 95, 322/329.
4 Vgl *Höfling/Roth*, DÖV 1997, 67.
5 BVerfG, NJW 2011, 2569 f.
6 E 73, 339/366 ff; 82, 159/192; 129, 78/105 ff.
7 E 19, 52/60; 95, 322/328.
8 Vgl E 17, 294/298 ff; 27, 18/34 f.
9 Vgl *Degenhart*, SA, Art. 101 Rn 7; *Pieroth*, JP, Art. 101 Rn 21.

2. Unabhängigkeit und Unparteilichkeit des Richters

1225 Nach der stRspr des BVerfG wird Art. 101 Abs. 1 S. 2 nicht nur als Recht auf den gesetzlich zuständigen Richter angesehen, sondern darüber hinaus als Recht auf einen Richter und damit auf Gerichte, die in jeder Hinsicht den Anforderungen des Grundgesetzes entsprechen.[10] Die wesentlichen Anforderungen des Grundgesetzes an den Richter sind seine Unabhängigkeit gem. Art. 97 und seine Unparteilichkeit („Neutralität und Distanz des Richters gegenüber den Verfahrensbeteiligten")[11] gem. Art. 92 und dem Rechtsstaatsprinzip. Praktisch werden so diese nicht grundrechtlichen Vorschriften verfassungsbeschwerdefähig gemacht.

1226 **Beispiel:** In einem Verfahren über die Erteilung eines Erbscheins vor dem Amtsgericht als Nachlassgericht lehnte der Testamentsvollstrecker den Richter wegen Besorgnis der Befangenheit ab. Das wurde vom Amtsgericht und nach Beschwerde vom Oberlandesgericht unter Berufung auf eine Vorschrift im FGG zurückgewiesen, wonach die Ablehnung eines Richters im Verfahren der freiwilligen Gerichtsbarkeit ausgeschlossen war. Die Verfassungsbeschwerde hiergegen hatte Erfolg, weil zu einem Richter nach den rechtsstaatlichen Anforderungen des Grundgesetzes auch seine Unparteilichkeit gehört: „Deshalb muss im System der normativen Vorausbestimmung des gesetzlichen Richters Vorsorge dafür getroffen werden, dass im Einzelfall ein Richter, der nicht die Gewähr der Unparteilichkeit bietet, von der Ausübung seines Amtes ausgeschlossen ist oder abgelehnt werden kann" (E 21, 139/146).

III. Eingriffe

1227 Der Eingriff wird hier als das „Entziehen" des gesetzlichen Richters gekennzeichnet: Das bedeutet eine Verhinderung oder Beeinträchtigung der Verhandlung und Entscheidung einer Sache durch den gesetzlichen Richter. Je nach Zweig der öffentlichen Gewalt wirft das besondere Probleme auf.

1. Entziehung durch die Legislative

1228 Nicht jede Zuständigkeitsregelung durch den Gesetzgeber genügt den Anforderungen des Art. 101 Abs. 1 S. 2. Das zeigt schon Art. 101 Abs. 1 S. 1: Auch gesetzlich eingerichtete Ausnahmegerichte sind unzulässig. Entscheidend ist die vorherige abstrakt-generelle Festlegung einer einzigen Zuständigkeit. Nicht ausreichend – und damit Verstöße des Gesetzgebers gegen Art. 101 Abs. 1 S. 2 – sind die Normierung mehrerer Zuständigkeiten für eine Sache und die gesetzliche Einräumung eines Ermessens an nichtrichterliche Organe bei der Bestimmung der Zuständigkeit.

1229 **Beispiel:** Gem. §§ 7–11 und 13 Abs. 1 StPO hat die Staatsanwaltschaft die Wahl, bei welchem von mehreren örtlich zuständigen Gerichten sie Anklage erheben will (Begründung des Gerichtsstandes am Tatort, Wohnsitz oder Aufenthaltsort, Ergreifungsort und als Gerichtsstand des Zusammenhangs). Das ist nach dem Gesagten verfassungswidrig (*Roth*, S. 126; *Classen*, MKS, Art. 101 Rn 37 f; *Kunig*, MüK, Art. 101 Rn 28). Auch die Rechtsprechung des BVerfG ist hier zu nachgiebig, wenn sie lediglich die „möglichst eindeutige" Bestimmung des zuständigen Richters durch den Gesetzgeber fordert (vgl E 6, 45/50 f; 63, 77/79; 95, 322/329 f).

---

10 Vgl E 60, 175/214; 82, 286/298.
11 E 21, 139/146.

2. Entziehung durch die Exekutive

Hier liegen zwar die geschichtlichen Wurzeln des Rechts auf den gesetzlichen Richter[12], nicht aber die aktuellen Probleme: Dass die Exekutive richterliche Befugnisse wahrnimmt („Kabinettsjustiz"), ist gegenwärtig nicht zu befürchten. Dass die Richter von der Exekutive ernannt werden, ist in der gewaltenteiligen Struktur des Grundgesetzes angelegt und nicht als Entziehung anzusehen.[13] Eine Entziehung wäre jedoch die Ernennung eines Richters „ad hoc und ad personam"[14]. Auch ist die Aufstellung der Geschäftsverteilungspläne der Gerichte nach dem GVG hinreichend gegenüber Einflussnahmen der Exekutive abgesichert. Das einzige in diesem Zusammenhang zu nennende Beispiel für einen Eingriff in den Art. 101 Abs. 1 S. 2 durch die Exekutive aus der Rechtsprechung des BVerfG betraf die Ausübung von Strafgerichtsbarkeit durch die Finanzämter, die ihrerseits auf einem Gesetz beruhte.[15]

1230

3. Entziehung durch die Judikative

a) Der im Einzelfall zuständige Richter könnte schon dann durch die Gerichte selbst entzogen werden, wenn bei der **Rechtsprechung** verfahrensrechtliche Bestimmungen, zB über die Zusammensetzung der Richterbank, Abstimmungsmehrheiten, Vorlagepflichten an andere Gerichte usw falsch angewandt werden. Wenn aber jeder Verstoß gegen derartige prozessrechtliche Vorschriften Art. 101 Abs. 1 S. 2 verletzen würde, käme dem BVerfG die Aufgabe einer Superrevisionsinstanz zu und würde die Kompetenz der ordentlichen und der Fachgerichte über Gebühr zurückgedrängt. Daher ist eine Differenzierung geboten. Die stRspr des BVerfG nimmt sie dahingehend vor, dass zwischen einem error in procedendo und einer „willkürlich unrichtigen" Anwendung von Verfahrensvorschriften unterschieden wird.[16] Verfassungswidrig ist aber stets die Beteiligung eines zB wegen Befangenheit ausgeschlossenen Richters[17] sowie eine Entscheidung, die die Bedeutung und Tragweite von Art. 101 Abs. 1 S. 2 grundlegend verkennt.[18] In Auslegungen, die die Grenzen der verfassungskonformen Interpretation überschreiten, liegt wegen der damit verbundenen Verletzung der Vorlagepflicht nach Art. 100 Abs. 1 S. 1 zugleich ein Verstoß gegen Art. 101 Abs. 1 S. 2.[19]

1231

Beispiel: Ein Zivilgericht nimmt nach den maßgeblichen Vorschriften der ZPO seine Zuständigkeit zur Entscheidung über eine Klage an. Im Rahmen einer Verfassungsbeschwerde gegen diese Entscheidung ist das BVerfG der Auffassung, das Zivilgericht sei nicht zuständig gewesen (error in procedendo). Gleichzeitig sei dem Zivilgericht aber keine Willkür vorzuwerfen. Dann liegt keine Entziehung des gesetzlichen Richters vor.

1232

b) **Gerichtsorganisatorische** Maßnahmen von Gerichtspräsidien und Vorsitzenden von Spruchkörpern, insbesondere die von diesen zu erstellenden Geschäftsverteilungs- und Mitwirkungspläne, müssen die Zuständigkeitsverteilung schriftlich im

1233

---

12 Vgl *Kern*, Der gesetzliche Richter, 1927.
13 Vgl *Kunig*, MüK, Art. 101 Rn 29 f; *Pieroth*, JP, Art. 101 Rn 14.
14 E 82, 159/194.
15 E 22, 49/73 ff.
16 Vgl E 75, 223/234; 87, 282/284 f; *Schulze-Fielitz*, DR, Art. 101 Rn 59; krit. zur Willkürformel *Classen*, MKS, Art. 101 Rn 29 ff.
17 E 30, 165/167; 63, 77/79 f.
18 E 82, 286/299; vgl Rn 1314 f.
19 E 138, 64/86 ff

Voraus – dh vor dem Beginn des Geschäftsjahres für dessen Dauer – nach objektiven Kriterien – dh ohne Ansehen der Person und des Einzelfalles – und vollständig regeln; Ermessensentscheidungen sind unzulässig.[20] Ausnahmsweise kommt eine nachträgliche Änderung in Betracht, wenn anders das verfassungsrechtliche Beschleunigungsgebot[21] verletzt würde.[22] Bereits die Möglichkeit der Manipulation begründet einen Verstoß gegen Art. 101 Abs. 1 S. 2.[23]

1234 **Beispiel:** Bei Spruchkörpern, die in der Besetzung von drei Mitgliedern entscheiden müssen, zB Zivilkammern und -senate, ist es ein Verstoß gegen Art. 101 Abs. 1 S. 2, wenn der Spruchkörper mehr als fünf ordentliche Mitglieder hat; denn dann ist es möglich, dass in zwei personell voneinander verschiedenen Sitzungsgruppen verhandelt und entschieden werden kann, was die Möglichkeit der Manipulation in sich birgt (E 17, 294/301). Dagegen wird eine Überbesetzung von ein oder zwei Richtern wegen der Fälle des Ausscheidens, der Krankheit, der Verhinderung, des Urlaubs und des Wechsels von Richtern als unvermeidlich hingenommen; auch dann muss aber im Voraus nach abstrakt-generellen Merkmalen bestimmt sein, welcher Richter bei welcher Sache mitwirkt (E 95, 322/331 f).

IV. Verfassungsrechtliche Rechtfertigung

1235 Art. 101 Abs. 1 S. 2 steht unter keinem Gesetzesvorbehalt. Die aufgeführten Eingriffe sind verfassungswidrig.

1236 **Lösungsskizze zum Fall 27 (Rn 1219):** I. Der EuGH ist gesetzlicher Richter gem. Art. 101 Abs. 1 S. 2, soweit ihm durch die Zustimmungsgesetze zu den Unionsverträgen darin enthaltene Rechtsprechungsaufgaben übertragen sind. Dazu gehört insbesondere die Kompetenz des Gerichtshofs zu Vorabentscheidungen gemäß Art. 267 AEUV. Nach dessen Abs. 3 sind letztinstanzliche mitgliedstaatliche Gerichte verpflichtet, dem EuGH Fragen der Gültigkeit und Auslegung unionsrechtlicher Vorschriften, die für den Ausgangsrechtsstreit erheblich sind, vorzulegen. Diese Pflicht entfällt nur dann, wenn die betreffende Norm so klar ist, dass vernünftigerweise nur eine einzige Auslegung möglich ist. – II. Indem das BVerwG hier die umstrittene entscheidungserhebliche Frage nach der Auslegung der einschlägigen unionsrechtlichen Bestimmungen dem EuGH nicht zur Vorabentscheidung vorlegte, hat es gegen die Vorlagepflicht des Art. 267 Abs. 3 AEUV verstoßen. Ein Eingriff in das Recht auf den gesetzlichen Richter gem. Art. 101 Abs. 1 S. 2 liegt darin aber nur dann, wenn der Verstoß auf Willkür beruht, die Zuständigkeitsregel des Art. 267 Abs. 3 AEUV also in offensichtlich unhaltbarer Weise gehandhabt worden ist. Das BVerfG konkretisiert die Willkürgrenze wie folgt: Die Nichteinleitung eines Vorlageverfahrens nach Art. 267 AEUV verletzt Art. 101 Abs. 1 S. 2, wenn „ein letztinstanzliches Hauptsachegericht eine Vorlage trotz der – seiner Auffassung nach bestehenden – Entscheidungserheblichkeit der unionsrechtlichen Frage überhaupt nicht in Erwägung zieht, obwohl es selbst Zweifel hinsichtlich der richtigen Beantwortung der Frage hegt (grundsätzliche Verkennung der Vorlagepflicht). Gleiches gilt in den Fällen, in denen das letztinstanzliche Hauptsachegericht in seiner Entscheidung bewusst von der Rechtsprechung des Gerichtshofs zu entscheidungserheblichen Fragen abweicht und gleichwohl nicht oder nicht neuerlich vorlegt (bewusstes Abweichen ohne Vorlagebereitschaft). Liegt zu einer entscheidungserheblichen Frage des Unionsrechts

---

20 *Roth*, S. 193.
21 E 63, 45/69; *Pietsch/Hartmann*, StV 2008, 276.
22 BVerfG, NJW 2009, 1734/1734 f.
23 Vgl E 95, 322/327.

einschlägige Rechtsprechung des Gerichtshofs noch nicht vor oder hat eine vorliegende Rechtsprechung die entscheidungserhebliche Frage möglicherweise noch nicht erschöpfend beantwortet oder erscheint eine Fortentwicklung der Rechtsprechung des Gerichtshofs nicht nur als entfernte Möglichkeit, wird Art. 101 Abs. 1 Satz 2 nur verletzt, wenn das letztinstanzliche Hauptsachegericht den ihm in solchen Fällen notwendig zukommenden Beurteilungsrahmen in unvertretbarer Weise überschritten hat (Unvollständigkeit der Rechtsprechung)" (E 126, 286/316 f; die Prüfungsmaßstäbe der beiden Senate sind identisch: BVerfG, NJW 2014, 2489/2491; anders zuvor *Calliess*, NJW 2013, 1905/1907 ff.

Literatur: *G. Britz*, Das Grundrecht auf den gesetzlichen Richter in der Rspr des BVerfG, JA 2001, 573; *C. Degenhart*, Gerichtsorganisation, Hdb. StR³ V, § 114; *H.-D. Horn*, Ausnahmegerichte – Anspruch auf gesetzlichen Richter, Hdb. GR V, § 132; *M. Pechstein*, Der gesetzliche Richter, Jura 1998, 197; *C. Sowada*, Der gesetzliche Richter im Strafverfahren, 2002; *T. Roth*, Das Grundrecht auf den gesetzlichen Richter, 2000; *D. Wolff*, Willkür und Offensichtlichkeit, AöR 2016, 40.

1237

§ 31 Anspruch auf rechtliches Gehör (Art. 103 Abs. 1)

Fall 28: Die Beschlagnahme von Diebesgut Die Staatsanwaltschaft verdächtigt den Elektrohändler H der Hehlerei; sie hat Anhaltspunkte dafür, dass er im Keller seiner Geschäftsräume Diebesgut lagert. Auf ihren Antrag ordnet der zuständige Richter die Beschlagnahme aller dort gelagerten Gegenstände an, ohne H zuvor Gelegenheit zur Stellungnahme zu geben. Verletzt diese Anordnung Art. 103 Abs. 1? **Rn 1247**

1238

I. Überblick

Art. 103 Abs. 1 enthält ein grundrechtsgleiches Recht, das mit der Verfassungsbeschwerde gem. Art. 93 Abs. 1 Nr 4a geltend gemacht werden kann. Der Anspruch auf rechtliches Gehör vor Gericht ist eine Ausprägung des Rechtsstaatsprinzips[1] und dient „auch der Achtung der Würde des Menschen, der in einer so schwerwiegenden Lage, wie ein Prozess sie für gewöhnlich darstellt, die Möglichkeit haben muss, sich mit tatsächlichen und rechtlichen Argumenten zu behaupten"[2]. Wie der verwandte Art. 19 Abs. 4 ist Art. 103 Abs. 1 stark normgeprägt.

1239

II. Schutzbereich

1. Rechtliches Gehör

Rechtliches Gehör bedeutet, sich grundsätzlich vor Erlass einer Entscheidung in tatsächlicher und rechtlicher Hinsicht zur Sache äußern zu können. Soweit dies bei vorläufigen und Eilmaßnahmen nicht möglich ist, weil sonst der Rechtsschutz und die

1240

---

1 E 107, 395/409.
2 E 55, 1/6.

Rechtspflege als solche verfehlt würden, muss das rechtliche Gehör unverzüglich nachgeholt werden.[3] Rechtliches Gehör setzt voraus, dass der Betroffene vollständig über den Verfahrensstoff informiert wird und erkennen kann, worauf es dem Gericht für seine Entscheidung ankommt. Andererseits ist es mit dem bloßen Äußern-Können nicht getan: Das Gericht muss das Vorbringen auch zur Kenntnis nehmen und in Erwägung ziehen.

1241 Daraus ergeben sich *drei Stadien* oder Verwirklichungsstufen des rechtlichen Gehörs:[4]
- Als *Recht auf Information* verpflichtet Art. 103 Abs. 1 das Gericht, den Beteiligten tatsächlich Kenntnis zu verschaffen über alle Äußerungen der Gegenseite,[5] über von Amts wegen eingeführte Tatsachen und Beweismittel[6] einschließlich der Auffassungen gerichtlicher Sachverständiger,[7] und über die Rechtsauffassungen, die es selbst seiner Entscheidung zugrunde legen will und mit der die Beteiligten nicht rechnen müssen,[8]
- als *Recht auf Äußerung* fordert Art. 103 Abs. 1 hinreichende Möglichkeit zu mindestens schriftlicher Äußerung zu Tatsachen- und Rechtsfragen,[9]
- als *Recht auf Berücksichtigung* verlangt Art. 103 Abs. 1 Gegenwart, Aufnahmefähigkeit und -bereitschaft aller an der Entscheidung mitwirkenden Richter sowie grundsätzlich eine Begründung der gerichtlichen Entscheidungen, die auch auf das wesentliche Parteivorbringen eingeht.[10]

1242 Umstritten ist, ob Art. 103 Abs. 1 die Heranziehung eines *Rechtsanwalts* garantiert. Dafür spricht, dass angesichts der Kompliziertheit des Rechts die Gefahr besteht, dass einzelne Bürger ohne rechtskundigen Beistand ihr Recht gar nicht zu Gehör bringen können. Die Möglichkeit, die Hilfe eines Rechtsanwalts in Anspruch zu nehmen, gehört daher zum Recht aus Art. 103 Abs. 1.[11] Das BVerfG leitet lediglich das Recht, sich im Strafverfahren von einem Rechtsanwalt verteidigen zu lassen, aus dem Rechtsstaatsprinzip ab,[12] hat eine aus Art. 103 Abs. 1 folgende Garantie ansonsten aber abgelehnt.[13] Problematisch ist, inwieweit dem Beteiligten die von seinem Anwalt verschuldete Fristversäumnis zugerechnet und dadurch sein Anspruch auf rechtliches Gehör beschnitten werden darf. Die Rspr hält eine Zurechnung unter Hinweis auf Belange der Rechtssicherheit sehr weitgehend für zulässig.[14]

1243 Die Eigenart rechtlicher und gerichtsförmiger Entscheidungsfindung *begrenzt* nach dem Wortlaut die Reichweite des Art. 103 Abs. 1. Daraus ergibt sich namentlich, dass der Einzelne keinen Anspruch darauf hat, mit rechtlich Unerheblichem gehört zu wer-

---

3 E 18, 399/404; 65, 227/233.
4 Vgl *Höfling/Burkiczak*, FH, Art. 103, Rn 41 ff; *Rüping*, BK, Art. 103 Abs. 1 Rn 7 ff; *Remmert*, MD, Art. 103 Abs. 1 Rn 72 ff.
5 E 55, 95/99; BVerfG, NJW 2006, 2248.
6 E 15, 214/218; 101, 106/129.
7 BVerfG, NJW 1998, 2273.
8 E 84, 188/190; 98, 218/263.
9 E 86, 133/144 f; 101, 106/129.
10 Vgl E 63, 80/85 ff; 115, 166/180.
11 So auch *Nolte*, MKS, Art. 103 Rn 67.
12 E 110, 226/254.
13 E 9, 124/132; 39, 156/168.
14 Vgl E 60, 253/266; BVerwG, NJW 1988, 577 f.

den. Auch verletzen die Beschränkung der Nachprüfung auf Rechtsfragen im Revisionsverfahren und Ausschluss-(Präklusions-)Vorschriften, wonach schuldhaft verspätetes Vorbringen vom Gericht nicht mehr berücksichtigt werden muss, nicht das rechtliche Gehör.[15] Dagegen begründet eine offensichtlich fehlerhafte oder missbräuchliche Anwendung einer Präklusionsvorschrift einen Verstoß gegen Art. 103 Abs. 1.[16]

2. Vor Gericht

Der Anspruch auf rechtliches Gehör besteht vor jedem staatlichen Gericht (vgl Art. 92). Art. 103 Abs. 1 gilt für alle Gerichtsbarkeiten mit allen Instanzen und für alle Gerichtsverfahren. Dagegen gilt er nicht für das Verwaltungsverfahren oder das Verfahren vor dem Rechtspfleger; allerdings wird hier ein grundsätzliches Anhörungsrecht aus dem Rechtsstaatsprinzip, dem allgemeinen Persönlichkeitsrecht oder auch der Menschenwürde abgeleitet.[17] Das Merkmal „vor Gericht" markiert im Übrigen die tatbestandliche Abgrenzung zwischen Art. 19 Abs. 4 und Art. 103 Abs. 1: Jener betrifft den Zugang zum Gericht, dieser den angemessenen Ablauf des Verfahrens.[18]

1244

III. Eingriffe

Grundsätzlich stellt jedes Zurückbleiben hinter den dargestellten Anforderungen einen Eingriff dar. Funktion und Organisation des Rechtsschutzsystems führen allerdings dazu, in folgenden Fällen *keinen Eingriff* anzunehmen:
– wenn das Fehlen des rechtlichen Gehörs für die gerichtliche Entscheidung *unerheblich* ist bzw die gerichtliche Entscheidung auf dem fehlenden rechtlichen Gehör *nicht beruht*; das ist der Fall, wenn ausgeschlossen werden kann, dass die Gewährung des rechtlichen Gehörs zu einer anderen, für den Betroffenen günstigeren Entscheidung geführt hätte;[19]
– wenn ein zunächst unterbliebenes rechtliches Gehör in derselben Instanz oder in der Rechtsmittelinstanz[20] – nicht aber in einem neuen gerichtlichen Verfahren[21] – *nachgeholt* wird (das BVerfG spricht insoweit von *Heilung*).

1245

IV. Verfassungsrechtliche Rechtfertigung

Art. 103 Abs. 1 enthält keinen Gesetzesvorbehalt. Eingriffe könnten ihre Rechtfertigung daher allein in kollidierendem Verfassungsrecht finden, das zB in der Rechtssicherheit und der Funktionsfähigkeit der Rechtspflege gesehen wird. Die Normgeprägtheit des Art. 103 Abs. 1 führt jedoch dazu, diesen Gesichtspunkten schon bei der

1246

---

15 E 60, 305/310; 75, 183/190 f.
16 E 75, 302/316 f; 81, 97/105 f.
17 E 101, 397/404 f; *Remmert*, MD, Art. 103 Abs. 1 Rn 53
18 E 107, 395/409; 119, 292/296; *Nolte*, MKS, Art. 103 Rn 89 f.
19 StRspr; E 89, 381/392 f.
20 Vgl E 5, 9/10; 73, 322/326.
21 Vgl E 42, 172/175.

Bestimmung von Schutzbereich und Eingriff Rechnung zu tragen (vgl Rn 1177). Jeder Eingriff ist daher eine Verletzung dieses grundrechtsgleichen Rechts.[22]

1247 **Lösungsskizze zum Fall 28 (Rn 1238):** Art. 103 Abs. 1 gebietet, „dass einer gerichtlichen Entscheidung nur solche Tatsachen und Beweisergebnisse zugrundegelegt werden, zu denen Stellung zu nehmen den Beteiligten Gelegenheit gegeben war" (E 18, 399/404). Diesem Gebot muss grundsätzlich durch vorherige Anhörung genügt werden. Zur verfassungsmäßigen Rechtspflege gehören auch Maßnahmen der vorläufigen Beweissicherung wie hier die Beschlagnahme (vgl Art. 13 Abs. 2, 104 Abs. 3). Zu deren Eigenart gehört es aber gerade, dass sie ohne vorherige Anhörung ergehen; andernfalls würden sie ihren Zweck verfehlen, da der Betroffene Gelegenheit erhielte, die zu sichernden Beweise zu beseitigen. Art. 103 Abs. 1 verlangt in solchen Fällen, dass das rechtliche Gehör unverzüglich nach Durchführung der vorläufigen Beweissicherung gewährt wird (E 18, 399/404). H ist in seinem Anspruch auf rechtliches Gehör nicht verletzt.

1248 **Literatur:** *F.-L. Knemeyer*, Rechtliches Gehör im Gerichtsverfahren, Hdb. StR³ VIII, § 178; *J. Mauder*, Der Anspruch auf rechtliches Gehör, 1986; *M. R. Otto*, Grundfälle zu den Justizgrundrechten: Art. 103 I GG, JuS 2012, 412; *E. Schmidt-Aßmann*, Verfahrensfehler als Verletzungen des Art. 103 Abs. 1 GG, DÖV 1987, 1029; *W. Waldner*, Der Anspruch auf rechtliches Gehör, 2. Aufl. 2000.

§ 32 Nulla poena sine lege (Art. 103 Abs. 2)

1249 **Fall 29: Der unkollegiale Architekt (nach E 45, 346)** In einem Landes-Architektengesetz war bestimmt, dass Verstöße von Architekten gegen ihre Berufspflichten im berufsgerichtlichen Verfahren geahndet werden. Die Berufspflichten waren in einer von der Architektenkammer auf Grund einer entsprechenden Ermächtigung im Landes-Architektengesetz erlassenen Berufsordnung festgelegt; zu ihnen zählte ua das Gebot, sich kollegial zu verhalten. Architekt A wurde auf Grund dieser Vorschriften zu einer Geldbuße verurteilt, weil er Kollegen erheblich herabgesetzt hatte, um selber Aufträge zu bekommen. Lag darin ein Verstoß gegen Art. 103 Abs. 2? **Rn 1265**

I. Überblick

1250 Das Recht auf bestimmte und nicht rückwirkende Strafgesetze („nullum crimen, nulla poena sine lege") hat eine lange Tradition.[1] Der wortgleiche § 1 StGB erhält durch Art. 103 Abs. 2 Verfassungskraft. Das grundrechtsgleiche Recht des Art. 103 Abs. 2 steht in engem sachlichen Zusammenhang mit dem Rechtsstaats- und Demokratieprinzip. Da Art. 103 Abs. 2 dem Staat bei der Verhängung von Strafen Schranken zieht, Strafen ihrerseits aber Eingriffe in Grundrechte, bei Freiheitsstrafen zB in Art. 2 Abs. 2, darstellen, handelt es sich bei Art. 103 Abs. 2 systematisch um eine Schranken-Schranke[2]. Als eigenständige Maßstabsnorm in der Verfas-

---

22 *Höfling/Burkiczak*, FH, Art. 103 Rn 25.

1 Vgl *Schreiber*, Gesetz und Richter, 1976.
2 S. o. Rn 359.

sungsbeschwerde wird Art. 103 Abs. 2 aber traditionell dreistufig mit eigenem Schutzbereich geprüft[3].

II. Schutzbereich

1. Begriff der Strafbarkeit

Strafbarkeit iSd Art. 103 Abs. 2 bezieht sich auf staatliche Maßnahmen, die eine missbilligende hoheitliche Reaktion auf ein rechtswidriges, schuldhaftes Verhalten darstellen und wegen dieses Verhaltens ein Übel verhängen, das dem Schuldausgleich dient.[4] Neben dem Kriminalstrafrecht fallen daher auch das Ordnungswidrigkeitenrecht,[5] das Disziplinar- und Standesrecht[6] unter Art. 103 Abs. 2. 1251

Zur Strafbarkeit gehören der Straftatbestand und die Strafandrohung.[7] Die strafrechtlichen Maßregeln der Besserung und Sicherung (§§ 61 ff StGB) und die Sicherungsverwahrung verfolgen anders als die Strafen nach dem StGB ausschließlich präventive Zwecke und dienen nicht dem Schuldausgleich. Mit dieser Begründung nimmt sie das BVerfG von Art. 103 Abs. 2 aus.[8] Der EGMR unterscheidet zwar auch zwischen der unter Art. 7 EMRK fallenden Strafe und ihrem davon nicht erfassten Vollzug, ordnet aber die Sicherungsverwahrung (§ 66 Abs. 1 StGB) als Strafe ein und unterstellt sie entgegen dem BVerfG dem absoluten Rückwirkungsverbot.[9] Das BVerfG meint, mit dem allgemeinen Vertrauensschutzgebot (Art. 20 Abs. 3 GG, s. Rn 367), das sich „einem absoluten Vertrauensschutz annähert",[10] einen im Ergebnis vergleichbaren Schutz gewährleisten zu können.[11] 1252

Im Unterschied zu den materiellen Regeln über die Strafbarkeit fallen die formellen Regelungen der *Strafverfolgung* nicht mehr unter den Begriff der Strafbarkeit iSd Art. 103 Abs. 2. Diese Vorschrift sagt also nichts über das „wie lange" der Strafbarkeit.[12] 1253

Beispiele: Als sich in den Sechzigerjahren herausstellte, dass die Ermittlungen gegen nationalsozialistische Verbrechen noch längere Zeit beanspruchen würden, wurde im Jahr 1965 zunächst das Ruhen der Verjährung zwischen 1945 und 1949 gesetzlich festgestellt, im Jahr 1969 sodann die bis dahin geltende Verjährungsfrist von 20 Jahren für Mord auf 30 Jahre verlängert und im Jahr 1979 ganz aufgehoben. Das verstieß nach der im Schrifttum teilweise bestrittenen Auffassung des BVerfG nicht gegen Art. 103 Abs. 2, weil die Strafbarkeit für Mord gesetzlich bestimmt war, bevor die Tat begangen wurde, und zu der Strafbarkeit nicht die im Zeitpunkt der Tat geltende Verjährungsregelung gehört: Das die Strafbarkeit kennzeichnende Unwertur- 1254

---

3 Vgl E 109, 133/168.
4 E 109, 133/167; 110, 1/13; 117, 71/110.
5 E 87, 399/411; *Wolff*, Hdb. GR V, § 134 Rn 31.
6 E 60, 215/233 f; 116, 69/82 f; *Schulze-Fielitz*, DR, Art. 103 II Rn 19; aA *Rüping*, BK, Art. 103 Abs. 2, Rn 78; *Wolff*, Hdb. GR V, § 134 Rn 32.
7 E 86, 288/311; 105, 135/153.
8 E 109, 133/167 ff; 128, 326/392 f; *Wolff*, Hdb. GR V, § 134 Rn 33.
9 EGMR, NJW 2010, 2495/2497 f.
10 E 133, 40/57.
11 E 128, 326/392 f.
12 E 81, 132/135; 112, 304/315.

teil ergibt sich aus Straftatbestand und Strafandrohung, nicht aber aus den formellen Regelungen der Strafverfolgung (E 25, 269/284 ff; vgl zum entsprechenden Streit um die Verlängerung der Verjährungsfristen für SED-Unrecht BVerfG, NJW 2004, 214; *Pieroth/Kingreen*, NJ 1993, 385). – Fraglich ist die Anwendbarkeit des Art. 103 Abs. 2 bei strafrechtlichen Regelungen, deren materieller oder formeller Charakter umstritten ist, wie zB beim Strafantrag (vgl *Pieroth*, JuS 1977, 394).

2. Tatprinzip

1255 Ein rechtsstaatliches Strafrecht knüpft an *Taten*, dh Handlungen, nicht an Gesinnungen an.

3. Gesetzlichkeitsprinzip

1256 Ein rechtsstaatliches Strafrecht setzt Gesetze voraus. Art. 103 Abs. 2 statuiert den Gesetzesvorbehalt für das Strafrecht. Die Strafbarkeit muss sich bereits aus dem Parlamentsgesetz ergeben.[13] Gleichwohl kann die gesetzliche Strafnorm zur Konkretisierung auf Administrativakte wie etwa eine Rechtsverordnung[14] oder Satzung[15] und auf Vorschriften der Europäischen Union[16] – auch dynamisch – verweisen. Zum einen dürfen die Vorschriften, auf die verwiesen wird, den Straftatbestand aber nur spezifizieren,[17] zum anderen darf die Auswahl der spezifizierende Tatbestände nicht ihrerseits wieder dem Verordnungsgeber überlassen bleiben.[18] Auch ein Verweis auf Verwaltungsakte soll nicht schlechthin unzulässig sein.[19]

4. Bestimmtheitsgrundsatz

1257 Ein rechtsstaatliches Strafrecht erfordert *bestimmte* Gesetze. Der Einzelne soll von vornherein wissen können, was strafrechtlich verboten und mit welcher Strafe es sanktioniert ist, damit er in der Lage ist, sein Verhalten danach einzurichten. Als spezielle Normierung reicht Art. 103 Abs. 2 weiter als der allgemeine rechtsstaatliche Bestimmtheitsgrundsatz (vgl Rn 365 f), schließt allerdings nicht aus, dass im Tatbestand und bei der Strafandrohung unbestimmte Rechtsbegriffe verwendet werden, die der Auslegung durch den Richter bedürfen. Die Strafvorschrift muss jedoch umso präziser sein, je schwerer die angedrohte Strafe ist;[20] Strafrahmen müssen von Strafzumessungsregeln begleitet sein.[21] Die strengen Bestimmtheitsanforderungen sind vor allem bei solchen Straftatbeständen problematisch, die durch andere gesetzliche Bestimmungen oder durch administrative Rechtsakte ausgefüllt werden (sog. Blankettstraftatbestände).[22]

---

13 E 75, 329/342; 95, 96/131; 126, 170/194.
14 E 14, 174/185; 78, 374/382.
15 E 32, 346/362.
16 BVerfG, NJW 2016, 3648/3650 f = JK 6/2017.
17 E 22, 21/25; 75, 329/342.
18 BVerfG, NJW 2016, 3648/3651 = JK 6/2017.
19 Vgl zur sog. Verwaltungsakzessorietät *Degenhart*, SA, Art. 103 Rn 66; *Schmidt-Aßmann*, MD, Art. 103 Abs. 2 Rn 216 ff.
20 E 75, 329/342 f; 126, 170/196 f.
21 E 105, 135/156 f.
22 BVerfG, NJW 2016, 3648/3649 ff (= JK 6/2017); *Wolff*, Hdb. GR V, § 134 Rn 63 ff.

Beispiele: § 15 Abs. 2 lit. a FernmG, wonach die Einrichtung, die Änderung oder das Betreiben genehmigungspflichtiger Fernmeldeanlagen unter Strafe gestellt war, soweit gegen die Bedingungen verstoßen wurde, an die die Postbehörden die Genehmigung knüpften, verstieß gegen Art. 103 Abs. 2 (E 78, 374/383 ff): Die Strafbarkeit war nicht im Gesetz hinreichend bestimmt, sondern ergab sich erst aus Ermessensentscheidungen der Exekutive. Gleiches gilt für Straftatbestände, die dynamische Verweisungen auf europäisches Sekundärrechte enthalten (BVerfG, NJW 2016, 3648/3649 ff = JK 6/2017). – Dagegen ist der Untreuetatbestand des § 266 Abs. 1 StGB trotz seiner weiten und unscharfen Formulierungen noch ausreichend bestimmt, weil er restriktiv und präzisierend ausgelegt werden kann (E 126, 170/200 f; NJW 2013, 365/366 f). 1258

Für die Rechtsprechung folgt aus dem Erfordernis gesetzlicher Bestimmtheit das Verbot des *Gewohnheitsrechts* und der *Analogie* zulasten des Täters.[23] Es ist Sache des Gesetzgebers und nicht des Richters, Strafbarkeitslücken zu schließen.[24] Nach hM wird von der unzulässigen Analogie die zulässige extensive Interpretation unterschieden. Dabei zieht der Wortlaut der Norm der Auslegung die äußerste Grenze.[25] 1259

Beispiele: Der von der Rechtsprechung zu § 240 StGB (Nötigung) entwickelte sog. vergeistigte Gewaltbegriff, der beim Täter keinen körperlichen Kraftaufwand und beim Opfer keine körperliche Krafteinwirkung verlangt, sondern psychischen Zwang genügen lässt, wird vom BVerfG inzwischen als Verstoß gegen das Analogieverbot angesehen (E 92, 1/14 ff; 104, 92/101 f; vgl dazu *Amelung*, NJW 1995, 2584; *Jeand'Heur*, NJ 1995, 465; aA noch E 73, 206/239 ff). – Ein Verstoß gegen das Analogieverbot liegt dann vor, wenn angenommen wird, der Begriff „Mensch" in § 131 StGB erfasse „menschenähnliche Wesen" (E 87, 209/225), die heute erfundene Parole „Ruhm und Ehre der Waffen-SS" sei der seinerzeitigen Hitler-Jugend-Parole „Blut und Ehre" zum Verwechseln ähnlich (BVerfG, NJW 2006, 3050) oder ein Personenkraftwagen sei eine Waffe iSd § 113 Abs. 2 S. 2 Nr. 1 StGB (BVerfG, NJW 2008, 3627 ff). Einen Verstoß gegen das Analogieverbot erblickt der 2. Strafsenat des BGH nun auch in der strafrechtlichen Wahlfeststellung (BGH, NStZ 2014, 392 ff; dazu *Freund/Rostalski*, JZ 2015, 164). 1260

5. Rückwirkungsverbot

Ein rechtsstaatliches Strafrecht umfasst das Verbot *rückwirkender* Bestrafung. Art. 103 Abs. 2 verbietet also, jemanden auf Grund eines Gesetzes zu bestrafen, das zur Zeit der Tat noch nicht in Kraft war, bzw jemanden schärfer zu bestrafen, als zur Zeit der Tat gesetzlich bestimmt war. 1261

Beispiele: Das Gesetz gegen Straßenraub mittels Autofallen vom 22.6.1938 trat „mit Wirkung vom 1. Januar 1936 in Kraft" (zur Abschaffung des Rückwirkungsverbots in der nationalsozialistischen Zeit vgl *E. Schmidt*, Einführung in die Geschichte der deutschen Strafrechtspflege, 3. Aufl. 1965, S. 435 f). – Ein Gericht kann dadurch gegen das Rückwirkungsverbot verstoßen, dass es ein Gesetz, das sich selbst keine Rückwirkung beilegt, gleichwohl auf Taten anwendet, die vor Inkrafttreten des Gesetzes begangen worden sind und damals überhaupt nicht oder milder strafbar waren. 1262

---

23 E 71, 108/114 ff; 92, 1/12.
24 E 92, 1/13; 126, 170/197.
25 E 71, 108/115; 87, 209/224.

III. Eingriffe

1263 Ein Zurückbleiben hinter den dargestellten Anforderungen bedeutet einen Eingriff in Art. 103 Abs. 2. Er kann sowohl durch die Legislative als auch durch die Judikative erfolgen.[26] Rechtsprechungsänderungen wurden bislang noch nicht wegen eines Eingriffs in das Rückwirkungsverbot für verfassungswidrig erklärt. Allerdings hat das BVerfG erwogen, das Rückwirkungsverbot dann greifen zu lassen, wenn durch eine kontinuierliche Rechtsprechungslinie ein Vertrauenstatbestand begründet wurde[27] und sich die Änderung auf das strafrechtliche Unwerturteil und nicht lediglich auf geänderte tatsächliche Erkenntnisse bezieht.[28]

IV. Verfassungsrechtliche Rechtfertigung

1264 Art. 103 Abs. 2 ist vorbehaltlos gewährleistet und „der Abwägung nicht zugänglich"[29]; Eingriffe in den Schutzbereich des Art. 103 Abs. 2 führen stets zu seiner Verletzung. Ein sich an Art. 103 Abs. 2 stoßendes politisches Strafbedürfnis kann sich nur über eine Verfassungsänderung zur Geltung bringen.[30] Das BVerfG hat die strafrechtliche Verurteilung der Mauerschützen auf anderem Weg zu rechtfertigen versucht: In dem Konflikt zwischen dem Rückwirkungsverbot des Art. 103 Abs. 2 und dem rechtsstaatlichen Gebot materieller Gerechtigkeit müsse „in dieser ganz besonderen Situation", in der die Strafbarkeit für Mord und Totschlag durch Rechtfertigungsgründe ausgeschlossen war, die als „extremes staatliches Unrecht" anzusehen seien, der strikte Schutz von Vertrauen durch Art. 103 Abs. 2 zurücktreten.[31] Die Verfassung kennt aber keine ungeschriebenen Ausnahmen für besondere Situationen.

1265 **Lösungsskizze zum Fall 29 (Rn 1249):** I. Eine berufsgerichtliche Sanktion betrifft die Strafbarkeit iSd Art. 103 Abs. 2. Es geht hier um eine Tat, die nach vorher bestehenden Vorschriften bestraft wurde. Damit scheiden Verstöße gegen das Tatprinzip und das Rückwirkungsverbot aus und sind nur das Gesetzlichkeitsprinzip und der Bestimmtheitsgrundsatz problematisch: 1. Das Landes-Architektengesetz enthielt als Tatbestand nur den „Verstoß gegen Berufspflichten"; erst die Berufsordnung konkretisierte die Berufspflichten. Es ist daher schon fraglich, ob nicht gegen den *Parlamentsvorbehalt* verstoßen wurde. Das wird von E 45, 346/353 mit der Erwägung verneint, dass das Berufsbild des Architekten im Gesetz festgelegt sei und sich aus diesem Berufsbild und den daraus zu entnehmenden Berufsaufgaben auch die Berufspflichten des Architekten ergeben. – 2. Der *Bestimmtheitsgrundsatz* wird nicht schon durch unbestimmte Rechtsbegriffe verletzt. Da die einzelnen Berufspflichten nicht vollständig aufgezählt werden können, reicht auch eine allgemeine Umschreibung aus (vgl E 66, 337/355 f; 94, 372/394). Hier lag aber noch nicht einmal das vor, sodass Art. 103 Abs. 2 verletzt war (so auch *Kunig*, MüK, Art. 103, Rn 34). E 45, 346/352 hat mit der Begründung, es werde von der Norm im Landes-Architektengesetz dadurch,

---

26 E 105, 135/153.
27 BVerfGK 18, 430/434 f.
28 BVerfG, NJW 1990, 3140 f – Absenkung der Promillegrenze für absolute Fahruntüchtigkeit.
29 E 109, 133/172; *Höfling/Burkiczak*, FH, Art. 103 Rn 132.
30 *Pieroth*, VVDStRL 51, 1992, S. 91/104; *Schlink*, NJ 1994, 433/437.
31 E 95, 96/133; zust. *Alexy*, Der Beschluss des BVerfG zu den Tötungen an der innerdeutschen Grenze vom 24. Oktober 1996, 1997, S. 25 f; krit. *Nolte*, MKS, Art. 103 Rn 124 ff; *Schwill*, KritV 2002, 79.

> dass sie von „Berufspflichten" spreche, ein entsprechender Pflichtenkodex „vorausgesetzt und sanktioniert", anders entschieden. – II. Der Verstoß der Norm gegen Art. 103 Abs. 2 führt zu ihrer Verfassungswidrigkeit und Nichtigkeit. A durfte unabhängig von der Frage, ob er sich kollegial verhalten hat, nicht zu der Geldbuße verurteilt werden.

Literatur: *R. Herzberg*, Wann ist die Strafbarkeit „gesetzlich bestimmt" (Art. 103 Abs. 2 GG)?, in: Symposium Schünemann, 2005, S. 31; *V. Krey*, Keine Strafe ohne Gesetz, 1983; *L. Kuhlen*, Zum Verhältnis von Bestimmtheitsgrundsatz und Analogieverbot, in: FS Otto, 2007, S. 89; *B. Pieroth*, Der rückwirkende Wegfall des Strafantragserfordernisses, JuS 1977, 394; *H.-A. Wolff*, Nullum crimen, nulla poena sine lege, Hdb. GR V, § 134. 1266

§ 33 Ne bis in idem (Art. 103 Abs. 3)

> **Fall 30: Erweiterung der Wiederaufnahmegründe** Aus der Mitte des Bundestags wird ein Gesetz zur Änderung der Strafprozessordnung eingebracht. Es soll § 362 StPO dahin ergänzen, dass eine Wiederaufnahme zu Ungunsten des Angeklagten auch dann zulässig ist, wenn Beweismittel beigebracht werden, die vom Angeklagten verändert oder unterdrückt worden waren. Ist die Ergänzung mit Art. 103 Abs. 3 vereinbar? **Rn 1283** 1267

I. Überblick

Art. 103 Abs. 3 enthält als grundrechtsgleiches Recht das Verbot der Doppelbestrafung („ne bis in idem"). Der Grundsatz ist alt, allerdings von der Inquisition bis zum Nationalsozialismus immer wieder bestritten und durchbrochen worden. Die Erfahrung der *nationalsozialistischen Durchbrechungen* hat zur Aufnahme in das Grundgesetz geführt. 1268

Der Grundsatz gewährleistet die Rechtskraft des Strafurteils und verwirklicht *Rechtssicherheit*. Hinter die Rechtssicherheit tritt hier die materielle Gerechtigkeit zurück. Der Rechtsstaat verlangt zwar beides, Rechtssicherheit und materielle Gerechtigkeit, aber beides steht in einem Spannungsverhältnis, das manchmal nur nach entweder der einen oder der anderen Seite aufgelöst werden kann. Art. 103 Abs. 3 schützt durch die Auflösung nach der Seite der Rechtssicherheit die individuelle Freiheit: Der Einzelne wird davor bewahrt, sich nach einer rechtskräftigen strafgerichtlichen Entscheidung erneut verantworten zu müssen. 1269

Art. 103 Abs. 3 ist insofern *normgeprägt*, als er Strafgesetze und das Institut der Rechtskraft voraussetzt. Der Verfassungsgeber wollte den Grundsatz „ne bis in idem" so in das Grundgesetz aufnehmen, wie er im Strafverfahrensrecht ausgebildet und anerkannt war.[1] Das bedeutet aber nicht, dass alle traditionellen Beschränkungen des Grundsatzes verfassungsmäßig wären: Die Aufnahme in das Grundgesetz betrifft nur den Kerngehalt des Satzes „ne bis in idem".[2] Im Randbereich sind die traditionellen Beschränkungen daran zu überprüfen, ob sie um der materiellen Gerechtigkeit willen unerlässlich sind. – Wie Art. 103 Abs. 2 ist Art. 103 Abs. 3 systematisch eine Schranken-Schranke, die traditionell dreistufig geprüft wird (vgl Rn 1250). 1270

---

1 Vgl *Rüping*, BK, Art. 103 Abs. 3 Rn 16 ff.
2 E 56, 22/34 f.

II. Schutzbereich

1. Dieselbe Tat

1271 Der Begriff derselben Tat meint den „geschichtlichen Vorgang, auf welchen Anklage und Eröffnungsbeschluss hinweisen und innerhalb dessen der Angeklagte als Täter oder Teilnehmer einen Straftatbestand verwirklicht haben soll"[3]. Die Rechtsprechung bestimmt dies danach, ob bei natürlicher Betrachtungsweise ein *einheitlicher Lebensvorgang* zu erkennen ist. Dieser sog. prozessuale Tatbegriff ist nicht identisch mit dem sog. materiellen Tatbegriff.[4] „Dieselbe Handlung" iSd § 52 Abs. 1 StGB kann zwei Taten iSd Art. 103 Abs. 3 darstellen, weil die Normen unterschiedliche Zwecke verfolgen: Dort geht es um die Bildung des Schuld- und Strafausspruchs, hier um die Grenzen der materiellen Rechtskraft.[5]

1272 **Beispiele:** Jemand ist durch ein rechtskräftiges Urteil wegen Beteiligung an einer kriminellen Vereinigung gem. § 129 StGB zu einer Freiheitsstrafe verurteilt worden. Später stellt sich heraus, dass er als Mitglied der kriminellen Vereinigung weitere, bisher unberücksichtigte, § 129 StGB gegenüber schwerere Straftaten begangen hat. Deretwegen kann er ohne Verstoß gegen Art. 103 Abs. 3 bestraft werden, weil verschiedene geschichtliche Vorgänge zu Grunde liegen (E 56, 22/28 ff). – Hingegen liegt dieselbe Tat vor, wenn die Einberufung zum Ersatzdienst wegen einer ein- für alle Mal getroffenen Gewissensentscheidung wiederholt nicht befolgt wird (E 23, 191/203; 78, 391/396).

1273 Nach der rechtskräftigen Verurteilung eintretende *neue Umstände* können nicht dazu führen, dass nicht mehr „dieselbe Tat" angenommen wird.

1274 **Beispiel:** Jemand hat bei einem Verkehrsunfall einen anderen verletzt und ist durch rechtskräftiges Urteil wegen fahrlässiger Körperverletzung gem. § 230 StGB zu einer Geldstrafe verurteilt worden. Später stirbt das Unfallopfer an den Folgen seiner Verletzungen. Schon die Einleitung eines neuen Strafverfahrens und erst recht die Verurteilung wegen fahrlässiger Tötung verstoßen gegen Art. 103 Abs. 3 (vgl E 56, 22/31; 65, 377/381).

2. Die allgemeinen Strafgesetze

1275 Das Merkmal „auf Grund der allgemeinen Strafgesetze" soll, wie die Entstehungsgeschichte belegt,[6] Anwendungsbereich des Art. 103 Abs. 3 auf das deutsche[7] *Kriminalstrafrecht* beschränken. Da zum Strafrecht iSd Art. 74 Abs. 1 Nr 1 auch das Ordnungswidrigkeitenrecht zählt,[8] sprechen systematische Gründe dafür, auch Normen des Ordnungswidrigkeitenrechts zu den allgemeinen Strafgesetzen zu rechnen[9] (vgl auch Rn 1251). Der Grundsatz „ne bis in idem" kann für das Disziplinar- und Berufsstrafrecht nur aus dem Rechtsstaatsgebot und Verhältnismäßigkeitsgrundsatz abgeleitet werden.

---

3 E 23, 191/202; 56, 22/28.
4 Vgl *Roxin*, Strafverfahrensrecht, 25. Aufl. 1998, § 20 Rn 8 ff.
5 E 56, 22/28 ff; BVerfG, NJW 2004, 279.
6 JöR 1951, 744.
7 E 12, 62/66; 75, 1/15 f; BVerfG, NJW 2012, 1202/1203.
8 E 31, 142/144.
9 AA *Kloepfer*, VerfR II, § 75 Rn 105.

Art. 103 Abs. 3 gilt auch nicht im Verhältnis von Kriminalstrafrecht einerseits und Disziplinar- und Berufsstrafrecht andererseits.[10] Eine mehrfache Bestrafung ist wegen des unterschiedlichen Rechtsgrunds und der unterschiedlichen Zweckbestimmung gerechtfertigt.[11] Allerdings folgen aus dem *Verhältnismäßigkeitsgrundsatz* Grenzen für das Nebeneinander von Kriminalstrafrecht einerseits und Disziplinar- und Berufsstrafrecht andererseits: Soweit dieses im Einzelfall keine gegenüber dem Kriminalstrafrecht eigenständige Funktion hat, ist seine Anwendung ein nicht erforderlicher Grundrechtseingriff. Aus dem gleichen Grund ist bei der jeweils nachfolgenden Sanktion die vorangegangene zu berücksichtigen. 1276

Beispiel: Ein Soldat wird wegen Gehorsamsverweigerung disziplinarrechtlich von seinem Bataillonskommandeur mit Freiheitsstrafe (Arrest) und strafrechtlich vom Schöffengericht mit Freiheitsstrafe bestraft. Auf die jeweils spätere Freiheitsstrafe muss die frühere angerechnet werden (vgl E 21, 378/388; 27, 180/192 ff). 1277

Das Verbot der Doppelbestrafung gilt ferner nicht für das Verhältnis zwischen Kriminalstrafen einerseits und Ordnungs- und Beugemaßnahmen sowie Verwaltungs- und Steuersanktionen andererseits. 1278

Beispiel: Die Entziehung der Fahrerlaubnis ist gem. § 69 StGB als strafgerichtliche Maßnahme und gem. § 4 StVG als verwaltungsbehördliche Maßnahme zulässig. Es verstößt nicht gegen Art. 103 Abs. 3, wenn die Verwaltungsbehörde nach Ablauf der mit der strafgerichtlichen Entziehung der Fahrerlaubnis bestimmten Sperrfrist ihrerseits die Erteilung einer neuen Fahrerlaubnis wegen in diesem Zeitpunkt festzustellender fehlender Eignung versagt (E 20, 365/372). 1279

3. Einmaligkeit der Strafverfolgung

Der Wortlaut verbietet ausdrücklich nur die mehrfache Verhängung von Strafe wegen derselben Tat. Nach der geschichtlichen Entwicklung schützt der Grundsatz „ne bis in idem" aber auch die Rechtskraft des Freispruchs: Nach verurteilender wie nach freisprechender Entscheidung ist die Einleitung eines weiteren Strafverfahrens ausgeschlossen. Bei sonstigen strafprozessualen Entscheidungen kommt es darauf an, ob sie mit der Rechtskraft eines Urteils einen Vorgang vollständig erfassen und abschließend entscheiden.[12] 1280

Beispiele: Verfahrenseinstellungen durch Staatsanwaltschaft und Gericht haben keine bzw eingeschränkte Rechtskraft; die Verwerfung der Revision durch Beschluss hat grundsätzlich volle Rechtskraft. Ein Strafbefehl, gegen den nicht rechtzeitig Einspruch erhoben worden ist, steht gem. § 410 Abs. 3 StPO einem rechtskräftigen Urteils gleich. Gleichwohl hat die stRspr der Strafgerichte wegen des summarischen Charakters des Strafbefehlsverfahrens nur eine eingeschränkte Rechtskraft des Strafbefehls angenommen und eine erneute Verfolgung zugelassen, wenn sich nachträglich ein im Strafbefehl nicht gewürdigter rechtlicher Gesichtspunkt ergibt, der eine erhöhte Strafbarkeit begründet. E 65, 377/382 ff hat diese Rechtsprechung zwar nicht verworfen, aber mit einer auf Art. 3 Abs. 1 gestützten Argumentation in ihrer Tragweite erheblich eingeschränkt; danach steht die Rechtskraft des Strafbefehls einer erneuten Verfolgung entgegen, wenn ein Umstand, der die Bestrafung des Täters wegen eines schwereren Vergehens begründen würde, erst nach rechtskräftiger Erledigung des Strafbefehlsverfahrens ein- 1281

---

10 E 66, 337/356 f.
11 E 32, 40/48.
12 Vgl *Rüping*, BK, Art. 103 Abs. 3 Rn 61 ff; aA *Höfling/Burkiczak*, FH, Art. 103 Rn 171.

getreten ist. Die Wiederaufnahme des Verfahrens ist für Strafbefehle mittlerweile in § 373a StPO geregelt und zulässig, wenn neue Umstände die Verurteilung wegen eines Verbrechens begründen würden.

III. Eingriffe und verfassungsrechtliche Rechtfertigung

1282 Als Eingriff in den Schutz rechtskräftiger Verurteilungen und Freisprüche kann die wiederholte Strafverfolgung wegen derselben Tat und die *Wiederaufnahme zu Ungunsten des Angeklagten* (§ 362 StPO) verstanden werden. Zur verfassungsrechtlichen Rechtfertigung dieses Eingriffs kann dann nur auf die Kollision zwischen Rechtssicherheit und materieller Gerechtigkeit verwiesen und geltend gemacht werden, dass bei Vorliegen der Wiederaufnahmegründe von § 362 StPO die Aufrechterhaltung der Rechtskraft die materielle Gerechtigkeit unerträglich beeinträchtigen würde.[13] Demgegenüber stellt die *Wiederaufnahme zu Gunsten des Angeklagten* keinen Eingriff in den Schutzbereich des Art. 103 Abs. 3 dar.

1283 **Lösungsskizze zum Fall 30 (Rn 1267):** I. Das Änderungsgesetz soll ermöglichen, dass Wiederaufnahmen zu Ungunsten des Angeklagten in weiterem Ausmaß als bisher stattfinden können. Der Umfang der Geltung des Grundsatzes „ne bis in idem" würde dadurch *beschränkt*. – II. Es fragt sich, ob diese Beschränkung noch als Teil der *immanenten Schranke*, durch welche Rspr und hL den Schutzbereich von Art. 103 Abs. 3 begrenzt sehen, verstanden werden kann. Sie gehört nicht zu dem „bei Inkrafttreten des Grundgesetzes geltenden Stand des Prozessrechts und seiner Auslegung durch die herrschende Rechtsprechung", an dem das BVerfG die immanente Schranke orientiert (E 3, 248/252). Im Schrifttum wird die Festlegung auf den damaligen Stand des Prozessrechts jedoch überwiegend abgelehnt und eine Erweiterung des § 362 StPO unter mal mehr und mal weniger strengen Voraussetzungen für zulässig gehalten (*Rüping*, BK, Art. 103 Abs. 3 Rn 22). Dagegen argumentiert überzeugend *Grünwald*, dass die Einführung einer „Wiederaufnahme zu Ungunsten des Angeklagten wegen neuer Tatsachen oder Beweismittel ... durch die Verfassung ausgeschlossen ist. Denn der Tradition der StPO ist sie fremd, und das bedeutet zugleich, dass eine Behauptung, ihr Fehlen sei unerträglich, von einem rechtsstaatlichen Standpunkt aus nicht zu begründen ist" (Beiheft ZStW 1974, 94/103).

1284 **Literatur:** *O. Fliedner*, Die verfassungsrechtlichen Grenzen mehrfacher staatlicher Bestrafungen auf Grund desselben Verhaltens, AöR 1974, 242; *G. Grünwald*, Die materielle Rechtskraft im Strafverfahren der Bundesrepublik Deutschland, Beiheft ZStW 1974, 94; *G. Nolte*, Ne bis in idem, Hdb. GR V, § 135; *D. Schroeder*, Die Justizgrundrechte des GG, JA 2010, 167; *H. Thomas*, Das Recht auf Einmaligkeit der Strafverfolgung, 2002.

---

13 Vgl *Kloepfer*, VerfR II, § 75 Rn 111 f; krit. *Nolte*, MKS, Art. 103 Rn 221 ff.

Teil III
Verfassungsbeschwerde

§ 34 Allgemeines zur Verfassungsbeschwerde

Im Grundgesetz handelt Art. 93 Abs. 1 Nr 4a von der Verfassungsbeschwerde. Er begründet die Zuständigkeit des BVerfG und legt die wesentlichen Voraussetzungen der Zulässigkeit fest. Einzelheiten zu Verfahren und Zulässigkeit regeln §§ 90–95 BVerfGG. **1285**

Das Grundgesetz hat eine *starke Verfassungsgerichtsbarkeit* eingerichtet. Dadurch kann der Vorrang der Verfassung allgemein durchgesetzt werden.[1] Mit der Verfassungsbeschwerde hat das Grundgesetz den Bürgern die Möglichkeit eröffnet, speziell den Vorrang der Grundrechte durchzusetzen. Das ist in der deutschen Verfassungsgeschichte neu; die Verfassungsstreitigkeiten des Art. 19 WRV umfassten noch nicht Behelfe des Bürgers gegen den Staat. Die Verfassungsbeschwerde ist der einzige Weg, auf dem der Einzelne ein Verfahren vor dem BVerfG einleiten kann. Sie ergänzt den durch Art. 19 Abs. 4 (vgl Rn 1157 ff) garantierten Individualrechtsschutz. **1286**

Die Verfassungsbeschwerde ist die zahlenmäßig *bedeutendste* Zuständigkeit des BVerfG. Sie macht ca. 96% aller anhängigen Verfahren aus. Derzeit werden pro Jahr ca. 6000 Verfassungsbeschwerden erhoben. Die Erfolgsquote liegt bei etwa 2%. **1287**

Die sehr hohe Zahl von Verfassungsbeschwerden hat zur Einführung des *Annahmeverfahrens* gem. § 93a ff BVerfGG geführt, das das Gericht entlasten soll. Demselben Ziel dient die umstrittene[2] Vorprüfung durch die Präsidialräte gemäß der Geschäftsordnung des BVerfG. Das Annahmeverfahren verläuft folgendermaßen: Eine der von beiden Senaten berufenen Kammern prüft, ob eine Pflicht zur Annahme besteht, weil der Verfassungsbeschwerde grundsätzliche verfassungsrechtliche Bedeutung zukommt oder weil es zur Durchsetzung der Grundrechte angezeigt ist (§ 93a Abs. 2). Sie kann die Annahme durch einstimmigen Beschluss, der gem. § 93d Abs. 1 S. 3 nicht begründet werden muss, ablehnen. Sie kann der Verfassungsbeschwerde auch stattgeben, wenn diese offensichtlich begründet ist (§ 93b S. 1 iVm § 93c Abs. 1 S. 1). Hat die Kammer weder die Annahme abgelehnt noch der Verfassungsbeschwerde stattgegeben, entscheidet der Senat über die Annahme. Er nimmt die Verfassungsbeschwerde an, wenn mindestens drei Richter ihr zustimmen (§ 93d Abs. 3 S. 2). Es kann also dazu kommen, dass eine Verfassungsbeschwerde trotz Begründetheit keinen Erfolg hat, weil sie im Annahmeverfahren scheitert; dies passiert etwa in Bagatellfällen.[3] Bedenklich ist die Rspr des BVerfG, bis zur Grenze existenzieller Betroffenheit einen Bagatellfall anzunehmen.[4] **1288**

---
1 Vgl *Kingreen*, Hdb. StR[3] XII, § 263 Rn. 11 ff; *Wahl*, Staat 1981, 485.
2 Vgl *Schlink*, NJW 1984, 89.
3 Vgl *Hömig*, in: FS Jaeger, 2011, S. 767/778; *Schlaich/Korioth*, BVerfG, Rn 258 ff.
4 E 90, 22/25; BVerfG, EuGRZ 2000, 242/246; krit. *Hartmann*, in: Pieroth/Silberkuhl, § 90 Rn 266.

1289 **Lösungstechnischer Hinweis:** In Übungsarbeiten ist regelmäßig auf das Annahmeverfahren nicht einzugehen, da es sich weder um eine Zulässigkeits- noch um eine Begründetheitsfrage handelt. Vielmehr hängt es von der gutachtlichen Prüfung der Zulässigkeit und der Begründetheit ab, wie die Verfassungsbeschwerde im Annahmeverfahren voraussichtlich behandelt wird. Es gehört aber auch nicht etwa in die Übungsarbeit, dass am Ende eine Prognose über die Behandlung der Verfassungsbeschwerde durch die Kammern geäußert wird.

Literatur: Vgl nach § 36.

§ 35 Zulässigkeit der Verfassungsbeschwerde

1290 **Lösungstechnischer Hinweis:** Die folgenden Zulässigkeitsvoraussetzungen sind zwar rechtlich alle wichtig: Das Nichtvorliegen jeder einzelnen macht die Verfassungsbeschwerde unzulässig. In Übungsarbeiten haben sie dagegen unterschiedliche Bedeutung. Allein die Voraussetzungen I. 1, II, III und IV sind stets zu prüfen; die Voraussetzungen I. 2, V und VI bedürfen nur dann der Prüfung, wenn der Sachverhalt entsprechenden Anlass bietet, zB den Hinweis enthält, dass der Beschwerdeführer ausländische juristische Person oder erst 16 Jahre alt ist, die Verfassungsbeschwerde per E-Mail eingelegt wurde, der Akt der öffentlichen Gewalt, der mit der Verfassungsbeschwerde angegriffen wird, schon mehr als einen Monat zurückliegt, etc.

I. Beschwerdeführer

1. Beschwerdefähigkeit

1291 Gem. § 90 Abs. 1 BVerfGG kann „jedermann" Verfassungsbeschwerde erheben. Da die Verfassungsbeschwerde die Rüge der Verletzung von Grundrechten oder grundrechtsgleichen Rechten beinhaltet, setzt die Beschwerdefähigkeit nur voraus, dass der Beschwerdeführer überhaupt in Grundrechten oder grundrechtsgleichen Rechten verletzt sein kann. Die Beschwerdefähigkeit folgt der Grundrechtsberechtigung oder -fähigkeit (vgl Rn 167 ff, 204 ff). Die Fälle partieller Grundrechtsunfähigkeit (Ausländer bezüglich der Deutschengrundrechte; Personenmehrheiten und Organisationen bezüglich der Grundrechte, die ihrem Wesen nach auf sie nicht anwendbar sind) werden allerdings regelmäßig erst bei der Beschwerdebefugnis (vgl Rn 1301) relevant.[1]

2. Prozessfähigkeit

1292 Das BVerfGG regelt die Prozessfähigkeit nicht, sondern handelt lediglich vom Recht und der Pflicht der Beteiligten auf Hinzuziehung von Prozessbevollmächtigten (§ 22 BVerfGG). In anderen Gerichtsverfahren bedeutet Prozessfähigkeit die Fähigkeit, Prozesshandlungen selbst oder durch selbst bestimmte Bevollmächtigte vorzunehmen. Für Minderjährige und Entmündigte kann normalerweise nur der gesetzliche Vertreter oder, bei Interessenkonflikt zwischen Vertreter und Vertretenem, ein Ergänzungspfleger[2] oder ein Verfahrenspfleger[3] die Prozesshandlungen vornehmen oder

---

[1] Vgl *Pestalozza*, S. 171, 178.
[2] E 72, 122/135.
[3] E 99, 145/157.

den Bevollmächtigten bestimmen. Ist der minderjährige Beschwerdeführer als reif anzusehen und wird er insbesondere von der Rechtsordnung als reif angesehen, in dem vom Grundrecht geschützten Freiheitsbereich eigenverantwortlich zu handeln, dann kann er selbst die Prozesshandlungen vornehmen oder den Bevollmächtigten bestimmen. Das gleiche gilt für psychisch Kranke oder Behinderte, die ihre Angelegenheiten nicht selbst besorgen können, in den Verfahren, in denen über ihre Betreuung entschieden wird (vgl § 275 FamFG).

Beispiel: Der 15-Jährige, der sich auf Art. 4 Abs. 1 und 2 beruft, ist unabhängig von der Mitwirkung eines gesetzlichen Vertreters prozessfähig im Hinblick auf § 5 RelKErzG (E 1, 87/89). 1293

II. Beschwerdegegenstand

Gegenstand der Verfassungsbeschwerde kann *jeder* Akt der öffentlichen Gewalt sein, also Akte der vollziehenden Gewalt, Rechtsprechung (vgl §§ 94 Abs. 3, 95 Abs. 2 BVerfGG) und Gesetzgebung (vgl §§ 93 Abs. 3, 94 Abs. 4, 95 Abs. 3 BVerfGG). Der Umfang möglicher Beschwerdegegenstände entspricht also der Grundrechtsbindung gem. Art. 1 Abs. 3 (vgl Rn 229 ff). Der Begriff der öffentlichen Gewalt iSd Art. 19 Abs. 4 ist in der Beschränkung auf die vollziehende Gewalt enger (vgl Rn 1159 ff). 1294

Akte der öffentlichen Gewalt umfassen nicht nur Handeln, sondern auch *Unterlassen* (vgl §§ 92, 95 Abs. 1 S. 1 BVerfGG: „Handlung oder Unterlassung").[4] Daher kann die grundrechtliche Schutzfunktion (vgl Rn 133 ff) verfassungsgerichtlich durchgesetzt werden.[5] Ferner brauchen die Akte nicht unbedingt auf Setzung einer Rechtsfolge gerichtet zu sein; auf einen *tatsächlichen* Erfolg gerichtete Akte, wie die Rüge des Vorstands einer Anwaltskammer,[6] reichen aus. 1295

Bei *mehreren* Akten der öffentlichen Gewalt in der gleichen Sache – zB Verwaltungsakt, Widerspruchsbescheid, Urteil des Verwaltungsgerichts, Urteil des Oberverwaltungsgerichts/Verwaltungsgerichtshofs, Urteil des Bundesverwaltungsgerichts – lässt das BVerfG dem Beschwerdeführer die Wahl, ob er nur die letztinstanzliche Gerichtsentscheidung oder zusätzlich die Entscheidungen der Vorinstanzen bzw den zu Grunde liegenden Akt der vollziehenden Gewalt mit der Verfassungsbeschwerde angreifen will[7]. In jedem Fall liegt nur *eine* Verfassungsbeschwerde vor.[8] 1296

III. Beschwerdebefugnis

Gem. § 90 Abs. 1 BVerfGG ist die Verfassungsbeschwerde nur zulässig, wenn der Beschwerdeführer behauptet, in einem seiner Grundrechte oder grundrechtsgleichen Rechte (vgl Rn 371) verletzt zu sein. Daraus ergeben sich folgende einzelne Voraussetzungen der Zulässigkeit, die unter dem Begriff der Beschwerdebefugnis zusammengefasst werden. 1297

---

4 *Stern*, StR III/1, S. 1283 ff.
5 E 77, 170/215; 79, 174/201 f; BVerfG, NVwZ 2010, 702/704; vgl *Möstl*, DÖV 1998, 1029.
6 E 18, 203/213.
7 Vgl zB E 19, 377/389; 54, 53/64 ff.
8 AA *Stelkens*, DVBl. 2004, 403.

1. Möglichkeit einer Grundrechtsverletzung

1298 Damit eine Grundrechtsverletzung behauptet werden kann, reicht einerseits das subjektive Empfinden, im Grundrecht verletzt zu sein, nicht aus; andererseits ist es nicht Gegenstand der Zulässigkeits-, sondern erst der Begründetheitsprüfung, ob eine Verletzung wirklich vorliegt. Daher verlangt die Behauptung bei § 90 Abs. 1 BVerfGG wie bei § 42 Abs. 2 VwGO einen Vortrag, aus dem die *Möglichkeit* einer Grundrechts- bzw Rechtsverletzung hervorgeht; die Verletzung darf mit anderen Worten nicht von vornherein ausgeschlossen sein.[9]

1299 Die Möglichkeit einer Grundrechtsverletzung kann auf *allen Stufen* der inhaltlichen Grundrechtsprüfung scheitern, also weil von vornherein der persönliche oder sachliche Schutzbereich nicht betroffen, ein Eingriff ausgeschlossen oder auch die verfassungsrechtliche Rechtfertigung offensichtlich ist.

1300 Lösungstechnischer Hinweis: In Übungsarbeiten kann es problematisch sein, welche Gesichtspunkte bei der Zulässigkeit und welche erst bei der Begründetheit zu prüfen sind. Als übliche Vorgehensweise wird vorgeschlagen: Nur eine offensichtliche und daher leicht und rasch zu begründende Ablehnung des Schutzbereichs eines Grundrechts oder des Eingriffs in den Schutzbereich eines Grundrechts führt zur Unzulässigkeit der Verfassungsbeschwerde. Wenn die Ablehnung des Schutzbereichs oder des Eingriffs eingehender Begründung bedarf, sollte diese Erörterung im Rahmen der Begründetheit erfolgen. Die Bejahung eines Eingriffs in den Schutzbereich führt fast stets zur Bejahung der Beschwerdebefugnis. Dass die verfassungsrechtliche Rechtfertigung offensichtlich ist, kommt in Übungsarbeiten kaum vor.

1301 Beispiele: Die Beschwerdebefugnis fehlt dem Ausländer, der nur die Verletzung eines Deutschengrundrechts geltend macht (vgl Rn 168; aA *Felix/Jonas*, JA 1994, 343); dem Beschwerdeführer, der eine Grundrechtsverletzung behauptet, weil er sich nicht bewaffnet versammeln durfte; dem Bundestagsabgeordneten, der eine Verletzung seiner Stellung im Bundestag (und nicht als Bürger) geltend macht (vgl E 64, 301/312 ff); dem Verurteilten, der bei der Geltendmachung einer Verletzung des Art. 103 Abs. 1 nicht die Tatsachen oder Argumente vorträgt, die die Entscheidung im Ergebnis hätten beeinflussen können (vgl Rn 1245 sowie E 58, 1/25 f).
– Auch die Bedeutung der Grundrechte im Zivilrecht (vgl Rn 111 ff) ist eine Frage der Beschwerdebefugnis; wäre den Grundrechten insoweit jede, dh nicht nur die unmittelbare, sondern auch die mittelbare Drittwirkung abzusprechen, dann wären Grundrechtsverletzungen durch zivilrechtliche Gerichtsentscheidungen von vornherein ausgeschlossen (*Augsberg/Viellechner*, JuS 2008, 406/407).

1302 Die Beschwerdebefugnis bzw die Beschwer wird verneint, wenn ein Verhalten der öffentlichen Gewalt *keinerlei Regelungsgehalt* und wenn es *keinerlei Außenwirkung* (sog. Rechtsrelevanz) hat. Hier scheidet die Möglichkeit eines Grundrechtseingriffs und daher auch einer Grundrechtsverletzung von vornherein aus.

1303 Beispiele: Keinen Regelungsgehalt haben Meinungsäußerungen zur Rechtslage (E 37, 57/61) und Mitteilungen über den Stand der Dinge (E 33, 18/21 f). Keine Außenwirkung haben Verwaltungsvorschriften (E 41, 88/105), behördeninterne Anträge (E 20, 162/172), noch nicht verkündete Gesetze (zu noch nicht in Kraft getretenen Gesetzen vgl E 86, 390/396; 108, 370/385; 117, 126/141), bloße Entscheidungsentwürfe des Gerichts und noch nicht von allen Richtern unterzeichnete Entscheidungen (BVerfG, NJW 1985, 788).

---

9   Vgl E 6, 445/447; 52, 303/327; 125, 39/73; *Hartmann*, JuS 2003, 897.

Im Übrigen kann die Möglichkeit eines *Eingriffs* unter verschiedenen Aspekten fraglich sein: Liegt überhaupt ein Eingriff vor? Trifft er gerade den Beschwerdeführer oder andere Personen? Trifft er den Beschwerdeführer gerade jetzt oder ist er schon vorbei oder steht er erst bevor? Ist es die als Eingriff zunächst erscheinende oder eine andere Maßnahme, die den Beschwerdeführer trifft? Diese Fragen prüft das BVerfG nach der Formel, ob der Beschwerdeführer „selbst, gegenwärtig und unmittelbar" beschwert bzw. betroffen ist.[10] Zwar hat das BVerfG die Formel für die Verfassungsbeschwerde gegen Gesetze entwickelt, aber der Sache nach ist sie auf alle Akte der öffentlichen Gewalt anwendbar.[11] Freilich ist die eigene, gegenwärtige und unmittelbare Beschwer bei Individualakten wie einem Verwaltungsakt und einer Gerichtsentscheidung in der Regel unproblematisch. Problematisch sind sie hingegen, wenn sich die Beschwerde nicht gegen den Tenor des Individualakts, sondern lediglich gegen dessen Begründung richtet. Das BVerfG hat insoweit nur in seltenen Ausnahmefällen eine Beschwerdebefugnis anerkannt, bei denen etwa die Urteilsgründe den Beschwerdeführer durch einen Schuldvorwurf selbständig belasten.[12] Mangels Präjudizienbindung scheidet eine gegenwärtige und unmittelbare Beschwer durch Rechtsfortbildung in den Urteilsgründen auch in solchen Rechtsgebieten regelmäßig aus, die wie das Arbeitskampfrecht weitgehend richterrechtlich geprägt sind.[13] Der Rechtsprechung folgend werden diese Voraussetzungen im Folgenden als selbstständige Aspekte der Beschwerdebefugnis dargestellt.

1304

Lösungstechnischer Hinweis: Die Beschwerdebefugnis ist in Übungsarbeiten zwar stets zu prüfen. Ihre einzelnen Elemente – Möglichkeit einer Grundrechtsverletzung, eigene, gegenwärtige und unmittelbare Beschwer – sind aber nur dann auch unter verschiedenen Gliederungspunkten in einzelnen Schritten zu prüfen, wenn sie jeweils besondere Probleme aufwerfen. Die Prüfung der Zulässigkeit einer Verfassungsbeschwerde gegen zB einen Verwaltungsakt kann einfach unter dem einen Gliederungspunkt der Beschwerdebefugnis fragen, ob die Verletzung des Beschwerdeführers in eigenen Grundrechten nicht von vornherein ausgeschlossen ist.

1305

2. Eigene Beschwer

Der Beschwerdeführer muss in *eigenen Grundrechten* betroffen sein. Während andere Prozessordnungen zulassen, dass jemand fremde Rechte im eigenen Namen geltend macht, ist bei der Verfassungsbeschwerde eine Geltendmachung fremder Grundrechte im eigenen Namen und damit auch eine sog. Popularbeschwerde ausgeschlossen.[14] Dagegen ist eine Prozessstandschaft zulässig, bei der fremde Grundrechte geltend gemacht werden, wenn diese ohne die Geltendmachung um ihre Wirksamkeit gebracht würden.

1306

Beispiele: Personen, die nicht in einem Pflegeheim wohnen, dürfen nicht die Rechte der im Pflegeheim lebenden Pflegebedürftigen wahrnehmen (BVerfG, NVwZ 2016, 841/842) und eine Verwertungsgesellschaft nicht die ihr treuhänderisch übertragenen Urheberrechte der Mitglieder, es sei denn, diese können ausschließlich durch die Verwertungsgesellschaft geltend gemacht werden (E 77, 263/269; vgl *Cornils*, AöR 2000, 45). – Dagegen gibt es Situationen, in

1307

---

10 StRspr seit E 1, 97/101 f.
11 So auch *Pestalozza*, S. 181 f; *Schlaich/Korioth*, BVerfG, Rn 231.
12 E 74, 358/374; 82, 106/116 f.
13 BVerfG, NJW 2016, 229/231.
14 Vgl E 79, 1/14.

denen Grundrechte, auch fort- und vorwirkende Verstorbener bzw Ungeborener (vgl Rn 179 ff), nur wirksam sind, wenn sie von Eltern, Kindern und ähnlich nahestehenden Personen geltend gemacht werden können; vgl zur Geltendmachung von Kindesgrundrechten durch die Eltern E 74, 244/251, von Grundrechten des entführten Vaters durch den Sohn E 46, 160.

1308 Der Beschwerdeführer ist nicht nur dann selbst betroffen, wenn er *Adressat* des Akts der öffentlichen Gewalt ist. Wenn aber der Akt an Dritte gerichtet ist, muss für eine eigene Beschwer zwischen der Grundrechtsposition des Beschwerdeführers und dem Akt eine hinreichend enge Beziehung bestehen; eine bloß „mittelbare" bzw „wirtschaftliche" Berührung soll nicht ausreichen.

1309 **Beispiele:** Adressat der Regelung der Ladenöffnungs- bzw. -schlusszeiten sind nur die Inhaber von Verkaufsstellen; selbst betroffen sind aber auch die Verbraucher (E 13, 230/232 f) und die Religionsgemeinschaften (E 125, 39/75). Durch eine Steuernorm, die von zwei Konkurrenten den einen begünstigt, kann der andere in seiner Berufsfreiheit selbst betroffen sein (E 18, 1/ 12 f; 43, 58/68 f). Die strafgerichtliche Verurteilung eines Minderjährigen beschwert zugleich die aus Art. 6 Abs. 2 S. 1 berechtigten Eltern (E 107, 104/115 f).

1310 Das sog. Selbstbetroffensein setzt voraus, dass das Grundrecht als subjektives Recht des Beschwerdeführers und nicht nur in seiner objektiv-rechtlichen Funktion (vgl Rn 107 ff) betroffen ist. Wo das BVerfG in der Begründetheitsprüfung auf die Verletzung der *objektiv-rechtlichen* Funktion der Grundrechte abstellt, bejaht es in der Zulässigkeitsprüfung die Beschwerdebefugnis mit der Begründung, dass ein Träger öffentlicher Gewalt, wenn er den objektiv-rechtlichen Gehalt des Grundrechts nicht beachtet, zugleich das subjektive Grundrecht des betroffenen Einzelnen verletzt.[15] Das wird besonders bei der Verfassungsbeschwerde gegen zivilrechtliche Gerichtsentscheidungen aktuell, bei denen das Gericht die mittelbare Drittwirkung aus der objektiv-rechtlichen Funktion der Grundrechte ableitet (vgl Rn 114).

1311 **Beispiel:** Die Verkennung der objektiv-rechtlichen Funktion von Art. 6 Abs. 1 durch einen Richter, der in einem Scheidungsurteil mit der Schutzunwürdigkeit von Ehen zwischen Deutschen und Ausländern argumentieren würde, wäre keine Verletzung der subjektiven Rechte der Ehegatten, die geschieden werden wollten und geschieden worden sind.

3. Gegenwärtige Beschwer

1312 Der Beschwerdeführer muss *schon* oder *noch* betroffen sein. Die gegenwärtige Beschwer fehlt zum einen, wenn die Beschwerdeführer „irgendwann einmal in der Zukunft (,virtuell,) von der gerügten Gesetzesbestimmung betroffen sein könnten"[16]. Es reicht nicht, dass es den Beschwerdeführern gelingt, die Verwaltung schon jetzt zu einer Feststellung über die erst in der Zukunft aktuelle Rechtslage zu provozieren.[17] Es genügt jedoch, „wenn ein Gesetz die Normadressaten bereits gegenwärtig zu später nicht mehr korrigierbaren Entscheidungen zwingt, oder schon jetzt zu Dispositionen veranlasst, die sie nach dem späteren Gesetzesvollzug nicht mehr nachholen können"[18]. Ein Antrag auf einstweilige Anordnung kann sogar ausnahmsweise schon vor der Verkündung (Art. 82 Abs. 1 S. 1) gestellt werden, wenn der Inhalt des Gesetzes

---

15 Vgl E 7, 198/206 f; 35, 202/218 f.
16 E 60, 360/371.
17 E 72, 1/5 f.
18 E 65, 1/37; 75, 78/95.

feststeht, die Verkündung unmittelbar bevorsteht und die beanstandeten Vorschriften so zeitnah nach Verkündung in Kraft treten, dass zwischen Verkündung und Inkrafttreten kein effektiver Grundrechtsschutz mehr möglich wäre.[19]

Das Merkmal der Gegenwärtigkeit leistet zum anderen die Abgrenzung gegenüber vergangenen Beeinträchtigungen.[20] Allerdings fehlt die gegenwärtige Beschwer nicht bei allen vergangenen Beeinträchtigungen; das BVerfG bejaht die Beschwerdebefugnis, wenn von einer vergangenen, sogar aufgehobenen Maßnahme weiterhin beeinträchtigende Wirkungen ausgehen[21] oder wenn eine Wiederholung zu besorgen ist.[22] – Das BVerfG ist mit der Annahme gegenwärtiger Betroffenheit recht großzügig; wegen der nicht nur subjektiven, sondern auch objektiven Funktion der Verfassungsbeschwerde entscheidet es bei allgemeiner Bedeutung und nach mündlicher Verhandlung sogar über die Verfassungsbeschwerden von nach Erhebung der Verfassungsbeschwerde Verstorbenen.[23]

1313

Beispiele: Das Ingenieurgesetz, das den Absolventen bestimmter Ausbildungsgänge verbietet, die Bezeichnung „Ingenieur" zu führen, betrifft schon die in der Ausbildung Befindlichen gegenwärtig (E 26, 246/251). – Ein Verwaltungsakt, der gerade wegen seiner Grundrechtswidrigkeit aufgehoben worden ist, betrifft den Beschwerdeführer demgegenüber nicht mehr gegenwärtig (E 11, 336/338).

1314

4. Unmittelbare Beschwer

Die unmittelbare Beschwer fehlt, wenn nicht der angegriffene Akt selbst, sondern erst ein notwendiger oder in der Verwaltungspraxis üblicher Vollzugsakt in Grundrechte des Beschwerdeführers eingreift[24]. Zu den Vollzugsakten zählen nicht die Sanktionen des Straf- oder Ordnungswidrigkeitenrechts, da ihr Abwarten dem Betroffenen nicht zugemutet werden kann.[25] Bei Rechtsnormen fehlt die Unmittelbarkeit der Beschwer, wenn sie auf den Vollzug durch Behörden und Gerichte angelegt sind und der Vollzug selbst vor den Gerichten angegriffen werden kann.[26] Da dieser Angriff unter dem Gesichtspunkt des Rechtsschutzbedürfnisses auch geboten ist, tritt beim BVerfG der Gesichtspunkt der Unmittelbarkeit oft hinter dem des Rechtsschutzbedürfnisses zurück.

1315

Beispiele: Unmittelbar wirken die durch Gesetz erfolgende Änderung von Amtsbezeichnungen (E 38, 1/8), das gesetzliche Verbot, künftig einen bestimmten Beruf ohne Zulassung auszuüben (E 1, 264/270), die gesetzliche Einschränkung des Rechts von Krankenhausärzten, Privatrechnungen auszustellen (E 52, 303/327), ein Bebauungsplan, der die Bebaubarkeit eines Grundstücks wegfallen lässt (E 70, 35/52 f) oder eine öffentliche Straße festsetzt (E 79, 174/187 ff) und ein Zustimmungsgesetz nach Art. 59 Abs. 2 S. 1 GG zu einem völkerrechtlichen Vertrag, der anderen Vertragsstaaten ohne jede weitere Beteiligung deutscher Stellen unmittelbare Zugriffsrechte auf inländische Daten gestattet (BVerfG, NJOZ 2007, 599/600). – Hingegen fehlt es bei solchen Abgabengesetzen, die durch Gebühren- oder Beitragsbescheid vollzogen werden (Steuergesetze können allerdings auch unmittelbar wirken), bei gesetzlichen Er-

1316

---

19 E 131, 47/53.
20 *Pestalozza*, S. 184 f.
21 E 99, 129/138.
22 E 103, 44/58 f; 116, 69/79.
23 E 124, 300/318 f.
24 E 53, 366/389; 70, 35/50 f.
25 E 81, 70/82 f.
26 E 67, 157/170; 100, 313/354; 109, 279/306 f.

mächtigungen zu Rechtsverordnungen oder Satzungen (E 53, 366/388 ff; 53, 37/52 f; vgl aber E 93, 85/93) und bei der Mitwirkung deutscher Organe an der Entstehung sekundären Unionsrechts (BVerfG, NJW 1990, 974).

IV. Rechtsschutzbedürfnis

1317 Das prozessrechtliche Institut des Rechtsschutzbedürfnisses hat im Verfassungsbeschwerdeverfahren zwei Ausprägungen erfahren: das Erfordernis der Rechtswegerschöpfung und den Grundsatz der Subsidiarität. Daneben noch von einem allgemeinen Rechtsschutzbedürfnis zu reden, ist entbehrlich; die darunter gelegentlich gefassten Probleme lassen sich unschwer als Probleme der Rechtswegerschöpfung oder der Subsidiarität behandeln.

1. Rechtswegerschöpfung

1318 § 90 Abs. 2 S. 1 BVerfGG verlangt, gestützt auf Art. 94 Abs. 2 S. 2, die Erschöpfung des Rechtswegs, wenn ein Rechtsweg eingeräumt ist. Dies ist bei formellen Gesetzen nicht der Fall, sodass das Erfordernis der Rechtswegerschöpfung insoweit grundsätzlich keine Bedeutung hat.

1319 a) **Rechtsweg** ist der Weg, der den Einzelnen mit dem Begehren, die behauptete Grundrechtsverletzung zu überprüfen und auszuräumen, vor die deutschen staatlichen Gerichte führt. Er beginnt uU bei der Verwaltung, wenn nämlich dem Gerichtsverfahren das Widerspruchsverfahren vorgeschaltet ist. Er endet mit der Entscheidung, gegen die kein Fachgericht mehr angerufen werden kann (möglicherweise aber noch ein Landesverfassungsgericht oder der Europäische Gerichtshof für Menschenrechte).

1320 **Beispiele:** Zum Rechtsweg zählen Normenkontrollen gem. § 47 VwGO, Verfahren des vorläufigen Rechtsschutzes, zB nach §§ 80 Abs. 5, 123 VwGO, sowie solche Rechtsbehelfe, die keinen Devolutiveffekt haben, dh zur Überprüfung nicht durch eine höhere, sondern dieselbe Instanz führen, zB Einspruch gegen einen Strafbefehl gem. §§ 409 ff StPO, Einspruch gegen ein Versäumnisurteil gem. § 338 ZPO und Änderungsverfahren gem. § 80 Abs. 7 VwGO. Zum Rechtsweg zählen auch der Antrag auf Wiedereinsetzung in den vorigen Stand (E 42, 252/257; BVerfG, EuGRZ 2005, 632), der Antrag auf Wiederaufnahme des Verfahrens (E 11, 61/63; BVerfG, NJW 1992, 1030 f) und die Gehörsrüge, zB gem. § 321a ZPO, § 356a StPO und § 152a VwGO.

1321 b) **Erschöpfung** des Rechtswegs bedeutet, dass der Beschwerdeführer alle prozessualen Möglichkeiten zur Beseitigung der behaupteten Grundrechtsverletzung in Anspruch genommen haben muss. Das bedeutet im Einzelnen:

1322 – Der Beschwerdeführer darf die prozessualen Möglichkeiten nicht versäumt haben, zB dadurch, dass er ein zulässiges Rechtsmittel nicht eingelegt oder zurückgenommen[27] oder eine zulässige Rüge nicht erhoben[28] oder Beweisanträge nicht gestellt hat[29].

---

27 E 1, 12/13.
28 E 83, 216/228 ff; 84, 203/208; 110, 1/12.
29 BVerfG, NJW 2005, 3769 f; *Zuck*, NVwZ 2006, 1119.

– Wenn zwar das Verfahren des vorläufigen Rechtsschutzes, aber noch nicht das Hauptsacheverfahren durchgeführt ist, kann der Rechtsweg schon erschöpft sein, nämlich der Rechtsweg des Eilverfahrens. Wenn der Beschwerdeführer die Versagung gerade des vorläufigen Rechtsschutzes rügt, hat er mit der letztinstanzlichen Versagung des vorläufigen Rechtsschutzes den Rechtsweg erschöpft und kann Verfassungsbeschwerde erheben[30]. Anders verhält es sich, wenn die Grundrechtsverletzung noch im Hauptsacheverfahren ausgeräumt werden kann[31].

1323

2. Subsidiarität

Mit dem Grundsatz der Subsidiarität geht das BVerfG über das Erfordernis der Rechtswegerschöpfung hinaus. Weil das BVerfG entlastet werden und auf einen in tatsächlicher und rechtlicher Hinsicht aufbereiteten Fall treffen soll[32], sind auch alle Möglichkeiten, gerichtlichen Rechtsschutz mittelbar oder außergerichtlichen Rechtsschutz zu erhalten, auszuschöpfen[33]. Die Unzulässigkeit der Verfassungsbeschwerde kann danach auch dann gegeben sein, wenn

1324

– ein Rechtsweg gegen die behauptete Grundrechtsverletzung nicht unmittelbar, aber mittelbar gegeben ist, weil der Beschwerdeführer den Vollzug eines Grundrechte verletzenden Gesetzes abwarten oder herbeiführen und dagegen die Gerichte anrufen kann[34] oder weil er, wo eine Grundrechte verletzende Regelung eine Ausnahme zulässt, eine Ausnahmeregelung beantragen kann[35];
– andere Organe als Gerichte Grundrechtsschutz gewähren, zB die G 10-Kommission in der Überprüfung von Beschränkungen des Brief-, Post- und Fernmeldegeheimnisses gem. Art. 10 Abs. 2 S. 2[36] oder der Bundestag in der Wahlprüfung gem. Art. 41 Abs. 1; dabei schließt die Beschwerde gem. Art. 41 Abs. 2 die Verfassungsbeschwerde aus[37].

3. Durchbrechungen der Rechtswegerschöpfung und der Subsidiarität

Eine sog. *Vorabentscheidung* kann gem. § 90 Abs. 2 S. 2 BVerfGG getroffen werden, wenn die Verfassungsbeschwerde von allgemeiner Bedeutung ist oder wenn dem Beschwerdeführer ein schwerer und unabwendbarer Nachteil entstünde, falls er zunächst auf den Rechtsweg verwiesen würde. Sinn einer solchen Vorabentscheidung ist es, dem Beschwerdeführer den an sich vorgesehenen Rechtsweg zu ersparen. Das setzt voraus, dass der Rechtsweg tatsächlich noch offen steht bzw bereits beschritten ist.

1325

Beispiele: Ob die Fortgeltung der Mietpreisbindung in den neuen Ländern und Ost-Berlin mit Art. 14 vereinbar ist, hat weit reichende Auswirkungen für Vermieter und Mieter und ist deshalb von allgemeiner Bedeutung (E 91, 294/306). – Einer politischen Partei wird die Einräu-

1326

---

30 E 80, 40/45.
31 E 77, 381/400 f; 104, 65/70 f.
32 E 79, 1/20; 88, 384/400.
33 E 112, 50/60; krit. *Hartmann*, in: Pieroth/Silberkuhl, § 90 Rn 236 ff.
34 E 97, 157/166; BVerfG, NVwZ 2005, 79.
35 E 78, 58/69; BVerfG, DVBl. 2000, 622.
36 BVerfG, NVwZ 1994, 367.
37 E 74, 96/101.

mung von Rundfunksendezeiten für die Ausstrahlung von Wahlpropaganda kurz vor einer Wahl verweigert. Hier ist der Verwaltungsrechtsweg und in diesem Rahmen die Möglichkeit einstweiligen Rechtsschutzes gegeben. Selbst dieser kommt aber möglicherweise zu spät, sodass der Partei der schwere und unabwendbare Nachteil entstünde, dass sie vor der Wahl nicht in gleicher Weise wie die anderen Parteien (vgl § 5 PartG) Rundfunksendezeit in Anspruch nehmen konnte (E 7, 99/105; 14, 121/130 f). – Droht zwar bei Verweis auf den Rechtsweg in der Hauptsache ein schwerer und unabwendbarer Nachteil, ist aber der Rechtsweg im Verfahren des vorläufigen Rechtsschutzes gegeben, dann ist er auch zu beschreiten (E 86, 382/388 f).

1327 Darüber hinaus lässt das BVerfG Durchbrechungen der Rechtswegerschöpfung und der Subsidiarität zu, wenn dem Beschwerdeführer die Erschöpfung des Rechtswegs bzw das Bemühen um sonstige Abhilfe unzumutbar ist. Es stellt aber „strenge Anforderungen" an die Unzumutbarkeit[38].

1328 **Beispiele:** Die Erschöpfung des Rechtswegs ist unzumutbar, wenn dem Begehren des Beschwerdeführers eine gefestigte höchstrichterliche Rechtsprechung entgegensteht (E 84, 59/72), wenn das Gericht den Beschwerdeführer falsch darüber belehrt hat, dass kein Rechtsmittel gegeben sei (E 19, 253/256 f) oder wenn ein Rechtsbehelf nur vereinzelt als zulässig angesehen wird (E 85, 80/86). Zumutbar ist dagegen der Gebrauch eines Rechtsmittels, dessen Zulässigkeit umstritten ist (E 70, 180/185; *Hartmann*, JuS 2007, 657). – Immer wieder hat das BVerfG erfolglose Studienbewerber, die die mangelnde Nutzung vorhandener Kapazitäten nur im Verfahren des vorläufigen Rechtsschutzes gerügt hatten, mit dem Argument zur Verfassungsbeschwerde zugelassen, dass „anderenfalls vorhandene Kapazitäten in erheblichem Umfang für längere Dauer ungenutzt geblieben wären" und dass dies objektiv nicht vertretbar und daher auch subjektiv nicht zumutbar sei (E 51, 130/143).

V. Beschwerdehindernis der Rechtskraft

1329 Entscheidungen des BVerfG erwachsen wie die anderer Gerichte in materieller Rechtskraft. Dieser allgemeine prozessrechtliche Grundsatz liegt auch der Regelung des § 41 BVerfGG zu Grunde. Die *materielle Rechtskraft* bedeutet, dass über dasselbe Begehren desselben Beschwerdeführers bei gleicher Rechts- und Sachlage nicht erneut entschieden werden darf. Die materielle Rechtskraft bezieht sich nur auf den Tenor, nicht auf die Entscheidungsgründe, die aber zur Auslegung des Tenors herangezogen werden dürfen; sie gilt für Kammer- ebenso wie für Senatsentscheidungen[39].

1330 **Beispiel:** Eine Verfassungsbeschwerde gegen ein Urteil wird von einer Kammer des BVerfG nicht zur Entscheidung angenommen, weil sie keine hinreichende Aussicht auf Erfolg habe. Die erneute Verfassungsbeschwerde des A gegen dasselbe Urteil mit dem Antrag, „dass der zuständige Senat über die Sache entscheiden möge", ist wegen des Beschwerdehindernisses der Rechtskraft unzulässig.

---

38 E 79, 1/24.
39 Vgl *Rixen*, NVwZ 2000, 1364.

VI. Ordnungsmäßigkeit der Beschwerde

1. Form

Gem. § 23 Abs. 1 S. 1 BVerfGG ist die Verfassungsbeschwerde schriftlich einzureichen. Dafür reichen Telegramm[40], Telefax[41] oder E-Mail[42]. Die Verfassungsbeschwerde ist auch zu begründen (§ 23 Abs. 1 S. 2 BVerfGG). Gem. § 92 BVerfGG sind in der Begründung das Recht, das verletzt sein soll, und die Handlung oder Unterlassung des Organs oder der Behörde, durch die der Beschwerdeführer sich verletzt fühlt, zu bezeichnen, das Recht zwar nicht mit der Artikel-, Absatz- und Satznummer des Grundgesetzes, aber dem Inhalt nach[43], und die Handlung oder Unterlassung unter Vorlage oder Mitteilung des wesentlichen Inhalts.[44]

1331

2. Frist

Gem. § 93 Abs. 1 S. 1 BVerfGG ist die Verfassungsbeschwerde *binnen eines Monats* zu erheben. Der Normalfall dieser Fristbestimmung betrifft letztinstanzliche Gerichtsentscheidungen, da der Rechtsweg zunächst zu erschöpfen ist. Bei Hoheitsakten, gegen die ein Rechtsweg nicht offen steht – das sind in erster Linie formelle Gesetze –, ist die Verfassungsbeschwerde gem. § 93 Abs. 3 BVerfGG *binnen eines Jahres* zu erheben. Die Frist beginnt bei Gesetzen mit deren Inkrafttreten zu laufen, bei rückwirkenden Gesetzen in sinngemäßer Fortentwicklung des Wortlauts allerdings erst mit der Verkündung,[45] bei unverändert neu verkündeten Gesetzesbestimmungen nur, wenn sie durch die Änderung anderer Gesetzesbestimmungen eine neue belastende Wirkung erhalten.[46] Verfassungsbeschwerden gegen Unterlassungen der öffentlichen Gewalt sind grundsätzlich zulässig, solange die Unterlassung dauert.[47] Bei unverschuldeter Versäumung der Monatsfrist ist gem. § 93 Abs. 2 BVerfGG Wiedereinsetzung in den vorigen Stand möglich; dabei wird von einem Rechtsanwalt eine gesteigerte Aufmerksamkeit verlangt.[48]

1332

3. Rücknahme

Eingelegte Verfassungsbeschwerden können nachträglich zurückgenommen werden. Allerdings kann die Rücknahme unwirksam sein, sodass über die Beschwerde gleichwohl entschieden wird. Das BVerfG nimmt dies wegen der objektiven Funktion der Verfassungsbeschwerde dann an, wenn die Beschwerde von allgemeiner Bedeutung ist und über sie deswegen mündlich verhandelt wurde.[49]

1333

Literatur: Vgl nach § 36.

---

40 E 32, 365/368.
41 BVerfG, NJW 2007, 2838.
42 *Hartmann*, NJW 2006, 1390; aA *Klein/Sennekamp*, NJW 2007, 954.
43 E 59, 98/101.
44 E 93, 266/288.
45 E 1, 415/416 f.
46 BVerfG, DVBl. 2002, 548.
47 E 6, 257/266; 58, 208/218.
48 BVerfG, NJW 2001, 3534 f.
49 E 98, 218/242 f; vgl *Menzel*, JuS 1999, 339.

§ 36 Begründetheit der Verfassungsbeschwerde

I. Maßstab

1334 Gem. Art. 93 Abs. 1 Nr 4a ist die Verfassungsbeschwerde begründet, wenn ein Grundrecht oder ein grundrechtsgleiches Recht verletzt ist. Maßstab sind danach die im Zweiten Teil dieses Lehrbuchs behandelten *Grundrechte und grundrechtsgleichen Rechte*.

1335 **Lösungstechnischer Hinweis:** Im Gutachten zur Begründetheit der Verfassungsbeschwerde folgt die Prüfung einer Grundrechtsverletzung im Aufbau der im Ersten Teil dargelegten Struktur, die auch der Darstellung im Zweiten Teil zu Grunde liegt (vgl auch die Schemata Rn 400 ff, 597 und 1095 f).

1336 Die Grundrechtsverletzung kann sich dabei auch aus *sonstigem Verfassungsrecht* des Bundes ergeben. Dies ist vom BVerfG zunächst in seiner Rechtsprechung zu Art. 2 Abs. 1 entwickelt worden. Danach ist ein Eingriff in die allgemeine Handlungsfreiheit nur dann durch die verfassungsmäßige Ordnung gedeckt, wenn er mit der Verfassung insgesamt übereinstimmt, also auch nicht gegen Verfassungsgrundsätze oder verfassungsrechtliche Kompetenz- und Verfahrensvorschriften verstößt. Das gleiche gilt auch bei allen anderen Grundrechten. Soweit sich die verfassungsrechtliche Zulässigkeit eines Eingriffs nach einem *Gesetzesvorbehalt* richtet, muss das Gesetz formell und materiell mit der Verfassung insgesamt übereinstimmen.

1337 **Beispiele:** Eine Verletzung des Art. 12 Abs. 1 kann darin liegen, dass gegen das Rechtsstaatsgebot (E 9, 83/87 f), die Kompetenzordnung (E 13, 181/190) oder Art. 72 Abs. 2 (E 13, 237/239) verstoßen worden ist.

1338 Soweit die verfassungsrechtliche Zulässigkeit eines Eingriffs in den Schutzbereich eines Grundrechts oder grundrechtsgleichen Rechts nur durch *kollidierendes Verfassungsrecht* gerechtfertigt werden kann, gilt das gleiche. Auch gegen das kollidierende Verfassungsrecht, das nicht nur in einem Grundrecht oder grundrechtsgleichen Recht, sondern zB im Rechtsstaats- und Sozialstaatsgebot bestehen kann, darf nicht verstoßen werden. Die Kollisionslösung, die der Gesetzgeber trifft, muss wiederum den Kompetenz- und Verfahrensvorschriften des Grundgesetzes Rechnung tragen.

1339 Ist eine Verfassungsbeschwerde erst einmal zulässig, nimmt das BVerfG über das bisher Gesagte hinaus eine *umfassende Prüfungsbefugnis* in Anspruch. Diese erstreckt sich über das als verletzt gerügte Grundrecht hinaus auf andere Grundrechte einschließlich der Grundrechte Dritter[1] und auch auf sonstiges Verfassungsrecht, obwohl die Verfassungsbeschwerde unter Berufung allein auf diese anderen Grundrechte oder dieses sonstige Verfassungsrecht nicht zulässig gewesen wäre.[2] Sie bezieht auch nicht nur die vom Gesetzgeber zur Eingriffsrechtfertigung erwogenen, sondern auch andere den Eingriff möglicherweise rechtfertigende Gesichtspunkte ein.[3] Das weitet die Verfassungsbeschwerde vom Mittel des subjektiven Rechtsschutzes zum Mittel des objektiven Rechtsschutzes, allerdings auf subjektive Initiative hin, und ent-

---

1 E 42, 312/325 f; vgl auch E 70, 138/162; krit. *Kube*, DVBl. 2005, 721.
2 Vgl *Müller-Franken*, DÖV 1999, 590.
3 *Cremer*, NVwZ 2004, 668; krit. *Wernsmann*, NVwZ 2000, 1360; *Möllers*, NJW 2005, 1973/1977.

spricht dem doppelfunktionalen Verständnis der Verfassungsbeschwerde durch das BVerfG: „Die Verfassungsbeschwerde ist nicht nur ein Rechtsbehelf zur Sicherung und Durchsetzung grundgesetzlich garantierter individueller Rechtspositionen, sondern in gleicher Weise ein ‚spezifisches Rechtsschutzmittel des objektiven Verfassungsrechts'"[4].

II. Einschränkung des Prüfungsumfangs auf die Verletzung spezifischen Verfassungsrechts

1. Problem

Wenn also die Verletzung jeglichen Verfassungsrechts eine Grundrechtsverletzung bedeutet und die Verfassungsbeschwerde begründet macht, müsste das eigentlich auch für den in Art. 20 Abs. 3 verbürgten *Vorrang des Gesetzes* gelten, wonach das Handeln der Verwaltung und der Gerichte nicht gegen Gesetze verstoßen darf. Also müssten Gesetzesverstöße als Grundrechtsverletzungen qualifiziert werden. 1340

Beispiele: Die Verurteilung zu einer Freiheitsstrafe ist ein Eingriff in die Freiheit der Person, der nur durch förmliches Gesetz gerechtfertigt werden kann (Art. 2 Abs. 2 S. 2, Art. 104 Abs. 1); beruht sie auf falscher Auslegung und Anwendung des Strafgesetzbuchs, dann liegt ein Verstoß gegen den Vorrang des Gesetzes vor und müsste eigentlich eine Grundrechtsverletzung angenommen werden. Ein zivilgerichtliches Urteil, das jemanden unter falscher Anwendung des BGB zur Übereignung verurteilt oder jemandes Scheidung ausspricht, verletzt entsprechend sein Eigentums- bzw Ehegrundrecht. Ein fehlerhaftes Versammlungsverbot bzw die es bestätigenden gerichtlichen Entscheidungen, letztlich die den Rechtsweg erschöpfende Entscheidung des OVG oder BVerwG, verletzen entsprechend die Versammlungsfreiheit. 1341

In der Konsequenz dieses Befundes könnten Verfassungsbeschwerden Verstöße gegen einfaches Gesetzesrecht vor das BVerfG bringen. Damit würde dieses zur „Superrevisionsinstanz" über allen anderen Gerichten. Es wäre gezwungen, jede Auslegung und Anwendung des einfachen Rechts zu überprüfen. Gerade das kann aber *nicht Aufgabe des BVerfG* sein, das gem. Art. 93 Abs. 1 Nr 4a Verstöße gegen die Grundrechte und grundrechtsgleichen Rechte überprüfen soll. Die Aufgabe der anderen obersten Bundesgerichte, für die Rechtsgebiete ihrer Zuständigkeit, vorbehaltlich besonderer verfassungsrechtlicher Überprüfung, letzte Instanz zu sein, würde zunichte gemacht. Das BVerfG wäre im Übrigen auch tatsächlich völlig überfordert. 1342

2. Lösung

Das BVerfG muss seine Überprüfung gerichtlicher Entscheidungen *beschränken*. Es und das Schrifttum haben dazu verschiedene Formeln und Begriffe entwickelt. 1343

Am Anfang der Rechtsprechung des BVerfG steht die den *Begriff des spezifischen Verfassungsrechts* einführende sog. Hecksche Formel. Nach ihr ist die Gestaltung des 1344

---

4 E 45, 63/74; ähnlich E 124, 235/242; 126, 1/17; vgl zur Doppelfunktion und zur umfassenden Prüfungsbefugnis zust. *Görisch/Hartmann,* NVwZ 2007, 1010; *Schlaich/Korioth,* BVerfG, Rn 272 ff; krit. zur Doppelfunktion *Schlink,* NJW 1984, 89/92 f; *Wagner,* NJW 1998, 2638; krit. zur umfassenden Prüfungsbefugnis *Rinken,* AK, Art. 93 Rn 63 f.

Verfahrens, die Feststellung und Würdigung des Sachverhalts und die Auslegung und Anwendung des einfachen Rechts allein Sache der anderen Gerichte und der Überprüfung durch das BVerfG entzogen. „Nur bei einer Verletzung von ‚spezifischem Verfassungsrecht, durch die Gerichte kann das BVerfG auf Verfassungsbeschwerden hin eingreifen"[5]. Den anderen Gerichten sollen ihre klassischen Aufgaben belassen bleiben; das BVerfG will ihre Arbeit nicht ersetzen, sondern ergänzen.

1345 Nun liegt das Problem gerade darin, dass die Grenze zwischen dem einfachen Recht, dessen sich die anderen Gerichte annehmen sollen, und dem Verfassungsrecht, dessen Hüter das BVerfG ist, nicht vorgegeben ist. Also wurde versucht, das Spezifische beim Begriff des spezifischen Verfassungsrechts so zu fassen, dass die nicht vorgegebene Grenze doch noch einigermaßen verlässlich gezogen werden kann. Keiner der entsprechenden Versuche kann völlig überzeugen; das Problem des Prüfungsumfangs und seiner Einschränkung ist nun einmal derart, dass eine glatte Lösung nicht gelingen kann. Die entwickelten Formen und Begriffe werden denn auch nebeneinander angewandt; was der eine nicht fasst, kann sich unter einem anderen als überprüfungsbedürftig erweisen. Letztlich gilt, dass das *BVerfG überprüft, was es überprüfen will*, und was es nicht überprüfen will, nicht überprüft.

1346 a) Nach der sog. **Schumannschen Formel** bestimmt sich eine Verletzung spezifischen Verfassungsrechts dadurch, dass „der angefochtene Richterspruch eine Rechtsfolge annimmt, die der einfache Gesetzgeber nicht als Norm erlassen dürfte"[6]. Daran überzeugt, dass die Grenzen des materiellen Verfassungsrechts, die dem Gesetzgeber gesetzt sind, auch vom Richter nicht übertreten werden dürfen. Aber damit erfasst die Schumannsche Formel nur einen, freilich wichtigen Aspekt des für den Richter verbindlichen Verfassungsrechts. Denn der Richter ist von Verfassung wegen enger begrenzt als der Gesetzgeber; er hat nicht nur die Verfassung über sich, sondern gem. Art. 20 Abs. 3 auch das Gesetz. Der Richter darf nicht alles, was der Gesetzgeber dürfte.

1347 **Beispiele:** Ein Beamter wird vom Disziplinargericht verurteilt, weil er in seiner Freizeit für eine Sekte geworben hat (vgl. BVerwGE 30, 29). Da ein Gesetz, das Werbung für Sekten durch Beamte in deren Freizeit verböte, gegen Art. 4 Abs. 1 und 2 verstieße, liegt eine spezifische Grundrechtsverletzung vor. – Ein Gesetz, das Beamten im Dienst das Zeigen religiöser Symbole verböte, wäre mit Art. 4 Abs. 1 und 2 vereinbar; ein Beamter kann wegen des Zeigens aber nur dann vom Disziplinargericht verurteilt werden, wenn das Gesetz auch wirklich erlassen ist (E 108, 282/309 ff).

1348 b) Gerade dieser Bindung des Richters an das Gesetz sucht eine weitere Bestimmung des Spezifischen beim Begriff des spezifischen Verfassungsrechts dadurch Rechnung zu tragen, dass sie auf die Grenze zwischen zulässiger richterlicher Rechtsfindung[7] und -fortbildung und **unzulässiger richterlicher Rechtsfortbildung** abstellt. Aber eine klare, in Rechtsprechung und Schrifttum allgemein anerkannte Grenze zwischen zulässiger und unzulässiger richterlicher Rechtsfortbildung gibt es nicht. Die einschlägige Rechtsprechung des BVerfG ist denn auch wenig konsistent und

---

5 E 18, 85/92.
6 *Schumann*, S. 207; ebenso *Korioth*, in: FS 50 Jahre BVerfG, 2001, Bd. I, S. 55/81.
7 Zur schöpferischen Rechtsfortbildung als verfassungsrechtlich vorgesehene Funktion der Rechtsprechung E 34, 269/287 f; 138, 377/391.

lässt Gespür weniger für die Methode als vielmehr für die Besonderheit des jeweiligen Problems erkennen.

Beispiele: Der Rechtsprechung der Zivilgerichte, die bei immateriellen Schäden im offenen Widerspruch zum Wortsinn des alten § 253 BGB Entschädigung in Geld zusprach, wurde attestiert, sie sei „auf einem zivilrechtlich zumindest diskutablen, jedenfalls den Regeln zivilrechtlicher Hermeneutik nicht offensichtlich widersprechenden Weg gewonnen" worden (E 34, 269/291). – Bei anderer Gelegenheit betont das BVerfG, dass „der mögliche Wortsinn des Gesetzes ... die äußerste Grenze zulässiger richterlicher Interpretation" markiert (E 71, 108/115); hier ging es um die Auslegung von Straf- und Bußgeldvorschriften. – Bei wieder anderer Gelegenheit sieht das BVerfG die Bindung des Richters an das Gesetz dadurch verletzt, dass sich seine Entscheidung „mit keiner der anerkannten Auslegungsmethoden begründen" lässt (E 113, 88/104) oder „in krassen Widerspruch zu den zur Anwendung gebrachten Normen" setzt (E 128, 193/209). – Zur Ausweitung der Protokollberichtigung durch die Strafgerichte konnte sich das BVerfG nicht einig werden (E 122, 248/257 ff; vgl *Möllers*, JZ 2009, 668). Engere Grenzen zieht es nun im Hinblick auf Art. 100 Abs. 1 GG, wenn ein Fachgericht „die Möglichkeit einer verfassungskonformen Auslegung in unvertretbarer Weise bejaht" (E 138, 64/89) und dann, wenn die mit der Rechtsfortbildung verbundenen grundrechtlichen Belastungen der einen Partei, die grundrechtlich geschützten Interessen der anderen Partei überwiegen (E 138, 377/392 ff; krit. *Neuner*, JZ 2016, 435/437 ff).

1349

c) Die beständigste Formel zur Bestimmung des Spezifischen beim Begriff des spezifischen Verfassungsrechts lenkt die Kontrolle des BVerfG darauf, „ob bei Auslegung und Anwendung einfachen Rechts der Einfluss der Grundrechte grundlegend verkannt ist"[8]. Eine **grundlegende Verkennung des Einflusses der Grundrechte** oder allgemein des Verfassungsrechts liegt vor, wenn die einschlägige Verfassungsnorm

1350

– übersehen oder
– grundsätzlich falsch angewendet

worden ist und die gerichtliche Entscheidung darauf beruht.

Die *grundsätzlich falsche Anwendung* kann sich darin zeigen, dass

1351

– der Umfang eines grundrechtlichen Schutzbereichs,
– die Voraussetzungen des Vorliegens eines Eingriffs,
– die Anforderungen an die Rechtfertigung, besonders die Verhältnismäßigkeit eines Eingriffs, oder
– der Schutzzweck einer grundrechtlichen Schutzpflicht

grundsätzlich falsch gesehen wurden.[9]

Ob eine gerichtliche Entscheidung eine solche falsche Anwendung bzw Sicht erkennen lässt, hängt entscheidend von der *Sorgfalt der Überprüfung* ab. Auch hier fehlt eine klare, in Rechtsprechung und Schrifttum allgemein anerkannte Linie. Das BVerfG stellt programmatisch auf die „Intensität der Grundrechtsbeeinträchtigung" ab; je einschneidender eine gerichtliche Entscheidung grundrechtliche Freiheit und deren Betätigung verkürze, „desto eingehender muss die verfassungsgerichtliche Prüfung sein"[10]. Ob eine Grundrechtsbeeinträchtigung mehr oder weniger intensiv ist, ist

1352

---

8 E 89, 276/285.
9 E 85, 248/258; 89, 276/286; 95, 96/128.
10 E 61, 1/6; 75, 302/314.

aber wieder offen für unterschiedliche, gegensätzliche Einschätzungen. Immerhin gilt, dass das BVerfG bei strafrechtlichen Entscheidungen[11] und Eingriffen in Kommunikationsgrundrechte besonders eingehend prüft; im Schutzbereich dieser Grundrechte misst es Eingriffen großes Gewicht zu, und außerdem stoßen hier Freiheitsbetätigungen auch besonders konfliktträchtig und öffentlich wahrnehmbar aufeinander.

1353 **Beispiele:** Bei der Kontrolle in die Meinungsfreiheit eingreifender strafgerichtlicher Entscheidungen bekennt das BVerfG sich ausdrücklich „auch im Einzelnen" zur Überprüfung der „Feststellung und Würdigung des Tatbestandes sowie der Auslegung und Anwendung einfachen Rechts" (E 43, 130/136; 82, 43/50 f); fast ebenso weitgehend äußert es sich zur Kontrolle in die Meinungsfreiheit (E 82, 272/280 f, 85, 1/13; 86, 1/10) und die Kunstfreiheit (E 119, 1/22) eingreifender zivilgerichtlicher Entscheidungen. – Aber auch die Trennung eines Kindes von seinen Eltern gegen deren Willen verlangt, weil der „stärkste vorstellbare Eingriff in das Elternrecht", dass auch einzelne Auslegungsfehler nicht außer Betracht bleiben (E 60, 79/91).

1354 d) Manchmal verletzt eine gerichtliche Entscheidung die Professionalität, die von jedem Richter gleichermaßen verlangt werden kann, so drastisch, dass das BVerfG **Willkür** attestiert: Willkür bei der Gestaltung des Verfahrens, bei der Feststellung und Würdigung des Sachverhalts und bei der Auslegung und Anwendung des einfachen Rechts. Diese Willkür begründet nach BVerfG ebenfalls eine Verletzung spezifischen Verfassungsrechts.[12]

1355 **Beispiele:** Eine Verletzung von Art. 101 Abs. 1 S. 2, dh ein Entzug des gesetzlichen Richters, setzt die „willkürliche Anwendung" der einschlägigen Verfahrensnormen voraus (vgl Rn 1231 ff). – Wenn das Vorbringen eines Prozessbeteiligten „nicht mehr verständlich", „schlechthin unhaltbar" oder „offensichtlich sachwidrig" gewürdigt oder die Rechtslage „in krasser Weise" verkannt wird, stellt dies einen spezifischen Verstoß gegen Art. 3 Abs. 1 dar (E 57, 39/42; BVerfG, EuGRZ 1999, 494; NJW 2001, 1125). – Ein Strafurteil, das auf einer „schlechthin unhaltbaren und damit objektiv willkürlichen Auslegung der angewendeten Strafnorm" beruht, begründet eine spezifische Verletzung des Art. 103 Abs. 2 (E 64, 389/396 f).

1356 **Lösungstechnischer Hinweis:** Die Frage einer spezifischen Verfassungsrechtsverletzung betrifft den Umfang der verfassungsrechtlichen Kontrolle und wird vom BVerfG zumeist eingangs der Begründetheit der Verfassungsbeschwerde geprüft. Ist eine spezifische Verfassungsrechtsverletzung offensichtlich nicht gegeben, wird dies schon bei der Zulässigkeitsprüfung berücksichtigt; es fehlt dann die Möglichkeit einer Grundrechtsverletzung (vgl Rn 1298 ff). Im Übrigen empfiehlt sich, in Übungsarbeiten von einer „Vermutung der vollständigen Grundrechtsprüfung" (*Alleweldt*, S. 169 ff) auszugehen, ein großzügiges Verständnis des Prüfungsumfangs des BVerfG zugrunde zu legen und zumal im Fall angesprochenen oder angedeuteten grundrechtlichen Probleme nicht etwa unter Berufung darauf, es könne sich nicht um die Verletzung spezifischen Verfassungsrechts, sondern allenfalls um eine Verletzung einfachen Rechts handeln, zu umgehen. Nur wenn die Fallgestaltung oder Aufgabenstellung einen entsprechenden Anhaltspunkt bietet, ist die Frage der Einschränkung des Prüfungsumfangs auf die spezifische Grundrechtsverletzung eingehend zu erörtern, zweckmäßig in Abarbeitung der genannten vier Kriterien.

1357 **Literatur:** *E. Benda/E. Klein/O. Klein*, Verfassungsprozessrecht, 3. Aufl. 2012; *C. Gusy*, Die Verfassungsbeschwerde, in: FS 50 Jahre BVerfG, 2001, Bd. I, S. 641; *P. Häberle*, Die Verfassungsbeschwerde im System der bundesdeutschen Verfassungsgerichtsbarkeit, JöR 1997, 89;

---

11 Vgl E 126, 170/199 f.
12 Krit. v. *Lindeiner*, Willkür im Rechtsstaat?, 2002; *N. Weiß*, Objektive Willkür, 2000.

C. Hillgruber/C. Goos, Verfassungsprozessrecht, 4. Aufl. 2015; *S. Kempny*, Mittelbare Rechtssatzverfassungsbeschwerde und unmittelbare Grundrechtsverletzung, Der Staat 2014, 577; *W. Löwer*, Zuständigkeit und Verfahren des Bundesverfassungsgerichts, Hdb. StR³ III, § 70; *G. Lübbe-Wolff*, Substantiierung und Subsidiarität der Verfassungsbeschwerde, EuGRZ 2004, 669; *C. Pestalozza*, Verfassungsprozessrecht. Die Verfassungsgerichtsbarkeit des Bundes und der Länder, 3. Aufl. 1991; *B. Pieroth/P. Silberkuhl* (Hrsg.), Die Verfassungsbeschwerde, 2008; *G. Robbers*, Verfassungsprozessuale Probleme in der öffentlich-rechtlichen Arbeit, 2. Aufl. 2005; *M. Sachs*, Verfassungsprozessrecht, 3. Aufl. 2010; *A. Scherzberg/M. Mayer*, Die Zulässigkeit der Verfassungsbeschwerde, Jura 2004, 373, 513; *dies.*, Die Begründetheit der Verfassungsbeschwerde bei der Rüge von Freiheitsverletzungen, Jura 2004, 663; *T.M. Spranger*, Die Verfassungsbeschwerde im Korsett des Prozessrechts, AöR 2002, 27; *R. Zuck*, Das Recht der Verfassungsbeschwerde, 3. Aufl. 2006. – **Kommentare zum BVerfGG:** *C. Burkiczak/ F.-W. Dollinger/F. Schorkopf*, 2015; *H. Lechner/R. Zuck*, 6. Aufl. 2011; *C. Lenz/R. Hansel*, 2. Aufl. 2015; *T. Maunz/B. Schmidt-Bleibtreu/F. Klein/H. Bethge* (Loseblatt), Stand: September 2011; *D.C. Umbach/T. Clemens/F.-W. Dollinger*, 2. Aufl. 2005; *C. Walter/B. Grünewald*, BeckOK BVerfGG, 3. Edition 2017. – **Zur Verletzung spezifischen Verfassungsrechts:** *R. Alexy/P. Kunig/W. Heun/G. Hermes*, Verfassungsrecht und einfaches Recht – Verfassungsgerichtsbarkeit und Fachgerichtsbarkeit, VVDStRL 61, 2002, S. 7, 34, 80, 119; *R. Alleweldt*, Bundesverfassungsgericht und Fachgerichtsbarkeit, 2006; *M. Düwel*, Kontrollbefugnisse des Bundesverfassungsgerichts bei Verfassungsbeschwerden gegen gerichtliche Entscheidungen, 2000; *H.-J. Papier*, Verhältnis des Bundesverfassungsgerichts zu den Fachgerichtsbarkeiten, DVBl. 2009, 473; *B. Pieroth/T. Aubel*, Die Rechtsprechung des Bundesverfassungsgerichts zu den Grenzen richterlicher Entscheidungsfindung, JZ 2003, 504; *H. Roth* (Hrsg.), Symposium ‚50 Jahre Schumannsche Formel', 2014; *E. Schumann*, Verfassungs- und Menschenrechtsbeschwerde gegen richterliche Entscheidungen, 1963.

Sachverzeichnis

Die Angaben beziehen sich auf die Randnummern.

Abgeordnete des Deutschen Bundestages, Rechtsstellung 1196, 1301
Abhören 41, 427, 904, 908, 1013, 1020 f, 1172
Abhörurteil 423 f, 909
Abschiebung 481, 1113
 s. auch Aufenthaltsrecht; Ausweisung
Abstammung 443, 537
Abstimmungen, politische 1199
Abwägung 92, 340 ff, 344, 461, 693 ff
Abwehrrechte 91, 96, 116 ff, 120 ff, 126 ff, 138
Akteneinsicht 665, 1145, 1172
Alimentation 1191, 1193
Alkoholgenuss 438
Allgemeine Erklärung der Menschenrechte 46, 55
Allgemeines Gleichbehandlungsgesetz 241
Allgemeinheit der Wahl 555 ff, 1196, 1200, 1216
Altersgrenze 568
Altersgrenzen 80, 184 ff, 961, 967, 989, 1191
Amt 1191
Amtswalter
– Grundrechtsschutz 227
Anachronistischer Zug – Entscheidung 719 f, 724 ff
Analogieverbot 1259 f
Angemessenheit
 s. Verhältnismäßigkeit ieS
Anhörung 508, 1244
Anliegerrecht 1044
Ansammlung 807
Anspruchsrechte s. Leistungsrechte
Antastung 277, 353
Anwendungsvorrang 14 f, 77, 247
Apothekenurteil 276, 343, 934, 954, 980, 985, 991
Arbeit, gemeinnützige 999
Arbeitsbedingungen 853
Arbeitskampf 858 f, 863, 876 f

Arbeitsplatz, freie Wahl 950, 969 ff
 s. auch Berufsfreiheit; Stufenlehre
Arbeitszwang, Freiheit von 996 ff
Arzt 427, 848, 964, 967, 977, 982, 989
 s. auch Heilbehandlung
Asylrecht 41, 86, 526, 1116 ff
 s. auch Aufenthaltsrecht; Verfolgung, politische
atomare Anlagen
– Genehmigung 1085, 1090
– Schutzpflicht des Staates für das Leben 487 ff
– Widerstand 1185
Aufbauschema 400 ff, 597
– Eigentum 1097 f
– Freiheitsrechte 400 ff
– Gleichheitsrechte 597 f
Aufenthalt 170, 914, 916
Aufenthaltsrecht 176, 750, 769 f, 1100, 1133
 s. auch Abschiebung; Auslieferung; Ausweisung
Aufenthaltsstaat 1101
Aufenthaltsverbot 930
Auffanggrundrecht 393 ff, 437 ff
Augestaltung von Grundrechten 147 f, 150, 152
Ausbildung 947 f
Ausbildungsstätte, freie Wahl 947, 968, 990, 992
 s. auch Berufsfreiheit; Stufenlehre
Ausbürgerung, Schutz vor 1103 ff
 s. auch Staatsangehörigkeit
Ausgestaltung von Grundrechten 263, 266 ff, 739, 860, 1051
– Sonderdogmatik 151
Ausgewogenheit im Rundfunk
 s. Außenpluralismus; Binnenpluralismus
Auskunftspflicht
– der Bürger 659
– der Presse 684
– öffentlicher Stellen 159, 673, 1144
Ausländer 169, 481, 1101

367

- Ausdehnung des Grundrechtsschutzes 172 ff
- Familiennachzug 750, 771
- Geltung des Gleichheitsgebots 537
- Geltung von Art. 2 Abs. 1 174 f
- keine Bürgerrechte 168, 170 ff
- Vereinigungs- und Versammlungsfreiheit 171
- Verfassungsbeschwerde 174, 1291, 1301
  s. auch Aufenthaltsrecht; Asylrecht
Auslegung 4, 8, 1259, 1348 f
  s. auch Interpretation, systematische; verfassungskonforme Auslegung
- völkerrechtsfreundliche 63 f
Auslieferungsverbot 41, 481, 921, 1112 ff
Ausnahmegerichte, Verbot 1220
Ausreise 922 f
Außenpluralismu 150
Außenpluralismus 681
Außenrecht 225
Außenwirkung 1302 f
Aussperrung 859
Ausstrahlungswirkung der Grundrechte 113, 115
  s. auch Drittwirkung, mittelbare
Auswanderung 922 f
Ausweisung 1113
- bei drohender Folter 1128
- bei drohender Todesstrafe 481
- Schutz durch Art. 6 750, 764 f, 769
- Verhältnismäßigkeit 769 ff

Bannmeilengesetze 828
Baufreiheit 1045
Beamte
- Beihilfe 1193
- Besoldung 1191
- Individualrecht aus Art. 33 Abs. 5 1188
- Koalitionsfreiheit 817
- Meinungsfreiheit 702, 713
- politische 571
- Treueverhältnis 569
- Versorgung 1191, 1193
  s. auch Berufsbeamtentum, hergebrachte Grundsätze
Bedarfsdeckung 234
Bedürfnisklauseln 954
Behinderte 537, 545, 571
Behindertenrechtskonvention 55, 62, 65
Belästigung 298 ff

Beleidigung 650, 652
Beliehener 230 f, 236, 799
Benachrichtigungspflicht 194, 506, 1172
Berichterstattung 652 f
Beruf 937 ff, 943 ff
Berufsbeamtentum, hergebrachte Grundsätze 1188 ff
Berufsbild 937, 962, 965 f
Berufsfreiheit 933 ff
- Konkurrenzen 1042
- Verzicht 197, 200
  s. auch Arbeitsplatz, freie Wahl; Arbeitszwang, Freiheit von; Ausbildungsstätte, freie Wahl; Stufenlehre; Zwangsarbeit, Freiheit von
Berufsgerichte 1265
Berufsstrafrecht 1275
Beschleunigungsgebot 1233
Beschneidung 632, 759
Beschwer
- eigene 1306 ff
- gegenwärtige 1312 ff
- unmittelbare 1304, 1315 f
Beschwerdefähigkeit 1291, 1297 ff, 1305
besonderes Gewaltverhältnis 791, 1162
Bestimmtheit gem. Art. 80 Abs. 1 S. 2 974, 1224
Bestimmtheitsgrundsatz
- allgemeiner 319, 365 f, 906, 1259
- strafrechtlicher 1250, 1257 ff, 1265
Beteiligtenfähigkeit 205
Betriebsbesetzung 859
Betriebsrat 208
Betriebsräume 1008 f, 1024 f
Beugemaßnahmen 1278
Beurteilungsspielraum
  s. Verwaltung
Bewaffnung, passive 814
Beweisverwertungsverbot 124
Bild, Recht am eigenen 448
Binnenpluralismus 150, 681
biologische Vaterschaft 754
Boykott 112, 651, 706, 859
Briefgeheimnis 661, 881, 883 ff
Briefwahl 1215
Bundesverfassungsgericht
- Annahmeverfahren 1288 f
- Entscheidungsmonopol gem. Art. 21 Abs. 2 S. 2 569
- keine Superrevisionsinstanz 1231, 1342

- Prüfungsbefugnis 1339 f
- Verwerfungsmonopol 1056, 1070
Bundeswehr 245
bürgerliche Gesellschaft 23, 25, 29, 34, 38
Bürgerrechte s. *Deutschenrechte*
Bürgerrechtspakt der Vereinten Nationen 55
Burka 642

Chancengleichheit 155, 517, 561 ff, 992 f, 1174, 1205
Charta der Grundrechte der Europäischen Union 49, 70, 76 f
Computer 449 f, 461

Daseinsvorsorge 234
Datenerhebung und -verarbeitung 449, 457 f
Datenschutz 449, 898 f
DDR 169
Demokratie
- repräsentative 1196
- streitbare 569
- und Wahlen 1206, 1208
Demonstration 273, 275, 806
  s. auch *Versammlung*
Denkmalschutz 1085, 1090
Deutsche iSd GG 169, 1101
  s. auch *Staatsangehörigkeit; Status-Deutsche*
Deutschenrechte 168, 172, 1291
Differenzierungsklauseln 863
Diskriminierung, mittelbare 539
Diskriminierungsverbot
  s. *Gleichheitsgebote, spezielle*
Disziplinarstrafrecht 684, 1251, 1275
Dolmetscher 504
Doppelbestrafung, Verbot der 1268 ff
Dreieckskonstellationen 128 ff, 136, 141
Dreieckskonstelltionen 137
Drittbetroffene 297 f, 455 f
Drittwirkung 236 f, 239
- Bedeutung im Rahmen der Beschwerdebefugnis 1301
- Begründung 114
- mittelbare 112 f, 128, 136, 672, 971 f, 1301
- subjektiv-rechtliche Wirkungen 114
- unmittelbare 111, 115, 237 ff, 839, 862, 1203, 1301

Drittwirkung, mittelbare 143
Duldungspflichten 129 f
Durchlieferung 1112
Durchsuchung
- der Wohnung 125, 1011, 1016 ff, 1027, 1172
- von Redaktionsräumen 684
duty to fulfill 153, 162
duty to protect 153
duty to respect 132, 153

E-Mail 1331
Ehe 80, 748 ff
Ehe, Schutz der 745 ff
- Institutsgarantie 104, 746, 777
- Leistungsrecht 746, 779
- normgeprägtes Grundrecht 267, 271, 747
  s. auch *Familie, Schutz der; Familiennachzug*
eheähnliche Lebensgemeinschaft
  s. *nicht eheliche Lebensgemeinschaft*
Ehename 548, 763, 778
Ehescheidung 753, 761, 778
Ehevertrag 438, 753
Ehrenschutz 448, 705 ff
Eigentumsgarantie 148, 1030 f, 1034 ff
- Aufbauschemata 1097
- Institutsgarantie 104, 1091
- normgeprägtes Grundrecht 6, 271, 1031
- Verfahrensschutz; Rechtsschutz 1046 f
- Verzicht 197, 200
  s. auch *enteignender Eingriff; Enteignung; enteignungsgleicher Eingriff; Inhalts- und Schrankenbestimmung des Eigentums; Vergesellschaftung*
Eigentumsopferentschädigung 1084
Eilversammlung 833
Einbürgerung 169, 769
Eingriff 9
- Abgrenzung zur Belästigung 293 ff, 298, 303, 454 ff
- additiver 340
- faktischer 294 f
- individueller oder genereller 264 f
- klassischer Begriff 292 f
- mittelbarer 294 ff
- unbeabsichtigter 294 ff
- verfassungsrechtliche Rechtfertigung 43 f, 187, 278 f, 282 ff, 304 ff, 380 ff

- Verhältnis zum Schutzbereich 274 f, 280 ff
Eingriffsintensität 317 f, 346, 354, 981 ff, 1084 f, 1352 f
Einheimischenprivilegierung 529
Einreise 170, 920 f, 1100
Einrichtungen, staatliche
- Gestaltungsmaßstäbe 97, 155 ff
- Zugang politischer Parteien 561 ff
Einrichtungsgarantien
 s. institutionelle Garantien; Institutsgarantien
Einschätzungsprärogative
 s. Gesetzgeber
Einwanderung 920 f
Einzelfallgesetz 361 ff
Elfes-Urteil 435, 460, 922
Elternrecht 8b, 188 f, 250, 741, 745, 757 ff, 1353
Embryo 183
enteignender Eingriff 1054, 1084, 1086 ff, 1095
Enteignung 1058 ff
 s. auch Eigentumsgarantie; Vergesellschaftung
enteignungsgleicher Eingriff 1054, 1084, 1086 ff, 1095
Entmündigung 1292
Entschädigung 1056, 1070, 1076 f, 1094
Entscheidungsspielraum
 s. Gesetzgeber; Verwaltung
Erbrecht 104, 438, 1030, 1048
Erforderlichkeit des Eingriffs 324, 330, 336 ff, 345 f, 349, 365, 530, 547, 558, 695, 978 ff, 984 ff, 991, 1082, 1089
Erfüllungspflichten, Völkerrecht 58
Ergänzungspfleger 1292
Ergänzungsschule
 s. Privatschulfreiheit
Ermächtigung, gesetzliche, zum Eingriff 15, 312 ff
Ermächtigungslehre, normative 1173
Ermessensspielraum s. Verwaltung
Ersatzdienst 41, 627, 639, 829, 1272
Ersatzschule s. Privatschulfreiheit
Erwerb 1042
Erwerbswirtschaft 234
Erziehungsberechtigte, Versagen 776
Erziehungsrecht s. Elternrecht
Ethikunterricht 788, 793, 802
Europäische Grundfreiheiten 71, 74, 238

Europäische Menschenrechtskonvention 45 f, 66 ff
Europäische Union 48 f, 77, 168, 177, 210, 247 ff, 1115, 1132, 1134, 1137, 1139, 1207, 1222, 1236, 1316
Europäischer Gerichtshof für Menschenrechte 66
Europäisches Antidiskriminierungsrecht 79 f, 85
Europarat 47
Euthanasie 471, 473
Evaluation 738
Existenzminimum 417, 426 f

faires Verfahren 155
Fake News 655
Familie 754 f
Familie, Schutz der 745 ff
- Institutsgarantie 104, 746, 777 f
- Leistungsrecht 746, 779
- Privatsphäre 441
 s. auch Elternrecht
Familiennachzug 764 f, 771
Feiertagsschutz 741, 828
Fernmeldegeheimnis 661, 884 ff
Fernsehen 675
Festnahme 512, 1172
Filmfreiheit 646 ff
Finanzwirksamkeit von Grundrechten 120, 127
Fiskalgeltung der Grundrechte 230, 233 ff, 1162
fiskalische Hilfsgeschäfte 234 f
Fiskustheorie 233
Flashmob 812
Fluchtalternative 1141
Flugblattverteilen 8b
Folgenbeseitigung 701
Folter 419, 426 f, 432, 472, 1128
Forschungsfreiheit
 s. Wissenschaftsfreiheit
Freiheit
- individuelle 18
- negative 116, 257, 438
- positive 116 f
- soziale 92
 s. auch Freiheitsrechte
Freiheit der Person 494 ff
Freiheit der Wahl 1196 f, 1202 ff, 1210 ff
freiheitliche demokratische Grundordnung 707, 869, 908

Freiheitsbeschränkung 497 ff
Freiheitsentziehung 501, 504 ff
Freiheitsrechte
- Aufbauschemata 400 ff
- klassische bürgerlich-liberale 37
- Rechtstechnik der Gewährleistung 517
- Verhältnis von Freiheit und Gleichheit 390 f, 517, 561
- Zusammenhang mit der Menschenwürde 417, 426
Freiheitsstrafe 509
Freizeitgestaltung 438
Freizügigkeit 913 ff
Fremder s. Ausländer
Frist 582, 1172, 1254
Fünf-Prozent-Sperrklausel 544, 559

Gebietshoheit 1101
Gebührengleichheit 595
Geburtsname 443
Geeignetheit des Eingriffs 324, 330, 333 ff, 339, 348, 534, 547, 558, 695, 976 ff, 991, 1082
Geeignetheit, Erforderlichkeit der Enteignung 1074
Gegendarstellung, Recht auf 448
Geheimheit der Wahl 1196 f, 1206, 1214 f
Geheimsphäre s. Privatsphäre
Geldauflage 500
Gemeinde
- Grundrechtsberechtigung 206, 218, 226, 230
- Grundrechtsbindung 233 ff
Gemeingebrauch 828
Genehmigung 122
Genehmigungspflicht 797 ff, 861
Generalklausel 4, 8a, 112, 436 ff
Gentechnologie 427, 445, 461, 734, 741
Geschäftsräume 1008 f, 1024 f
Geschäftsverteilungsplan 1224, 1233 f
Gesellschaften, bürgerlich-rechtliche 841
Gesetz 12, 304 ff
- allgemeines 688 ff
- Begriff 314
- besonderes 690 f
- förmliches 314, 476, 503
- materielles 314, 476, 1162
- vorkonstitutionelles 364, 1071
Gesetzesvorbehalt
- einfacher 304 ff, 459

- historische Funktion 34, 44, 312 f
- qualifizierter 304, 307 f, 314, 322 ff, 327 f
- Typologie 304 ff
  s. auch Parlamentsvorbehalt; vorbehaltlose Grundrechte; Wesentlichkeitslehre
- und kollidierendes Verfassungsrecht 382 ff
Gesetzgeber
- Einschätzungsprärogative 333, 338
- Entscheidungsspielraum 488 f
- Gestaltungsfreiheit 533, 547 f, 975, 1079
- Grundrechtsbindung 229, 231, 321 ff, 515, 1079, 1228 f
- Verantwortung 315 ff
  s. auch Gesetzesvorbehalt; Parlamentsvorbehalt; Schranken- Schranke; Stufenlehre; Verhältnismäßigkeitsgrundsatz; Wesensgehalt
gesetzlicher Richter, Recht auf den 1220 ff
- Grundrechtsberechtigung juristischer Personen 211, 219
Gesetzlichkeitsprinzip 1250, 1256, 1263
Gestaltungsfreiheit
  s. Gesetzgeber; Verwaltung
Gesundheit
  s. körperliche Unversehrtheit
Gesundheitsgefährdung 456, 474
Gewährleistungsgehalt 260
Gewalt, öffentliche
- inländische 242 ff
- iSd Art. 1 Abs. 3 und Art. 93 Abs. 1 Nr. 4a 229, 231, 236, 1294
- iSd Art. 19 Abs. 4 1159 ff, 1294
Gewerbeerlaubnis 122
Gewerkschaften 208, 857 f
Gewissen 283, 623 f
Gewissensfreiheit 374, 601 ff
  s. auch Kriegsdienstverweigerung
Gewohnheitsrecht 503, 1259
Glaubensfreiheit
  s. Religionsfreiheit
Gleichbehandlung
  s. Ungleichbehandlung
Gleichberechtigung von Mann und Frau 537, 539 f, 549
Gleichheit
- der Wahl 555 ff, 1200, 1216

371

- des Zugangs zu öffentlichen Ämtern 568 ff, 944
- wesentliche 518 ff

Gleichheitsgebot, allgemeines 362, 515, 517
 s. auch Chancengleichheit; Ungleichbehandlung; Willkürverbot

Gleichheitsgebote, spezielle 515, 537, 539 f

Gleichheitsrechte 10, 261, 390 f, 400, 515, 517
- Rechtstechnik der Gewährleistung 517
- Teilhaberechte als Gleichheitsrechte 779, 992
- Zusammenhang mit der Menschenwürde 417, 426

Gleichheitsverstoß 536, 574 ff, 588 ff

Gleichstellung von Kindern nicht miteinander verheirateter Eltern 554, 773, 779, 781

Gnadenakte 1162

Grenzwerte bei Emissionen 303 f, 456

Grund, sachlicher
 s. Ungleichbehandlung

Grundfreiheiten 145

Grundmandat 559

Grundpflichten 250 f

Grundrechte, Begriff 43 ff

Grundrechte, Beseitigungs- und Kompensationsansprüche 124

Grundrechte der Landesverfassungen 81 ff, 86

Grundrechte des Grundgesetzes 164
- Anerkennung als vorstaatlich 44
- Ort im Grundgesetz 404
- Systematik 83

Grundrechte, Geschichte 18 ff, 89

Grundrechte, rechts- oder normgeprägte
 s. Schutzbereich, normgeprägter

Grundrechte, soziale Rechte 25, 37 ff

Grundrechte, spezielle 372, 393 ff, 437
 s. auch Gleichheitsgebote, spezielle; Spezialität

Grundrechte, überstaatliche 46 ff

Grundrechte und Politik 7, 18, 30 ff

Grundrechtecharta der EU 49, 77

Grundrechtsausübung 257, 263, 311, 613, 727 f

Grundrechtsbeeinträchtigung 263 f

Grundrechtsbegrenzung 263 ff

Grundrechtsberechtigung 164 ff, 1291
 s. auch juristische Personen

Grundrechtsbeschränkung 44, 83, 96, 263 ff, 347
 s. auch Eingriff, Schranke

Grundrechtsbindung 164 ff
- Art. 1 Abs. 3 139, 228
- der öffentlichen Gewalt 229 ff, 236, 242, 1294
- des EU-Rechts 76
- Umfang 230 ff, 235, 1162
- von Organen der EU 247, 249

Grundrechtsdogmatik 88

Grundrechtseingriff s. Eingriff

Grundrechtseinschränkung
 s. Grundrechtsbeschränkung

Grundrechtsfähigkeit
 s. Grundrechtsberechtigung

Grundrechtsfunktion, objektive 107

Grundrechtsfunktionen 93 ff, 106, 108 ff, 116 ff

Grundrechtsgarantie 260, 262

Grundrechtsgebrauch
 s. Grundrechtsausübung

Grundrechtsgewährleistung 260

grundrechtsgleiche Rechte 211, 404

Grundrechtskern
 s. Wesensgehalt, absoluter

Grundrechtskombination 262

Grundrechtskonflikte 128 ff, 136

grundrechtskonforme Auslegung
 s. verfassungskonforme Auslegung

Grundrechtsmündigkeit 184 ff

Grundrechtsschutz durch Organisation und Verfahren 126

Grundrechtstheorie 88

Grundrechtstheorien 91 f

Grundrechtsträgerschaft
 s. Grundrechtsberechtigung

grundrechtstypische Gefährdungslagen 225

Grundrechtsverbürgung 260, 262

Grundrechtsverkürzung
 s. Grundrechtsbeschränkung

Grundrechtsverletzung 9 f, 278 f
- als Voraussetzung der Begründetheit der Verfassungsbeschwerde 1334
- irreparable 487
- Möglichkeit 1298 ff

Grundrechtsverpflichtete 164
 s. auch Grundrechtsbindung

Grundrechtsverstoß
  s. *Grundrechtsverletzung*
Grundrechtsverzicht 193 ff, 904
Grundrechtswirkungen, zusätzliche 90, 111

Habeas corpus 495
Handelsvertreter-Entscheidung 136, 138
Handlungsfreiheit, allgemeine 174 ff, 261, 395 f, 435 ff
  s. *auch Persönlichkeitsentfaltung, Recht auf freie*
Happening 281, 721, 728
Härteklausel 1089 f
Hauptverhandlungshaft 511
Hausarbeitstag 583
Hausbesetzung 1007
Hausrecht 828
Heilbehandlung 202, 472, 474
Heimat 537, 925
Heimatstaat 1101, 1117
Herkunft 537
Herkunftstaat 1134
Hirtenbriefe 1204
Hochschule
– gleicher Zugang 156 f, 992 f
– Grundrechtsschutz 222 ff, 731, 739
– organisatorische Gestaltung 206, 208, 739, 802
– Wahl der Selbstverwaltungsorgane 1200
Höchstpersönlichkeit 166
Hoheitsakte, justizfreie 1162
Homeschooling 797

Identitätskontrolle 248
Impfzwang 475
Individualgesetz
  s. *Einzelfallgesetz*
Individualrecht 43, 45, 157
  s. *auch subjektive Rechte*
informationelle Selbstbestimmung, Recht auf 40, 214, 449, 457, 461, 896
Informationsfreiheit 646 ff, 662 ff
Informationsfreiheitsgesetze 665
Informationsquelle 662 ff, 1145
informationstechnisches System
  s. *Computer*
Informationsverarbeitung 449, 1010
Inhalts- und Schrankenbestimmung des Eigentums 1051, 1066

– Abgrenzung von Definition und Eingriff 271, 1036, 1095
– Abgrenzung zur Enteignung 1089
– Entschädigungspflicht 1084 f
– Übergangsregelung 1089
– verfassungsrechtliche Rechtfertigung von Eingriffen 1078 f
– Verhältnismäßigkeit 1079 ff
Inland 210
Innenrecht 225
institutionelle Garantien 103 ff, 148, 150, 328, 1158, 1188
Institutsgarantie 1031
Institutsgarantien 103 ff, 328, 746, 777, 785, 794, 838, 1091 f
Integration, europäische 73, 248
Intensität des Eingriffs
  s. *Eingriffsintensität*
Internationaler Gerichtshof 1115, 1222
Internationaler Pakt für bürgerliche und politische Rechte 453
Internet 450, 675, 895, 1007
Interpretation, systematische 81, 287 ff, 373 ff
Intimsphäre 446
  s. *auch Sphärentheorie*
Inzest 443

jedermann gem. § 90 Abs. 1 BVerfGG 1291
Jedermannsrechte
  s. *Menschenrechte*
Jugendschutz 684, 705 f
Junktimklausel 1070 f, 1077
juristische Personen
– ausländische 210 f
– des öffentlichen Rechts 206, 217 ff, 622, 677, 731
– des Privatrechts 206, 217 f
– Grundrechtsberechtigung 204 ff
– Sitz 210
– Verfassungsbeschwerde 214
Justizgewährungsanspruch 1157, 1160

Kabelfernsehen und -hörfunk 675
Kandidatenaufstellung, freie 1205
Kernbereichsschutz 446, 1020
Kernkraftwerke s. *atomare Anlagen*
Kindeswohl 188, 772 ff, 780
Kirchen s. *Religionsgemeinschaften*
Klonen 427

373

Koalitionsautonomie 856
Koalitionsfreiheit 837 ff, 853 ff
kollidierendes Verfassungsrecht 283, 289, 376, 380 ff, 1335
Kollisionen 369 ff, 430 ff, 641, 876, 1282
Kommunikationsgrundrechte 647, 806
Kompetenznorm, negative 108 ff
Konfusionsargument 217, 223
Konkordanz, praktische 376 ff
Konkordat 573, 638
Konkretisierung 263, 266 ff, 274
Konkurrenzen 388 ff
Konzessionssystem
  s. Genehmigungspflicht
Kopftuch 80, 85, 632, 641
körperliche Unversehrtheit, Recht auf 469 ff, 741
Körperschaft des öffentlichen Rechts 217 ff, 622
Kriegsdienstverweigerung 377, 601, 627
Kriminalvorbehalt 928, 930
Kruzifix 632, 641
Kündigungsschutz 995
Kunstbegriff 718 ff
Kunstförderung 159, 161
Kunstfreiheit 281, 716 ff
Kurzberichterstattung 684, 952

Landesmedienanstalt 677
Lauschangriff s. Abhören
Leben, Recht auf 183, 358, 469 ff
Lebensbereiche, grundrechtlich geschützte 253 ff
Lebenspartnerschaft 80, 752, 754
Lehrer, Ablehnungsrecht gem. Art. 7 Abs. 3 S. 2 791
Lehrfreiheit s. Wissenschaftsfreiheit
Leistungsrechte 97, 111, 117, 158, 160
  s. auch Teilhaberechte
Listenwahl 1209, 1217
Lokalisationsgebot 927
Lüth-Urteil 112 f, 343, 651, 694

Massenmedien 665
Mauerschützen 1264
Medien, neue 895 f
Mediengrundrechte 646
Medienkonvergenz 675
Mehrebenensystem 53
Meinungsfreiheit 275, 646 ff
– Drittwirkung 112, 144

– juristischer Personen des öffentlichen Rechts 226
– spezifische Verletzung 1352 f
Meinungsneutralität 695
Meldepflicht 659
Menschenrechte 20 ff, 43 ff, 53, 68, 167
Menschenrechte, kulturelle 56, 132
Menschenrechte, soziale 56, 132, 162
Menschenrechtsausschuss, Vereinte Nationen 60
Menschenrechtstypologien, völkerrechtliche 117, 132, 153, 162
Menschenversuche 475
Menschenwürde, Schutz der 407 ff, 703
– auch nach dem Tod 181
– Schutz vor Verfassungsänderung 410, 430, 909, 1139 f
Menschenwürdegehalt 173, 199, 360, 446, 484
Mephisto-Beschluss 181, 719, 736, 740
Mieter 1005
Minderheit, nationale 544
Minderjährige 185 ff, 443, 772 f, 1292 f, 1309
Mindestinhalt, Mindestposition
  s. Wesensgehalt, absoluter
Misshandlung 432, 478 f
Mitwirkungsplan 1224 f, 1233 f
Mutter, Anspruch auf Schutz und Fürsorge 553, 745 f, 781

Nachfluchtgründe 1122 f, 1141
Nachzensur 711
Namen, Recht am eigenen 448
nasciturus 183
Nationalsozialismus 703, 1254
Naturschutz 1085, 1095
Ne bis in idem 1268 ff
Nemo tenetur-Grundsatz 448
nicht eheliche Lebensgemeinschaft 748, 752, 778
Nichtigkeit 582 ff
Niederlassungsfreiheit 915, 924
Normbereich s. Schutzbereich
Normenhierarchie 12, 14
Normenkontrolle 1162, 1320
Notar 945, 961, 964
Notstandsgesetzgebung 41, 1181
Notwendigkeit des Eingriffs
  s. Erforderlichkeit des Eingriffs
NSA 453

Nulla poena sine lege 1250 ff
Numerus clausus 157 f, 160, 968, 993

Objektformel 422 ff
objektiv-rechtliche Bedeutung der Grundrechte 108 ff, 197, 259
Observation 461, 825 f
Ordnungsmaßnahmen 1278
Ordnungswidrigkeitenrecht 1251, 1315
Organentnahme 182, 475
Organisationen, Grundrechtsberechtigung 204 ff, 1291
Organisationsklauseln 863
organisatorische, nicht grundrechtliche Regelungen 84, 405, 785

pädagogische Freiheit 732
Parlamentsvorbehalt 321 ff, 329
Parteien, politische 208, 561 ff, 837, 1211
Parteifähigkeit 205
Parteiverbot 707
personales Substrat 215 ff
Personalhoheit 1101
Personenmehrheiten 204 ff, 209, 1291
Persönlichkeitsentfaltung, Recht auf freie 435 ff
  s. auch Handlungsfreiheit, allgemeine
Persönlichkeitskerntheorie 435
Persönlichkeitsrecht, allgemeines 435, 441 ff, 740 f, 759, 904, 1004
Petitionsrecht 1144 ff
Pflegeeltern 782
Pflichtteilsrecht 778
politische Willensbildung 199 f, 561 ff
Popularklage 1168, 1306
Postdienstleister 893
Postgeheimnis 661, 884 ff
Postmonopol 885
Präimplantationsdiagnostik 427
Präklusionsvorschriften 1176, 1243
Präventivkontrolle 861
Presse 667, 674
Presse, Auskunftsanspruch 670 f
Presseförderung 648
Pressefreiheit 105, 300, 646 ff, 667 ff
Prinzipientheorie 92
Privatautonomie s. Vertragsfreiheit
Private s. Beliehener; Drittwirkung
Privatrecht
– Ausstrahlungswirkung der Grundrechte 236 f, 239

– Vereinbarkeit mit Grundrechten
  s. Drittwirkung, mittelbare; Fiskalgeltung
Privatschulen 230, 232, 785, 788, 794 ff
Privatschulfreiheit 794 ff
Privatsphäre 441 ff, 1004 ff
Proportionalität
  s. Verhältnismäßigkeit ieS
Prostitution 938
Prozessfähigkeit 191 f, 1292 f
Prozessgrundrechte 211, 219 f
  s. auch Verfahrensrechte
Prozesskostenhilfe 536, 1172
Prozessrecht
  s. Rechtsschutzgarantie
Prozessstandschaft 1306
Prüfungsentscheidung 995, 1173 f

Quellen-TKÜ 906
Quotenregelung 977

Rasse 537, 541
Rassendiskriminierung 54
Rauchen 438, 536, 964
Recht auf Vergessenwerden 443
Rechtfertigung, verfassungsrechtliche
  s. verfassungsrechtliche Rechtfertigung von Eingriffen
Rechtfertigungs- und Begründungsverbote s. Ungleichbehandlung
rechtliches Gehör, Anspruch auf 1160, 1239 ff
Rechtsanwalt 848, 927, 963 f, 973, 977, 989, 1242, 1332
Rechtsanwendungsgleichheit 515
Rechtsbelehrung 1172
Rechtschreibung 438, 758
Rechtsetzungsgleichheit 515
Rechtskraft des Strafurteils 1269
Rechtsmittelverzicht 195, 202
Rechtspfleger 1162, 1244
Rechtsprechung
– Grundrechtsbindung 229, 240
– Selbstbindung 593 f
– Verhältnis zur Gesetzgebung 593
  s. auch Richterrecht
Rechtsschutzbedürfnis 1318 ff
Rechtsschutzgarantie 97, 1157 ff
  s. auch Gewalt, öffentliche
Rechtsschutzgleichheit 536
Rechtssicherheit 865, 1269

Rechtsstaat 90 f, 152, 293, 1269
Rechtsstaatsprinzip
- als Grundlage des Verhältnismäßigkeitsgrundsatzes 325
- als Grundlage für die Verstärkung grundrechtlichen Schutzes 766, 909
- als Grundlage von Verfahrensrechten 865, 1225, 1239, 1242, 1244, 1250, 1269
- Geltung für Ausländer 175
Rechtsweg
- Erschöpfung 1318 ff
- iSd Art. 19 Abs. 4 1170, 1175, 1177
- iSd § 90 Abs. 2 BVerfGG 1319 ff
Regelung 263, 276
Regelungsbereich 255 f, 265, 395 f
Regelungsgehalt 1302 f
Regierungsakte 1162
Religions- und Weltanschauungsfreiheit 601 ff
Religionsgemeinschaften
- Freiheit zur Vereinigung 618
- Gleichstellung im Schutzbereich der Glaubensfreiheit 610
- Religionsunterricht 787
- Selbstbestimmungsrecht 620 f, 741
- Selbstverständnis 609, 638
- Sonderstellung unter den Körperschaften des öffentlichen Rechts 222, 622, 837
- Verfassungsbeschwerde 1309
Religionsgesellschaften
  s. Religionsgemeinschaften
Religionsmündigkeit 184, 188, 792, 1293
Religionsunterricht 786 ff
Residenzpflicht 927
Resozialisierung
  s. soziale Integration
Respektierungspflichten, Völkerrecht 58
responsibility to protect 146
Richter, gesetzlicher
  s. gesetzlicher Richter, Recht auf den
Richterrecht 4, 876, 1348 f
Richtervorbehalt 126, 461, 504, 905, 1016, 1020
röntgenologische Untersuchung 491
Rücklieferung 1114
Rückwirkungsverbot 367, 1250, 1261 ff
Rundfunk 150, 675, 678 f
Rundfunkanstalten 206, 222, 677
Rundfunkfreiheit 646 ff
Rundfunkteilnehmer 666, 684

sachlicher Grund
  s. Ungleichbehandlung
Sanktion, staatliche 299 f
Schächten 616, 632
„Schaukeltheorie"
  s. Wechselwirkungslehre
Schiedsgerichte 1222
Schöffen 1222
Schranke 263 ff, 311
Schranken-Schranke 326 ff, 401, 461, 478 ff, 509, 511, 639, 649, 710 ff, 746, 774 ff, 833, 879, 925, 996, 1091 f, 1100, 1250, 1270
Schrankentrias 371, 435
Schrankenübertragung 370 ff
Schulaufsicht
  s. Schulhoheit, staatliche
Schuldprinzip 443, 1251 f
Schule 187, 500, 573, 632, 641, 732, 788, 791, 968
  s. auch Privatschulen; Weltanschauungsschulen
Schülerzeitung 668
Schulgebet-Entscheidung 641
Schulhoheit, staatliche 187, 640 f, 732, 757 f, 773, 793
schulische Grundrechte 785 ff, 793, 948 f
  s. auch Privatschulfreiheit; Religionsunterricht
Schulpflicht 250, 499, 761, 773
Schutz durch Unionsrecht, durch die EMRK, durch Investitionsschutzabkommen 1035
Schutzbereich 9, 93, 255 ff, 285 ff
- Begrenzung 264 f
- Bestimmtheit 379
- Bestimmung 261 f, 284 ff
- normgeprägter 147, 266 ff, 274 f, 747, 1031, 1158
- persönlicher 165
- sachlicher 165
- Verhältnis zum Eingriff 280 ff, 290 f
- Verhältnis zum Regelungsbereich 255 f, 265, 395 f
  s. auch Spezialität
- Verhältnis zur Grundrechtsgewährleistung 260
- Verstärkung 262
Schutzfunktion der Grundrechte 8a f, 97, 130, 133 ff, 138, 348 ff

– Schutz durch Teilhabe 155 ff
  s. auch Teilhaberechte
Schutzhaft 202
Schutzpflichten
  s. Schutzfunktion der Grundrechte
Schutzpflichten, echte 134 f, 142
Schutzpflichten, unechte 136, 141
Schutzpflichten, Völkerrecht 58
Schutzrechte 11, 97, 183, 1295
  s. auch körperliche Unversehrtheit, Recht auf; Leben, Recht auf
Schwangere *s. Mutter*
Schwangerschaftsabbruch 134, 142, 183, 443, 490
Schwerbehinderte *s. Behinderte*
Sekundärrecht, europäisches 75, 241
Selbstbezichtigung, Verbot des Zwangs zur 448
Selbstbindung
– der Rechtsprechung 593 f
– der Verwaltung 589 ff
– des Staates 43
Selbsttötung 471
Sexualkundeunterricht 758
sexuelle Orientierung 537
Sicherungsverwahrung 509 f, 1252
Sittengesetz 459, 463 ff
Situationsgebundenheit 1081
Sitzblockade 818, 834
Sklaverei 54
Soft law 64
Soldaten *s. Streitkräfte; Wehrdienst*
Sonderrecht *s. Gesetz, allgemeines*
Sonderrechtsverhältnis
  s. besonderes Gewaltverhältnis
Sonntagsruhe 609
Sorgerecht *s. Elternrecht*
soziale Integration 443, 999
Sozialhilfe 426 f, 927
Sozialrechtspakt der Vereinten Nationen 55
Sozialsphäre *s. Sphärentheorie*
Sozialstaatsprinzip 90, 237, 571, 741
Spezialität 372, 393 ff
  s. auch Gleichheitsgebote, spezielle; Grundrechte, spezielle
Sphärentheorie 446
Spielbanken 958, 989
Spontanversammlung 833 f
Sportwetten 958
Spray-Kunst 721, 742

Staatenlosigkeit 1101, 1107, 1110
Staatsangehörigkeit 169, 210, 537, 1101
  s. auch Ausbürgerung, Schutz vor
Staatsanwalt 1162, 1172
staatsbürgerliche Rechte und Pflichten 99 ff, 565 ff
Staatsverständnis, liberales 89
Staatsverständnis, soziales 89
status activus 95, 99 ff
status negativus 95 f, 119
Status, personenrechtlicher 1100
status positivus 95, 97, 111
Status-Deutsche 169
Stellenausschreibung 156
Sterbehilfe *s. Euthanasie*
Sterilisation 443
Steuern 553, 612, 955 f, 1039, 1278
Stichtagsregelung 536
Stiftungen 206, 216
Strafbarkeit gem. Art. 103 Abs. 2 1251 ff
Strafbefehl 1281
Strafgesetz
– gem. Art. 9 Abs. 2 867 f
– gem. Art. 103 Abs. 3 1275 f
Strafrecht, politisches 702, 707
Strafurteil 1268 ff
Strafvollzug
– Grundrechtseinschränkungen 501, 509, 651, 686, 873, 999
– Grundrechtsverzicht 199, 202
– Rechtsschutzgarantie 1162, 1178
Streik 859, 879
Streitkräfte 709, 829, 1152
Studiengebühren 947
Studierendenschaft 226, 881
Stufenlehre 346 f, 975 ff
subjektive Rechte, Grundrechte als 45, 103 ff, 164, 259 f, 405
Subsidiarität
– der allgemeinen Handlungsfreiheit 437 ff
– der Verfassungsbeschwerde 1318 ff
– Durchbrechung 1327 f
Subventionen 234, 942
Superrevisionsinstanz 1231, 1342
Supranationaler Grundrechtsschutz 70
Symmetrie, faktische 143

Tagebuch 445, 625
Tarifvertrag 838, 858, 863
Tatprinzip 1255

377

Tatsachenbehauptungen 652
Teilhaberechte 97, 155 ff, 779, 992 f, 1144
  s. auch Gleichheitsgebot, allgemeines; status positivus
Teilrechtsfähigkeit 207 ff
Telefax 675, 895, 1331
Telefon 661, 895, 899, 1172
Telegramm 895, 1331
Terrorismus 419, 489
Tierversuche 630
Todesschuss, polizeilicher 356, 473
Todesstrafe 473, 480, 1128
Totalverweigerer 627
Transplantation 182, 475

Übergangsregelung 578, 1089 f
Überhangmandat 559
Übermaßverbot
  s. Verhältnismäßigkeitsgrundsatz
Überwachung 299, 825 f, 906
Ultra-vires-Kontrolle 247
Umweltschutz 741
Unabhängigkeit, richterliche 1225 f
unbestimmter Rechtsbegriff 4, 8a, 112, 365, 588, 1173, 1257
Ungehorsam, ziviler 1185
Ungleichbehandlung 518 ff, 527
Uniformverbot 829
Universität s. Hochschule
Unmittelbare Geltung des EU-Rechts 76
Unmittelbarkeit der Wahl 1196 f, 1201, 1208 f
Unparteilichkeit, richterliche 1225
Unschuldsvermutung 511
Unterbringung von psychisch Kranken 508
Untermaßverbot 137, 348 ff
Unterrichtung, ungehinderte
  s. Informationsfreiheit
Unterschriftenquoren 1215
Untersuchungshaft 511, 907

Verbandsdisziplin 858
Verbandsklage 1168 f
Verein 206, 208, 214, 840 f
Vereinigung 840 ff, 867 ff
Vereinigungsfreiheit 123, 171, 837 ff
Vereinigungsverbot 707
Vereinsautonomie 846
Verfahren, gerichtliches 1170 ff, 1177

Verfahrensbeschleunigung 511, 1172
Verfahrensgestaltung 489
Verfahrensrechte 4, 97, 155 f, 995, 1171
  s. auch status positivus
Verfassungsbeschwerde 440, 454, 620, 1206, 1285 ff
– bei Verletzung der EMRK 69, 84
Verfassungsfeindlichkeit 569
Verfassungsgerichtsbarkeit 1286
verfassungskonforme Auslegung 8a ff, 697 f, 700, 746
verfassungsmäßige Ordnung 435, 459 f, 869
verfassungsrechtliche Rechtfertigung von Eingriffen 9 f, 282 f, 289, 304 ff, 527
Verfassungsrechtsverletzung, spezifische 1343 ff
Verfassungsschutz 684, 904
Verfolgerstaat 1117
Verfolgung, politische 1116 ff
Vergesellschaftung 1093 ff
Verhältnis zum Staatshaftungsrecht 1034
Verhältnismäßigkeit ieS 340 ff, 350 f, 530, 978, 987, 1089
Verhältnismäßigkeitsgrundsatz 137, 330 ff, 346 f, 775, 975 ff, 1239
  s. auch Geeignetheit des Eingriffs; Erforderlichkeit des Eingriffs
Vermögen 1039
vermögenswerte subjektiv-öffentliche Rechte 1038
Vermummung 820
Versammlung 807 ff
– in geschlossenen Räumen 806, 822, 830 ff
– öffentliche 823
– unfriedliche 814 ff
– unter freiem Himmel 806, 822, 827 ff
– Zurechenbarkeit des Verhaltens einzelner Teilnehmer 819
Versammlung, virtuelle 813
Versammlungsfreiheit 171, 273, 275, 398, 806 ff
Verschlüsselung 898 f
Vertragsarzt 489, 1000
Vertragsfreiheit 269, 438
Vertrauensschutz 152, 175 f, 367, 1089
Verwahrlosung, drohende 774 f

Verwaltung
- Beurteilungsspielraum 1173
- Bindung an den Verhältnismäßigkeitsgrundsatz 331 ff, 344
- Bindung an grundrechtliche Gesetzesvorbehalte 312, 321
- Ermessensspielraum 588, 1173
- erwerbswirtschaftliche Betätigung 234 f
- Gestaltungsspielraum 1173
- Grundrechtsbindung 229, 231, 321
- Selbstbindung 589 ff
- Widerspruchsverfahren 1319
 s. auch Fiskalgeltung der Grundrechte
Verwaltungsmonopol 957
Verwaltungsprivatrecht 234 f
Verwaltungssanktionen 1278 f
Verwertungsverbot 1017
Verwirkung von Grundrechten 1138
Videoüberwachung 448
Völkerrecht 41, 146, 210, 1137
- allgemeine Grundsätze 54
- als Auslegungshilfe 63
- unmittelbare Anwendbarkeit 61
Völkerverständigung 870 f
Volksverhetzung 703
Volksvertretungen 1147, 1199
Volkszählungsurteil 366, 449, 459, 637, 654, 825, 1172, 1312 ff
Vorabentscheidung 1325 f
Vorbehalt des Gesetzes
 s. Gesetzesvorbehalt
vorbehaltlose Grundrechte 304, 309 ff, 369 ff, 383 ff
Vorführung 501
vorkonstitutionelles Recht 364, 1071
Vorlagepflicht gem. Art. 100 Abs. 1 1056, 1070
Vorrang der Verfassung 5, 22, 228, 1286
Vorrang des Gesetzes 592, 1340 ff
Vorratsdatenspeicherung 78, 452
Vorzensur 711

Waffen 814
Wahl 168, 555, 1198 ff
Wähler, unzulässige Beeinflussung 1204, 1210 ff
Wahlfreiheit, staatliche, der Rechtsform 234, 850
Wahlprüfungsverfahren 556, 1162, 1324
Wahlrecht 555 ff, 1196 ff

Wahlrechtsgrundsätze
 s. Allgemeinheit, Freiheit, Geheimheit, Gleichheit und Unmittelbarkeit der Wahl
Wahlwerbung 563, 1204
Wahrheit von Meinungsäußerungen 655
Waldsterben 338
Warnungen 152, 299 f, 628, 942
Wechselwirkungslehre 697 f, 700
Wehrdienst 41, 627, 651, 829
 s. auch Kriegsdienstverweigerung
Wehrpflicht 185, 250, 499, 552
Weltanschauungsfreiheit
 s. Religions- und Weltanschauungsfreiheit
Weltanschauungsschulen 788
Werbung 651, 858, 964
Wertordnung, Wertentscheidung, Grundrechte als 111, 113
Werturteil 650 f
Wesensgehalt 103, 172, 277, 352 ff, 485
Wesenskern *s. Wesensgehalt*
Wesentlichkeitslehre 315 ff, 476 f
Wettbewerbsfreiheit 941 f
Widerstandsrecht 1181 ff
Wiederaufnahme des Strafverfahrens 1282 f
Wiederbewaffnung 41
Willkür 1231 f, 1354 f
Willkürverbot 527
Wirtschaftsbedingungen 853
wirtschaftspolitische Neutralität 941, 1092
Wissenschaft 716
Wissenschaftsfreiheit 716 f, 729 ff
Wohnraumbewirtschaftung 1015
Wohnung, Unverletzlichkeit der 41, 286, 450, 461, 1003 ff
Wort, Recht am eigenen 448, 904
Würdigkeitsklausel 961

Zeitungsanzeigen 674
Zensur 332, 711
Zensurverbot 649, 710 ff
Zitiergebot 363 f
Zivildienst
 s. Ersatzdienst
Zölibatsklausel 768
Züchtigung, körperliche 477
Zugang, gleicher
 s. gleicher Zugang zu öffentlichen Ämtern

Zugang zu staatlichen Gerichten 1170, 1175 f
Zulassungsschranken, objektive 954, 968, 975 ff
Zulassungsvoraussetzungen, subjektive 960 f, 968, 975 ff
Zumutbarkeit
   s. *Verhältnismäßigkeit ieS*
Zuständigkeit, richterliche 1221 ff, 1229
Zustandsverantwortlichkeit 1083
Zwang, unmittelbarer 497, 499 f
Zwangsarbeit, Freiheit von 935, 996 ff
Zwangsbehandlung 471, 483
Zwangserziehung 776
Zwangsmitgliedschaften 123
Zwangszusammenschluss 848, 863, 881
Zweck-Mittel-Verhältnis 324, 330
Zweckbindung, konkrete 366